Menschenrechtsverantwortung deutscher Konzerne

Schriften zum Gesellschafts-, Bilanz- und Unternehmensteuerrecht

Herausgegeben von Barbara Grunewald und Joachim Hennrichs

Band 42

Zur Qualitätssicherung und Peer Review der vorliegenden Publikation

Die Qualität der in dieser Reihe erscheinenden Arbeiten wird vor der Publikation durch den Herausgeber der Reihe geprüft.

Notes on the quality assurance and peer review of this publication

Prior to publication, the quality of the work published in this series is reviewed by the editor of the series.

Sophie Welwert

Menschenrechtsverantwortung deutscher Konzerne

Untersuchung einer konzern- und lieferkettendimensionalen Fortentwicklung von Verkehrspflichten und deren Wechselwirkungen zum Corporate Governance-System

PETER LANG

Lausanne - Berlin - Bruxelles - Chennai - New York - Oxford

Bibliografische Information der Deutschen Nationalbibliothek
Die Deutsche Nationalbibliothek verzeichnet diese Publikation in der Deutschen Nationalbibliografie; detaillierte bibliografische Daten sind im Internet über http://dnb.d-nb.de abrufbar.

Zugl.: Köln, Univ., Diss., 2023

D 38
ISSN 1867-500X
ISBN 978-3-631-90785-6
E-ISBN 978-3-631-90792-4
E-ISBN 978-3-631-90793-1
DOI 10.3726/b21142

Internationaler Verlag der Wissenschaften

Verlegt durch:
Peter Lang GmbH, Berlin, Deutschland

info@peterlang.com http://www.peterlang.com

Meine Schwester

Vorwort

Die vorliegende Dissertation entstand parallel zu meiner Tätigkeit als wissenschaftliche Mitarbeiterin am Institut für Gesellschaftsrecht sowie am Institut für Nachhaltigkeit, Unternehmensrecht und Reporting an der Universität zu Köln und wurde von der dortigen Rechtswissenschaftlichen Fakultät im Sommersemester 2020 angenommen. Die Arbeit beruht auf der Rechtslage zum Zeitpunkt ihrer Einreichung im Januar 2023; sofern einschlägig, wird in den Fußnoten auf aktuellere Entwicklungen verwiesen. Die verwendete Literatur wurde für die Druckfassung mit Stand Juni 2023 aktualisiert.

Ich möchte an dieser Stelle insbesondere meinem Doktorvater, Herrn Professor Dr. Joachim Hennrichs, ausdrücklich meinen Dank aussprechen. Er ermutigte mich dazu, mich dem breit gefächerten, intradisziplinären Thema anzunehmen und betreute mich den gesamten Entstehungsprozess äußerst zuverlässig und stets mit wertvollen Anregungen. Besonders dankbar bin ich für die langjährige und lehrreiche Zeit an seinem Institut, die mich sowohl persönlich als auch fachlich prägte, und mir immer in schöner Erinnerung bleiben wird.

Frau Professorin Dr. Barbara Grunewald danke ich für die ausgesprochen zügige Erstellung des Zweitgutachtens.

Beiden gemeinsam gilt mein aufrichtiger Dank für die Aufnahme in die vorliegende Schriftenreihe.

Herrn Professor Dr. Jochen Vetter sowie Herrn Professor Dr. Dieter Leuering möchte ich für die überaus freundliche Unterstützung danken, Ihre Expertise im Bereich des Konzernrechts mit mir zu teilen. Der rege Austausch hierzu hat mir in meiner Untersuchung sehr weitergeholfen.

Meinen vielen (ehemaligen) Kollegen und Kolleginnen danke ich für die gemeinsame Zeit am Institut für Gesellschaftsrecht.

Frau Dr. phil. Brigitte Bohlen danke ich für die sorgfältige Durchsicht des Manuskripts dieser Arbeit.

Abschließend danke ich meiner Mutter, Frau Christiane Bischoff, meiner Schwester, Frau Anna Welwert, und meinem Freund, Herrn Dr. med. Phil Bohlen, für ihre unermüdliche Unterstützung während der gesamten Promotionsphase. Ihr fortlaufendes Interesse an meiner Arbeit, ihr Mitgefühl und ihre Zuversicht, die Arbeit erfolgreich abschließen zu können, haben mich gestärkt. Ich bin unendlich dankbar, sie als treue Begleiter in meinem Leben zu wissen. Daher möchte ich ihnen diese Arbeit widmen.

Sophie Welwert, Köln im Juni 2023

Inhaltsübersicht

Inhaltsverzeichnis

Abbildungsverzeichnis

Einleitung

A. Einführung

– *„The Social Responsibility Of Business Is to Increase Its Profits."*[1] –

50 Jahre nach der Veröffentlichung des berühmten Zitats von *Milton Friedman* ist die Frage nach der sozialen Verantwortung von Unternehmensträgern noch nicht abschließend beantwortet.

Die Menschenrechtsverantwortung privater Unternehmensträger ist ein wesentlicher Bestandteil dieser weitläufigen Thematik, die auch unter dem weitergefassten Begriff *Corporate Social Responsibility*[2] diskutiert wird.[3] CSR[4] ist die Beachtung sozialer, ökologischer, wirtschaftsethischer, menschenrechtlicher, arbeitsrechtlicher sowie allgemein gesellschaftlicher Belange einer Gesellschaft bei der Verfolgung ihrer Unternehmensstrategie.[5]

Ist Gewinnmaximierung („*increasing its profits*") die zeitgemäße Antwort auf die sozialen Fragen, mit denen Unternehmensträger, insbesondere bei ihren grenzüberschreitenden Tätigkeiten im Konzern oder in der Lieferkette, tagtäglich konfrontiert sind?[6]

---

1 *Milton Friedman,* NY-Times v. 13.09.1970, abrufbar unter: https://www.nytimes.com/1970/09/13/archives/a-friedman-doctrine-the-social-responsibility-of-business-is-to.html (Stand: 01.06.2023).

2 Im Folgenden abkürzend auch als CSR bezeichnet.

3 *Nietsch,* in: *Nietsch,* Corporate Social Compliance (2021), S. 12 ff. zu den weiteren zentralen Begriffen dieser Debatte („ESG", „Sustainability"), die zum Teil gemeinsame Schnittmengen mit dem der Corporate Social Responsibility -Begriff aufweisen; *Spießhofer*, NZG 2022, 435, 435 wonach unter beiden Begrifflichkeiten (CSR, ESG) die gesellschaftspolitische Debatte um eine steigende Berücksichtigung von Nachhaltigkeit auch in den aktienrechtlichen Pflichtenprogramm geführt wird.

4 Zahlreiche juristische Vorarbeiten zu dem Thema stammen von *Birgit Spießhofer*, vgl. *Spießhofer*, Unternehmerische Verantwortung (2017); *Spießhofer,* in: *Gesellschaftsrechtliche Vereinigung*, Gesellschaftsrecht in der Diskussion 2016, S. 61 ff.; *Spießhofer,* in: *Krieger/Schneider*, Handbuch Managerhaftung, § 39 Rn. 1 ff.

5 *Spindler*, in: *Goette/Habersack,* MüKo AktG § 76 Rn. 97; *Nietsch* in: *Nietsch,* Corporate Social Responsibility Compliance (2021), S. 7 mit dem Hinweis, dass die CSR-Steuerungsinstrumente dabei bislang weitgehend auf Freiwilligkeit basierten.

6 Vgl. *Nietsch,* in: *Nietsch* Corporate Social Responsibility Compliance (2021), S. 2 zum Bedeutungszuwachs von CSR im unternehmerischen Handeln.

Dies kann mit Blick auf die zahlreichen Neuerungen zur Integration von CSR-Aspekten in die Unternehmenspraxis verneint werden.[7] Seither wurden neue (regulatorische) Anstöße und Anreize für eine veränderte Sicht auf die unternehmerische Verantwortung für soziale Themen entwickelt.[8]

Das CSR-Thema ist nicht nur im Gesellschaftsrecht angekommen[9], sondern wird zu den „großen Gegenwarts- und Zukunftsthemen“[10] des Gesellschaftsrechts gezählt. Das nationale Recht wird hierbei zunehmend zur Erreichung von CSR-Zielen ins Visier genommen mit der Folge, dass nunmehr vermehrt eine Verrechtlichung[11] von CSR zur Debatte steht. Besonders bemerkbar macht sich das im Bilanzrecht, indem die gesetzlichen Berichtspflichten verstärkt mit nichtfinanziellen Belangen angereichert wurden und noch weiter angereichert werden.[12]

---

7 *Walden*, NZG 2020, 50, 50 f.; vgl. *Brouwer*, in: *Nietsch*, Corporate Social Responsibility Compliance (2021), S. 540 f.

8 So die EU-Strategie 2011–2014 für die soziale Verantwortung von Unternehmen (CSR), 25.10.2011 COM (2011) 681 endgültig, S. 7 f., derzufolge CSR die Verantwortung der Unternehmen für ihre Auswirkungen auf die Gesellschaft darstellt; zu einem ersten Überblick über Steuerungsansätze *Spießhofer*, NZG 2022, 435, 438 ff.

9 Vgl. *Vetter*, ZGR 2018, 338, 338 ff. befasst sich u.a. mit der Frage, ob und in welchem Umfang der Vorstand einer Aktiengesellschaft berechtigt ist, CSR-Belange zu berücksichtigen; *Bachmann*, ZGR 2018, 231, 231 ff. beschäftigt sich mit CSR-bezogene Vorstands- und Aufsichtsratspflichten und ihre Sanktionierung; *Paefgen*, FS K. Schmidt (2019), Bd. II, S. 105 ff.; *Wentrup*, in: Münchener Handbuch des Gesellschaftsrechts, 5. Aufl., § 19 Rn. 26 demzufolge CSR als Leitungsaufgabe des Vorstandes an Bedeutung gewonnen habe; *Fleischer*, DB 2022, 37, 37 zum Klimaschutz als Bestandteil von CSR.

10 *Fleischer*, AG 2017, 509, 509.

11 Vgl. *Seeliger/Gürer*, BB 2021, 2050, 2050 zur Beobachtung eines solchen strukturellen Wandels bzgl. des nachhaltigen Wirtschaftens; *Nietsch*, in: *Nietsch*, Corporate Social Responsibility Compliance (2021), S. 6 ff. auch mit dem Hinweis, dass die bisherigen unzureichenden rechtlichen Instrumente zur Kompensation der zweifelhaften Funktionsbedingungen freiheitlicher Marktwirtschaft bis dato vereinzelt aus dem Wirtschaftsaufsichtsrecht sowie der sog. „Private Enforcement“ stammen („Verlust der Wirkungskraft auf Grund sich widerholender Unternehmensskandale“).

12 Vgl. *Ekkenga*, FS Vetter (2019), S. 115 ff.; *Hennrichs*, ZGR 2018, 206, 225 ff.; *Mock*, in: *Fleischer/Kalss/Vogt*, Corporate Social Responsibility, S. 125 ff.; *Spießhofer*, NZG 2018, 441, 441 derzufolge die CSR-Reporting-Richtlinie und das deutsche Umsetzungsgesetz CSR auf die Tagesordnung der europäischen und deutschen Jurisprudenz gesetzt haben; *Walden*, NZG 2020, 50, 54 f.; *Wiedemann/Hoppmann*, CCZ 2020, 225, 225 ff. zur Berichterstattung über Menschenrechte nach CSR-Richtlinien-Umsetzungsgesetz; vgl. *Nietsch*, ZIP 2022, 449, 449 f.

In dem Zusammenhang wird zudem über ein neues, nachhaltigeres Verständnis von Corporate Governance im Sinne einer sog. *Sustainability Corporate Governance,* die durch einen sog. „*smart-mix*"[13] aus *soft* und *hard law* sowie einen integrativen, offenen Ansatz geprägt wird, diskutiert.[14] Als Teil dieses „*smart-mix*" wird, neben den nationalen Gesetzes- und europäischen Richtlinien-Bestrebungen,[15] auch der Deutsche Corporate Governance Kodex[16] von unterstützender Bedeutung werden.[17]

Neben der Politik fordern zudem Investoren, dass gesetzliche Maßnahmen ergriffen werden, um Unternehmensträger zu einem adäquatem Risikomanagement der Wertschöpfungskette zu bewegen.[18]

Die praktische Relevanz der Frage nach der Menschenrechtsverantwortung der Unternehmensträger ist im Hinblick auf die ausländische Gerichtspraxis der vergangenen Jahre gestiegen.[19] Bislang erst in Ansätzen diskutiert und noch nicht abschließend geklärt wird auch eine konzerndimensionale Fortentwicklung von Verkehrspflichten nach nationalem Recht. Diese könnte in

13 *Nietsch,* in: *Nietsch,* Corporate Social Responsibility Compliance (2021), S. 8; *Spießhofer,* in: *Nietsch,* Corporate Social Responsibility Compliance (2021), S. 75 f.

14 Hierzu *Spießhofer,* NZG 2022, 435, 436.

15 Hierzu unter Kapitel 2.

16 Im Folgenden abgekürzt als DCGK bezeichnet. Die Regierungskommission Deutscher Corporate Governance Kodex hat am 21.01.2022 eine Aktualisierung des Deutschen Corporate Governance Kodex (DCGK 2022) beschlossen; Regierungskommission, Deutscher Corporate Governance Kodex, 28.04.2022, abrufbar unter: https://www.dcgk.de/de/kodex.html (Stand: 01.06.2023).

17 Vgl. *Spießhofer,* NZG 2022, 435, 439 ff.; *Weller/Fischer,* ZIP 2022, 2253, 2264 beispielhaft mit dem Hinweis auf die aktuelle Diskussion, ob ein sog. „Financial Expert" nach § 100 V AktG einen entsprechenden Sachverstand in Klimafragen („Climate Expert", „Sustainability Expert") haben muss, da der neue DCGK in Ziff. C.1 eine dahingehende Empfehlung abgibt.

18 Aufruf der Investor Alliance for Human Rights v. 21.04.2020, einer Initiative von 105 Investment Funds mit einem verwalteten Vermögen von 5 Mrd. US $, abrufbar unter: https://investorsforhumanrights.org/news/investor-case-for-mhrdd (Stand: 01.06.2023); *Wiedemann/Hoppmann,* CCZ 2020, 225, 225 ff.; vgl. *Brouwer,* in: *Nietsch,* Corporate Social Responsibility Compliance (2021), S. 541.

19 Vgl. *Wagner,* FS Singer (2021), S. 693, S. 708 f. welcher ein Potential in den deliktsrechtlichen Sorgfaltspflichten sieht und eine Weiterentwicklung nach englischem Vorbild nicht ausschließt.

den Untersuchungsfällen und somit im Kontext dieser neuen Problemlage zu einer solchen Menschenrechtsverantwortung inländischer Unternehmensträger führen.[20]

Dabei stellt sich auch die Frage, ob die (Verkehrs-)Pflicht durch bestehende Corporate Governance-Systeme erfüllt werden kann oder es einer Optimierung[21] bzw. konzern- und lieferkettendimensionaler Fortentwicklung dieser Systeme bedarf. Dabei geht es auch um die Frage der Einführung oder Optimierung eines auf mögliche Menschenrechtsverletzungen ausgerichteten Compliance-Systems.[22] Die Arbeit bemüht sich mithin die Schnittstelle[23] zwischen Delikts- bzw. Haftungsrecht und der Corporate Governance der inländischen Unternehmensträger zu identifizieren und auszufüllen.

Die vorliegende Untersuchung erörtert ausgewählte Rechtsfragen des Deliktsrechts, des klassischen Gesellschaftsrechts zu Corporate Governance- und Haftungsfragen und des Bilanzrechts zum sog. *non-financial reporting*. Im Schwerpunkt konzentriert sich die Untersuchung auf die Frage nach einer Menschenrechtsverantwortung deutscher Unternehmensträger und deren Integration in die Corporate Governance-Organisation.

---

20 *Weller/Thomale*, ZGR 2017, 509, 520 ff.; *Thomale/Hübner*, JZ 2017, 385, 394; *Payandeh*, FS K. Schmidt, (2019), Bd. II, S. 131, S. 141 ff.; *Saage-Maaß/Leifker*, BB 2015, 2499, 2501 ff.; monographisch *Güngör*, Sorgfaltspflichten für Unternehmen in transnationalen Menschenrechtsfällen (2016); *Falkenhausen*, Menschenrechtsschutz durch Deliktsrechts (2020).

21 Vgl. *Stahl*, Haftung von Unternehmen für Menschenrechtsverletzungen ihrer ausländischen Zulieferer (2020), S. 53, die auf die Herausforderungen für das Supply Chain Management aufmerksam macht und Handlungsempfehlungen aus betriebswirtschaftlicher Sicht gibt; ferner *Nietsch*, in: *Nietsch*, Corporate Social Responsibility Compliance (2021), S. 190 ff. der bezüglich menschenrechtsbezogener Sorgfaltspflichten zur Vermeidung negativer Auswirkung auf Betroffene von einer erforderlichen Anpassung der etablierten Risikomanagement-Mechanismen spricht.

22 Vgl. *Nietsch*, in: *Nietsch*, Corporate Social Responsibility Compliance (2021), S. 8 demzufolge die etablierten Geschäftsmodelle durch die CSR-Anforderungen in Frage gestellt werden.

23 *Fleischer*, AG 2017, 509, 509.

B. Rechtspolitischer Hintergrund

Die rechtspolitische Diskussion um menschenrechtsbezogene Sorgfalts- und Verkehrspflichten in den Lieferketten und eine damit verbundene Haftung wird nicht nur hierzulande rege geführt.[24]

Auch in anderen Rechtsordnungen[25] werden Regulierungen zu einem nachhaltigeren Unternehmensverständnis angestoßen, die Vorbilder für nationale Anstöße bieten.

Heutzutage existieren zahlreiche Initiativen, die der CSR-Debatte im Allgemeinen und der Menschenrechtsverantwortung inländischer Unternehmensträger und deren Integration in die Unternehmenspraxis im Speziellen ein neues Gewicht geben.[26] Dabei werden private Akteure, wie transnational tätige Unternehmensträger, vermehrt zur Erreichung von CSR-Zielen instrumentalisiert.[27]

Beispielhaft sei an dieser Stelle zunächst das Lieferkettensorgfaltspflichtengesetz[28] genannt, durch das der deutsche Gesetzgeber Sorgfaltspflichten des Geschäftsleiters lieferkettenweit zu regulieren versucht. Namenhafte Autoren des rechtswissenschaftlichen Schrifttums haben das Gesetzesvorhaben intensiv begleitet und untersuchen die Möglichkeiten von hiermit verbundenen Sanktionsrisiken für die Unternehmensträger und deren Organe.[29]

Regelungsanliegen des LkSG ist laut Begründung zum Regierungsentwurf[30] die Umsetzung der Leitprinzipien für Wirtschaft und Menschenrechte der Vereinten Nationen mit dem Nationalaktionsplan[31] der Bundesregierung, um ihrer

---

24 *Asmussen/Wagner,* ZEuP 2020, 979, 985 ff. unter Bezug auf den *duty of care*-Ansatz der UK-Rechtsprechung; *Fleischer*, DB 2022, 37, 37 zur Frage einer stärkeren Integration des Themas Nachhaltigkeit in der Unternehmensführung; *Wagner,* FS Singer (2021), S. 693; *Kaller*, ZEuP 2022, 149, 168 unter Verweis auf das Okpabi-Urteil, welches inmitten einer angeregten internationalen Debatte über die Haftung im Konzern und entlang von Lieferketten gefällt wurde.

25 Hierzu unter Kapitel 3 E.

26 Vgl. *Kaller*, ZEuP 2022, 149, 168.

27 *Spießhofer,* in: *Nietsch,* Corporate Social Responsibility Compliance (2021), S. 64.

28 Im Folgenden abkürzend als LkSG bezeichnet.

29 *Paefgen*, ZIP 2021, 1007, 1007 ff.; *Wagner*, FS Singer (2021), S. 693 f.

30 Reg.-Begr. zum Lieferkettensorgfaltspflichtengesetz v. 19.04.2021, BT-Drs. 19/28649, S. 1 f.

31 *Auswärtiges Amt* im Namen des Interministeriellen Ausschusses Wirtschaft und Menschenrechte, Nationaler Aktionsplan v. 16.12.2016: Umsetzung der VN-Leitprinzipien für Wirtschaft und Menschenrechte 2016–2020, abrufbar unter: https://www.auswaertiges-amt.de/de/aussenpolitik/themen/aussenwirtschaft/wirtschaft-und-menschenrechte/nationaler-aktionsplan-wirtschaft-menschenrechte/205208 (Stand: 01.06.2023);

Menschenrechtsverantwortung gerecht zu werden. Dafür sollen Unternehmensträger verpflichtet werden, „[…] ihrer Verantwortung in der Lieferkette in Bezug auf die Achtung international anerkannter Menschenrechte durch die Implementierung der Kernelemente der menschenrechtlichen Sorgfaltspflicht besser nachzukommen […].“

Diese Formulierungen zum Regelungszweck finden sich auch in der vorangegangenen Fassung des Referentenentwurfes[32] vom 28.02.2021. Das Regelungsanliegen des LkSG umfasst somit insbesondere die Verbesserung des Menschenrechtsschutzes in Lieferketten durch die Einbeziehung privater Unternehmensträger in die menschenrechtliche Verantwortung der Bundesregierung.

Daneben steht zudem auch auf europäischer Ebene ein Richtlinienvorschlag[33] für unternehmerische Sorgfaltspflichten „in den Startlöchern“, welcher von namenhaften Vertretern aus der Wissenschaft[34] sowie von der öffentlichen Presse[35] kritisch begutachtet wird. Dabei geht der europäische Vorschlag

---

im Folgenden abkürzend als NAP bezeichnet; hierzu *Spießhofer*, in: *Nietsch*, Corporate Social Responsibility Compliance (2021), S. 66 ff.

32 Referentenentwurf des Bundesministeriums für Arbeit und Soziales, Gesetz über die unternehmerischen Sorgfaltspflichten in Lieferketten v. 28.02.2022, abrufbar unter: https://www.bmas.de/DE/Service/Gesetze-und-Gesetzesvorhaben/gesetz-unternehmerische-sorgfaltspflichten-lieferketten.html (Stand: 01.06.2023).

33 Vorschlag für eine Richtlinie des Europäischen Parlaments und des Rates über die Sorgfaltspflichten von Unternehmen im Hinblick auf Nachhaltigkeit und zur Änderung der Richtlinie (EU) 2019/1937; COM(2022) 71 final 2022/0051(COD), abrufbar unter: https://ec.europa.eu/info/publications/proposal-directive-corporate-sustainable-due-diligence-and-annex_en (Stand: 01.06.2023).

34 *Spindler*, ZIP 2022, 765, 765 ff.; *Schmidt*, EuZW 2022, 195, 195 f.; *Spießhofer*, NZG 2022, 435, 435 ff.; *Fleischer*, DB 2022, 920, 920 ff.

35 *Schmidbauer*, Lob und Tadel für geplantes Lieferkettengesetz v. 24.02.2022, abrufbar unter: https://www.lto.de/recht/kanzleien-unternehmen/k/lieferkettengesetz-europaeische-union-kommission-entwurf-lob-kritik/; *Beckmann*, Faire Bedingungen von Anfang an v. 23.02.2022, abrufbar unter: https://www.tagesschau.de/wirtschaft/weltwirtschaft/eu-lieferkettengesetz-101.html; *Keller/Schader*, Wie Lobbyisten „mitgearbeitet“ haben v. 22.02.2022, abrufbar unter: https://www.tagesschau.de/investigativ/swr/eu-lieferketten-lobbyisten-101.html; *Koch/Schlautmann/Specht*, Lieferkettengesetz: Entwurf der EU-Kommission sieht strengere Regeln als in Deutschland vor v. 22.02.2022, abrufbar unter: https://www.handelsblatt.com/politik/international/menschenrechte-lieferkettengesetz-entwurf-der-eu-kommission-sieht-strengere-regeln-als-in-deutschland-vor/28091976.html?ticket=ST-1403281-C7TNbYMeNNG9fpI7fKV3-ap5 (allesamt Stand: 01.06.2023).

(*Corporate Sustainability Due Diligence Directive*)[36] einer unternehmerischen Sorgfaltspflicht hinsichtlich seines Geltungsbereiches und der vorgesehenen zivilrechtlichen Haftung der Leitungsorgane über das nationale LkSG hinaus.[37]

Nicht nur von staatlicher Seite und seitens der Europäischen Union wird die Verantwortung der Unternehmensträger in diesem Kontext diskutiert. Auch andere gesellschaftliche Gruppen,[38] wie Arbeitnehmer, Geschäftspartner oder (institutionelle) Investoren[39] zeigen zunehmend Interesse an Fragen des nachhaltigen und menschenrechtsfreundlichen Wirtschaftens.[40]

Die allgemeine gesellschaftspolitische Bedeutung von CSR-Themen für Unternehmensträger belegt die eigens hierfür angelegte Webseite „csr-in-deutschland.de" der Bundesregierung, auf der sich aktuelle Informationen rund um das Thema „Gesellschaftliche Verantwortung von Unternehmen" finden.[41]

Daneben ist die gesellschaftspolitisch hohe Relevanz der Rechtsdurchsetzung gegen inländische Unternehmensträger als Endabnehmer-Gesellschaft der Wertschöpfungskette hervorzuheben, da den Geschädigten eine effektive Rechtsdurchsetzung gegen die Tochtergesellschaft und Zulieferer im Ausland oftmals schon auf Grund der defizitären ausländischen Regelungen verwehrt ist.[42]

Die Menschenrechtsverantwortung inländischer Unternehmensträger im Konzern und in der Lieferkette unterliegt zahlreichen rechtlichen Einzelfragen. Angesprochen sind Fragen des internationalen Privatrechts, des allgemeinen Zivilrechts, insbesondere des Deliktsrechts und Teilbereiche des Gesellschaftsrechts.

---

36 Im Folgenden abgekürzt auch als CSDDD bezeichnet.

37 Hierzu unter Kapitel 2 B; *Schmidt*, EuZW 2022, 195, 195.

38 Mit den vorliegenden Bezeichnungen werden ebenfalls weibliche Angehörige der folgenden Berufsgruppen miteinbezogen.

39 Investoren sollen daneben in die soziale Verantwortung miteinbezogen werden, vgl. *Spießhofer*, NZG 2022, 435, 438.

40 Vgl. *Russell Reynolds Associates*, Trennlinien und Erträge Deutschland, abrufbar unter: https://www.russellreynolds.com/en/insights/divides-and-dividends/local-reports/germany (Stand: 01.06.2023); Die Ergebnisse der Studie kritisch betrachtend *v. der Planitz*, Jeder zweite Manager meint Nachhaltigkeit nicht ernst, abrufbar unter: https://www.faz.net/aktuell/wirtschaft/klima-nachhaltigkeit/nachhaltigkeit-ist-fuer-manager-nur-ein-marketing-thema-17763976.html (Stand: 01.06.2023); *Seeliger/ Gürer*, BB 2021, 2050, 2050.

41 Bundesministerium für Arbeit und Soziales, abrufbar unter: www.csr-in-deutschland.de (Stand: 01.06.2023).

42 *Wagner*, RabelsZ 2016, 717, 750 f.

C. Gang der Untersuchung

Die praktische Relevanz der zu untersuchenden Fragestellung wird im Kapitel 1 zunächst mittels einer Darstellung von Beispielsfällen aus der Gerichtspraxis exemplifiziert.

Sodann wird das der Untersuchung zugrundeliegende Verständnis der unternehmerischen Menschenrechtsverantwortung aufgezeigt und von dem völkerrechtlichen Verständnis über die Menschenrechtsverantwortung von Privaten abgegrenzt.

Im Kapitel 2 werden Haftungsinstitute dargestellt, die Anstöße für die hier zu vertiefende Fragestellung einer konzern- und lieferkettendimensionalen Fortentwicklung von Verkehrspflichten und, damit zusammenhängend, der Fortentwicklung konzern- und lieferkettendimensionaler Corporate Governance-Systeme im Unternehmensträger geben können.

Von Relevanz sind hierbei auch unternehmerische Berichtspflichten, die Anreize zur Optimierung des Governance-Prozesses setzen und bei der Erfüllung von (potenziellen) Verkehrspflichten von Bedeutung werden könnten.

Die dogmatische Grundlage für die Frage nach einer Menschenrechtsverantwortung durch Verkehrspflichten wird in Kapitel 3 erörtert. Hierbei werden die deliktsrechtlichen Verkehrspflichten gestuft nach verschiedenen Bereichen, den nationalen Entstehungsgründen für Verkehrspflichten und den in international tätigen Konzernen und Lieferketten anfallenden Besonderheiten, vorgestellt.

Im Kapitel 4 wird schwerpunktmäßig untersucht, ob eine konzern- und lieferkettendimensionale deliktsrechtliche Verkehrspflicht[43] zum Menschenrechtsschutz besteht. Hierfür werden die aus der juristischen Literatur und Rechtsprechung vorgestellten Gründe für das Entstehen einer Verkehrspflicht mittels Fallgruppen-Bildung diskutiert. Darunter fällt auch die Diskussion über die Möglichkeit haftungsrechtlicher (Neben-)Wirkungen von unternehmerischen Berichtspflichten.

Sonn schließt sich im Kapitel 5 die Frage an, ob und wie eine Verkehrspflicht im Konzern und in der Lieferkette gesellschaftsrechtlich administrierbar ist. Dabei geht es um Fragen der Einführung und Optimierung entsprechender

---

43 Vgl. *Fleischer/Danninger*, DB 2017, 2849, 2856 mit dem Hinweis, dass diese Frage noch nicht in monographischen Arbeiten untersucht wurde; *Habersack/Zickgraf*, ZHR 2018, 252, 254 mit dem Hinweis, dass die Fragen in der juristischen Literatur zu wenig Beachtung gefunden hätten; dazu nunmehr *V. Falkenhausen*, Menschenrechtsschutz durch Deliktsrecht (2020).

Governance-Prozesse, insbesondere eines auf mögliche Menschenrechtsverletzungen ausgerichteten Compliance-Systems.

Hierbei wird die Wechselwirkung zwischen Verkehrspflichten und dem Corporate Governance-System im engeren Sinn dahingehend untersucht, ob

(1) Maßnahmen zur Erfüllung potenzieller Verkehrspflichten in das Governance-System integrierbar sind und
(2) ob der „Verbandsvorbehalt" ein geeignetes Verteidigungsinstrument inländischer Unternehmensträger gegen eine (konzernweite) Fortentwicklung der Compliance-Maßnahmen darstellt.

Anschließend wird im Kapitel 6 der Frage nachgegangen, ob eine erhöhte Haftungsgefahr für die Geschäftsleiter einhergeht, die die Corporate Governance- bzw. Compliance-Systeme nicht konzern- und lieferkettendimensional fortentwickeln. Hierfür wird schwerpunktmäßig untersucht, ob dem Vorstandsmitglied bei der Umsetzung der konzern- und lieferkettendimensionalen Verkehrspflichten ein unternehmerischer Ermessensspielraum gem. § 93 I 2 AktG zugutekommt.

Kapitel 1 – Praktische Relevanz der Fragestellung und die Menschenrechtsverantwortung inländischer Unternehmensträger

A. Praxisfälle von Menschenrechtsverletzungen im Konzern und in der Lieferkette

Die zunehmende praktische Relevanz der dieser Untersuchung zugrundeliegenden Fragestellung lässt sich anhand von Beispielsfällen aus der Gerichtspraxis exemplifizieren.

Die Praxisfälle entspringen dabei zwar einstweilen überwiegend der ausländischen Gerichtspraxis.[44] Die jeweils erörterten Rechtsfragen könnten so aber auch von deutschen Gerichten zu entscheiden sein.

Ein erstes nationales Fallbeispiel ist der sog. *KiK*-Fall:

I. Jabir and Others v KiK Textilien und Non-Food GmbH

Im sog. *KiK*-Fall[45] wurde die *KiK Textilien und Non-Food GmbH*[46] vor dem Landgericht Dortmund[47] auf Schadensersatz verklagt. *KiK* war Hauptabnehmer der im Betrieb des pakistanischen Textilherstellers *Ali Enterprise* produzierten Kleidung.

Zwischen dem deutschen und dem ausländischen Unternehmensträger bestand eine vertragliche Lieferbeziehung in Form von Kaufverträgen.

Im Jahr 2012 kam es in der Fabrik von *Ali Enterprises* zu einem Brand, bei dem 259 Arbeitnehmer/-innen[48] starben und 47 Menschen schwer verletzt wurden. Die Brandursache war zwischen den Parteien streitig.[49]

---

44 *Kaleck/Saage-Maaß*, Unternehmen vor Gericht (2016), S. 72; vgl. hierzu *Nietsch*, in: *Nietsch*, Corporate Social Responsibility Compliance (2021), S. 176 f.

45 *Wagner*, RabelsZ 2016, 717, 720.

46 Im Folgenden abkürzend als KiK bezeichnet.

47 LG Dortmund, Urt. v. 10.01.2019 – 7 O 95/15 = juris.

48 Im Folgenden abgekürzt als Arbeitnehmer bezeichnet. Die abgekürzte Bezeichnung bezieht sich gleichfalls auf weibliche Arbeitskräfte.

49 LG Dortmund, Urt. v. 10.01.2019 – 7 O 95/15 = juris Rn. 2.

Die Hinterbliebenen und Arbeitnehmer klagten vor dem Landgericht Dortmund auf Schadensersatz und Schmerzensgeld.[50] Die Kläger bemängelten die Sicherheits- und Brandschutzvorkehrungen in der pakistanischen Fabrik. Die unzureichenden Sicherheitsmaßnahmen seien *KiK* bekannt gewesen.[51]

Das Landgericht entschied, dass nach dem anzuwendenden pakistanischen Recht bereits Verjährung eingetreten sei.[52] Die Anwendung des *ordre public*-Grundsatzes stünde einer deutlich kürzeren Verjährungsregelung im ausländischen Recht nicht entgegen.[53]

Ferner stellte das Landgericht fest, dass eine Haftung der *KiK GmbH* nach deutschem Recht ebenfalls nicht erfolgversprechend sei.[54] Als Haftungsgrundlage bezog es sich dabei lediglich auf den zwischen *Ali Enterprises* und *KiK* geschlossenen sog. *code of conduct*[55], der nach Ansicht des Gerichts kein Vertrag zugunsten Dritter darstelle.[56]

Dieser Fall ist beispielhaft für die Frage nach der Haftung inländischer Unternehmensträger wegen Menschenrechtsverletzungen *in der Lieferkette*.[57]

II. Chandler v Cape plc

Für die Frage nach der Haftung der inländischen Muttergesellschaft für Menschenrechtsverletzungen *im Konzern* ist der englische Fall *Chandler v Cape*[58] beispielhaft.

Der Kläger, Herr Chandler, war Arbeitnehmer der südafrikanischen Tochtergesellschaft *Cape Building Products Ltd.* und im Rahmen seiner Tätigkeit an Asbestose erkrankt.

Eine gerichtliche Inanspruchnahme der Tochtergesellschaft war aussichtslos. Diese hatte sich zuvor aufgelöst und keine Haftpflichtversicherung für derartige Schäden abgeschlossen, die durch Pneumokoniose (sog. Staublunge) auftreten können.

---

50 LG Dortmund, Urt. v. 10.01.2019 – 7 O 95/15 = juris Rn. 26.
51 LG Dortmund, Urt. v. 10.01.2019 – 7 O 95/15 = juris Rn. 39.
52 LG Dortmund, Urt. v. 10.01.2019 – 7 O 95/15 = juris Rn. 27.
53 LG Dortmund, Urt. v. 10.01.2019 – 7 O 95/15 = juris Rn. 39.
54 LG Dortmund, Urt. v. 10.01.2019 – 7 O 95/15 = juris Rn. 40.
55 Hierzu näher unter Kapitel 4 B. I.
56 LG Dortmund, Urt. v. 10.01.2019 – 7 O 95/15 = juris Rn. 41 f.
57 *Wagner*, RabelsZ 2016, 717, 720.
58 Chandler v Cape plc [2012] EWCA Civ. 525.

In der Folge wurden Schadensersatzansprüche gegen die britische Muttergesellschaft *Cape plc* (früher *Cape Asbestos plc*)[59] geltend gemacht.[60] Der *Court of Appeal* untersuchte eine Sorgfaltspflicht (*duty of care*) der Muttergesellschaft *Cape plc* für die Arbeitnehmer der ausländischen Tochtergesellschaft *Cape Building Products Ltd.*[61]

Vorinstanzlich wurde eine sog. Unternehmenshaftung in Form der Geschäftsherrenhaftung (sog. „*vicarious liability*" oder „*agency/enterprise liability*")[62] verneint und eine haftungsrechtliche Verantwortungsübernahme (sog. „*assumption of responsibility*" nach dem *common law*-Grundsätzen) in Aussicht gestellt.[63]

Der *Court of Appeal* stellte nunmehr vier Voraussetzungen für eine direkte Deliktshaftung der Muttergesellschaft auf:

(1) Die Geschäfte der Mutter- und der Tochtergesellschaft sind in relevanter Hinsicht dieselben.[64]

(2) Die Muttergesellschaft müsste überlegenes Wissen hinsichtlich der Arbeitssicherheit haben oder hätte ein solches haben sollen.

(3) Die Muttergesellschaft müsste die Defizite im Bereich der Arbeitssicherheit bei der Tochtergesellschaft gekannt haben oder kennen müssen.

(4) Die Muttergesellschaft müsste gewusst haben oder hätte wissen müssen, dass die Tochtergesellschaft oder deren Arbeitnehmer darauf vertrauten, dass die Muttergesellschaft ihr überlegenes Wissen auch zum Schutz der Mitarbeiter einsetzen würde.

Dabei kam das Gericht zu dem Ergebnis, dass die Voraussetzungen im vorliegenden Fall erfüllt waren.

---

59 Chandler v Cape plc [2012] EWCA Civ. 525 Rn. 1.

60 *Habersack/Ehrl*, AcP 2019, 155, 165.

61 Chandler v Cape plc [2012] EWCA Civ. 525 Rn. 1; siehe auch *Fleischer/Korch*, ZIP 2019, 2181, 2186 f.

62 Zu der im *common law* herrschenden Doktrin der *vicarious liability*: *Spindler*, Unternehmensorganisationspflichten (2011), S. 1023 m.w.N.

63 Chandler v Cape plc [2012] EWCA Civ. 525 Rn. 1; vgl. zur Verantwortungsübernahme als Ausnahmegrund für die Entstehung einer Sorgfaltspflicht und folglich zur Begründung einer *negligence*-Haftung im englischen Recht *Fleischer/Korch*, ZIP 2019, 2181, 2185 m.w.N. zur Begründung einer *negligence*-Haftung im englischen Recht.

64 Das Gericht äußerte sich nicht im Detail zu dieser Voraussetzung. Die teleologische Basis hierfür bildet jedoch der dreiteilige Caparo-Test (Nähe, Vorhersehbarkeit und Billigkeit), der nach britischem Recht für die Begründung einer Sorgfaltspflicht herangezogen wird, vgl. Chandler v Cape plc [2012] EWCA Civ. 525 Rn. 32.

Zudem stellte es ausdrücklich fest, dass es sich hierbei nicht um eine Durchgriffshaftung der Gesellschafter handele.[65] Es wies den Hinweis zurück, dass eine „*assumption of responsibility*" sich im Konzern nur anhand eines sogenannten „Schwellenwerttests" bestimme ließe und auf begrenzte Sachverhalte beschränkt sei.[66] Ein solcher besonderer Sachverhalt liege nach dieser Ansicht beispielsweise vor, wenn die Muttergesellschaft die spezifische Gesundheits- und Sicherheitsfunktion im Konzern übernommen hat.

Dagegen verwies das Gericht auf die unterschiedlich ausgestaltete Arbeitsweise von Konzernen, bei denen einerseits eine Tochtergesellschaft bloß als Abteilung der Muttergesellschaft geführt werden könne und andererseits die eigenständige Rechtspersönlichkeit der Tochtergesellschaft gewahrt und respektiert werde.[67] Somit sei unmöglich zu bestimmen, in welchen Fällen ein „normaler Vorfall" einer Konzernbeziehung zwischen Mutter- und Tochtergesellschaft bestehe.[68]

III. AAA v Unilever plc

Für ein besseres Verständnis der nachfolgend zu erörternden Entscheidung des *UK Supreme Courts* in *Lungowe v Vedanta Resources plc*, ist in gebotener Kürze auf die Entscheidung des *UK Court of Appeal* in *AAA v Unilever plc*[69] einzugehen.

In diesem Fall ging es ebenfalls um die Frage, ob die britische Muttergesellschaft (*Unilever plc*) gegenüber ihrer kenianischen Tochtergesellschaft *Unilever Tea Kenya Ltd.* (*UKTL*), deren Arbeitnehmern sowie Bewohnern einer Teeplantage eine deliktsrechtliche Sorgfaltspflichtverletzung[70] begangen hat. Hintergrund der Klage von Arbeitnehmern und Bewohnern war ein Gewaltausbruch in Folge von politischen Unruhen im Rahmen der im Jahr 2007 ergangenen Präsidentschaftswahl in Kenia.

Unilever plc war zu dem Zeitpunkt die oberste Holdinggesellschaft von *UTKL*. *Unilever plc* hatte eine 100 %ige Tochtergesellschaft, die *Brooke Bond Group Ltd.*, die wiederum 88,2 % an der UTKL hielt.[71]

---

65 Chandler v Cape plc [2012] EWCA Civ. 525 Rn. 6.
66 Chandler v Cape plc [2012] EWCA Civ. 525 Rn. 67 f.
67 Chandler v Cape plc [2012] EWCA Civ. 525 Rn. 67.
68 Chandler v Cape plc [2012] EWCA Civ. 525 Rn. 67.
69 AAA v Unilever plc [2018] EWCA Civ. 1532.
70 AAA v Unilever plc [2018] EWCA Civ. 1532 Rn. 2.
71 AAA v Unilever plc [2018] EWCA Civ. 1532 Rn. 13.

Der Vorwurf der Kläger richtete sich konkret darauf, dass Mutter- sowie Tochtergesellschaft es versäumt hätten, einen angemessen Krisenmanagementplan zu erstellen, obwohl die Gewaltausbrüche im Rahmen der Präsidentschaftswahl vorhersehbar gewesen seien.[72]

Der Mutter- und der Tochtergesellschaft wurde ein Unterlassen wirksamer Gefahrenabwehrmaßnahmen vorgeworfen. Das Gericht stellte auf zwei für eine Muttergesellschaft sorgfaltspflichtbegründende Kategorien ab:

(1) Die Muttergesellschaft übernimmt im Wesentlichen die Leitung der betroffenen Aktivität von der Tochtergesellschaft oder übernimmt diese gemeinsam mit ihr oder

(2) die Mutter- gibt der Tochtergesellschaft Ratschläge, inwiefern sie mit einem bestimmten Risiko umgehen soll.[73]

Das Gericht war überzeugt, dass der Umstand (1) im konkreten Fall nicht vorlag, da die Verwaltung der Geschäfte von UTKL eindeutig von ihrer eigenen Geschäftsleitung durchgeführt wurde. Dabei verwies es auf die Äußerungen des vorinstanzlichen Richters in der Rechtssache *Okpabi v Royal Dutch Shell plc*, nach der eine derartige Unternehmensstruktur mit ausländischen Tochtergesellschaften unter Errichtung eigener Managementstrukturen tendenziell gegen das erforderliche *Caparo*-Kriterium der Nähe sprechen würde.[74]

Ferner lehnte es eine Sorgfaltspflicht im Sinne der Kategorie (2) ab, da aus den Beweisen hervorging, dass *Unilever plc* keine wesentlichen Ratschläge oder Anweisungen bezüglich des Risikomanagements an die Tochtergesellschaft erteilt habe.[75] Vielmehr habe *UTKL* über eine eigene Risikomanagementpolitik verfügt und war für deren Umsetzung auch verantwortlich.

IV. Lungowe v Vedanta Resources plc

Im Fall *Lungowe v Vedanta Resources plc*[76] hatte der *UK Supreme Court* im April 2019 über Ansprüche von sambischen Bewohnern gegen *Vedanta Resources plc* zu entscheiden.

72 AAA v Unilever plc [2018] EWCA Civ. 1532 Rn. 13.
73 AAA v Unilever plc [2018] EWCA Civ. 1532 Rn. 37.
74 AAA v Unilever plc [2018] EWCA Civ. 1532 Rn. 38.
75 AAA v Unilever plc [2018] EWCA Civ. 1532 Rn. 40.
76 Lungowe and others v Vedanta Resources plc and another [2019] UKSC 20.

Vedanta ist eine in Großbritannien sitzende Muttergesellschaft der zweiten Angeklagten *Konkola Copper Mines plc*, einer in Sambia eingetragenen Aktiengesellschaft und Eigentümerin der Kupfermine „Nchanga".[77]

Die Anspruchsteller beklagten Gesundheits- sowie landwirtschaftliche Schäden durch wiederholtes Einbringen giftiger Stoffe aus der Kupfermine in die lokalen Wasserläufe.[78]

Das Gericht betonte, dass die Frage nach der Verantwortlichkeit der Muttergesellschaft nicht nach einer eigenen Kategorie einer Fahrlässigkeitshaftung, sondern nach allgemeinen deliktsrechtlichen Grundsätzen zu beantworten sei.[79]

Das (in-)direkte Eigentum oder eine Anteilsmehrheit eines Unternehmensträgers an anderen Unternehmensträgern könne es der Muttergesellschaft ermöglichen, die Kontrolle über die Geschäftsführung der Tochtergesellschaft oder deren Grundstück zu übernehmen. Es verpflichte die Muttergesellschaft jedoch nicht dazu. Alles hänge davon ab, inwieweit und auf welche Weise die Muttergesellschaft die Gelegenheit genutzt habe, die Verwaltung der relevanten Operationen (einschließlich der Landnutzung) der Tochtergesellschaft zu übernehmen, einzugreifen, zu kontrollieren, zu überwachen oder zu beraten. Das Bestehen einer Tochtergesellschaft zeige lediglich, dass die Muttergesellschaft eine Gelegenheit zur Kontrolle hat.[80]

Der Richter *Lord Briggs* lehnte eine Sorgfaltspflicht der Muttergesellschaft gegenüber Dritten allein unter Heranziehung des in *AAA v Unilever plc*[81] vorgeschlagenen Begründungansatzes ab. Die beiden Gründe betrafen folgende Konstellationen:

(1) Die Muttergesellschaft übernimmt im Wesentlichen die Leitung der betroffenen Aktivität von der Tochtergesellschaft oder übernimmt diese gemeinsam mit ihr oder

(2) die Mutter- gibt der Tochtergesellschaft Ratschläge, inwiefern sie mit einem bestimmten Risiko umgehen soll.[82]

Lord Briggs begründete seine Ablehnung damit, dass die Management- und Kontrollmodelle, die innerhalb einer multinationalen Unternehmensgruppe eingeführt werden könnten, vielfältig seien.[83] Es gebe Fälle, in denen

77 Lungowe and others v Vedanta Resources plc and another [2019] UKSC 20 Rn. 2.
78 Lungowe and others v Vedanta Resources plc and another [2019] UKSC 20 Rn. 1.
79 Lungowe and others v Vedanta Resources plc and another [2019] UKSC 20 Rn. 49 f.
80 Lungowe and others v Vedanta Resources plc and another [2019] UKSC 20 Rn. 49 f.
81 AAA v Unilever plc [2018] EWCA Civ. 1532.
82 AAA v Unilever plc [2018] EWCA Civ. 1532 Rn. 37.
83 Lungowe and others v Vedanta Resources plc and another [2019] UKSC 20 Rn. 51.

die Muttergesellschaft bloß als passiver Investor mit der Tochtergesellschaft in Verbindung steht. In anderen Fällen könne die Muttergesellschaft eine vertikale Umstrukturierung der Geschäfte der Konzern-Gruppe (und der Tochtergesellschaften) vornehmen mit der Folge, dass sie hinsichtlich des Managements wie ein einziges Handelsunternehmen auftreten.

Ferner erklärte *Lord Briggs* eine pflichtenbegründende Wirkung von konzernweiten Leitlinien zu Sicherheits- oder Umweltrisiken für möglich.

Auch könne ein aktives Vorgehen der Muttergesellschaft durch Schulungen, Überwachungen und Durchsetzung pflichtenbegründend wirken.[84]

Zudem könne eine öffentliche Bekanntmachung von Kontroll- und Überwachungstätigkeiten in den Tochterbetrieben im Falle des Unterlassens derselben eine haftungsrechtliche Verantwortung nach sich ziehen. Eine endgültige Entscheidung des Falles steht noch aus.[85]

V. Okpabi v Royal Dutch Shell plc

Zudem wird *Okpabi v Royal Dutch Shell plc*[86] als ein weiterer Praxisfall herangezogen, der die Haftung einer Muttergesellschaft auf Grund von Umweltschädigungen durch die Tochtergesellschaft zur Grundlage hat.[87]

Der *UK Supreme Court* hatte über eine Haftung von *Royal Dutch Shell plc* als Muttergesellschaft zu entscheiden.[88] Die Muttergesellschaft *Royal Dutch Shell plc* hat im Vereinten Königreich ihren Sitz.[89]

Der konzernzugehörige Pipelinebetreiber *Shell Petroleum Development Company of Nigeria Ltd.*[90] mit Sitz in Nigeria war dort für die Ölförderung zuständig. Bei der Ölförderung kam es zu Umweltverschmutzungen des Nigerdelta.

84 Lungowe and others v Vedanta Resources plc and another [2019] UKSC 20 Rn. 53.

85 *Schall*, ZIP 2021, 1241, 1248 a.E.

86 Okpabi and others v Royal Dutch Shell plc and another [2021] UKSC 3.

87 *Kaller*, ZEuP 2022, 149, 164 ff. mit ausführlichen Anmerkungen zu diesem Urteil.

88 Okpabi and others v Royal Dutch Shell plc and another [2021] UKSC 3 Rn. 1; vgl. *Wagner*, RabelsZ 2016, 717, 720 zum niederländischen Urteil; *Fleischer/Korch*, ZIP 2021, 709, 709 ff.

89 Okpabi and others v Royal Dutch Shell plc and another [2021] UKSC 3 Rn. 6; zu derzeit hatte RDS seinen Verwaltungssitz noch in den Niederlanden. Nunmehr verlegt der Konzern seinen Sitz ausschließlich nach Großbritannien und will fortan die verkürzte Bezeichnung Shell plc führen, vgl. https://www.zeit.de/wirtschaft/unternehmen/2021-12/shell-royal-dutch-steuersitz-grossbritannien-klima-niederlande (Stand: 01.06.2023).

90 Im Folgenden abgekürzt als SPDC bezeichnet.

Diese führten laut Angaben der Bewohner zu der Unbrauchbarkeit der lokalen Wasserressourcen, die die Bewohner zum Zwecke des Fischfangs, der Landwirtschaft und der Gewinnung von Trinkwasser nutzten.[91]

Der König Okpabi klagte im Namen der etwa 40.000 betroffenen Bewohner gegen *Royal Dutch Shell plc* auf Schadensersatz.[92]

Das Gericht formulierte die rechtlichen Gründe für das Bestehen einer haftungsrelevanten Verantwortlichkeit einer Muttergesellschaft im Lichte des *Vedanta*-Urteils[93] neu.[94] Somit bestehe eine Sorgfaltspflicht von *Royal Dutch Shell plc* (*RDS*), wenn es

(1) die Leitung der relevanten Tätigkeit insgesamt oder gemeinsam mit der Tochtergesellschaft *SPDC* übernimmt,

(2) eine fehlerhafte Beratung bietet und/oder fehlerhafte konzernweite Sicherheits-/Umweltrichtlinien verkündet, die von *SPDC* umgesetzt wurden,

(3) konzernweite Sicherheits-/Umweltrichtlinien veröffentlicht und aktive Schritte unternimmt, um deren Umsetzung durch *SPDC* sicherzustellen oder

(4) *RDS* darauf hinweist, dass es ein besonderes Maß an Aufsicht und Kontrolle über *SPDC* ausübt.

Vor dem Hintergrund der vorliegenden Schriftsätze untersuchte das Gericht insbesondere die Gründe (1) und (3)[95] und kam zu dem Schluss, dass diese Gründe – entgegen der Annahme des Berufungsgerichtes – von einem Streitpunkt zeugen[96], sodass die Sache zurückgewiesen wurde. Ein endgültiges Urteil steht noch aus.[97]

Das Gericht arbeitete zu seiner Begründung vier wesentliche Punkte heraus.

Erstens führte es aus, dass Konzern-Richtlinien ausreichen könnten, um eine Sorgfaltspflicht einer Muttergesellschaft zu begründen.[98]

Zweitens sei für eine Sorgfaltspflichtbegründung der Muttergesellschaft die Kontrolldichte über die Tochtergesellschaft nicht maßgeblich.[99] Die Sorgfaltspflichtbegründung dürfe nicht, wie von der Vorinstanz noch vertreten, auf Fälle

---

91 Okpabi and others v Royal Dutch Shell plc and another [2021] UKSC 3 Rn. 4.
92 Okpabi and others v Royal Dutch Shell plc and another [2021] UKSC 3 Rn. 3.
93 Lungowe and others v Vedanta Resources plc and another [2019] UKSC 20.
94 Okpabi and others v Royal Dutch Shell plc and another [2021] UKSC 3 Rn. 26.
95 Okpabi and others v Royal Dutch Shell plc and another [2021] UKSC 3 Rn. 153.
96 Okpabi and others v Royal Dutch Shell plc and another [2021] UKSC 3 Rn. 158.
97 *Schall*, ZIP 2021, 1241, 1248 a.E.
98 Okpabi and others v Royal Dutch Shell plc and another [2021] UKSC 3 Rn. 143.
99 Okpabi and others v Royal Dutch Shell plc and another [2021] UKSC 3 Rn. 146.

beschränkt werden, in denen die Muttergesellschaft (tatsächlich) Kontrolle über die Tochtergesellschaft ausübt.

Es könne auch dann zu einer Verantwortungsübernahme kommen, wenn es formal an der Kontrolle an der Tochtergesellschaft fehle.[100] Als Beispiele hierfür nannte der *Supreme Court* die Erklärungen der Muttergesellschaft in öffentlichen Verlautbarungen, in Form von Berichten oder auf der Website, sie würde bestimmte Aktivitäten im Konzern überwachen, obwohl sie es in Wahrheit nicht tut.

Drittens betonte das Gericht, dass es kein besonderes Konzerndeliktsrecht gebe und dass der Wille zur Haftungstrennung einer Verantwortungsübernahme (nach den allgemeinen Grundsätzen) nicht entgegenstehe.[101] Damit bestätigte das Gericht den *Court of Appeal* im *Unilever*-Fall, der ebenfalls darauf hinwies, dass es keine spezielle Konzerndeliktsrechtshaftung gebe.[102]

Viertens wurde betont, dass die Deliktshaftung im Konzern auch keine eigenständige Kategorie darstelle und mithin nicht den Anforderungen des *Caparo*-Tests entsprechen müsse.[103] In einem solchen Fall müssten die allgemeinen Grundsätze für das Dazwischentreten Dritter herangezogen werden.

VI. TÜV Süd AG

Ein aktuelles Beispiel betreffend Menschenrechtsverletzungen und Umweltverschmutzungen durch konzernzugehörige Gesellschaften stellt der Vorwurf gegen die *TÜV Süd AG* als Muttergesellschaft einer brasilianischen Tochtergesellschaft, die ihren Prüfpflichten nicht ordnungsgemäß nachgekommen sein soll, dar.[104]

Die Tochtergesellschaft der *TÜV Süd AG* (*TÜV SÜD Bureau de Projetos e Consultoria Ltda.*)[105] hatte 2019 an der Eisenerzmine *Córrego do Feijão* die Stabilität der Rückhaltebecken des Bergbau-Konzerns *Vale*[106] geprüft und deren Sicherheit bestätigt. In der Folge kam es zu einem Dammbruch, der eine Schlammlawine auslöste, welche im Anschluss sowohl die Anlage selbst als auch die Ortschaften

100 Okpabi and others v Royal Dutch Shell plc and another [2021] UKSC 3 Rn. 147 f.
101 Okpabi and others v Royal Dutch Shell plc and another [2021] UKSC 3 Rn. 146.
102 Okpabi and others v Royal Dutch Shell plc and another [2021] UKSC 3 Rn. 149 f.; vgl. AAA v Unilever plc [2018] EWCA Civ. 1532 Rn. 36.
103 Okpabi and others v Royal Dutch Shell plc and another [2021] UKSC 3 Rn. 151.
104 Vgl. *Hübner*, NZG 2020, 1411, 1415.
105 Unbenannt in TÜV SÜD Brasil Engenharia e Consultoria Ltda.
106 BT-Drs. 19/23053 v. 02.10.2020 zu Menschenrechtsverletzungen in Brasilien durch die Bolsonaro-Regierung seit dem Beginn der Corona-Krise, S. 4.

und Menschen traf.[107] Mehrere hundert Menschen starben bei dem Ereignis.[108] Zudem kam es zu lokalen Umweltschäden.[109]

Die *TÜV Süd AG* muss sich nun vor dem Landgericht München in einem Zivilverfahren zu den Vorgängen äußern.[110] Die Kläger verlangen Schadensersatz wegen Verletzung des Lebens und Schmerzensgeld für den Verlust naher Angehöriger. Ob deutsches Recht zur Anwendung kommen wird, steht derzeit noch offen.[111] Eine Entscheidung hatte das Landgericht München für den 01.02.2022 angekündigt.[112] Nunmehr wurde der Wiedereintritt in die mündliche Verhandlung wegen der Klageerweiterung um weitere 1.163 Klägerinnen und Kläger auf insgesamt 1.170 Klageparteien angeordnet.[113]

VII. Eingrenzung der Untersuchung

1. Untersuchungskonstellationen und Eingrenzung

Die Untersuchung ist auf die Praxisfälle angelegt, in denen Arbeitnehmer, Anwohner oder Dritte durch die Aktivitäten eines ausländischen Unternehmensträgers, der lediglich über vertragliche Lieferbeziehungen in der Lieferkette oder über einen Konzern mit der inländischen Gesellschaft verbunden ist, in ihren Menschenrechten verletzt werden.[114]

---

107 Redaktion beck-aktuell v. 10.07.2019, becklink 2013610.

108 *Frisse,* Anklage gegen Bergbaukonzern Vale und TÜV Süd zugelassen, Zeit v. 15.02.2020, abrufbar unter: https://www.zeit.de/gesellschaft/zeitgeschehen/2020-02/brasilien-anklage-bergbaukonzern-vale-tuev-sued-dammbruch.

109 *Lichterbeck*, Die andauernde Katastrophe, Tagesspiegel v. 25.01.2020, abrufbar unter: https://www.tagesspiegel.de/politik/ein-jahr-nach-dem-dammbruch-von-brumadinho-die-andauernde-katastrophe/25459848.html (Stand: 01.06.2023).

110 Redaktion beck-aktuell v. 10.07.2019, becklink 2013610.

111 Redaktion beck-aktuell v. 29.09.2021, becklink 2021038.

112 Vgl. hierzu *Suliak*, Der Dammbruch von Brumadinho Katastrophe mit TÜV-Siegel, LTO v. 25.01.2022, abrufbar unter: https://www.lto.de/recht/hintergruende/h/dammbruch-brasilien-brumadinho-tuev-sued-vale-schadensersatz-schmerzensgeld-igbce-bestechung-fahrlaessige-toetung/ (Stand: 01.06.2023).

113 LG München, Mündliche Verhandlung TÜV-Süd, Pressemitteilung 02 v. 25.01.2021, abrufbar unter: https://www.justiz.bayern.de/gerichte-und-behoerden/landgericht/muenchen-1/presse/2022/2.php (Stand: 01.06.2023).

114 Vgl. zu dieser Ausgangslage in Abgrenzung zu Delegationsfällen *Spindler*, ZHR 2022, 67, 98.

Für die Untersuchung sind als Anspruchssteller folglich Arbeitnehmer, Anwohner oder Dritte, die in ihren Menschenrechten verletzt werden, zu betrachten.

Als Anspruchsgegner betrachtet wird der in der Bundesrepublik Deutschland sitzende Unternehmensträger[115] als Muttergesellschaft im Konzern oder als beauftragende Gesellschaft einer Lieferkette. Für den Begriff der Muttergesellschaft werden in dieser Arbeit zudem synonym die Begriffe Obergesellschaft und herrschende Gesellschaft verwendet.

Bezüglich dieser inländischen Gesellschaften stellt sich die Frage der deliktsrechtlichen Menschenrechtsverantwortung. In der völkerrechtlichen Literatur werden diese regelmäßig als transnational agierende oder multinationale Unternehmensträger bezeichnet[116], um die grenzüberschreitende[117] Aktivität in Form von Lieferketten und Konzernverflechtungen zu verdeutlichen.

Der Gegenstand der Untersuchung beschränkt sich auf den Aktienkonzern mit einer AG als abhängiger Gesellschaft und legt den GmbH-Konzern mit einer GmbH als abhängiger Gesellschaft für ausgewählte Fragestellungen zugrunde. Grund dafür ist, dass eine eingehende Untersuchung sämtlicher Konzernformationen den Rahmen dieser Arbeit sprengt und in der Praxis die Bedeutung des Aktien- oder GmbH-Konzerns auch besonders groß ist.[118]

Die verschiedenen Konzernformen des Eingliederungs- und Vertragskonzerns sowie des faktischen Konzerns werden dabei auf ihre Besonderheiten hin betrachtet.

Mögen als herrschende Gesellschaft auch andere Rechtsformen als die AG oder die GmbH in Betracht kommen, beziehen sich die nachfolgenden Ausführungen dennoch allein auf diese beiden Rechtsformen.

Die folgenden Abbildungen dienen der Darstellung der der Untersuchung zugrundeliegenden Konstellationen.

2. Unterstellung der Anwendbarkeit nationalen Rechts

Hinsichtlich der Frage nach der deliktsrechtlichen Menschenrechtsverantwortung der Unternehmensträger ist auf das gem. Art. 4 I ROM-II-VO grundsätzlich

---

115 *K. Schmidt*, Handelsrecht, § 3 Rn. 44 mit dem Hinweis, dass der Unternehmensträger das Rechtssubjekt darstellt, welches Träger der Rechte und Pflichten ist.

116 *Herdegen*, Völkerrecht, § 13 Rn. 1; *Fremuth*, Menschenrechte (2020), S. 21.

117 Vgl. *Paefgen*, ZIP 2021, 2006, 2006.

118 *Emmerich/Habersack*, Konzernrecht, § 1 Rn. 8; *Kindler*, Grundkurs Handels- und Gesellschaftsrecht, S. 7; *Koch*, Gesellschaftsrecht, § 38 Rn. 1, 52.

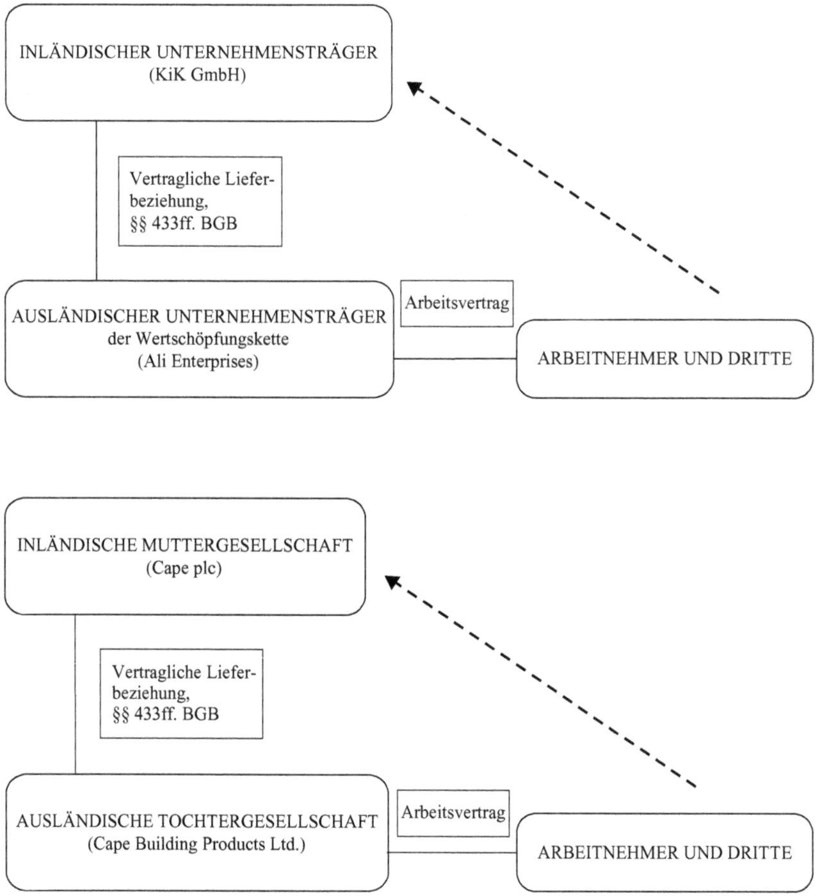

Abb. 1: Untersuchungskonstellationen: Lieferketten

anzuwendende Recht am Ort des Schadensereignisses, d.h. auf das ausländische Recht, zu verweisen.[119] Neben der Regelanknüpfung am Deliktsstatut i.S.d.

119 *Mansel*, ZGR 2018, 439 ff. zu den kollisionsrechtlichen Fragen bezüglich der Menschenrechtsverantwortlichkeit deutscher Unternehmensträger vor Veröffentlichung des CSDDD-Vorschlages und mit dem Ergebnis, dass für die Haftung einer in Deutschland ansässigen Obergesellschaft für Menschenrechtsverletzungen de lege lata nicht das deutsche, sondern das ausländische Recht zur Anwendung kommt;

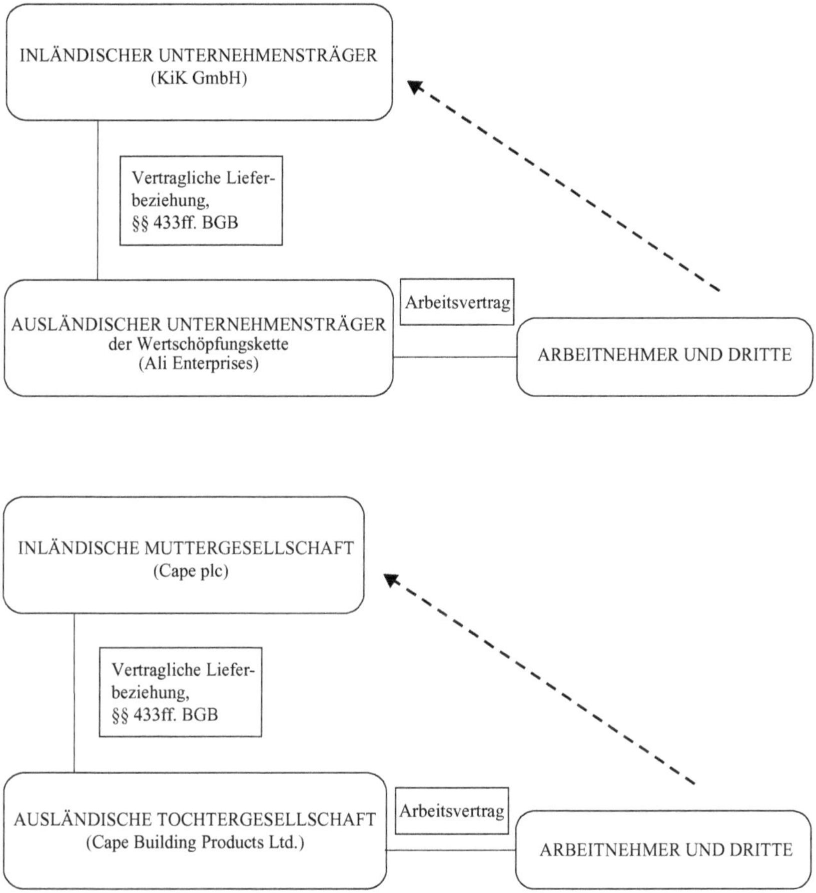

Abb. 2: Untersuchungskonstellationen: Konzern

ROM-II-VO besteht auch kein allgemeines, international geltendes Recht zur Regelung transnationaler Gesellschaftsverbindungen.[120]

Nietsch, in: *Nietsch,* Corporate Social Responsibility Compliance (2021), S. 196 ff., S. 200.

120 *V. Schenck*, in: *Lutter/Bayer*, Holding-Handbuch, § 5 Rn. 84a.

Von diesem Grundsatz wird jedoch bei unveränderter Übernahme des aktuellen europäischen *Corporate Sustainability Due Diligence-Directive*-Vorschlages[121] de lege ferenda abgewichen werden. Art. 22 V des CSDDD-Vorschlages[122] enthält eine international-privatrechtliche Regelung, wonach die Mitgliedstaaten sicherstellen müssen, dass die zur Umsetzung dieses Artikels vorgesehene nationale zivilrechtliche Haftung zwingend Anwendung findet, und Vorrang hat in Fällen, in denen das auf entsprechende Ansprüche anzuwendende Recht nicht das Recht eines Mitgliedstaats ist. Die Regelung des Richtlinienvorschlages stellt eine sog. Eingriffsnorm dar, die es ermöglicht, dass eine Kollisionsnorm des IPR, wie Art. 4 ROM-II-VO, nicht angewendet wird.

Grund für diese Regelung ist laut der Richtlinienbegründung[123] die Harmonisierung der unternehmerischen Sorgfaltspflichten auf EU-Ebene, um „Hindernisse für die Freizügigkeit und Wettbewerbungsverzerrungen" vorzubeugen (sogenannter „*Level Playing Field*"-Gedanke).[124] In dem Erwägungsgrund Nr. 61 wird dagegen die Wirksamkeit des Opferschutzes als Regelungsanlass betont.

Der Untersuchung wird folglich die Anwendbarkeit nationalen Rechts[125] unterstellt, die derzeit[126] im Sinne des Art. 22 V CSDDD-Vorschlages auch zu erwarten ist.

B. Menschenrechtsverantwortung von Unternehmensträgern

Nachdem die Ausgangsfälle der Untersuchung feststehen, wird das der Untersuchung zugrundeliegende Verständnis der deliktsrechtlichen Menschenrechtsverantwortung inländischer Unternehmensträger erörtert und von der völkerrechtlichen Menschenrechtsverantwortung abgegrenzt. Es folgt zwar bereits aus § 823 BGB, dass Private keine sanktionslosen Rechts- und Rechtsgutsverletzungen begehen dürfen. Dennoch stellt sich die Frage, ob und inwieweit

---

121 Im Folgenden abgekürzt als CSDDD bezeichnet.

122 Näher unter Kap. 2 B.

123 Vorschlag für eine Richtlinie des Europäischen Parlaments und des Rates über die Sorgfaltspflichten von Unternehmen im Hinblick auf Nachhaltigkeit und zur Änderung der Richtlinie (EU) 2019/1937; COM(2022) 71 final 2022/0051(COD), S. 12 ff.

124 *Nietsch/Wiedmann*, CCZ 2022, 125, 133.

125 Hierzu *Nietsch,* in: *Nietsch,* Corporate Social Responsibility Compliance (2021), S. 200 ff.

126 Vgl. zu den noch abzuwartenden sog. Trilog-Verhandlungen der EU-Institutionen und der hierauf folgenden endgültigen CSDDD-Fassung, Kap. 2 B.

unter den deliktsrechtlich sanktionierten Rechtsverletzungen auch Menschenrechtsverletzungen verstanden werden können. Die Abgrenzung erfolgt somit zum Zwecke der Begriffsbestimmungen und des Begriffsverständnisses einer „Menschenrechtsverantwortung von Privaten".

Dafür wird im folgenden Abschnitt in der gebotenen Kürze das völkerrechtliche Verständnis von Menschenrechten und ihre Bindungswirkung dargestellt. Sodann erfolgt die Abgrenzung zu der deliktsrechtlichen Menschenrechtsverantwortung, die für die vorliegende Untersuchung herangezogen wird.

I. Menschenrechte nach dem völkerrechtlichen Verständnis

Die Menschenrechte wurden ursprünglich aus völkerrechtlichen Prinzipien entwickelt. Aus völkerrechtlicher Sicht haben Menschenrechte die Funktion, den Einzelnen vor staatlichen Eingriffen des Heimatstaates und Drittstaaten zu schützen.[127]

Die Menschenrechte sind gesetzlich und im internationalen Kontext nicht gemeingültig definiert.[128] *Fremuth*[129] definiert die Menschenrechte wie folgt:

> „Menschenrechte sind die allen Menschen kraft Geburt zustehenden, egalitären und vorstaatlichen Rechte, die auf Achtung, Schutz und Erfüllung an staatliche oder überstaatliche Hoheitsgewalt gerichtet sind. Sie beanspruchen universelle Geltung, sind unveräußerlich, unteilbar und interdependent."

Ein wesentliches Merkmal ist folglich, dass Menschenrechte jeder natürlichen Person als Rechtssubjekt von Geburt an zustehen.[130]

Das Völkerrecht ist primär an die Staaten als originäre Völkerrechtssubjekte[131] adressiert.[132]

Den Unternehmensträgern im Sinne dieser Schrift mangelt es an der Völkerrechtssubjektivität, die für eine unmittelbare völkerrechtliche Bindung an

127 *Herdegen*, Völkerrecht, § 47 Rn. 1 f.; *Wagner*, RabelsZ 2016, 717, 755 f.

128 *Osieka*, Zivilrechtliche Haftung deutscher Unternehmen für menschenrechtsbeeinträchtigende Handlungen ihrer Zulieferer (2014), S. 23.

129 *Fremuth*, Menschenrechte (2020), S. 7.

130 *Nordhues*, Die Haftung der Muttergesellschaft und ihres Vorstands für Menschenrechtsverletzungen im Konzern (2019), S. 38.

131 *Güngör*, Sorgfaltspflichten von Unternehmensträgerin transnationalen Menschenrechtsfällen (2016), S. 288 f.; vgl. *Thomale/Hübner*, JZ 2017, 385, 387; *Weller/Thomale*, ZGR 2017, 509, 515.

132 Vgl. *Wagner*, RabelsZ 2016, 717, 721; *Schall*, ZGR 2018, 479, 480.

die Menschenrechte zwingende Voraussetzung ist.[133] Die völkerrechtlichen Abkommen binden lediglich die Staaten als Vertragspartner. Für die Unternehmensträger sind diese nicht verbindlich.[134]

Eine unmittelbare völkerrechtliche Bindung der Unternehmensträger, die eine Haftung de lege lata begründen könnte, ist abzulehnen.[135]

Um die menschenrechtlichen Verpflichtungen auch auf Unternehmensträger erstrecken zu können, wird daneben über eine sog. partielle Völkerrechtssubjektivität der transnational agierenden Unternehmensträger diskutiert.[136] Begründet wird die partielle Völkerrechtssubjektivität damit, dass die Staaten die Unternehmensträger teilweise als gleichgeordnete Völkerrechtssubjekte anerkennen würden, indem sie mit ihnen Verträge wie beispielsweise im Investitionsschutzrecht schlössen und mit ihnen in schiedsgerichtlichen Verfahren „auf Augenhöhe“ verhandelten. Die völkerrechtlich herrschende Ansicht streitet eine solche partielle Bindung an die Menschenrechte allerdings ab.[137]

II. Menschenrechtsschutz auf mehreren Ebenen

Der Menschenrechtsschutz findet sich nicht nur im Völkerrecht, sondern auf weiteren Ebenen wieder.[138]

Im nationalen Recht werden die wesentlichen, in den Praxisfällen betroffenen, Rechtspositionen verfassungsrechtlich durch das Recht auf Leben und körperliche Unversehrtheit gem. Art. 2 II 1, 3 GG und durch die allgemeine Handlungsfreiheit gem. Art. 2 I 1 GG gewährleistet.

---

133 *Nasse*, ZEuP 2019, 774, 780; *Fremuth*, Menschenrechte (2020), S. 22; *Spießhofer*, in: *Krieger/Schneider*, Handbuch Managerhaftung, § 39 Rn. 13.

134 Vgl. *Jarass*, GrCh, Art. 51 Rn. 16; NK-EMRK/*Nettesheim* Art. 1 Rn. 5 ff.; *Osieka*, Zivilrechtliche Haftung deutscher Unternehmen für menschenrechtsbeeinträchtigende Handlungen ihrer Zulieferer (2014), S. 28.

135 *Kaleck/Saage-Maaß*, Unternehmen vor Gericht (2016), S. 55 mit dem Hinweis, dass Unternehmensträger nicht vor den Menschenrechtsgerichtshöfen und UN-Vertragsorganen angeklagt werden könnten, da sie nicht durch die völkerrechtlichen Menschenrechtsverträge gebunden seien; vgl. ausführlich hierzu *Haider*, Haftung von transnationalen Unternehmen und Staaten für Menschenrechtsverletzungen (2019), S. 192 ff., S. 234 f.; *Fremuth*, Menschenrechte (2020), S. 21 f.; *Peters*, Menschenrechtsschutz in der internationalen Gesellschaft (2020), S. 333; a.A. *Schall*, ZGR 2018, 479, 481.

136 *Fremuth*, Menschenrechte (2020), S. 21 f.

137 *Fremuth*, Menschenrechte (2020), S. 21 f.

138 Vgl. *Nietsch*, in: *Nietsch*, Corporate Social Responsibility Compliance (2021), S. 164 f.

Auf europäischer Ebene werden die Interessen vor allem durch die Charta der Grundrechte der Europäischen Union[139] (GRCh) und die Europäische Menschenrechtskonvention[140] (EMRK) gewährleistet.[141]

Als internationale Vorläufer des Menschenrechtsschutzes fungierten die Vereinten Nationen mit ihrer rechtlich unverbindlichen Resolution[142] zur Allgemeinen Erklärung der Menschenrechte[143] (AEMR) und den UN-Menschenrechtsverträgen wie dem Sozialpakt[144] und dem Zivilpakt[145].

Die Abkommen umfassen Menschenrechte, die in den Praxisfällen von unternehmerischer Seite beeinträchtigt werden. Der Sozialpakt umfasst beispielsweise Menschenrechte wie das Recht auf gerechte und günstige Arbeitsbedingungen gem. Art. 7. Hierzu zählt das Recht auf einen angemessenen Lohn gem. Art. 7 lit. a, das Recht auf sichere und gesunde Arbeitsbedingungen gem. Art. 7 lit. b sowie das Recht auf Arbeitspausen, angemessene Begrenzung der Arbeitszeit und regelmäßig bezahlten Urlaub, gem. Art. 7 lit. d. Ferner regelt Art. 10 Nr. 3 den Schutz von Kindern und Jugendlichen vor wirtschaftlicher und sozialer Ausbeutung. Ihre Beschäftigung mit Arbeiten, die ihrer Moral oder Gesundheit schaden, ihr Leben gefährden oder voraussichtlich ihre normale Entwicklung behindern, soll gesetzlich strafbar sein.

Diese Rechte sind nach den UN-Pakten von den Vertragsstaaten anzuerkennen und binden folglich unmittelbar auch nur die Vertragsstaaten als Pflichtenträger. Somit können diese Rechte als Schutzpflichten der Staaten verstanden

---

139 Charta der Grundrechte der Europäischen Union v. 07.12.2000, ABl. der EU C 326/02 v. 26.10.2012, S. 391 ff.

140 Konvention zum Schutze der Menschenrechte und Grundfreiheiten vom 04.11.1950, BGBl. II 2010, S. 1198.

141 Vgl. *Jarass*, GrCh, Art. 51 Rn. 16; NK-EMRK/*Nettesheim* Art. 1 Rn. 5 ff.; *Osieka*, Zivilrechtliche Haftung deutscher Unternehmen für menschenrechtsbeeinträchtigende Handlungen ihrer Zulieferer (2014), S. 28; als völkerrechtliche Abkommen binden diese ausschließlich die jeweiligen (größtenteils) europäischen Vertragsstaaten.

142 Zu den Gründen der fehlenden Rechtsverbindlichkeit *Habersack/Ehrl*, AcP 2019, 155, 170, 171 f.

143 Allgemeine Erklärung der Menschenrechte vom 10.12.1948, UN-Doc. A/RES/17 A (III), abrufbar unter: www.unric.org/de/menschenrechte/16 (Stand: 01.06.2023).

144 Internationaler Pakt über wirtschaftliche, soziale und kulturelle Rechte vom 16.12.1966, BGBl. II 1973, S. 1569.

145 Internationaler Pakt über bürgerliche und politische Rechte vom 16.12.1966, BGBl. II 1973, S. 1533.

werden. Private Unternehmensträger werden durch die Rechte nicht unmittelbar gebunden.[146]

Neben den genannten Rechtsquellen der Menschenrechte bestehen bestimmte Menschenrechtsstandards in Form des sog. *soft law*.[147] *Soft law* begründet zunächst keine unmittelbaren Rechte und Pflichten. Es nimmt in der Rechtsentwicklung des Völkerrechts eine Stellung zwischen unverbindlichen Rechtsregeln und verbindlichem Völkergewohnheitsrecht ein.[148] Die Besonderheit des *soft law* in dem Untersuchungskontext ist, dass es sich unmittelbar an Unternehmensträger richten kann. Von Bedeutung sind hier die *OECD*-Leitsätze[149] und *UN-Guiding Principles*[150] für multinationale Unternehmen.[151]

Letztere können als Anstoß für die Entwicklung einer deliktsrechtlichen, unternehmerischen Menschenrechtsverantwortung verstanden werden. In diesem Zusammenhang wurde der Ansatz[152] einer menschenrechtsbezogenen Sorgfaltspflicht (sog. „*human rights due diligence*") der Unternehmensträger entwickelt, die sich auch auf die Geschäftsbeziehungen zu Dritten, d.h. Zuliefererbeziehungen, erstreckt.

Das *soft law* kann für die Unternehmensträger und ihre Organe naturgemäß nur verbindlich werden, sofern diese vertraglich oder gesetzlich zur Einhaltung eines Menschenrechtsstandards wie den *OECD*-Leitsätzen für multinationale Unternehmen verpflichtet werden.[153] Die in den Leitsätzen vorgenommen

---

146 *Herdegen*, Völkerrecht, § 13 Rn. 1, § 47 Rn. 1; *V. Falkenhausen*, Menschenrechtsschutz durch Deliktsrecht (2020), S. 24 ff., S. 243.

147 *Fremuth*, Menschenrechte (2020), S. 44.

148 *Herdegen*, Völkerrecht, § 20 Rn. 4.

149 OECD-Erklärung über internationale Investitionen und multinationale Unternehmen v. 25.05.2011, abrufbar unter: https://www.bmuv.de/download/oecd-leitsaetze-fuer-multinationale-unternehmen (Stand: 01.06.2023).

150 United Nations High Commissioner on Human Rights, Guiding Principles on Business and Human Rights, HR/PUB/11/04, Geneva/New York 2011; deutsche Fassung: Geschäftsstelle Deutsches Global Impact Netzwerk, Leitprinzipien für Wirtschaft und Menschenrechte (2011), abrufbar unter: https://www.business-humanrights.org/en/big-issues/un-guiding-principles-on-business-human-rights/ (Stand: 01.06.2023); dazu *Wagner*, RabelsZ 2016, 717, 723 ff.; *Nietsch*, in: Corporate Social Responsibility Compliance (2021), S. 169 ff.

151 *Spießhofer*, NJW 2014, 2473, 2474; *Wagner*, RabelsZ 2016, 717, 726 f.

152 *Nietsch*, in: *Nietsch*, Corporate Social Responsibility Compliance (2021), S. 169 „Leitbildcharakter".

153 *Nordhues*, Die Haftung der Muttergesellschaft und ihres Vorstands für Menschenrechtsverletzungen im Konzern (2019), S. 179.

Erklärungen enthalten vorrangig Empfehlungen für ein verantwortliches unternehmerisches Handeln, ohne die Unternehmensträger selbst unmittelbar hieran zu binden.

Es ist festzuhalten, dass der Menschenrechtsschutz im engeren Sinne seinen Ursprung in völkerrechtlichen Rechtsquellen hat. Jedoch beschränkt sich der Menschenrechtsschutz nicht hierauf, sondern findet sich auf unterschiedlichen Regelungsebenen wieder.

III. Wirkungsgrenze völker- und verfassungsrechtlicher Menschenrechte

Die menschenrechtlichen Gewährleistungen des Völker- und Verfassungsrechts finden ihre Wirkungsgrenze im Verhältnis zwischen Privaten untereinander.

Mit anderen Worten verwirklichen sich die Menschenrechte nur begrenzt, und zwar im Verhältnis zwischen Bürger und Staat oder einem anderen supranationalen Hoheitsträger (Vertikalverhältnis).[154] Die Anerkennung im Horizontalverhältnis, unmittelbar zwischen den Bürgern, wird zwar bei den verfassungsrechtlichen Gewährleistungen unter dem Stichpunkt der „mittelbaren Drittwirkung“ von Grundrechten diskutiert. Damit kann jedoch nicht dieselbe Wirkung wie im Horizontalverhältnis erreicht werden.[155]

Dennoch trifft den Staat eine Schutzpflicht[156] gegenüber seinen Bürgen, die ihn dazu verpflichtet, ihre verfassungsrechtlichen Gewährleistungen zu schützen.

An dieser Stelle ist insbesondere das Deliktsrecht gem. §§ 823 ff. BGB von Bedeutung, welches von *Wagner* treffend „als verfassungsrechtlich gebotenes

---

154 Grundlegend *Canaris,* AcP 1984, 201, 245; vgl. *Bachmann,* AcP 2010, 424, 452 zu der Frage, ob Private Adressaten der europäischen Grundfreiheiten sind und im Ergebnis auf eine subsidiäre Horizontalwirkung der Grundfreiheiten abstellt; *Rebhahn,* AcP 2010, 489, 543 ff.; *Wagner*, FS Singer (2021), S. 693 f.

155 *Wagner*, FS Singer (2021), S. 693, S. 693 f.

156 Vgl. BVerfG, Urt. v. 25.02.1975 – 1 BvF 1/74, BVerfGE 39, 1, 82 ff. = NJW 1975, 573, 575 ff. (Fristenlösung); BVerfG, Ablehnung einstweilige Anordnung v. 16.10.1977 – 1 BvQ 5/77, BVerfGE 46, 160, 164 = NJW 1977, 2255, 2555 f. (Schleyer); BVerfG, Beschl. v. 08.08.1978 – 2 BvL 8/77, BVerfGE 49, 89, 141 f. = NJW 1979, 359, 363 (Kalkar); BVerfG, Beschl. v. 20.12.1979 – 1 BvR 385/77, BVerfGE 53, 30, 57 = NJW 1980, 759, 761 (Mühlheim-Kärlich); BVerfG, Beschl. v. 14.01.1981 – 1 BvR 612/72, BVerfGE 56, 54 = NJW 1981, 1655, 1656 (Fluglärm); BVerfG, Beschl. v. 24.03.2021 – 1 BvR 2656/18 = NJW 2021, 1723, 1737 f. (Klimaschutzgesetz); monographisch *Unruh*, Zur Dogmatik der grundrechtlichen Schutzpflichten (1996); *Merten,* GS Burmeister (2005), S. 227; *Brüggemeier*, Haftungsrecht: Struktur, Prinzipien, Schutzbereich (2006), S. 580.

Instrument zum Schutz grundrechtlich gewährleisteter Rechtspositionen“[157] beschrieben wird.

IV. Menschenrechtsschutz durch Deliktsrecht: Integritätsinteresse als Ausdruck der Menschenrechte

Der Menschenrechtsschutz auf der Ebene des Völkerrechts, des europäischen Rechts sowie des nationalen Verfassungsrechts ist für die Untersuchungsfälle, in denen es um die Frage nach der Verantwortung privater Rechtsträger (inländische Unternehmensträger) gegenüber anderen privaten Rechtssubjekten (Arbeitnehmer, Anwohner und Dritte) geht, unzureichend.

Daher stellt sich die Frage, ob das nationale Deliktsrecht für den Menschenrechtsschutz aktiviert werden kann.

Menschenrechte schützen die wesentlichen Interessen eines Menschen.[158] Im Hinblick auf die Untersuchungsfälle sind dies insbesondere die Schutzinteressen an Leben und Gesundheit sowie an der körperlichen Unversehrtheit.

Dieselben Interessen unterliegen dem Schutzzweck des Deliktsrechts, dem sog. Integritätsinteresse.[159] Im Deliktsrecht sind Haftungstatbestände statuiert, die dem Schutz des Integritätsinteresses, d.h. dem Schutz vor widerrechtlichen Eingriffen in den Rechtskreis einer Person, dienen.[160] Das Gebot, andere nicht im Körper und vergleichbaren wesentlichen Interessen zu verletzen, gilt allgemein (*neminem laedere*)[161] und kann im Untersuchungskontext als Ausdruck der Menschenrechte verstanden werden.

Die Regelungen zur Haftung auf Schadensersatz gem. § 823 I, II BGB schützt die im Tatbestand abschließend aufgelisteten Rechte und Rechtsgüter, namentlich Leben, Körper, Gesundheit, Freiheit, Eigentum und sonstige Rechte. Daneben schützt § 826 BGB als deliktsrechtliche Generalklausel weitere Rechte und Rechtsgüter, sofern ein Schaden unter der Voraussetzung einer vorsätzlichen, sittenwidrigen Schädigung herbeigeführt wird.

---

157 *Wagner*, FS Singer (2021), S. 693, S. 694.

158 *Wagner*, RabelsZ 2016, 717, 753; *ders.*, FS Singer (2021), S. 693 f.

159 *Rengier*, Die Abgrenzung des *positiven* Interesses vom negativen Vertragsinteresse und vom Integritätsinteresse (1977); vgl. *Wagner*, in: *Säcker/Rixecker et al.*, MüKo BGB, § 823 Rn. 548.

160 Grüneberg/*Sprau*, Einf. v. § 823 Rn. 1.

161 Grüneberg/*Sprau*, Einf. v. § 823 Rn. 2.

Den bisher entschiedenen Praxisfällen liegen allesamt mögliche unerlaubte Handlungen wie Körper- und Gesundheitsverletzungen und Tötung von Menschen zugrunde.

In dem *KiK*-Fall sind Arbeitnehmer des Zulieferers *Ali Enterprises* bei dem Brandunglück tödlich verunglückt oder wurden schwer verletzt.

Nach nationalem Verständnis liegt unstreitig nicht nur eine Verletzung von Menschenrechten, sondern ebenso eine Verletzung wesentlicher Rechtsgüter vor. Aus zivilrechtlicher Sicht geht es vor allem um die Verletzung absoluter Rechtsgüter wie dem Recht auf körperliche Unversehrtheit, der Gesundheit und des Lebens gem. § 823 I BGB.

Die Menschenrechtsverletzung stellt folglich nach nationalem Verständnis in dem Ausgangsfall gleichermaßen eine Verletzung absoluter Rechte oder Rechtsgüter dar und wird in dieser Untersuchung als eine solche unerlaubte Handlung zivilrechtlich definiert.

Der Untersuchung liegt mithin ein deliktsrechtliches Verständnis der Menschenrechtsverantwortung inländischer Unternehmensträger zugrunde und ist von dem klassisch-völkerrechtlichen Menschenrechtsverständnis abzugrenzen.

Kapitel 2 – Überblick über das Haftungsumfeld in Deutschland

Im vorliegenden Kapitel werden Haftungsinstitute und andere regulatorische Anstöße dargestellt, die für die hier zu vertiefende Fragestellung einer konzern- und lieferkettendimensionalen Fortentwicklung von Verkehrspflichten und, damit zusammenhängend, die Fortentwicklung konzern- und lieferkettendimensionaler Governance-Systeme im Unternehmensträger von Bedeutung sein können.

Die Untersuchung beschränkt sich auf neue Regulierungsanreize, die in die Richtung einer konzerndimensionalen Optimierung und Aufrüstung von Corporate Governance und Compliance-Systemen und naheliegender zivilrechtlicher Folgefragen stoßen.

A. Lieferkettensorgfaltspflichtengesetz (LkSG)

In diesem Zusammenhang ist das seit dem 16.07.2021 im Bundesgesetzblatt verkündete und seit dem 01.01.2023 in Kraft getretene LkSG[162] von Relevanz. Die menschenrechts- und umweltbezogenen Sorgfaltspflichten und die daraus entspringenden Compliance-Risiken des LkSG geben Anlass zur Anpassung der bestehenden Compliance-Systeme im Konzern und in der Lieferkette.[163]

Der Zweck des Gesetzes ist laut Regierungsentwurf[164] die Verbesserung der internationalen Menschenrechtslage, indem konkrete Anforderungen an ein verantwortliches Management von Lieferketten für bestimmte Unternehmensträger festlegt werden. Unternehmensträger sollten hiernach einen klaren,

---

162 Gesetz über die unternehmerischen Sorgfaltspflichten in Lieferketten, BGBl. I 2021, 2959; der LkSG-Entwurf wurde im Juni 2021 in der vom Ausschuss für Arbeit und Soziales geänderten Fassung angenommen, vgl. *Deutscher Bundestag* v. 11.06.2021, Plenarprotokoll BT-Drs. 19/234, S. 30272C; BR-Drs. 239/21 (Beschluss), vgl. Beschlussempfehlung und Bericht des Ausschusses für Arbeit und Soziales (11. Ausschuss), BT-Drs. 19/30505 v. 09.06.2021.

163 Vgl. *Schockenhoff/Roßkopf/Arnold*, AG 2021, 66, 67.

164 RegE Lieferkettensorgfaltspflichtengesetz v. 03.03.2021, S. 2, abrufbar unter: https://www.bmas.de/DE/Service/Gesetze-und-Gesetzesvorhaben/gesetz-unternehmerische-sorgfaltspflichten-lieferketten.html (Stand: 09.01.2023).

verhältnismäßigen und zumutbaren gesetzlichen Rahmen zur Erfüllung der menschenrechtlichen Sorgfaltspflichten erhalten.

Der Nationale Aktionsplan (NAP)[165] der Bundesregierung zur Umsetzung der VN-Leitprinzipien für Wirtschaft und Menschenrechte war zunächst auf die freiwillige Verpflichtung der Unternehmensträger zum Menschenrechtsschutz in den Wertschöpfungsketten ausgerichtet. Aus Sicht der Politik wurde nach erfolgloser[166] Umsetzung des NAP seitens der Unternehmensträger, wie im Koalitionsvertrag der Großen Koalition vom 13.03.2018 vereinbart[167], im April 2021 der Gesetzesentwurf[168] über unternehmerische Sorgfaltspflichten in Lieferketten beschlossen.

Konkret wurde im Koalitionsvertrag die „[...] konsequente Umsetzung des Nationalen Aktionsplans Wirtschaft und Menschenrechte (NAP) [...]" vereinbart. Sofern eine freiwillige Selbstverpflichtung der Unternehmensträger nach den Ergebnissen des NAP 2020 nicht ausreichte, werde die Regierung national gesetzlich tätig und würde sich zudem für eine EU-weite Regelung einsetzen.[169]

Um dieses Ziel zu erreichen, regelt § 3 I 1 LkSG die Pflicht von Unternehmensträgern zur „angemessenen" Beachtung menschenrechtlicher und umweltbezogener Sorgfaltspflichten.

---

165 *Auswärtiges Amt* im Namen des Interministeriellen Ausschusses Wirtschaft und Menschenrechte, Nationaler Aktionsplan v. 16.12.2016: Umsetzung der VN-Leitprinzipien für Wirtschaft und Menschenrechte 2016–2020, abrufbar unter: https://www.auswaertiges-amt.de/de/aussenpolitik/themen/aussenwirtschaft/wirtschaft-und-menschenrechte/nationaler-aktionsplan-wirtschaft-menschenrechte/205208 (Stand: 01.06.2023).

166 Vgl. *Auswärtiges Amt*, Monitoring zum Nationalen Aktionsplan Wirtschaft und Menschenrechte v. 08. 10.2020, abrufbar unter: https://www.auswaertiges-amt.de/de/aussenpolitik/themen/aussenwirtschaft/wirschaftund-menschenrechte/monitoring-nap/2124010 (Abruf: 16.10.2021) wonach nur 13–17 % der Unternehmensträger die Anforderungen aus dem NAP erfüllten; *Thomale/Murko*, EuZA 2021, 40, 41.

167 *Deutscher Bundestag*, Koalitionsvertrag zwischen CDU, CSU und SPD v. 12.03.2018, 19, Ein neuer Aufbruch für Europa – Eine neue Dynamik für Deutschland Ein neuer Zusammenhalt für unser Land, 19. Legislaturperiode, S. 156; Bundesministerium für wirtschaftliche Zusammenarbeit und Entwicklung (BMZ), Presseservice, Bundesminister Heil und Müller: „Jetzt greift der Koalitionsvertrag für ein Lieferketten-Gesetz. Ziel ist ein Abschluss noch in dieser Legislaturperiode", abrufbar unter: https://www.bmz.de/de/aktuelles/archiv-aktuelle-meldungen/heil-mueller-lieferkettengesetz-30764 (Stand: 01.06.2023).

168 Entwurf eines Gesetzes über die unternehmerischen Sorgfaltspflichten in Lieferketten, BT-Drs. 19/28649 v. 19.04.2021.

169 *Deutscher Bundestag*, Koalitionsvertrag v. 12.03.2018, S. 156.

Zu diesen Sorgfaltspflichten gehören nach Satz 2 die Einrichtung eine Risikomanagements (Nr. 1), die Festlegung betriebsinterner Zuständigkeiten (Nr. 2), die Durchführung regelmäßiger Risikoanalysen (Nr. 3), die Abgabe einer Grundsatzerklärung (Nr. 4), die Verankerung von Präventionsmaßnahmen im eigenen Geschäftsbereich und gegenüber unmittelbaren Zulieferern (Nr. 5), das Ergreifen von Abhilfemaßnahmen (Nr. 6), die Einrichtung eines Beschwerdeverfahren (Nr. 7), die Umsetzung von Sorgfaltspflichten in Bezug auf Risiken bei mittelbaren Zulieferern (Nr. 8) sowie die Dokumentation und Berichterstattung (Nr. 9). Der Inhalt der einzelnen Maßnahmen wird in den folgenden Paragrafen (§§ 4–10 LkSG) konkretisiert.

Ein Großteil der mit dem LkSG einhergehenden Sorgfaltspflichten, wie die Vornahme von Risikoanalysen oder Präventionsmaßnahmen, sind der Gesellschaftsrechts-Praxis aus bestehenden Corporate Governance und insbesondere Compliance-Systemen bekannt.[170]

Die Konzern- und Lieferkettendimensionalität dieser Sorgfaltspflichten wird durch die Regelung des § 9 LkSG deutlich, nach der sich die Pflichten auch auf mittelbare Zulieferer i.S.d. § 2 VIII erstrecken. Danach sind mittelbare Zulieferer solche, deren Zulieferungen für die Herstellung des (End-)Produktes des Unternehmensträgers oder zur Erbringung und Inanspruchnahme der betreffenden Dienstleistung notwendig sind, ohne dass sie unmittelbar mit dem sorgfaltspflichtigen Unternehmensträger in Verbindung stehen.

Das Gesetz adressiert gem. § 1 I LkSG alle Unternehmensträger, die ihre Hauptverwaltung, ihre Hauptniederlassung, ihren Verwaltungssitz oder ihren satzungsmäßigen Sitz im Inland haben und mindestens 3.000 Arbeitnehmer beschäftigen. Gem. § 1 I 3 LkSG sollen ab dem 01.01.2024 auch Unternehmensträger mit 1.000 Arbeitnehmer erfasst werden. Innerhalb von verbundenen Gesellschaften i.S.d. § 15 AktG sind gem. § 1 III LkSG die Arbeitnehmer aller konzernzugehörigen Gesellschaften miteinzuberechnen.

Das LkSG statuiert selbst zwar keine Haftung, sondern sanktioniert Verletzungen der Sorgfaltspflichten gem. §§ 23, 24 LkSG mit Zwangs- und Bußgeldern. Es schließt vielmehr gemäß § 3 III 1 LkSG eine zivilrechtliche Haftung für Verletzungen der Sorgfaltspflichten nach diesem Gesetz ausdrücklich aus.

---

170 Ähnlich *Gehling/Ott/Lüneborg*, CCZ 2021, 230, 233 denen zufolge der Gesetzgeber den in der allgemeinen Compliance-Diskussion seit langem anerkanntem Grundsatz der Risikobasierung umgesetzt und der allgemeinen Erkenntnis Rechnung getragen habe.

Gemäß § 3 III 2 LkSG bleibt eine unabhängig von diesem Gesetz begründete zivilrechtliche Haftung jedoch unberührt. Somit lässt das LkSG andererseits eine Haftung nach den allgemeinen (deliktsrechtlichen) Regeln und somit die in dieser Schrift aufgeworfene Frage offen.

Die Sorgfaltspflichten des LkSG haben gewisse Vorläufer in der alten CSR-Richtlinie und in dem neuen CSRD-Entwurf. Hier geht es zwar primär nicht um die Haftung. Jedoch geht es um die Regulierung durch mittelbare Verhaltenssteuerung (sog. *„Nudging"*), indem man Berichtspflichten nutzt, um zu einer Veränderung des realen Lebens anzustoßen.[171]

Die neu statuierten, menschenrechtlichen Sorgfaltspflichten stoßen ebenfalls in dieselbe Richtung einer Regulierung durch *Nudging*. Es zeigt sich, dass derzeit schon intensiv über die Aufrüstung der bestehenden (konzern- und lieferkettendimensionalen) Compliance-Systeme diskutiert wird.[172] Die inländischen Unternehmensträger werden sich zur Umsetzung der Sorgfaltspflichten des LkSG mit den dort festgelegten Maßnahmen im Konzern oder der Lieferkette befassen und bei Bedarf, Anpassungen der bestehenden Organisation vornehmen müssen.

B. Europäischer Richtlinienvorschlag zu unternehmerischen Sorgfaltspflichten (CSDDD)

Neben dem nationalen LkSG wird zudem über ein Lieferkettengesetz auf europäischer Ebene[173] debattiert.

Das Europäische Parlament hatte zunächst am 21.03.2021 Empfehlungen[174] an die Europäische Kommission[175] für die Ausarbeitung einer Richtlinie

---

171 Dazu näher unter Kapitel 1, J.; *Schmidt/Kube*, in: *Nietsch*, Corporate Social Responsibility Compliance (2021), S. 230; *Nietsch*, ZIP 2022, 449, 449 sog. „Prinzip des nachdrücklichen Gedankenanstoßes" m.w.N.

172 Vgl. *Gehling/Ott/Lüneborg*, CCZ 2021, 230, 240; *Wagner/Ruttloff*, NJW 2021, 2145, 2148; *Späth/Werner*, CCZ 2022, 107, 107 ff.

173 P9TA(2021)0073, Sorgfaltspflicht und Rechenschaftspflicht von Unternehmen, Entschließung des Europäischen Parlaments vom 10. März 2021 mit Empfehlungen an die Kommission zur Sorgfaltspflicht und Rechenschaftspflicht von Unternehmensträger (2020/2129(INL)); hierzu näher *Wagner/Ruttloff*, NJW 2021, 2145, 2151 f.

174 P9TA(2021)0073, Sorgfaltspflicht und Rechenschaftspflicht von Unternehmen, Entschließung des Europäischen Parlaments vom 10. März 2021 mit Empfehlungen an die Kommission zur Sorgfaltspflicht und Rechenschaftspflicht von Unternehmensträger(2020/2129(INL).

175 Im Folgenden abgekürzt auch als EU-Kommission bezeichnet.

des Europäischen Parlaments und des Rates über die Sorgfalts- und Rechenschaftspflicht von Unternehmensträgern (sog. *Corporate Due Diligence and Corporate Accountability*) abgegeben. Am 23.02.2022 wurde der Vorschlag der EU-Kommission zur EU-Sorgfaltspflichten-Richtlinie, der sog. *Corporate Sustainability Due Diligence-Directive*[176] veröffentlicht. Nachdem auch der Europäische Rat am 01.12.2022 seine allgemeine Ausrichtung zur Richtlinie beschlossen und das Europäische Parlament über diese abgestimmt hat, beginnen nunmehr die sog. Trilog-Verhandlungen[177] zwischen den entscheidenden EU-Institutionen. Dabei verhandeln die EU-Kommission, das Europäische Parlament und der Europäische Rat gemeinsam und bestreben hierbei eine Kompromissfindung zu den noch offenen und umstrittenen Fragen des derzeitigen CSDDD-Entwurfes.[178]

Das übergreifende Anliegen des Richtlinienvorschlages ist die Einbeziehung der europäischen Unternehmensträger zur Erreichung einer „klimaneutralen Wirtschaft“ im Sinne des Europäischen *Green Deals* und zur Verwirklichung der Nachhaltigkeitsziele der Vereinten Nationen.[179]

Die Geschäftstätigkeiten in der Wertschöpfungskette sollen auf potenzielle oder tatsächliche nachteilige Auswirkungen auf die Menschenrechte überprüft und in der Unternehmensstruktur entsprechend angepasst werden.[180]

Gemäß Art. 25 des CSDDD-Vorschlages sollen die Mitglieder der Leitungsorgane bei Ausübung ihrer Sorgfaltspflicht verpflichtet werden, im besten Interesse ihres Unternehmensträgers zu handeln sowie die kurz-, mittel- und langfristigen Folgen ihrer Entscheidungen für Nachhaltigkeitsaspekte, gegebenenfalls auch

---

176 Vorschlag für eine Richtlinie des Europäischen Parlaments und des Rates über die Sorgfaltspflichten von Unternehmen im Hinblick auf Nachhaltigkeit und zur Änderung der Richtlinie (EU) 2019/1937; COM(2022) 71 final 2022/0051(COD), abrufbar unter: https://ec.europa.eu/info/publications/proposal-directive-corporate-sustainable-due-diligence-and-annex_en (Stand: 01.06.2023).

177 Zu dem in der europäischen Gesetzgebungspraxis etablierten Verfahren, vgl. *Bauerschmidt*, JuS 2022, 626, 629; *Kluth* in: *Calliess/Ruffert*, AEUV Art. 294 Rn. 26 kritisch mit Blick auf das Demokratieprinzip.

178 *Mittwoch*, JuS 2023, 21, 21.

179 Vorschlag für eine Richtlinie des Europäischen Parlaments und des Rates über die Sorgfaltspflichten von Unternehmen im Hinblick auf Nachhaltigkeit und zur Änderung der Richtlinie (EU) 2019/1937; COM(2022) 71 final 2022/0051(COD), S. 1.

180 Vorschlag für eine Richtlinie des Europäischen Parlaments und des Rates über die Sorgfaltspflichten von Unternehmen im Hinblick auf Nachhaltigkeit und zur Änderung der Richtlinie (EU) 2019/1937; COM(2022) 71 final 2022/0051(COD), S. 54 f.

die Folgen für Menschenrechte, Klimawandel und Umwelt, zu berücksichtigen. Auch nach dem Erwägungsgrund Nr. 64 sind für die Erfüllung der Sorgfaltspflicht in den Managementsystemen des Unternehmensträgers die Mitglieder der Geschäftsleitung zuständig.[181] Der Vorschlag beinhaltet zudem Hinweise für die Umsetzung der neuartigen Sorgfaltspflichten in der Wertschöpfungskette in den Organisationsstrukturen der Unternehmensträger. Im 30. Erwägungsgrund wird beispielhaft eine „in regelmäßigen Abständen durchzuführende dynamische Bewertung der menschenrechtlichen Gegebenheiten" gefordert, um negative Auswirkungen auf die Menschenrechte zu ermitteln.[182] Ferner sollen die Unternehmensträger hierbei auch „die Auswirkungen des Geschäftsmodells und der Strategien einer Geschäftsbeziehung, einschließlich Handels-, Beschaffungs- und Preisbildungspraktiken, ermitteln und bewerten".

Hieraus wird abgeleitet, dass das Richtlinienvorhaben jedenfalls Auswirkungen auf das aktienrechtliche Pflichtengefüge haben werde.[183] Mit dem Richtlinienvorhaben werden die EU-Gesellschaften gewissermaßen instrumentalisiert, indem sie die ihnen zur Verfügung stehenden Mittel nutzen sollen, um negative Auswirkungen auf die Menschenrechte abzumildern.[184]

Darüber hinaus enthält Art. 22 des Vorschlages eine Regelung zur zivilrechtlichen Haftung, wonach die EU-Mitgliedstaaten sicherzustellen haben, dass sie über eine Haftungsregelung verfügen, nach der Unternehmensträger nach innerstaatlichem Recht für Schäden aufgrund potenzieller oder tatsächlicher nachteiliger Auswirkungen auf die Menschenrechte, die Umwelt oder die verantwortungsvolle Unternehmensführung haftbar gemacht werden können.

Die Haftung umfasst hiernach gem. Art. 22 I Schäden, die dadurch entstehen, dass die Unternehmensträger ihre Verpflichtungen zur Vornahme geeigneter Maßnahmen zur Vermeidung negativer menschenrechtsbezogener Auswirkungen aus den Art. 7 und 8 nicht erfüllt haben (Art. 22 I lit. a)) und dadurch

---

181 Vorschlag für eine Richtlinie des Europäischen Parlaments und des Rates über die Sorgfaltspflichten von Unternehmen im Hinblick auf Nachhaltigkeit und zur Änderung der Richtlinie (EU) 2019/1937; COM(2022) 71 final 2022/0051(COD), S. 54 f.

182 Vorschlag für eine Richtlinie des Europäischen Parlaments und des Rates über die Sorgfaltspflichten von Unternehmen im Hinblick auf Nachhaltigkeit und zur Änderung der Richtlinie (EU) 2019/1937; COM(2022) 71 final 2022/0051(COD), S. 45 f.

183 *Weller/Fischer*, ZIP 2022, 2253, 2265 mit dem Fazit, dass durch die CSDDD de lege ferenda eine Einengung des bislang freien Leitungsermessens von Geschäftsleitungen zu erwarten ist.

184 *Spießhofer*, NZG 2022, 435, 436.

negative Auswirkungen eingetreten sind, die zu einem Schaden geführt haben (Art. 22 I lit. b)).

Ferner soll nach Art. 22 III UAbs. 1 des Vorschlages sichergestellt werden, dass Unternehmensträger, die nachweisen, dass sie einen Verhaltenskodex mit Überprüfungsmöglichkeit gem. Art. 7 II lit. b) und Art. 7 IV oder Art. 8 III lit. c) und Art. 8 V ergriffen haben, nicht für Schäden haften, die durch die Tätigkeiten eines etablierten indirekten Geschäftspartners entstehen. Zudem sind nach Art. 22 III UAbs. 2 schadensabwendende Bemühungen haftungsmildernd zu berücksichtigen. Hierdurch soll eine verhältnismäßige Sanktionierung der Unternehmensträger bei gleichzeitiger Geringhaltung von Gerichtsprozessen erreicht werden.[185]

Folglich sieht die geplante EU-Richtlinie die Anordnung einer zivilrechtlichen Haftung mit einer Exkulpationsmöglichkeit der Unternehmensträger in den Mitgliedstaaten vor.

Das Richtlinienvorhaben, welches auf die Berücksichtigung von Nachhaltigkeits- und Menschenrechtsaspekten in der Unternehmensführung sowie in den Managementsystemen der Unternehmensträger[186] mit den hierfür vorgesehenen Sorgfaltspflichten abzielt, stellt mithin einen weiteren regulatorischen Anstoß für eine konzern- und lieferkettendimensionale Fortentwicklung der Verkehrspflichten von Unternehmensträgern und deren Governance-Systemen dar.

Die endgültige Fassung der CSDDD und ihre Ausstrahlungswirkung auf die Unternehmensträger ist mit Blick auf die im Detail noch strittigen und im Trilog-Verfahren aufzulösenden Punkte wie der Sanktionsmöglichkeit einer zivilrechtlichen Haftung, der Verpflichtung der Unternehmensleitung zur Berücksichtigung von Nachhaltigkeitsaspekten, dem Anwendungsbereich sowie der Reichweite der unternehmerischen Sorgfaltspflichten weiter abzuwarten.[187]

---

185 Vorschlag für eine Richtlinie des Europäischen Parlaments und des Rates über die Sorgfaltspflichten von Unternehmen im Hinblick auf Nachhaltigkeit und zur Änderung der Richtlinie (EU) 2019/1937; COM(2022) 71 final 2022/0051(COD), S. 21.

186 Vorschlag für eine Richtlinie des Europäischen Parlaments und des Rates über die Sorgfaltspflichten von Unternehmen im Hinblick auf Nachhaltigkeit und zur Änderung der Richtlinie (EU) 2019/1937; COM(2022) 71 final 2022/0051(COD), S. 1; zu der Einordnung in die bestehenden europäischen Regelungen sowie die erwarteten Folgen *Spindler*, ZIP 2022, 765, 765 ff.

187 *Mittwoch*, JuS 2023, 21, 23 erwartet eine endgültige Fassung der Richtlinie im ersten Quartal 2024.

C. Produkthaftungsgesetz

Erwähnenswert als Beispiel zur Ausformung von Verkehrspflichten im Konzern und in der Lieferkette ist das Produkthaftungsgesetz, welches eine verschuldensunabhängige Gefährdungshaftung[188] von Herstellern statuiert.

Hersteller i.S.d. § 4 ProdHaftG sind regelmäßig die Produzenten des in den Verkehr gebrachten fehlerhaften Produktes. Unter bestimmten Voraussetzungen sind auch die sog. „Quasi-Hersteller"[189] und die Importeure und Lieferanten eines Produktes[190] zu Gefahrabwendungsmaßnahmen verpflichtet. Quasi-Hersteller als Haftungsadressaten des Produkthaftungsgesetzes können auch Muttergesellschaften eines Konzerns sein.[191]

In der Gesetzesbegründung[192] wird die Haftung ausdrücklich „auf alle Personen, die sich durch das Anbringen ihres Namens, ihres Warenzeichens oder eines anderen unterscheidungskräftigen Kennzeichens auf dem Produkt als Hersteller ausgeben" erstreckt.

§ 4 I 2 ProdHaftG erfasst somit insbesondere Unternehmensträger „wie z.B. Versandhäuser und Handelsketten", die ihre Produkte in „Billigländern" herstellen lassen.[193]

Dabei geht es um die Verantwortung der Hersteller für – auf Grund der unzureichend gewährleisteten Sicherheit eines Produktes bestehenden – Gefahren für Personen und Eigentum. Geschützt wird, wie im Deliktsrecht, das Integritätsinteresse Dritter.

Sanktioniert wird konkret der Vorwurf des Inverkehrbringens fehlerhafter Produkte, vgl. § 1 ProdHaftG.

Der BGH[194] erstreckte die Produktbeobachtungspflicht deutscher Vertriebsgesellschaften in seinem *Honda*-Urteil auf fremde Zubehöre ausländischer Hersteller, wenn ein konkreter Anlass für die Gefährdung von Rechtsgütern Dritter i.S.d. § 823 I BGB besteht.[195]

---

188 Grüneberg/*Sprau*, ProdHaftG Einf. Rn. 1.

189 In diese Richtung OLG Karlsruhe, Urt. v. 28.04.1993 – 7 U 77/89 = NJW-RR 1994, 798; OLG Stuttgart, Urt. v. 24.09.2009 – 7 U 89/09 = ZMR 2010, 307; Grüneberg/*Sprau*, § 823 Rn. 184.

190 BGH, Urt. v. 09.12.1986 – VI ZR 65/86 = NJW 1987, 1009; Grüneberg/*Sprau*, § 823 Rn. 185.

191 *Rieckers*, VersR 2004, 706, 706 ff.

192 Vgl. BT-Drs. 11/2447 S. 19.

193 Grüneberg/*Sprau*, ProdHaftG § 4 Rn. 6.

194 BGH, Urt. v. 09.12.1986 – VI ZR 65/86 = NJW 1987, 1009, 1011.

195 Hierzu ausführlicher unter Kapitel 6 A.

Demnach stellt die Produkthaftung eine Art konzern- und lieferkettendimensionale zivilrechtliche Haftung dar, die sich auf die gesamte Wertschöpfungskette erstrecken kann.[196]

Zugegeben geht es hierbei um andere spezifische Zusammenhänge. Die Schutzrichtung der Produkthaftung ist eine andere, denn es geht um den Schutz der Konsumenten vor fehlhaften Produkten und nicht um den Schutz von Arbeitnehmern oder anderen Betroffener im Produktionsprozess. Dennoch bezweckt das ProdHaftG die bis dahin einzelfallbezogene Rechtsprechung mit deliktsrechtlich hohen Sorgfaltsanforderungen[197] zu überwinden und hat somit die Fortentwicklung der betroffenen Verkehrspflichten angestoßen. Dabei bleibt die Konkretisierung der Produkthaftung nach dem ProdHaftG durch die Judikative zwar ebenfalls einzelfallbezogen.[198] Zugleich wird durch das Gesetz, den Begriffsbestimmungen sowie den gesetzlich geregelten Beweislastvorschriften eine „stärker objektivierte Haftung“[199] auferlegt.

D. Ordnungswidrigkeitenrecht

Im Ordnungswidrigkeitenrecht regelt § 130 I 1 OWiG hingegen die strafrechtliche Sanktionierung bestimmter Governance-Verstöße der Unternehmensträger.

Gemäß § 130 OWiG i.V.m. § 30 OWiG werden Betriebs- oder Unternehmensinhaber mit Bußgeldern sanktioniert, wenn sie ihren Aufsichtspflichten nicht nachkommen.[200]

Unter Betriebsinhabern wird bei Vorliegen einer AG oder einer GmbH die juristische Person selbst verstanden. Die Konzernobergesellschaft kann nach teilweise vertretener Auffassung[201] auch hierunter fallen, wenn sie entsprechende Aufsichtspflichten trägt.

---

196 *Weller/Nasse*, ZGR 2020, Sonderheft (22), 107, 125.

197 BT-Drs. 11/2447, S. 8; Grüneberg/*Sprau*, ProdHaftG Einf. Rn. 3.

198 Vgl. BT-Drs. 11/2447, S. 18 „Welches Maß an Sicherheit die Allgemeinheit in bezug auf das jeweilige Produkt zu erwarten berichtigt ist, muss im Streitfall der gerichtlichen Beurteilung nach Maßgabe der […] Kriterien überlassen bleiben.“

199 BGH, Urt. v. 26.11.1968 – VI ZR 212/66 = NJW 1969, 269, 273.

200 *Mackert*, in: *Lutter/Bayer*, Holding-Handbuch, § 6 Rn. 18 ff.

201 Vgl. zur Gegenauffassung, wonach das Rechtsträgerprinzip und der gesellschaftsrechtliche Trennungsgrundsatz sowie das Analogieverbot im Straf- und Ordnungswidrigkeitenrecht eine Sanktionierung gem. § 130 OWiG de lege lata entgegenstehen, *Bosch*, ZHR 2013, 454, 462 ff.; *Holle*, Legalitätskontrolle im Kapitalgesellschafts- und Konzernrecht (2014), S. 405 ff.; in diese Richtung *Rönnau*, ZGR 2016, 277, 292; zur

Zum Teil[202] werden rechtliche Einflussmöglichkeiten wie ein entsprechendes Weisungsrecht der Obergesellschaft für eine Sanktionierung gefordert. Daneben wird vertreten, dass faktische Durchgriffsmöglichkeiten auf die Geschäftsführung und die Geschäftstätigkeit der Tochtergesellschaft ausreichend sind, um eine Konzernobergesellschaft wegen einer Aufsichtspflichtverletzung gem. § 130 I 1 OWiG zu sanktionieren.[203]

Die Haftung wird auf die gesetzlichen Vertreter einer Gesellschaft (Vorstand, § 78 I AktG oder Geschäftsführer, § 35 I 1 GmbHG) gem. § 9 I Nr. 3 OWiG erweitert.

Welche Maßnahmen zur Erfüllung der Aufsichtspflicht konkret vorgenommen werden müssen, ist abhängig vom Einzelfall.[204] Fest steht jedoch die durch die Aufsichtspflicht begründete Notwendigkeit der Integration in und die Anpassung von Compliance-Programmen.[205]

Daneben ist eine zivilrechtliche Haftung der Vorstandsmitglieder gem. § 93 I 1 AktG für die Anwendung einer unzureichenden Sorgfalt bei den Aufsichtsmaßnahmen möglich.[206]

Es lässt sich festhalten, dass inländische Gesellschaften auch de lege lata schon bestimmte Aufsichtspflichten in ihrer Governance-Organisation etablieren müssen, um nicht nach § 130 I 1 OWiG bebußt zu werden.

E. Aufsichtspflichten in Finanzdienstleisterindustrie

Auch bei den Geschäftsleiterpflichten im Aufsichtsrecht der regulierten Industrie, namentlich der Finanzleiterindustrie und bei Versicherungsgesellschaften, ist eine Ausweitung der vom allgemeinen Aktiengesetz geforderten Pflichten zu erkennen.[207]

Annäherung der konträren Auffassungen in der Praxis, *Schockenhoff/Roßkopf/Arnold*, AG 2021, 66, 69.

202 *Schockenhoff/Roßkopf/Arnold*, AG 2021, 66, 69 m.w.N.

203 OLG München, Beschl. v. 23.09.2014 – 3 Ws 599/14 und 3 Ws 600/14 = CCZ 2016, 44, 47 f.; *Mackert*, in: *Lutter/Bayer*, Holding-Handbuch, § 6 Rn. 18 ff.

204 OLG Zweibrücken, Beschl. v. 25.06.1998 – 1 Ss 100/98 = NStZ-RR 1998, 311, 311; vgl. KK-OWiG/*Rogall*, 5. Aufl. 2018, OWiG § 130 Rn. 43; zur Delegationsfrage im Konzern *Schockenhoff*, NZG 2019, 281, 289.

205 *Rönnau*, ZGR 2016, 277, 293 f. zum Wechselspiel von Compliance und § 130 OWiG.

206 *Hoffmann/Schieffer*, NZG 2017, 401, 403; *Mackert*, in: *Lutter/Bayer*, Holding-Handbuch, § 6 Rn. 21.

207 Zurückhaltend *Fischer/Schuck*, NZG 2021, 534, 539 f.

Die Geschäftsleiter von Muttergesellschaften müssen durch die Etablierung einer ordnungsgemäßen Geschäftsorganisation für die Einhaltung der Compliance in der gesamten Institutsgruppe sorgen, vgl. § 25a Abs. 1 KWG, § 275 VAG i.V.m. §§ 23, 26 VAG.[208]

Verletzt der Geschäftsleiter seine Organisationspflicht, haftet auch die Muttergesellschaft.

Im Schrifttum wird kritisiert, dass gruppendimensionale Aufsichtspflichten und die Aufgabe des sog. „Verbandsvorbehalts" als Herabstufung des gesellschaftsrechtlichen Trennungsprinzips zu verstehen seien.[209]

Diese gruppenweiten Compliance-Pflichten können als Modell[210] für die Fortentwicklung von aktienrechtlichen Pflichten und in der Folge von deliktsrechtlichen (haftungsrechtlichen) Verantwortlichkeiten dienen.

F. Kartellrecht

Große konzernweite Verantwortlichkeiten von Muttergesellschaften finden sich auch im Bereich des europäischen Kartellrechts.

---

208 *Tröger*, ZHR 2013, 475, 476 für eine Vergleichbarkeit der normativen Fundamente beider Verantwortlichkeitsregime trotz der Unterschiede im dogmatisch-konstruktiven Ausgangspunkt; *Seyfarth*, ZGR Sonderheft (22), 2020, 87, 90.

209 *Tröger*, ZHR 2013, 475, 476; *Seyfarth*, ZGR Sonderheft (22), 2020, 87, 90. Zum sog. „Verbandsvorbehalt" vgl. ausführlich Kapitel 5 C.

210 In diese Richtung *Preußner*, NZG 2004, 57, 61 „Das bankaufsichtsrechtliche Organisationsrecht zum Risikomanagement entfaltet insoweit bereits heute eine wesentliche Schrittmacherfunktion und spiegelt die branchenspezifisch aufgestellten Standards ordnungsgemäßer Geschäftsführung ins Gesellschaftsrecht der Kreditinstitute"; *Dreher*, ZGR 2010, 496, 530 ff., 542; *Fleischer*, in: *Spindler/Stilz*, BeckOGK AktG (Stand: 01.07.2023), § 91 Rn. 43 „[...] Die spezifischen Anforderungen [aus dem Wirtschaftsaufsichtsrecht] belegen aber zugleich, dass Bestimmungen des Wirtschaftsaufsichtsrechts das Gesellschaftsrecht in ausgewählten Bereichen überholt haben und ihrerseits auf die aktienrechtliche Legalverfassung zurückwirken."; zurückhaltender noch *Bürkle*, BB 2005, 565, 567 „Anhaltspunkte"; *Kort*, AG 2013, 582, 587 „Eine Ausstrahlung dieser Bestimmungen über Risikomanagement-Systeme und die Risikomanagement-Funktion auf das allgemeine Gesellschaftsrecht, insbesondere den Pflichteninhalt von § 91 Abs. 2 AktG, ist angesichts des spezifisch anlegerschützenden Charakters dieser Normen und ihrer spezifisch aufsichtsrechtlichen Bedeutung nicht möglich".

Bei Wettbewerbsverstößen der Tochtergesellschaft werden die Bußgelder gegen die Muttergesellschaft verhängt, vgl. Art. 101 I AEUV i.V.m. Art. 23 VO 1/2003[211].[212]

Grund dafür ist, dass unter bestimmten Voraussetzungen der Muttergesellschaft die Zuwiderhandlungen der Tochtergesellschaft zugerechnet werden können.[213]

Eine Zurechnung erfolgt nach der *Akzo-Nobel*-Rechtsprechung des EuGHs dann, „[…] wenn die Tochtergesellschaft trotz eigener Rechtspersönlichkeit ihr Marktverhalten nicht autonom bestimmt, sondern im Wesentlichen Weisungen der Muttergesellschaft befolgt […] und zwar vor allem wegen der wirtschaftlichen, organisatorischen und rechtlichen Bindungen, die die beiden Rechtssubjekte verbinden."[214]

Mutter- und Tochtergesellschaft seien dabei Teil derselben wirtschaftlichen Einheit und somit „Unternehmen" im Sinne des persönlichen Anwendungsbereichs der Art. 101 I AEUV i.V.m. Art. 23 VO 1/2003.[215] Die Begriffe des Unternehmens auf Tatbestandsebene in Art. 101 AEUV und auf Rechtsfolgenebene in Art. 23 Abs. 2 VO Nr. 1/2003 werden identisch ausgelegt.[216]

Der EuGH[217] hat in dem Fall *Skanska*, indem es um ein Kartell im finnischen Asphaltmarkt ging, seine Rechtsprechung zum europäischen Unternehmensbegriff ausdrücklich auch auf das Kartellschadensersatzrecht und die Auslegung der Europäischen Kartellschadensersatzrichtlinie angewandt.

---

211 Verordnung (EG) Nr. 1/2003 des Rates vom 16. Dezember 2002 zur Durchführung der in den Artikeln 81 und 82 des Vertrags niedergelegten Wettbewerbsregeln, ABl Nr. L 1, S. 1.

212 EuGH, Urt. v. 10.09.2009 – C-97/08 P = EuZW 2009, 816, 818 (Akzo Nobel NV/ Kommission); Dazu *Windbichler*, NZG 2018, 1241, 1244; *Kersting*, NZKart 2016, 147 ff.; *Engelsing/Schneider*, in: *Säcker/Bien/Meier-Beck*, MüKo WettbR, VO Nr. 1/ 2003 Art. 23 Rn. 65; BGH, Beschl. v. 09.07.2013 – KZR 15/12 = NZKart 2013, 425 Rn. 14 (Calciumcarbid-Kartell).

213 EuGH, Urt. v. 10.09.2009 – C-97/08 P = EuZW 2009, 816, 821 (Akzo Nobel NV/ Kommission).

214 EuGH, Urt. v. 10.09.2009 – C-97/08 P = EuZW 2009, 816, 821 (Akzo Nobel NV/ Kommission).

215 EuGH, Urt. v. 10.09.2009 – C-97/08 P = EuZW 2009, 816, 821 (Akzo Nobel NV/ Kommission).

216 *Thieme*, Die Haftung der Obergesellschaft in der wirtschaftlichen Einheit (2018), S. 275.

217 EuGH, Urt. v. 14.03.2019 – C-724/17 = NJW 2019, 1197 (Skanska); vgl. hierzu *Kersting*, WuW 2019, 290; *Richter*, BB 2019, 1154.

Dieses Urteil wird von *Seyfarth*[218] als eine weitere Annäherung an eine „kartellrechtliche Konzernaußenhaftung" verstanden.

Der nationale Gesetzgeber ist dem europäischen Beispiel gefolgt und hat infolge der 9. GWB-Novelle[219] mit § 81a I GWB eine Geldbuße für Geschäftsleiter von Konzerngesellschaften für Kartellverstöße als Sanktion eingeführt.[220]

Voraussetzung für die Sanktionierung ist die Ausübung eines „unmittelbar oder mittelbar bestimmenden Einflusses" durch die Muttergesellschaft.[221]

Der Gesetzesbegründung kann ausdrücklich entnommen werden, dass die auf europäischer Ebene angewandte *Akzo*-Vermutung nicht gelten soll.[222] Für den Nachweis einer wirtschaftlichen Einheit, und somit für den Nachweis der Möglichkeit und der tatsächlichen Ausübung bestimmenden Einflusses der Mutter- auf die Tochtergesellschaft, wird dabei auf die Maßgeblichkeit des deutschen Rechts verwiesen. Grund dafür ist, dass die *Akzo*-Vermutung für das europäische Bußgeldverfahren aufgestellt wurde und mit den Anforderungen der Unschuldsvermutung des deutschen Ordnungswidrigkeitenrechts nicht vereinbar ist.[223] Das deutsche Ordnungswidrigkeitenrecht setzt vielmehr die volle tatrichterliche Überzeugung von dem Bestehen einer wirtschaftlichen Einheit und somit des bestimmenden Einflusses der Muttergesellschaft voraus. Zu dieser Überzeugung kam der BGH jedenfalls bei einer 100 %-Beteiligung[224] sowie einer 89 %-Beteiligung[225] bei Abschluss eines Gewinnabführungsvertrages.

Dennoch können laut der Gesetzesbegründung bestimmte Erfahrungsgrundsätze herangezogen werden, die – ähnlich der Vermutung bei einer 100 % Beteiligung – zu der Annahme eines solchen „Einflusses" i.S.v. § 81a I GWB führen.

---

218 *Seyfarth*, ZGR Sonderheft (22), 2020, 87, 89.

219 Neuntes Gesetz zur Änderung des Gesetzes gegen Wettbewerbsbeschränkungen vom 1. Juni 2017, BGBl. 2017 I 1416.

220 *Schockenhoff/Roßkopf/Arnold*, AG 2021, 66, 67.

221 Dazu *Thomas*, AG 2017, 637, 639.

222 RegE-Begr. zum Entwurf eines Neunten Gesetzes zur Änderung des Gesetzes gegen Wettbewerbsbeschränkungen, BT-Drs. 18/10207, S. 90 diese sei hiernach nicht unmittelbar anwendbar, dennoch kann der Tatrichter zu einem ähnlichen Ergebnis kommen, wenn er unter Heranziehung von Erfahrungsgrundsätzen seine freie Überzeugung bildet; vgl. *Bechtold/Bosch*, in: *Bechtold/Bosch*, GWB § 81a Rn. 7.

223 *Achenbach*, in: *Jaeger et al.*, Frankfurter Kommentar zum Kartellrecht, GWB, § 81a Rn. 10.

224 BGH, Beschl. v. 26.02.2013 – KRB 20/12 = NJW 2013, 1972, 1975.

225 BGH, Beschl. v. 26.02.2013 – KRB 20/12 = NJW 2013, 1972, 1975; bestätigt OLG Düsseldorf, Urt. v. 26.06.2009 – VI-2a Kart 2 – 6/08 OWi = juris Rn. 14.

Ein Erfahrungsgrundsatz für die Annahme, dass die Geschäftspolitik der Tochtergesellschaft tatsächlich durch die Muttergesellschaft bestimmt wird, sei die deutliche Anteilsmehrheit an der Tochtergesellschaft.

In der Literatur wird daher überwiegend dazu tendiert, dass das Kriterium des bestimmenden Einflusses dann angenommen werde, wenn die Muttergesellschaft auch ohne das Vorliegen eines Beherrschungsvertrages nahezu alle Anteile an der Tochtergesellschaft hält.[226]

Das kartellrechtliche Schrifttum versteht das Vorhandensein eines konzernweiten Compliance-Systems teils als Indiz für einen bestimmenden Einfluss.[227]

Andererseits könnten die Leitungsorgane einer Haftung nur entgehen, indem sie konzerndimensionale Compliance-Programme einführen.[228]

Wegen zunehmender Anforderungen an die Compliance-Organisation auch nach deutschem Kartellrecht wird die Haftung verantwortlicher Leitungsorgane der betroffenen Unternehmensträger entsprechend an Bedeutung gewinnen.[229]

Die europäische Rechtsprechung dagegen spricht sich nicht für Compliance-Programme als mögliches Indiz für den „bestimmenden Einfluss“ aus. Die Rechtsprechung des EuGH[230] lässt vielmehr eine begrenzte haftungsmildernde Wirkung solcher Programme erkennen.[231]

Dabei kann die Entscheidung so gedeutet werden, dass die haftungsmildernde Wirkung auf taugliche Compliance-Programme beschränkt ist. Solche Compliance-Programme, die „offensichtlich ohne positive Wirkung sind“ und eine Aufdeckung von Zuwiderhandlungen eher verhindern würden, könnten bei der Haftung nicht berücksichtigt werden.

---

226 *Raum*, in: *Bunte*, Deutsches Kartellrecht, § 81 GWB Rn. 167.

227 Dazu *Bosch*, ZHR 2013, 454, 466 ff.; *von Hülsen/Kasten*, NZKart 2015, 296, 297 f., 302 f.; *Brettel/Thomas*, WuW 2016, 336, 340; allgemein *Klusmann*, ZGR 2016, 252, 255; *Mäger/von Schreitter*, NZKart 2017, 264, 271; *Wiedemann*, in: *Wiedemann*, Handbuch des Kartellrechts, § 1 Rn. 54 weist auf regelmäßig haftungsbegründende Wirkung hin, jedenfalls dann, wenn die deutsche Kartellrechtspraxis auch der in der Entwurfsbegründung befürworteten Orientierung am EU-Kartellrecht folgt, die derartige Programme als Indikator für die Ausübung eines bestimmenden Einflusses wertet; *Seyfarth*, ZGR Sonderheft (22), 2020, 87, 90.

228 *Wiedemann*, in: *Wiedemann*, Handbuch des Kartellrechts, § 1 Rn. 54.

229 *Wiedemann*, in: *Wiedemann*, Handbuch des Kartellrechts, § 1 Rn. 54.

230 EuGH, Urt. v. 18.07.2013 – C-501/11 P = NZKart 2013, 334 (Schindler Holding u.a./Kommission).

231 EuGH, Urt. v. 18.07.2013 – C-501/11 P = NZKart 2013, 334. 339 f. (Schindler Holding u.a./Kommission).

Diese Tendenz zeigt, dass konzernweite Compliance-Systeme und -Programme optimiert werden müssen. Im Kartellrecht könnten sie, wenn sie als untauglich gelten, eine haftungsbegründende Wirkung entfalten. In anderen Fällen könnten sie haftungsmildernde Wirkungen haben.

G. Datenschutzrecht

Die 2016 verabschiedete EU-Datenschutz-Grundverordnung[232] (DS-GVO) hat nach teilweise vertretener Auffassung der Literatur erhebliche Auswirkungen auf die Compliance-Funktion der Unternehmensträger, die unter die Definition des Verantwortlichen gem. Art. 4 Nr. 7 DSGVO fallen.[233]

Mit der DS-GVO wurden verschiedene organisatorische Pflichten eingeführt, die zu einem Optimierungsbedarf in Bezug auf (die Ausgestaltung von) Compliance-[234] bzw. Datenschutz-Management-Systeme führen.[235]

Zudem stellt der Erwägungsgrund Nr. 150 DS-GVO auf den Unternehmensbegriff i.S.d. Art. 101 und 102 AEUV ab. Dieser Verweis wird teilweise zum Anlass genommen, eine zum Kartellrecht parallele Entwicklung des Datenschutzrechtes anzunehmen, sodass konzernzugehörige Gesellschaften als „wirtschaftliche Einheit" betrachtet werden könnten und in der Folge die Obergesellschaft für Rechtsverstöße der Tochtergesellschaft in Anspruch genommen werden würde.[236]

---

232 Verordnung (EU) 2016/679 des Europäischen Parlaments und des Rates v. 27.04.2016 zum Schutz natürlicher Personen bei der Verarbeitung personenbezogener Daten, zum freien Datenverkehr und zur Aufhebung der Richtlinie 95/46/EG (Datenschutz-Grundverordnung).

233 Vgl. hierzu *Wybitul,* CB 2016, 101 ff.; als aktualisierte Online-Fassung v. *Wybitul/Böhm* v. 14.04.2016, abrufbar unter: http://hoganlovells-blog.de/2016/07/06/das-neue-eu-datenschutzrecht-folgen-fuer-compliance-und-interne-ermittlungen/ (Stand: 01.06.2023); ferner *Wybitul,* CCZ 2016, 194, 195 zu den rechtlichen Anforderungen der DS-GVO an Compliance-Maßnahmen; *Schockenhoff/Roßkopf/Arnold,* AG 2021, 66, 70.

234 Vgl. hierzu *Wybitul/Böhm,* CB 2016, 101 ff. als aktualisierte Online-Fassung v. 14.04.2016, abrufbar unter: https://docplayer.org/27575453-Das-neue-eu-daten schutzrecht-folgen-fuer-compliance-und-interne-ermittlungen-update-vom.html (Stand: 01.06.2023); ferner *Wybitul,* CCZ 2016, 194, 195 zu den rechtlichen Anforderungen der DS-GVO an Compliance-Maßnahmen.

235 *Glaser*, GmbHR 2018, 993 stellt ausgewählte organisatorische Pflichten vor und gibt einen Überblick über nützliche Praxishinweise für deren Umsetzung, die sich als Best Practice herausgebildet haben.

236 Vgl. *Seyfarth*, ZGR Sonderheft (22), 2020, 87, 90 m.w.N.

Schockenhoff, *Roßkopf* und *Arnold*[237] geben dagegen zu, dass einer konzernzugehörigen Obergesellschaft nach den datenschutzrechtlichen Vorschriften der DS-GVO sowie des GwG zwar kein unmittelbares Bußgeld für Compliance-Verstöße ihrer Tochtergesellschaften droht, aber dennoch wirtschaftlich einschneidende Konsequenzen durch die am Konzernumsatz zu bemessenen Bußgelder für den Konzern zu erwarten sind. Gemäß § 56 III 4 Nr. 2, IV 2 GwG kann das Bußgeld auf einen Höchstbetrag von 10 % des Gesamtumsatzes des weltweiten Konzernumsatzes festgelegt werden, sofern die zu sanktionierende Gesellschaft in den Konzernabschluss des „Mutterunternehmens" einbezogen ist. Somit richtet sich die Bußgeldbemessung nach den handelsrechtlichen Beherrschungsbegriff gem. § 290 I 1, II Nr. 1, 2 HGB, wonach die Konzernobergesellschaft die Mehrheit der Stimmrechte besitzt oder als bloße Minderheitsgesellschafterin die Mehrheit des die Finanz- und Geschäftspolitik bestimmenden Verwaltungs-, Leitungs- oder Aufsichtsorgans bestellen kann.[238] Ferner können bei Verstößen gegen die Bestimmungen der DS-GVO Geldbußen „im Fall eines Unternehmens" von bis zu 4 % des gesamten weltweit erzielten Jahresumsatzes des vorangegangenen Geschäftsjahrs verhängt werden. Da bislang noch keine nationale Rechtsprechung zum Unternehmensbegriff in dem Zusammenhang existiert, müssen Obergesellschaften – vor dem Hintergrund der im Erwägungsgrund Nr. 150 genannten Empfehlung zur Anlehnung an den Unternehmensbegriff des AEUV – zumindest mit einem am Konzernumsatz gemessenen Bußgeld gegen ihre Untergesellschaften rechnen.

H. Deliktsrecht

I. Konzerndurchgriffshaftung gem. § 826 BGB

Als Haftungsmodell für Menschenrechtsverletzungen im Konzern wird die (Delikts-)Durchgriffshaftung[239] diskutiert.

---

237 *Schockenhoff/Roßkopf/Arnold*, AG 2021, 66, 70.

238 *Schockenhoff/Roßkopf/Arnold*, AG 2021, 66, 70.

239 *Weller/Kaller/Schulz*, AcP 2016, 387, 390, 407 ff.; *Weller/Thomale*, ZGR 2017, 509, 517, 522 m.w.N. zur US-amerikanischen Debatte; *Thomale/Hübner*, JZ 2017, 385, 394 f.; *Haider*, Haftung von transnationalen Unternehmen und Staaten für Menschenrechtsverletzungen, S. 319, S. 438 ff., S. 447 f. m.w.N.; *Schockenhoff/Roßkopf/Arnold*, AG 2021, 66, 70; ablehnend *Wagner*, RabelsZ 2016, 717, 766; *Güngör*, Sorgfaltspflichten von Unternehmensträgerin transnationalen Menschenrechtsfällen (2016), S. 131 ff., S. 142 die Anwendung der Fallgruppen auf menschenrechtsrelevante Sachverhalte sei nur schwerlich möglich.

Mit der Konzerndurchgriffshaftung wird ein Ansatz aufgegriffen, der nicht nur international[240], sondern auch auf europäischer und deutscher Ebene[241] diskutiert wird.[242]

Für eine Durchgriffshaftung in den Untersuchungsfällen betreffend Menschenrechtsverletzungen im Konzern spreche die mittelbare Verhaltenswirkung im Hinblick auf die Menschenrechts-Compliance. Dadurch werde die Möglichkeit der inländischen Muttergesellschaft erschwert, sich hinter der Haftungsbegrenzung „zu verstecken" und so eine Kosten-Übernahme für das eigene internationale Geschäftsmodell zu vermeiden.[243]

Ein tragender Gedanke dieser Debatte ist somit die Unzumutbarkeit der Haftungsbeschränkung im Hinblick auf Deliktsgläubiger, die sich die (Tochter-)Gesellschaft als Schuldner nicht freiwillig ausgesucht haben.[244] *Thomale*[245] spricht aus ökonomischer Sicht in dem Zusammenhang sogar von einem Vertrag zu Lasten Dritter, da den Deliktsgläubigern Risiken auferlegt werden, die sich auf der Unternehmung der Gesellschafter ergeben.[246] Aus rechtsökonomischer Sicht werde für Obergesellschaften der Fehlanreiz gesetzt, zu wenig in die Schadensvermeidung zu investieren.[247] Für die ökonomische Sinnhaftigkeit einer solchen Haftung mit gewisser Modifikation plädiert auch *Weller*.[248]

---

240 Grundlegend *Hansmann/Kraakman*, Yale Law Journal 1991, 1879 nehmen den Mangel an Literatur zu (rechtsökonomischen) Folgen einer Haftungsbeschränkung im Vergleich zu einer unbeschränkten Haftung für unerlaubte Handlungen im Konzern zum Anlass eine solche Analyse durchzuführen.

241 *Thomale*, in: *Behme/Fries/Stark*, Versicherungsmechanismen im Recht (2016), S. 131 ff m.w.N.; *ders.*, AcP 201), 685.

242 *Weller/Thomale*, ZGR 2017, 509, 522.

243 *Weller/Thomale*, ZGR 2017, 509, 523.

244 *Weller/Thomale*, ZGR 2017, 509, 522; *Schall*, ZGR 2018, 479, 485; grundlegend *Thomale*, AcP 2018, 685, 687.

245 Vgl. erste Überlegungen bei *Thomale*, in: *Behme/Fries/Stark*, Versicherungsmechanismen im Recht (2016), 131 ff. m.w.N.

246 *Wagner*, RabelsZ 2016, 717, 765; im Allgemeinen *ders.*, FS Gerhardt (2004), S. 1043, S. 1047 ff. m.w.N.

247 *Hansmann/Kraakman*, Yale Law Journal 100 (1991), 1879, 1879; *Nietsch*, in: *Nietsch*, Corporate Social Responsibility Compliance (2021), S. 59 „Verantwortungsparadoxon".

248 *Weller/Thomale*, ZGR 2017, 509, 522 sprechen sich für ein subsidiäre proratarische Nachschusspflicht von Tochtergesellschaftern zu Gunsten solcher Gesellschaftsgläubiger aus; für erste Ansätze zur Gebotenheit aus rechtsethischer Sicht und der Begründbarkeit nach den Regeln des geltenden Rechts, vgl. *Thomale*, in: *Behme/Fries/Stark*, Versicherungsmechanismen im Recht (2016), S. 131 ff.

Eine Durchgriffshaftung im Konzern solle einen wechselseitigen Durchgriff nach der Figur der sog. „*enterprise liability*“ ermöglichen, wenn die konzernverbundene Einzelgesellschaften sich faktisch „wie ein Unternehmen verhalten“.[249]

Der Begriff der Durchgriffshaftung[250] beschreibt die Haftung eines Gesellschafters für die Verbindlichkeiten der Gesellschaft.[251] Danach geht es um die Haftung der Muttergesellschaft als (Allein- oder Mehrheits-) Gesellschafter der ausländischen Tochtergesellschaft.

Im Grundsatz ist eine Durchgriffshaftung der Gesellschafter für Verbindlichkeiten der Gesellschaft als eigenständige rechtsfähige Person nach nationalem Recht nicht anerkannt.[252] Die Gesellschaft als juristische Person haftet grundsätzlich mit dem Gesellschaftsvermögen für ihre Verbindlichkeiten (sog. gesellschaftsrechtliches Trennungsprinzip, hierzu unter Kapitel 3).

Der BGH hat Ausnahmen von dem Grundsatz für rechtsmissbräuchliche, gegen Treu und Glaube verstoßende Verhaltensweisen der Gesellschafter entwickelt. De lege lata sind fünf Fallgruppen für eine Durchgriffshaftung der Gesellschafter anerkannt.[253]

Zu diesen Fallgruppen gehören das Setzen eines Rechtsscheins persönlicher Haftung, unlauteres Verhalten, die Vermögensvermischung, die Unterkapitalisierung und die existenzvernichtenden Eingriffe. Dogmatisch wird die Durchgriffshaftung seit dem *Trihotel*-Urteil[254] des BGH bei § 826 BGB angeknüpft.

Zwar ist das Institut der Durchgriffshaftung im Grundsatz anerkannt, das höchstrichterliche, dogmatische Konzept wird dagegen kontrovers diskutiert.[255] Gegen die Durchgriffshaftung wird zudem das gesellschaftsrechtliche Trennungsprinzip[256] angeführt, welches nur in den genannten Ausnahmefällen durchbrochen werden kann.

---

249 *Wagner*, RabelsZ 2016, 717, 765 mit ausführlichen Hinweisen auf englische Literatur.

250 Zur Abgrenzung der Durchgriffshaftung von der Haftung wegen Sorgfaltspflichtverletzungen *Massoud*, Menschenrechtsverletzungen im Zusammenhang mit wirtschaftlichen Aktivitäten von transnationalen Unternehmen (2018), S. 107 ff.

251 Grüneberg/*Ellenberger*, Einf. v. § 21 Rn. 12.

252 BGH, Urt. v. 10.12.2007 – II ZR 239/05 = WM 2008, 358 Rn. 14 (Kolpingwerk); Grüneberg/*Ellenberger*, Einf. v. § 21 Rn. 12.

253 Grüneberg/*Ellenberger*, Einf. v. § 21 Rn. 12 m.w.N.

254 BGH, Urt. v. 16.07.2007 – II ZR 3/04 = NJW 2007, 2689 (Trihotel).

255 In der Literatur wird insbesondere die „Normzwecklehre“ oder die „Normanwendungstheorie“ zur dogmatischen Begründung herangezogen, vgl. *Lutter*, ZGR 1982, 244, 249 ff.; *Weller/Lieberknecht*, in: *Bork/Schäfer*, GmbHG § 13 Rn. 34 m.w.N.

256 *Bomsdorf/Blatecki-Burgert*, ZRP 2020, 42, 45.

Für die Entwicklung einer weiteren Fallgruppe im Rahmen der Durchgriffshaftung wird der Fehlanreiz[257] zur Vernachlässigung von Schadensvermeidungsmaßnahmen durch die Muttergesellschaft angeführt. Hiergegen bringt *Schall* überzeugend vor, dass ein solcher Fehlanreiz im deutschen Recht, welches persönliche Haftungsrisiken von Leitungsorganen de lege lata – anders als im *common law* – kennt, nicht existiere.[258]

Die vorgeschlagene Durchgriffshaftung würde ferner nicht bloß auf Gläubiger beschränkt, denen Menschenrechtsverletzungen widerfahren sind, sondern auf sämtliche Deliktsgläubiger erstreckt.[259] Dies führe zu einer umfassenden haftungsrechtlichen Verantwortlichkeit der Muttergesellschaft für deliktische Ansprüche.[260]

Zudem habe eine konzerndimensionale Durchgriffshaftung weite Auswirkungen auf andere Rechtsbereiche, wie dem Gesellschafts-, Konzern-, Insolvenz-, Rechnungslegungs- und Steuerrecht und dadurch entstünden unkalkulierbare Rechtsunsicherheiten.[261]

Es lässt sich festhalten, dass auch eine Durchgriffshaftung, die sich auf die Menschenrechtsfälle bezieht, positive Verhaltensanreize hinsichtlich einer konzerndimensionalen Fortentwicklung von Corporate Governance-Systemen und der Menschenrechts-Compliance[262] bieten könnte.

II. Schutzgesetzverletzung gem. § 823 II BGB

Eine deliktsrechtliche Verantwortlichkeit inländischer Unternehmensträger kommt auch gem. § 823 II BGB in Betracht, wenn deren Verhalten gegen ein Schutzgesetz verstößt und dadurch eine Rechts- oder Rechtsgutsverletzung eines Dritten hervorgerufen wird. Ein Schutzgesetz ist jede Rechtsnorm i.S.d. Art. 2 EGBGB, die dazu dient, den Einzelnen oder einen bestimmten Personenkreis

---

257 Hierzu grundlegend *Hansmann/Kraakman*, Yale Law Journal 1991, 1879, 1879 „This rule is generally acknowledged to create incentives for excessive risk-taking by permitting corporations to avoid the full costs of their activities“; *Thomale*, in: *Behme/Fries/Stark*, Versicherungsmechanismen im Recht (2016), Versicherungsmechanismen im Recht (2016), S. 131 ff.; *Thomale/Hübner*, JZ 2017, 385, 394 f., denen zufolge die institutionellen Haftungsbeschränkung auf deliktsrechtliche Verbindlichkeiten bei Konzerngesellschaften ökonomisch besonders schwer zu rechtfertigen sei.

258 *Schall*, ZGR 2018, 479, 486.

259 *Weller/Thomale*, ZGR 2017, 509, 523.

260 *Wagner*, RabelsZ 2016, 717, 766.

261 *Bomsdorf/Blatecki-Burgert*, ZRP 2020, 42, 45.

262 *Weller/Thomale*, ZGR 2017, 509, 523.

vor bestimmten Rechtsverletzungen zu schützen.[263] Der Geschädigte muss unter den persönlichen Schutzbereich des Gesetzes fallen.[264]

Für die Untersuchungsfälle wird diskutiert, ob die Gewährleistungen des nationalen Verfassungsrechts oder der europäischen Grundrechtecharta oder Menschenrechte im Allgemeinen als Schutzgesetze qualifiziert werden können.

Ein Großteil der Stimmen[265] lehnt die Schutzgesetzqualität von Grund- und Menschenrechten ab. Grund dafür ist zum einen die Unbestimmtheit[266] dieser Rechte und zum anderen, dass sie das Verhältnis zwischen Staat und Bürgern regeln und eine Schutzwirkung derselben unter Privaten somit abzulehnen ist.[267]

Die *soft law*-Initiativen und die konzern- oder lieferkettenbezogenen *codes of conduct*, die den Menschenrechtsschutz entlang der Wertschöpfungskette bezwecken, sind keine verbindlichen Rechtsnormen und stellen kein Gesetz i.S.d. Art. 2 EGBGB dar.[268]

De lege ferenda kam zunächst auch die im LkSG statuierten Sorgfaltspflichten als Schutzgesetze in Betracht. Die Schutzgesetzeigenschaft wurde jedoch durch die Regelung des § 3 III LkSG ausgeschlossen, nach der das LkSG selbst keine zivilrechtliche Haftung begründet.[269] In der Literatur[270] wird die Qualifikation

---

263 Grüneberg/*Sprau*, § 823 Rn. 57 f.

264 Grüneberg/*Sprau*, § 823 Rn. 59.

265 *Wagner*, RabelsZ 2016, 717, 756; *Wagner*, in: *Säcker/Rixecker et al.*, MüKo BGB, § 823 Rn. 551; *Thomale/Hübner*, JZ 2017, 385, 395; *Haider*, Haftung von transnationalen Unternehmen und Staaten für Menschenrechtsverletzungen (2019), S. 426 ff.; *Nordhues*, in: *Krajeweski/Saage-Maaß*, Die Durchsetzung menschenrechtlicher Sorgfaltspflichten von Unternehmen (2018), S. 125, S. 129 ff.; ausführliche Untersuchung bei *ders.*, Die Haftung der Muttergesellschaft und ihres Vorstands für Menschenrechtsverletzungen im Konzern (2019), S. 36 ff.; zweifelnd *Hennings*, Über das Verhältnis von Multinationalen Unternehmen zu Menschenrechten (2009), S. 127 f.; bezüglich der Schutzgesetzeigenschaft der grundrechtlichen Gewährleistungen: Grüneberg/*Grüneberg*, BGB, § 242 Rn. 8; bezüglich der Schutzgesetzeigenschaft der Menschenrechte a.A. *Osieka*, Zivilrechtliche Haftung deutscher Unternehmen für menschenrechtsbeeinträchtigende Handlungen ihrer Zulieferer (2014), S. 141 ff.

266 *Thomale/Hübner*, JZ 2017, 385, 395.

267 *Wagner*, RabelsZ 2016, 717, 756.

268 *Nordhues*, Die Haftung der Muttergesellschaft und ihres Vorstands für Menschenrechtsverletzungen im Konzern (2019), S. 96 ff.

269 BegrAusschuss BT-Drs. 19/30505, S. 38; *Spindler* ZUR 186 (2022) 67, 94 f. m.w.N.

270 *Paefgen*, ZIP 2021, 2006, 2010; *Strohn*, ZHR 2021, 629, 630; *Spindler*, ZHR 2022, 67, 94 f. m.w.N.; kritisch *Schneider*, ZIP 2022, 407, 415, der darauf hinweist, dass die Regelung des § 3 LkSG in der Folge überflüssig werde.

der Sorgfaltspflichten des LkSG als Schutzgesetze i.S.d. § 823 II BGB größtenteils abgelehnt.

Einen Anstoß zur konzerndimensionalen Fortentwicklung der Corporate Governance- bzw. Compliance-Organisation bietet jedoch der bei § 823 II BGB verortete Ansatz von *Weller*, *Kaller* und *Schulz* zur sog. „Konzernlegalitätshaftung".[271] Hiernach soll die Compliance-Verantwortung des Konzernvorstandes auf den gesamten Konzern erstreckt werden. Eine konzerndimensionale Legalitätsdurchsetzungspflicht, die auch eine Pflicht zur Errichtung einer Compliance-Organisation zur Menschenrechtswahrung grenzüberschreitenden Unternehmensaktivitäten umfasst, sei ein wichtiger Schritt hin zur Menschenrechtsverantwortung von Unternehmen.[272] Als Ausgangspunkt dieses Ansatzes wird die Legalitätspflicht als „Kardinalpflicht" der Unternehmensleitung herangezogen, die sich dogmatisch aus der allgemeinen Leitungs- und Sorgfaltspflicht gem. §§ 93 I, 76 I AktG herleiten ließe.[273]

Es wird zugegeben, dass es sich de lege lata um eine Pflicht im Innenverhältnis zwischen den Konzerngesellschaften handele und Dritte sich nicht hierauf berufen können.

De lege ferenda schlagen die Autoren vor, dass die Legalitätsdurchsetzungspflicht als potenzielles Schutzgesetz i.S.d. § 823 II BGB gelten könne, damit sich auch Dritte auf Verletzungen der Legalitätspflicht berufen können. Die Verletzung der Legalitätsdurchsetzungspflicht könnte der Gesellschaft nach § 31 BGB zugerechnet werden mit der Folge, dass die Muttergesellschaft auch selbst hafte.

Eine solche konzerndimensionale Menschenrechtsdurchsetzungspflicht ließe sich de lege ferenda in § 76 AktG verorten und habe Schutzgesetzcharakter.[274]

Es zeigt sich, dass auch im Rahmen der deliktsrechtlichen Schutzgesetzverletzungen die Fortentwicklung der Corporate Governance und Compliance-Organisation zur Debatte steht.

III. Geschäftsherrenhaftung gem. § 831 BGB

In der Diskussion um die Menschenrechtsverantwortung deutscher Unternehmensträger wird ferner auf die Geschäftsherrenhaftung gem. § 831 I BGB abgestellt, die eine Fortentwicklung von unternehmerischen Organisationspflichten

---

271 *Weller/Kaller/Schulz*, AcP 2016, 387, 413.

272 *Weller/Kaller/Schulz*, AcP 2016, 387, 417.

273 *Weller/Kaller/Schulz*, AcP 2016, 387, 413 ff.; zur Dogmatik der Compliance-Pflicht unter Kapitel 5 B.

274 *Weller/Kaller/Schulz*, AcP 2016, 387, 418.

zur Folge hätte. Die inländische Gesellschaft könnte als Geschäftsherr für die ausländische Gesellschaft gem. § 831 I BGB haftungsrechtlich verantwortlich sein, sofern diese als Verrichtungsgehilfe tätig wird.[275]

Die Weisungsgebundenheit der ausländischen Gesellschaften ist bei einem Vertrags- und Eingliederungskonzern auf Grund des Weisungsrechts der Obergesellschaft gem. (§ 323 I 2 AktG i.V.m.) § 308 I AktG grundsätzlich anzunehmen.[276]

Für den Konzern lehnt ein Großteil der Autoren die Verrichtungsgehilfeneigenschaft von Tochtergesellschaften dennoch ab.[277]

Dabei wird auf das Erfordernis der Abhängigkeit verwiesen, welches die tatsächliche Möglichkeit eines Geschäftsherrn voraussetzt, die Aktivitäten des Verrichtungsgehilfen jederzeit bestimmen zu können. Dies sei die Grundidee der Haftung nach § 831 I BGB.[278] Diese Möglichkeit bestehe aber gerade auf Grund der nur mittelbaren Einflussmöglichkeit auf die abhängige Gesellschaft nicht, sodass auch keine Abhängigkeit im engeren Sinne angenommen könne.

Insbesondere bei einem Aktienkonzern bliebe es bei der selbstständigen Leitung der Gesellschaft gem. § 76 I AktG. Eine Pflicht zur Kontrolle und Überwachung einer abhängigen Gesellschaft sei deshalb abzulehnen, weil die konzernrechtlichen Regelungen für einen gerechten (Nachteils-)Ausgleich sorgen und nicht auf Direktansprüche von Gläubigern gegen die Muttergesellschaft ausgerichtet seien. Bei einem faktischen Konzern ergebe sich die Nachteilsausgleichspflicht aus § 311 I AktG und bei Eingliederungs- und Vertragskonzernen sei die Verlustübernahme gem. § 302 I AktG geregelt. Eine darüber hinausgehende deliktsrechtliche Haftung der Muttergesellschaft gem. § 831 I BGB würde sich nicht in das konzernrechtliche Ausgleichssystem einfügen.[279]

Eine differenzierte Ansicht[280] stellt auf den konkreten Einzelfall ab und prüft, ob die ausländische Gesellschaft derart in den Herrschafts- und Organisationsbereich

---

275 *Fleischer/Korch*, ZIP 2019, 2181, 2182.

276 *Grunewald*, NZG 2018, 481, 484.

277 *Wagner*, RabelsZ 2016, 717, 772 f.; *Weller/Kaller/Schulz*, AcP 2016, 387, 407; *Grunewald*, NZG 2018, 481, 481 ff. ausführlich zu der Frage, ob Gesellschaften Verrichtungsgehilfen i.S.d. § 831 I 1 BGB sein können; *Paefgen*, ZIP 2021, 2006, 2008; a.A. *Schall*, ZGR 2018, 479, 493 ff.; offener *Habersack/Zickgraf*, ZHR 2018, 252, 292 f.; *König*, AcP 2017, 611, 656 ff.; *Rehbinder*, Konzernaußenrecht und allgemeines Privatrecht (1969), S. 838, S. 541 ff.

278 *Grunewald*, NZG 2018, 481, 482.

279 *Grunewald*, NZG 2018, 481, 482 f.

280 Vgl. mit Unterschieden im Einzelnen *Fleischer/Korch*, DB 2019, 1944, 1946; *Güngör*, Sorgfaltspflichten für Unternehmen in transnationalen Menschenrechtsfällen (2016),

der inländischen Gesellschaft eingegliedert ist, dass eine Verrichtungsgehilfeneigenschaft entgegen der vorgebrachten Ansicht bejaht werden kann.

Denkbar bleibt demgemäß eine Geschäftsherrenhaftung inländischer Unternehmensträger einer Wertschöpfungskette, wenn diese die ausländische Gesellschaft faktisch wie eine „unselbstständigen Betriebsabteilung" leiten, oder wenn sie „operative Kontrolle" über die ausländische Gesellschaft ausüben und die Auslandsgesellschaft somit bloß „als verlängerter Arm" der Inlandsgesellschaft tätig wird.[281]

Solche Konstellationen seien bei Lieferketten noch seltener anzutreffen als bei konzernzugehörigen Unternehmensträgern.[282] Für die Unternehmensträger in der Lieferkette scheidet eine Geschäftsherrenhaftung nach überwiegender Ansicht aus.[283]

Grund dafür sei die fehlende Weisungsbefugnis der inländischen Gesellschaft gegenüber der ausländischen Gesellschaft. Eine Weisungsgebundenheit wird nur ausnahmsweise bejaht, wenn im Liefervertrag, z.B. im Rahmen der *codes of conduct*, strenge (Liefer-)Vorgaben festgelegt werden, sodass die ausländische Gesellschaft nicht mehr selbstständig handelt.[284] Die fehlende Weisungsgebundenheit sei insbesondere nicht durch die wirtschaftliche Abhängigkeit der Unternehmensträger in der Lieferkette zu ersetzen.[285]

Die Judikative hat zu der Frage nach der Weisungsgebundenheit von Unternehmensträgern in Konzern- und Zuliefererfällen gegensätzliche Entscheidungen getroffen.

S. 192 ff.; *Holle*, Legalitätskontrolle im Kapitalgesellschafts- und Konzernrecht (2014), S. 264 ff.; *König*, AcP 2017, 611, 656 ff.; *Nordhues*, Die Haftung der Muttergesellschaft und ihres Vorstands für Menschenrechtsverletzungen im Konzern (2019), S. 140 ff.; *Schall*, ZGR 2018, 479, 492 ff.

281 *Fleischer/Korch*, DB 2019, 1944, 1946 f.; ähnlich *Nordhues*, Die Haftung der Muttergesellschaft und ihres Vorstands für Menschenrechtsverletzungen im Konzern (2019), S. 140 ff., S. 154; *Schall*, ZGR 2018, 479, 492 ff.; *Thomale/Murko*, EuZA 2021, 40, 53 „bei enger Eingliederung der Tochtergesellschaft in den Kontrollbereich der Mutter".

282 *Fleischer/Korch*, ZIP 2019, 2181, 2185.

283 *Fleischer/Korch*, ZIP 2019, 2181, 2185; *Wagner*, RabelsZ 2016, 717, 772 f.

284 So *Güngör*, Sorgfaltspflichten für Unternehmen in transnationalen Menschenrechtsfällen (2016), S. 196 ff.; *Fleischer/Korch*, ZIP 2019, 2181, 2184 f.

285 Kritisch auf Grund fehlender Rechtssicherheit wegen der Unbestimmtheit einer wirtschaftlichen Abhängigkeit *Weller/Kaller/Schulz*, AcP 2016, 387, 402; *Fleischer/Korch*, ZIP 2019, 2181, 2184.

Ein paradigmatischer Fall wurde vom BGH zu der Verrichtungsgehilfeneigenschaft einer inländischen GmbH entschieden.[286] Sie sei als Verrichtungsgehilfin einer ausländischen Gesellschaft anzusehen, obwohl die Unternehmensträger gesellschaftsrechtlich nicht verbunden sind. Ausschlaggebender Grund war hierbei die Unterwerfung unter die geschäftlichen Richtlinien der ausländischen Gesellschaft und die Einbindung in deren Vertriebssystem.

In einem anderen Fall, der eine Haftung einer Muttergesellschaft für ihre Schwestergesellschaft betraf, heißt es, dass es an der Verrichtungsgehilfeneigenschaft „[...] in der Regel bei selbstständigen Unternehmen [fehle] unabhängig davon, ob sie mit dem Unternehmen, für das sie eine bestimmte Aufgabe wahrnehmen, in einem Konzernverhältnis stehen. Die Übertragung von Aufgaben auf ein bestimmtes Unternehmen innerhalb eines Konzerns dient regelmäßig gerade dem Zweck, durch die selbstständige – nicht weisungsgebundene – Erledigung der Aufgabe andere Teile des Konzerns zu entlasten."[287]

Für die vorliegenden Untersuchungsfälle wäre eine Geschäftsherrenhaftung der inländischen Unternehmensträger gem. § 831 BGB im Einzelfall zu prüfen. Die Weisungsgebundenheit könnte dabei nur in den Fällen angenommen werden, in denen der inländische Unternehmensträger tatsächlich die wesentlichen Aktivitäten der ausländischen Gesellschaft vorgibt und die Bestimmungsgewalt innehat. Auch hieraus würden sich erweiterte Auswahl- und Überwachungspflichten der Obergesellschaft ergeben, die mit einer konzerndimensionalen Fortentwicklung des Corporate Governance-Systems zusammenhingen. Jedoch schließt dieser Lösungsvorschlag die Fälle der Lieferketten und des faktischen Konzerns aus. In diesen Konstellationen kann eine solch intensive Weisungsgebundenheit mangels Weisungsrechts nicht bejaht werden.

IV. Deliktsorganisationshaftung gem. § 823 I BGB

Zum anderen wird eine Deliktsorganisationshaftung[288] diskutiert. Diese stellt eine Haftung der inländischen Gesellschaft auf Grund der Verletzung einer Verkehrspflicht (infolge eines Organisationsverschuldens) gem. § 823 I BGB dar.

---

286 BGH, Urt. v. 28.02.1989 – XI ZR 70/88 = ZIP 1989, 830.

287 BGH, Urt. v. 06.11.2012 – VI ZR 174/11 = NZG 2013, 279.

288 *Spindler*, Unternehmensorganisationspflichten (2011), 945 ff.; *Weller/Thomale*, ZGR 2017, 509, 517, 520 ff.; *Haider*, Haftung von transnationalen Unternehmen und Staaten für Menschenrechtsverletzungen, S. 318, S. 433 m.w.N.; *Rehbinder*, Konzernaußenrecht und allgemeines Privatrecht (1969), S. 493 mit der Feststellung, dass die Durchgriffshaftung und die deliktische Verantwortlichkeit allenfalls zwei sich schneidende Haftungskreise darstellten; *Wagner*, in: *Säcker/Rixecker et al.*, MüKo BGB, § 823

Hierfür müsste jedoch zunächst eine Verkehrspflicht inländischer Unternehmensträger in Bezug auf einen adäquat organisierten Menschenrechtsschutz in den „Unternehmensträgern weiter unten in der Kette" begründet werden.[289]

Die vorliegende Untersuchung konzentriert sich auf diese Frage der deliktsrechtlichen Verantwortlichkeit des inländischen Unternehmensträgers nach den allgemeinen Grundsätzen der Verkehrspflichten. Die Frage, ob die Verkehrspflichten über den ausländische Unternehmensträger als primär Pflichtigen hinausreichen können, ist bislang nicht geklärt.[290]

Hierbei ist zu ermitteln, ob und in welchen Fällen eine solche Verkehrspflicht besteht und ob die Ausformung der Verkehrspflicht sowohl konzerndimensional als auch lieferkettendimensional erfolgen kann.

Konkret gilt es zu untersuchen, ob ein inländischer Unternehmensträger als Teil einer Wertschöpfungskette eine Verkehrspflicht trägt, die sich über die gesamte oder zumindest Teile der Wertschöpfungskette erstreckt.

V. Exkurs: Europäische Richtlinienentwurf zu Berichtspflichten (CSRD)

Zuletzt finden sich auch in der Berichterstattung nach dem Bilanzrecht Anstöße zur konzern- und lieferkettendimensionalen Fortentwicklung von Governance-Prozessen wieder.

Für Unternehmensträger gelten schon de lege lata bestimmte Berichtspflichten.[291]

Rn. 110; *Wagner*, ZIP 2021, 1095, 1100; *Thomale/Murko*, EuZA 2021, 40, 52; Beispiele für Klagen aufgrund eigenen rechtswidrigen Verhaltens der Muttergesellschaft sind Connelly v. RTZ Corporation plc and Others, House of Lords, 20.07.2000, UKHL 41, Lubbe and Others and Cape plc and Related Appeals; Chandler v Cape plc [2012] EWCA Civ. 525.

289 Hierzu näher Kapitel 3.

290 *Spindler*, Unternehmensorganisationspflichten (2011), S. 945 mit dem allgemeinen Hinweis, dass „die Thematik der konzernrechtlichen Dimensionen allgemein zivilrechtlicher Normen bekannt ist, [...] [und dennoch keine Beachtung] außerhalb des Einheitsunternehmens [findet]".

291 Vgl. *Nietsch*, ZIP 2022, 449, 449 f. mit einem Überblick über die bislang geltenden und geplanten nichtfinanziellen Berichtspflichten.

Dazu zählt die erste europäische CSR-Richtlinie[292], die in das nationale Recht umgesetzt wurde[293] und nunmehr CSR-Berichtspflichten im Handelsgesetzbuch regelt. Dazu kommen die neuen Berichtspflichten nach der Endfassung der europäischen Richtlinie CSRD (sog. *Corporate Corporate Sustainability Reporting Directive*)[294].

Diese diesen zwar nicht primär einer Haftungsbegründung für Unternehmensträger. Diese Berichtspflichten stoßen jedoch eine Verhaltensänderung[295] an und lassen sich möglicherweise mit haftungsrechtlichen Folgen für Unternehmensträger verknüpfen, weil sie

(1) diese jedenfalls dazu zwingen, entsprechende Governance-Systeme und Prozesse aufzubauen[296] und

---

292 EU-Kommission, Richtlinie 2014/95/EU des Europäischen Parlaments und des Rates vom 22.10.2014 zur Änderung der Richtlinie 2013/34/EU im Hinblick auf die Angabe nichtfinanzieller und die Diversität betreffender Informationen durch bestimmte große Unternehmen und Gruppen, ABl. 2014 L 330/1.

293 Vgl. Gesetz zur Stärkung der nichtfinanziellen Berichterstattung der Unternehmen in ihren Lage- und Konzernlageberichten (CSR-Richtlinie-Umsetzungsgesetz = CSR-RiLi-UG), RegE gem. BT-Drs. 18/9982 vom 17.10.2016 mit Änderungen gem. Beschlussempfehlung und Bericht des Ausschusses für Recht und Verbraucherschutz, BT-Drs. 18/11450 vom 08.03.2017.

294 Vgl. EU-Kommission, Proposal for a Directive of the European Parliament and of the Council amending Directive 2013/34/EU, Directive 2004/109/EC, Directive 2006/43/EC and Regulation (EU) No 537/2014, as regards corporate sustainability reporting, COM(2021) 189 final v. 21.04.2021, abrufbar unter: https://www.bmj.de/SharedDocs/Gesetzgebungsverfahren/DE/CSRD.html (Stand: 01.06.2023).

295 Vgl. *Hennrichs*, ZGR 2018, 206, 209; *ders.*, in der Auftaktrede v. 09.02.2022 zur ersten Ringvorlesung Nachhaltigkeit in der Corporate Governance von Familienunternehmen – Gestaltungsmöglichkeiten nach geltendem Recht und Ausblick auf neue Gesetzesvorhaben.

296 Arbeitskreis Externe Unternehmensrechnung (AKEU) der Schmalenbach-Gesellschaft für Betriebswirtschaft e.V., zfbf 2015, 235, 247 f.; vgl. Arbeitskreis Externe Unternehmensrechnung (AKEU) und Arbeitskreis Integrated Reporting und Sustainable Management (AKIR) der Schmalenbach-Gesellschaft für Betriebswirtschaft e.V., BB 2021, 2153, 2156; Arbeitskreis Externe Unternehmensrechnung (AKEU), Arbeitskreis Integrated Reporting und Sustainable Management (AKIR) und Arbeitskreis Corporate Governance Reporting (AKCGR) der Schmalenbach-Gesellschaft für Betriebswirtschaft e.V., Stellungnahme zum Richtlinienvorschlag der Europäischen Kommission „Corporate Sustainability Reporting Directive“ v. 07.06.2021, abrufbar unter: https://www.schmalenbach.org/index.php/arbeitskreise/finanz-und-rechnungswesen-steuern/integrated-reporting-und-sustainable-management (Stand: 01.06.2023); jüngst

(2) möglicherweise von den Gerichten als haftungsbegründender Umstand in den Untersuchungsfällen aufgegriffen werden können.[297]

Die nichtfinanziellen Berichtspflichten zielen, ähnlich wie die *comply or explain*-Pflicht des § 161 I 1 AktG, auf eine mittelbare Verhaltenssteuerung[298] der Unternehmensträger. Wenn ein Rechtsträger dazu verpflichtet wird, Bericht zu erstatten, dann muss er vorher darüber nachdenken, ob und wie er berichten wird.[299]

Der gesetzgeberische Regelungsansatz, über Berichtspflichten durch „*Nudging*“[300] Veränderungen auch beim Thema Corporate Governance anzustoßen, funktioniert.

In den Gesellschaften wurden neue Prozesse und Berichtslinien aufgesetzt, sowie Management-Elemente geschaffen. Insgesamt ist somit die „*awareness*“ der deutschen Unternehmensträger zu dem Thema „CSR“ größer geworden.[301]

Ein Anlass für die Optimierung der Governance-Prozesse liegt mithin derzeit schon in den unternehmerischen Berichtspflichten. Dieser Optimierungsprozess könnte jedoch funktional eingesetzt und weitergehend genutzt werden, um den Anforderungen aus dem LkSG oder möglichen Verkehrspflichten entlang der Wertschöpfungskette sorgfältig nachzukommen und auf diese Weise einer Verschuldenshaftung zu entgehen.[302]

Lanfermann/Baumüller, DB 2022, 2745, 2753 mit einem Kurzüberblick zur Verankerung der Nachhaltigkeitsaspekte in der CG der Unternehmensträger.

297 Zu potenziellen haftungsrechtliche Nebenwirkungen im Hinblick auf die UK-Untersuchungsfällen siehe Kapitel 4 B; *Lanfermann/Baumüller*, DB 2022, 2745, 2754, die auf das Ermessen der Mitgliedstaaten zur Statuierung weitergehender Sanktionen hinweisen.

298 *Schön*, ZHR 2016, 279, 280 ff.; *Hennrichs*, ZGR 2018, 206, 209; *Arbeitskreis Bilanzrecht Hochschullehrer Rechtswissenschaft (AKBR)*, Stellungnahme zum CSRD-Vorschlag der EU-Kommission, DB 2021, 2301, 2302; bestätigt durch Gespräche mit Vertretern aus der Praxis; *Schmidt/Kube*, in: *Nietsch*, Corporate Social Responsibility Compliance (2021), S. 230.

299 Vgl. in die Richtung auch *Nietsch*, in: *Nietsch*, Corporate Social Responsibility Compliance (2021), S. 7.

300 RegE-Begr. zum CSR-Richtlinie-Umsetzungsgesetz, BT-Drs. 18/9982 S. 26, wonach die neuen Vorgaben für die Berichterstattung mittelbar auch das Handeln der Unternehmensträger beeinflussen könnten und ein Anreiz geschaffen wird, nichtfinanziellen Belangen und damit verbundenen Risiken, Konzepten und Prozessen stärkeres Gewicht in der Unternehmensführung beizumessen; *Fleischer*, DB 2022, 37, 40.

301 Diese Fußnote beruht auf Gesprächen mit Vertretern der Unternehmenspraxis.

302 Dazu Kapitel 6.

Kapitel 3 – Dogmatische Grundlagen der Verkehrspflichten

Im ersten Kapitel wurde die deliktsrechtliche Menschenrechtsverantwortung in Abgrenzung zu der völkerrechtlichen Menschenrechtsverantwortung dargestellt.

Zu untersuchen bleibt, wie und inwieweit durch das Deliktsrecht eine Menschenrechtsverantwortung der inländischen Unternehmensträger im Konzern und in der Lieferkette begründet werden kann. Möglich erscheint eine deliktsrechtliche Menschenrechtsverantwortung der Unternehmensträger unter Rückgriff auf die Verkehrspflichten gem. § 823 I BGB.[303]

Dafür ist zu klären, ob eine konzern- und lieferkettendimensionale Verkehrspflicht der inländischen Unternehmensträger besteht oder ob die Spruchpraxis rechtfortbildend eine neue Fallgruppe der deliktsrechtlichen Verkehrspflichten entwickeln könnte.[304]

Zum Zwecke der Untersuchung von deliktsrechtlichen Verkehrspflichten als potenziell geeignetem Rechtsinstitut zur Menschenrechtsbindung privater Unternehmensträger sind zunächst die Verkehrspflichten im Allgemeinen, ihre dogmatischen Grundlagen und die wesentlichen Entstehungsgründe als Grundlagen zu erörtern.

Sodann sind, mit Blick auf die Untersuchungsfälle, die Besonderheiten im Konzern und in der Lieferkette sowie die Besonderheiten in den internationalen Wertschöpfungsketten darzustellen. In diesem Kontext werden insbesondere Fragen zur Verfassungs- und Systemkohärenz diskutiert. Daneben folgt eine Auseinandersetzung mit der rechtlichen Stellung inländischer Unternehmensträger in der Lieferkette sowie in den verschiedenen Konzernformen, die dem Verständnis der nachfolgenden Untersuchung einer Fortentwicklung von Verkehrspflichten in diesen Konstellationen dient.

---

303 *Danninger/Fleischer*, DB 2017, 2849, 2856 ziehen eine „Deliktsorganisationshaftung" gem. § 823 I BGB in Betracht; ähnlich *Schall*, ZGR 2018, 479, 481 der für die Frage nach einem Haftungstatbestand wegen Menschenrechtsverletzungen auf das Deliktsrecht hinweist; *Weller/Nasse*, ZGR 2020, Sonderheft (22), 107, 113.

304 Siehe Kapitel 4; vgl. *Schneider*, NZG 2019, 1369, 1371.

A. Verkehrspflichten im Allgemeinen

Das nationale Recht kennt keine allgemeine Schadensvermeidungs- oder Schadensabwendungspflicht.[305] Ein Unterlassen ist nur haftungsbewährt, sofern eine Rechtspflicht zum Handeln besteht.[306] Eine solche Rechtspflicht zum Handeln findet sich in den Verkehrspflichten wieder.

Verkehrspflichten begründen ein Gebot zum aktiven Tun zur Steuerung von Gefahren[307] und somit insbesondere die Haftung für Unterlassungen.[308]

Die Verkehrspflichten werden neben den Unterlassungsfällen zudem in den Fällen der mittelbaren Rechts- oder Rechtsgutsverletzungen[309] von Bedeutung. Mittelbare Rechtsverletzungen liegen vor, wenn eine Gefahr geschaffen wird, die nicht unmittelbar, sondern bloß vermittelt durch eine weitere Zwischenursache[310], beispielsweise das Einschreiten eines Dritten, den Verletzungserfolg hervorruft.[311] In der Regel liegt zwischen dem (mittelbaren) Tun der „Gefahrschaffung" und dem Verletzungserfolg (Rechtsverletzung) eine nicht unerheblich zeitliche Zäsur.

Verkehrspflichten, früher auch als Verkehrssicherungspflichten[312] bezeichnet, dienen dem Schutz vor Gefahren Dritter und sollen Schäden anderer verhindern.[313] Eine Haftung für Verkehrspflichten hat folglich die

---

305 BGH, Urt. v. 31.10.2006 – VI ZR 223/05 = NJW 2007, 762, 763; BGH, Urt. v. 03.06.2008 – VI ZR 223/07 = VersR 2008, 1083, 1084 demzufolge ein allgemeines Verbot der Gefährdung Dritter unrealistisch sei.

306 *Larenz/Canaris*, SchuldR BT II 2, S. 402, S. 407; Grüneberg/*Sprau*, BGB § 823 Rn. 26, Rn. 45.

307 *V. Bar*, Verkehrspflichten (1980), S. 197.

308 *V. Bar*, Verkehrspflichten (1980), S. 318.

309 Im Folgenden zusammenfassend abgekürzt auch als Rechtsverletzungen bezeichnet.

310 *Soergel*, BGB Schuldrecht 10, § 823 Anh. II Rn. 2.

311 *V. Bar*, JuS 1988, 169, 170; vgl. *Ahrens*, FS Canaris (2007), S. 3, S. 15; *Wollin*, Störerhaftung im Immaterialgüter- und Persönlichkeitsrecht – Zustandshaftung analog § 1004 I BGB (2018), S. 129.

312 *Larenz/Canaris*, SchuldR BT II 2, S. 401; *Soergel*, BGB Schuldrecht 10, § 823 Anh. II Rn. 1.

313 Vgl. *Schneider*, NZG 2019, 1369, 1371; Grüneberg/*Sprau*, § 823 Rn. 45; BGH, Urt. v. 31.10.2006 – VI ZR 223/05 = NJW 2007, 762, 763 „Die rechtlich gebotene Verkehrssicherung umfasst diejenigen Maßnahmen, die ein umsichtiger und verständiger, in vernünftigen Grenzen vorsichtiger Mensch für notwendig und ausreichend hält, um andere vor Schäden zu bewahren."; BGH, Urt. v. 02.10.2012 – VI ZR 311/11 = NJW 2013, 48, 48.

präventive[314] Funktion, Gefahren für Rechtsverletzungen zu steuern, zu vermeiden und abzuwehren.[315]

Schutzgut der Verkehrspflichten sind die Rechte und Rechtsgüter des § 823 I BGB, insbesondere das Leben, der Körper, die Gesundheit, das Eigentum und eigentumsähnliche Rechte.[316] Ob auch die sog. Rahmenrechte, wie das Allgemeine Persönlichkeitsrecht und das Recht am eingerichteten und ausgeübten Gewerbebetrieb, geschützt werden, wird nicht einheitlich beantwortet.[317]

Zum Schutz dieser Rechte und Rechtsgüter statuieren Verkehrspflichten sowohl Gefahrsteuerungsgebote als auch Gefahrsetzungsverbote.[318] Das bedeutet nach der ständigen Rechtsprechung des BGH konkret, dass „[...] derjenige, der eine Gefahrenlage – gleich welcher Art – schafft, grundsätzlich verpflichtet [ist], die notwendigen und zumutbaren Vorkehrungen zu treffen, um eine Schädigung anderer möglichst zu verhindern.[319]

Von Bar[320] ordnet die Verkehrspflichten zwei Typen zu. Danach gibt es solche Pflichten, die einen eigenverantwortlichen Umgang des potenziellen Opfers mit der Gefahrenquelle bezwecken. Zu den Pflichten der ersten Gruppe gehören Warn-, Verbots- und Instruktionspflichten gegenüber den potenziellen Gefährdeten. Daneben bestehen Pflichten, nach denen der Verkehrspflichtige unmittelbar auf die Gefahrenquelle einwirken muss. Zu der zweiten Gruppe gehört die Gefahrenkontrolle sowie Auswahl- Überwachungs-, Organisations-, Erkundigungs-, Benachrichtigungs-, Obhut- und Fürsorgepflichten.

Für die Untersuchung[321] ist zu erschließen, welchen Inhalt eine konzern- und lieferkettendimensionale Verkehrspflicht unter Berücksichtigung der beschriebenen Typologie hat.

Die Verkehrspflichten dienen dazu, Haftungslücken zwischen Verschuldens- und Gefährdungshaftung durch Pflichtenintensivierung zu schließen.[322] Die

---

314 *Wagner*, FS Singer (2021), S. 693, S. 694 f.; allgemein zur Präventivfunktion des Haftungsrechts *Deutsch*, Allgemeines Haftungsrecht, S. 14 f. Rn. 18; allgemein zur Präventionsfunktion des Deliktsrechts *Habersack/Zickgraf*, ZHR 2018, 252, 255 f.

315 *Habersack/Zickgraf*, ZHR 2018, 252, 268.

316 *V. Bar*, Verkehrspflichten (1980), S. 70 ff., S. 82.

317 Dagegen *V. Bar*, Verkehrspflichten (1980), S. 82.

318 *V. Bar*, Verkehrspflichten (1980), S. 82, 318; vgl. *Larenz/Canaris*, Schuldrecht BT II 2, S. 402; *Soergel*, BGB Schuldrecht 10, § 823 Anh. II Rn. 28.

319 BGH, Urt. v. 31.10.2006 – VI ZR 223/05 = NJW 2007, 762, 763 m.w.N.

320 *V. Bar*, Verkehrspflichten (1980), S. 83 f., 319.

321 Unter Kapitel 6 A. III.

322 *V. Bar*, Verkehrspflichten (1980), S. 48 f., 128, 318.

Intensivierung der Pflichten orientiert sich dabei nach dem Grad der gesetzten Gefahr, die von der Gefahrenquelle für Dritte ausgeht.[323]

I. Dogmatische Einordnung

Es ist festzuhalten, dass den Rechtsträger, der eine Gefahrenquelle für Dritte hervorruft, eine Schadensvermeidungspflicht trifft. Unternimmt der Verkehrspflichtige die notwendigen und zumutbaren Maßnahmen zur Schadensabwehr nicht, liegt eine Verkehrspflichtverletzung vor, die mit einer Haftung auf Schadensersatz gem. § 823 I BGB sanktioniert werden kann.[324]

Eine erfolgreiche Inanspruchnahme des Schädigers setzt zudem voraus, dass durch die Unterlassung der erforderlichen Maßnahmen, der Verletzungserfolg kausal und rechtswidrig herbeigeführt wurde und dem Verkehrspflichtigen zuzurechnen ist.[325]

Vor dem Hintergrund der Untersuchungsfälle, in denen die Inlandsgesellschaft keine unmittelbare Verletzungshandlung[326] vornimmt, sondern der Vorwurf der Kläger sich gegen ein Unterlassen oder mittelbares Tun richtet, stellt sich die Frage, an welcher Stelle die Verkehrspflichten im Haftungstatbestand des § 823 I BGB zu prüfen sind.

Für die Untersuchung ist zunächst zu klären, ob die Verkehrspflicht für die Frage der Zurechenbarkeit einer Verletzungshandlung auf Tatbestandsebene oder als Element der Rechtswidrigkeit zu prüfen ist. Dies hängt de lege lata davon ab, ob die Rechtswidrigkeit eines Verhaltens erfolgs- oder handlungsbezogen beurteilt wird und somit, ob die Lehre vom Erfolgsunrecht oder die Lehre vom Handlungsunrecht Anwendung findet. Die Rechtsprechung folgt der Lehre des Erfolgsunrechts.[327]

Bei der Prüfung einer Schadensersatzhaftung gem. § 823 I BGB auf Grund eines Unterlassens tritt die Verkehrspflicht schon auf Tatbestandsebene im

---

323 BGH, Urt. v. 31.10.2006 – VI ZR 223/05 = NJW 2007, 762, 763 Sicherungsmaßnahmen seien umso eher zumutbar, je größer die Gefahr und die Wahrscheinlichkeit ihrer Verwirklichung sind; *V. Bar*, Verkehrspflichten (1980), S. 114.

324 *V. Bar*, Verkehrspflichten (1980), S. 112.

325 Vgl. *Medicus*, Grundwissen zum Bürgerlichen Recht (2021), § 23 Rn. 1 ff., 7 ff.

326 Vgl. *Weller/Kaller/Schulz*, AcP 2016, 387, 402; *König*, AcP 2017, 611, 612; *Fleischer/Korch*, ZIP 2021, 709, 713.

327 BGH, Urt. v. 12.07.1996 – V ZR 280/94 = NJW 1996, 3205, 3207 m.w.N.; BGH, Urt. v. 18.12.2015 – V ZR 55/15 = NJW-RR 2016, 588, 589; Grüneberg/*Sprau*, BGB § 823 Rn. 24.

Rahmen der Verletzungshandlung zum Vorschein. Wie oben festgestellt, kann ein Unterlassen dem positiven, tatbestandsmäßigen Tun nur gleichstehen, wenn eine Rechtspflicht zum Handeln besteht.[328] Nach der Lehre des Erfolgsunrechts ist sodann die Rechtswidrigkeit indiziert.

Bei mittelbaren Verletzungshandlungen, bei denen der Verletzungserfolg nicht im Rahmen des gewöhnlichen Handlungsablaufs liegt, wird der Tatbestand des § 823 I BGB kausal verwirklicht, sodass die Rechtswidrigkeit eines solchen Verhaltens ebenfalls grundsätzlich indiziert wäre, ohne dass das Bestehen einer Verkehrspflicht auf Tatbestandsebene untersucht wurde.[329] Ein solches Ergebnis wäre uferlos und wird somit durch die Prüfung einer Verkehrspflichtverletzung im Rahmen der Rechtswidrigkeit korrigiert.

Somit kann festgehalten werden, dass in diesem Sinne die Verkehrspflichten bei einem Unterlassen haftungsbegründende und bei mittelbaren Verletzungsverhalten haftungsbegrenzende Wirkung[330] entfalten.

Medicus[331] hat einen einheitlichen Lösungsvorschlag herausgearbeitet, um eine doppelte Prüfung der Verkehrspflichten an unterschiedlichen Stellen zu vermeiden. Dafür stellt er auf die Rechtsähnlichkeit[332] von mittelbarem Tun und Unterlassen als potenzielle Verletzungshandlungen des § 823 I BGB ab.

Diese Rechtsähnlichkeit liege darin, dass bei Vorliegen einer Rechtsverletzung durch Unterlassen und durch mittelbares Tun, die Rechtswidrigkeit des Verhaltens nicht allein durch die Adäquanz indiziert werden kann. Denn nicht jedes adäquat kausale Verhalten für eine Rechtsverletzung könne als rechtswidrig befunden werden.

Voraussetzung hierfür sei vielmehr die Zurechenbarkeit des Verletzungserfolges durch die Missachtung einer Rechtspflicht zum Handeln.[333]

Daher richte sich dieser Lösungsvorschlag insbesondere nach der rechtswidrigkeitsbegrenzenden Funktion der Verkehrspflichten und könne systematisch

---

328 Vgl. *Larenz/Canaris*, SchuldR II 2, S. 402, 407.

329 Vgl. *v. Bar*, Verkehrspflichten (1980), S. 155 f., S. 175; Grüneberg/*Sprau*, BGB § 823 Rn. 24 mit Hinweis auf die Rechtsprechung, die die Rechtswidrigkeit erfolgsbezogen beurteilt.

330 Grüneberg/*Sprau*, BGB § 823 Rn. 26, 45 wonach bei mittelbaren Rechtsverletzungen die Verkehrspflicht haftungsbegrenzend wirkt.

331 *Medicus*, Bürgerliches Recht (2021), § 25 Rn. 646.

332 Ferner vgl. *Larenz/Canaris*, Schuldrecht BT II 2, S. 406 denen zufolge die Fälle der mittelbaren Eingriffe gerade auf Grund ihrer Ähnlichkeit mit einem pflichtwidrigen Unterlassen in die Lehre von den Verkehrspflichten miteingebunden werden.

333 Grüneberg/*Sprau*, BGB § 823 Rn. 45.

einheitlich auf Tatbestandsebene als Frage der Zurechenbarkeit einer kausalen Verletzungshandlung behandelt werden.[334]

Diesem Lösungsvorschlag wird hier gefolgt. Auch bei mittelbaren Verletzungshandlungen, die zum Teil weit außerhalb des gewöhnlichen Geschehensablaufs liegen, muss schon auf Tatbestandsebene die Zurechenbarkeit der Rechtsverletzung durch die Verletzung einer Rechtspflicht belegt werden. Folglich liegt eine tatbestandsmäßige Verletzungshandlung bei mittelbaren Rechtsverletzungen und Rechtsverletzungen durch Unterlassen (nur) vor, wenn gegen eine Rechtspflicht verstoßen wird.[335] Die Verkehrspflichtverletzung bildet demnach nach der hier vertretenen Ansicht gleichermaßen bei einem Unterlassen und bei einem mittelbaren Tun die haftungsbegründende causa.[336]

Als potenziell pflichtwidriges Verhalten kommt arbeitshypothetisch und entsprechend den Untersuchungsfällen ein Unterlassen oder ein mittelbares Tun des inländischen Unternehmensträgers in Betracht.[337]

Zusammenfassend ist Voraussetzung für die deliktsrechtliche Menschenrechtsverantwortung der Unternehmensträger im Konzern und in der Lieferkette, dass sie verkehrspflichtig sind und somit durch das Unterlassen von Gefahrenabwehrmaßnahmen den Tatbestand des § 823 I BGB erfüllen. Wonach sich die Entstehung von Verkehrspflichten richtet, wird nunmehr erörtert.

II. Entstehungsgründe nach von Bar

Nachdem die Funktion von Verkehrspflichten und die dogmatische Einordnung dargestellt wurden, ist zu klären, unter welchen Umständen eine solche Verkehrspflicht entsteht. Die nationalen Entstehungsgründe von Verkehrspflichten gleichen denen der Gefährdungshaftung.[338] Die maßgeblichen Entstehungsgründe für eine Verkehrspflicht hat *von Bar*[339] systematisiert. Dazu

---

334 Grüneberg/*Sprau*, BGB § 823 Rn. 45.

335 *V. Bar*, Verkehrspflichten (1980), S. 193, S. 318 nimmt eine Verkehrspflichtverletzung bei (mittelbarem) Tun an, wenn „gegen eine richterliche Verhaltensnorm verstoßen [wird], die schon das Setzen einer übermäßigen abstrakten Gefahr verbietet und selbständiger Bezugspunkt des Verschuldensurteils ist."

336 *V. Bar*, Verkehrspflichten (1980), S. 193, S. 318; Grüneberg/*Sprau*, BGB § 823 Rn. 26, 45 wonach im Falle mittelbarer Rechtsverletzungen die Verkehrspflicht haftungsbegrenzende Wirkung entfaltet.

337 Vgl. *Weller/Kaller/Schulz*, AcP 2016, 387, 402; *König*, AcP 2017, 611, 612; *Fleischer/Korch*, ZIP 2021, 709, 713 f.

338 *V. Bar*, Verkehrspflichten (1980), S. 112; Grüneberg/*Sprau*, BGB Einf. v. § 823 Rn. 11.

339 *V. Bar*, Verkehrspflichten (1980), S. 112; Grüneberg/*Sprau*, BGB Einf. v. § 823 Rn. 11.

gehört die Gefahrschaffung und -unterhaltung, die Gefahrbeherrschung und der sog. Vertrauensschutz.

1. Gefahrschaffung und -unterhaltung

Bei der Gefahrschaffung und -unterhaltung haften verkehrspflichtige Rechtsträger für eine (abstrakte oder konkrete)[340] Gefahrerhöhung. In dem Zusammenhang ist auch oftmals von „Ingerenz“[341], einem „vorausgegangenen gefahrerhöhenden Tun“[342] oder der „Risikoveranlassung“[343] die Rede. Derjenige, der durch sein Verhalten eine Gefahr hervorruft, die ohne sein Verhalten nicht entstanden oder erhöht worden wäre, unterhält hiernach eine Gefahr. Das Schaffen oder Unterhalten einer solchen Gefahrenquelle kann eine Verkehrspflicht begründen.[344] Dabei geht es um abstrakte Gefahren, denen eine „allgemeine Schadensneigung“ immanent ist und um konkrete Gefahren, von denen Rechte- oder Rechtsgüter des § 823 I BGB unmittelbar gefährdet werden.[345] Die Wahrscheinlichkeit des Schadenseintritts spielt als Abwägungskriterium eine Rolle.[346] So begründet nicht jede Gefahr eine Verkehrspflicht. Der Gefahr muss ein gewisser Grad von tatsächlicher Schadensverwirklichung immanent sein, um eine Verkehrspflicht zu begründen.[347] Maßgeblich ist hierbei ein sachkundiges Urteil, d.h. die Sicht eines vernünftigen und umsichtigen Menschen über die Möglichkeit einer Schadensverwirklichung auf Grund der vorliegenden Gefahr. Die Gefahr kann sowohl von Sachen als auch von Personen ausgehen.[348] Ähnlich wie bei der Gefährdungshaftung kann es sich um Gefahren handeln, die grundsätzlich erlaubt sind, aber auf Grund ihrer besonderen Gefährlichkeit für die Rechtsgüter Dritter mit einer strengeren Haftung belegt sind.[349] Als

340 *V. Bar*, Verkehrspflichten (1980).

341 *Hager*, in: *Staudinger*, BGB, § 823 Rn. E 399; OLG Hamm = NJW-RR 2009, 1034, 1035.

342 *Deutsch*, Allgemeines Haftungsrecht, Rn. 104; *Raab*, JuS 2002, 1041, 1044; *Förster*, in: *Hau/Poseck*, BeckOK BGB, (Stand: 01.05.2023), § 823 Rn. 103.4; *Spindler*, in: *Artz et al.*, BeckOGK BGB (Stand: 01.05.2023), § 823 Rn. 77 „vorangegangen“; *Hager*, in: *Staudinger*, BGB, § 823 Rn. H 11.

343 *Raab*, JuS 2002, 1041, 1044.

344 *V. Bar*, Verkehrspflichten (1980), S. 113; *Fleischer/Korch*, ZIP 2019, 2181, 2188.

345 *V. Bar*, Verkehrspflichten (1980), S. 115 f.

346 *V. Bar*, Verkehrspflichten (1980), S. 113; *V. Falkenhausen*, Menschenrechtsschutz durch Deliktsrecht (2020), S. 119.

347 *V. Bar*, Verkehrspflichten (1980), S. 113.

348 *V. Bar*, Verkehrspflichten (1980), S. 114.

349 *V. Falkenhausen*, Menschenrechtsschutz durch Deliktsrecht (2020), S. 98.

Beispiel für die Schaffung einer Gefahr dient die Verkehrseröffnung in bestimmten Fällen, z.B. bei Veranstaltungen oder innerhalb eines Gewerbebetriebes.[350] In diesen Fällen werden Personen zur Teilnahme am Verkehr eingeladen mit der Folge, dass für diese Bereiche der Rechtsgüterschutz der Verkehrsteilnehmer gesichert sein muss. Bei einer Verkehrseröffnung ist ebenso der Gedanke des Vertrauensschutzes von Bedeutung. Diejenigen Personen, die einen eröffneten Verkehr nutzen, vertrauen dabei grundsätzlich auf die Abwesenheit von Gefahren. Die Verkehrspflicht, die sich mit der Gefahrerhöhung begründen lässt, sieht grundsätzliche präventive Schutzmaßnahmen vor, wie die frühzeitige Vornahme von Sicherheitsvorkehrungen zum Schutze Dritter.[351] Die Anforderungen an die Sicherungspflichten erhöhen sich, wenn die Wahrscheinlichkeit einer Schadensverwirklichung steigt.[352]

2. *Gefahrbeherrschung*

Die Gefahrbeherrschung begründet in der Regel eine Pflicht zur Vornahme von Gefahrvermeidungsmaßnahmen.[353] Als weiterer Entstehungsgrund für Verkehrspflichten dient sie der Ermittlung des pflichtigen Rechtsträgers und der Ermittlung des Pflichtenumfangs. Somit ist für den Entstehungsgrund entscheidend, wer die Gefahrenquelle beherrscht[354] und in wessen Sphäre[355] die Gefahrenquelle liegt. Die Gefahrbeherrschung wird auch als „Verantwortung für den eigenen Sachbereich“[356] bezeichnet. Doch für die Ermittlung des Gefahrenherrschers ist nicht allein die faktische oder allein die rechtliche Verfügungsgewalt[357]

---

350 *V. Falkenhausen*, Menschenrechtsschutz durch Deliktsrecht (2020), S. 98 f.

351 BGH, Urt. v. 08.11.2005 – VI ZR 332/04 = NJW 2006, 610, 611 hiernach sei die allgemeine Rechtspflicht die Vornahme notwendiger Vorkehrungen, um eine Schädigung anderer tunlichst abzuwenden; *v. Bar*, Verkehrspflichten (1980), S. 113; vgl. *ders.*, JuS 1988, 169, 169 f.; *Habersack/Zickgraf*, ZHR 2018, 252, 269.

352 *V. Bar*, Verkehrspflichten (1980), S. 114.

353 *Habersack/Zickgraf*, ZHR 2018, 252, 269.

354 *V. Bar*, Verkehrspflichten (1980), S. 122.

355 Vgl. *v. Schenck*, Der Begriff der „Sphäre“ in der Rechtswissenschaft (1977), S. 96; *v. Bar*, Verkehrspflichten (1980), S. 122.

356 Vgl. *v. Bar*, JuS 1988, 169, 171 demzufolge jemand Bereich der Gefahrenquelle „kraft sachenrechtlicher Nähe im Griff haben“ muss, *Larenz/Canaris*, Schuldrecht BT II 2 (1994), § 76 III S. 408; „eigener Herrschaftsbereich“ und „Risikobeherrschung“, *Raab*, JuS 2002, 1041, 1044.

357 RGZ LZ 16, S. 1371 Nr. 3 demzufolge die Frage, ob eine Sorgfaltspflicht für die Verkehrssicherheit eines Ortes bestehe, nicht in dem Eigentumsrecht als solchen bestehe; die gleiche Pflicht könne auch für den aus anderen Gründen Verfügungsberechtigten

über einen Gefahrenzustand ausschlaggebend. Für die Gefahrbeherrschung sind faktische und rechtliche Abwehrmöglichkeiten gegen eine Gefahr gleichermaßen entscheidend.[358]

Der BGH[359] führte einst aus, dass „[...] [e]ine Verantwortung für die Sicherheit des Verkehrs [...] nur insoweit besteht, als der in Anspruch Genommene die rechtliche und tatsächliche Möglichkeit besitzt, selbständig eine für die Verkehrssicherung erforderliche Maßnahme zu treffen." Weiter heißt es, dass „[...] nicht notwendig der Eigentümer, sondern unter Umständen ein anderer Verfügungsberechtigter, insbesondere auch der Besitzer (z.B. der Mieter) die Verantwortung für die Verkehrssicherheit seiner Dritten zugänglichen Sache trägt."

Somit hat derjenige, der die Verfügungsgewalt trägt, die Befähigung die erforderlichen und notwendigen (Sicherungs-)Maßnahmen zur Gefahrvermeidung vorzunehmen.[360] Ein wichtiges, aber nicht endgültig entscheidendes Indiz hierfür ist die (unmittelbare) Sachherrschaft. Als Beispiel für eine in die Abwägung einzubeziehende mittelbare Herrschaft[361] dient die Mitgliedschaft in einem rechtsfähigen Verein, denn durch die Ausübung des Stimmrechts besteht die Möglichkeit an der Verwaltung des Vereins mitzuwirken und deren Tätigkeit zu beeinflussen. Durch einen Beschluss der Mitgliederversammlung kann ein Vorstand zu bestimmten Handlungen oder Unterlassungen angehalten werden.[362]

3. *Vertrauensschutz*

Neben der Gefahrerhöhung und der Beherrschbarkeit der Gefahr, kann auch die Enttäuschung schützenswerten Vertrauens des Rechtsverkehrs eine

---

bestehen. Entscheidend sei, ob der Betreffende auf Grund seiner tatsächlichen und rechtlichen Beziehung zu der Sache sorgfältig gegenüber Dritten über sie verfügen oder sie gebrauchen könne; *v. Schenck*, Der Begriff der „Sphäre" in der Rechtswissenschaft (1977), S. 95 demzufolge die Grundlage der Verantwortlichkeit im Sinne der Gefahrbeherrschung nicht allein das Eigentum an Sachen sei, sondern jede andere rechtliche Beziehung, die eine tatsächliche Verfügungsgewalt über die Sache begründet.

358 Vgl. *v. Bar*, Verkehrspflichten (1980), S. 122 ff., *v. Falkenhausen*, Menschenrechtsschutz durch Deliktsrecht (2020), S. 99 f.

359 BGH, Urt. v. 30.04.1953 – III ZR 377/51 = BeckRS 1953, 105204.

360 BGH, Urt. v. 30.04.1953 – III ZR 377/51 = BeckRS 1953, 105204; BGH, Urt. v. 08.11.2005 – VI ZR 332/04 = NJW 2006, 610, 611; BGH, Urt. v. 15.06.1954 – III ZR 125/53 = NJW 1954, 1403, 1403 f.; RGZ 147, 353, 356.

361 *V. Schenck*, Der Begriff der „Sphäre" in der Rechtswissenschaft (1977), S. 31.

362 *V. Schenck*, Der Begriff der „Sphäre" in der Rechtswissenschaft (1977), S. 31.

Verkehrspflicht begründen. Der Gedanke des Vertrauensschutzes lässt sich aus dem allgemeinen Gedanken, dass der Rechtsverkehr auf einen sicheren (d.h. rechtsgutsschützenden) Verkehr vertraut, herleiten.

Im Kern geht es um die Enttäuschung der verkehrsüblichen Erwartung, dass derjenige, der einen Verkehr entstehen lässt, für den Schutz des Verkehrs vor Gefahren sorgt.[363] Folglich setzt das Vertrauen auf die Sicherheit des Rechtsverkehrs zunächst einen Gefahrenbereich voraus, der durch einen Rechtsträger hervorgerufen wurde.

Dieser Gefahrenbereich werde dadurch begründet, dass derjenige, der Vertrauen auf die Abwesenheit von Gefahren in seinem Wirkungsbereich schafft, den Rechtsverkehr in Sicherheit wiegt und diesen von selbstschützenden Maßnahmen abhält.[364] Dadurch werde eine neue Gefahr für den Rechtsverkehr geschaffen.

Zum Aspekt des Vertrauensschutzes gehört nach *von Bar* zudem die vertragliche Übernahme der Gefahrbeherrschung. Hierbei stellt sich die Frage, inwiefern Verkehrspflichten auf Grund einer vertraglichen Übernahme bei dem Übernehmenden entstehen.[365] Dieser Gedanke findet sich auch in der UK-Rechtsprechung zu den Ausführungen unter der Figur der „*assumption of responsibility*".[366]

Von einer vertragsersetzenden Funktion der Verkehrspflichten ausgehend, stellt *von Bar* jedoch fest, dass die Übernahme allein nicht ausreiche, um eine Verkehrspflicht zu begründen. Nach dem nationalen Verständnis müsse (mindestens) ein Entstehungsgrund in der Person des Übernehmenden vorliegen.[367]

---

363 Vgl. *v. Bar*, Verkehrspflichten (1980), S. 117 f.

364 *V. Falkenhausen*, Menschenrechtsschutz durch Deliktsrecht (2020), S. 101 f.; vgl. *Kaller*, ZEuP 2022, 157, 173.

365 *V. Bar*, Verkehrspflichten (1980), S. 119 f.

366 Vgl. hierzu unter Kapitel 1 A.; Chandler v Cape plc [2012] EWCA Civ. 525 Rn. 1, 31, 62 ff.; David Thompson v The Renwick Group Plc [2014] EWCA Civ 635 Rn. 24; implizit AAA v Unilever Plc [2018] EWCA Civ. 1532 Rn. 36 ff.; Vedanta Resources PLC and another v Lungowe and others [2019] UKSC 20 Rn. 61: "[…] I regard the published materials in which Vedanta may fairly be said to have asserted its own assumption of responsibility for the maintenance of proper standards of environmental control over the activities of its subsidiaries, and in particular the operations at the Mine, and not merely to have laid down but also implemented those standards by training, monitoring and enforcement, as sufficient on their own to show that it is well arguable that a sufficient level of intervention by Vedanta in the conduct of operations at the Mine may be demonstrable at trial."

367 *V. Bar*, Verkehrspflichten (1980), S. 120 f.

Zwar sei es richtig, dass sich der betroffene Personenkreis darauf verlassen können muss, dass die erforderlichen Sicherungsmaßnahmen auch von demjenigen vorgenommen werden, der sich dazu rechtsgeschäftlich – bindend oder nicht – bereit erklärt hat und die Gefahrenquelle zu beeinflussen vermochte. Dennoch sei das Vorliegen eines den richterlichen Gefahrsteuerungsgeboten entsprechenden Grundes für Verkehrspflichten maßgeblich. Im Strafrecht dagegen kann eine tatsächliche Pflichtenübernahme ein strafbewährtes Verhalten durch Unterlassen zur Konsequenz haben, ohne dass eine Verkehrspflicht nach den üblichen Entstehungsgründen vorliegt.[368] Im Deliktsrecht hat sich die Aufgabenübernahme noch nicht als alleinstehender Entstehungsgrund für Verkehrspflichten durchgesetzt.[369]

4. *Im Abwägungsprozess zu berücksichtigende Faktoren*

Zudem werden weitere Faktoren in den Abwägungsprozess über das Entstehen einer Verkehrspflicht miteinbezogen. Als Beispiel sei hier nur das sog. Interessenprinzip zu erwähnen. Nach diesem Prinzip kann derjenige, der einen (wirtschaftlichen) Nutzen aus einer Gefahr zieht, verkehrspflichtig sein.[370] Dahinter steht der rechtsökonomische Gedanke, dass derjenige, der die Vorteile aus einer Aktivität zieht, auch die Nachteile tragen und daher die hierbei entstehenden Gefahren abwehren muss.[371] Zweck des Interessenprinzips ist die Minimierung eines Anreizes zu gefährdendem Verhalten, welches sich unter Umständen als wirtschaftlich profitabel für einen Rechtsträger erweist. Es wird richtigerweise festgestellt, dass der wirtschaftliche Nutzen allein keine Verkehrspflicht begründen kann. Er wird dennoch in den Abwägungsprozess der Gesamtumstände für das Entstehen einer Verkehrspflicht berücksichtigt.[372]

---

368 Vgl. *Freund*, in: *Erb/Schäfer*, MüKo StGB, § 13 Rn. 173 die Sonderverantwortlichkeit ergebe sich in derartigen Fällen ohne Weiteres daraus, dass sich der Betreffende als verantwortliche Person „beim Wort nehmen" lassen muss und sich widersprüchlich verhielte, wenn er die übernommene Gefahrenabwendungsaufgabe nicht als die seine auffassen wollte; vgl. auch BGH, Urt. v. 17.07.2009 – 5 StR 394/08 = NJW 2009, 3173 demzufolge den Leiter der Innenrevision einer Anstalt des öffentlichen Rechts eine Garantenpflicht dahingehend treffen kann, betrügerische Abrechnungen zu unterbinden.

369 *Kaller*, ZEuP 2022, 157, 173.

370 *V. Bar*, Verkehrspflichten (1980), S. 125.

371 *Habersack/Zickgraf*, ZHR 2018, 252, 271.

372 *V. Falkenhausen*, Menschenrechtsschutz durch Deliktsrecht (2020), S. 105.

In die Abwägung fließen auch weitere Faktoren wie die Wahrscheinlichkeit des Schadenseintritts, das Ausmaß des Schadens, die Schwere der Gefahr, d.h. welche Rechtsgüter im konkreten Fall betroffen sind sowie die Höhe der mit den Verkehrspflichten verbundenen Kosten.[373] Ferner kann der Gefahrzusammenhang[374] zur Abgrenzung zwischen verschiedenen Verantwortungsbereichen mehrerer Personen herangezogen werden.

5. *Abgrenzung der Verkehrs- von der Sorgfaltspflicht*

Die Verkehrspflichten werden regelmäßig auch als Sorgfaltspflichten[375] bezeichnet, obwohl der Pflichteninhalt ein anderer ist. Eine Pflicht zur Sorgfalt ohne Bezugnahme auf ein bestehendes Pflichtenprogramm geht ins Leere. Die Sorgfaltspflicht beschreibt die Anwendung einer bestimmten Sorgfalt bezüglich einer bestehenden (Verkehrs-)Pflicht. So spricht *von Bar*[376] auch von der sprachlichen Ungenauigkeit, die dem Begriff der Sorgfaltspflichten immanent ist. Dennoch hat *Deutsch*[377] die Verbindung zu den Verkehrspflichten in der Weise dargestellt, dass die Verkehrspflicht die Anwendung eines sachgemäßen Verhaltens und somit die Anwendung eines Höchstmaßes an äußerer Sorgfalt voraussetzt.

Die äußere Sorgfalt umfasst das pflichtgemäße, d.h. objektiv-normativ gebotene, Verhalten darstellt und wird mithin als Teil des Tatbestands (Rechtswidrigkeit) eingeordnet.[378] Hiervon unterschieden wird die innere Sorgfalt, die sich „auf die Erkenntnis möglicher rechtswidriger Tatbestandsverwirklichungen richtet" und somit als Zurechnungskriterium, namentlich als Verschuldenselement, verstanden wird.[379] Um die Verschuldensform der Fahrlässigkeit zur erfüllen, bedarf es einer Verletzung der inneren sowie äußeren Sorgfalt, die

---

373 *V. Bar*, Verkehrspflichten (1980), S. 125 ff.; *v. Falkenhausen*, Menschenrechtsschutz durch Deliktsrecht (2020), S. 94 ff., 103 ff.; Grüneberg/Sprau, § 823 Rn. 51 m.w.N. zur Rechtsprechung.

374 Hierzu ausführlich *v. Falkenhausen*, Menschenrechtsschutz durch Deliktsrecht (2020), S. 105 ff., derzufolge eine eigenverantwortliche Selbstgefährdung der Arbeitnehmer im Ausland in dem Gefahrzusammenhang ausgeschlossen werden müsse.

375 Vgl. *Deutsch*, Allgemeines Haftungsrecht, S. 71 Rn. 107; *Haider*, Haftung von transnationalen Unternehmen und Staaten für Menschenrechtsverletzungen, S. 372.

376 *V. Bar*, Verkehrspflichten (1980), S. 50.

377 *Deutsch*, Fahrlässigkeit und erforderliche Sorgfalt, S. 94; folgend *v. Bar*, Verkehrspflichten (1980), S. 180.

378 Vgl. *Brodmann*, AcP 1996, 327, 379 f.; *Deutsch*, Fahrlässigkeit und erforderliche Sorgfalt (1995), S. 94 m.w.N.; *ders*, JZ 2002, 588, 591.

379 *Deutsch*, JZ 2002, 588, 591.

von den individuellen Voraussetzungen des Einzelfalls bzw. des Verpflichteten abhängen.[380]

Die Klarstellung ist für die Untersuchung von Bedeutung, da in den rechtsvergleichenden Beispielen und in dem LkSG[381] der Bundesregierung nicht von einer Verkehrspflicht, sondern von einer unternehmerischen Sorgfaltspflicht in der Lieferkette die Rede ist.

Der Begriff der Sorgfaltspflicht, der in diesen Beispielen angeführt wird, wird für die vorliegende Arbeit als Verkehrspflicht verstanden.

III. Zwischenergebnis: Deliktsrechtliche Verkehrspflicht als geeignetes Rechtsinstitut zur Begründung einer Menschenrechtsverantwortung inländischer Unternehmensträger

Es zeigt sich, dass mit den deliktsrechtlichen Verkehrspflichten ein Rechtsinstitut besteht, mit dem inländische Unternehmensträger zum Rechtsgüterschutz im Sinne des § 823 I BGB angehalten werden könnten. Sofern Verkehrspflichten eines inländischen Unternehmensträgers in den Untersuchungsfällen aus den oben erläuterten Entstehungsgründen herleitbar sind, wäre auch eine mittelbare Bindung an die Menschenrechte gegeben, die sich mit den Schutzgütern des § 823 I BGB teilweise inhaltlich decken. Eine derartige Verkehrspflicht könnte im Fall des Unterlassens der Gefahrenabwehr (z.B. durch Unterlassen von Sicherungs-[382], Überwachungs- und Kontrollpflichten) oder bei mittelbar gefahrerhöhendem Tun zur zivilrechtlichen Haftung inländischer Unternehmensträger einer Wertschöpfungskette führen.

B. Besonderheiten bei juristischen Personen

Die Frage, ob juristische Personen allein verkehrspflichtig sein können oder ob neben der juristischen Person auch die dahinterstehende natürliche Person, der Organwalter, verkehrspflichtig ist, wurde ausführlich von *Kleindiek*[383] untersucht.

---

380 *Deutsch*, Fahrlässigkeit und erforderliche Sorgfalt (1995), S. 404.

381 Gesetz über die unternehmerischen Sorgfaltspflichten in Lieferketten, BGBl. I 2021, 2959.

382 *Fleischer/Korch*, ZIP 2021, 709, 714 für die Zuordnung zu den Sicherungspflichten in Abgrenzung zu Fürsorgepflichten.

383 *Kleindiek*, Deliktshaftung und juristische Person (1997).

Diese Frage wird in der gebotenen Kürze, ausgehend von den im Grundsatz anerkannten Entstehungsgründen der Verkehrspflichten, beantwortet.

Grundsätzlich kann eine Verkehrspflicht für eine Person nur begründet werden, wenn die Gefahr von ihr beherrschbar ist. Juristische Personen selbst sind nicht handlungsfähig.

Dies ließe die Schlussfolgerung zu, dass ausschließlich natürliche Personen, die durch ihr tatsächliches Handeln zur Gefahrenabwehr befähigt sind, verkehrspflichtig sind.[384]

Allerdings wurde in der Rechtsprechung des Reichsgerichts und des BGHs die juristische Person als verkehrspflichtig bestimmt. Das wohl prominenteste Beispiel ist die Produzentenhaftung auf Grund von Verkehrspflichtverletzungen gem. § 823 I BGB.[385]

Juristische Personen sind unstreitig rechtsfähig (vgl. § 1 AktG, § 13 I GmbHG) und können somit Träger von Rechten und Pflichten, auch von Verkehrspflichten, sein.[386] Dass juristische Personen daher auch verkehrspflichtig sein können, ist, wie durch *von Bar* postuliert, unzweifelhaft. Die Deliktshaftung juristischer Personen auf Grund von Verkehrspflichtverletzungen steht im Einklang mit der Konzeption des § 31 BGB.[387]

Juristische Personen des Privatrechts und somit Unternehmensträger im Sinne dieser Arbeit können demnach gem. §§ 823 I, 31 BGB (analog) oder §§ 831 I, 31 BGB (analog) wegen Verletzung der ihnen obliegenden Verkehrspflichten haften.[388]

Dabei wird ihnen das pflichtwidrige Handeln ihrer verfassungsmäßigen Vertreter gem. § 31 BGB entsprechend zugerechnet.

Es lässt sich festhalten, dass für die Untersuchung der Kernfrage einer Verkehrspflicht zum Menschenrechtsschutz eines inländischen Unternehmens, die persönliche Einstandspflicht der Organe, d.h. des verfassungsmäßig berufenen Vertreters gem. § 31 BGB, keine zwingende Voraussetzung darstellt.[389]

---

384 *Kleindiek*, Deliktshaftung und juristische Person (1997), S. 117; *Medicus*, ZGR 1998, 570, 573.

385 *Kleindiek*, Deliktshaftung und juristische Person (1997), S. 129.

386 *Medicus*, ZGR 1998, 570, 573.

387 *Kleindiek*, Deliktshaftung und juristische Person (1997), S. 241 f.; *Leuschner*, in: *Säcker/Rixecker et al.*, MüKo BGB, § 31 Rn. 1.

388 *Kleindiek*, Deliktshaftung und juristische Person (1997), S. 130.

389 *Kleindiek*, Deliktshaftung und juristische Person (1997), S. 241 ff.

C. Besonderheiten im Konzern und in der Lieferkette

Die Untersuchung bezieht sich neben der deliktsrechtlichen Verantwortung des inländischen Unternehmensträgers im Konzern auch auf die Verantwortlichkeiten in der Lieferkette.

Für die Untersuchung konzern- und lieferkettendimensionaler Verkehrspflichten sind die Besonderheiten im Konzern und in der Lieferkette darzustellen.

Dafür wird zunächst die rechtliche Stellung der inländischen Unternehmensträger in der Lieferkette und in den verschiedenen Konzernformen des Eingliederungs- und Vertragskonzerns sowie des faktischen Konzerns herausgearbeitet. Sodann wird die Kohärenz von Verkehrspflichten im Konzern und in der Lieferkette mit dem geltenden Recht untersucht.

I. Besonderheiten und Unterschiede im Konzern und in der Lieferkette

1. Besonderheiten bei Konzernzugehörigkeit

Die deutsche Rechtsordnung kennt kein einheitliches Konzerngesetz.[390] Konzernrechtliche Vorschriften finden sich nur verteilt im Aktiengesetz, vgl. §§ 15 ff. AktG, 291 ff. AktG.

Unternehmensträger im Konzern sind vertraglich sowie mitgliedschaftlich miteinander verbunden.[391]

Der Konzern selbst bildet keine eigenständige rechtsfähige Einheit. Vielmehr stellt der Konzern eine in einer Wirtschaftseinheit[392] zusammengefasste rechtliche Vielheit dar.[393]

---

390 Vgl. *Beck*, AG 2017, 726, 726.

391 Ähnlich *Wagner*, RabelsZ 2016, 717, 771; *Hübner*, in: *Krajewski/Oehm/Saage-Maaß*, Zivil- und strafrechtliche Unternehmensverantwortung für Menschenrechtsverletzungen (2018), S. 13, S. 18; vgl. *Thomale/Hübner*, JZ 2017, 385, 393; *Weller/Thomale*, ZGR 2017, 509, 519 mit Hinweis auf die im Konzern rechtlichen Einflussmöglichkeiten; *Habersack/Zickgraf*, ZHR 2018, 252, 281; *Schall*, ZGR 2018, 479, 503 bezieht sich auf die stärkere Integration des Unternehmensträgers durch gesellschaftsrechtliche Kontrollrechte; *Habersack/Ehrl*, AcP 2019, 155, 164; *Nordhues*, Die Haftung der Muttergesellschaft und ihres Vorstands für Menschenrechtsverletzungen im Konzern (2019), S. 26; *Weller/Nasse*, ZGR 2020, Sonderheft (22), 107, 110; *Thomale/Murko*, EuZA 2021, 40, 48.

392 *Koppensteiner*, in: *Zöllner/Noack*, Kölner Kommentar AktG, § 18 Rn. 19; *Liebscher*, ZIP 2019, 1837, 1843.

393 Vgl. *Raiser/Veil*, Recht der Kapitalgesellschaften, § 58 Rn. 3; vgl. *Schüler*, Die Wissenszurechnung im Konzern, S. 128 ff.; *Drygala/Staake/Szalai*, Kapitalgesellschaftsrecht, § 29 Rn. 1; *Windbicher*, in: *Hopt/Wiedemann*, Großkomm AktG, 4. Aufl., § 18 Rn. 4.

Nach nationalem Recht ist ein Konzern grundsätzlich eine Zusammenfassung mehrerer rechtlich selbstständiger Unternehmensträger unter einheitlicher Leitung, vgl. § 18 AktG.[394]

Eine einheitliche Leitung kann auf unterschiedliche Weise ausgestaltet sein.[395] Bei zentralisiert-organisierten Konzernen übernimmt die Obergesellschaft beispielsweise alle oder einen wesentlichen Teil der Leitungsaufgaben eines anderen Unternehmensträgers.[396]

Es gibt verschiedene Formen eines Konzerns. So können Unternehmensträger einen Unterordnungskonzern gem. § 18 I AktG oder einen Gleichordnungskonzern gem. § 18 II AktG bilden.

Für die Untersuchung einer Menschenrechtsverantwortung im Konzern wird in dieser Schrift der Unterordnungskonzern in Form eines Vertrags- und Eingliederungskonzerns sowie in Form des faktischen Konzerns[397] näher betrachtet.

Im Unterordnungskonzern sind die abhängigen Unternehmensträger unter der einheitlichen Leitung der Obergesellschaft zusammengefasst, vgl. § 18 I AktG. Das Differenzierungsmerkmal zu einem Gleichordnungskonzern ist die Voraussetzung der Abhängigkeit, vgl. § 18 II AktG.[398] Unternehmensträger, zwischen denen ein Beherrschungsvertrag gem. § 291 I 1 AktG besteht oder von denen der eine in dem anderen eingegliedert ist gem. § 319 AktG, gelten

394 *Koppensteiner*, in: *Zöllner/Noack*, Kölner Kommentar AktG, § 18 Rn. 15; *Bayer*, in: *Goette/Habersack*, MüKo AktG, § 18 Rn. 1.

395 *Bayer*, in: *Goette/Habersack*, MüKo AktG, § 18 Rn. 34 f.; *Koch*, in: *Koch*, AktG, § 18 Rn. 12; *Koppensteiner*, in: *Zöllner/Noack*, Kölner Kommentar AktG, § 18 Rn. 38; *Drexl*, ZHR 1997, 491, 499.

396 *Lindermann*, AG 1987, 225, 231 nennt als Beispiele hierfür die „Festlegung der Unternehmensziele im Rahmen des Unternehmensgegenstandes, Festlegung der Finanz-, Investitions-, Markt- und Personalpolitik, Entscheidung über geschäftliche Maßnahmen von besonderer Bedeutung, Koordination der wesentlichen Teilbereiche der Unternehmensleitung, Besetzung der Führungsstellen"; *Weidemann*, Konzernleitung multinationaler Unternehmen, S. 127 f.; *Bayer*, in: *Goette/Habersack*, MüKo AktG, § 18 Rn. 34 f.; *Koch*, in: *Koch*, AktG, § 18 Rn. 12; *Koppensteiner*, in: *Zöllner/Noack*, Kölner Kommentar AktG, § 18 Rn. 38 „die praktischen Formen einheitlicher Leitung sind so vielfältig, dass der Gesetzgeber bewusst auf eine nähere Detaillierung verzichtet hat" und mit dem Hinweis, dass sowohl Personalverflechtungen als auch Weisungen auf Grund des Beherrschungsvertrages oder bei der GmbH auf Grund des Gesetzes eine einheitliche Leitung erfolgen kann; *Drexl*, ZHR 1997, 491, 499.

397 *Koppensteiner*, in: *Zöllner/Noack*, Kölner Kommentar AktG, § 18 Rn. 7.

398 Vgl. *Bayer*, in: *Goette/Habersack*, MüKo AktG, § 18 Rn. 4.

unwiderlegbar vermutet als Konzern gem. § 18 I 2 AktG. Der faktische Konzern ist dagegen gesetzlich nicht ausdrücklich geregelt.[399]

Eine Besonderheit der konzernvertraglichen Verbindung von Unternehmensträgern liegt in dem Weisungsrecht der herrschenden (Ober-)Gesellschaft gegenüber den abhängigen Gesellschaften gem. §§ 308 I AktG, 323 I AktG, worauf in der folgenden Untersuchung[400] näher eingegangen wird. Vorweggenommen sei an dieser Stelle, dass das Weisungsrecht ein gesetzlich zulässiges Leitungsinstrument der Obergesellschaft gegenüber dem Vorstand der abhängigen Gesellschaft im Vertragskonzern darstellt.[401] Hierdurch wird die Einwirkung auf die Führungsentscheidungen des Tochtervorstands und den Gesamtbereich der Geschäftsführung ermöglicht.[402] Ohne die ausdrückliche Regelung des § 308 I AktG bliebe es bei der grundsätzlich autonomen Geschäftsleitung des Vorstandes einer abhängigen Aktiengesellschaft im Sinne des § 76 I AktG.[403] Die abhängige Gesellschaft eines Eingliederungs- oder Vertragskonzerns wird daher auch als „rechtlich selbstständige Betriebsabteilung" der Muttergesellschaft charakterisiert.[404]

Faktische Konzerne werden nicht durch die konzernvertragsrechtliche Bindung oder einheitliche Leitung, sondern vor allem durch tatsächliche Verhältnisse geprägt. In dem Zusammenhang wird die faktische Leitungsmacht der Obergesellschaft hervorgehoben.[405] Ein faktischer Konzern wird in der Regel auf Grund einer Mehrheitsbeteiligung[406] gebildet, bei der zunächst eine Abhängigkeit

---

399 Vgl. *Bayer*, in: *Goette/Habersack*, MüKo AktG, § 18 Rn. 8.

400 Unter Kapitel 5 D. I.

401 *Koppensteiner*, in: *Zöllner/Noack*, Kölner Kommentar AktG, § 18 Rn. 35 der beherrschende Einfluss werde hierdurch tatsächlich ausgeübt und bilde eine solide Voraussetzung für die Durchsetzung der einheitlichen Leitung; *Koch*, in: *Koch*, AktG, § 308 Rn. 10.

402 *Koch*, in: *Koch*, AktG, § 308 Rn. 12.

403 *Inhester*, in: *Saenger/Inhester*, GmbHG, Anh. § 13 Rn. 111; *Emmerich/Habersack*, Konzernrecht, § 1 Rn. 18.

404 *Emmerich/Habersack*, Konzernrecht, § 10 Rn. 1.

405 *Bayer*, in: *Goette/Habersack*, MüKo AktG, § 18 Rn. 9; *Windbichler*, in: *Hopt/Wiedemann*, Großkomm AktG, 4. Aufl., § 18 Rn. 34 einheitliche Leitung werde insb. durch die Besetzung der Verwaltungsorgane sowie informelle Mittel ausgeübt; *Koppensteiner*, in: *Zöllner/Noack*, Kölner Kommentar AktG, § 18 Rn. 35 mit dem Hinweis, dass damit zu rechnen sein kann, dass die Geschäftsleitung konzernzugehöriger Unternehmensträger sich den Einflüssen der Konzernspitze nicht widersetzen werden, da es auch Konsequenzen aus leitungswidrigen Verhalten ziehen müsse.

406 *Koppensteiner*, in: *Zöllner/Noack*, Kölner Kommentar AktG, § 18 Rn. 21.

der Untergesellschaft gem. § 17 II AktG und folgend die Konzernzugehörigkeit gem. § 18 I 3 AktG widerlegbar vermutet wird.[407] Im faktischen Konzern besteht kein gesetzliches Weisungsrecht. Die Obergesellschaft hat jedoch auf Grund des Abhängigkeitsverhältnisses die Möglichkeit, die Geschäftspolitik der abhängigen Gesellschaft zu bestimmen.[408] In § 311 I AktG ist ein sog. „Veranlassungsrecht" der Obergesellschaft zu Maßnahmen und Rechtsgeschäften der abhängigen Gesellschaft geregelt. Der Grad der ausgeübten Mehrheitsmacht kann dabei sehr unterschiedlich ausgestaltet sein. Die Obergesellschaft kann sich auf die Rolle eines bloßen Investors beschränken, andererseits aber auch intensiv auf die Geschäfte der Untergesellschaft einwirken.

Der Konzern wird in der Regel mit einer beteiligten AG oder KGaA gegründet, dennoch setzt § 18 AktG für den Konzern keine bestimmte Rechtsform fest.[409]

Das aktienrechtliche Konzernrecht ist wesentlich auf den Schutz von Minderheitsaktionären und Gläubigern der abhängigen Gesellschaft zugeschnitten.[410] Ziel ist es, die divergierenden, unternehmerischen Interessen der herrschenden Gesellschaft zu einem angemessenen Ausgleich zu bringen.[411] Die nationalen, konzernrechtlichen Regelungen tragen dem sog. Konzernkonflikt, d.h. der Gefährdung abhängiger Unternehmensträger, Rechnung.[412]

So besteht im faktischen Konzern gem. § 317 I 1 AktG die Pflicht zum Ausgleich bei Veranlassung nachteiliger Rechtsgeschäfte oder Maßnahmen durch die Obergesellschaft. Bei einem Vertragskonzern ist die Muttergesellschaft zur Verlustübernahme gem. §§ 302 I AktG und zur Sicherheitsleistung gem. § 303

407 *Hirschmann*, in: *Hölters/Weber*, AktG, § 18 Rn. 5 mit dem Hinweis, dass alternativ der Abschluss eines Unternehmensvertrags gem. §§ 291, 292 AktG, der kein Beherrschungsvertrag ist, ein faktischer Konzern gebildet werden könne; ähnlich *Baetge*, in: *Baetge/Kirsch/Thiele*, Konzernbilanzen, S. 4.

408 *Baetge*, in: *Baetge/Kirsch/Thiele*, Konzernbilanzen, S. 3.

409 Vgl. *Windbichler*, in: *Hopt/Wiedemann*, Großkomm AktG, 4. Aufl., Vor §§ 15 Rn. 53; *Koppensteiner*, in: *Zöllner/Noack*, Kölner Kommentar AktG, § 15 Rn. 6; *Drygala/Staake/Szalai*, Kapitalgesellschaftsrecht, § 29 Rn. 20 f.; *Emmerich/Habersack*, Konzernrecht, § 29 Rn. 1.

410 BGH, Urt. v. 04.03.1974 – II ZR 89/72 = NJW 1974, 855, 856; *Raiser/Veil*, Recht der Kapitalgesellschaften, § 58 Rn. 15; *Drygala/Staake/Szalai*, Kapitalgesellschaftsrecht, § 29 Rn. 2 ff.; *Baetge*, in: *Baetge/Kirsch/Thiele*, Konzernbilanzen, S. 5.2 ff.

411 *Drygala/Staake/Szalai*, Kapitalgesellschaftsrecht, § 29 Rn. 2 ff., 5; ähnlich *Drexl*, ZHR 1997, 491, 500.

412 LG Magdeburg, Urt. v. 05.12.2019 – 10 O 1719/18 = BeckRS 2019, 54217 Rn. 19.

I 1 AktG verpflichtet. Die Verletzung dieser Pflichten führt zu einer Haftung im Innenverhältnis zwischen abhängigem und herrschendem Unternehmensträger. Im Eingliederungskonzern besteht nach § 322 I AktG eine Haftung der Hauptgesellschaft für Verbindlichkeiten der eingegliederten Gesellschaft gegenüber allen Gläubigern und somit eine Haftung der Muttergesellschaft im Außenverhältnis.[413]

2. *Unternehmensträger in der Lieferkette*

Die Lieferkette, regelmäßig auch als Wertschöpfungskette[414] bezeichnet, beschreibt die arbeitsteilige Kooperation[415] zwischen Unternehmensträgern, die sich auf eine Zusammenarbeit auf gewisse Dauer und eine gemeinsame Wertschöpfung geeinigt haben.[416]

Der Begriff der Lieferkette umfasst folglich sämtliche Geschäftsbeziehungen eines Unternehmensträgers. In den *Guiding Principles on Business and Human Rights* der Vereinten Nationen[417] werden unter Geschäftsbeziehungen die Beziehungen zu Geschäftspartnern, Unternehmensträgern der Wertschöpfungskette und anderen nichtstaatlichen oder staatlichen Unternehmensträgern verstanden, die in direktem Zusammenhang mit ihren Geschäftsaktivitäten, Produkten oder Dienstleistungen stehen.

---

413 BGH, Urt. v. 16.09.1985 – II ZR 275/84 = ZIP 1985, 1263, 1268 (Autokran) entsprechende Anwendung der aktienrechtlichen Konzernregelungen für den GmbH-Konzern; *Grunewald*, in: *Goette/Habersack*, MüKo AktG, § 322 Rn. 8.

414 *Spießhofer*, Unternehmerische Verantwortung – Zur Entstehung einer globalen Wirtschaftsordnung (2017), S. 253; Ebenfalls synonym verwendete Begriffe sind das sog. Unternehmensnetzwerk oder im Englischen die sog. *Supply Chain*.

415 Vgl. *Osieka*, Zivilrechtliche Haftung deutscher Unternehmen für menschenrechtsbeeinträchtigende Handlungen ihrer Zulieferer (2014), S. 37 m.w.N.

416 *Steven/Pollmeier*, in: *Becker/Knackstedt/Pfeiffer*, Wertschöpfungsnetzwerke, S. 50; *Reese*, Management von Wertschöpfungsketten (2016), S. 5.

417 United Nations, UN Guiding Principles on Business and Human Rights (UNGP), HR/PUB/11/04, 2011, S. 15 "For the purpose of these Guiding Principles a business enterprise's 'activities' are understood to include both actions and omissions; and its 'business relationships' are understood to include relationships with business partners, entities in its value chain, and any other non-State or State entity directly linked to its business operations, products or services.", abrufbar unter: https://www.business-humanrights.org/en/big-issues/un-guiding-principles-on-business-human-rights/ (Stand: 01.06.2023).

> *„[B]usiness enterprise's 'activities' are understood to include both actions and omissions; and its 'business relationships' are understood to include relationships with business partners, entities in its value chain, and any other non-State or State entity directly linked to its business operations, products or services."*

Diese Definition findet sich auch in den *OECD*-Richtlinien.[418] Die Lieferkette kann auf verschiedenen vertraglichen Grundlagen gebildet werden.[419]

Die gemeinsame Wertschöpfung liegt regelmäßig in der Herstellung eines Endprodukts. Die Arbeitsteilung betrifft beispielsweise die Rohstoffbeschaffung oder die Produktion körperlicher Gegenstände. Dabei ist die Arbeitsteilung, anders als im (Unterordnungs-)Konzern, nicht zwingend hierarchisch organisiert.[420] Dennoch gibt es auch hierarchisch organisierte Lieferketten, in denen eine dominierende Gesellschaft (z.B. ein Automobilhersteller) die zentrale Koordination und Gestaltung der Lieferkette vorgibt.[421]

Die zentrale Koordination ist jedoch kein zwingendes Merkmal einer Lieferkette. Die Lieferkette setzt nach nationalem Verständnis lediglich eine ununterbrochene Verbindung von Unternehmensträgern i.S.d. § 14 BGB mit unterschiedlichen Wertschöpfungsfunktionen (Lieferant, Endverkäufer) voraus.[422] Für die Lieferkette im Allgemeinen besteht kein gesetzlich bestimmtes Weisungsrecht des Unternehmensträgers. Es wird jedoch argumentiert, dass auch der beauftragende Unternehmensträger auf Grund der wirtschaftlichen Abhängigkeit der ausländischen Gesellschaften in der Lieferkette zumindest einen dem Weisungsrecht vergleichbaren Einfluss hat.[423] Hinzu kommt die

418 *OECD* (2011), OECD-Leitsätze für multinationale Unternehmen, OECD Publishing, S. 27, abrufbar unter: http://dx.doi.org/ 10.1787/9789264122352-de (Stand: 01.06.2023).

419 *OECD* (2011), OECD-Leitsätze für multinationale Unternehmen, OECD Publishing, S. 27, abrufbar unter: https://www.oecd-ilibrary.org/governance/oecd-leitsatze-fur-multinationale-unternehmen_9789264122352-de (Stand: 01.06.2023); *Saage-Maaß*, Arbeitsbedingungen in der globalen Zulieferkette (2011), S. 14 mit dem Hinweis auf die Vereinbarung von Franchising- und Lizenzverträgen oder einer Beauftragung; *Haider*, Haftung von transnationalen Unternehmen und Staaten für Menschenrechtsverletzungen, S. 55 wonach beispielhaft Werk(liefer-) bzw. Kaufverträge die vertragliche Grundlage bilden.

420 Zu der hierarchischen Organisation des Unterordnungskonzerns, *Baetge*, in: *Baetge/Kirsch/Thiele*, Konzernbilanzen, S. 2.

421 *Steven/Pollmeier*, in: *Becker/Knackstedt/Pfeiffer*, Wertschöpfungsnetzwerke (2008), S. 51.

422 Grüneberg/*Weidenkaff*, BGB § 445a Rn. 3.

423 *Habersack/Ehrl*, AcP 2019, 155, 164.

Möglichkeit, durch privatautonome Vereinbarungen Kontroll- und Weisungsrechte zu vereinbaren (hierzu unter Kapitel 5).

Die Wertschöpfungskette, der eine Wertezuwachsfunktion zugesprochen wird, wird oft als Lieferkette bezeichnet.[424] In der vorliegenden Arbeit wird der Begriff der Wertschöpfungskette als Oberbegriff für das arbeitsteilige Zusammenwirken mehrerer Unternehmensträger einer Lieferkette und/oder im Konzern verwendet.

Eine Lieferkette im Sinne der Arbeit besteht aus mindestens zwei multinationalen[425] Unternehmensträgern[426] verschiedener Wertschöpfungsstufen. Hierzu zählen beispielsweise Zulieferer[427], Hersteller, Händler und Dienstleister, die vertraglich miteinander verbunden sind und nicht unter einer einheitlichen Leitung stehen.[428]

Die Zusammenarbeit in komplexen Lieferketten[429] findet sich beispielsweise in der Automobilindustrie und im Textilhandel.[430]

In der vorliegenden Arbeit wird die Menschenrechtsverantwortung der inländischen Unternehmensträger behandelt, die in der Lieferkette die Funktion des Auftraggebers übernehmen und die wertschöpferischen Prozesse durch vertragliche Beziehungen mit den ausländischen Gesellschaften vorantreiben. Im

---

424 Vgl. *Reese*, Management von Wertschöpfungsketten (2016), S. 5, der auf den Unterschied der Wertezuwachsfunktion im Rahmen der Wertschöpfungskette hinweist.

425 *OECD* (2011), OECD-Leitsätze für multinationale Unternehmen, OECD Publishing, S. 28, abrufbar unter: http://dx.doi.org/ 10.1787/9789264122352-de (Stand: 01.06.2023).

426 *Steven/Pollmeier*, in: *Becker/Knackstedt/Pfeiffer*, Wertschöpfungsnetzwerke, S. 50; aus der betriebswirtschaftliche Lehre *Sydow*, Strategische Netzwerke (1992), S. 79.

427 Zum Begriff des Zulieferers *Osieka*, Zivilrechtliche Haftung deutscher Unternehmen für menschenrechtsbeeinträchtigende Handlungen ihrer Zulieferer (2014), S. 37 f. m.w.N.

428 Vgl. *Spindler*, Unternehmensorganisationspflichten (2011), S. 949 f.; aus der betriebswirtschaftlichen Forschung *Steven/Pollmeier*, in: *Becker/Knackstedt/Pfeiffer*, Wertschöpfungsnetzwerke (2008), S. 50.

429 *Nietsch*, in: *Nietsch*, Corporate Social Responsibility Compliance (2021), S. 181 f. zu der Komplexität der transnationalen Lieferketten und damit verbundener Schwierigkeiten eine Verkehrspflicht entlang der gesamten Wertschöpfungskette (über „Tier I“ hinaus) zu begründen.

430 *Steven/Pollmeier*, in: *Becker/Knackstedt/Pfeiffer*, Wertschöpfungsnetzwerke, S. 50; *Osieka*, Zivilrechtliche Haftung deutscher Unternehmen für menschenrechtsbeeinträchtigende Handlungen ihrer Zulieferer (2014), S. 38 m.w.N.

KiK-Fall gilt somit *KiK* als Auftraggeber für die Produktion der Kleidung durch den pakistanischen Hersteller und Zulieferer *Ali Enterprises*.

3. Zwischenergebnis: Keine unmittelbar vergleichbaren Konstellationen

Es wird deutlich, dass die rechtlichen Grundlagen von Lieferketten- und (Vertrags-)Konzernfällen[431] nicht unmittelbar vergleichbar sind und konzernrechtliche Besonderheiten in der Untersuchung berücksichtigt werden müssen. Dies betrifft insbesondere das Weisungsrecht als Mittel der Einflussnahme der Muttergesellschaft im Vertragskonzern. Insbesondere können aus den konzernrechtlichen Besonderheiten potenziell begründbare Verkehrspflichten nicht ohne Weiteres auf den Lieferkettentatbestand übertragen werden. Zudem sind die Unterschiede der rechtlichen Einwirkungsmöglichkeiten im Konzern und in der Lieferkette bei der Frage nach der gesellschaftsrechtlichen Administration einer Verkehrspflicht aufzugreifen.

Die Konstellationen können jedoch bei der Frage nach dem Bestehen einer Verkehrspflicht dann verglichen werden, wenn die potenziell verkehrspflichtbegründenden Umstände keine Eigenart des Konzerns oder der Lieferkette selbst darstellen. Ferner liegen die Fälle der Lieferkette und des faktischen Konzerns durch das beiderseits fehlende Weisungsrecht nah beieinander, sodass eine Vergleichbarkeit für die verkehrspflichtbegründenden Umstände naheliegt. Es lässt sich an der Stelle festhalten, dass sich eine Haftung aus konzernrechtlichen Ansprüchen naturgemäß nicht für eine Untersuchung der Lieferkette eignet. Sowohl für den Konzern[432] als auch für die Lieferkette kommt eine haftungsrelevante Menschenrechtsverantwortung aus dem allgemeinen Deliktsrecht in Betracht.

II. Systemkohärenz von Verkehrspflichten im Konzern und in der Lieferkette

Es stellt sich die Frage, ob eine konzern- und lieferkettendimensionale Verkehrspflicht des inländischen Unternehmensträgers mit der Systematik des Gesetzes im Einklang steht. Der Rechtsprechung sind bei der Fortentwicklung solcher

431 *Habersack/Ehrl*, AcP 2019, 155, 164 zu den verschiedenen Organisationsmodellen „Konzern“ und „Lieferkette“.

432 *Habersack*, in: *Emmerich/Habersack*, Aktien- und GmbH-Konzernrecht, AktG, § 311 Rn. 92.

Verkehrspflichten gem. Art. 20 III GG Grenzen durch einfach-gesetzliche Bestimmungen gesetzt.

Der Großteil der Autoren[433] geht im Grundsatz davon aus, dass die Gefahrenquelle primär der ausländischen (Tochter-)Gesellschaft als unmittelbarer Sach- und Personalherrscherin vor Ort zuzuordnen ist und somit ausschließlich die ausländische Gesellschaft verkehrspflichtig sei.

Nur in Ausnahmefällen treffe die inländische Gesellschaft eine menschenrechtsbezogene Verkehrspflicht.[434] Diese Auffassung wird insbesondere auf das sog. Rechtsträgerprinzip und den sog. deliktsrechtlichen Vertrauensgrundsatz gestützt.[435]

Übertragen auf die paradigmatischen Fälle *KiK* oder *Royal Dutch Shell plc* sind hiernach die im Ausland sitzenden Tochtergesellschaften und Zulieferer primär für die Menschenrechtsverletzungen im Betrieb verantwortlich. Die ausländischen Unternehmensträger sind die unmittelbaren Verursacher der Gefahrenquelle, indem sie in ihrem Betrieb mangelhafte oder unzureichende Sicherheitsmaßnahmen (wie Brandschutzvorkehrungen) vornehmen oder

---

433 *Weller/Kaller/Schulz*, AcP 2017, 387, 401 f.; *Fleischer/Korch*, ZIP 2019, 2181, 2185 m.w.N.; *Habersack*, FS Möschel (2011), S. 1175, S. 1178 in Bezug auf Kartell- und Korruptionsdelikte; *Habersack/Zickgraf*, ZHR 2018, 252, 279 ff., 289; vgl. allgemein *Holle*, Legalitätskontrolle im Kapitalgesellschafts- und Konzernrecht (2014), S. 322 ff. zur Verkehrspflichtigkeit im Unternehmensverbund; ähnlich *Koch*, WM 2009, 1013, 1019; *König*, AcP 2017, 611, 667 ff.; *Nordhues*, Die Haftung der Muttergesellschaft und ihres Vorstands für Menschenrechtsverletzungen im Konzern (2019), S. 115 ff., S. 119; *dies.*, in: *Krajewski/Saage-Maaß*, Die Durchsetzung menschenrechtlicher Sorgfaltspflichten von Unternehmen (2018), S. 124, S. 141 f.; vgl. *Spindler*, Unternehmensorganisationspflichten (2011), S. 948 f.; *Wagner*, RabelsZ 2016, 717, 750 ff., 773, 779; *Habersack/Ehrl*, AcP 2019, 155, 196 ff., 200 f.; *Haider*, Haftung von transnationalen Unternehmen und Staaten für Menschenrechtsverletzungen, S. 373; *Thomale/Murko*, EuZA 2021, 40, 51; so auch *Heinen*, in: *Krajewski/Saage-Maaß*, Die Durchsetzung menschenrechtlicher Sorgfaltspflichten von Unternehmen (2018), S. 87, S. 99 ff., S. 113 ff. die einen weiteren verkehrspflichtigen Rechtsträger allerdings nicht abstreitet; *Weller/Nasse*, ZGR 2020, Sonderheft (22), 107, 113 f.

434 Vgl. *Wagner*, RabelsZ 2016, 717, 750 ff., 776; *Nordhues*, Die Haftung der Muttergesellschaft und ihres Vorstands für Menschenrechtsverletzungen im Konzern (2019), S. 112 ff., S. 138; *Renner/Kunz*, in: *Krajewski/Oehm/Saage-Maaß*, Zivil- und strafrechtliche Unternehmensverantwortung für Menschenrechtsverletzungen (2018), S. 51, S. 52; *Fleischer/Korch*, ZIP 2019, 2181, 2191; *dies.*, DB 2019, 1944, 1952.

435 *Wagner*, RabelsZ 2016, 717, 758, 761 ff.; folgend *Habersack/Ehrl*, AcP 2019, 155, 197.

menschenunwürdige Arbeitsbedingungen durchsetzen.[436] *Cape Building Products Ltd.* als Tochtergesellschaft erhöhte und beherrschte eine Gefahr für die Gesundheit ihrer Arbeitnehmer, indem sie keine ausreichenden Sicherheitsmaßnahmen gegen Lungenerkrankungen in ihrem Betrieb vornahm.

Vor diesem Hintergrund wird daher untersucht, ob eine Verkehrspflicht der inländischen Gesellschaft im Konzern und in der Lieferkette systemkohärent ist.

1. *Vereinbarkeit mit dem Rechtsträger- und gesellschaftsrechtlichen Trennungsprinzip*

a) *Vereinbarkeit mit dem Rechtsträgerprinzip? – Meinungsstand*

Die Zuordnung einer menschenrechtsbezogenen Verkehrspflicht auf die inländischen Unternehmensträger wird rechtssystematisch insbesondere im Hinblick auf das sog. Rechtsträgerprinzip kritisiert.[437]

Nach dem Rechtsträgerprinzip sind, allgemein formuliert, die Rechte und Pflichten von Rechtsträgern voneinander zu trennen. Einen Rechtsträger treffen Rechte und Pflichten in Bezug auf seine Sphäre, sodass die Rechte und Pflichten Dritter hiervon zu trennen sind. Auch im Konzern sind der Unternehmensträger im Ausland und der Unternehmensträger im Inland voneinander unabhängige Rechtsträger.[438] Demnach hat eine Mutter-AG in Deutschland eigene Rechte und Pflichten gegenüber ihren Gläubigern (Käufer, Vertragspartner, Arbeitnehmer der Mutter-AG usw.) wie die Tochter-AG im Ausland eigene Rechte und Pflichten gegenüber ihren Gläubigern hat (Arbeitnehmer, Vertragspartner usw.).

Verkehrspflichten in Bezug auf die Sphäre Dritter würden dem Rechtsträgerprinzip grundsätzlich zuwiderlaufen.[439] Diesen Gedanken weiterführend müsste die inländische Gesellschaft deliktsrechtlich nicht für die Gefahrenquellen in der Sphäre der ausländischen Gesellschaft einstehen. Unmittelbar verantwortlich und somit originäres Haftungssubjekt sei die ausländische Gesellschaft, welche die Menschenrechtsverletzungen in ihren Betrieb hervorruft.

---

436 Vgl. zu der primären Verantwortlichkeit der Tochtergesellschaft *Habersack/Zickgraf*, ZHR 2018, 252, 282, 289.

437 *Wagner*, RabelsZ 2016, 717, 758, 761 ff.; *Habersack/Ehrl*, AcP 2019, 155, 197.

438 *Wagner*, RabelsZ 2016, 717, 759 f.

439 Vgl. *Wagner*, RabelsZ 2016, 717, 761 f.; *Habersack/Ehrl*, AcP 2019, 155, 197.

b) Vereinbarkeit mit dem gesellschaftsrechtlichen Trennungsprinzip (Prinzip der beschränkten Haftung)? – Meinungsstand

Der Gedanke der autonomen Zuordnung der Rechte und Pflichten zu dem jeweiligen Rechtssubjekt wird im gesellschaftsrechtlichen Kontext auch unter dem sog. gesellschaftsrechtlichen Trennungsprinzip[440] diskutiert.[441]

Das gesellschaftsrechtliche Trennungsprinzip besagt, dass die Rechte und Pflichten einer juristischen Person nicht zugleich Rechte und Pflichten ihrer Gesellschafter sind. Zwischen den Gesellschaftern und der juristischen Person besteht keine rechtliche (Haftungs-)Einheit.[442] Dogmatisch beruht der Grundsatz auf den einfach-gesetzlichen Bestimmungen der §§ 1 I 2 AktG, 13 II GmbHG, wonach die Gesellschaft ihren Gläubigern gegenüber nur mit dem Gesellschaftsvermögen und nicht mit dem Privatvermögen der Gesellschafter haftet (auch sog. Prinzip der beschränkten Haftung).

Folge des gesellschaftsrechtlichen Trennungsprinzips ist, dass im Grundsatz die Gesellschaft als juristische Personen mit ihrem Gesellschaftsvermögen haftet und ihre Gesellschafter nicht im Wege einer Durchgriffshaftung für die Schulden der Gesellschaft einstehen müssen.[443]

Hiernach haftet auch im Konzern für die Verbindlichkeiten der Tochtergesellschaft grundsätzlich nicht die Obergesellschaft als Gesellschafterin der Tochtergesellschaft. Im Grundsatz haftet allein die (Schuldner-)Tochtergesellschaft mit ihrem Vermögen.[444]

Auch die Verbindung der Gesellschaften in einem Konzern schafft keine neue juristische Einheit als Zuordnungssubjekt für Rechte und Pflichten.[445] Gleiches gilt für Unternehmensträger in der Lieferkette, welche nur vertraglich miteinander verbunden sind.[446]

Die Gesellschafter haften nur ausnahmsweise für die Schulden der Gesellschaft, sofern ein besonderer Rechtsgrund vorliegt. Ursprünglich entwickelte und begründete die Rechtsprechung die Durchgriffshaftung mit dem Gedanken

---

440 Grüneberg/*Ellenberger*, Einf. v. § 21 Rn. 12.

441 Vgl. beispielhaft bei *Schockenhoff/Roßkopf/Arnold*, AG 2021, 66, 66 f.

442 *Weller/Nasse*, ZGR 2020, Sonderheft (22), 107, 122.

443 Grüneberg/*Ellenberger*, Einf. v. § 21 Rn. 12.

444 LG Magdeburg, Urt. v. 05.12.2019 – 10 O 1719/18 = BeckRS 2019, 54217 Rn. 19.

445 Vgl. *Renner/Kuntz*, in: *Krajewski/Oehm/Saage-Maaß*, Zivil- und strafrechtliche Unternehmensverantwortung für Menschenrechtsverletzungen (2018), S. 52.

446 Vgl. *Nordhues*, Die Haftung der Muttergesellschaft und ihres Vorstands für Menschenrechtsverletzungen im Konzern (2019), S. 26.

des Rechtsmissbrauchs.[447] Demnach hafteten die Gesellschafter für die Gesellschaftsschulden, wenn sie bei Berufung auf die Rechtsform der juristischen Person gegen Treu und Glaube gem. § 242 BGB verstoßen.[448] Inzwischen begründet der BGH seit der *Trihotel*-Entscheidung[449] die Durchgriffshaftung mit dem Vorliegen besonderer Fallgruppen im Rahmen des § 826 BGB.[450]

Fraglich ist, ob das gesellschaftsrechtliche Trennungsprinzip als Ausfluss des Rechtsträgerprinzips tatsächlich ein rechtliches Hindernis für eine konzern- und lieferkettendimensionale Verkehrspflicht von Unternehmensträger darstellt. Einigkeit besteht über diese Frage nicht.

Kritisiert wird, dass eine Haftung der Muttergesellschaft als Allein- oder Mehrheitsgesellschafterin für Menschenrechtsverletzungen der ausländischen Tochtergesellschaft den Grundsatz der beschränkten Haftung durchbrechen würde. Es bedürfe einer besonderen Begründung, um eine solche Durchbrechung des Prinzips zu vermeiden.[451] Der gesellschaftsrechtliche Trennungsgrundsatz bzw. das Prinzip der beschränkten Haftung stehe mithin einer Haftung der inländischen Unternehmensträger für Menschenrechtsverletzungen ausländischer Tochtergesellschaften entgegen.[452] Zumindest werde durch eine Deliktshaftung im Konzern die Funktion des Prinzips der beschränkten Haftung abgeschwächt.[453]

Dagegen wird angeführt[454], dass die in Rede stehende deliktsrechtliche Verkehrspflicht des inländischen Unternehmensträgers eine eigene Pflicht zum

---

447 Nachdem der BGH die Durchgriffshaftung zunächst als ein eigenständiges Haftungsinstitut entwickelte, vgl. BGH, Urt. v. 17.09.2001 – II ZR 178/99 = NJW 2001, 3622, 3622 ff. (Bremer Vulkan) löst er heutzutage die Durchgriffshaftung der Gesellschafter über eine besondere Fallgruppe des § 826 BGB, BGH, Urt. v. 16.07.2007 – II ZR 3/04 = NJW 2007, 2689, 2690 (Trihotel); vgl. zum Missbrauchsgedanken der Bremer Vulkan-Rechtsprechung *Wilhelm*, Rechtsform und Haftung bei der juristischen Person (1981), S. 285 ff.

448 BGH, Urt. v. 29.11.1956 – II ZR 156/55 = WM 1957, 59; BGH, Urt. v. 04.05.1977 – VIII ZR 298/75 = NJW 1977, 1449, 1449.

449 BGH, Urt. v. 16.07.2007 – II ZR 3/04 = NJW 2007, 2689 (Trihotel).

450 Grüneberg/*Ellenberger*, Einf. v. § 21 Rn. 12.

451 Vgl. *Emmerich*, Konzernrecht, § 20 Rn. 25 f.

452 *Danninger/Fleischer*, DB 2017, 2849, 2856 sehen das Kernproblem einer deliktsrechtlichen Sorgfaltshaftung gem. § 823 I BGB in dem Spannungsverhältnis zu dem gesellschaftsrechtlichen Trennungsprinzip und sehen darin wohl die Gefahr einer uferlosen Haftung; a.A. *Heider*, in: *Goette/Habersack*, MüKo AktG, § 1 Rn. 9.

453 Vgl. *Danninger/Fleischer*, DB 2017, 2849, 2856; *Habersack/Zickgraf*, ZHR 2018, 252, 259.

454 *Weller/Nasse*, ZGR 2020, Sonderheft (22), 107, 123.

Rechtsgüterschutz im Konzern und in der Lieferkette darstelle. Somit sei diese Pflicht eine eigenständige Pflicht der inländischen Gesellschaft, welche unabhängig von der Verkehrspflicht der ausländischen Gesellschaft beachtet werden müsse.[455] Ein Verstoß gegen das gesellschaftsrechtliche Trennungsprinzip im Sinne einer Durchgriffshaftung liege hiernach nicht vor.[456]

Einem wesentlichen Verstoß gegen das Prinzip der beschränkten Haftung widerspräche zudem die strikte Trennung von Gesellschafts- und Deliktsrecht bei Haftungsfragen im internationalen Privatrecht, vgl. Art. 1 II lit. d und Art. 15 lit. a der ROM-II-VO. Dabei regelt Art. 1 II lit. d die Durchgriffshaftung bei Kapitalgesellschaften und die akzessorische Haftung bei Personengesellschaften. Im Gegensatz hierzu wird in Art. 15 lit. a ROM-II-VO die deliktsrechtliche Haftung für eigenes Fehlverhalten geregelt.[457] Diese Differenzierung zeige, dass die gesellschaftsrechtlichen Prinzipien eine deliktsrechtliche Haftung, die unabhängig von der Durchgriffshaftung und der akzessorischen Haftung zu untersuchen ist, nicht ausschließen könnten. Diese Wertungen seien im Sinne der Einheit der Rechtsordnung auch für das deutsche Sachrecht maßgeblich.[458]

c) *Stellungnahme: Kein Hindernis für konzern- und lieferkettendimensionale Verkehrspflicht*

Den rechtssystematischen Erwägungen kann entgegengehalten werden, dass eine (originäre deliktsrechtliche) Verkehrspflicht des inländischen Unternehmensträgers nicht zu einer begründungsbedürftigen Durchgriffshaftung[459] führt.

Die Durchgriffshaftung, die im *common law* auch unter dem Begriff „*piercing the corporate veil*" bekannt ist, war nach Ansicht des UK-Gerichts auch im *Chandler*-Fall nicht betroffen:

> „*I would emphatically reject any suggestion that this court is in any way concerned with what is usually referred to as piercing the corporate veil. A subsidiary and its company are separate entities. There is no imposition or assumption of responsibility by reason only that a company is the parent company of another company.*"[460]

---

455 *Payandeh*, FS K. Schmidt (2019), Bd. II, S. 131, S. 143; *Weller/Nasse*, ZGR 2020, Sonderheft (22), 107, 122.

456 So auch *Habersack/Zickgraf*, ZHR 2018, 252, 282.

457 *Weller/Nasse*, ZGR 2020, Sonderheft (22), 107, 123.

458 *Weller/Nasse*, ZGR 2020, Sonderheft (22), 107, 124.

459 Zur Abgrenzung der Durchgriffshaftung von der Haftung wegen eigener Sorgfaltspflichtverletzungen *Massoud*, Menschenrechtsverletzungen im Zusammenhang mit wirtschaftlichen Aktivitäten von transnationalen Unternehmen (2018), S. 107 ff.

460 Chandler v Cape plc [2012] EWCA Civ. 525 Rn. 69.

Die Haftung auf Grund einer Verkehrspflichtverletzung stellt eine eigenständige Deliktshaftung des inländischen Unternehmensträgers dar. Es geht dabei um die Feinjustierung der eigenen Pflichten der Muttergesellschaft und nicht um eine akzessorische Haftung der inländischen Muttergesellschaft für die Verbindlichkeiten der Tochtergesellschaft. Sie würde vielmehr auf Grund einer eigenen unerlaubten Handlung (der Verletzung einer eigenen Verkehrspflicht) einer Haftung unterliegen. Dies betont auch der *UK Supreme Court*, indem er darauf hinwies, dass es kein besonderes Konzerndeliktsrecht gebe und dass der Wille zur Haftungstrennung einer Verantwortungsübernahme nach allgemeinen Grundsätzen nicht entgegenstehe.[461] Es komme vielmehr auf die richtige Anwendung des Deliktsrechts im Konzern an, bei der die allgemeinen Grundsätze für die Beteiligung mehrerer Rechtsträger in einer längeren Kausalkette herangezogen werden.[462]

Es ist jedoch anzuerkennen, dass eine solche Deliktshaftung zumindest im Konzern die Funktion des Prinzips der beschränkten Haftung abschwächen kann.

Die funktionale Abschwächung des Prinzips ist allerdings hinzunehmen, sofern eine eigene Rechtspflicht des inländischen Unternehmensträgers besteht, deren Erfüllung allein diesem obliegt. Die inländische Gesellschaft haftet dann nicht für Verbindlichkeiten der ausländischen Gesellschaften, sondern für die eigene Verbindlichkeit.

Dafür spricht auch, dass nach geltendem Recht Ausnahmen von dem Prinzip der Haftungsbeschränkung und somit streng genommen Verstöße gegen das Trennungsprinzip in den Fällen gerechtfertigt sind, in denen sich Gesellschafter rechtsmissbräuchlich verhalten.[463] Wenn ein eindeutiger Verstoß gegen das Trennungsprinzip durch eine der besonderen Fallgruppen des § 826 BGB gerechtfertigt werden kann, dann ist auch die funktionale Abschwächung des Prinzips in den Grenzen einer dogmatisch begründbaren Verantwortlichkeit nach § 823 I BGB als „geringeres Übel" rechtsystematisch vertretbar.

Der systematische Vergleich zum internationalen Privatrecht zeigt, dass das Prinzip der beschränkten Haftung grundsätzlich darauf abzielt, die Besonderheiten des Gesellschaftsrechts angemessen zu berücksichtigen. Die Haftungsbeschränkung auf das Vermögen der Gesellschaft dient dem Schutz des Rechtsverkehrs und der Gesellschaftsgläubiger. Der Kapitalaufbringungs- und

---

461 Okpabi and others v Royal Dutch Shell plc and another [2021] UKSC 3 Rn. 146.

462 Richtig *Fleischer/Korch*, ZIP 2021, 709, 710; vgl. *Schall*, ZIP 2021, 1241, 1247.

463 BGH, Urt. v. 16.07.2007 – II ZR 3/04 = NJW 2007, 2689, 2690; Grüneberg/*Ellenberger*, Einf. v. § 21 Rn. 12.

Erhaltungsgrundsatz, der im Aktiengesetz – z.B. in den §§ 9, 46 ff., 54, 57 AktG – seinen Ausdruck findet, besteht als Ausgleich für die Haftungsbegrenzung. Daneben wird jedoch auch eine Haftung, auf Grund einer eigenen unerlaubten Handlung eines Unternehmensträgers, vom gesetzgeberischen Willen getragen, vgl. Art. 15 lit. a ROM-II-VO.

Eine deliktsrechtliche Haftung auf Grund einer Verkehrspflichtverletzung der inländischen Gesellschaft widerspricht den gesellschaftsrechtlichen Prinzipien nicht.

d) Zwischenergebnis: Vereinbarkeit mit dem Rechtsträger- und gesellschaftsrechtlichen Trennungsprinzip

Als Zwischenergebnis lässt sich festhalten, dass das Rechtsträgerprinzip und das gesellschaftsrechtliche Trennungsprinzip einer deliktsrechtlichen Verantwortung inländischer Unternehmensträger auf Grund einer Verkehrspflicht nicht entgegenstehen. Derartige Einwände gegen eine Verkehrspflicht inländischer Unternehmensträger in den Untersuchungsfällen stehen vielmehr im Konflikt zum Rechtsinstitut der deliktsrechtlichen Verkehrspflichten, die im Falle einer durch einen Rechtsträger geschaffenen Gefahrenquelle – losgelöst von weiteren pflichtigen Rechtsträgern – begründet werden.

2. Vereinbarkeit mit dem deliktsrechtlichen Vertrauensgrundsatz

Es stellt sich ferner die Frage, ob eine konzern- und lieferkettendimensionale Verkehrspflicht mit dem sog. deliktsrechtlichen Vertrauensgrundsatz rechtssystematisch vereinbar ist. Die Haftung der inländischen Unternehmensträger einer Wertschöpfungskette könnte eine Haftung für das Fehlverhalten des ausländischen Unternehmensträgers darstellen und den Vertrauensgrundsatz verletzen.

a) Grundsatz: Keine Haftung für Dritte

Eine Verkehrspflicht der Inlandsgesellschaft wird unter Heranziehung des sog. deliktsrechtlichen Vertrauensgrundsatzes bestritten.[464] Nach dem Vertrauensgrundsatz ist jede Person für ihr eigenes Verhalten und die eigene Sphäre

---

464 *Wagner*, RabelsZ 2016, 717, 758; vgl. *Weller/Kaller/Schulz*, AcP 2016, 387, 401; *Fleischer/Korch*, ZIP 2019, 2181, 2185 m.w.N.; *Schneider*, NZG 2019, 1369, 1372; *Habersack/Ehrl*, AcP 2019, 155, 197; *Weller/Nasse*, ZGR 2020, Sonderheft (22), 107, 124; vgl. Grüneberg/*Sprau*, § 823 BGB Rn. 46; *Rudkowski*, RdA 2020, 232, 235.

verantwortlich und haftet grundsätzlich nicht für das Verhalten Dritter.[465] Begründet wird der Verstoß damit, dass der inländische Unternehmensträger in den Untersuchungsfällen für Rechtsverletzungen des ausländischen Unternehmensträgers haftbar gemacht wird, obwohl es deliktsrechtlich nicht dazu verpflichtet sei, das Verhalten seiner ausländischen Tochtergesellschaften und Geschäftspartner zu kontrollieren und zu steuern.[466]

Der Vertrauensgrundsatz wird nach *Wagner*[467] durch die Ausnahmetatbestände der Haftung für das Verhalten Dritter belegt. Dabei wird auf die Geschäftsherrenhaftung gem. § 831 BGB und die Haftung des Aufsichtspflichtigen für aufsichtsbedürftige Personen gem. § 832 BGB verwiesen.[468] Die Geschäftsherrenhaftung gem. § 831 BGB tritt bei Verletzungen der Überwachungspflicht von Geschäftsherren ein. Dabei kann sich der Geschäftsherr jedoch gem. § 831 I 2 BGB exkulpieren, sofern er den Verrichtungsgehilfen sorgfältig ausgewählt und überwacht hat. Unternehmensträger können sich im Rahmen des dezentralisierten Entlastungsbeweises entlasten, indem sie nachweisen, dass auf übergeordneter Ebene eine ordnungsgemäße Auswahl und Überwachung stattgefunden hat.[469]

b) Kein Grundsatz ohne Ausnahmen

Zunächst ist festzuhalten, dass die Haftungstatbestände für das Verhalten Dritter, die ausdrücklich im Gesetz festgehalten sind, grundsätzlich dafür sprechen, dass Ausnahmen von dem gesetzgeberischen Willen getragen sind.[470]

Ferner zeigt die Tatsache, dass nach Einführung des Produzentenhaftungsgesetzes neben dem Produzenten auch Quasi-Hersteller[471] und unter bestimmten Voraussetzungen auch Importeure und Lieferanten haften können, das Ausnahmen gesetzlich anerkannt werden.[472] Quasi-Hersteller als Haftungsadressaten

---

465 Vgl. *Kaller*, ZEuP 2022, 157, 173 derzufolge sowohl im englischen als auch im deutschen die Haftung für Dritte im Delikt eine „rechtfertigungsbedürftige Ausnahme“ darstellt.

466 *Wagner*, RabelsZ 2016, 717, 758.

467 *Wagner*, RabelsZ 2016, 717, 758.

468 *Wagner*, RabelsZ 2016, 717, 758.

469 *Spindler*, Unternehmensorganisationspflichten (2011), S. 690.

470 Vgl. auch *Weller/Nasse*, ZGR 2020, Sonderheft (22), 107, 123.

471 In diese Richtung OLG Karlsruhe = NJW-RR 1994, 798; OLG Stuttgart = ZMR 2010, 307; Grüneberg/*Sprau*, § 823 Rn. 184.

472 BGH, Urt. v. 09.12.1986 – VI ZR 65/86 = NJW 1987, 1009; Grüneberg/*Sprau*, § 823 Rn. 185.

des Produkthaftungsgesetzes können auch Muttergesellschaften eines Konzerns sein.[473] In der Gesetzesbegründung[474] wird die Haftung ausdrücklich „auf alle Personen, die sich durch das Anbringen ihres Namens, ihres Warenzeichens oder eines anderen unterscheidungskräftigen Kennzeichens auf dem Produkt als Hersteller ausgeben", erstreckt. § 4 I 2 ProdHaftG erfasst somit insbesondere Unternehmensträger „wie z.B. Versandhäuser und Handelsketten", die ihre Produkte in „Billigländern" herstellen lassen.[475]

Demnach stellt die Produzentenhaftung eine Art konzern- und lieferkettendimensionale Haftung dar, die sich auf die gesamte Lieferkette erstrecken kann.[476] In der Gesetzesbegründung heißt es ferner, dass der Haftungsgrund der Quasi-Hersteller in der Enttäuschung des Rechtsverkehrs im Hinblick auf die Herstellereigenschaft liegt. Der Rechtsverkehr werde bzgl. der Herstellereigenschaft durch das Anbringen von Warenzeichen o.ä. getäuscht und ginge von der tatsächlichen Herstellereigenschaft des Quasi-Herstellers aus.

In der Begründung kommt der Vertrauensschutzgedanke als Entstehungsgrund für Verkehrspflichten zum Tragen. Für die Haftung auf Grund einer Verkehrspflichtverletzung nicht allein ausschlaggebend ist die Schaffung oder Unterhaltung einer Gefahrenquelle, sondern ebenso die Täuschung des Rechtsverkehrs bezüglich des für die Gefahrenquelle Verantwortlichen. Die Primärverantwortlichkeit der ausländischen Tochtergesellschaft für einen sicheren Betrieb schließt eine daneben stehende eigene Verantwortlichkeit der Inlandsgesellschaft nicht aus. Vielmehr können mehrere Rechtsträger nebeneinander verkehrspflichtig sein.[477]

c) Stellungnahme: Keine Haftung für das Verhalten Dritter

Der Vertrauensgrundsatz besagt, dass „[...] der Verkehr auf die Abwesenheit einer besonderen Gefahr vertraut oder vertrauen darf."[478] Der Vertrauensgrundsatz wird so ausgelegt, dass auch der Verkehrspflichtige darauf vertrauen könne, dass andere sich innerhalb ihrer Sphäre ordnungsgemäß verhalten.[479]

---

473 *Rieckers*, VersR 2004, 706 ff.
474 Vgl. BT-Drs. 11/2447 S. 19.
475 Grüneberg/*Sprau*, ProdHaftG § 4 Rn. 6.
476 *Weller/Nasse*, ZGR 2020, Sonderheft (22), 107, 125.
477 Grüneberg/*Sprau*, § 823 Rn. 48.
478 *V. Bar*, Verkehrspflichten (1980), S. 118.
479 *Spindler*, in: *Artz et al.*, BeckOGK BGB (Stand: 01.05.2023), § 823 Rn. 417.

Dem ist im Grundsatz zuzustimmen. Dennoch wird der Vertrauensgrundsatz bei Annahme einer deliktsrechtlichen Verantwortlichkeit inländischer Unternehmensträger auf Grund eigener Verkehrspflichten nicht verkannt.

Dafür spricht, dass die Grenze des Vertrauensgrundsatzes dort gezogen werden muss, wo die Kenntnis von Gefahren augenfällig sind und somit „keine greifbaren Zweifel“[480] an der Nichteinhaltung des Vertrauensgrundsatzes bestehen können. Die Kenntnis allein wäre in einem solchen Fall nicht der maßgebliche Grund für eine Haftung des inländischen Unternehmensträgers auf Grund der Verkehrspflichtverletzung. Schafft oder unterhält der inländische Unternehmensträger allerdings eine Gefahrenquelle, die der Sphäre des inländischen Unternehmensträgers im Einklang mit den allgemeinen deliktsrechtlichen Entstehungsgründen zugerechnet werden kann, besteht kein rechtssystematischer Bruch mit dem Vertrauensgrundsatz.

Im Gegenteil wird der Vertrauensschutzgedanke durch die Begründung einer haftungsrelevanten Verkehrspflicht „[...] unter Rekurs auf die allgemeinen deliktsrechtlichen Kriterien“[481] gewahrt.

Einem rechtssystematischen Bruch ist somit entgegenzuhalten, dass eine Verkehrspflicht eine originäre Pflicht des inländischen Unternehmensträgers im Konzern oder in der Lieferkette darstellt und somit der Sphäre des inländischen Unternehmensträgers zuzurechnen ist.

3. *Zwischenergebnis: Kein rechtssystematischer Bruch*

Zusammenfassend lässt sich festhalten, dass die diskutierten Grundsätze nicht gegen eine Verkehrspflicht der inländischen Gesellschaft verstoßen.

Der Annahme eines Verstoßes gegen den Vertrauensgrundsatz ist entgegenzuhalten, dass eine konzern- und lieferkettendimensionale Verkehrspflicht und somit eine Haftung für eigenes Fehlverhalten den Kernpunkt der Untersuchung bildet. Die Verkehrspflichtverletzung des ausländischen Unternehmensträgers wird dem inländischen Unternehmensträger nicht bloß zugerechnet. Es geht um die Ermittlung eigenen Fehlverhaltens des inländischen Unternehmensträgers und um die Frage, ob ein arbeitshypothetisches Fehlverhalten als Verkehrspflichtverletzung qualifiziert werden kann. Ein Verstoß gegen das Rechtsträgerprinzip liegt ebenfalls nicht vor. Die Unternehmensträger bleiben getrennte Zuordnungssubjekte von Rechten und Pflichten. Dabei können aber

---

480 *Spindler*, in: *Artz et al.*, BeckOGK BGB (Stand: 01.05.2023), § 823 Rn. 417 diese Grenze selbst einräumend.

481 *Wagner*, RabelsZ 2016, 717, 758.

gleichsam mehrere Rechtsträger eine Verkehrspflicht zum Schutz desselben Personenkreises treffen. Ein wesentlicher Verstoß gegen das Prinzip der beschränkten Haftung in Konzernfällen ist ebenfalls abzulehnen. Die Deliktshaftung ist von dem Schutzzweck der Haftungsbeschränkung weitestgehend ausgenommen. Vielmehr ist die Deliktshaftung des inländischen Unternehmensträgers auf Grund einer Verkehrspflichtverletzung Ausdruck des Rechtsträgerprinzips, welches sich auch auf die konzernzugehörige Gesellschaften erstreckt. Hiernach würde die inländische Gesellschaft als eigenständiger Rechtsträger eine eigene Pflicht zur Verkehrssicherung im Konzern oder in der Lieferkette treffen und würde somit nicht für eine Verkehrspflichtverletzung der ausländischen Gesellschaft haften. Die rechtsfortbildende Rechtsprechung kann somit im Einklang mit den einfach-gesetzlichen Bestimmungen gem. Art. 20 III GG Verkehrspflichten konzern- und lieferkettendimensional fortentwickeln.

III. Verfassungskohärenz von Verkehrspflichten im Konzern und in der Lieferkette

Nachdem die rechtssystematischen Einwände gegen eine deliktsrechtliche Menschenrechtsverantwortung inländischer Unternehmensträger in der Wertschöpfungskette entkräftet werden konnten, stellt sich die Frage, ob eine konzern- und lieferkettendimensionale Verkehrspflicht mit dem Verfassungsrecht im Einklang steht.

Angenommen, durch die Begründung einer Verkehrspflicht des inländischen Unternehmensträgers würde, entgegen dem Untersuchungsergebnis, mit dem Rechtsträgerprinzip und dem Vertrauensgrundsatz rechtssystematisch gebrochen, würde dies den nationalen Gesetzgeber grundsätzlich nicht davon abhalten, eine neue Verkehrspflicht zu statuieren.

Der nationale Gesetzgeber ist auf Grund seiner territorialen Hoheitsmacht befähigt ein weiteres Rechtssubjekt als verkehrspflichtig zu bestimmen.[482] Grund dafür ist, dass sich die diskutierten Grundsätze aus einfach-gesetzlichen Vorschriften herleiten und nicht in der Verfassung verankert sind. Für das gesellschaftsrechtliche Trennungsprinzip (dem Prinzip der beschränkten Haftung) wurde schon herausgestellt, dass dieses dogmatisch aus §§ 1 I 2 AktG, 13 II GmbHG hergeleitet wird. Der Vertrauensgrundsatz findet keine ausdrückliche Grundlage im Gesetz. Ein Gesetz, welches neuartige (Verkehrs-)Pflichten

482 *Haider*, Haftung von transnationalen Unternehmen und Staaten für Menschenrechtsverletzungen, S. 415; *Weller/Nasse*, ZGR 2020, Sonderheft (22), 107, 114.

statuiert, kann von einfach-gesetzlichen Grundsätzen abweichen. Der Gesetzgeber trägt die Kompetenz-Kompetenz hinsichtlich der Gesetzgebung und ist gem. Art. 1 III GG i.V.m. Art. 20 III GG ausschließlich an die verfassungsmäßige Ordnung gebunden.[483] Dies verdeutlicht die Differenzierung in Art. 20 III GG, wonach nur die Rechtsprechung und die Exekutive an (einfaches) Gesetz und Recht gebunden sind.

Weder das Rechtsträgerprinzip noch der Vertrauensgrundsatz stellen höherrangige, den nationalen Gesetzgeber bindende Grundsätze dar. Die Grundsätze haben keinen Verfassungsrang. Sofern Anlass zur Anpassung einfach-gesetzlicher Regelungen und zur Statuierung von Ausnahmen besteht, handelt der nationale Gesetzgeber im Rahmen des rechtlich Zulässigen.

Im Hinblick auf diese Prinzipien steht eine konzern- und lieferkettendimensionale Verkehrspflicht inländischer Unternehmensträger mit der verfassungsmäßigen Ordnung im Einklang.

Die verfassungsrechtliche Vereinbarkeit wird ferner im Hinblick auf den Bestimmtheitsgrundsatz angezweifelt.[484] Es sei fragwürdig, ob ein (Haftungs-)Tatbestand mit dem Inhalt einer Verkehrspflicht inländischer Unternehmensträger mit der gebotenen Klarheit formuliert werden könne.

Der Bestimmtheitsgrundsatz findet seine verfassungsrechtliche Grundlage in dem Rechtsstaatsprinzip gem. Art. 20 III GG.[485] Danach soll das Verwaltungshandeln für die Betroffenen voraussehbar und berechenbar sein, damit sie die Folgen des Gesetzes überschauen können.[486] Bei einer Regelung, die konzern- und lieferkettendimensionale Verkehrspflichten vorsieht, bestehe für die Unternehmensträger Rechtsunsicherheit bezüglich der daraus resultierenden Belastungen.[487] Eine solche Regelung könne gegen den Bestimmtheitsgrundsatz verstoßen. Je intensiver sich der Grundrechtseingriff bei den Betroffenen darstellt, umso höhere Anforderungen sind an die Bestimmtheit der Regelung zu stellen.[488]

---

483 Vgl. *Ipsen/Kaufhold/Wischmeyer*, Staatsrecht I, § 15 Rn. 786; Jarass/*Pieroth*, GG, Art. 20 Rn. 45, 51 ff.; *Rux*, in: *Epping/Hillgruber*, BeckOK GG (Stand: 15.05.2023), Art. 20 Rn. 166; Maunz et al./*Graßhof*, BVerfGG § 32 Rn. 137

484 *Mansel*, ZGR 2018, 439, 474.

485 Jarass/*Pieroth*, GG, Art. 20 Rn. 82.

486 Vgl. BVerfG, Beschl. v. 20.06.2012 – 2 BvR 1048/11, BVerfGE 131, 268, 309 f. = NJW 2012, 3357, 3364; Jarass/*Pieroth*, GG, Art. 20 Rn. 83.

487 *Haider*, Haftung von transnationalen Unternehmen und Staaten für Menschenrechtsverletzungen (2019), S. 416.

488 Jarass/*Pieroth*, GG, Art. 20 Rn. 84.

Zunächst ist zu untersuchen, ob eine arbeitshypothetisch unterstellte Verkehrspflicht eines inländischen Unternehmensträgers einen schweren Grundrechtseingriff darstellen würde. Gemäß Art. 19 III GG gelten die Grundrechte auch für inländische juristische Personen, soweit sie ihrem Wesen nach auf diese anwendbar sind. Folglich sind die Unternehmensträger der Untersuchung grundsätzlich von dem Schutz des Bestimmtheitsgrundsatzes umfasst. In Betracht kommt ein Eingriff in die Grundrechte der Berufsfreiheit gem. Art. 12 I GG und in die allgemeine Handlungsfreiheit gem. Art. 2 I GG. Die Berufsfreiheit aus Art. 12 I 1 GG schützt neben der Berufswahl auch die Berufsausübung und speziell die Führung[489] von Unternehmen.[490] Die Berufsausübung kann gem. Art. 12 I 2 GG durch Gesetz oder auf Grund eines Gesetzes geregelt werden. Sie unterliegt einem einfachen Gesetzesvorbehalt. Die allgemeine Handlungsfreiheit gem. Art. 2 I GG wird insbesondere durch die verfassungsmäßige Ordnung eingeschränkt.

Somit sind Grundrechtsbeschränkungen, die formell und materiell verfassungsgemäße Vorschriften als Grundlage haben, gesetzlich gerechtfertigt und zulässig.[491] Zu der verfassungsmäßigen Ordnung gehören ferner die in richterlicher Rechtsfortbildung getroffenen Entscheidungen.[492]

Ein schwerwiegender Grundrechtseingriff in die unternehmerische Freiheit oder in die allgemeine Handlungsfreiheit ist in der Annahme einer konzern- und lieferkettendimensionalen Verkehrspflicht nicht zu erblicken. Eine Verkehrspflicht erschöpft sich in der Rechtspflicht, die erforderlichen und zumutbaren

---

489 BVerfG, Urt. v. 01.03.1979 – 1 BvR 532/77, BVerfGE 50, 290 = NJW 1979, 699, 708 (Mitbestimmungsgesetz) sofern es sich um Tätigkeiten handele, die den dargelegten Voraussetzungen eines „Berufs“ entsprechen, sei grundsätzlich auch die „Unternehmerfreiheit“ im Sinne freier Gründung und Führung von Unternehmen durch Art. 12 Abs. 1 GG geschützt; BVerfG, Urt. v. 07.08.1962 – 1 BvL 16/60, BVerfGE 14, 263 = NJW 1962, 1667, 1667 (Feldmühle) zur unternehmerischen Freiheit des Konzerns.

490 Jarass/*Pieroth*, GG, Art. 12 Rn. 10.

491 BVerfG, Beschl. v. 14.03.1973 – 2 BvR 768/71, BVerfGE 34, 369, 378 f.; BVerfG, Dreierausschussbeschl. v. 23.05.1980 – 2 BvR 854/79, BVerfGE 54, 143, 144 = NJW 1980, 2572, 2572 (Taubenfütterungsverbot).

492 BVerfG, Beschl. v. 14.01.1987 – 1 BvR 1052/79, BVerfGE 74, 129, 152 = ZIP 1987, 387 Rn. 63 (betriebliche Altersversorgung).

Maßnahmen zu ergreifen, um die Rechtsverletzungen im Sinne von § 823 I BGB von Dritten möglichst zu verhindern.[493]

Wird eine Verkehrspflicht an dieser Stelle arbeitshypothetisch unterstellt, sind die Unternehmensträger generell zu Maßnahmen verpflichtet, die Rechtsverletzungen im Sinne des § 823 I BGB vorbeugen. Hierin liegt kein wesentlicher Eingriff in die freie Ausübung der unternehmerischen Leitung oder in die sonstige allgemeine Handlungsfreiheit. Die Unternehmensträger sind weiter frei in der Führung ihrer Geschäfte. Die unternehmerische Tätigkeit wird durch das Bestehen einer Verkehrspflicht nicht untersagt, sondern allenfalls in bestimmten Bereichen an Voraussetzungen geknüpft.

Die Anforderungen an den Bestimmtheitsgrundsatz sind schon aus diesem Grund nicht zu hoch anzusetzen.

Der Auslegungsbedarf hinsichtlich des konkreten Verkehrspflichteninhalts, und somit der zu ergreifenden zumutbaren und geeigneten Maßnahmen, begründet allein keinen Verstoß gegen den Bestimmtheitsgrundsatz. Maßgeblich ist allein, dass der Verkehrspflichteninhalt auslegungsfähig und unter den herkömmlichen Methoden ermittelbar ist.[494] Dafür, dass die Verkehrspflichten auslegungsfähig sind, spricht die ständige Rechtsprechung des BGH, welcher sich die konkrete Ausformung der Verkehrspflichten und der hierfür zu ergreifenden Maßnahmen zur Aufgabe[495] macht.

Diese richterliche Rechtsfortbildung stellt schließlich eine für den Grundrechtseingriff rechtfertigende Eingriffsmöglichkeit dar. Somit gelten keine strengen Anforderungen an die Bestimmtheit einer unternehmerischen Verkehrspflicht im Konzern und in der Lieferkette.[496]

493 St. Rspr. BGH, Urt. v. 31.10.2006 – VI ZR 223/05 = NJW 2007, 762, 763; BGH, Urt. v. 16.05.2006 – VI ZR 189/05 = NJW 2006, 2326, 2326; BGH, Urt. v. 19.12.1989 – VI ZR 182/89 = NJW 1990, 1236, 1273 je m.w.N.

494 Hierzu ausführlich *Grabosch/Scheper*, Die menschenrechtliche Sorgfaltspflicht von Unternehmen – Politische und rechtliche Gestaltungsansätze, 09/2015, S. 31, abrufbar unter: https://www.fes.de/themenportal-flucht-migration-integration/artikelseite-flucht-migration-integration/die-menschenrechtliche-sorgfaltspflicht-von-unternehmen-politische-und-rechtliche-gestaltungsansaetze (Stand: 01.06.2023).

495 Vgl. *v. Bar*, JuS 1988, 169, 172 f.; *ders.* Verkehrspflichten (1980), S. 1, S. 34, S. 71; vgl. *Soergel*, BGB Schuldrecht 10, § 823 Anh. II Rn. 1, 6.

496 Hierzu ausführlich *Grabosch/Scheper*, Die menschenrechtliche Sorgfaltspflicht von Unternehmen – Politische und rechtliche Gestaltungsansätze, 09/2015, S. 31, abrufbar unter: https://www.fes.de/themenportal-flucht-migration-integration/artikelseite-flucht-migration-integration/die-menschenrechtliche-sorgfaltspflicht-von-unternehmen-politische-und-rechtliche-gestaltungsansaetze (Stand: 01.06.2023); *Haider*,

Im Ergebnis bestehen grundsätzlich keine verfassungsrechtlichen Bedenken gegen eine konzern- und lieferkettendimensionale Pflicht eines inländischen Unternehmensträgers einer Wertschöpfungskette.

D. Besonderheiten in der internationalen Wertschöpfungskette

Ferner bestehen im Rahmen einer internationalen Wertschöpfungskette Besonderheiten, auf die – im Hinblick auf eine mögliche konzerndimensionale Verkehrspflichtigkeit der inländischen Unternehmensträger – hinzuweisen ist. Der Grund dafür ist, dass aus der Internationalität des Sachverhalts heraus neue rechtliche Probleme entstehen, die sich im (EU-)Inland nicht stellen würden. Eine risikoträchtige Besonderheit bei den Untersuchungsfällen liegt nach der Ansicht von *Weller*[497] und *Nasse* vor allem in den herrschenden sachrechtlichen Regelungs- und Durchsetzungsdefiziten im Ausland. Die Praxisfälle haben gezeigt, dass die Muttergesellschaften regelmäßig mit Tochtergesellschaften oder Zulieferern verbunden sind, die ihren Sitz in Entwicklungsländern haben. In diesen Staaten liegt der Regelungsstandard für den Rechtsgüterschutz oder dessen Durchsetzung (teilweise weit) hinter den nationalen Standards. Zwar ist die Wahl solcher Rechtsordnungen grundsätzlich nicht strafbewehrt, sondern legal. Dennoch könne sich hieraus eine Rechtsarbitrage ergeben, sofern das nationale Kollisionsrecht diesen Verstoß gegen die Grundwertungen der deutschen Rechtsordnung nicht ausgleichen kann. Folglich liegt in den Untersuchungsfällen eine Art Menschenrechtsgefälle zwischen den verschiedenen Rechtsordnungen vor und dieses kann durch die inländischen Gesellschaften (bewusst oder unbewusst) ausgenutzt werden. Inwiefern der Gedanke der Menschenrechtsarbitrage bei der Verkehrspflichtbegründung eine Rolle spielen kann, wird im Kapitel 4 untersucht.

E. (Binnen-)Rechtsvergleich zu sphärenübergreifenden Verkehrspflichten

Im Rechtsvergleich zeigt sich, dass die Verantwortung der ausländischen Gesellschaft in den Untersuchungsfällen einer darüber hinaus bestehende

---

Haftung von transnationalen Unternehmen und Staaten für Menschenrechtsverletzungen, S. 416.

497 *Weller/Nasse*, ZGR 2020, Sonderheft (22), 107, 109 ff.; *dies.*, FS Ebke (2021), S. 1071, S. 1077 ff.

Verkehrspflicht der inländischen Gesellschaft von ihrem (gesellschaftsrechtlichen, vertraglichen oder wirtschaftlichen) Einfluss zum Rechtsgüterschutz Gebrauch zu machen, nicht zuwiderläuft.

Die folgenden (binnen-)rechtsvergleichende Beispiele verdeutlichen, dass Verkehrspflichten im Konzern und in der Lieferkette mit der internationalen und europäischen Rechtsordnung rechtsdogmatisch im Einklang stehen.

I. Chandler v Cape

Dass zwei Rechtsträger parallel verkehrspflichtig sein können, zeigt rechtsvergleichend auf judikativer Ebene der Untersuchungsfall *Chandler v Cape*[498]. Der Muttergesellschaft wurde eine Sorgfaltspflicht in Bezug auf die Gesundheit der Arbeitnehmer der Tochtergesellschaft auferlegt. Da die Muttergesellschaft die Tochtergesellschaft kontrollierte und bezüglich der gesundheitsgefährdenden Umstände in dem ausländischen Betrieb Kenntnis hatte, hätte sie eingreifen und die Tochtergesellschaft auf die Einhaltung der Schutzmaßnahmen aufmerksam machen müssen.[499] Diese Sorgfaltspflicht stellt eine sphärenübergreifende, konzerndimensionale Pflicht dar, da sie darauf abzielt, dass die Muttergesellschaft sich für eine angemessene Sicherheitslage in dem Tochterbetrieb einsetzt. Nicht nur die Tochtergesellschaft, sondern auch die Muttergesellschaft waren in diesem Fall verpflichtet, für die Sicherheit der Arbeitnehmer im Ausland Sorge zu tragen. Verkehrspflichten, die denselben Schutzzweck verfolgen, können hiernach mehrere Rechtsträger treffen.

II. Choc v Hudbay Minerals Inc.

Ein für die Diskussion um eine konzern- und lieferkettendimensionale Verkehrspflicht wesentliches Judikat stellt das Urteil des kanadischen *Ontario Superior Court of Justice*[500] in einem gerichtlichen Vorverfahren dar. In dem zu entscheidenden Streitfall werden Ansprüche gegen das Bergbaugesellschaft *Hudbay Minerals Inc.* wegen Menschenrechtsverletzungen im Rahmen eines Bergbauprojekts in Guatemala geltend gemacht. *Hudbay* stellte in dem Vorverfahren einen vorläufigen Antrag, dass der Klagegrund nicht klar und erkennbar

498 Chandler v Cape plc [2012] EWCA Civ. 525.

499 Chandler v Cape plc [2012] EWCA Civ. 525 Rn. 78 f.; *Haider*, Haftung von transnationalen Unternehmen und Staaten für Menschenrechtsverletzungen (2019), S. 375.

500 Superior Court of Justice – Ontario v. 22.07.2013 – Choc v Hudbay Minerals Inc., 2013 ONSC 1414; vgl. auch *Bueno/Bright*, I.C.L.Q. 2020, 789, 810.

offengelegt wurde. *Hudbay* hatte eine 100 %ige Tochtergesellschaft in Guatemala (*CGI*) und eine weitere Gesellschaft (*HMI Nickel Inc.*) übernommen, die mit dem Bergbauprojekt betraut war. In dem Fall machen die einheimischen Bewohner Guatemalas als Kläger Schadensersatzansprüche gegen *Hudbay*, *CGI* und *HMI* geltend. Es geht konkret um den Vorwurf schwerwiegender Rechtsgutsverletzungen wie namentlich Mord und Vergewaltigungen durch das von der Tochtergesellschaft angestellte Sicherheitspersonal.

In dem Vorverfahren wurde neben einer (Durchgriffs-)Haftung für fremdes Verschulden auch eine Haftung für eigenes Verschulden auf Grund einer Verkehrspflicht untersucht. Eine Durchgriffshaftung für fremdes Verschulden wurde abgelehnt. Nach Ansicht des Gerichts lag keine Ausnahme der Durchgriffshaftung vor.[501]

Dafür hatten die Kläger nach Ansicht des Gerichts die für die Anerkennung einer neuartigen Verkehrspflicht erforderlichen Voraussetzungen aus dem sog. *Ann's* Test[502] zutreffend vorgetragen.[503] Eine Haftung der Muttergesellschaft für eigenes Verschulden wird nach Ansicht des Gerichts deswegen angenommen, weil *Hudbay* Kenntnis von den Menschenrechtsverletzungen durch das Sicherheitspersonal hatte oder hätte haben müssen[504] und weil *Hudbay* in der Vergangenheit öffentliche Verlautbarungen zum Menschenrechtsschutz getätigt hatte.[505]

Die Verlautbarungen beinhalteten Versprechungen hinsichtlich der angemessenen Behandlung lokaler Gemeinschaften und der Anerkennung menschenrechtlicher Standards, die bei den Betroffenen Vertrauen erweckt hätten.

Aus diesen Gründen und, da nach Ansicht des Gerichts keine politischen Gründe gegen die Statuierung einer neuen Verkehrspflicht sprachen[506], erkannte das Gericht im Vorverfahren eine neue Verkehrspflicht der Muttergesellschaft an.

---

501 Choc v Hudbay Minerals Inc., 2013 ONSC 1414 Rn. 48 f.

502 Choc v Hudbay Minerals Inc., 2013 ONSC 1414 Rn. 56 f. „It is therefore necessary to apply the test for establishing a novel duty of care […] the following must be proven: 1. that the harm complained of is a reasonably foreseeable consequence of the alleged breach; 2. that there is sufficient proximity between the parties that it would not be unjust or unfair to impose a duty of care on the defendants; and, 3. that there exist no policy reasons to negative or otherwise restrict that duty.".

503 Choc v Hudbay Minerals Inc., 2013 ONSC 1414 Rn. 75.

504 Choc v Hudbay Minerals Inc., 2013 ONSC 1414 Rn. 64 f.

505 Choc v Hudbay Minerals Inc., 2013 ONSC 1414 Rn. 68 f.

506 Choc v Hudbay Minerals Inc., 2013 ONSC 1414 Rn. 74 f.

Diese Verkehrspflicht kann als rechtsvergleichendes Beispiel einer konzerndimensionalen Verkehrspflicht genannt werden.

III. Europäische Konfliktmineralien-Verordnung

Die europäische Konfliktmineralien-Verordnung[507], die Verkehrspflichten entlang der Lieferkette für Importeure gewisser Konfliktmineralien aus Risikogebieten vorsieht, zeigt dass Verkehrspflichten auch legislativ konzern- und lieferkettendimensional begründet werden.[508] Nach Nr. 3 der Erwägungsgründe sind Menschenrechtsverletzungen in rohstoffreichen Konflikt- oder Hochrisikogebieten weit verbreitet und können Kinderarbeit, sexuelle Gewalt, das Verschwindenlassen von Menschen, Zwangsumsiedlungen und die Zerstörung von rituell oder kulturell bedeutsamen Orten umfassen. Die Menschenrechtsverletzungen gehen hierbei in der Regel von bewaffneten Gruppen im Ausland aus, die die Rohstoffe illegal abbauen und als Einkommensquelle nutzen.[509] Um Menschenrechtsverletzungen zu verhindern, werden die Importeure (sog. Unionseinführer) der Mineralien zum (Risiko-)Management entlang der Lieferkette verpflichtet. Hierbei trifft den Importeur zur Erfüllung der Sorgfaltspflicht in der Lieferkette u.a. eine Überwachungspflicht gem. Art. 4 lit. c KoMi-VO. Zudem hat er gem. Art. 4 lit. a KoMi-VO eine Lieferkettenpolitik festzulegen und gem. Art. 6 I lit. a KoMi-VO Prüfungen unabhängiger Dritter in Bezug auf alle Tätigkeiten, die der Erfüllung der Sorgfaltspflicht in der Lieferkette dienen, zuzulassen. Diese Verpflichtung trifft den inländischen Importeur, obwohl er die Menschenrechtsverletzungen nicht unmittelbar verursacht hat.

507 Verordnung (EU) 2017/821 des Europäischen Parlaments und des Rates vom 17.05.2017 zur Festlegung von Pflichten zur Erfüllung der Sorgfaltspflichten in der Lieferkette für Unionseinführer von Zinn, Tantal, Wolfram, deren Erzen und Gold aus Konflikt- und Hochrisikogebieten, ABl. EU 2017 L 130/1, (im Folgenden abkürzend bezeichnet als KoMi-VO).

508 Vgl. auch *Ehmann*, ZVertriebsR 2021, 141, 141 mit dem Hinweis, dass der deutsche Gesetzgeber mit dem Lieferkettengesetz international im Trend liege.

509 *Heße/Klimke*, EuZW 2017, 446, 446.

IV. Das französische Sorgfaltspflichtengesetz (*loi de vigilance*)

Daneben dient auch das französische Sorgfaltspflichtengesetz[510] (sog. *loi de vigilance*) als rechtsvergleichendes Beispiel für eine legislative Statuierung einer Verkehrspflicht für mittelbare Verursacher einer Gefahrenquelle.[511]

Aus diesem folgt eine konzern- und lieferkettendimensionale Verkehrspflicht für Unternehmensträger, die in den Anwendungsbereich des Gesetzes fallen.[512] In Art. L. 225-102-4.-I. des *loi de vigilance* fallen in den Anwendungsbereich Gesellschaften mit Hauptsitz in Frankreich, die mehr als 5.000 Mitarbeiter oder Gesellschaften mit Hauptsitz in Frankreich oder im Ausland, die mehr als 10.000 Mitarbeitern beschäftigen. Ziel des Gesetzes ist es, den Menschenrechtsschutz entlang der Lieferkette, d.h. bei den Tochtergesellschaften, Subunternehmern oder Zulieferern, zu erreichen.[513] Inhalt der Sorgfaltspflicht ist insbesondere die Einrichtung eines Risiko- und Maßnahmenplans zum Schutz der Menschenrechte und der Umwelt. Die Sorgfaltspflicht reicht über den inländischen Rechtsträger hinweg bis hin zu den im Ausland angesiedelten Unternehmensträgern. Die Pflicht trifft dabei nur die Unternehmensträger, die eine Möglichkeit zur Kontrolle in Bezug auf die ausländischen Unternehmensträger haben. Angesprochen sind damit die sog. *sociétés controlées* und die Subunternehmer und Lieferanten, die sog. *sous-traitants ou fournisseurs*, mit denen eine laufende Geschäftsbeziehung besteht (eine sog. *relation commerciale établie*).[514]

Die Konsequenz des eingeführten Gesetzes mit dem Inhalt einer Sorgfaltspflicht für die französischen Unternehmensträger ist, dass diese zu präventiven Maßnahmen hinsichtlich des Menschenrechts- und Umweltschutzes entlang der Wertschöpfungskette verpflichtet werden. Sofern sie dieser Sorgfaltspflicht nicht oder nicht ausreichend angemessen nachkommen, können sie zivilrechtlich für die dadurch entstandenen Schäden haftbar gemacht werden.

Konkret werden die Unternehmensträger gem. Art. L. 225-102-4-I verpflichtet, einen Plan zur Erfüllung der Sorgfaltspflicht aufzustellen und wirksam umzusetzen. Dabei muss der Plan gem. Art. L. 225-102-4-III angemessene Überwachungsmaßnahmen enthalten, um Risiken zu erkennen und schwerwiegende

---

510 Loi n° 2017-399 du 27 mars 2017 relative au devoir de vigilance des sociétés mères et des entreprises donneuses d'ordre, JORF n° 0074 du 28/03/2017, (Stand: 01.06.2023).

511 Vgl. *Nietsch,* in: *Nietsch,* Corporate Social Responsibility Compliance (2021), S. 177 f.

512 *Weller/Nasse,* ZGR 2020, Sonderheft (22), 107, 117.

513 *Nordhues,* Die Haftung der Muttergesellschaft und ihres Vorstands für Menschenrechtsverletzungen im Konzern (2019), S. 33.

514 *Weller/Nasse,* ZGR 2020, Sonderheft (22), 107, 117.

Verletzungen der Menschenrechte und Grundfreiheiten, der Gesundheit und Sicherheit von Personen und der Umwelt zu verhindern, die sich aus den Tätigkeiten des Unternehmensträgers und der von ihm kontrollierten Unternehmensträger direkt oder indirekt ergeben. Ferner muss der Plan die Risiken erfassen, die aus den Tätigkeiten von Unterauftragnehmern oder Lieferanten, mit denen eine Geschäftsbeziehung besteht, entstehen. Der Plan muss gem. Art. L. 225-102-4-IV insbesondere eine Möglichkeit zur Risikoidentifizierung und ein Bewertungsverfahren über die Lage in den Tochtergesellschaften und bei den Lieferanten enthalten. Des Weiteren müssen geeignete Maßnahmen zur Risikominderung oder zur Verhinderung ernsthafter Schäden, ein Warnmechanismus für Risiken und schließlich ein Überwachungssystem über die durchgeführten Maßnahmen in den Plan festgehalten werden.

Die Rechtsfolge der Nichtumsetzung der genannten Pflichten gem. Art. 225-102-5 und hieraus kausal hervorgerufener Schäden ist eine zivilrechtliche Haftung des Unternehmensträgers. Eine Klage kann von jeder Person, die ein Interesse daran nachweisen kann, bei dem zuständigen Zivilgericht eingereicht werden. Neben dem Verfahren gegen die französische Total S.A., wurde dieses Jahr ein weiteres Verfahren auf der Grundlage des neuartigen Gesetzes gegen die Casino Guichard-Perrachon S.A. in Gang gesetzt.[515] Die Entscheidungen bleiben abzuwarten. Somit wird rechtsvergleichend im französischen Rechtsraum eine konzern- und lieferkettendimensionale Verkehrspflicht, neben der Verantwortlichkeit der ausländischen Unternehmensträger, anerkannt.

V. Die schweizerische Konzernverantwortungsinitiative

Neben dem französischen Gesetz dient auch die Schweizer Konzernverantwortungsinitiative[516] als Beispiel einer konzern- und lieferkettendimensionalen Sorgfaltspflicht für Unternehmensträger. Die Initiative sollte die unternehmerische Verantwortung ursprünglich in Art. 101a der Schweizer Bundesverfassung verankern.[517] Am 29.11.2020 scheiterte der Volksentscheid über die

---

515 Vgl. *Weller/Tran*, ZEuP 2021, 573, 588; Aktuelle Informationen zum Verfahren gegen die Casino S.A., abrufbar unter: https://www.business-humanrights.org/en/latest-news/d%C3%A9forestation-en-amazonie-le-groupe-casino-assign%C3%A9-devant-le-tribunal-de-saint-%C3%A9tienne/ (Stand: 01.06.2023).

516 Eidgenössische Volksinitiative „Für verantwortungsvolle Unternehmen – zum Schutz von Mensch und Umwelt" v. 01.11.2016, BBl. 2016, 8107.

517 Eidgenössische Volksinitiative „Für verantwortungsvolle Unternehmen – zum Schutz von Mensch und Umwelt" v. 21.04.2015, BBl. 2015, 3245; vgl. auch Initiativtext mit Erklärungen, abrufbar unter: https://www.admin.ch/gov/de/start/dokumentation/

Konzernverantwortungsinitiative knapp.[518] Der Entwurf[519] zielte darauf ab, Schweizer Unternehmensträger zu einer „angemessenen Sorgfaltsprüfung“ zu verpflichten. Namentlich sollten sie die tatsächlichen und potenziellen Auswirkungen ihrer unternehmerischen Tätigkeit auf die international anerkannten Menschenrechte und die Umwelt ermitteln und geeignete Maßnahmen zur Verhütung von Verletzungen international anerkannter Menschenrechte und internationaler Umweltstandards ergreifen, um bestehende Verletzungen zu beenden. Ferner sollte eine Art Rechenschaftspflicht in Bezug auf die zur Schadensabwendung ergriffenen Maßnahmen statuiert werden. Dabei sollten diese Pflichten nicht nur in Bezug auf kontrollierte Unternehmensträger, sondern auf sämtliche Geschäftsbeziehungen erstreckt werden. Hierzu zählten Tochtergesellschaften und Vertragspartner entlang der Lieferkette.[520] Der Umfang der Sorgfaltsprüfungen sollte von den spezifischen Menschenrechts- und Umweltrisiken der kontrollierten Unternehmensträger abhängen.

Die Rechtsfolge der Sorgfaltspflichtverletzung hätte eine zivilrechtliche Haftung zur Folge gehabt. Die Schweizer Unternehmensträger wären für Schäden aufgekommen, die durch die von den kontrollierten Gesellschaften hervorgerufenen Menschenrechtsverletzungen eintreten. Eine Exkulpationsmöglichkeit hätte es jedoch dann gegeben, wenn angemessene Sorgfaltsmaßnahmen umgesetzt wurden oder die Schäden auch bei Anwendung dieser Sorgfaltsmaßnahmen eingetreten wären.

VI. Das niederländische Gesetz zum Verbot von Kinderarbeit

In den Niederlanden wurde kürzlich ein strafbewährtes Gesetz (sog. *Wet Zorgplicht Kinderarbeit*)[521] statuiert, wonach eine sog. „*due diligence*“-Prüfung

---

abstimmungen/20201129/volksinitiative-Fur-verantwortungsvolle-unternehmen-zum-schutz-von-mensch-und-umwelt.html (Stand: 01.06.2023).

518 Bundesgericht v. 23.03.2021, 1C_715/2020; *Rühl*, ZRP 2021, 66, 66; Verein Konzernverantwortungsinitiative, Hintergründe, abrufbar unter: https://www.admin.ch/gov/de/start/dokumentation/abstimmungen/20201129/volksinitiative-Fur-verantwortungsvolle-unternehmen-zum-schutz-von-mensch-und-umwelt.html (Stand: 01.06.2023) hiernach hatten zwar 50,7 Prozent der Stimmberechtigten für die Konzernverantwortung gestimmt, aber die Initiative scheiterte auf Grund des Ständemehrs.

519 Eidgenössische Volksinitiative „Für verantwortungsvolle Unternehmen – zum Schutz von Mensch und Umwelt“ v. 21.04.2015, BBl. 2015, 3245.

520 *Hübner*, NZG 2020, 1411, 1413.

521 Wet van 24.10.2019 houdende de invoering van een zorgplicht ter voorkoming van de levering van goederen en diensten die met behulp van kinderarbeid tot stand zijn gekomen, Staatsblad (Stb.) 2019, 401, abrufbar unter: https://zoek.officielebekendm

hinsichtlich der Gefahr von Kinderarbeit in den Lieferketten vorgesehen ist. Gemäß Art. 5 des Gesetzes sind niederländische Unternehmensträger in der Lieferkette zur besonderen Sorgfalt verpflichtet und müssen dazu beitragen, Waren und Dienstleistungen, die unter Einsatz von Kinderarbeit hergestellt bzw. erbracht werden, zu verhindern.

Schließlich werden auch in den Niederlanden Unternehmensträger lieferketten- und konzerndimensional zu besonderen Sorgfaltsmaßnahmen gesetzlich verpflichtet.

VII. Ergebnis: Anerkennung von Verkehrspflichten im Konzern und in der Lieferkette in der rechtsvergleichenden Umschau

Zusammenfassend lässt sich feststellen, dass konzern- und lieferkettendimensionale Verkehrspflichten in der rechtsvergleichenden Umschau anerkannt sind. Es zeigt sich somit, dass Staaten mit ähnlichen Vorstellungen von juristischen Personen und Konzernverbindungen einerseits und mit vergleichbaren verfassungsrechtlichen Rahmenbedingungen andererseits sich mit solchen Pflichten arrangieren können, ohne dass es zu einem Rechtsbruch kommen muss. Ob konzern- und lieferkettendimensionale Verkehrspflichten in den Untersuchungsfällen dogmatisch begründet werden können, ist im folgenden Kapitel zu untersuchen.

---

akingen.nl/stb-2019-401.html (Stand: 01.06.2023); *Ehmann*, ZVertriebsR 2021, 141, 142 mit dem Hinweis, dass das Gesetz auch für ausländische Unternehmen, die Waren oder Dienstleistungen in die Niederlande einführen, gelte.

Kapitel 4 – Ausformung von konzern- und lieferkettendimensionalen Verkehrspflichten mittels Fallgruppenbildung

Im folgenden Kapitel werden verschiedene Gründe für eine deliktsrechtliche Verkehrspflicht inländischer Unternehmensträger in der Wertschöpfungskette zum Menschenrechtsschutz anhand von Fallgruppen untersucht.

Die Verkehrspflichten werden grundsätzlich durch die richterliche Rechtsfortbildung nach Abwägung[522] am Einzelfall inhaltlich ausgestaltet.[523] Als Beispiel dient die Produkthaftung, die vor ihrer legislativen Umsetzung infolge der EU-Produkthaftungs-Richtlinie[524] zunächst im Rahmen der richterlichen Rechtsfortbildung auf Grundlage der deliktsrechtlichen Verkehrspflichten entwickelt und inhaltlich ausgestaltet wurde.[525] Der BGH hat hierbei die richterliche Kompetenz die generalklauselartigen Anforderungen einer Verkehrspflicht einzelfallbezogen zu konkretisieren.

Mangels vergangener oder laufender Verfahren vor den nationalen Gerichten ist die konkrete, richterrechtliche Ausformung der Verkehrspflicht zur Menschenrechtsverantwortung noch abzuwarten.

Diskutiert werden als verkehrspflichtbegründende Umstände insbesondere die Konzernierung[526] selbst, die Lieferung gefährlicher Produkte[527], die intensive

---

522 Vgl. *v. Bar*, Verkehrspflichten (1980), S. 112; *Habersack/Zickgraf*, ZHR 2018, 252, 268; vgl. BGH, Urt. v. 20.02.2020 – I ZR 193/18 = ZIP 2020, 731, 735 Rn. 35 zu einer Garantenpflicht, die durch eine Verkehrspflicht begründet werden kann.

523 *Oehler*, ZIP 1990, 1445, 1453; grundlegend zu den Methoden richterlicher Rechtsfortbildung *Larenz*, Methodenlehre der Rechtswissenschaft (1992), S. 254 ff., S. 317; *Kleindiek*, Deliktshaftung und juristische Person (1997), S. 20 f., S. 113 f.

524 Richtlinie 85/374/EWG des Rates vom 25.01.1985 zur Angleichung der Rechts- und Verwaltungsvorschriften der Mitgliedstaaten über die Haftung für fehlerhafte Produkte.

525 BT-Drs. 11/2447 – amtliche Begründung A II.; Grüneberg/*Sprau*, ProdHaftG Rn. 3; *Wagner*, in: *Säcker/Rixecker et al.*, MüKo BGB, § 823 Rn. 916.

526 Dafür *Oehler*, ZIP 1990, 1445, 1451; *Schneider*, ZGR 1996, 225, 243; *Buxbaum*, GRUR 2009, 240, 241; *Nordhues*, Die Haftung der Muttergesellschaft und ihres Vorstands für Menschenrechtsverletzungen im Konzern (2019), S. 115; *Haider*, Haftung von transnationalen Unternehmen und Staaten für Menschenrechtsverletzungen (2019), S. 363 f.

527 *Wagner*, RabelZ 2016, 717, 777; *Fleischer/Korch*, ZIP 2019, 2181, 2189.

Einmischung in (Arbeitsschutz-)Bereiche[528], die tatsächlich ausgeübte Verantwortlichkeit für die Gefahrenquelle[529], die Verlagerung oder Delegation[530] einer dem inländischen Unternehmensträger primär zugeordneten Gefahrenquelle, die Kenntnis bzw. die fahrlässige Unkenntnis von menschenrechtswidrigen Umständen[531] und besondere Herrschaftsstrukturen[532] in der Wertschöpfungskette.[533] Daneben werden die Arbeitsteilung[534], der wirtschaftliche Nutzen[535], Fürsorgepflichten[536], die sog. Menschenrechtsarbritrage[537] und eine tatsächliche

528 *V. Falkenhausen*, Menschenrechtsschutz durch Deliktsrecht (2020), S. 204.

529 *Heinen*, in: *Krajeweski/Saage-Maaß*, Die Durchsetzung menschenrechtlicher Sorgfaltspflichten von Unternehmen (2018), S. 87, S. 104 ff., S. 112; *Wagner*, RabelZ 2016, 770.

530 *Nordhues*, Die Haftung der Muttergesellschaft und ihres Vorstands für Menschenrechtsverletzungen im Konzern (2019), S. 132; *Heinen*, in: *Krajeweski/Saage-Maaß*, Die Durchsetzung menschenrechtlicher Sorgfaltspflichten von Unternehmen (2018), S. 87, S. 113 ff., S. 119; dagegen *Habersack/Ehrl*, AcP 2019, 155, 199 f.

531 *Van Dam*, JETL 2011, 221, 236 ff., 244 ff.; *Habersack/Ehrl*, AcP 1019, 155, 202 für eine Fürsorgepflicht bei Kenntnis des Importeurs von Menschenrechtsverletzungen beim Zulieferer; dagegen *Wagner*, RabelsZ 2016, 717, 758.

532 Für eine Verantwortung kraft Leitungsmacht mit unterschiedlichen Begründungen vgl. *Bunting*, ZIP 2012, 1542, 1548; *Buxbaum*, GRUR 2009, 240, 244 f.; *Koch*, WM 2009, 1013, 1019; *König*, AcP 2017, 611, 671; *Nordhues*, Die Haftung der Muttergesellschaft und ihres Vorstands für Menschenrechtsverletzungen im Konzern (2019), S. 133; *Wagner*, RabelsZ 2016, 717, 770.

533 *Fleischer/Korch*, ZIP 2019, 2181, 2185.

534 Dafür *Bunting*, ZIP 2012, 1542, 1547 f.; dagegen *Vogt*, Die Verbandsgeldbuße gegen eine herrschende Konzerngesellschaft (2009), S. 194; *Nordhues*, in: *Krajewski/Saage-Maaß*, Die Durchsetzung menschenrechtlicher Sorgfaltspflichten von Unternehmen (2018), S. 125, S. 142; *Fleischer/Korch*, ZIP 2019, 2181, 2188; *Habersack/Ehrl*, AcP 2019, 155, 201; *Heinen*, in: *Krajewski/Saage-Maaß*, Die Durchsetzung menschenrechtlicher Sorgfaltspflichten von Unternehmen (2018), S. 87, S. 107 mit Ausnahmen bei stark asymmetrischem Machtgefälle; MüKoBGB/*Wagner*, § 823 Rn. 926 f.

535 *Habersack/Ehrl*, AcP 2019, 155, 161 f.; strenger *König*, AcP 2017, 611, 673; *Habersack/Zickgraf*, ZHR 2018, 252, 283, 285 ff.; Dagegen *Fleischer/Korch*, ZIP 2019, 2181, 2188; *Schneider*, NZG 2019, 1369, 1373; *Heinen*, in: *Krajeweski/Saage-Maaß*, Die Durchsetzung menschenrechtlicher Sorgfaltspflichten von Unternehmen (2018), S. 87, S. 108 f., S. 114, S. 122 f.; *Nordhues*, in: *Krajeweski/Saage-Maaß*, Die Durchsetzung menschenrechtlicher Sorgfaltspflichten von Unternehmen (2018), S. 125, S. 142; *v. Falkenhausen*, Menschenrechtsschutz durch Deliktsrecht (2020), S. 103 ff.

536 *Nordhues*, Die Haftung der Muttergesellschaft und ihres Vorstands für Menschenrechtsverletzungen im Konzern (2019), S. 134; *Fleischer/Korch*, ZIP 2019, 2181, 2189.

537 *Weller/Nasse*, ZGR 2020, Sonderheft (22), 107, 127 ff.

Kontroll- oder Verantwortungsübernahme durch konzern- und lieferkettenweite Politik und *codes of conduct*[538] als Begründung für eine Verkehrspflicht erwogen.[539]

Im folgenden Kapitel werden folglich die in der Literatur und Rechtsprechung diskutierten, verkehrspflichtbegründenden Umstände in den Konzern- und Lieferkettenkonstellationen unter Heranziehung der in Kapitel 2 erörterten Entstehungsgründe diskutiert und beispielhaft ein Versuch zur Fallgruppenbildung unternommen. Ein besonderes Augenmerk wird dabei auf die rechtsvergleichenden UK-Fälle gelegt.

A. Korrelation von Macht und Verantwortung

Zunächst wird der Rechtsgedanke der sog. „Korrelation von Macht und Verantwortung" als potenziell konzerndimensionale Fallgruppe einer Verkehrspflicht untersucht.

Der allgemeine Rechtsgedanke von „Korrelation von Macht und Verantwortung" findet sich insbesondere im Vertretungs-[540] und im Gesellschaftsrecht, wie beispielsweise in der gesellschaftsrechtlichen Treupflicht von Mehrheits- und Minderheitsgesellschaftern,[541] sowie im Vertragsrecht im Falle einer Vertragsanbahnung wieder.[542]

---

538 Zu der Gefahr, dass Gerichte eine tatsächliche Verantwortungsübernahme in die vereinbarten *codes of conduct* hineinlesen können *Fleischer/Korch*, ZIP 2019, 2181, 2190.

539 Vgl. *Fleischer/Korch*, ZIP 2019, 2181, 2188 ff.

540 *Flume*, Allgemeiner Teil des Bürgerlichen Rechts, Bd. II, S. 9, S. 786 demzufolge das Handeln für einen anderen bei der Gestaltung von Rechtsverhältnissen immer ein Handeln in pflichtgemäßer Bindung darstelle und die Vertretungsmacht als fremdbezogene Macht nur erträglich sei, wenn der Vertreter zugleich pflichtgemäß gebunden ist.

541 BGH, Urt. v. 20.03.1995 – II ZR 205/94 = ZIP 1995, 819, 824 (Girmes)*; Winter*, Mitgliedschaftliche Treuebindungen im GmbH-Recht (1988), S. 17 f.; *Marsch-Barner*, ZHR 1993, 172, 176, 182 nimmt auf die zahlreichen aktienrechtlichen Vorschriften Bezug, die diesen Rechtsgedanken aufgreifen und von einer gesteigerten Pflichtenbindung und Ausübungskontrolle der Gesellschafter durch gesteigerten Einfluss ausgingen. Dem höheren Maß an Einfluss entspreche hiernach ein höheres Maß an Verantwortlichkeit; *Timm*, WM 1991, 481, 488; *Dreher*, ZHR 1993, 150, 166.

542 *Frotz*, GS GSchitzer (1969), S. 163, S. 173 f.; in diesem Sinne folgend *Canaris*, Vertrauenshaftung, S. 512; *Hennrichs*, AcP 1995, 221, 239.

In den beiden erstgenannten Fällen wird die *Rechtsmacht* als Grund für eine gesteigerte Verantwortung hervorgehoben.[543]

Im Vertretungsrecht wird dem Vertreter die Möglichkeit eingeräumt, für den Vertretenen rechtsverbindliche Handlungen vorzunehmen und dadurch auf dessen Interessen einzuwirken.[544]

Im Gesellschaftsrecht führt die gesellschaftsrechtliche Verbindung zu einer gesteigerten Möglichkeit der Gesellschafter auf die gesellschaftsbezogenen Belange der Mitgesellschafter Einfluss zu nehmen.[545]

Im *Girmes*-Fall[546] nahm der BGH Stellung zu dem allgemeinen Rechtsgedanken, der auch bei den Treupflichten der Gesellschafter untereinander zum Tragen komme. Für die (Minderheits-)Aktionäre stellte er ausdrücklich fest, dass die Ablehnung des Sanierungsvorschlages eine Verletzung der ihnen gegenüber dem (Mit-)Gesellschaftern obliegenden Treupflicht darstelle, wofür sie in Anwendung der Rechtsgedanken der §§ 166, 278 BGB nach dem Klagevorbringen einzustehen haben.[547] Inhaltlich beruhe die Treupflicht hiernach insbesondere auf einer wertenden Betrachtung der Rechtsmacht des Aktionärs.[548] Die Verantwortung und Rücksichtnahmepflicht gegenüber den gesellschaftsbezogenen Belangen von Mitgesellschaftern in der (Publikums-)Aktiengesellschaft würden sonst üblicherweise bei dem Mehrheitsgesellschafter zum Tragen kommen, weil die Einflussnahme meist in der Ausübung von Herrschaftsmacht bestehe und eine solche nur bei Vorhandensein einer entsprechenden Mehrheit

543 BGH, Urt. v. 20.03.1995 – II ZR 205/94 = ZIP 1995, 819, 822 (Girmes); *Dreher*, ZHR 1993, 150, 154 f.; *Paßmann*, Schutzpflichtverletzungen im Spannungsverhältnis von schuldrechtlichem und deliktischem Haftungsregime (2010), S. 122, S. 124.

544 *Paßmann*, Schutzpflichtverletzungen im Spannungsverhältnis von schuldrechtlichem und deliktischem Haftungsregime (2010), S. 122 ff.

545 *Winter*, Mitgliedschaftliche Treuebindungen im GmbH-Recht (1988), S. 17 f. spricht von gesteigerten Rücksichtnahmepflichten als Korrelat der gesteigerten Einwirkungsmöglichkeiten auf fremde Interessen. Die Intensivierung der Rücksichtnahmepflicht ergebe sich zudem aus der Dauerhaftigkeit der Einwirkungsmöglichkeit durch den Abschluss eines Gesellschaftsvertrages und der beschränkten Gestaltungsmöglichkeit bzgl. der Pflichten des Gesellschaftsvertrags.

546 BGH, Urt. v. 20.03.1995 – II ZR 205/94 = ZIP 1995, 819.

547 BGH, Urt. v. 20.03.1995 – II ZR 205/94 = ZIP 1995, 819, 824 demzufolge die Ablehnung des von der Verwaltung der G. AG unterbreiteten Sanierungsvorschlages durch den Beklagten eine Verletzung der den vertretenen Aktionären gegenüber dem Kläger obliegenden Treupflicht darstelle, für die diese in Anwendung der Rechtsgedanken der §§ 166, 278 BGB nach dem Klagevorbringen einzustehen haben.

548 *Dreher*, ZHR 1993, 150, 154 f.

denkbar sei.[549] *Hennrichs*[550] stellte im Zusammenhang mit der gesellschaftsrechtlichen Treupflicht die verfassungsrechtliche Legitimierung des Gedankens einer Korrelation zwischen Rechtsmacht und Verantwortung dar. Hiernach stehe die Wahrnehmung der grundrechtlich gewährleisteten Freiheiten unter dem Vorbehalt einer verantwortungsvollen Ausübung, was u.a. durch die Sozialpflichtigkeit des Eigentums gem. Art. 14 II GG belegt werde. Für die Ausübung der gesellschaftsrechtlichen Treupflicht bedeute das, dass die Rechtsmacht nicht schrankenlos ausgeübt werden dürfe.[551]

Im Vertragsrecht reicht im Falle einer Vertragsanbahnung im Sinne einer *culpa in contrahendo* die *faktische Macht* zur Einwirkung auf die Interessen Dritter, um Schutzpflichten zu begründen.[552]

Die dogmatische Grundlage für den herangezogenen allgemeinen Rechtssatz „Korrelation von Macht und Verantwortung" liegt nach dieser Rechtsprechung in dem Rechtsgedanken der §§ 278, 166 BGB. Eine solche Macht könnte hiernach gem. § 166 BGB ebenfalls durch überlegenes Wissen entstehen und ausgeübt werden.

Nunmehr ist zu untersuchen, ob dieser Rechtsgedanke sich auch für die Untersuchungsfälle fruchtbar machen lässt. Es stellt sich somit die Frage, ob der Unternehmensverbund für sich oder die mit dem Unternehmensverbund naturgemäß verbundenen Umstände, wie z.B. Leitungsmacht, Delegation oder Risikoverteilung, eine Verkehrspflicht in der Wertschöpfungskette als Fallgruppen der „Korrelation von Macht und Verantwortung" begründen kann. Der Unternehmensverbund wird vorliegend als Sammelbegriff für konzern- oder lieferkettenverbundene Unternehmensträger herangezogen.

Dafür wird untersucht, ob die rechtlich und/oder faktisch mögliche Einwirkungsmöglichkeit eines inländischen Unternehmensträgers sowie das Wissen über Sicherheitsdefizite in der Wertschöpfungskette eine Grundlage für eine

---

549 BGH, Urt. v. 20.03.1995 – II ZR 205/94 = ZIP 1995, 819, 821.

550 *Hennrichs*, AcP 1995, 221, 239.

551 *Hennrichs*, AcP 1995, 221, 236; a.A. *Timm*, WM 1991, 481, 482 f. der den Rechtsgedanken als „tragenden Rechtsgrund" für die gesellschaftsrechtliche Treupflicht ansieht und die Treupflichten im Einzelfall nach dem Maß der Einflussmöglichkeit konkretisieren will, da diese „die entscheidende Messlatte" darstellen würden.

552 *Frotz*, GS GSchitzer, S. 173 f.; *Canaris*, Vertrauenshaftung, S. 514 f.; *Hennrichs*, AcP 1995, 221, 239; vgl. *Nietsch*, in: *Nietsch*, Corporate Social Responsibility Compliance (2021), S. 175 hinsichtlich der differenziert geführten Debatte zu einer gesteigerten Verantwortung auf Grund von faktischen Möglichkeiten oder tatsächlich ausgeübter (Rechts-)Macht.

gesteigerte, deliktsrechtliche Verantwortung bilden können. In diese Richtung geht beispielhaft auch der Beschluss des OLG München[553] zu der einzelfallabhängigen Sanktionierung von Aufsichtspflichtverletzungen inländischer Obergesellschaften gem. § 130 I 1 OWiG, wonach eine „[...] Kongruenz von Einfluss und Verantwortlichkeit, [d.h.] zwischen Herrschaft und Haftung“ nachgewiesen werden muss.

Nimmt man eine gesteigerte Verantwortlichkeit auf Grund der Macht der Inlandsgesellschaft an, stellt sich ferner die Frage, ob die Ableitung einer Verantwortung differenziert nach dem Grad der Einflussnahme des inländischen Unternehmensträgers sachgerecht ist. Können sich inländische Gesellschaften damit verteidigen, keinen Einfluss genommen zu haben, und sich somit einer Verantwortung entziehen, obwohl diese möglich gewesen wäre? Lässt sich durch die Zurückhaltung dessen, was einem Unternehmensträger möglich ist, tatsächlich ein Haftungsvorteil erlangen?

I. Herrschaftsmacht durch Rechtsmacht und faktische Möglichkeit zur Einflussnahme

1. Herrschaftsmacht durch Konzernierung

a) Begründungsansatz aus der Literatur

Als verkehrspflichtbegründender Umstand wird die Konzernierung selbst diskutiert.[554]

Die aus dem Beherrschungsverhältnis zwischen der herrschenden inländischen Muttergesellschaft und der abhängigen ausländischen Tochtergesellschaft entstehende Herrschaftsmacht der Obergesellschaft lasse eine Rechtspflicht zum Handeln annehmen. Dafür wird eine Anlehnung an die kartellrechtliche Vermutung zur Ausübung der tatsächlichen Kontrolle bei einer 100 %igen Beteiligung der Mutter- an der Tochtergesellschaft angedacht.[555] Die abhängige Gesellschaft stehe im Dienst der unternehmerischen Ziele der herrschenden Gesellschaft,

553 OLG München, Beschl. v. 23.09.2014 – 3 Ws 599/14 und 3 Ws 600/14 = CCZ 2016, 44, 47 f.

554 *Oehler*, ZIP 1990, 1445, 1451; *Schneider*, ZGR 1996, 225, 243; *Buxbaum*, GRUR 2009, 240, 241; *Nordhues*, Die Haftung der Muttergesellschaft und ihres Vorstands für Menschenrechtsverletzungen im Konzern (2019), S. 115 ff.; *Haider*, Haftung von transnationalen Unternehmen und Staaten für Menschenrechtsverletzungen (2019), S. 363 f.

555 Im Ergebnis ablehnend *Fleischer/Korch*, ZIP 2021, 709, 714 f. mit Hinweis auf die EuGH Slg. 2009, I-82/37 (Akzo/Nobel).

welche von der Ausgliederung von Arbeitsprozessen profitiere.[556] Sofern Rechtsgüter Dritter in den ausländischen Betrieben gefährdet sind, könne ein Nichteinschreiten der Muttergesellschaft, der durch die (vertragliche) Konzernierung Herrschaftsmacht eingeräumt wird, die Gefahrenlage intensivieren. Das vorwerfbare Verhalten könne in den Fällen z.B. auf die Nichtstillegung des ausländischen Betriebs oder die Nichteinmischung in das Gefahrenmanagement der Tochtergesellschaft gerichtet sein.[557]

b) Kritik aus der Literatur und (rechtsvergleichende) Rechtsprechung

Der BGH hat sich in einem anderen Fall gegen eine Verkehrspflicht allein auf Grund einer „konzernmäßigen Verflechtung“ ausgesprochen.[558] Eine solche verändere die Pflichtenstellung der Inlandsgesellschaft aus § 823 I BGB grundsätzlich nicht.

In diesem Fall ging es um die Frage, ob eine Vertriebsgesellschaft eines Warenherstellers für die von ihm fehlerhaft hergestellten Produkte gem. § 823 I BGB auf Grund unterlassener Produktprüfung haften müsse. Der Sachverhalt betrifft nicht die Pflicht der Muttergesellschaft, sondern eine Pflicht der konzernzugehörigen, inländischen Vertriebsgesellschaft. Allerdings lässt sich die Begründung zur Ablehnung einer Rechtspflicht zum Handeln allein auf Grund des Tatbestands der Konzernierung auf die Untersuchungsfälle übertragen.

Der BGH sieht im Rahmen der Produzentenhaftung in dem Tatbestand der Konzernierung jedoch die Möglichkeit eine bestehende Pflichtenstellung zu stärken, sofern von der Fehlerhaftigkeit eines vertriebenen Produkts, durch Doppelmandate in der Geschäftsleitung oder anderweitig, Kenntnis erlangt wird.[559] Erlangt die konzernzugehörige Vertriebsgesellschaft, beispielsweise durch den allgemeinen Erfahrungs- und Meinungsaustausch im Konzern, Kenntnis von der unterlassenen Kontrolle des Produkts durch den Hersteller, dann müsse sie die Kontrollen selbst durchführen lassen. Für eine konzernierte

---

556 *Oehler*, ZIP 1990, 1445, 1451.

557 *V. Falkenhausen*, Menschenrechtsschutz durch Deliktsrecht (2020), S. 197.

558 BGH, Urt. v. 05.05.1981 – VI ZR 280/79 = NJW 1981, 2250 ff. sieht in der konzernmäßigen Verflechtung eine enge kapitalmäßige, vor allem rechtliche Verbindung zwecks gemeinsamer Leitung und Verwaltung; vgl. BGH, Urt. v. 09.12.1986 – VI ZR 65/86 = NJW 1987, 1009, 1010; dazu *Holle*, Legalitätskontrolle im Kapitalgesellschafts- und Konzernrecht (2014), S. 324 m.w.N.

559 BGH, Urt. v. 05.05.1981 – VI ZR 280/79 = NJW 1981, 2250, 2251 unter Verweis auf BGH, Urt. v. 05.07.1960 – VI ZR 130/59 = VersR 1960, 855, 856 (Kondenstopf); vgl. auch OLG Frankfurt, Urt. v. 27.03.1987 – 24 U 208/86 = NJW-RR 1987, 864, 865.

Vertriebsgesellschaft könnten öfter als bei einer konzernunabhängigen Vertriebsgesellschaft Gefahrabwendungspflichten, wie sie ihr aufgrund „besonderer Umstände" obliegen, entstehen. Besondere Umstände, die bei einer konzernierten Vertriebsgesellschaft eine eigene Gefahrenabwendungspflicht begründen, liegen nach Ansicht des BGH weiter vor, wenn die Muttergesellschaft die Vertriebsgesellschaft zuvor zur Produktinformation beauftragt hat.[560]

An die grundsätzlich ablehnende Haltung des BGH angeschlossen hat sich ein Großteil der Literatur[561] mit dem Verweis auf die konzernrechtlichen Ausgleichsregelungen, die die Haftungsrisiken abschließend regelten. Eine Verkehrspflicht sei daneben nicht erforderlich.

Dieser Annahme wird entgegengebracht, dass das Deliktsrecht einen anderen Schutzzweck verfolgt als das Konzernrecht.[562] Primär bezwecke das Deliktsrecht die Erhaltung des Integritätsinteresses für absolute Rechte und Rechtsgüter. Dies gelte für sämtliche Rechtssubjekte. Es mache bei der Verletzung der Rechte und Rechtsgüter des § 823 I BGB keinen Unterschied, ob ein Unternehmensträger als juristische Person einem Konzern angehöre. Der Schutzzweck bestehe fortwährend neben den konzernrechtlichen Ausgleichsmechanismen.[563]

Ferner wird angeführt, dass allein die Möglichkeit zur Beherrschung der Tochtergesellschaft – ohne Bezugnahme auf eine konkrete, durch die Muttergesellschaft geschaffene Gefahrenquelle – nicht ausreiche, um eine deliktsrechtliche Verkehrspflicht zu begründen. Sei die Konzernierung selbst als aus der Sphäre der Muttergesellschaft stammende Gefahrenquelle anzusehen, liefe dies auf eine uferlose Haftung der Muttergesellschaft für eine unbestimmte Vielzahl von Fällen hinaus, in denen die Gefahren (primär) von der Tochtergesellschaft ausgingen.[564]

---

560 BGH, Urt. v. 09.12.1986 – VI ZR 65/86 = NJW 1987, 1009, 1010.

561 *Spindler*, Unternehmensorganisationspflichten (2011), S. 951; *Bachmann*, in: *Gesellschaftsrechtliche Vereinigung*, Gesellschaftsrecht in der Diskussion 2007, S. 65, S. 95; *Koch*, WM 2009, 1013, 1019; vgl. *Wagner*, RabelsZ 2016, 716, 765 ff., 779; *Nordhues*, Die Haftung der Muttergesellschaft und ihres Vorstands für Menschenrechtsverletzungen im Konzern (2019), S. 116 m.w.N.; *Kaller*, ZEuP 2022, 157, 157 ff.

562 *Rehbinder*, Konzernaußenrecht und allgemeines Privatrecht (1969), S. 540 f.

563 *Rehbinder*, Konzernaußenrecht und allgemeines Privatrecht (1969), S. 540 f.; *Holle*, Legalitätskontrolle im Kapitalgesellschafts- und Konzernrecht (2014), S. 333; *Nordhues*, Die Haftung der Muttergesellschaft und ihres Vorstands für Menschenrechtsverletzungen im Konzern (2019), S. 117 ff.

564 *V. Falkenhausen*, Menschenrechtsschutz durch Deliktsrecht (2020), S. 198.

Rechtsvergleichend hat sich im Untersuchungsfall *Chandler v Cape plc* das Gericht gegen eine Sorgfaltspflicht der Muttergesellschaft gegenüber den Arbeitnehmern der Tochtergesellschaft auf Grund des Tatbestandes der Konzernierung ausgesprochen. Allein die Tatsache, dass ein Konzernverhältnis zwischen Mutter- und Tochtergesellschaft vorliege, begründe keine Verantwortungsübernahme der Muttergesellschaft.[565]

Zuletzt hat sich rechtsvergleichend der Oberste Gerichtshof des Vereinigten Königreichs in dem Untersuchungsfall *Vedanta* gegen eine deliktsrechtliche Verkehrspflicht kraft Anteils- oder Mehrheitsbesitz ausgesprochen:

> *„Direct or indirect ownership by one company of all or a majority of the shares of another company (which is the irreducible essence of a parent/subsidiary relationship) may enable the parent to take control of the management of the operations of the business or of land owned by the subsidiary, but it does not impose any duty upon the parent to do so, whether owed to the subsidiary or, a fortiori, to anyone else."*[566]

Es betont, dass die Konzernierung, d.h. der Allein- oder Mehrheitsbesitz an einer Gesellschaft nur beweist, dass die Muttergesellschaft die Möglichkeit hat, die Tochtergesellschaft zu kontrollieren. Die Konzernierung für sich genommen könne also ein Indiz für die Kontrollmöglichkeiten der Muttergesellschaft darstellen. Sie begründe jedoch keine Verkehrspflicht für die Rechtsgüter Dritter.

> *„Everything depends on the extent to which, and the way in which, the parent availed itself of the opportunity to take over, intervene in, control, supervise or advise the management of the relevant operations (including land use) of the subsidiary."*[567]

c) Stellungnahme: Keine Verkehrspflicht auf Grund von Konzernierung an sich

Der grundlegende Rechtsgedanke[568], der für eine Verkehrspflicht auf Grund des Vorliegens eines Konzerns spricht, ist derjenige der „Korrelation von Macht und Verantwortung", wonach sich Einfluss und Verantwortung entsprechen[569]

---

565 Chandler v Cape plc [2012] EWCA Civ. 525 Rn. 69.

566 Vedanta Resources plc v Lungowe [2019] UKSC 20 Rn. 49.

567 Vedanta Resources plc v Lungowe [2019] UKSC 20 Rn. 49.

568 *Wiedemann*, Gesellschaftsrecht (1980), S. 432 demzufolge die Pflicht zur treuhänderischen Verwaltung des gesamten Eigen- und Fremdkapitals eine Konkretisierung des allgemeinen Rechtsprinzips, wonach sich Einfluss und Verantwortung entsprechen müssen, darstelle; *Marsch-Barner*, ZHR 1993, 172, 176 demzufolge die Korrelation von Rechtsmacht und Pflichtenbindung in der AG nicht nur einem allgemeinen Prinzip entspreche, sondern besonders auch dem System des Aktiengesetzes.

569 *Wiedemann*, Gesellschaftsrecht (1980), S. 432.

sollen. Durch die Heranziehung dieses allgemeinen Rechtsgrundsatzes ist noch keine Verkehrspflicht im Sinne des Deliktsrechts begründet.

Zunächst muss der Tatbestand der Konzernierung differenziert betrachtet werden, denn es bestehen (in den Untersuchungsfällen und allgemein) verschiedene Konzernierungsformen mit unterschiedlichen (gesellschafts-)rechtlichen Einwirkungsmöglichkeiten.[570] Das hat zur Folge, dass die Machtverhältnisse im Konzern nicht einheitlich „über einen Kamm geschert" werden können, sondern es einer Beurteilung anhand des Einzelfalls bedarf.

Es wurde festgestellt, dass im Vertrags- und Eingliederungskonzern weitreichende Weisungsrechte bestehen, die der Obergesellschaft die rechtliche und faktische Möglichkeit zur Verhaltenssteuerung vermitteln. Daneben existiert die Obergesellschaft eines faktischen Konzerns, der kein gesetzliches Weisungsrecht zusteht, aber deren Einflussnahme durch den Nachteilsausgleich gem. § 317 AktG gewissermaßen anerkannt wird.

Daneben ist zu berücksichtigen, dass aus dem Tatbestand der Konzernierung keine allgemeine Pflicht entsteht, den Konzern zentral zu leiten oder die eingeräumte Herrschaftsmacht tatsächlich auszuüben. Es gilt vielmehr die Privatautonomie, nach der sich die Parteien über die Art und Weise der Konzernführung einigen können.

Zwar ist zuzugeben, dass eine Allein- oder Mehrheitsbeteiligung an oder eine beherrschungsvertragliche Verbindung mit der Tochtergesellschaft zu einer besonderen gesellschaftsrechtlichen Einflussmöglichkeit der Muttergesellschaft führt. Das europäische Wettbewerbsrecht sieht bei Kartellverstößen einer Tochtergesellschaft, an der die Obergesellschaft zu 100 % beteiligt ist, sogar eine (widerlegbare) Vermutung für die Ausübung tatsächlicher Kontrolle.[571]

Für das Deliktsrecht gilt diese kartellrechtliche Vermutung de lege lata allerdings nicht.

Die Lieferkettenfälle wären bei der Begründung einer lieferkettendimensionalen Verkehrspflicht kraft Konzernierungstatbestand gänzlich ausgenommen.

Entscheidend ist, ob das Vorliegen konzernierter Gesellschaften im Lichte der nationalen Entstehungsgründe eine Verkehrspflicht zur Menschenrechtsverantwortung begründen kann.

Für die deliktsrechtliche Verkehrspflicht ist allein maßgeblich, ob die Konzernierung ein den nationalen Wertungen entsprechender Entstehungsgrund

---

570 *Lutter/Timm*, NJW 1982, 409, 412 f.

571 EuGH, Urt. v. 27.01.2021 – C-595/18 P = BeckRS 2021, 557 Rn. 32 unter Hinweis auf die st. Rspr. des Gerichtshofes.

für die Verkehrspflicht hervorruft. Die Konzernierung begründet jedoch allein keine deliktsrechtliche Verantwortung.

Von Bar[572] verweist überzeugend darauf, dass es kein Korrelat zwischen Eigentumsrechten und Verkehrspflichten gebe. Hierfür nimmt er Bezug auf die Rechtsprechung des BGH, der die Quelle der Verkehrspflichten in dem „davon rechtlich unabhängigen Tatbestand, dass nach der konkreten Lage der Verhältnisse von der Sache eine besondere Gefahr für Dritte ausgeht“[573] erblickt, so dass mit der Beantwortung der Frage, wer Eigentümer der Sache ist, „noch nichts Entscheidendes gewonnen“[574] sei.

Aus dem Tatbestand der Konzernierung folgt mithin keine ausreichende Darlegung der konkreten Gefahrschaffung, -erhöhung oder -beherrschung oder des Vertrauensschutzes im Hinblick auf die Menschenrechtslage in den ausländischen Tochterbetrieben.

Die Verkehrspflichtbegründung kraft Gefahrschaffung oder -erhöhung gilt grundsätzlich nur für solche Gefahren, die erlaubt sind, aber eine besondere Gefährlichkeit für die Rechte und Rechtsgüter Dritter darstellen. Es handelt sich hierbei um Gefahren, die ein unmittelbar erhöhtes Gefährdungspotential aufweisen. Eine besondere Gefährlichkeit wird nicht durch eine Konzernierung von Unternehmensträgern geschaffen. Es müssten weitere Umstände hinzutreten, die eine Verkehrspflicht der Muttergesellschaft rechtfertigen.

Daneben kann jedoch auch das Vorliegen einer abstrakten Gefahr ein Handlungsgebot begründen.[575] Das Gefahrsteuerungsgebot in diesen Sachlagen leite sich dann nicht aus einer konkreten Bedrohung, sondern bereits aus der latenten Schadensneigung ab. Es gehe hierbei um einen zusätzlichen Schutz der Rechte und Rechtsgüter. Deswegen könne ein Verhalten zivilrechtlich selbst dann verboten sein, wenn ausnahmsweise niemand in der Nähe des gesetzten Gefahrenbereichs gewesen ist.

Eine abstrakte Gefahr durch die Konzernierung der inländischen Muttergesellschaft könnte in den Fällen angenommen werden, in denen die Besonderheiten der internationalen Wertschöpfungskette eintreten. Dies ist der Fall, wenn die Wahl des Standortes und mithin der Rechtsordnung einer mehrheitsbeteiligten Muttergesellschaft auf eine defizitäre Rechtsordnung trifft.[576] In diesen

572 *V. Bar*, Verkehrspflichten (1980), S. 110 f.
573 BGH, Urt. v. 30.04.1953 – III ZR 377/51 = NJW 1953, 1297, 1298.
574 BGH, Urt. v. 30.12.1954 – III ZR 102/5351 = NJW 1955, 298, 299.
575 *V. Bar*, Verkehrspflichten (1980), S. 115 ff., S. 117.
576 Hierzu unter Kapitel 3 D.

Lagen besteht die abstrakte Gefahr, dass der nationale Rechtsgüterschutzstandard unterlaufen wird. Entscheidet sich eine Muttergesellschaft für eine Mehrheitsbeteiligung an einer Tochtergesellschaft in einem Staat mit defizitärer, den nationalen Wertungen nicht entsprechender Rechtsordnung, entsteht die abstrakte Gefahr, dass dort durch die von der Inlandsgesellschaft eingeleiteten Wertschöpfungsaktivitäten Rechte und Rechtsgüter Dritter verletzt werden.

Allein das Vorliegen einer abstrakten Gefahr durch die konzernmäßige Verbindung mit Gesellschaften in Entwicklungsländern mit „Gefahrenpotential" ist allerdings vor dem Hintergrund der ständigen Rechtsprechung[577], nach der ein allgemeines Gefährdungsverbot utopisch sei und daher nicht jeder abstrakten Gefahr vorgebeugt werden könne, für die Verkehrspflichtbegründung unzureichend.

Unter dem Aspekt des Vertrauensschutzes, der teilweise auch mit den Grundsätzen der Gefahrschaffung übereinstimmt, könnte die Konzernierung mit Gesellschaften im Ausland als Verkehrseröffnung betrachtet werden, die die Muttergesellschaft zu Sorgfaltsmaßnahmen verpflichtet. Wer einen Verkehr eröffnet, der muss auch dafür Sorge tragen, dass der Verkehr keine Gefahren für die Rechtsgüter Dritter birgt. Die Konzernierung könnte als Verkehrseröffnung verstanden werden mit der Folge, dass die Muttergesellschaft eine Verkehrspflicht trifft. Eine solche Schlussfolgerung steht jedoch nicht im Einklang mit dem Entstehungsgrund des Vertrauens und den Abwägungskriterien, die für die Begründung einer Verkehrspflicht herangezogen werden. Grund für das Vertrauen als Entstehungsgrund einer Verkehrspflicht ist vor allem die Minimierung von eigenen Schutzmaßnahmen Dritter.[578] Die Frage nach der Berechtigung des erweckten Vertrauens ist eine Wertungsfrage. Es ist jedoch nicht davon auszugehen, dass allein auf Grund der positiven Kenntnis von Arbeitnehmern, Anwohnern und Dritten über die Konzernierung zweier Gesellschaften ein derartiges Vertrauen auf den Rechtsgüterschutz seitens der Muttergesellschaft erweckt wird, welches etwaige selbstbezogene Schutzmaßnahmen reduzieren würde.

Zuletzt ist der Entstehungsgrund der Gefahrbeherrschung in Bezug auf die Konzernierung abzulehnen. Die Ausführungen des *UK Supreme Courts*

---

577 BGH, Urt. v. 06.03.1990 – VI ZR 246/89 = NJW-RR 1990, 789, 790; BGH, Urt. v. 08.11.2005 – VI ZR 332/04 = NJW 2006, 610, 611; BGH, Urt. v. 02.10.2012 – VI ZR 311/11 = NJW 2013, 48, 48 a.E.; LG Nürnberg-Fürth, Urt. v. 16.12.2011 – 12 O 2095/11 = NJW-RR 2012, 860, 860; AG München, Urt. v. 24.06.2016 – 274 C 17475/15 = NJOZ 2017, 184, 184.

578 Hierzu auch *Harbarth/Zickgraf*, ZHR 2018, 252, 269 f.

entsprechen auch dem nationalen Verständnis einer Verkehrspflichtbegründung. Die Gefahrbeherrschung meint die faktische und rechtliche Einwirkungsmöglichkeit auf eine Gefahrenquelle. Nicht jeder Konzern ist so organisiert, dass die rechtlichen Einwirkungsmöglichkeiten auf die Geschäftstätigkeit der Tochtergesellschaft auch tatsächlich genutzt werden (wollen). Selbstredend kann die Konzernierung in den Untersuchungsfällen ein Indiz für die Ausübung von Kontrolle und Aufsicht über eine Tochtergesellschaft darstellen. Um eine Verkehrspflicht nach dem Gesichtspunkt der Gefahrbeherrschung zu begründen, müsste dennoch ein weiterer Umstand vorliegen, der die tatsächliche Ausübung der Herrschaftsmacht über die Tochtergesellschaft und die in der Sphäre der Muttergesellschaft liegende Gefahrenquelle belegt.

Zugegeben liegt darin eine Art „Privilegierung" in Bezug auf die in Rede stehende deliktsrechtliche Sanktionierung jener Obergesellschaften, die ihre rechtlichen Einwirkungsmöglichkeiten zurücknehmen oder schlicht nicht ausüben. Nach der hier vertretenen Auffassung ist eine solche Privilegierung allerdings durch die dadurch verbleibenden Einfluss- und Entscheidungsmöglichkeiten der Untergesellschaften gerechtfertigt.

Neben der Konzernierung müssten folglich weitere Umstände hinzutreten, um eine Verkehrspflicht zum Rechtsgüterschutz Dritter des inländischen Unternehmensträgers zu begründen.[579] Der Auffassung, allein aus der Konzernierung resultiere eine der Sphäre der Muttergesellschaft zuzuordnende Gefahrenquelle, ist nicht zuzustimmen.

Ein Zusammenschluss von Unternehmensträgern im Konzern allein reicht nach dem hier vertretenen dogmatischen Verständnis nicht, um eine Verkehrspflicht des inländischen Unternehmensträgers anzunehmen.

2. Herrschaftsmacht durch Leitungsmacht

Vorgeschlagen wird weiter eine macht- bzw. leitungsorientierte[580] Verkehrspflichtbegründung des inländischen Unternehmensträgers, die nicht die

579 Ähnlich *Holle*, Legalitätskontrolle im Kapitalgesellschafts- und Konzernrecht (2014), S. 332 f.; So auch *Nordhues*, Die Haftung der Muttergesellschaft und ihres Vorstands für Menschenrechtsverletzungen im Konzern (2019), S. 117.

580 Für eine Verantwortung kraft Leitungsmacht mit unterschiedlichen Begründungen vgl. *Buxbaum*, GRUR 2009, 240, 244 f.; *Koch*, WM 2009, 1013, 1019; *Bunting*, ZIP 2012, 1542, 1548; *König*, AcP 2017, 611, 671; *Nordhues*, Die Haftung der Muttergesellschaft und ihres Vorstands für Menschenrechtsverletzungen im Konzern (2019), S. 133; *Wagner*, RabelsZ 2016, 717, 770.

Konzernierung allein, sondern die tatsächlich vorliegenden Verhältnisse in den Fokus der Untersuchung rückt. Bezüglich der Anforderungen an das Bestehen einer machtbezogenen Verkehrspflicht der Obergesellschaft werden verschiedene Ansätze vertreten, die teils das Vorliegen eines Vertragskonzern[581] fordern, teils bloß auf die wirtschaftliche Machtstellung[582] der Inlandsgesellschaft Bezug nehmen.

Die Leitungsmacht im Konzern und in der Lieferkette kann auf verschiedene Weisen verwirklicht werden. Im Folgenden werden die Formen von Leitungsmacht untersucht, die für eine gesteigerte Pflichtenstellung der Inlandsgesellschaft streiten können.

Es stellt sich mithin die Frage, ob die Ausübung von wirtschaftlicher Macht in der Lieferkette oder Leitungsmacht im Konzern, z.B. durch das Einmischen in (nicht-)gefahrenspezifische Bereiche der ausländischen Gesellschaft sowie besondere Formen der Ausübung von Leitungsmacht, eine gesteigerte Verantwortung begründen können.

a) *Einmischung in gefahrspezifische Bereiche*

Leitungsmacht kann mitunter durch die Einmischung in bestimmte Geschäftsbereiche der abhängigen Gesellschaft ausgeübt werden.

aa) *Begründungsansätze aus der Literatur und rechtsvergleichender Rechtsprechung*

Die Inlandsgesellschaft kann z.B. konkrete Vorgaben zu Fragen des Rechtsgüterschutzes (z.B. in sozialen und ökologischen Bereichen) machen und sich hierdurch in die Geschäftspolitik der Auslandsgesellschaft einmischen.[583] Als Beispiel wird hierfür die Veröffentlichung von Brandschutzbestimmungen oder Anti-Diskriminierungsrichtlinien genannt.[584]

Zudem könne beispielsweise die Entscheidung der inländischen Gesellschaft zur Eröffnung einer Mine im Ausland, die mit der Vertreibung der Anwohner einherginge, eine Verkehrspflicht begründen.[585] Gefahrspezifische

581 *Buxbaum*, GRUR 2009, 240, 244.

582 Vgl. *Winkelmann*, Produkthaftung bei internationaler Unternehmenskooperation, S. 32 f.; *Heinen*, in: *Krajewski/Saage-Maaß*, Die Durchsetzung menschenrechtlicher Sorgfaltspflichten von Unternehmen (2018), S. 87, S. 119 ff., S. 121

583 *V. Falkenhausen,* Menschenrechtsschutz durch Deliktsrecht (2020), S. 204.

584 *V. Falkenhausen,* Menschenrechtsschutz durch Deliktsrecht (2020), S. 204.

585 *V. Falkenhausen,* Menschenrechtsschutz durch Deliktsrecht (2020), S. 203.

Geschäftsbereiche im Sinne der Untersuchung sind die Bereiche des Arbeitsschutzes, der Arbeitsbedingungen und der Produktion. Diese Bereiche sind mit Gefahren für die Rechtsgüter der Arbeitnehmer und Dritten in den Untersuchungsfällen typischerweise verbunden.

Wenn der inländische Unternehmensträger den Bereich des Arbeitsschutzes im ausländischen Unternehmensträger mitbestimmt, indem er diesbezüglich Weisungen erteilt oder anderweitige Entscheidungen trifft, könne hierin eine tatsächliche Verantwortungsübernahme erblickt werden.[586] In Lieferketten könnten Vorgaben bezüglich des Gefahrenmanagements über CSR-Richtlinien oder diese konkretisierenden Anweisungen erfolgen.[587]

Ähnlich äußerte sich der *UK Court of Appeal* in der Rechtssache *Okpabi v Royal Dutch Shell*[588] und in der Rechtssache *AAA v Unilever plc*[589].

In *Okpabi v Royal Dutch Shell* stellte das Gericht fest, dass die für eine Sorgfaltspflicht erforderliche Nähe bestünde, wenn eine Muttergesellschaft von ihren Tochtergesellschaften oder Franchisenehmern verlangt, ein Produkt auf eine bestimmte Art und Weise herzustellen oder zu produzieren, und die Umsetzung dieser Anforderungen sich im Ergebnis als gesundheitsschädlich erweist. Als Beispiel führt das Gericht die Herstellung eines gesundheitsschädlichen Produktes an, was nach einem von der Muttergesellschaft vorgeschriebenen Rezept hergestellt wird.[590]

In *AAA v Unilever plc* geht das Gericht weiter und begründet, unter Verweis auf *Okpabi v Royal Dutch Shell*, eine Sorgfaltspflicht unmittelbar bei Erteilung sachdienlicher Ratschläge der Muttergesellschaft an die Tochtergesellschaft.[591]

Es wird vertreten[592], dass eine konkludente Absprache über die Übernahme eines Geschäftsbereiches ausreicht. Wenn ein Geschäftsbereich durch die

---

586 *Heinen*, in: *Krajewski/Saage-Maaß*, Die Durchsetzung menschenrechtlicher Sorgfaltspflichten von Unternehmen (2018), S. 87, S. 104.

587 *V. Falkenhausen*, Menschenrechtsschutz durch Deliktsrecht (2020), S. 31 f.

588 HRH Okpabi v Royal Dutch Shell plc, [2018] EWCA Civ 191.

589 AAA v Unilever plc [2018] EWCA Civ 1532.

590 HRH Okpabi v Royal Dutch Shell plc, [2018] EWCA Civ 191 Rn. 196 "Such a case might include the situation, for example, where a parent required its subsidiaries or franchisees to manufacture or fabricate a product in a particular way, and actively enforced that requirement, which turned out to be harmful to health. One might suggest a food product that injured many, but was created according to a prescriptive recipe provided by the parent. This case is very far from that kind of situation."

591 AAA v Unilever plc [2018] EWCA Civ 1532 Rn. 37.

592 BGH, Urt. v. 02.10.1984 – VI ZR 125/83 = NJW 1985, 270, 271 „Im Streitfall ist in Ermangelung einer ausdrücklichen Vereinbarung zur Übertragung der Streupflicht

Muttergesellschaft übernommen wird, ziehe sich die ausländische Gesellschaft aus dem Bereich zurück und vertraue auf die Schutzmaßnahmen seitens der inländischen Gesellschaft.[593]

Begründet wird die Einstandspflicht insbesondere mit der faktischen Übernahme des gefahrenspezifischen Bereiches und dem hieraus resultierenden Vertrauen des Rechtsverkehrs auf die Gefahrenabwehr.[594] Hierbei sei ausschlaggebend, ob der inländische Unternehmensträger schon in der Vergangenheit Vertrauen in die Übernahme von Schutzpflichten erweckt hat und der ausländische Unternehmensträger hierauf vertrauen durfte.[595] Dies könne nur dann angenommen werden, wenn das vorherige Einmischen als zukünftige Verantwortungsübernahme in ähnlich gelagerten Fällen verstanden werden konnte und mit der Übernahme eine Gefahrerhöhung für die Rechtsgüter Dritter einherging, da von anderweitigen Kontrollen durch den ausländischen Unternehmensträger abgesehen wurde.[596]

Buxbaum[597] engt den Anwendungsbereich dieser Fallgruppe ein auf beherrschungsvertragliche Konzernverhältnisse, in dem er für bestimmte deliktsrechtliche Organisationspflichten der Obergesellschaft gem. § 823 I BGB grundsätzlich eine kraft Beherrschungsvertrag eingeräumte Leitungsmacht der Obergesellschaft fordert, die die Geschäfte der Tochtergesellschaft tatsächlich

---

[…] zwar davon auszugehen, da[ss] der Pächter mit der Pacht des Gaststättenbetriebes stillschweigend die Pflicht übernommen hatte"; a.A. *Förster*, in: Beck-OK BGB (Stand: 01.02.2022), § 823 Rn. 352; eine faktische Übernahme für ausreichend haltend: BGH, Urt. v. 22.01.2008 – VI ZR 126/07 = NJW 2008, 1440 Rn. 9; BGH, Urt. v. 17.01.1989 – VI ZR 186/88 = NJW-RR 1989, 394, 395; OLG Hamm, Hinweisbeschl. v. 13.08.2015 – I-9 U 139/15 = NJW-RR 2016, 400 Rn. 5; OLG Frankfurt, Urt. v. 19.02.2008 – 18 U 58/07 = NJW-RR 2008, 1476.

593 *Heinen*, in: *Krajewski/Saage-Maaß*, Die Durchsetzung menschenrechtlicher Sorgfaltspflichten von Unternehmen (2018), S. 87, S. 105; allgemein zum Vertrauensschutz des Rechtsverkehrs, der auf die Risikofreiheit eines Verkehrs vertraut *v. Bar*, Verkehrspflichten (1980), S. 117; *Holle*, Legalitätskontrolle im Kapitalgesellschafts- und Konzernrecht (2014), S. 339; allgemein hierzu *v. Falkenhausen*, Menschenrechtsschutz durch Deliktsrecht (2020), S. 101; *Fleischer/Korch*, ZIP 2021, 709, 714.

594 *Heinen*, in: *Krajewski/Saage-Maaß*, Die Durchsetzung menschenrechtlicher Sorgfaltspflichten von Unternehmen (2018), S. 87, S. 105.

595 *V. Falkenhausen*, Menschenrechtsschutz durch Deliktsrecht (2020), S. 205.

596 *Heinen*, in: *Krajewski/Saage-Maaß*, Die Durchsetzung menschenrechtlicher Sorgfaltspflichten von Unternehmen (2018), S. 87, S. 105; ähnlich *v. Falkenhausen*, Menschenrechtsschutz durch Deliktsrecht (2020), S. 200 ff.

597 *Buxbaum*, GRUR 2009, 240, 244.

bestimmt und sich auf den Tätigkeitsbereich bezieht, aus dem die Verletzung Dritter resultiert.

bb) Stellungnahme: Verkehrspflicht auf Grund von intensiver Einmischung in gefahrenspezifische Bereiche

Es bleibt zu untersuchen, ob in dem konkreten Verhalten der Einmischung in gefahrenspezifische Bereiche ein Entstehungsgrund nach nationalem Recht für die Verkehrspflicht erblickt werden kann.

Unter Heranziehung des Entstehungsgrundes der Gefahrschaffung oder -erhöhung lässt sich feststellen, dass der inländische Unternehmensträger durch die Einmischung in gefahrenspezifische Bereiche des ausländischen Unternehmensträgers dann eine Gefahr für Rechtsgüter Dritter schafft oder erhöht, wenn dieser sich aus diesem Bereich herausnimmt oder nur noch als bloßer Durchführer der Anweisungen des inländischen Unternehmensträgers fungiert. Nach der Arbeitshypothese erteilt der inländische Unternehmensträger keine unmittelbare Anweisung an die ausländische Gesellschaft, rechtsgutsgefährdendes Verhalten in ihrem Betrieb zuzulassen oder zu fördern. Sind Anweisungen bezüglich des Arbeitsschutzes oder der Produktionsbedingungen jedoch fehlerhaft, können durch die Übernahme des Bereiches Gefahren für Arbeitnehmer in den ausländischen Betrieben entstehen. Als Beispiel wird hier die Angabe von Feuerlöschern in dem ausländischen Betrieb genannt, die keine Mindestanzahl vorsieht und somit einen unzureichenden Brandschutz im Notfall fördert.[598] Wird die Leitung der gefahrenspezifischen Bereiche übernommen oder größtenteils durch die Inlandsgesellschaft vorgegeben, entsteht bei der Vornahme unzureichender Präventionsmaßnahmen die Gefahr für Rechtsverletzung in den ausländischen Betrieben.

Der Entstehungsgrund der Gefahrbeherrschung setzt eine rechtliche und faktische Möglichkeit zur Beherrschung der Gefahr voraus.[599] Zwar hat im Konzern die Obergesellschaft bestimmte Einwirkungsmöglichkeiten auf die ausländische Tochtergesellschaft, wie die Ausübung von Stimm- und Weisungsrechten zur Einflussnahme z.B. auf die Besetzung der Leitungsorgane der Tochtergesellschaft.[600] Die bloße Möglichkeit zur Einflussnahme kann allerdings noch nicht zur Annahme einer Gefahrbeherrschung ausreichen. Dies wurde ausführlich unter dem Umstand der Konzernierung[601] diskutiert. Nutzt die inländische

598 *V. Falkenhausen,* Menschenrechtsschutz durch Deliktsrecht (2020), S. 204.

599 *V. Bar*, Verkehrspflichten (1980), S. 122 ff.

600 *V. Falkenhausen,* Menschenrechtsschutz durch Deliktsrecht (2020), S. 197 f.

601 Unter Kapitel 4. A. I.

Gesellschaft die rechtlichen Einflussmöglichkeiten tatsächlich, um so fehlerhafte Weisungen in gefahrenspezifischen Bereichen durchzusetzen, beherrscht sie die Gefahr für Rechtsgutsgefährdungen in den ausländischen Betrieben mit. Das Einmischen oder die Übernahme gefahrenspezifischer Bereiche durch die inländische Gesellschaft wird durch die tatsächliche Ausübung rechtlicher Einwirkungsmöglichkeiten, wie dem Weisungsrecht, verwirklicht. In der Lieferkette bestehen keine derartigen mitgliedschaftlichen Einwirkungsmöglichkeiten auf den ausländischen Zulieferer. Hier könnte lediglich der Umstand, dass der inländische Unternehmensträger Hauptabnehmer des ausländischen Zulieferers ist oder eine entsprechende vertragliche Vereinbarung mit dem Zulieferer, eine tatsächliche Machtstellung hinsichtlich der Einmischung in gefahrenspezifische Bereiche auch eine Gefahrbeherrschung begründen.[602]

Unter dem Aspekt des Vertrauensgrundsatzes ist eine Verkehrspflicht im Falle des Einmischens in gefahrenspezifische Bereiche des ausländischen Unternehmensträgers zu begründen. Durch die Übernahme oder die intensive Einmischung in Fragen der Arbeitsbedingungen oder der Produktionsumstände kann der inländische Unternehmensträger das Vertrauen des ausländischen Unternehmensträgers und dessen Mitarbeiter in die Vollständigkeit und Sorgfältigkeit der Weisungen und Entscheidungen wecken. Die Folge ist, dass der ausländische Unternehmensträger eigenverantwortliche Entscheidungen hinsichtlich des Arbeitsschutzes oder der Produktionsbedingungen nicht (mehr) unternimmt. Es ist zu erwarten, dass eine eigenständige Überprüfung der durch die deutsche Obergesellschaft vorgegebenen Entscheidungen unterbleibt und sich dadurch die Gefahr für Rechtsverletzungen in den betroffenen Bereichen erhöht. Dafür ist die Übernahme von Schutzpflichten durch den inländischen Unternehmensträger *in der Vergangenheit* keine zwingende Voraussetzung für die Annahme berechtigten Vertrauens auf die Abwehr von Gefahren durch die Inlandsgesellschaft *in der Gegenwart*. Es kommt vielmehr auf den Inhalt der Anweisungen und die Wahrscheinlichkeit einer („blinden") Umsetzung derselben durch den ausländische Unternehmensträger in Bezug auf den gefahrenspezifischen Geschäftsbereich an.

Eine Einmischung in gefahrenspezifische Bereiche, wie den Arbeits- und Gesundheitsschutz und der Produktion, unter Hervorrufung der Gefahrerhöhung oder berechtigten Vertrauens durch den inländischen Unternehmensträger begründet eine Verkehrspflicht. Folgerichtig müssen an die Sicherheitsmaßnahmen, die aus der Verkehrspflicht resultierten, umso höhere Anforderungen

602 Dazu näher unter diesem Abschnitt unter c).

gestellt werden, desto bestimmender der Einfluss der Muttergesellschaft auf die jeweilig gefahrenspezifischen Geschäftsbereiche der Tochtergesellschaft ausgeübt und desto wahrscheinlicher der Eintritt schwerer Schäden durch Menschenrechtsverletzungen wird.[603]

b) Einmischung in nicht-gefahrenspezifische Bereiche

Die Einmischung der Inlandsgesellschaft in den nicht-gefahrenspezifischen Bereichen der ausländischen Unternehmensträger stellt ebenfalls eine Art der Ausübung von Leitungsmacht dar und könnte eine Verkehrspflicht begründen.

aa) Begründungsansätze aus der Literatur und rechtsvergleichender Rechtsprechung

Dabei handelt es sich um Bereiche, die negativ definiert nicht den Bereichen des Arbeitsschutzes oder der Produktion zugeordnet werden können. Es handelt sich mithin um Bereiche der allgemeinen Geschäftsführung oder dem Finanz- und Buchführungsbereich der ausländischen Unternehmensträger.[604]

Buxbaum[605] nimmt eine Organisationsverantwortung der Obergesellschaft (auch) unabhängig vom Bestehen eines Vertragskonzerns an, wenn diese sich aktiv und bestimmend in die Geschäftstätigkeit der Tochtergesellschaft einmischt. Maßgeblich sei somit die von der Obergesellschaft tatsächlich ausgeübte Organisations- und Leitungsmacht.

Dagegen wird teilweise vertreten, dass das Einmischen in sonstige Bereiche des ausländischen Unternehmensträgers nur in Ausnahmefällen eine Verkehrspflicht begründen kann.[606] Dies sei ausnahmsweise der Fall, wenn ein ausreichender Gefahrzusammenhang zwischen den getroffenen Entscheidungen der Muttergesellschaft über einen nicht gefahrspezifischen Bereich der abhängigen Gesellschaft und dem Eintritt eines Schadens bei Dritten vorliege.[607] Die Verkehrspflicht werde nur begründet, wenn der Tochtergesellschaft – durch die Einmischung der Muttergesellschaft – kein Handlungs- und Entscheidungsspielraum verbleibt. Die Aufstellung eines

---

603 Vgl. *Fleischer/Korch*, ZIP 2021, 709, 715.

604 *V. Falkenhausen*, Menschenrechtsschutz durch Deliktsrecht (2020), S. 201.

605 *Buxbaum*, GRUR 2009, 240, 244.

606 *Heinen*, in: *Krajewski/Saage-Maaß*, Die Durchsetzung menschenrechtlicher Sorgfaltspflichten von Unternehmen (2018), S. 87, S. 107; *v. Falkenhausen*, Menschenrechtsschutz durch Deliktsrecht (2020), S. 202 ff.

607 *V. Falkenhausen*, Menschenrechtsschutz durch Deliktsrecht (2020), S. 202 f.

Buchhaltungssystems durch die Inlandsgesellschaft reiche beispielsweise nicht aus, um es für die damit einhergehenden Lohnkürzungen der ausländischen Arbeitnehmer deliktsrechtlich verantwortlich zu machen.[608]

Zudem wird vertreten, dass ein Einmischen in nicht-gefahrenspezifische Bereiche eine Verkehrspflicht nur begründe, wenn zusätzlich umfängliche Kontrollen in diesen Bereichen durchgeführt und entsprechende Erklärungen zur Selbstverpflichtung abgegeben würden.[609]

Als rechtsvergleichendes Beispiel für das Entstehen einer Verkehrspflicht kraft Einmischung in nicht-gefahrenspezifische Bereiche des ausländischen Unternehmensträgers dient der Fall *Chandler v Cape*[610]. Der *Court of Appeal* sah eine Verkehrspflicht auf Grund tatsächlicher Einmischung der Muttergesellschaft in die Geschäfte der ausländischen Tochtergesellschaft begründet. Zwar lag die Einmischung außerhalb des Arbeitsschutzbereiches. Dennoch wurde die Verkehrspflicht zur Gewährleistung eines angemessenen Arbeitsschutzes in der ausländischen Tochtergesellschaft angenommen.[611] Zur Begründung der Verkehrspflicht wurden vier Kriterien vorgestellt.[612] Ein Kriterium umfasst das Wissen oder die fahrlässige Unkenntnis der Muttergesellschaft, dass die Tochtergesellschaft oder ihre Mitarbeiter sich darauf verlassen würden, dass die Muttergesellschaft überlegenes Wissen zum Schutz der Mitarbeiter einsetzt. Für diese Zwecke sei es nicht erforderlich nachzuweisen, dass die Muttergesellschaft in die Gesundheits- und Sicherheitspolitik der Tochtergesellschaft eingegriffen hat. Das Gericht stellte fest, dass dieses Kriterium erfüllt sei, wenn die Muttergesellschaft in die Geschäftstätigkeit der Tochtergesellschaft eingreift, beispielsweise in Produktions- und Finanzierungsfragen. Jedoch wurde die Einmischung nur im Falle des kumulativen Vorliegens der übrigen drei Kriterien bejaht.[613]

---

608 *V. Falkenhausen*, Menschenrechtsschutz durch Deliktsrecht (2020), S. 203.

609 *Heinen*, in: *Krajewski/Saage-Maaß*, Die Durchsetzung menschenrechtlicher Sorgfaltspflichten von Unternehmen (2018), S. 87, S. 107.

610 Chandler v Cape plc [2012] EWCA Civ. 525.

611 *Heinen*, in: *Krajewski/Saage-Maaß*, Die Durchsetzung menschenrechtlicher Sorgfaltspflichten von Unternehmen (2018), S. 87, S. 106.

612 Vgl. unter Kapitel 1 A. II.

613 Chandler v Cape plc [2012] EWCA Civ. 525 Rn. 80, vgl. (1), (2), (3) „and" (4).

bb) *Stellungnahme: Verkehrspflicht auf Grund von Einmischung in nicht-gefahrenspezifische Bereiche in Einzelfällen*

Eine Gefahrschaffung oder -erhöhung kann durch das Einmischen zumindest mittelbar folgen. Lieferbedingungen in der Lieferkette sowie Weisungen und Entscheidungen im Konzern über die nicht-gefahrenspezifischen Bereiche können Rechtsverletzung von Arbeitnehmern und Dritte zur Folge haben. Als gefahrschaffend oder -erhöhend werden beispielhaft Entscheidungen des inländischen Unternehmensträgers, an einem bestimmten Ort Rohstoffe abzubauen oder die Produktion oder sonstige Wertschöpfungsschritte durch paramilitärische Sicherheitskräfte schützen zu lassen, angeführt.[614] In derartigen Fällen schafft der inländische Unternehmensträger durch seine Entscheidungen, die nicht unmittelbar die gefahrspezifischen Bereiche des ausländischen Unternehmensträgers treffen, Gefahren für die Rechtsgüter Dritter. Dass eine schlechte Finanzlage im Konzern dazu führen könne, dass am Lohn der Arbeitnehmer gespart wird, mag ebenfalls zutreffen. Es ist jedoch zu bezweifeln, dass unter Heranziehung der weiteren Abwägungskriterien wie dem Gefahrzusammenhang oder der Art der Gefahr tatsächlich eine Verkehrspflicht begründet wird.

Unter dem Aspekt der Gefahrbeherrschung kann auf die obige Ausführung verwiesen werden. Eine Gefahrbeherrschung liegt demnach vor, wenn der inländische Unternehmensträger seine rechtlichen Einflussmöglichkeiten in Bezug auf den ausländischen Unternehmensträger auch tatsächlich nutzt.

Ob ein berechtigtes Vertrauen durch Einmischen in nicht-gefahrenspezifische Bereiche des ausländischen Unternehmensträgers erweckt wird, ist fragwürdig. Einerseits kann argumentiert werden, dass der inländische Unternehmensträger durch das bloße Einmischen in nicht-gefahrenspezifische Bereiche gerade eine Verantwortlichkeit für die gefahrenspezifischen Bereiche in den ausländischen Betrieben ausschließen wollte. Für den Vertrauensschutz kommt es jedoch nicht darauf an, welche Intention der Betroffene mit seinem potenziell verkehrspflichtbegründenden Verhalten verfolgte. Fraglich ist allein, ob der Rechtsverkehr hieraus ein berechtigtes Vertrauen auf die Abwehr von Gefahren entwickeln konnte. Im *Chandler*-Fall wurde ausdrücklich festgestellt, dass das Eingreifen der Muttergesellschaft in die allgemeine Geschäftstätigkeit der Tochtergesellschaft ausreicht, um ein schützenswertes Vertrauen der Tochtergesellschaft und ihrer Mitarbeiter auf Schutzmaßnahmen durch die Inlandsgesellschaft zu begründen. Andererseits spricht gegen die Begründung eines Vertrauenstatbestandes, dass

614 *V. Falkenhausen*, Menschenrechtsschutz durch Deliktsrecht (2020), S. 201.

die Einmischung in die nicht-gefahrenspezifische Bereiche des ausländischen Unternehmensträgers nicht als Übernahme der Verkehrspflicht verstanden werden kann. Es liegt kein gefahrspezifischer Anhaltspunkt vor, der ein Vertrauen ohne Hinzutreten weiterer Umstände berechtigterweise begründen würde.

Für die Annahme einer deliktsrechtlichen Verkehrspflicht zum Schutze der Menschenrechte kann eine Einflussnahme in nicht-gefahrenspezifische Bereiche nur im Einzelfall Verkehrspflichten auslösen. Diese derzeit denkbaren Einzelfälle beschränken sich auf die Fälle, in denen der inländische Unternehmensträger entscheidet, an einem für die Rechtsgüter des § 823 I BGB augenfällig risikobehafteten Ort, Rohstoffe abbauen zu lassen oder sonstige Produktionsprozesse – ohne angemessene Sicherheitsvorkehrungen – dorthin zu verlagern sowie Wertschöpfungsschritte mit paramilitärischen Sicherheitskräften schützen zu lassen.

c) Herrschaftsmacht durch wirtschaftliche Macht in der Lieferkette

aa) Begründungsansatz aus der Literatur

Winkelmann[615] und *Heinen*[616] argumentieren mit einem durch die rechtlichen oder marktbezogenen Gegebenheiten (z.B. Nachfragemonopol) begründeten Abhängigkeitsverhältnis. Maßgebend sei, wer die überlegene wirtschaftliche Macht, den maßgeblichen gestalterischen Einfluss oder die Entscheidungs- und Kontrollbefugnisse in Bezug auf die Wertschöpfungskette innehabe.[617]

bb) Stellungnahme: Verkehrspflicht in der Lieferkette bei Ausnutzung der wirtschaftlichen Machtstellung

Das Bestehen von wirtschaftlicher Macht allein vermag nach der hier vertretenen dogmatischen Überzeugung keine Verkehrspflicht zu begründen. Wirtschaftliche Macht für sich schafft und erhöht keine Gefahr für die Rechtsgüter Dritter. Daneben verwirklicht die wirtschaftliche Macht nicht per se eine Form der Gefahrbeherrschung, solange es keine Anhaltspunkte für eine geschaffene

---

615 Vgl. *Winkelmann*, Produkthaftung bei internationaler Unternehmenskooperation, S. 32 f.

616 *Heinen*, in: *Krajewski/Saage-Maaß*, Die Durchsetzung menschenrechtlicher Sorgfaltspflichten von Unternehmen (2018), S. 87, S. 119 ff., S. 121; dagegen *Fleischer/Korch*, ZIP 2019, 2181, 2188.

617 Vgl. *Nietsch*, in: *Nietsch*, Corporate Social Responsibility Compliance (2021), S. 181 verweist auf das Argument der „wirtschaftliche Einwirkungsmacht“ infolge der Abhängigkeit der Lieferanten von einem inländischen Hauptkunden.

Gefahr gibt. Ein Vertrauen wird durch das bloße Bestehen von wirtschaftlichem Einflussvermögen auch nicht begründet.

Für die Fälle des Einmischens in gefahrenspezifische Bereiche durch eine inländische Gesellschaft wurde festgestellt, dass der Abnehmergesellschaft in der Lieferkette keine Weisungsrechte zustehen. Eine mit dem Weisungsrecht im Konzern vergleichbare Situation kann jedoch geschaffen werden, wenn die inländische Gesellschaft eine Hauptabnehmerin des ausländischen Zulieferers ist und somit eine gesteigerte faktische Einwirkungsmöglichkeit entsteht. Beispielsweise kann die Inlandsgesellschaft von der Möglichkeit privatautonomer Vereinbarungen Gebrauch machen, um ihre Interessen durchzusetzen, ohne hierfür „Gegenwind" erwarten zu müssen. Als Hauptabnehmerin nimmt die Inlandsgesellschaft eine gewisse Machtposition im Gefüge der Wertschöpfungskette ein, die sie dazu befähigt, über ihre Zulieferer zu herrschen und deren Aktivitäten gewissermaßen zu lenken.

In diesen Fällen wird zwar nicht unmittelbar eine Gefahr geschaffen oder erhöht, sofern die Lage in den ausländischen Zuliefererbetrieben menschenrechtswürdig gestaltet ist. Die Inlandsgesellschaft beherrscht auch dann keine Gefahr.

Die Inlandsgesellschaft kann jedoch durch die ihr zukommende wirtschaftliche Machtstellung intensiv auf die ausländischen Zulieferer Einfluss nehmen, indem sie konkret vertragliche Anweisungen, Auflagen oder sonstige Vorschriften macht. Führen diese dann dazu, dass die Arbeits- oder Sicherheitsbedingungen in der ausländischen Gesellschaft reduziert werden, schafft und beherrscht die Inlandsgesellschaft eine Gefahr für die in den ausländischen Betrieben betroffenen Rechtsgüter und trägt zumindest eine (Mit-)Verantwortung für die hieraus resultierenden Menschenrechtsverletzungen.

Sie kann durch eine intensive Einflussnahme durch vertragliche Anweisungen, Auflagen oder Vorschriften zudem ein Vertrauen begründen, wenn sie mit den vertraglich vereinbarten Konditionen (wahrheitswidrig) erklärt, dass keine Gefahr für die Rechte der Arbeitnehmer oder Dritter entsteht, sodass sich die Zuliefererbetriebe „aus ihrer Verantwortung ziehen".

Festzuhalten ist, dass das Bestehen einer wirtschaftlichen Machtstellung in der Lieferkette allein keine Verkehrspflicht begründen kann, sondern es auch hier auf die im Einzelfall konkret ausgeübte Macht und das hiermit verbundene Gefahrenpotenzial ankommt.

d) Tochtergesellschaft als unselbstständige Betriebsabteilung

Größtenteils wird eine Verantwortlichkeit der inländischen Gesellschaft bejaht, wenn sie die ausländische Gesellschaft wie eine unselbstständige Betriebsabteilung führt.[618] Eine unselbstständige Betriebsabteilung liegt nach dem Verständnis vor, wenn die Inlandsgesellschaft die Geschäftsführung der Auslandsgesellschaft einheitlich übernimmt.

Der Begriff stammt ursprünglich aus dem Steuerrecht[619], wonach eine für die steuerliche Organschaft erforderliche wirtschaftliche Eingliederung die Einordnung der beherrschten Gesellschaft im Unternehmensaufbau nach Art einer unselbstständigen Betriebsabteilung voraussetzt und sie in dieser Funktion die gewerbliche Tätigkeit des herrschenden Unternehmensträgers wirtschaftlich fördert oder ergänzt.[620] Im Konzernrecht wird der Begriff auch als Definition für den sog. qualifiziert faktischen Unterordnungskonzern herangezogen.[621]

In einem Beschluss des OLG Stuttgart wurde ein Sachverständigengutachten über eine Unternehmensbewertung bestätigt, indem ausländische Tochtergesellschaften als unselbstständige Betriebsabteilungen qualifiziert wurden.[622] Die Führung einer unselbstständigen Betriebsabteilung gehe dabei über die einheitliche Leitung i.S.d. § 18 I AktG hinaus.[623] Als Beispiel für das Führen einer unselbstständigen Betriebsabteilung wird die Übernahme des Finanzmanagements unter Erhalt der Gesamtkontrolle über die finanziellen Mittel genannt. Folge der einheitlichen Leitung durch die Inlandsgesellschaft sei die Übernahme der Kontrolle und der Gefahrenabwehr, die die Auslandsgesellschaft nunmehr nicht mehr zu leisten vermag.[624]

---

618 *V. Falkenhausen*, Menschenrechtsschutz durch Deliktsrecht (2020), S. 207 ff. hinsichtlich einer „vollständig einheitlichen Geschäftsführung"; *König*, AcP 2017, 611, 671; *Nordhues*, Die Haftung der Muttergesellschaft und ihres Vorstands für Menschenrechtsverletzungen im Konzern (2019), S. 133; *Fleischer/Korch*, ZIP 2021, 709, 715.

619 *Schilling*, in: *Ulmer*, Probleme des Konzernrecht (1989), S. 74 m.w.N.

620 BFH BStBl. II 1973, 740 „nach Art einer bloßen Geschäftsabteilung"; BStBl. II 1976, 389, 390.

621 *Schilling*, in: *Ulmer*, Probleme des Konzernrecht (1989), S. 74; *Bayer*, in: *Goette/Habersack*, MüKo AktG, § 18 Rn. 11.

622 OLG Stuttgart Beschl. v. 14.10.2010 – 20 W 16/06 = BeckRS 2010, 25689.

623 *Bayer*, in: *Goette/Habersack*, MüKo AktG, § 18 Rn. 11.

624 Vgl. *Fleischer/Korch*, ZIP 2021, 709, 715.

e) *Matrixstrukturen*

Ferner wird in dem Zusammenhang eine Verkehrspflicht bei sog. Matrixstrukturen[625] im Konzern diskutiert.[626] Matrixstrukturen, auch Matrixorganisationen[627] genannt, sind nicht legaldefiniert und werden auf Grund ihrer Vielgestaltigkeit[628] uneinheitlich definiert.[629] Nach der wirtschaftswissenschaftlichen Lehre stellt die Matrix eine Organisationsform dar, die – neben der funktionalen Organisation und der Spartenorganisation – als Grundmuster einer betriebswirtschaftlichen Organisation dient.[630] Terminologisch leitet sich der Begriff der Matrix aus der Mathematik ab, wonach eine Matrix die tabellenartige Anordnung, beispielsweise von Zahlenwerten, bezeichnet.[631] Im rechtlichen Kontext wird die Matrixorganisation als „rechtsformübergreifende und damit rechtsforminkongruente Organisation" bezeichnet.[632] Sie kennzeichnet sich im Konzern dadurch, dass die Unternehmensträger in einer Organisationsstruktur eingebettet sind, in denen sich die Zuständigkeiten über die Unternehmensträger hinweg an bestimmten Merkmalen oder Fachbereichen orientieren.[633] Dabei

---

625 *Harbarth*, FS Bergmann (2018), S. 243 ff.; *Schockenhoff*, ZHR 2016, 197, 201 f. zur Compliance in Konzernen mit Matrix-Strukturen; *Seibt/Wollenschläger*, AG 2013, 229 ff. zu Trennungs-Matrixstrukturen im Konzern mit Beispielsfall und -abbildung einer Konzern-Matrixstruktur; allgemein zum Begriff *Emmerich/Habersack*, Konzernrecht, § 4 Rn. 5.

626 *Fleischer/Korch*, ZIP 2021, 709, 715.

627 *Lange*, Der Matrixkonzern (2020), S. 36 f.

628 *Hannemann*, Die gesellschaftsrechtliche Implementierung von Matrixstrukturen im Konzern am Beispiel der AG, SE und GmbH (2022), S. 31.

629 *Spelge*, in: MHdB ArbR, § 121 Rn. 21; *Bühner*, Betriebswirtschaftliche Organisationslehre, S. 164; *Kort*, BB 2021, 1204; *Hannemann*, Die gesellschaftsrechtliche Implementierung von Matrixstrukturen im Konzern am Beispiel der AG, SE und GmbH (2022), S. 31.

630 *Lange*, Der Matrixkonzern (2020), S. 31, 36 ff. ausführlich zur Erläuterung der drei verschiedenen, betriebswirtschaftlichen Grundmuster eines Organisationsmodells; *Hannemann*, Die gesellschaftsrechtliche Implementierung von Matrixstrukturen im Konzern am Beispiel der AG, SE und GmbH (2022), S. 32.

631 *Hannemann*, Die gesellschaftsrechtliche Implementierung von Matrixstrukturen im Konzern am Beispiel der AG, SE und GmbH (2022), S. 31 f.

632 *Lange*, Der Matrixkonzern (2020), S. 342.

633 Okpabi and others v Royal Dutch Shell plc and another [2021] UKSC 3 Rn. 157; *Harbarth*, FS Bergmann (2018), S. 243, S. 244; zu konzernweiten Matrixstrukturen *Schockenhoff*, ZHR 2016, 197, 202 ff. *Spindler*, in: *Goette/Habersack*, MüKo AktG, § 77 Rn. 72; *Hannemann*, Die gesellschaftsrechtliche Implementierung von Matrixstrukturen im Konzern am Beispiel der AG, SE und GmbH (2022), S. 32 mit einem

wird die Zuständigkeit entgegen der aus dem Gesellschafts-[634] und Arbeitsrecht üblichen Verantwortlichkeiten verschoben.[635] Von Bedeutung sei dabei insbesondere die erhebliche Delegationsbefugnis der Inlandsgesellschaft, die bis in die Funktions- und Geschäftsbereiche der gruppenangehörigen Unternehmensträger reicht.[636] In dem Zusammenhang ist auch von einem direkten „Hineinregieren" der herrschenden Gesellschaft in die abhängige Gesellschaft die Rede.[637] Bestimmte unternehmerische Bereiche, wie produkt- oder regionsbezogene Bereiche, werden von sogenannten Matrixmanagern geleitet, die für den ihnen zugeordneten Bereich konzerndimensionale Entscheidungen treffen können.[638] Matrixmanager dienen der Koordination der nachgelagerten Einheiten entlang des jeweiligen Bereiches, wie des Produktbereiches.[639]

Zur vereinfachten Darstellung werden im Folgenden exemplarische Beispiele einer Matrixstruktur abgebildet:[640]
Beim matrixorganisierten Konzern werden mithin die Merkmale der „Mehrlinigkeit" der Leitungsstruktur[641] sowie der „Mehrdimensionalität" der Organisationsstruktur[642] bzw. der Aufgabenverteilung[643] hervorgehoben. Die Mehrdimensionalität steht in diesem Rahmen für eine Aufgabenteilung im

---

Vergleich zu den eindimensionalen Organisationsstrukturen, wie der Geschäftsbereichsorganisation oder der funktionalen Organisation.

634 *Hannemann*, Die gesellschaftsrechtliche Implementierung von Matrixstrukturen im Konzern am Beispiel der AG, SE und GmbH (2022), S. 46 f.

635 *Lange*, Der Matrixkonzern (2020), S. 115.

636 Okpabi and others v Royal Dutch Shell plc and another [2021] UKSC 3 Rn. 157.

637 *Spindler*, in: *Goette/Habersack*, MüKo AktG, § 91 Rn. 101; *Hannemann*, Die gesellschaftsrechtliche Implementierung von Matrixstrukturen im Konzern am Beispiel der AG, SE und GmbH (2022), S. 47 „Durchregieren".

638 *Hannemann*, Die gesellschaftsrechtliche Implementierung von Matrixstrukturen im Konzern am Beispiel der AG, SE und GmbH (2022), S. 46 mit bildlicher Darstellung der Matrixorganisation im Konzern.

639 *Hannemann*, Die gesellschaftsrechtliche Implementierung von Matrixstrukturen im Konzern am Beispiel der AG, SE und GmbH (2022), S. 37 ff.

640 Angelehnt an *Hannemann*, Die gesellschaftsrechtliche Implementierung von Matrixstrukturen im Konzern am Beispiel der AG, SE und GmbH (2022), S. 34 f.; *Lange*, Der Matrixkonzern (2020), S. 39 f.

641 *Spelge*, in: MHdB ArbR, § 121 Rn. 21; *Bühner*, Betriebswirtschaftliche Organisationslehre, S. 164; *Lange*, Der Matrixkonzern (2020), S. 40.

642 *Hannemann*, Die gesellschaftsrechtliche Implementierung von Matrixstrukturen im Konzern am Beispiel der AG, SE und GmbH (2022), S. 41.

643 *Lange*, Der Matrixkonzern (2020), S. 40.

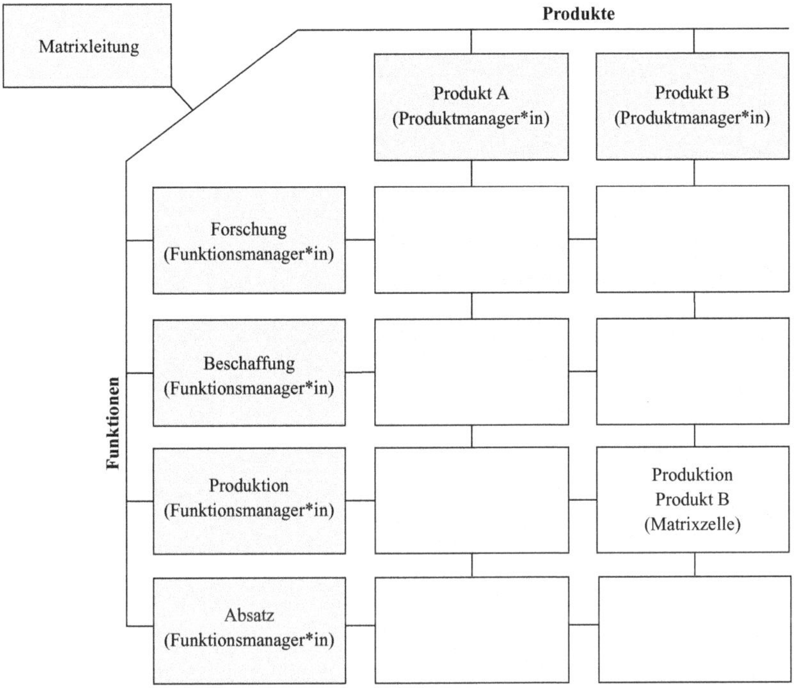

Abb. 3: Funktions-Produkt-Matrix

Konzern nach mehreren, unterschiedlichen und sich überlagernden Gliederungskriterien oder Dimensionen (wie beispielweise Funktionen, Regionen oder Produkte). Eine praxisübliche Matrix segmentiert beispielweise die Aufgaben in Produkte und Funktionen (Abb. 3) oder in Produkte und Regionen (Abb. 4).[644] Die konkrete Matrixbezeichnung richtet sich danach, welche Dimensionen bzw. Gliederungskriterien organisiert werden.

Die Mehrlinigkeit bezeichnet die Zuordnung einer Stelle – als kleinste organisatorische Einheit eines Unternehmens – zu mehr als einem zuständigen Stellenleiter (sog. Mehrfachunterstellung). Dadurch entsteht die Mehrlinigkeit der Leitungsstruktur, da eine Stelle (Matrixzelle) mehreren weisungsbefugten

644 *Lange*, Der Matrixkonzern (2020), S. 40.

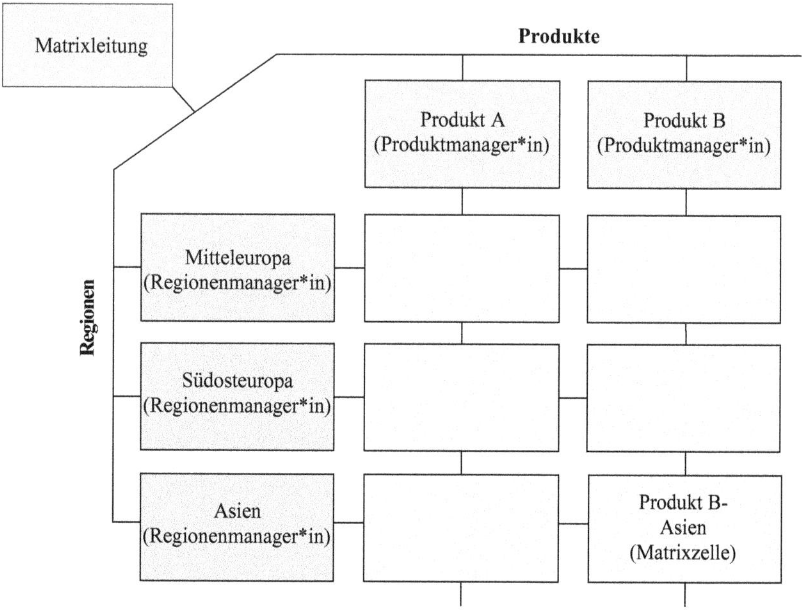

Abb. 4: Produkt-Regionen-Matrix

Instanzen (Matrixmanager*in) unterstellt ist.[645] In Abb. 3 wird hierfür die Produktion von Produkt B unter die Weisungen von Produktmanager*in sowie Funktionsmanager*in gestellt. In Abb. 4 wird hierfür das Produkt B in Asien der Weisung von Produktmanager*in sowie dem Regionenmanager*in unterstellt. Zweck dieser Matrixorganisation ist, dass qualifizierte Entscheidungen und Weisungen ermöglicht und Kommunikationswege zwischen den einzelnen Stellen vereinfacht werden.[646]

Rechtlich kann eine solche Matrixstruktur im Konzern durch unterschiedliche Instrumente implementiert werden.[647] Welches Instrument zur

645 *Hannemann*, Die gesellschaftsrechtliche Implementierung von Matrixstrukturen im Konzern am Beispiel der AG, SE und GmbH (2022), S. 32 f.

646 *Hannemann*, Die gesellschaftsrechtliche Implementierung von Matrixstrukturen im Konzern am Beispiel der AG, SE und GmbH (2022), S. 32.

647 Hierzu ausführlich und mit graphischen Darstellungen der Implementierungsinstrumente *Hannemann*, Die gesellschaftsrechtliche Implementierung von

gesellschaftsrechtlichen Implementierung der Matrixorganisation im Konzern gewählt wird, ist abhängig von der Gesellschaftsform der in die Matrix einzubindenden Gesellschaft (AG oder GmbH).[648] Einerseits können Beherrschungsverträge gem. § 291 I 1 AktG abgeschlossen oder Doppelmandate vereinbart werden, die sowohl die Funktion des Konzernvorstandes als auch die Funktion eines Matrixmanagers übernehmen. Andererseits kann die AG in eine andere (Ober-)AG gem. § 319 ff. AktG eingegliedert werden und die Ober-AG kann ihr hieraus resultierenden Weisungsrecht an die jeweiligen Matrixmanager durch Vollmacht gem. §§ 164 ff. BGB delegieren. Bei der GmbH kann die Matrixorganisation durch Delegation des Weisungsrechts an die Matrixmanager über einen Zustimmungsbeschluss der Gesellschafterversammlung gem. § 37 I GmbHG realisiert werden.[649] Daneben besteht die Möglichkeit, dass die Gesellschafter den betroffenen Matrixmanager als Dritten durch Erteilung der Stimmrechtsvollmacht zur Weisungsausübung gem. § 47 III GmbHG bevollmächtigen.[650] Dabei sind die zwingenden und gesellschaftsrechtlichen Grenzen, wie der Satzung, bei der Vollmachtausgestaltung zu berücksichtigen.

Matrixorganisationen können somit ein effizientes Mittel zur multinationalen Konzernleitung darstellen.[651]

f) Stellungnahme: Verkehrspflichten auf Grund von tatsächlich ausgeübter Leitungsmacht

Die Steigerung von Pflichten auf Grund einer Machtstellung existiert, wie dargestellt, auch in anderen Zusammenhängen, wie im Vertrags- und Vertretungsrecht sowie bei der gesellschaftsrechtlichen Treupflicht.

Vor dem Hintergrund der angedachten Unterfallgruppen einer Herrschaftsmacht durch Leitungsmacht stellt sich die Frage, ob sich dieser allgemeine

---

Matrixstrukturen im Konzern am Beispiel der AG, SE und GmbH (2022), S. 59 ff., S. 139 ff., 266 ff.; *Lange*, Der Matrixkonzern (2020), S. 84 ff.

648 Zu den einzelnen Instrumenten im Hinblick auf die generellen Einwirkungsmöglichkeiten auf Konzerngesellschaften auch unter Kap. 5 D.

649 *Hannemann*, Die gesellschaftsrechtliche Implementierung von Matrixstrukturen im Konzern am Beispiel der AG, SE und GmbH (2022), S. 189.

650 *Hannemann*, Die gesellschaftsrechtliche Implementierung von Matrixstrukturen im Konzern am Beispiel der AG, SE und GmbH (2022), S. 59 ff., 64 ff.; *Altmeppen*, GmbHG § 47 Rn. 40, 56.

651 *Lange*, Der Matrixkonzern (2020), S. 49 ff., 342; *Hannemann*, Die gesellschaftsrechtliche Implementierung von Matrixstrukturen im Konzern am Beispiel der AG, SE und GmbH (2022), S. 55.

Mechanismus, wonach derjenige, der Macht hat oder über Sonderwissen verfügt, auch eine gesteigerte Verantwortung trägt, auf die Untersuchungsfälle übertragbar ist.

aa) Konzernlagen

Für die Konzernlagen ist der gemeinsame Ausgangspunkt der Begründungsansätze der Gedanke der einheitlichen Leitung eines Konzerns gem. § 18 I AktG. Eine einheitliche Leitung kann auf unterschiedliche Weise ausgestaltet sein.[652] Bei zentralisiert-organisierten Konzernen übernimmt die Obergesellschaft alle oder einen wesentlichen Teil der Leitungsaufgaben einer Untergesellschaft.[653] In der Praxis bestehen jedoch zahlreiche Gestaltungsmöglichkeiten[654] der Konzernleitung, wozu die zentrale oder die dezentrale Organisation des Konzerns[655] gehören.[656] Ausgehend von einem engen Verständnis[657] der einheitlichen Leitung müsste die Muttergesellschaft alle zentralen unternehmerischen Bereiche,

---

652 *Bayer*, in: *Goette/Habersack*, MüKo AktG, § 18 Rn. 34 f.; *Koch*, in: *Koch*, AktG, § 18 Rn. 12; *Koppensteiner*, in: *Zöllner/Noack*, Kölner Kommentar AktG, § 18 Rn. 38; *Drexl*, ZHR 1997, 491, 499; vgl. *Emmerich*, in: *Emmerich/Habersack*, Aktien- und GmbH-Konzernrecht, AktG, § 18 Rn. 9.

653 *Lindermann*, AG 1987, 225, 231 nennt als Beispiele hierfür die „Festlegung der Unternehmensziele im Rahmen des Unternehmensgegenstandes, Festlegung der Finanz-, Investitions-, Markt- und Personalpolitik, Entscheidung über geschäftliche Maßnahmen von besonderer Bedeutung, Koordination der wesentlichen Teilbereiche der Unternehmensleitung, Besetzung der Führungsstellen"; *Weidemann*, Konzernleitung multinationaler Unternehmen, S. 127 f.; *Bayer*, in: *Goette/Habersack*, MüKo AktG, § 18 Rn. 34 f.; *Koch*, in: *Koch*, AktG, § 18 Rn. 12; *Koppensteiner*, in: *Zöllner/Noack*, Kölner Kommentar AktG, § 18 Rn. 38 „die praktischen Formen einheitlicher Leitung sind so vielfältig, dass der Gesetzgeber bewusst auf eine nähere Detaillierung verzichtet hat" und mit dem Hinweis, dass sowohl Personalverflechtungen als auch Weisungen auf Grund des Beherrschungsvertrages oder bei der GmbH auf Grund des Gesetzes eine einheitliche Leitung erfolgen kann; *Drexl*, ZHR 1997, 491, 499.

654 Vgl. *Harbarth*, FS Bergmann (2018), S. 243, S. 244 m.w.N.

655 Vgl. *Slongo*, Der Begriff der einheitlichen Leitung als Bestandteil des Konzernbegriffs (1980), S. 76 aus betriebswirtschaftlicher Sicht; *Emmerich/Habersack*, Konzernrecht, § 4 Rn. 4.

656 Zu den Möglichkeiten einer dezentralen oder zentralen Konzern-Compliance und den Vorteilen der dezentralen Gestaltung, *Schockenhoff/Roßkopf/Arnold*, AG 2021, 66, 72 ff.

657 *Emmerich*, in: *Emmerich/Habersack*, Aktien- und GmbH-Konzernrecht, AktG, § 18 Rn. 10.

insbesondere den Finanzbereich, regeln und durchsetzen. Versteht man den Begriff der einheitlichen Leitung weiter[658], genügt die Regelung und Durchsetzung anderer Unternehmensbereiche, wie beispielsweise dem Personalwesen.

Auf Grund der verschiedenen Gestaltungsmöglichkeiten einheitlicher Leitung kann hieraus allein keine pauschale Verkehrspflicht im Konzern hergeleitet werden.

So stellte der *UK Supreme Court* im Fall *Vedanta* auch ausdrücklich fest, dass die Leitung und Kontrolle in multinationalen Konzernen in verschiedenster Weise ausgeübt werden kann. Beispielhaft angeführt wurde dabei einerseits der Konzern, in dem die Muttergesellschaft als bloße Holding bzw. als passiver Investor fungiert und andererseits der Konzern, in dem die Muttergesellschaft die Geschäfte der konzernzugehörigen Unternehmensträger derartig umstrukturiert, dass es hinsichtlich der Geschäftsführung mit der Tochtergesellschaft wie ein einzelnes Handelsunternehmen auftritt:

> *„There is no limit to the models of management and control which may be put in place within a multinational group of companies. At one end, the parent may be no more than a passive investor in separate businesses carried out by its various direct and indirect subsidiaries. At the other extreme, the parent may carry out a thoroughgoing vertical reorganisation of the group's businesses so that they are, in management terms, carried on as if they were a single commercial undertaking, with boundaries of legal personality and ownership within the group becoming irrelevant, until the onset of insolvency, as happened within the Lehman Brothers group.“*[659]

In demselben Fall legt das Gericht eine Sorgfaltspflicht für die Muttergesellschaft fest, wenn sie die Geschäftsleitung der Tochtergesellschaft übernimmt.[660] Es komme auf die tatsächliche Ausübung der rechtlichen Handlungsmöglichkeiten an.

Die einheitliche Leitung muss im konkreten Fall eine Gefahrschaffung, eine Gefahrbeherrschung oder einen Vertrauenstatbestand darstellen, um allein eine Verkehrspflicht begründen zu können. Anderenfalls bliebe man einer Erklärung schuldig, wieso die einheitliche Leitung als gesetzlich zulässiges Instrument der Konzernführung eine Gefahr für Rechtsgüter Dritter schafft oder erhöht.

Die Verkehrspflicht im Konzern lässt sich nicht ohne Weiteres mit dem Vorliegen besonderer Herrschaftsstrukturen begründen, wie bei dem Führen der Tochtergesellschaft als „unselbstständige Betriebsabteilung“ oder in bestimmten

---

658 *Emmerich*, in: *Emmerich/Habersack*, Aktien- und GmbH-Konzernrecht, AktG, § 18 Rn. 12.

659 Lungowe and others v Vedanta Resources plc and another [2019] UKSC 20 Rn. 51.

660 Lungowe and others v Vedanta Resources plc and another [2019] UKSC 20 Rn. 49.

„Matrixstrukturen“. Ebenso wenig reicht allein das Vorliegen eines Vertragskonzerns oder eines wirtschaftlich einflussreichen Unternehmensträgers für die Steigerung deliktsrechtlicher Pflichten. Alle vorgestellten machtbezogenen Umstände begründen für sich keine unmittelbare Gefahr für die Arbeitnehmer oder Dritte im Ausland.

Sofern die einheitliche Leitung in einem zentral organisierten Konzern jedoch tatsächlich ausgeübt wird und hierdurch im konkreten Fall eine Gefahr für die Rechtsgüter Dritter verursacht wird, kann auch die Leitungsmacht in diesem Zusammenhang eine Verkehrspflicht begründen. Dies betrifft dann insbesondere die erläuterten Fälle, in denen die Muttergesellschaft gerade nicht die Rolle eines bloß passiven Investors der Tochtergesellschaft einnimmt, sondern sie als eine Art unselbstständige Betriebsabteilung führt oder sich in (gefahrenspezifische) Geschäftsbereiche der Tochtergesellschaft aktiv einmischt.

Dafür spricht auch die Begründung des Gerichts in dem Untersuchungsfall *Okpabi*. Der *UK Supreme Court* stellte fest, dass eine Sorgfaltspflicht der Muttergesellschaft entsteht, sofern diese die Leitung oder Co-Leitung der Tochtergesellschaft in ihren wesentlichen Geschäftsbereichen übernimmt:

> *„It is now contended that a duty of care arises by what they describe as Vedanta routes (1) to (4), namely: (1) RDS taking over the management or joint management of the relevant activity of SPDC“.*

Darüber hinaus lässt sich eine Verkehrspflicht begründen, wenn die Muttergesellschaft durch eine vertikale Delegationsmacht einen erheblichen Einfluss auf Geschäftsbereiche der Tochtergesellschaft ausübt. Dafür spricht, dass durch eine vertikale Organisationsstruktur die wesentlichen Entscheidungen entweder direkt auf der obersten Ebene bei der Muttergesellschaft oder mittelbar von – durch die Muttergesellschaft eingesetzten – Matrixmanagern[661] getroffen werden. Hierbei besteht auch bei einer Delegation der Zuständigkeiten weiterhin die Verantwortlichkeit der Muttergesellschaft für eine sorgfältige Auswahl und Überwachung[662] der Matrixmanager. Solche Fälle einer konzernweiten Implementierung einer Matrixorganisation konzentrieren sich auf AG-Vertragskonzerne, in denen durch den Abschluss eines Beherrschungsvertrages

---

661 *Harbarth*, FS Bergmann (2018), S. 243, S. 250.

662 BGH, Urt. v. 17.01.1989 – VI ZR 186/88 = VersR 1989, 526, 526 mit Hinweis auf die ständige Rechtsprechung des Senats, dass die Verkehrssicherungspflicht delegiert werden kann. „Wer sie übernimmt, wird seinerseits deliktisch verantwortlich […], während sich die Verkehrssicherungspflicht des ursprünglich (allein) Verantwortlichen auf eine Kontroll- und Überwachungspflicht verengt.“

die eigenverantwortliche Leitung der Aktiengesellschaft gem. § 76 AktG überlagert wird sowie auf GmbH-Konzerne, bei denen das Weisungsrecht durch die Gesellschafterversammlung realisiert wird.[663]

Der *UK Supreme Court* weist darauf hin, dass eine solche Struktur den Eindruck eines Einheitsunternehmens[664] erwecke:

> *„It is the appellants' case that the Shell group's vertical organisational structure means that it is comparable to Lord Briggs' example of group businesses which are, in management terms, carried on as if they were a single commercial undertaking, with boundaries of legal personality and ownership within the group becoming irrelevant."*[665]

Der Gedanke vom Vorliegen eines Einheitsunternehmensträgers als Entstehungsgrund für Verkehrspflichten ist dem nationalen Recht fremd. Möglicherweise kann der Vertrauensschutz als Entstehungsgrund einschlägig sein. sofern es in dem streitigen Fall darum geht, dass die Verkehrserwartungen hinsichtlich der Sicherheit durch denjenigen enttäuscht werden, der den Verkehr entstehen lässt. Dann müsste im konkreten Streitfall jedoch die Tochtergesellschaft weitestgehend unselbstständig agieren, z.B. auf Grund weitreichender Weisungsrechte oder Weisungsvollmachten auf Matrixmanager, die für bestimmte Fachbereiche bei der Tochtergesellschaft zuständig sind. Erst dann könnte der Vertrauensschutzgedanke als Argument herangezogen werden, da die Muttergesellschaft als diejenige angesehen werden kann, die den risikobehafteten Verkehr durch ihre weitreichenden und spürbaren Einwirkungsmöglichkeiten entstehen lässt und dabei die Verkehrserwartung hinsichtlich einer Sicherheitsgewährleistung enttäuscht. Arbeitnehmer und Dritte, die sich in unmittelbarer Nähe des ausländischen Tochterbetriebes befinden, könnten auf die Verkehrssicherheit des ausländischen Betriebs vertrauen. Wird die ausländische Tochtergesellschaft mit der in Deutschland sitzenden Obergesellschaft wie ein Einheitsunternehmen geführt, so kann auch das Vertrauen der Arbeitnehmer und Dritten erweckt werden, dass die Obergesellschaft für den Verkehr (mit-)verantwortlich ist, da sie ihn durch ihre Leitungsmacht erst hat entstehen lassen oder nach ihren Vorstellungen gestaltet. Dieses Vertrauen kann beispielsweise im Falle einer Eröffnung einer ausländischen Zweigstelle oder die Verlagerung einer Tochtergesellschaft ins Ausland erweckt werden. Wer eine engmaschige Konzernführung befürwortet und hierdurch die Rechtsgüter Dritter gefährdet, in die Verkehrspflicht genommen werden.

---

663 *Lange*, Der Matrixkonzern (2020), S. 84 ff., 93.

664 Vgl. zur Führung als Einheitsunternehmen als Begründung einer Unternehmensorganisationshaftung gem. § 823 I BGB *König*, AcP 2017, 611, 671.

665 Okpabi and others v Royal Dutch Shell plc and another [2021] UKSC 3 Rn. 157.

Die einheitliche Leitung kann daneben eine Gefahr schaffen oder erhöhen, wenn die Konzernmutter ihren Einfluss kraft Leitungsbefugnis im Sinne des § 18 I AktG derart ausnutzt, dass Rechtsgüter Dritter zumindest mittelbar gefährdet werden.

So könnte die Planung der Finanzen so organisiert sein, dass der Tochtergesellschaft kein ausreichendes Budget für die Umsetzung von Arbeitsschutz- und Gesundheitsmaßnahmen belassen wird. Zudem kann durch die Ausübung der einheitlichen Leitung eine mittelbare Gefährdung für die Rechtsgüter Dritter entstehen, wenn die Muttergesellschaft unternehmenspolitische Entscheidungen trifft, die die konzernanhängigen Unternehmensträger faktisch zur Minimierung des Rechtsgüterschutzes oder gar zu Rechtsverletzung in ihren Betrieben zwingen. In solchen Fällen kann der Muttergesellschaft sowohl rechtlich als auch faktisch die Gefahr zugeordnet werden, wenn zuvor durch die Tätigkeiten der Tochtergesellschaft keine Gefahren für die betroffenen Arbeitnehmer hervorgerufen wurden.[666]

bb) Lieferkettenlagen

Die für eine gesteigerte Verantwortung der Inlandsgesellschaft im Konzern herangezogene Leitungsmacht gem. § 18 I AktG kann nicht auf die Lieferkettenfälle übertragen werden. Allerdings wurde unter dem Aspekt der „Herrschaftsmacht durch wirtschaftliche Macht“ dargelegt, dass auch eine monopolähnliche Stellung der Inlandsgesellschaft in der Wertschöpfungskette eine Verkehrspflicht begründen kann, wenn diese tatsächlich ausgenutzt wird und hierdurch Gefahren für die Rechtsgüter der Arbeitnehmer in den ausländischen Betrieben entstehen oder wenn entsprechende Kontroll- und Einwirkungsrechte vertraglich vereinbart sind.

Auch im Rahmen der Lieferkette muss die Inlandsgesellschaft bei der faktischen Einflussnahme auf die ausländischen Zulieferer die gebotene Sorgfalt beachten.

cc) Zusammenfassung

Für die Untersuchungsfälle lässt sich der allgemeine Mechanismus, wonach derjenige, der über Macht oder Sonderwissen verfügt, eine gesteigerte Verantwortung trägt, nicht für einen pauschalen zivilrechtlichen Haftungsgrund übertragen. Es kommt für eine Verkehrspflichtbegründung nicht allein auf die Möglichkeit zur Einflussnahme eines inländischen Unternehmensträgers auf ausländische Gesellschaften einer Wertschöpfungskette an. Vorgeschaltet muss

---

666 Dieser Gedanke wird im Kapitel 4 B. I. unter dem Aspekt einer konzernweiten Politik aufgegriffen.

die menschenrechtsbezogene Gefahrenlage dem inländischen Unternehmensträger mittels der Entstehungsgründe der Gefahrschaffung oder -beherrschung oder der Begründung berechtigten Vertrauens der Betroffenen zugerechnet werden können. Dafür allein reicht die Möglichkeit zur (gesellschaftsrechtlichen oder sonstigen) Einflussnahme auf ausländische Gesellschaften nicht aus. Die Leitungsmacht muss tatsächlich ausgeübt werden und hierdurch muss eine Gefahr geschaffen, erhöht oder ein schützenswertes Vertrauen der Betroffenen erweckt worden sein. Die konzern- und lieferkettendimensionale Verkehrspflichtbegründung hängt hierbei vom konkreten Einzelfall ab. Als Beispiele für eine *unmittelbare* Gefahrschaffung durch die Muttergesellschaft können einerseits die Führung einer Tochtergesellschaft als unselbstständige Betriebsabteilung, die Ausnutzung von vertikaler Delegationsmacht in Matrixstrukturen und andererseits das Einmischen in gefahrenspezifische Bereiche der Tochtergesellschaft, durch die die Rechtsgüter Dritter gefährdet werden, angeführt werden.

3. Herrschaftsmacht durch Weisungsmacht und verzerrte Risikoverteilung im Konzern

a) Begründungsansatz der Literatur: Erhöhte Risikobereitschaft der Obergesellschaft

In dem Zusammenhang wird ebenso das Argument einer erhöhten Risikobereitschaft des inländischen Unternehmensträgers durch die Konzern- oder Lieferkettenzugehörigkeit angebracht.[667]

Die Arbeitsteilung in der Wertschöpfungskette, der mehrere Unternehmensträger angehören, könne die Risikobereitschaft des inländischen Unternehmensträgers steigern. Nach nationalem Recht ist ein konzernzugehöriger Unternehmensträger zur Umsetzung nachteiliger Weisungen gem. § 308 II 1 AktG verpflichtet, wenn ein Beherrschungsvertrag vorliegt.[668] Die Gefahr eines gesetzeswidrigen Verhaltens werde erhöht, wenn im Ergebnis nicht die eigene Haftung, sondern lediglich die Haftung eines anderen Rechtsträgers in Rede

---

667 *Vogt*, Die Verbandsgeldbuße gegen eine herrschende Konzerngesellschaft (2009), S. 195; *Nordhues*, Die Haftung der Muttergesellschaft und ihres Vorstands für Menschenrechtsverletzungen im Konzern (2019), S. 128 ff. sieht nur unter engen Voraussetzungen eine solche als verkehrspflichtbegründend.

668 *Emmerich*, in: *Emmerich/Habersack*, Aktien- und GmbH-Konzernrecht, AktG, § 308 Rn. 52c f.; a.A. *Nordhues*, Die Haftung der Muttergesellschaft und ihres Vorstands für Menschenrechtsverletzungen im Konzern (2019), S. 130.

stehe.[669] Die Gegenstimmen[670] verweisen auf die konzernrechtlichen Ausgleichsregelungen, die eine Ausgleichspflicht der herrschenden Gesellschaft für nachteilige Weisungen an die abhängige Gesellschaft regeln, vgl. § 309 II 1 AktG, § 323 I 2 AktG, und eine erhöhte Risikobereitschaft somit verhindern würden.

Dagegen wird argumentiert, dass die Ausgleichsregelungen in den Untersuchungsfällen die erhöhte Risikobereitschaft dennoch nicht abwenden könnten, wenn die Klagen gegen die ausländische Tochtergesellschaft durch die Opfer der Menschenrechtsverletzungen nicht erhoben werden. Dies sei in Ländern, in denen niedrige Arbeits- und Sicherheitsstandards die Regel sind, zu befürchten.[671]

b) Stellungnahme: Verkehrspflicht nur bei Begründung faktischen Zwangs zu Menschenrechtsverletzungen

Diesen Einwänden ist entgegenzuhalten, dass eine erhöhte Risikobereitschaft im Unternehmensverbund bzw. die erhöhte Bereitschaft zur Erteilung (nachteiliger) Weisungen eine Verkehrspflicht allein nicht zu begründen vermag.

Zunächst ist festzuhalten, dass die Weisungserteilung ein gesetzlich zulässig anerkanntes Leitungsinstrument im Konzern darstellt. Eine pauschale Verkehrspflicht allein auf Grund der Möglichkeit risikoreicher Weisungserteilung, entspricht nicht den nationalen Entstehungsgründen für Verkehrspflichten. Erforderlich ist hiernach eine tatsächliche Durchführung von risikoträchtigen Weisungen, die die Rechte und Rechtsgüter der Arbeitnehmer oder Dritter gefährden. Nach der Arbeitshypothese erteilt der inländische Unternehmensträger allerdings keine unmittelbar menschenrechtsverletzenden Weisungen.

Allerdings könnte unter dem Aspekt der Gefahrschaffung oder -erhöhung durch die Erteilung einer Weisung oder, im faktischen Konzern, durch die Veranlassung einer Maßnahme, ein faktischer Zwang für die ausländischen Unternehmensträger zur Verletzung von Menschenrechten entstehen. Dies ist beispielsweise der Fall, wenn eine Weisung schwer erfüllbare

669 Diesen Gedanken aufgreifend *Vogt*, Die Verbandsgeldbuße gegen eine herrschende Konzerngesellschaft (2009), S. 197 ff.; *Holle*, Legalitätskontrolle im Kapitalgesellschafts- und Konzernrecht (2014), S. 334.

670 *Vogt*, Die Verbandsgeldbuße gegen eine herrschende Konzerngesellschaft (2009), S. 197 ff.; *Holle*, Legalitätskontrolle im Kapitalgesellschafts- und Konzernrecht (2014), S. 335.

671 *Nordhues*, Die Haftung der Muttergesellschaft und ihres Vorstands für Menschenrechtsverletzungen im Konzern (2019), S. 129.

Produktionsvorgaben unter strengen Fristenregelungen beinhaltet, die nur mittels Rechtsverletzung von dem ausländischen Unternehmensträger umsetzbar sind. Je nach Ausgestaltung der Weisung kann eine darauffolgende Produktion unter menschenunwürdigen Bedingungen naheliegen.

Besteht tatsächlich ein solches Risiko, dann schafft die inländische Gesellschaft zumindest mittelbar eine Gefahr für die Rechte und Rechtsgüter der Arbeitnehmer im Ausland. Um eine Verkehrspflicht in den Fällen zu begründen, werden die Abwägungsfaktoren, wie die Wahrscheinlichkeit eines Schadenseintritts und das Ausmaß der Rechtsverletzung, miteinbezogen. Besteht in einem solchen Fall ein erhöhtes Risiko für die hochrangingen Rechtsgüter (Leben, Körper, Gesundheit) und ist die Wahrscheinlichkeit hoch, dass die Weisung von der Tochtergesellschaft unter Rechtsverletzung umgesetzt wird, dann muss der inländische Unternehmensträger Maßnahmen ergreifen, um Rechtsverletzung zu vermeiden oder derartige Weisungen unterlassen.

Eine erhöhte Risikobereitschaft im Unternehmensverbund allein vermag weder unter dem Aspekt der Gefahrschaffung noch der Gefahrbeherrschung oder dem Vertrauensschutzgedanken eine Verkehrspflicht rechtfertigen. Das Risiko müsste tatsächlich durch den inländischen Unternehmensträger durch eine Weisung, die wissentlich mit hoher Wahrscheinlichkeit zu Rechtsverletzung im Ausland führen wird, gesetzt worden sein.

4. *Verlagerung und Delegation einer Gefahrenquelle ins Ausland*

a) *Begründungsansatz und paradigmatische Darstellung anhand des* Trafigura-*Falles*

Als verkehrspflichtbegründende Umstände werden zudem die Delegation[672] rechtsgutsgefährdender Tätigkeiten und die Lieferung gefährlicher

672 Vgl. *Oehler*, ZIP 1990, 1445, 1448; *Spindler*, Unternehmensorganisationspflichten (2011), S. 945 ff.; vgl. *Bunting*, ZIP 2012, 1542, 1548; *Vogt*, Die Verbandsgeldbuße gegen eine herrschende Konzerngesellschaft (2009), S. 190 ff.; *Osieka*, Zivilrechtliche Haftung deutscher Unternehmen für menschenrechtsbeeinträchtigende Handlungen ihrer Zulieferer (2014), S. 192; *Holle*, Legalitätskontrolle im Kapitalgesellschafts- und Konzernrecht (2014), S. 321 ff., S. 325 f., S. 341 ff.; *König*, AcP 2017, 611, 671 f.; *Glinski*, in: *Krajewski*, Staatliche Schutzpflichten und unternehmerische Verantwortung für Menschenrechte in globalen Lieferketten (2018), S. 72; *Habersack/Zickgraf*, ZHR 2018, 252, 274 ff.; *Nordhues*, Die Haftung der Muttergesellschaft und ihres Vorstands für Menschenrechtsverletzungen im Konzern (2019), S. 132 f.

Produkte[673], die im direkten Zusammenhang mit der transnational wirtschaftlichen Arbeitsteilung stehen, erwogen.

Gefährliche Produkte in diesem Sinne sind potenziell rechtsgutsgefährdende (z.B. chemische) Abfälle oder sonstige körperliche Gefahrenstoffe und -produkte.[674] Des Weiteren könne die Übermittlung von gefahrenträchtigen Geräten ohne Sicherheitseinweisungen hiervon umfasst sein.[675]

Die Verlagerung der Gefahrenquelle verpflichte die inländische Gesellschaft zu Kontrollpflichten, wenn bekannt ist, dass die Entsorgung oder Verarbeitung der Stoffe im Ausland nicht unter einem Mindestmaß an Sicherheits- und Gesundheitsstandards erfolgen kann.[676] Das Mindestmaß an Sicherheit sei erst gewährleistet, wenn die notwendigen technischen Mittel zur Verfügung gestellt werden, die eine sichere Weiterverarbeitung der Produkte oder einen sicheren Abbau der Rohstoffe ermöglichen. Bei der Delegation einer gefährlichen Tätigkeit werde durch die Wahl einer ausländischen Gesellschaft als Übernehmer, die bezüglich der Vornahme von (hinreichenden) Sicherheitsvorkehrungen ungeeignet ist, eine Gefahr geschaffen. Zudem habe der inländische Unternehmensträger die Entscheidungsmacht hinsichtlich der Wahl und Abberufung des Übernehmenden.[677]

Teilweise wird vertreten, dass in der Konzernkonstellation die kraft Delegation entstandenen Pflichten intensiver seien, da die einheitliche Leitung durch das gesellschaftsrechtliche Instrument der Weisung durchgesetzt werden könne und die „gelebte" Selbstständigkeit des abhängigen Unternehmensträgers

673 *Heinen*, in: *Krajewski/Saage-Maaß*, Die Durchsetzung menschenrechtlicher Sorgfaltspflichten von Unternehmen (2018), S. 87, S. 104; *Wagner*, RabelsZ 2016, 717, 777, 779; vgl. auch OLG Düsseldorf, 16.08.1988 – 4 U 268/87 = VersR 1989, 1158.

674 *Wagner*, RabelsZ 2016, 717, 777 mit Verweis auf den Fall *Trafigura*, Court of Appeal, Motto v Trafigura Ltd. [2012] 1 W.L.R. 657.

675 *Heinen*, in: *Krajewski/Saage-Maaß*, Die Durchsetzung menschenrechtlicher Sorgfaltspflichten von Unternehmen (2018), S. 87, S. 104; vgl. auch OLG Düsseldorf, 16.08.1988 – 4 U 268/87 = VersR 1989, 1158, 1158 zur Verkehrspflicht des Herstellers bei dem Inverkehrbringen einer wegen einer fehlenden Sicherheitsabdeckung des Kettenantriebs ungesicherten Erntemaschine. Hiernach habe der Hersteller nicht die notwendigen und zumutbaren Sicherungsmaßnahmen hinsichtlich des von ihm in den Verkehr gebrachten Arbeitsgerätes vorgenommen.

676 Vgl. *Wagner*, RabelsZ 2016, 717, 777 wenn der übernehmende Unternehmensträger „[...] erkennbar nicht über die technischen und institutionellen Ressourcen für eine gefahrlose Entsorgung verfügt".

677 *Habersack/Zickgraf*, ZHR 2018, 252, 276.

dadurch in der Entscheidung der Obergesellschaft liege.[678] Die Pflichten in der Lieferkettenkonstellation, in denen zwei mitgliedschaftlich unabhängige Unternehmensträger tätig werden, seien nicht derart weitreichend.

Bei der Delegation rechtsgutsgefährdender Tätigkeiten geht es beispielsweise um die Beauftragung einer ausländischen Gesellschaft mit der Entsorgung gefährlicher Stoffe, für die die inländische Muttergesellschaft ursprünglich verantwortlich war. Der *Trafigura*-Fall[679] ist paradigmatisch für eine solche Delegation der Verkehrspflicht.[680] In diesem Fall wurde eine ausländische Tochtergesellschaft von *Trafigura*, einem Rohstoffhandels-Unternehmen mit Sitz in den Niederlanden, beauftragt, hochgiftige Abfälle zu entsorgen. Bei der Entsorgung wurden die erforderlichen Sicherheitsvorkehrungen nicht beachtet, sodass zahlreiche Anwohner Abidjans, einer Stadt an der Elfenbeinküste, Gesundheitsschäden erlitten.[681]

b) Kritik: Aushöhlung des gesellschaftsrechtlichen Trennungsprinzips

Gegen die Verkehrspflicht kraft Delegation wird das gesellschaftsrechtliche Trennungsprinzip angeführt. Demnach sei für die Auslagerung der gefährlichen Tätigkeit auf eine rechtlich selbstständige ausländische Gesellschaft, welche ihr eigenes wirtschaftliches Interesse mit dem Betrieb unter menschenunwürdigen Arbeitsbedingungen verfolgt, nur ausnahmsweise eine Überwachungs- und Kontrollpflicht anzunehmen. Dafür sei Voraussetzung, dass die Tochtergesellschaft als „verlängerter Arm“[682] der Muttergesellschaft ohne eigenen Entscheidungsspielraum tätig wird.[683] Grund dafür sei, dass in der Wertschöpfungskette die Verkehrspflicht regelmäßig nicht bloß übertragen, sondern die *gesamte*

---

678 *Oehler*, ZIP 1990, 1445, 1448.

679 Court of Appeal, Motto v Trafigura Ltd. [2012] 1 W.L.R. 657.

680 *Heinen*, in: *Krajewski/Saage-Maaß*, Die Durchsetzung menschenrechtlicher Sorgfaltspflichten von Unternehmen (2018), S. 87, S. 119; *Wagner*, RabelsZ 2016, 717, 777; beide unter Verweis auf den Trafigura-Fall; ferner *Habersack/Ehrl*, AcP 2019, 155, 199 f. unter Hinweis auf BGH, Urt. v. 07.10.1975 – VI ZR 43/74 = NJW 1976, 46.

681 Zu dem Fall *Heinen*, in: *Krajewski/Saage-Maaß*, Die Durchsetzung menschenrechtlicher Sorgfaltspflichten von Unternehmen (2018), S. 87, S. 119; *Wagner*, RabelsZ 2016, 717, 777.

682 *Nordhues*, in: *Krajewski/Saage-Maaß*, Die Durchsetzung menschenrechtlicher Sorgfaltspflichten von Unternehmen (2018), S. 125, S. 146.

683 *Holle*, Legalitätskontrolle im Kapitalgesellschafts- und Konzernrecht (2014), S. 327; ähnlich *Bunting*, ZIP 2012, 1542, 1548; *Nordhues*, Die Haftung der Muttergesellschaft und ihres Vorstands für Menschenrechtsverletzungen im Konzern (2019), S. 133.

Tätigkeit auf eine ausländische Gesellschaft ausgelagert werde.[684] Die Verkehrspflicht kraft Delegation sei nur in Fällen anzunehmen, in denen die inländische Gesellschaft die gefahrenträchtige Tätigkeit vorher selbst ausgeübt habe. Abgelehnt wird die Verkehrspflicht kraft Delegation, sofern der gefahrenträchtige Geschäftsbereich erst durch den Erwerb oder die Gründung einer Tochtergesellschaft durch die Muttergesellschaft erweitert wird.

Dagegen wird angeführt, dass solange die Entstehungsgründe für die originäre Verkehrspflicht der delegierenden Inlandsgesellschaft nicht wegfallen, diese fortwährend eine (umgewandelte) Verkehrspflicht in Form von Auswahl-, Überwachungs- und Kontrollpflichten treffe.[685]

c) Stellungnahme: (Fortlaufende) Verkehrspflicht bei Delegation und Verlagerung von Gefahrenquellen

Der Verkehrspflichtbegründung durch eine Verlagerung rechtsgutsgefährdender körperlicher Gegenstände ist zuzustimmen. Die Begründung einer Verkehrspflicht kann hier insbesondere unter den Aspekten der Gefahrschaffung und -erhöhung und des Vertrauensschutzes erfolgen.

Ein inländischer Unternehmensträger, welcher mit dem Umgang oder der Verarbeitung rechtsgutsgefährdender Gegenstände vertraut war, trägt eine Verkehrspflicht mit dem Inhalt, dass durch die Verarbeitung keine Gefahren für Dritte entstehen. Trifft der inländische Unternehmensträger die Entscheidung, einen rechtsgutsgefährdenden Gegenstand zur weiteren Verarbeitung in der Wertschöpfungskette an eine ausländische Gesellschaft zu übermitteln, muss er sich vergewissern, dass diese bereit und in der Lage ist, die Verkehrspflicht zu erfüllen. Übermittelt der inländische Unternehmensträger die Tätigkeit auf eine Gesellschaft, die kein „Fachunternehmen" in Bezug auf die Verarbeitung des rechtsgutsgefährdenden Gegenstandes darstellt und nicht die Ressourcen für einen sicheren Umgang bei der Verarbeitung gewährleisten kann, schafft es eine Gefahr für die mit der Verarbeitung konkret betrauten Arbeitnehmer und Dritten. Zudem beherrscht die Inlandsgesellschaft die Gefahr dadurch, dass sie die Übermittlung der gefahrenträchtigen Aktivitäten in Gang setzt und beenden kann. Die inländische Gesellschaft trifft bei der Übermittlung fortlaufend eine Instruktions- und Hinweispflicht bezüglich des Umgangs mit der Gefahrenquelle.

684 *Nordhues*, in: *Krajewski/Saage-Maaß*, Die Durchsetzung menschenrechtlicher Sorgfaltspflichten von Unternehmen (2018), S. 125, S. 145.

685 *V. Falkenhausen*, Menschenrechtsschutz durch Deliktsrecht (2020), S. 123.

Unter dem Aspekt des Vertrauensschutzes vertrauen der ausländische, nicht-fachspezifische Unternehmensträger und dessen Mitarbeiter darauf, dass der inländische Unternehmensträger vor möglichen Gefahren der übermittelten Gegenstände warnt und Anweisungen hinsichtlich des Umgangs mit diesen Gefahren weiterleitet. Derjenige, der die ursprüngliche Pflicht zur Gefahrenabwehr innehat, muss auch bei einer Verlagerung der Gefahrenquelle ins Ausland für eine ordnungsgemäße Instruktion und Sicherstellung einer rechtsgutschützenden Verarbeitung dieser Gegenstände aufkommen.

Bei der Delegation von Verkehrspflichten[686] auf ausländische Gesellschaften, die originär den inländischen Unternehmensträger zu bestimmten Sicherheitsmaßnahmen verpflichtet haben, bleibt der inländische Unternehmensträger für die Überwachung und Kontrolle des delegierten Bereichs als Hauptdelegant verantwortlich.[687] Eine unbegrenzte Haftungsbefreiung kraft Delegation für eine originäre Verkehrspflicht ist zu verneinen.[688] Der dahinter stehende Gedanke gilt gleichermaßen bei einer Delegation durch eine inländische Gesellschaft an eine ausländische Gesellschaft und nicht nur im Rahmen eines Geschäftsherrenverhältnisses im Sinne des § 831 I BGB.[689] Der BGH betont dennoch, dass generell darauf vertraut werden darf, dass derjenige, der mit der Aufgabe betraut wird, seinen Verpflichtungen nachkommt, „[...] solange nicht konkrete Anhaltspunkte bestehen, die dieses Vertrauen erschüttern".[690] Das gelte umso mehr, wenn eine gefahrenträchtige Unternehmung auf ein Fachunternehmen übergeht. Die Beaufsichtigung einer fachmännischen Gesellschaft beschränke sich durch „[...] das Erfordernis einer vertrauensvollen Zusammenarbeit sowie

---

686 Vgl. *Medicus*, GmbHR 1998, 9, 14.

687 BGH, Urt. v. 17.01.1989 - VI ZR 186/88 = VersR 1989, 526, 526; *Habersack/Zickgraf*, ZHR 2018, 252, 275.

688 BGH, Urt. v. 17.01.1989 - VI ZR 186/88 = VersR 1989, 526, 526; *Kleindiek*, Deliktshaftung und juristische Person (1997), S. 300 f.; Erman/*Wilhelmi*, BGB, § 823 Rn. 85; Soergel/*Krause*, BGB Schuldrecht 10, § 823 Anh. II; *Habersack/Zickgraf*, ZHR 2018, 275.

689 RGZ 102, 269, 272; RGZ 113, 293, 296 f.; BGH, Urt. v. 30.09.1970 - III ZR 81/67 = NJW 1971, 43, 44; BGH, Urt. v. 02.10.1984 - VI ZR 125/83= NJW 1985, 270, 271; BGH, Urt. v. 27.11.1984 - VI ZR 49/83 = NJW 1985, 484, 485; BGH, Urt. v. 17.01.1989 - VI ZR 186/88 = NJW-RR 1989, 394, 395; Grüneberg/*Sprau*, § 823 Rn. 50, 52; *Holle*, Legalitätskontrolle im Kapitalgesellschafts- und Konzernrecht (2014), S. 279 f.; *Kleindiek*, Deliktshaftung und juristische Person (1997), S. 297 ff.; *Habersack/Zickgraf*, ZHR 2018, 252, 273.

690 BGH, Urt. v. 01.10.2013 - VI ZR 369/12 = VersR 2014, 78, 79.

durch dessen Selbstständigkeit und Weisungsunabhängigkeit".[691] In dem Fall war derjenige, der einen Schaden davongetragen hat, gleichzeitig der beauftragte Fachmann.

In den Untersuchungsfällen sind die Arbeitnehmer der ausländischen Unternehmensträger von Menschenrechtsverletzungen betroffen. Diese werden jedoch nicht unmittelbar vom inländischen Unternehmensträger als Arbeitskräfte eingesetzt, sondern üben die (gefahrenträchtigen) Tätigkeiten zur Erfüllung ihrer Arbeitsleistung gegenüber ihrer ausländischen (Arbeitgeber-)Gesellschaft aus. Stellt der ausländische Unternehmensträger kein auf die in Rede stehende gefahrenträchtige Tätigkeit spezialisiertes Fachunternehmen dar, kann gerade nicht auf die ordnungsgemäße Verkehrspflichterfüllung vertraut werden. Umso mehr wird das Vertrauen erschüttert, wenn der inländischen Unternehmensträger Kenntnis über Sicherheitsmängel oder Umsetzungsdefizite bei Schadensabwehrmaßnahmen in den ausländischen Betrieben hat.

Die Erwägungen hinsichtlich der Entstehungsgründe der Gefahrschaffung, der Gefahrbeherrschung und des Vertrauensschutzes, die bei der Lieferung rechtsgutsgefährdender Gegenstände erfolgt sind, können auch auf eine Verkehrspflicht kraft Delegation von rechtsgutsgefährdenden Aktivitäten übertragen werden. Die Anforderungen an die Maßnahmen zur Verkehrspflichterfüllung können schließlich in der Konzernkonstellation strenger ausfallen, wenn die einheitliche Leitung tatsächlich durch Weisungen oder andere gesellschaftsrechtliche Mittel durch die Obergesellschaft durchgesetzt wird.

Wird eine gefahrenträchtige Aufgabe delegiert, so trifft den inländischen Unternehmensträger in beiden Fällen, in Bezug auf konzernzugehörige und lieferkettenzugehörige Unternehmensträger, zumindest die Pflicht zur fortlaufenden Kontrolle und Überwachung. Dies gilt auch dann, wenn die betroffenen ausländischen Vorgaben erfüllt werden, solange diese hinter den nationalen Sicherungsmaßnahmen zur Gefahrenabwehr zurückbleiben.

d) Zwischenergebnis

Eine Verkehrspflicht der inländischen Unternehmensträger ist im Falle der Delegation oder Übertragung (einzelner) gefahrenträchtiger Tätigkeiten auf eine Auswahl- und Überwachungspflicht beschränkt. Die Inlandsgesellschaft muss sich durch die sorgfältige Auswahl der ausländischen Gesellschaft und durch die sorgfältige Überwachung eines ausreichenden Sicherheitsstandards in deren Betrieben vergewissern. Führen die gefahrenträchtigen Tätigkeiten zu

---

691 BGH, Urt. v. 01.10.2013 – VI ZR 369/12 = VersR 2014, 78, 79.

sicherheitsrelevanten, menschenrechtsgefährdenden Defiziten in den ausländischen Betrieben und hätte die inländische Gesellschaft dies durch eine sorgfältige Auswahl der ausländischen Gesellschaft oder einer sorgfältigen Überwachung verhindern können, verletzt sie ihre Verkehrspflicht.

II. Herrschaftsmacht durch Wissen über menschenrechtswidrige Umstände

Die Dogmatik der „Korrelation von Rechtsmacht und Verantwortung" ergibt sich wie oben aufgeführt aus den Rechtsgedanken der §§ 278, 166 BGB. Rechtsmacht könnte hiernach gem. § 166 BGB ebenfalls durch überlegenes Wissen entstehen und ausgeübt werden. Das Wissen der Inlandsgesellschaft von menschenrechtswidrigen Umständen in der Wertschöpfungskette wird in der Literatur[692] auch als verkehrspflichtbegründender Umstand untersucht.

1. *Begründungsansatz aus der Literatur und rechtsvergleichender Rechtsprechung*

König und *Kramer*[693] sehen in der Kenntnis menschenrechtswidriger Umstände einen verkehrspflichtbegründenden Topos. Grund dafür sei, dass die Muttergesellschaft die unerlaubte Handlung der Tochtergesellschaft durch Nichteinschreiten trotz Kenntnis ermöglicht und somit zur Schädigung Dritter beiträgt. Dabei wird auf die Rechtsprechung[694] verwiesen, die sich grundsätzlich für die Annahme von „konzernweiten Gefahrabwendungspflichten" bei positiver Kenntnis eines Unternehmensträgers von Rechtsgutsgefährdungen und Schadensfällen ausspricht.[695] Der BGH hat sich im Rahmen der Produzentenhaftung konkret für eine Intensivierung von Kontrollpflichten einer Vertriebsgesellschaft ausgesprochen, wenn sie durch Doppelmandate in der Geschäftsführung oder

---

692 *Wagner*, RabelsZ 2016,717, 758; *Fleischer/Korch*, DB 2019, 1944, 1951; *Habersack/Ehrl*, AcP 2019, 155, 202; *Heinen*, in: *Krajewski/Saage-Maaß*, Die Durchsetzung menschenrechtlicher Sorgfaltspflichten von Unternehmen (2018), S. 87, S. 201; *König*, AcP 2017, 611, 674; *Spindler*, in: *Artz et al.*, BeckOGK BGB (Stand: 01.05.2023), § 823 Rn. 723 zur deliktischen Produkthaftung bei Konzernverhältnissen; *v. Falkenhausen*, Menschenrechtsschutz durch Deliktsrecht (2020), S. 184 f.

693 *König*, AcP 2017, 611, 674; *Kramer*, RIW 2020, 96, 101 f.

694 BGH, Urt. v. 05.05.1981 – VI ZR 280/79 = NJW 1981, 2250, 2251 (Asbestplatten); vgl. auch BGH, Urt. v. 05.07.1960 – VI ZR 130/59 = VersR 1960, 855, 856 (Kondensomat); vgl. LG Köln, Urt. v. 17.12.1986 – 13 S 239/86 = NJW-RR 1987, 864, 865.

695 *König*, AcP 2017, 611, 672.

anderweitig Kenntnis von der Fehlerhaftigkeit eines Produktes erlangt.[696] In diesem Fall lehnte das Gericht eine Verkehrspflichtverletzung der Vertriebsgesellschaft ab, da ihr eine solche Kenntnis nicht vorgeworfen werden konnte.

Zum Teil wird bei der Kenntnis von Missständen zumindest eine Pflicht zur Vornahme präventiver Sicherheitsmaßnahmen gefordert.[697] Dafür wird an das *Neubürger*-Urteil[698] des LG München I angeknüpft, welches zur sog. Compliance-Pflicht des Vorstandes feststellte, dass diese auch die Vermeidung von Rechtsverletzungen im Ausland erfasst.[699] Die Befürworter sehen die Möglichkeit, die Sorgfaltspflicht auch auf die Einhaltung von Menschenrechten zu erstrecken und so zu einer (gesamtschuldnerischen)[700] Haftung des inländischen Unternehmensträgers und seines Vorstandes zu kommen.[701]

Auch im rechtsvergleichenden Beispiel *Chandler v Cape plc*[702] wurde eine Sorgfaltspflicht der Muttergesellschaft unter Heranziehung ihrer Kenntnis über das unsichere Arbeitssystem der Tochtergesellschaft bejaht. Allerdings war die positive Kenntnis über das unsichere Arbeitssystem nur eines von vier Kriterien, die in dem Fall erfüllt waren, die eine Sorgfaltspflicht begründeten. Es bleibt offen, ob rechtsvergleichend eine Sorgfaltspflicht auch allein auf Grund der Kenntnis von rechtsgutsgefährdenden Umständen begründet werden kann.

---

696 BGH, Urt. v. 05.05.1981 – VI ZR 280/79 = NJW 1981, 2250, 2251.

697 *Saage-Maaß/Leifker*, BB 2015, 2499, 2503 für eine betriebliche Organisationspflicht in Bezug auf menschenrechtliche Belange von Unternehmen, „die in Konfliktregionen mit bekannten Menschenrechtsproblematiken agieren"; *Güngör*, Sorgfaltspflichten für Unternehmen in transnationalen Menschenrechtsfällen (2016), S. 262, S. 264; *Haider*, Haftung von transnationalen Unternehmen und Staaten für Menschenrechtsverletzungen (2019), S. 376 f.

698 LG München I, Urt. v. 10.12.2013 – 5 HK O 1387/10 = NZG 2014, 345.

699 *Haider*, Haftung von transnationalen Unternehmen und Staaten für Menschenrechtsverletzungen (2019), S. 376 f.; *Weller/Kaller/Schulz*, AcP 2016, 387, 414 ff. mit dem Vorschlag die konzernweite Legalitätspflicht aus § 93 I AktG als Schutzgesetz i.S.d. § 823 II BGB zu statuieren, um eine Außenwirkung zu ermöglichen; dagegen *König*, AcP 2017, 611, 668 mit Hinweis auf die zwingende Unterscheidung zwischen Innen- und Außenpflichten und die daraus folgende Nichtübertragbarkeit der Legalitätspflicht auf das Außenverhältnis gegenüber Dritten.

700 *Haider*, Haftung von transnationalen Unternehmen und Staaten für Menschenrechtsverletzungen (2019), S. 376.

701 *Saage-Maaß/Leifker*, BB 2015, 2499, 2503; *Haider*, Haftung von transnationalen Unternehmen und Staaten für Menschenrechtsverletzungen (2019), S. 376 f.

702 Chandler v Cape plc [2012] EWCA Civ. 525 Rn. 80.

2. *Kritik unter Heranziehung des Vertrauensgrundsatzes*

Andererseits wird eine Verkehrspflicht des inländischen Unternehmensträgers für die Betroffenen im Ausland grundsätzlich abgelehnt oder nur in bestimmten Ausnahmefällen anerkannt. Grund dafür sei die Gefahrenquelle der menschenrechtswidrigen Umstände, die weiterhin bei dem ausländischen Unternehmensträger anzusiedeln sei.[703] Sofern kein gefahrerhöhender Zustand hinzutritt, der der Inlandsgesellschaft zuzuordnen ist, bleibe die ausländische Gesellschaft im Sinne des Vertrauensgrundsatzes weiterhin in der Position des „Beschützergaranten".[704] Die bloße Kenntnis der Muttergesellschaft begründe keinen für die Verkehrspflichtentstehung entscheidenden Gefahrzusammenhang. Als Argument wird der Vertrauensgrundsatz herangezogen, wonach jeder Rechtsträger für seine eigene Sphäre verantwortlich ist.[705] *Habersack* und *Ehrl*[706] tendieren in solchen Fällen zwar zu der Annahme deliktsrechtlich relevanter Fürsorgepflichten, die in Ausnahmefällen bestehen können. Ein solcher Ausnahmefall bestehe demnach beispielsweise in der Gewahrsamnahme fremden Eigentums im gewerblichen Kontext. Für die Begründung einer „allgemeinen" Verkehrspflicht reiche das Wissen um Menschenrechtsverletzungen beim ausländischen Zulieferer, der die Gefahrenquelle in seiner Sphäre beherrscht, nicht aus.

3. *Stellungnahme: Verkehrspflicht auf Grund von Wissen menschenrechtswidriger Umstände durch Gefahrerhöhung in Einzelfällen*

Nach der hier vertretenen Auffassung kann die positive Kenntnis über rechtsgutsgefährdende Umstände in den ausländischen Betrieben eine Verkehrspflicht für den inländischen Unternehmensträger begründen. In dem Wissen um rechtsgutsgefährdende Umstände in der Sphäre der ausländischen Gesellschaft kann eine Gefahrerhöhung erblickt werden. Sofern dem inländischen Unternehmensträger Rechtsgefährdungen oder -verletzungen bekannt sind, die im

---

703 *V. Falkenhausen*, Menschenrechtsschutz durch Deliktsrecht (2020), S. 198 f.; i.E. *Grunewald*, NZG 2018, 481, 484; *Habersack/Zickgraf*, ZHR 2018, 252, 282 ff.; *Schall*, ZGR 2018, 479, 506; *Wagner*, RabelsZ 2016, 717, 770; *Spindler*, ZHR 2022, 67, 102 nach dem es einer erheblichen tatsächlichen Bestimmungsgewalt bedürfe, etwa durch Einflussnahme auf das operative Geschäft oder Kontrolle über die Betriebsstätte, sodass das Zuliefererunternehmen quasi aus seiner Stellung als Beschützergarant „verdrängt" wird.

704 *Spindler*, ZHR 2022, 67, 102.

705 *Wagner*, RabelsZ 2016, 717, 758.

706 *Habersack/Ehrl*, AcP 2019, 155, 202.

unmittelbaren Zusammenhang mit dem durch ihn angestoßenen Wertschöpfungsprozess stehen, und gefahrenabwehrende Maßnahmen unterlassen werden, wird die Wahrscheinlichkeit weiterer Rechtsverletzungen für die betroffenen Arbeitnehmer und Dritte erhöht. Eine Abwehr fortlaufender menschenrechtsgefährdender oder -verletzender Umstände in den ausländischen Betrieben durch die ausländische Gesellschaft ist, ohne die Einwirkung der Inlandsgesellschaft durch die Vornahme von Sicherheitsmaßnahmen und -kontrollen, nicht zu erwarten.

In diese Richtung gehen auch das LkSG[707] und der CSDDD-Vorschlag[708], die dem inländischen Unternehmensträger Sorgfaltspflichten bei positiver Kenntnis über Menschenrechtsverletzungen im ausländischen Betrieb auferlegen. § 9 III LkSG regelt beispielsweise bei „tatsächlichen Anhaltspunkten" für Menschenrechtsverletzungen in Nr. 1 die Vornahme einer Risikoanalyse und in Nr. 2 die Vornahme angemessener Präventionsmaßnahmen. Im CSDDD-Vorschlag ist darüber hinaus eine zivilrechtliche Haftungsbewehrung gem. Art. 22 I i.V.m. Art. 9 III 2, Art. 6 und 7 vorgesehen, wenn Schutzmaßnahmen gegen negative Auswirkungen (auf die Menschenrechte) trotz positiver Kenntnis dieser Umstände nicht vorgenommen werden. Dabei geht der Vorschlag noch weiter als das LkSG, da er bei Einreichung einer begründeten Beschwerde über eine solche negative Auswirkung gem. Art. 9 III 2 des RL-Vorschlages eine Kenntnisfiktion statuiert. Folglich wird mit Beschwerdeeingang die nach Art. 6 zu erfolgende Ermittlung der negativen Auswirkung schlicht angenommen, die in der Folge bei Nichtvornahme von Maßnahmen im Sinne des Art. 7 zur zivilrechtlichen Sanktion gem. Art. 22 I führt.

Auch die Rechtsprechung des BGH[709] zu der Haftung einer Vertriebsgesellschaft im Rahmen der Produzentenhaftung stellt die Kenntnis als Indiz für eine gesteigerte Pflichtenstellung derselben dar. Im Rahmen einer vertraglichen Aufgabenübertragung hat der BGH[710] den leitenden Gedanken des Vertrauensschutzes herangezogen, der grundsätzlich auf eine ordnungsgemäße Pflichterfüllung seitens des Übernehmenden vertrauen lässt, seine Grenze jedoch in

---

707 Gesetz über die unternehmerischen Sorgfaltspflichten in Lieferketten, BGBl. I 2021, 2959.

708 P9TA(2021)0073, Sorgfaltspflicht und Rechenschaftspflicht von Unternehmen, Entschließung des Europäischen Parlaments vom 10. März 2021 mit Empfehlungen an die Kommission zur Sorgfaltspflicht und Rechenschaftspflicht von Unternehmensträger(2020/2129(INL).

709 BGH, Urt. v. 05.05.1981 – VI ZR 280/79 = NJW 1981, 2250, 2251.

710 BGH, Urt. v. 01.10.2013 – VI ZR 369/12 = VersR 2014, 78, 79.

Anhaltspunkten über eine nicht ordnungsgemäße Aufgabenerfüllung findet und das Vertrauen dadurch erschüttert. Übertragen auf die Untersuchungsfälle bedeutet dies, dass bei positiver Kenntnis der Inlandsgesellschaft von Menschenrechtsverletzungen in ausländischen Zuliefererbetrieben ihr grundsätzlich geschütztes Vertrauen auf die ordnungsgemäße Aufgabenerfüllung durch die Zulieferer nicht mehr geschützt ist und sie selbst zur Kontrolle angehalten ist.

Vor dem Hintergrund ist in Einzelfällen, in denen die Gefahr für Rechtsverletzungen der Arbeitnehmer und Dritten durch Nichteinschreiten des inländischen Unternehmensträgers erhöht wird, auch die positive Kenntnis von Menschenrechtsverletzungen ein pflichtbegründender Topos.

III. Fazit: Korrelation von Macht und Verantwortung als Fallgruppe konzern- und lieferkettendimensionaler Verkehrspflichten in Einzelfällen

In der arbeitshypothetischen Ausgangslage ist die Inlandsgesellschaft mit der Auslandsgesellschaft lediglich über vertragliche Lieferbeziehungen in der Lieferkette oder über einen Konzern verbunden. Sofern im Vorfeld also keine aktiven Schritte durch die inländische Gesellschaft unternommen werden, die zu einer Menschenrechtsgefährdung der ausländischen Arbeitnehmer oder Dritten führen, lassen sich Verkehrspflichten nach der hier vertretenen dogmatischen Überzeugung nicht begründen.

Der Großteil der diskutierten Ansätze genügt einer rechtlichen Legitimation einer deliktsrechtlichen Verantwortung inländischer Unternehmensträger nicht, wenn kein national anerkannter Entstehungsgrund nachgewiesen wird. Die richterliche Rechtsfortbildung findet in der Nichtexistenz rechtlicher (Haftungs-)Gründe ihre Grenzen.[711] Andere (sozialpolitische) Gesichtspunkte dürfen zur Begründung der Verkehrspflicht nicht herangezogen werden.

Es lässt sich jedoch festhalten, dass bestimmte Einzelfälle der Fallgruppe von Korrelation von Macht und Verantwortung eine Verkehrspflicht zum Menschenrechtsschutz begründen. Dies betrifft insbesondere die Fälle des mittelbaren Tuns, in denen die Inlandsgesellschaft durch ihr vorausgegangenes Verhalten eine Gefahr geschaffen, erhöht oder unterhalten oder berechtigtes Vertrauen des Rechtsverkehrs auf die Gefahrenabwendung hervorgerufen hat.

---

711 *Larenz*, Methodenlehre der Rechtswissenschaft (1992), S. 315 f.

Die Konzernierung an sich, die bloße Möglichkeit zur einheitlichen Leitung („zur besonderen Herrschaft“) und die Arbeitsteilung allein begründen keine Verkehrspflicht.

Die tatsächlich ausgeübte einheitliche Leitung der Tochtergesellschaft durch die Muttergesellschaft kann dagegen eine Verkehrspflicht begründen, wenn hierdurch eine Gefahr für die Arbeitnehmer oder Dritte im Ausland hervorgerufen wird. Ein besonderer Fall der einheitlichen Leitung stellt das Führen der Tochtergesellschaft als unselbstständige Betriebsabteilung dar. Die einheitliche Leitung als verkehrspflichtbegründende Gefahrenquelle ist dabei naturgemäß auf konzernzugehörige Unternehmensträger zu begrenzen, vgl. § 18 I 1 AktG. Ferner lässt sich aus einer vertikalen Organisationsstruktur eines Unternehmensverbundes eine Verkehrspflicht begründen. Der Einsatz von Matrixmanagern bzw. die mehrdimensionale Zuständigkeit für Bereiche der untergeordneten Unternehmensträger könnte auch in der Lieferkette eine Verkehrspflicht der inländischen Gesellschaft begründen, sofern es von der Delegationsmöglichkeit Gebrauch macht. Daneben gilt gleichermaßen für die Konzern- und die Lieferkettenfälle, dass eine intensive Einmischung in die gefahrenspezifische Arbeits- und Sicherheitsbereiche der ausländischen Gesellschaften bei gleichzeitiger Erhöhung einer Gefahr für die Arbeitnehmer oder Dritten vor Ort oder des Schaffens eines berechtigten Vertrauens auf die Gefahrenabwendung eine gesteigerte Verantwortung i.S.d. § 823 I BGB begründen kann. In Einzelfällen kann dies auch für die Fälle nicht-gefahrenspezifischer Bereiche gelten, wobei hier die Gesamtumstände zu berücksichtigen sind.

Zudem wird in den Fällen der Delegation oder Verlagerung einer Gefahrenquelle in das Ausland, die der nicht-fachmännische ausländische Unternehmensträger übernehmen soll, eine Verkehrspflicht begründet.

Das Wissen um menschenrechtswidrige Umstände durch Sicherheitsdefizite in den ausländischen Betrieben stellt in Einzelfällen einen pflichtbegründenden Topos dar, wenn hierdurch gleichermaßen eine Gefahr für Arbeitnehmer und Dritte erhöht wird.

Die Konzernierung, die Arbeitsteilung, die erhöhte Risikobereitschaft und die Möglichkeit zur einheitlichen Leitung im Konzern können, wenn ein verkehrspflichtbegründender Umstand vorliegt, in den Abwägungsprozess einbezogen werden und den Pflichteninhalt konkretisieren. Hier liegt es an den rechtsfortbildenden Gerichten, eine Abwägung der Gesamtumstände unter den genannten Kriterien vorzunehmen.

B. Unternehmerische Verlautbarungen als pflichtbegründender Topos?

Als weitere Fallgruppe konzern- und lieferkettendimensionaler Verkehrspflichten sind unternehmerische Verlautbarungen im Konzern und in der Lieferkette zu untersuchen.

Die unternehmerischen Verlautbarungen sind für die folgende Untersuchung in interne Verlautbarungen und externe Verlautbarungen zu differenzieren.

Unter den unternehmerischen internen Verlautbarungen sind unternehmerische Erklärungen (Richtlinien, Politik, *codes of conduct*[712] bzw. Verhaltens-[713] oder Ethikkodizes[714]) gemeint, die an die konzern- oder lieferkettenzugehörigen Unternehmensträger (und deren Mitarbeiter) gerichtet sind.

De lege lata folgt zwar aus solchen Verlautbarungen keine nennenswerte haftungsrechtliche Bewehrung.[715] Diese könnten jedoch, wie die UK-Untersuchungsfälle zeigen, einen Grund für die Annahme einer gesteigerten zivilrechtlichen Verantwortlichkeit geben.

In diesem Zusammenhang ist zudem danach zu fragen, ob unternehmerische Berichtspflichten ebenfalls eine gesteigerte haftungsrechtliche Verantwortlichkeit begründen.

Unternehmerische Berichtspflichten für konzernzugehörige und konzernunabhängige Gesellschaften finden sich verteilt im Handelsgesetzbuch. Anführen lassen sich beispielsweise die Pflicht zur nichtfinanziellen Berichterstattung gem. §§ 289b, 315b HGB und die Erklärungspflicht zur Unternehmensführung gem. §§ 289f, 315d HGB. Die Regelung des § 289f II Nr. 2 HGB statuiert konkret die

---

712 *Borowa*, in: *Bay/Hastenrath*, Compliance-Management, S. 99 setzt konzernweite „Verhaltensrichtlinien" mit einem *Code of Conduct* bzw. *Code of Ethics* gleich.

713 BAG, Beschl. v. 22.07.2008 – 1 ABR 40/07 = NZA 2008, 1248 untersucht den „Code of business conduct" als Verhaltenskodex der US-amerikanischen Gesellschaft Honeywell International Inc. auf Grundlage des Mitbestimmungsrechts des Konzernbetriebsrates; *Gerum*, Das deutsche Corporate Governance-System – eine empirische Untersuchung (2007), S. 408 f., demzufolge unter unternehmensspezifischen Verhaltenskodizes Regelwerke mit ethischen Grundsätzen, Verhaltensregeln oder eine Unternehmensphilosophie, die sich auf die Verantwortung der Gesellschaft gegenüber Stakeholdern oder die sonstige gesellschaftliche und natürliche Umwelt beziehen, gemeint seien. Daneben würden sie auch als Leitlinien/Grundsätze oder Verhaltenskodex bezeichnet; *Sonnenberg*, JuS 2017, 917, 921.

714 *Bode*, in: *Bay/Hastenrath*, Compliance-Management-Systeme, S. 21.

715 Vgl. *Spießhofer*, in: *Nietsch*, Corporate Social Responsibility Compliance (2021), S. 108.

Berichtspflicht über Angaben zur Unternehmensführungspraktiken, worunter nach der gesetzgeberischen Intention[716] ausdrücklich unternehmensweit gültige ethische Standards, Arbeits- und Sozialstandards sowie aus Sicht der Literatur auch unternehmensinterne Kodizes, Selbstverpflichtungen und Compliance-Richtlinien der Unternehmensträger fallen.[717]

I. Unternehmerische interne Verlautbarungen (Richtlinien, Politik, *codes of conduct*)

1. Vorüberlegungen zum Verständnis der codes of conduct

a) Allgemeines Verständnis der codes of conduct *als freiwillige Selbstverpflichtungen*

Die unternehmerischen internen Verlautbarungen in Form von Verhaltenskodizes werden regelmäßig mit dem englischen Begriff *codes of conduct* übersetzt.[718] *Codes of conduct* werden als sog. „freiwillige Selbstverpflichtungen" der Unternehmensträger aufgegriffen.[719] Größtenteils wird hierunter eine Selbstverpflichtung zum Menschenrechtsschutz in der Wertschöpfungskette verstanden. Diese können in Gestalt von festgelegten CSR-Standards[720] oder unter Verweis auf bestehende Verhaltenskodizes[721] in die Lieferverträge eingebunden werden.[722]

---

716 BT-Drs. 16/10067, S. 78.

717 Vgl. *Böcking/Eibelshäuser*, Der Konzern 2009, 563, 569; MüKoHGB/*Kajüter*, HGB § 289f Rn. 22.

718 Vgl. *Kaleck/Saage-Maaß*, Unternehmen vor Gericht (2016), S. 34; *Schall*, ZGR 2018, 479, 499 bezieht sich bei der Beschreibung der notwendigen Überwachung auf die Einbeziehung von Konzernrichtlinien und Codes of Best Practice; *Fleischer/Korch*, ZIP 2021, 709, 716 übersetzt ausdrücklich konzernweiten Kodizes mit *codes of conduct; Böckelmann*, in: *Bay/Hastenrath*, Compliance-Management-Systeme, S. 43.

719 Ausführlich zudem Begriff des Verhaltenskodex' *Birk*, in: *Nietsch*, Corporate Social Responsibility Compliance (2021), S. 285 f.

720 *V. Falkenhausen*, Menschenrechtsschutz durch Deliktsrecht (2020), S. 200 bezeichnet diese als CSR-Codes; vgl. *Borowa*, in: *Bay/Hastenrath*, Compliance-Management-Systeme, S. 122 wonach ein code of conduct auch CSR-Regeln enthalten könne; dies ablehnend in Bezug auf staatlich basierten CSR-Standards *Birk*, in: *Nietsch*, Corporate Social Responsibility Compliance (2021), S. 286 f.

721 *Habersack/Ehrl*, AcP 2019, 155, 202.

722 *Heinen*, in: *Krajewski/Saage-Maaß*, Die Durchsetzung menschenrechtlicher Sorgfaltspflichten von Unternehmen (2018), S. 87, S. 110; *Stahl*, Haftung von Unternehmen für Menschenrechtsverletzungen ihrer ausländischen Zulieferer (2020), S. 55.

Verhaltenskodizes sind unternehmerische Regelwerke mit verhaltenssteuernden Elementen[723] und bilden die jeweilige Compliance-Kultur und -Regeln eines Unternehmensträgers und somit das gewünschte Verhalten ab.[724] Der Regelungsinhalt kann von den Parteien frei gestaltet werden, so können Arbeits- und Gesundheitsschutzregeln oder Vorgaben für den Umgang mit Geschäftspartnern und Dritten aufgestellt werden.[725]

Aus der Praxissicht dienen *codes of coduct* insbesondere als Zusammenfassung des Wertesystems der Unternehmensträger und Verhaltensregelungen für Mitarbeiter und Geschäftspartner.[726] Das Bewusstsein der Mitarbeiter für diese Verhaltensregeln werde durch die eintretenden Sanktionsmechanismen im Falle eines Verstoßes geschärft.

Sie sind regelmäßig unternehmensweit verbindlich, indem sie in die Arbeitsverträge der Arbeitnehmer und der Leitungsorgane eingebunden werden.[727] Somit stellt ein Verhaltenskodex ein wesentliches Instrument zur Um- und Durchsetzung des jeweiligen Compliance-Systems des Unternehmensträgers dar.[728] Auch im Konzern und in der Lieferkette, z.B. für die Beziehung zu einem Lieferanten oder einzelner Geschäftspartner, wird dieses Instrument genutzt und zum Teil in die Liefer- oder Kaufverträge (z.B. als Teil der AGBs werden oder der vertraglichen Geschäftsbeziehung)[729] miteinbezogen.[730] In der Literatur[731] wird darauf hingewiesen, dass die Einforderung von Compliance-Regeln davon abhinge, wie das Abhängigkeitsverhältnis zwischen dem regelnden und dem adressierten Unternehmensträger ausgestaltet sei. Grundsätzlich seien die

---

723 *Bode,* in: *Bay/Hastenrath,* Compliance-Management-Systeme, S. 10.

724 *Bode,* in: *Bay/Hastenrath,* Compliance-Management-Systeme, S. 20; ferner *Borowa,* in: *Bay/Hastenrath,* Compliance-Management-Systeme, S. 99, S. 123.

725 *Borowa,* in: *Bay/Hastenrath,* Compliance-Management-Systeme, S. 123 ausführlich zu weiteren Regelungsinhalten.

726 Diese Fußnote beruht auf einem Gespräch mit Vertretern aus der Praxis (vonovia, ESG).

727 *Bode,* in: *Bay/Hastenrath,* Compliance-Management-Systeme, S. 21 mit dem Hinweis, dass in der Regel alle Mitarbeiter und Angestellten der Unternehmensträger unterschreiben müssten, dass sie die Regeln anerkennen und einhalten; im Falle eines Verstoßes könne der Unternehmensträger sich exkulpieren und zum anderen könne er eigene Ansprüche gegen die Mitarbeiter geltend machen.

728 *Bode,* in: *Bay/Hastenrath,* Compliance-Management, S. 21.

729 *Bode,* in: *Bay/Hastenrath,* Compliance-Management-Systeme, S. 22.

730 *Bode,* in: *Bay/Hastenrath,* Compliance-Management-Systeme, S. 22.

731 Ähnlich *Fahrig,* NJOZ 2010, 975, 975; *Bode,* in: *Bay/Hastenrath,* Compliance-Management-Systeme, S. 22.

Einkäufer als einflussreichere Unternehmensträger in der Lage den Lieferanten die Regeln „aufzuzwingen".

Ein praktisches Beispiel[732] für den Einsatz eines Verhaltenskodex deutscher Unternehmensträger ist der Ethik-Kodex, der auf der Grundlage des *Sarbanes-Oxley Act* erlassen wird. Hiernach sind deutsche, us-börsennotierte Unternehmensträger gegenüber der US-Börsenaufsicht verpflichtet, einen Ethik-Kodex für die Verantwortungsträger im Bereich Finanzen und Buchhaltung sowie den Vorstand zu erlassen.

b) *Stellungnahme: Zur Rechtsverbindlichkeit unternehmerischer Verlautbarungen*

Die rechtliche Bindungswirkung solcher Verhaltenskodizes ist zweifelhaft.[733]

Das umstrittene[734] Bestehen eines Rechtsbindungswillens ist im Einzelfall unter normativer Auslegung gem. §§ 133, 145 BGB zu ermitteln. Bekannt ist, dass die normative Auslegung die objektive Bedeutung einer Erklärung ermittelt und dabei fragt, wie der Adressat die Erklärung bei Beachtung der verkehrswesentlichen Sorgfalt verstehen konnte.[735]

Die *codes of conduct*, die die Pflichten im Hinblick auf den Menschenrechts- bzw. Rechtsgüterschutz im Geschäftsbetrieb hinreichend bestimmt formulieren (z.B. durch die Festlegung einer regelmäßigen Durchführung von Überwachungs- und Kontrollbesuche oder eines regelmäßigen Austausches über die aktuelle Arbeits- und Gesundheitslage im Betrieb) und von den Parteien (d.h. dem ausländischen und inländischen Unternehmen) verbindlich unterzeichnet werden, lassen einen Rechtsbindungswillen erkennen. Dafür spricht, dass diese Erklärungen in einem geschäftlichen Kontext zwischen mindestens zwei Geschäftspartnern, z.B. beauftragender inländischer Unternehmensträger und ausländischer Zulieferer in der Lieferkette, abgegeben werden und dem Schutz wesentlicher Rechtsgüter dienen.

Der aktuelle *code of conduct* der *KiK GmbH*[736] bildet beispielsweise die „Leitlinie für die Zusammenarbeit mit den Lieferanten" und enthält bestimmte

---

732 *Bode*, in: *Bay/Hastenrath*, Compliance-Management-Systeme, S. 21.

733 *Bode*, in: *Bay/Hastenrath*, Compliance-Management-Systeme, S. 23.

734 Nach der primär anzuwendenden empirischen Auslegung der *codes of conduct*, die das tatsächliche Verständnis der Erklärung offenbart, umstritten; zu den Auslegungsarten *Wieser*, JZ 1985, 407, 407.

735 *Wieser*, JZ 1985, 407, 407.

736 KiK Textilien und Non-Food GmbH, Verhaltenskodex v. 09.11.2015, abrufbar unter: https://unternehmen.kik.de/verantwortung/produktion (Stand: 01.06.2023).

Regelungen bezüglich der Pflichten eines Lieferanten. Dazu zählt die Pflicht „die nationalen rechtlichen Bestimmungen, insbesondere arbeits- und sozialrechtliche Gesetze" und die Regelungen des *code of conduct* einzuhalten. Die Einhaltung der festgelegten Pflichten wird nach den Regelungen des *code of conduct* durch *KiK* oder von *KiK* autorisierten Dritte durch Kontrollbesuche in den Produktionsstätten der Geschäftspartner durchgesetzt. Die durch den Verhaltenskodex festgelegten Standards für die Beschäftigung sind zum größten Teil verbindlich formuliert („muss"). Dazu gehören Standards der Arbeitszeit, der Arbeits- und Anstellungsbedingungen und zu dem das Verbot der Zwangs- und Kinderarbeit. Die Geschäftspartner sind ausdrücklich verpflichtet „[...] diese Regelungen hinsichtlich aller für ihn oder seine Unterlieferanten tätigen Personen [zu] beachten und respektieren, unabhängig von der jeweiligen vertraglichen Beschäftigungsgrundlage." Ferner behält sich *KiK* das Recht vor, Geschäftsbeziehungen zu beenden, sofern ernsthafte Verletzungen gegen den Kodex oder grundlegende Menschenrechte vorliegen. Die Geschäftspartner von *KiK* können diese Standards unter Berücksichtigung der Sanktionsmöglichkeiten als rechtsverbindlich aufgreifen. In dem Verhaltenskodex sind daneben die Standards zur Gesundheit und Sicherheit am Arbeitsplatz als „Soll-Regelungen" formuliert. Ob diese Regelung mit Rechtsbindungswillen geschlossen werden oder als bloße Empfehlung zu verstehen sind, ist anhand der Auslegung nach dem Parteiwillen gem. §§ 133, 157 BGB ebenfalls im Einzelfall zu bestimmen.[737]

Ein anderes Beispiel für eine rechtsverbindliche Gestaltung eines *code of conduct* ist der Verhaltenskodex des deutschen *vonovia*-Konzerns.[738] Dieser ist als Betriebsvereinbarung gestaltet und somit durch den (Konzern-)Vorstand und (Konzern-)Betriebsrat abgestimmt und beansprucht in der Folge konzernweite Verbindlichkeit. Inländische sowie ausländische Tochtergesellschaften und

737 Dagegen werden „soll-Vorschriften" im Verwaltungsverfahren grundsätzlich als rechtsverbindlich aufgegriffen, vgl. BVerwG Beschl. v. 03.12.2009 – 9 B 79/09 = BeckRS 2010, 45510 Rn. 2 m.w.N. wonach in der Rechtsprechung des Bundesverwaltungsgerichts geklärt sei, dass „Soll"-Vorschriften im Regelfall für die mit ihrer Durchführung betraute Behörde rechtlich zwingend sind und sie verpflichten, so zu verfahren, wie es im Gesetz bestimmt ist. Nur bei Vorliegen von Umständen, die den Fall als atypisch erscheinen lassen, dürfe die Behörde anders verfahren als im Gesetz vorgesehen und den atypischen Fall nach pflichtgemäßem Ermessen entscheiden.

738 Vonovia SE, Konzernbetriebsvereinbarung code of conduct v. 27.08.2018, abrufbar unter: https://www.vonovia.de/de-de/ueber-vonovia/ueber-uns/compliance (Stand: 01.06.2023).

deren Mitarbeiter sind dem dort enthaltenen Regelwerk und Leitlinien verbindlich unterworfen.

Der Rechtsbindungswille ist somit am Einzelfall festzustellen und nicht pauschal für sämtliche *codes of conduct* abzulehnen. Folglich besteht die Möglichkeit, dass die *codes of conduct* im Einzelfall vertragliche Verkehrspflichten zum Menschenrechtsschutz in der Wertschöpfungskette begründen, die sich mit den deliktsrechtlichen Verkehrspflichten decken könnten.[739]

2. *Verantwortungsübernahme als Begründungsansatz der Literatur und Rechtsprechung*

Im Zusammenhang mit unternehmerischen internen Erklärungen wird die tatsächlich ausgeübte Verantwortlichkeit für die Arbeits- und Sicherheitsbedingungen in den ausländischen Betrieben als verkehrspflichtbegründende Gefahrenquelle diskutiert.[740]

Dabei geht es um die Fälle, in denen der inländische Unternehmensträger dem ausländischen Unternehmensträger konzern- oder lieferkettenweite Vorgaben macht oder Leit- oder Richtlinien im Hinblick auf Sicherheitsrisiken setzt und dadurch entscheidenden Einfluss auf Bereiche (z.B. Produktion oder Geschäftspolitik[741]) des ausländischen Unternehmensträgers nimmt.[742]

In dem Untersuchungsfall *AAA v Unilever plc*[743] wurde die Sorgfaltspflicht der Muttergesellschaft Unilever (UTKL) anhand des Nähe-Kriteriums des dreiteiligen *Caparo*-Tests ausführlich im Hinblick auf ihre vorangegangenen Beratungen und Anweisungen zum Risikomanagementplan der ausländischen Tochtergesellschaft geprüft. Dafür wurde die Corporate Governance-Struktur des Konzerns, einschließlich der Unilever-Richtlinien und der Risikomanagementpolitik, untersucht.[744]

---

739 Grüneberg/*Sprau*, § 823 Rn. 45 allgemein zur möglichen Deckungsgleichheit der vertraglichen Schutzpflichten und Verkehrspflichten.

740 *Heinen*, in: *Krajewski/Saage-Maaß*, Die Durchsetzung menschenrechtlicher Sorgfaltspflichten von Unternehmen (2018), S. 87, S. 104; *Fleischer/Korch*, 2181, 2189 m.w.N. zur Begründung einer *negligence*-Haftung im englischen Recht.

741 *Rehbinder*, Konzernaußenrecht und allgemeines Privatrecht (1969), S. 502.

742 Dagegen noch Okpabi v Royal Dutch Shell plc [2017] EWHC 89 Rn. 96; Dafür Lungowe and others v Vedanta Resources plc and another [2019] UKSC 20 Rn. 52 f.

743 AAA v Unilever plc [2018] EWCA Civ 1532 Rn. 15 ff.

744 AAA v Unilever plc [2018] EWCA Civ 1532 Rn. 17 ff.

Daneben hat der *Supreme Court* im *Okpabi*-Fall freiwillig veröffentlichte Erklärungen zur Verantwortungsübernahme Dritter im *common law* als Beispiel für die Entstehung einer Sorgfaltspflicht der Muttergesellschaft eingestuft.[745] Hierfür verweist er auf die Ausführungen von *Lord Briggs* in seinem *Vedanta*-Urteil.

> *„[...] the parent may incur the relevant responsibility to third parties if, in published materials, it holds itself out as exercising that degree of supervision and control of its subsidiaries, even if it does not in fact do so. In such circumstances its very omission may constitute the abdication of a responsibility which it has publicly undertaken."*

Zum Teil folgen auf die Vereinbarung der *codes of conduct* auch sogenannte *audits*, d.h. Kontrollen bei den ausländischen Gesellschaften, die die Einhaltung der Vorgaben zum Menschenrechtsschutz sicherstellen sollen.[746] Auch im Vorfeld lässt sich durch die Vornahme aktiver Schritte, wie der Durchführung von Überwachungs- und Trainingsmaßnahmen zur Umsetzung der Konzernpolitik, eine Verkehrspflicht herleiten.[747]

Dadurch entstehe Vertrauen auf ein funktionierendes Überwachungssystem. So könne sogar ein Vertrag mit Schutzwirkung zugunsten Dritter oder eine Art Garantieerklärung gegenüber den Betroffenen begründet werden.[748]

Die Ablehnung einer daraus resultierenden Verkehrspflicht erscheint den Befürwortern paradox.[749]

Auch die Umsetzung der konzernweiten Erklärungen, wie im *AAA v Unilever plc*-Fall die Konzern-Richtlinien, mithilfe von Schulungsprogrammen durch die Muttergesellschaft wurde im Hinblick auf eine deliktsrechtliche Sorgfaltspflicht berücksichtigt.

Zudem könnten systematische Fehler in den konzernweiten Vorgaben eine Verkehrspflicht begründen.[750] Als Beispiel verweist der *Supreme Court*[751] auf

---

745 HRH Emre Okpabi v Royal Dutch Shell plc [2018] EWCA Civ 191 Rn. 148; vgl. *Schall*, ZIP 2021, 1241, 1246, der diese Rechtsprechung auf freiwillige Erklärungen zur Menschenrechts-Compliance überträgt.

746 *Kaleck/Saage-Maaß*, Unternehmen vor Gericht (2016), S. 34; *Heinen*, in: *Krajewski/Saage-Maaß*, Die Durchsetzung menschenrechtlicher Sorgfaltspflichten von Unternehmen (2018), S. 87, S. 110; vgl. *Fleischer/Korch*, ZIP 2019, 2181, 2189.

747 Lungowe and others v Vedanta Resources plc and another [2019] UKSC 20 Rn. 53.

748 Vgl. *Fleischer/Korch*, ZIP 2019, 2181, 2189.

749 *Heinen*, in: *Krajewski/Saage-Maaß*, Die Durchsetzung menschenrechtlicher Sorgfaltspflichten von Unternehmen (2018), S. 87, S. 110.

750 Lungowe and others v Vedanta Resources plc and another [2019] UKSC 20.

751 Lungowe and others v Vedanta Resources plc and another [2019] UKSC 20 Rn. 52.

systematisch fehlerhafte Konzernrichtlinien, die zur Minimierung der negativen Umweltauswirkungen durch unternehmerische, gefährliche Tätigkeiten, wie dem Bergbau, festgelegt und in der Folge von der Tochtergesellschaft „wie selbstverständlich" umgesetzt werden. Ferner führt der *Supreme Court*[752] den *Chandler*-Fall paradigmatisch an, bei dem die Tochtergesellschaft das System der Asbestherstellung von der Muttergesellschaft übernahm und dieses sich als inhärent unsicheres Arbeitssystem darstellte. Grund dafür war, dass die Arbeit in einer Fabrik mit offenen Seiten durchgeführt werden musste, wodurch das gesundheitsgefährdende Asbest nach draußen entweichen konnte. Es sei schwer nachvollziehbar, dass die Verantwortung der Muttergesellschaft in dem Fall abgeschwächt wird, in dem das unsichere Arbeitssystem vorher als Teil einer Konzernpolitik vereinbart wurde und somit weltweit von sämtlichen Tochtergesellschaften angewendet worden wäre.

Ferner könnten die ausländischen Unternehmensträger dadurch derart unter Druck gesetzt werden, dass eine erhöhte Gefahr für Menschenrechtsverletzungen hiermit einhergeht.[753]

3. *Kritik unter Heranziehung des Vertrauensgrundsatzes und fehlender Verbindlichkeit*

Ein Großteil der rechtswissenschaftlichen Stimmen kritisiert diesen Ansatz zum einen unter Heranziehung des Vertrauensgrundsatzes[754] und zum anderen unter Verweis auf die Freiwilligkeit der Erklärungen.[755]

---

752 Lungowe and others v Vedanta Resources plc and another [2019] UKSC 20 Rn. 52.

753 US Court of Appeal, Doe I v. Wal-Mart Stores, Inc., 572 F.3d 677, 680 (9th Cir. 2009) unter Hinweis auf das Klägervorbringen: „Finally, Plaintiffs allege that the short deadlines and low prices in Wal-Mart's supply contracts force suppliers to violate the Standards in order to satisfy the terms of the contracts".; ähnlich *Osieka*, Zivilrechtliche Haftung deutscher Unternehmen für menschenrechtsbeeinträchtigende Handlungen ihrer Zulieferer (2014), S. 190; *Heinen*, in: *Krajewski/Saage-Maaß*, Die Durchsetzung menschenrechtlicher Sorgfaltspflichten (2018), S. 87, S. 107 f.

754 *Fleischer/Korch*, ZIP 2019, 2181, 2188; *Spindler*, in: *Artz et al.*, BeckOGK BGB (Stand: 01.05.2023), § 823 Rn. 417 allg. zum Vertrauensgrundsatz im Deliktsrecht.

755 *Nordhues*, in: *Krajewski/Saage-Maaß*, Die Durchsetzung menschenrechtlicher Sorgfaltspflichten von Unternehmen (2018), S. 125, S. 145 f.; *Heinen*, in: *Krajewski/Saage-Maaß*, Die Durchsetzung menschenrechtlicher Sorgfaltspflichten von Unternehmen (2018), S. 87, S. 110; *Fleischer/Korch*, ZIP 2019, 2181, 2189; *Nordhues*, Die Haftung der Muttergesellschaft und ihres Vorstands für Menschenrechtsverletzungen im Konzern (2019), S. 136; *v. Falkenhausen*, Menschenrechtsschutz durch Deliktsrecht (2020), S. 211.

Dem inländischen Unternehmensträger sei selbst bei strengen konzernweiten Fristenvorgaben oder bei der Ausübung von Preisdruck auf den ausländischen Unternehmensträger keine verkehrspflichtenbegründende Gefahrenquelle zuzuordnen.[756]

Gegen eine Verkehrspflicht kraft konzernweiter Vorgaben spreche die rechtliche Selbstständigkeit der ausländischen Gesellschaft, welche für die Umsetzung der Vorgaben selbst verantwortlich sei und auch nach den Verlautbarungen der inländischen Gesellschaft bleibe.[757]

Nur in Ausnahmefällen könne ein solches Vorverhalten eine Verkehrspflicht des inländischen Unternehmensträgers begründen. Ein solcher Fall liege vor, wenn ein asymmetrisches Machtverhältnis zwischen inländischen und ausländischen Unternehmensträger bestünde. Dies sei der Fall, wenn dem ausländischen Unternehmensträger keinerlei Entscheidungsspielraum bezüglich der Produktionsbedingungen bleibt und der inländische Unternehmensträger von der Folge der Verschlechterung der Arbeitsbedingungen weiß.[758]

Gegen die Annahme eines Haftungsgrundes aus den *codes of conduct* wird eingewendet, dass diese teilweise abstrakt und allgemein[759] formuliert seien und keine Verkehrspflicht der inländischen Gesellschaft begründen könnten.

Konzernweite Selbstverpflichtungen des inländischen Unternehmensträgers würden für die Begründung einer Verkehrspflicht nicht ausreichen.[760] Gegen die Verkehrspflicht kraft unternehmerischer interner Verlautbarungen wird die Freiwilligkeit hervorgehoben, die einen Rechtsbindungswillen der Muttergesellschaft ausschließe.[761] Zur Begründung wird konkret auf die unbestimmt

---

756 *Fleischer/Korch*, ZIP 2019, 2181, 2188; *Habersack/Ehrl*, AcP 2019, 155, 201 f.; in engen Grenzen vgl. *Heinen*, in: *Krajewski/Saage-Maaß*, Die Durchsetzung menschenrechtlicher Sorgfaltspflichten von Unternehmen (2018), S. 87, S. 107, wenn dem Zulieferer kein Verhandlungsspielraum mehr bleibe.

757 *V. Falkenhausen*, Menschenrechtsschutz durch Deliktsrecht (2020), S. 200, S. 205.

758 *Heinen*, in: *Krajewski/Saage-Maaß*, Die Durchsetzung menschenrechtlicher Sorgfaltspflichten von Unternehmen (2018), S. 87, S. 107 f.

759 *V. Falkenhausen*, Menschenrechtsschutz durch Deliktsrecht (2020), S. 200.

760 *V. Falkenhausen*, Menschenrechtsschutz durch Deliktsrecht (2020), S. 210 f.; *Fleischer/Korch*, DB 2019, 1944, 1951; *Nordhues*, Die Haftung der Muttergesellschaft und ihres Vorstands für Menschenrechtsverletzungen im Konzern (2019), S. 134 ff.; *Schall*, ZGR 2018, 479, 508.

761 *Nordhues*, in: *Krajewski/Saage-Maaß*, Die Durchsetzung menschenrechtlicher Sorgfaltspflichten von Unternehmen (2018), S. 125, S. 145 f.; *Heinen*, in: *Krajewski/Saage-Maaß*, Die Durchsetzung menschenrechtlicher Sorgfaltspflichten von Unternehmen (2018), S. 87, S. 110; *Fleischer/Korch*, ZIP 2019, 2181, 2189; *Nordhues*, Die Haftung der

formulierten Vorgaben („soll“), die in den *codes of conduct* regelmäßig verwendet werden, hingewiesen.[762] Auch eine deliktsrechtliche Verkehrspflicht könne hierdurch nicht entstehen.[763] Ferner würden die Vorgaben regelmäßig nur darauf abzielen, ein Vertrauen der Verbraucher im Inland aufzubauen und nicht die gefährdeten Arbeitnehmer oder Anwohner im Ausland adressieren.[764] Aus den Selbstverpflichtungen ließen sich allenfalls wettbewerbsrechtliche Sanktionsfolgen auf Grund einer Täuschung der Endverbraucher rechtfertigen.

Nur in Ausnahmefällen, namentlich bei Hervorrufen eines besonderen Vertrauens des Rechtsverkehrs[765], solle eine Verkehrspflicht begründbar sein.[766]

Daneben wird vorgeschlagen, die *codes of conduct* der Unternehmensträger dahingehend zu interpretieren, dass sie einen erweiterten Sorgfaltsmaßstab begründen.[767] Rechtsvergleichend wurde auch in den USA und in Kanada[768] eine aus den *codes of conduct* begründete Verkehrspflicht abgelehnt.

Diskutiert wird daneben eine differenzierte, einzelfallbezogene Sicht bezüglich einer Verkehrspflichtbegründung kraft konzernweiter Richtlinien.[769] Die Vorgabe konzernweiter Sicherheitsstandards solle nur dann haftungsbewehrt sein, wenn die ausländische Gesellschaft gleichzeitig eigene Anstrengungen zur Gefahrenabwehr verringert. Dies sei nicht der Fall, wenn die Sicherheitsstandards die ausländische Gesellschaft bei ihrer eigenen Gefahrabwehr nur

---

Muttergesellschaft und ihres Vorstands für Menschenrechtsverletzungen im Konzern (2019), S. 136; *v. Falkenhausen,* Menschenrechtsschutz durch Deliktsrecht (2020), S. 211.

762 *Nordhues,* in: *Krajewski/Saage-Maaß,* Die Durchsetzung menschenrechtlicher Sorgfaltspflichten von Unternehmen (2018), S. 125, S. 145 f. spricht von „weichen Formulierungen“, denen ein Rechtsbindungswille nicht entnommen werden kann.

763 *Habersack/Ehrl,* AcP 2019, 155, 202.

764 *Heinen,* in: *Krajewski/Saage-Maaß,* Die Durchsetzung menschenrechtlicher Sorgfaltspflichten von Unternehmen (2018), S. 87, S. 111; *Fleischer/Korch,* ZIP 2019, 2181, 2189 mit Verweis darauf, dass *codes of conduct* nicht mit den Arbeitnehmern im Ausland abgeschlossen werden; *Wagner,* RabelsZ 2016, 717, 777 f. in Bezug auf unrichtige CSR-Erklärungen.

765 Vgl. *Holle,* Legalitätskontrolle im Kapitalgesellschafts- und Konzernrecht (2014), S. 338 f.; *Spindler,* Unternehmensorganisationspflichten (2011), S. 958.

766 *V. Falkenhausen,* Menschenrechtsschutz durch Deliktsrecht (2020), S. 211 m.w.N.

767 *V. Falkenhausen,* Menschenrechtsschutz durch Deliktsrecht (2020), S. 212 f.

768 US Court of Appeal, Doe I v. Wal-Mart Stores, Inc., 572 F.3d 677, 680 (9th Cir. 2009); Court of Appeal of Ontario, Das v. George Weston Limited, 2018 ONCA 1053 Rn. 176 ff.

769 *Fleischer/Korch,* ZIP 2021, 709, 715 f.

unterstützen sollen. In einem Fall, in dem die Richtlinien die ausländische Gesellschaft zu einer höheren Sorgfalt bezüglich der Gefahrenabwehr anhalte, könne ebenfalls keine Gefahrerhöhung angenommen werden.

Zuletzt wird hervorgehoben, dass eine Haftungsbegründung auf Grund der internen Verlautbarungen zu einem Fehlanreiz zulasten der Menschenrechtsgefährdeten im Ausland führen könne, indem die Unternehmensträger in der Folge auf menschenrechtsbezogene Vereinbarungen in den Lieferketten verzichten würden.[770]

4. *Stellungnahme: Verkehrspflichtbegründung durch unternehmerische interne Verlautbarungen in Einzelfällen*

Eine Verkehrspflicht der inländischen Gesellschaften auf Grund interner Verlautbarungen, die sich auf Geschäftsbereiche der ausländischen Unternehmensträger beziehen und die Einhaltung von festgelegten (Sicherheits- und Arbeitsschutz-)Standards bezwecken, ist nicht pauschal abzulehnen.[771]

So hat rechtsvergleichend der *UK Supreme Court* festgestellt, dass eine Sorgfaltspflichtbegründung allein auf Grund der Festlegung konzernweiter fehlerhafter[772] Richtlinien entgegen der Auffassung von *Simon LJ* und *Mr. Gibson* in der Rechtssache *Okpabi v Royal Dutch Shell*[773] grundsätzlich möglich ist.[774] Zwar wurde in einem anderen Fall *(AAA v Unilever plc)* die deliktsrechtliche Sorgfaltspflicht einer Muttergesellschaft wegen der von ihr erteilten konzernweiten Vorgaben im Ergebnis ablehnt.[775] Grund für die Ablehnung war allerdings der unzureichende Nachweis der Kläger darüber, dass eine „sachdienliche Beratung“ in Bezug auf bestimmte Risiken seitens der Muttergesellschaft stattgefunden

---

770 *Schneider*, NZG 2019, 1369, 1376 ff.; vgl. auch *Stahl*, Haftung von Unternehmen für Menschenrechtsverletzungen ihrer ausländischen Zulieferer (2020), S. 55 m.w.N.; *Kaller*, ZEuP 2022, 157, 175 hiernach werfe das sog. „*dilemma of control*“ rechtspolitisch die Frage auf, ob diese negativen Handlungsanreize hinnehmbar sind oder diese durch andere Faktoren, etwa die Angst vor Reputationsverlusten, hinreichend aufgewogen würden.

771 Vgl. Lungowe and others v Vedanta Resources plc and another [2019] UKSC 20 Rn. 52.

772 Zu dem konkreten Beispiel für eine Konzernrichtlinie mit systematischen Fehlern, die sorgfaltspflichtbegründend wirken kann, siehe unter diesem Kapitel B. 2.

773 Okpabi v Royal Dutch Shell [2018] EWCA Civ. 191 Rn. 140.

774 Lungowe and others v Vedanta Resources plc and another [2019] UKSC 20 Rn. 52.

775 AAA v Unilever plc [2018] EWCA Civ. 1532 mit rechtlicher Begründung Rn. 35 ff., Rn. 40.

hatte. Dieses Urteil kann mithin ebenfalls in die Richtung gedeutet werden, dass konzernweite Erklärungen, die zur Umsetzung des Corporate Governance-Systems getätigt werden, für die Begründung einer Sorgfaltspflicht ausreichen können.

Eine konzernweite Politik, die den Gefahren der Tätigkeiten in der Wertschöpfungskette sachgerecht begegnet und keine Defizite bezüglich der Regelungen enthält, schafft und erhöht keine Gefahr. Die Gefahrbeherrschung geht auch weiterhin von dem ausländischen Unternehmensträger oder Dritten aus.

Dagegen ist eine fehlerbehaftete konzernweite Politik in der Lage menschenrechtliche Missstände und somit Gefahren in den ausländischen Betrieben zu schaffen oder zu erhöhen.

Dazu gehören die Fälle von konzernweiten Vorgaben mit systematischen Fehlern, die unmittelbar oder mittelbar zu einer Gefahr für die Rechtsgüter der Betroffenen führen, wie bei bestimmten Vorgaben zu Produktionsbedingungen, die sich in der Praxis und bei ihrer konkreten Umsetzung als gesundheitsgefährdend darstellen.

Der *UK Supreme Court* stellte hierzu ebenfalls fest, dass eine Sorgfaltspflicht der Muttergesellschaft im Fall *Chandler v Cape plc* ebenso begründet wäre, wenn das unsichere Arbeitssystem, welches einen Grund für die Annahme der Verkehrspflicht in dem Fall darstellte, Teil der konzernweiten Politik gewesen wäre und von allen Tochtergesellschaften in der ganzen Welt umgesetzt worden wäre.[776] Dem kann unter den nationalen Entstehungsgründen der Gefahrerhöhung und des Vertrauensschutzes zugestimmt werden.

Ferner können nach der hier vertreten Auffassung auch die Fälle, in denen auf Grundlage der konzernweiten (fehlerfreien) Politik Kontrollen und Überwachungsmaßnahmen durch den inländischen Unternehmensträger festgelegt werden, die entgegen dieser Vorgabe nicht oder nicht ordnungsgemäß durchgeführt werden, pflichtbegründend wirken. Hierbei ist allerdings auf die konkreten Umstände des Einzelfalls abzustellen. Stellen sich die aktiven Schritte der Muttergesellschaft, wie die Überwachungsmaßnahmen, als bloße Unterstützungshandlungen zur Gefahrenabwehr zugunsten der Tochtergesellschaft dar, ist hierdurch noch keine Gefahr begründet. Dagegen kann eine nicht oder nicht ordnungsgemäß umgesetzte Konzernpolitik, die Überwachungsmaßnahmen seitens der Inlandsgesellschaft ausdrücklich bestimmt und dadurch ein Vertrauen auf die ordnungsgemäße Kontrolle erweckt, eine Verkehrspflicht begründen. Der *UK Supreme Court* sieht hierin überdies eine tatsächliche Verantwortungsübernahme

776 Lungowe and others v Vedanta Resources plc and another [2019] UKSC 20 Rn. 52.

als Ausnahme für die Begründung einer *duty of care*,[777] wenn der inländische Unternehmensträger dadurch den Eindruck erweckt, ein bestimmtes Maß an Kontrolle und Aufsicht über die Tochtergesellschaft auszuüben, obwohl dies nicht der Wirklichkeit entspricht.[778] Nach deutschem Recht liegen diesen Fällen jedenfalls die pflichtbegründende Topoi der Gefahrerhöhung und der Vertrauensschutzgedanke zugrunde.

Freilich wird bei konzernweiten Regelungen, die sorgfältig ausgewählt wurden und deren regelmäßige Überwachung durch die Inlandsgesellschaft sichergestellt ist, keine auf den Rechtsgüterschutz gerichtete Verkehrspflicht begründet. Enthalten die konzernweiten Regelungen allerdings Defizite hinsichtlich sicherheitsrelevanter Aspekte, die zum Schutz von Rechtsgütern erforderlich sind, können diese eine Verkehrspflicht der Inlandsgesellschaft begründen. Das Veröffentlichen konzernweiter Richtlinien, die fehlerhaft (d.h. mit Sicherheitsdefiziten) aufgestellt werden, erhöht die Gefahr für die Arbeitnehmer, die bei Umsetzung der Richtlinien mit den Sicherheitsdefiziten (un-)mittelbar in Berührung kommen. Das Erstellen von sicherheitsrelevanten Konzernrichtlinien erweckt daneben Vertrauen auf ein sorgfältiges Sicherheitskonzept durch die Muttergesellschaft.

Zuletzt soll der Gedanke des faktischen Zwangs zur Vornahme von Menschenrechtsverletzungen durch die Konzernpolitik aufgegriffen werden. Dieser potenziell verkehrspflichtbegründende Umstand wurde, soweit erkennbar, noch nicht durch ausländische Gerichte aufgegriffen.[779]

Im Rahmen einer Konzern- oder Lieferkettenvereinbarung können strenge Vorgaben für die Produktionskosten und -fristen und sonstiger in das Ausland verlegten Arbeitsprozesse vorausgesetzt werden, sodass die Erfüllung der Konzernrichtlinien oder Lieferkettenvereinbarungen nur mittels Menschenrechtsverletzungen umsetzbar sind. Ferner sind sich widersprechende Konzern-Richtlinien denkbar, die einerseits zwar explizite Schutzvorgaben in Bezug auf die Arbeitsbedingungen sowie Angaben hinsichtlich angemessener Arbeitslöhne enthalten. Andererseits werden hierbei ebenso Liefervorgaben, z.B. in Bezug auf

---

777 Vgl. dazu *Fleischer/Korch*, ZIP 2019, 2181, 2185 m.w.N. zur Begründung einer *negligence*-Haftung im englischen Recht.

778 Lungowe and others v Vedanta Resources plc and another [2019] UKSC 20 Rn. 53.

779 Auch nicht im Fall Doe I v Wal-Mart Stores Inc., in dem die Kläger diesen als Argument für eine Sorgfaltspflicht der Obergesellschaft heranzogen, vgl. US Court of Appeal, Doe I v Wal-Mart Stores, Inc., 572 F.3d 677, 680 (9th Cir. 2009) „Finally, Plaintiffs allege that the short deadlines and low prices in Wal-Mart's supply contracts force suppliers to violate the Standards in order to satisfy the terms of the contracts.".

Preise oder Lieferfristen, vereinbart, die ohne Menschenrechtsverletzungen, wie Kinderarbeit oder unverhältnismäßiger Nachtarbeit, nicht umzusetzen sind.

Die Veröffentlichung von Konzernrichtlinien, die wissentlich nur unter erheblichen Abstrichen in den Bereichen Sicherheits- und Arbeitsschutz umgesetzt werden (können), begründet eine Verkehrspflicht der Richtlinienerstellerin. Hierbei liegt der Grund der Verkehrspflicht in der Gefahrerhöhung. Werden allgemeine konzernweite Richtlinien oder Konzernkostenrichtlinien so aufgestellt, dass sie erkennbar nur mittels Rechts- oder Rechtsgutsverletzung umsetzbar sind, sind diese fehlerhaft erstellt und enthalten Sicherheitsdefizite hinsichtlich des Rechte- und Rechtsgüterschutzes der Personen, die von der Umsetzung der Richtlinien betroffen sind. Eine Gefahr für die Rechtsgüter der Arbeitnehmer, die ohne die strengen Liefer- und Produktionsvorgaben nicht entstanden wäre, wird zumindest mittelbar durch die Vorgaben des inländischen Unternehmensträgers begründet. Denkbar ist konkret der Fall, in dem Konzernkostenrichtlinien zur Beschaffung der Rohstoffe und Produktion der Ware für die Lieferanten in der Wertschöpfungskette aufgestellt werden und erkennbar ist, dass die Rohstoffe und die Ware nur unter menschenunwürdigen, d.h. rechtsgutsgefährdenden Bedingungen beschafft und produziert werden können.

Der vorgebrachte Fehlanreiz, der durch eine derartige Verkehrspflicht inländischer Unternehmensträger mit der Folge entstünde, dass von einer Festlegung konzernweiter Richtlinien zum Zwecke des Rechtsgüter- oder Menschenrechtsschutzes gänzlich abgesehen wird, hat keine Auswirkungen auf die Entstehung einer Verkehrspflicht nach nationalem Recht. Dem kann dennoch entgegengehalten werden, dass die neuen Regularien (CSRD, CSDDD) zunehmend zu solchen Verlautbarungen verpflichten, sodass eine „Flucht" der Unternehmensträger durch die Nicht-Verlautbarung keine Option mehr ist und somit auch kein Fehlanreiz entsteht.

5. *Zusammenfassung der haftungsbegründenden unternehmerischen internen Verlautbarungen*

Konzernweite Vorgaben der Muttergesellschaft können nach der Untersuchung in den folgenden Fällen eine Verkehrspflicht begründen:

1. (Fehlerfreie) konzernweite Vorgaben des inländischen Unternehmensträgers unter Ankündigung von *Schulungs-, Kontroll- und Durchsetzungsmaßnahmen* zur Vermeidung von Menschenrechtsverletzungen, die *nicht oder nicht ordnungsgemäß umgesetzt* werden.
2. Konzernweite Vorgaben mit *Sicherheitsdefiziten*. Das sind solche Vorgaben, die die Umsetzung bestimmter Arbeitsstandards (z.B. angemessener

Gesundheits- und Arbeitsschutz) in den ausländischen Betrieben nur lücken- oder fehlerhaft regeln, sodass es zu Rechtsgutsgefährdungen und -verletzungen kommt.

3. Konzernweite Vorgaben, die ausländische Unternehmensträger *faktisch zu Rechtsgutsgefährdungen zwingen*. Das sind solche Vorgaben, die ohne Rechtsgutsgefährdungen für Dritte und Arbeitnehmer (z.B. Reduzierung des Sicherheitsstandards) nicht von den ausländischen Unternehmensträger umgesetzt werden können. Solche Vorgaben können auch auf allgemeine Bereiche der Geschäftstätigkeit der Tochtergesellschaft gerichtet sein (beispielsweise die Produktions- und Preisvorgaben).

II. Unternehmerische externe Verlautbarung der Kontrolle und Überwachung von Tochtergesellschaften

1. *Begründungsansatz aus der rechtsvergleichenden Rechtsprechung*

Eine Verkehrspflicht der inländischen Gesellschaft könnte begründet werden, wenn diese öffentlich bekannt gibt, dass sie ein gewisses Maß an Kontrolle über die ausländischen Gesellschaften ausübt und hierdurch Vertrauen des Rechtsverkehrs auf eine ordnungsgemäße Überwachung erweckt.[780]

So wurde vom *UK Supreme Court* schon im *Vedanta*-Urteil[781] festgestellt, dass die Muttergesellschaft gegenüber Dritten eine Verantwortung übernimmt, indem sie sich unwahrheitsgemäß in der Öffentlichkeit so darstellt, als würde sie das in den konzernweiten Vorgaben implizierte Maß an Aufsicht und Kontrolle über ihre Tochtergesellschaft ausüben.

Unter solchen Umständen könne das Unterlassen der öffentlich bekannt gemachten Verantwortungsübernahme eine Sorgfaltspflichtverletzung darstellen, wenn die Überwachung tatsächlich nicht stattgefunden hat:

> *„Similarly, it seems to me that the parent may incur the relevant responsibility to third parties if, in published materials, it holds itself out as exercising that degree of supervision and control of its subsidiaries, even if it does not in fact do so. In such circumstances its very omission may constitute the abdication of a responsibility which it has publicly undertaken."*[782]

Diese *Vedanta*-Route greift der *UK Supreme Court* auch in dem Fall *Okpabi v Royal Dutch Shell plc* auf[783] und begründet damit die Unabhängigkeit der

780 Okpabi and others v Royal Dutch Shell plc and another [2021] UKSC 3 Rn. 26.
781 Lungowe and others v Vedanta Resources plc and another [2019] UKSC 20 Rn. 53.
782 Lungowe and others v Vedanta Resources plc and another [2019] UKSC 20 Rn. 53.
783 Okpabi and others v Royal Dutch Shell plc and another [2021] UKSC 3 Rn. 147 f.

Verkehrspflichtbegründung von (dem Grad der rechtlich begründeten) Kontrolle der Muttergesellschaft. Eine gewisse Kontrolle könne regelmäßig in allen Konzernkonstellationen angenommen werden. Als Beispiel für die Unabhängigkeit führt das Gericht die Sorgfaltspflichtbegründung nach der zitierten *Vedanta*-Route an.

2. *Kritik unter Heranziehung des Vertrauensgrundsatzes*

Einer Verkehrspflichtbegründung allein auf Grund der Verlautbarung der Kontrolle und Überwachung der ausländischen Gesellschaften steht die allgemeine Auffassung kritisch gegenüber.[784] Derartige Verlautbarungen der Inlandsgesellschaften erschöpften sich zumeist in einer Enttäuschung der Konsumenten und folglich in wettbewerbsrechtliche Konsequenzen.[785] Unter Heranziehung des Vertrauensgrundsatzes[786] sei eine eigene Verkehrspflicht der Inlandsgesellschaft nur in seltenen Ausnahmefällen in Betracht zu ziehen.[787]

3. *Stellungnahme: Verkehrspflicht durch unternehmerische öffentliche Verlautbarungen in Einzelfällen*

Die differenzierte, einzelfallbezogene Sicht bezüglich einer Verkehrspflichtbegründung, die bei unternehmerischen internen Verlautbarungen gefordert wird,[788] kann auf öffentliche unternehmerische Verlautbarungen übertragen werden. Insofern gilt, dass unternehmerische, wahrheitswidrige Verlautbarungen über die Vornahme von Kontrollen und Überwachungsmaßnahmen bei den

---

784 Vgl. *v. Falkenhausen*, Menschenrechtsschutz durch Deliktsrecht (2020), S. 210 f.; *Fleischer/Korch*, DB 2019, 1944, 1951; *Nordhues*, Die Haftung der Muttergesellschaft und ihres Vorstands für Menschenrechtsverletzungen im Konzern (2019), S. 134 ff. bezüglich Selbstverpflichtungserklärungen, wie codes of conduct, auf die auch Kontrollen folgen können; *Schall*, ZGR 2018, 479, 508.

785 Dazu auch *Asmussen*, Haftung für CSR (2020), S. 178 ff., S. 197 ff.; *Schall*, ZGR 2018, 479, 508: „Haftung aus Kaufrecht, Kapitalmarktrecht oder Wettbewerbsrecht kommt jedenfalls nicht unmittelbar den Opfern zugute."

786 Vgl. *Spindler*, Unternehmensorganisation (2011), S. 958 diesen Gedanken aufgreifend bezüglich der Begründung von berechtigten Sicherheitserwartungen des Verkehrs durch die Muttergesellschaft, beispielsweise durch den Auftritt als Herstellerin oder Werbung mit einem bestimmten Qualitätsniveau der Ware.

787 Ebenso *v. Falkenhausen*, Menschenrechtsschutz durch Deliktsrecht (2020), S. 211; folgend *Fleischer/Korch*, ZIP 2021, 709, 716.

788 *Fleischer/Korch*, ZIP 2021, 709, 715 f.

ausländischen Gesellschaften eine Verkehrspflicht begründen können, wenn hierdurch die Gefahr von Rechtsverletzungen erhöht wird.

Die maßgeblichen nationalen Entstehungsgründe für eine derartige Verkehrspflicht sind der Vertrauensschutzgedanke sowie die Gefahrerhöhung. Der inländische Unternehmensträger erweckt durch die öffentliche Bekanntgabe von Präventionsmaßnahmen ein Vertrauen des Rechtsverkehrs, insbesondere der ausländischen Gesellschaften und deren Arbeitnehmern, auf den Schutz vor Rechtsgutsgefährdungen innerhalb der ausländischen Betriebe. Zudem wird bei der Nichtvornahme von Kontrollmaßnahmen trotz deren Verlautbarung die Gefahr von Menschenrechtsverletzungen aufrechterhalten und erhöht.

Hier kommt es gewiss auf die Umstände des Einzelfalls an. Eine Verkehrspflicht lässt sich umso eher begründen, desto detaillierter die wahrheitswidrige Aufsicht und Kontrolle kommuniziert wird und umso mehr sich die ausländischen Tochtergesellschaften oder Zulieferer aus der Gefahrenabwehr tatsächlich zurückziehen. Dabei müssen gewiss menschenrechtsgefährdende oder -verletzende Umstände in dem ausländischen Betrieb vorliegen, die die Inlandsgesellschaft durch ihr Verhalten, die Nichtvornahme ihrer öffentlich angekündigten Kontrollen, fortlaufend ermöglicht und fördert und dadurch die Gefahr für Rechtsverletzungen erhöht.

Abzugrenzen ist diese denkbare Dritthaftung gegenüber den betroffenen Arbeitnehmern und Dritten gem. § 823 I BGB auf Grund einer Verkehrspflichtverletzung gegenüber einer Haftung wegen *Green Washings*[789] innerhalb unternehmerischer Berichte (zur Abgrenzung ausführlich unter diesem Kap. B. III.).

III. Folge einer Haftungsbewehrung von unternehmerischen Verlautbarungen für die unternehmerische Berichtspflichtpraxis

Ausgehend von dem Ergebnis der Untersuchung, dass unter bestimmten Voraussetzungen sowohl die internen als auch weitere öffentliche unternehmerische Verlautbarungen der Kontrolle und Überwachung über Auslandsgesellschaften haftungsrechtliche Konsequenzen nach sich ziehen können, stellt sich die Frage, welche Auswirkungen dies auf die gesetzlichen Berichtspflichten der inländischen Unternehmensträger hat.

789 Siehe hierzu ausführlich im folgenden Abschnitt, B. III.

Ein unabhängig davon bestehender Anlass zur Untersuchung der Frage der zivilrechtlichen Haftungsbewehrung von unternehmerischen Berichtspflichten ist zudem das Phänomen des sogenannten „*Green Washing*".

> „Der Begriff des *Greenwashing* beschreibt das Problem, dass Unternehmen Freiräume in der Berichterstattung oder der Darstellung ihrer Aktivitäten häufig nutzen, um ihr Image durch die Hervorhebung umwelt- oder sozialfreundlicher Programme oder Produkte des Unternehmens, bzw. durch die Unterschlagung von Informationen zu eigenen sozial- oder umweltschädlichen Praktiken, aufzubessern."[790]

In diesen Berichten stellen sich die Unternehmensträger folglich als besonders menschenrechtsfreundlich und nachhaltig dar.[791]

Aus einer Verletzung dieser Berichtspflicht folgt bislang keine wesentliche Haftungsfolge für die Unternehmensträger.[792] Diskutiert werden in diesem Zusammenhang bloß Ansprüche von Kapitalanlegern, Wettbewerbern, Abnehmern und Verbrauchern. Eine Dritthaftung gegenüber den von Menschenrechtsverletzungen betroffenen Arbeitnehmern und Dritten ist hiervon abzugrenzen. Somit ist in der gebotenen Kürze zu untersuchen, ob Unternehmensträger „beim Wort genommen" werden können und im Falle einer verfälschten oder fehlerhaften Erklärung entgegen den realen Gegebenheiten eine Verkehrspflicht begründbar ist.

Es ist zuzugeben, dass bei der Annahme haftungsrechtlicher Folgen aus den unternehmerischen Verlautbarungen, die den Inhalt der unternehmerischen Berichtspflichten darstellen, ein Störgefühl auftritt.

Grund dafür ist, dass die Unternehmensträger keine Wahl hinsichtlich des „Obs" der Veröffentlichung von Berichten über die Corporate Governance und damit einschließend der konzernweiten Richtlinien, Ethikstandards und Compliance-Maßnahmen ihrer Gesellschaft haben. Die Berichtspflichten

790 *Eickenjäger*, in: *Krajewski/Saage-Maaß*, Die Durchsetzung menschenrechtlicher Sorgfaltspflichten von Unternehmen (2018), S. 243, S. 256 f.

791 *Hennrichs*, ZGR 2018, 206, 207, 226 mit Hinweis auf den VW-Dieselskandal und dem im Vorfeld veröffentlichten Nachhaltigkeitsbericht des VW-Konzerns; vgl. *Velte/Graewe*, DB 2020, 2529, 2533; vgl. *Nietsch*, ZIP 2022, 449, 449 f. zu Defiziten in der CSR-Berichterstattung.

792 Vgl. hierzu umfassend die thesenartigen Ergebnisse zur Haftung für CSR, *Asmussen*, Haftung für CSR (2020), S. 238 ff.; *Chatzinerantzis/Hohm*, DB 2021, 9, 9 ff. mit einem knappen Überblick über Haftungsgefahren aus unlauterer Werbung; zur Haftung aus Kaufrecht *Grunewald*, NJW 2021, 1777, 1777 ff.

verpflichten die Unternehmensträger gerade zur Berichterstattung über die konzernweite Politik.

Würde nunmehr aus diesen Berichten ein haftungsbegründender Umstand hergeleitet, dann stellt sich die Frage, ob dies mit dem gesetzgeberischen Willen im Einklang steht. Der Gesetzgeber hat, wie erwähnt, bis lang keine zivilrechtliche Haftungssanktion für Unternehmensträger im Falle von Berichtspflichtverletzungen vorgesehen.

Dieser Folgeschluss geht allerdings bei genauerer Betrachtung fehl, denn die gesetzlichen Berichtspflichten sind in mehreren Punkten im Hinblick auf die Begründung von Verkehrspflichten nicht mit den konzernweiten Verhaltenskodizes vergleichbar.

Zum einen richten sich die Berichte der Unternehmensträger an die Allgemeinheit bzw. Öffentlichkeit[793], d.h. an eine unbestimmte Anzahl an Personen.

Primärer Zweck der Berichtspflichten ist die Schaffung einer Informationsquelle für potenzielle Anleger, Arbeitnehmer und Repräsentanten des Unternehmensträgers.[794]

Zweck jeder Publizität ist der Marktschutz, sowohl individuell für die Marktteilnehmer als auch für die Funktion des Marktes als solcher. Transparenz sei dabei ein wichtiges Kontrollinstrument.[795]

Die (nichtfinanziellen) unternehmerischen Berichtspflichten dienen somit insbesondere dem externen Nachweis der Einbeziehung sozialer, menschenrechtlicher Belange.

Die Adressaten sollen sich über die Lage der jeweiligen Gesellschaft ein Bild machen können. Folglich ist der persönliche Schutzadressat der veröffentlichten Berichte jedermann. Ausgenommen seien Deliktsgläubiger, die allenfalls reflexartig geschützt würden.[796] Jedenfalls seien zu ihrem Schutz weitere

---

793 *Grunewald*, NJW 2021, 1777, 1777; MüKoHGB/*Fehrenbacher*, HGB § 325 Rn. 7; *Zetzsche*, in: *Hachmeister/Kahle/Mock/Schüppen*, Bilanzrecht, Vor § 325 HGB Rn. 3.

794 BGH, Urt. v. 08.02.1994 – VI ZR 286/93 = ZIP 1994, 648, 653 demzufolge Publizität und Transparenz das Korrelat für die durch die Rechtsform der Kapitalgesellschaft gewährte Haftungsbeschränkung seien; *Mazars*, Studie „Nachhaltigkeit & Anlageverhalten 2021", S. 17, abrufbar unter: https://www.mazars.de/content/download/1054980/54936756/version//file/ESG-Studie%20Nachhaltigkeit%20bei%20Investitionsentscheidungen.pdf (zuletzt abgerufen am 04.05.2022); *Biesheim/Dopychai*, in: *Nietsch*, Corporate Social Responsibility Compliance (2021), S. 83 f.; *Nietsch*, ZIP 2022, 449, 449. MüKoHGB/*Fehrenbacher*, HGB § 325 Rn. 7.

795 *Zetzsche*, in: *Hachmeister/Kahle/Mock/Schüppen*, Bilanzrecht, Vor § 325 HGB Rn. 1.

796 *Zetzsche*, in: *Hachmeister/Kahle/Mock/Schüppen*, Bilanzrecht, Vor § 325 HGB Rn. 4.

Gläubigerschutzmaßnahmen erforderlich, wie Ausschüttungssperren oder eine persönliche Haftung der Leitungsorgane von insolventen Unternehmensträgern.[797]

Veröffentlicht werden die Berichte im Unternehmensregister als zentralem Informationsportal, vgl. § 325 I 2 HGB, oder auf der Internetseite der Unternehmensträger.[798] Zudem müssen die Berichte gem. § 325 I 1 HGB grundsätzlich in deutscher Sprache eingereicht werden.[799]

Zusammenfassend ist die Allgemeinheit Adressat der unternehmerischen Berichtspflichten. Die Arbeitnehmer, Anwohner und sonstige Dritte im Ausland als potenzielle Deliktsgläubiger sind nach der allgemeinen Auffassung keine Adressaten der unternehmerischen Berichte. Es kann auch davon ausgegangen werden, dass diese keine Einsicht in den Bundesanzeiger oder der Internetseite der Obergesellschaft nehmen und die Berichte in deutscher Sprache entziffern, sodass hierdurch nach dem hier vertretenen dogmatischen Verständnis keine Verkehrspflicht begründet wird.

Im Gegensatz zu den unternehmerischen Berichtspflichten als *externer* Nachweise dienen die konzernweiten Richtlinien vor allem der *internen* Kontrolle.

Die konzernweiten Verhaltenskodizes adressieren eine bestimmte Anzahl an Personen, und zwar regelmäßig sämtliche Mitarbeiter, Angestellte, die Gesellschaftsorgane sowie die Tochtergesellschaften oder Zulieferer.

Es besteht bislang keine gesetzliche Verpflichtung zur Implementierung eines Verhaltenskodex.[800]

Die Verhaltenskodizes werden in englischer Sprache ausgegeben und grundsätzlich wird sichergestellt, dass alle hiervon Betroffenen den Kodex zur Kenntnis nehmen können.[801]

Zudem finden teilweise Ausbildungen auf Grundlage der Kodizes statt, um das Verständnis für den Inhalt des Kodex' und dessen Bedeutung zu stärken.

Der verkehrspflicht- und somit haftungsbegründende Umstand leitet sich aus den unternehmerischen Verlautbarungen, die, wie die vorliegende Untersuchung gezeigt hat, entweder fehlerhaft oder defizitär aufgestellt werden oder einen mittelbaren, faktischen Zwang zu Rechtsgutsgefährdungen Dritter hervorrufen.

---

797 *Zetzsche*, in: *Hachmeister/Kahle/Mock/Schüppen*, Bilanzrecht, Vor § 325 HGB Rn. 3.
798 *Zetzsche*, in: *Hachmeister/Kahle/Mock/Schüppen*, Bilanzrecht, Vor § 325 HGB Rn. 4.
799 *Zetzsche*, in: *Hachmeister/Kahle/Mock/Schüppen*, Bilanzrecht, § 325 HGB Rn. 119.
800 *Fahrig*, NJOZ 2010, 975, 975.
801 Vgl. *Desimoni/Mai*, CCZ 2019, 143, 145 zum Verhaltenskodex der Siemens AG; vgl. *Fahrig*, NJOZ 2010, 975, 979 demzufolge sichergestellt werden müsse, dass der Kodex für alle Arbeitnehmer verständlich abgefasst ist.

Unter den verkehrspflichtbegründenden unternehmerischen Verlautbarungen können nicht gleichermaßen die unternehmerischen Berichtspflichten verstanden werden.

Diese greifen die erlassene konzernweite Politik im Rahmen des Corporate Governance-Systems der Unternehmensträger bloß auf, ohne eine (durch die konzernweite Politik geschaffene) Gefahr zu erhöhen oder eine neue Gefahr für die Rechtsgüter Dritter zu schaffen.

Maßgeblich bleiben die konzern- und lieferkettenweiten Verlautbarungen, aus denen mittelbar oder unmittelbar eine Gefahr für die Rechtsgüter Dritter und somit die Arbeitnehmer im Ausland entsteht.

Auch ein Rückgriff auf den Vertrauensgrundsatz begründet keine Verkehrspflicht kraft unternehmerischer Berichterstattung. Zwar kann argumentiert werden, dass die Öffentlichkeit, u.a. die Kunden der inländischen Gesellschaften, hierdurch Kenntnis von den konzernweiten Praktiken erlangt. Dies begründet aber keine Gefahr für deren Rechte oder Rechtsgüter im Sinne des § 823 I BGB. Eine Kenntnisnahme ausländischer Arbeitnehmer oder weiterer von den Konzern- oder Lieferkettenaktivitäten betroffenen Dritter von den Berichten ist zweifelhaft, da diese Berichte grundsätzlich in deutscher Sprache verfasst und nur im Bundesanzeiger oder auf der Internetseite der Inlandsgesellschaft veröffentlicht werden. Dennoch wird auch bei der Annahme der Kenntnisnahme der Arbeitnehmer und Dritten kein zusätzliches (d.h. nicht schon durch die konzernweite Politik geschaffenes) Vertrauen auf eine Gefahrenabwehr durch die Inlandsgesellschaft erweckt, sodass auch aus dem Vertrauensschutzaspekt keine Verkehrspflicht begründet wird.

Ein solches Verständnis könnte aus rechtspolitischer Sicht zwar einen positiven Effekt auf die unternehmerische soziale Verantwortung der Gesellschaften haben, indem ein Anreiz zur wahrheitsgemäßen Darstellung und Vermeidung von „*Green Washing*“[802] der Unternehmensträger gesetzt würde. Dennoch begründet eine wahrheitswidrige, unsachgemäße oder defizitäre Berichterstattung über die konzernweite Politik eines Unternehmensträgers unter Heranziehung der nationalen Entstehungsgründe für Verkehrspflichten keine deliktsrechtliche Haftung gegenüber den Betroffenen.

---

802 Vgl. *Bachmann*, ZGR 2018, 231, 260 f., demzufolge für die Zukunft weiter beobachtet werden müsse, ob die Sanktionen bei Nichterfüllung der durch §§ 289b ff. HGB auferlegten Pflichten mit ihrem geringen Haftungsrisiko treffsicher genug seien, um unerwünschtes „Greenwashing“ zu vermeiden.

Der haftungsbegründende Moment liegt vorgelagert in den unternehmerischen Verlautbarungen, die im Sinne des Corporate Governance-Systems der Unternehmensträger im Vorfeld der Berichterstattung veröffentlicht (und teils umgesetzt) werden.

IV. Ergebnis: Schnittstelle zwischen Deliktsrecht und Corporate Governance-System der Unternehmensträger

Nach der vorliegenden Untersuchung besteht eine Schnittstelle zwischen Delikts- bzw. Haftungsrecht und dem Corporate Governance-System der Unternehmensträger. Auch die englischen Urteile in den Praxisfällen gehen in diese Richtung und leiten aus den freiwillig internen oder öffentlich kommunizierten Verpflichtungen an die Öffentlichkeit zur Gefahrenabwehr eine gesteigerte, haftungsrelevante Verantwortung ab.[803]

C. Menschenrechtsarbitrage

Ferner könnte die sog. Menschenrechtsarbitrage einen Grund für eine gesteigerte deliktsrechtliche Verantwortung von Unternehmensträgern bilden.

I. Begründungsansatz von Weller und Nasse

Weller und *Nasse* sehen eine „moderne" Gefahrenquelle in der sog. Menschenrechtsarbitrage.[804] Die Menschenrechtsarbitrage resultiere aus der grundsätzlich freien (Standort-)Wahl eines Unternehmensträgers, der dadurch Geschäfte mit Gesellschaften in Rechtsordnungen mit defizitärer Rechtslage betreiben kann, und dem lückenhaften nationalen Kollisionsrecht. Durch die Verlagerung der Produktion in das Ausland profitierten die inländischen Unternehmensträger zum Teil von den dort geltenden defizitären Regelungen bezüglich des Arbeits-, Gesundheits- und Brandschutzes. Zudem würden Korruption und Gewalt die effektive Rechtsdurchsetzung erschweren. Jedoch bestehe für die Unternehmensträger grundsätzlich Wahlfreiheit bezüglich einer Sachrechtsordnung.[805]

Zum Ausgleich defizitärer ausländischer Sachrechtsordnungen seien grundsätzlich die kollisionsrechtlichen Grenztatbestände wie der sog. *ordre public*

---

803 Dazu eingehend unter Kap. 5.

804 *Weller/Nasse*, ZGR 2020, Sonderheft (22), 107, 127 ff.

805 *Weller/Nasse*, ZGR 2020, Sonderheft (22), 107, 127.

gem. Art. 6 EGBGB und Art. 26 ROM-II-VO, der sog. *fraus legis*[806] und die Eingriffsnormen vorgesehen. Diese dienen dem Schutz nationaler Grundprinzipien, die auch im internationalen Rechtsverkehr bei der Anwendung ausländischen Sachenrechts nicht missachtet werden dürfen. Rechtsfolge der Grenztatbestände ist die Nichtanwendung des ursprünglich berufenen Sachrechts, um einen Verstoß gegen die Grundprinzipien zu verhindern.[807]

Der Schutz über die Ausnahmetatbestände des Kollisionsrechts finde seine Grenze in Zwei-Personen-Verhältnissen. Grund dafür sei, dass für die Korrektur ein hinreichender Inlandsbezug Voraussetzung ist, der in den Fällen der Menschenrechtsverletzungen „weiter unten in der Kette" (wie z.B. bei einem der Tochtergesellschaft untergeordneten Subunternehmer) nicht vorliege.[808] Dieses Ungleichgewicht zwischen unzureichendem Rechtsschutz im Ausland und der unmöglichen Korrektur über das nationale Kollisionsrecht könne eine neue Gefahrenquelle begründen. Sofern ein inländischer Unternehmensträger in der Lieferkette oder im Konzern weitere Unternehmensträger im Ausland zwischenschaltet, könne es auf diese Weise den kollisionsrechtlichen Korrekturen über die Ausnahmetatbestände entgehen.[809] Diese Gefahrenquelle gelte als missbräuchliche Menschenrechtsarbitrage, wenn ein inländischer Unternehmensträger positive Kenntnis (oder fahrlässige Unkenntnis) über Menschenrechtsverletzungen im Konzern und in der Lieferkette hat.[810]

Diese Gefahrenquelle könne demnach eine Verkehrspflicht nach § 823 I BGB begründen. Dem inländischen Unternehmensträger bliebe eine Exkulpationsmöglichkeit, wenn er die hinreichende Sorgfalt hat walten lassen und es dennoch zu einer Menschenrechtsverletzung in der Wertschöpfungskette kommt.[811]

---

806 EuGH, Urt. v. 09.03.1999 – C-212/97 = ZIP 1999, 438, 441 a.E. (Centros); EuGH, Urt. v. 30.09.2003 – C-167/01 = ZIP 2003, 1885, 1890 (Inspire Art); *Weller*, ZIP 2009, 2029, 2032 demzufolge dieser ungeschriebene Rechtsgrundsatz es erlaube, die Veränderung anknüpfungserheblicher Tatsachen für unbeachtlich zu erklären, sofern die Veränderung rechtsmissbräuchlich zum Zweck der Anwendbarkeit einer vorteilhafteren Rechtsordnung vorgenommen wird. Als Rechtsfolge komme dann die umgangene Rechtsordnung zur Anwendung; vgl. auch *Sonnenberger*, IPRax 2011, 325, 330; *Wendland*, in: *Budzikiewicz/Weller/Wurmnest*, BeckOGK ROM-I-VO (Stand: 01.09.2022), Art. 3 Rn. 45.1 „immanente Schranke der Parteiautonomie".

807 *Weller/Nasse*, ZGR 2020, Sonderheft (22), 107, 128.

808 *Weller/Nasse*, ZGR 2020, Sonderheft (22), 107, 128.

809 *Weller/Nasse*, ZGR 2020, Sonderheft (22), 107, 129.

810 *Weller/Nasse*, ZGR 2020, Sonderheft (22), 107, 129.

811 *Weller/Nasse*, ZGR 2020, Sonderheft (22), 107, 129.

Zur Erfüllung der konzern- oder lieferkettendimensionalen Verkehrspflicht seien solche Maßnahmen zu ergreifen, die erforderlich und zumutbar seien, um Menschenrechtsverstöße abzumildern und zu verhindern.

II. Stellungnahme: Keine Verkehrspflichtbegründung durch Standortwahl in defizitären Rechtslagen

Die Menschenrechtsarbitrage als Begründung für eine Gefahrzuständigkeit des inländischen Unternehmensträgers lässt sich auf den ersten Blick nicht eindeutig aus einem der bekannten Entstehungsgründe ableiten. Er kann als moderner Begründungsansatz[812] einer Verkehrspflicht aufgegriffen werden.

Die freie Rechtswahl für einen Standort mit niedrigen Schutzstandards steht dem Gedanken der Gefahrschaffung oder -erhöhung am nächsten. Jedoch ist festzuhalten, dass die Verlagerung von Wertschöpfungsschritten in das Ausland, namentlich in Entwicklungs- und Schwellenländern, keine unmittelbare Gefahr begründet oder erhöht. Sieht man in den Folgen der defizitären Rechtslage eine Gefahr für die Rechtsgüter Dritter, dann wird diese Gefahr nicht (erst) durch den inländischen Unternehmensträger geschaffen oder erhöht. Die Gefahr besteht vielmehr unabhängig von der Standortwahl des inländischen Unternehmensträgers.

Entscheidend für eine Verkehrspflicht kraft Gefahrerhöhung durch die inländische Gesellschaft in diesen Fällen ist ihr Umgang mit der defizitären Rechtslage im Ausland im Einzelfall.

Die Verlagerung einer Gesellschaft in das Ausland oder die Gründung eines Unternehmensträgers im Ausland kann zwar eine Verkehrseröffnung darstellen. Um ein berechtigtes Vertrauen auf Schutzmaßnahmen seitens des inländischen Unternehmensträgers und dessen Arbeitnehmer zu erwecken, bedarf es jedoch, insbesondere im Hinblick auf die eigenverantwortliche Ausübung der (gefahrenlosen) Unternehmenstätigkeit der ausländischen Gesellschaft, weiterer vertrauensbegründender Umstände. So ließe sich in einem Fall, in dem der inländische Unternehmensträger eine Tochtergesellschaft an einem Standort mit defizitären Regelungen gründet und zugleich die Verantwortung für die Einhaltung nationaler Arbeitsstandards übernimmt, ein berechtigtes Vertrauen begründen.

Durch die Wahl eines Standortes mit defizitären Regelungen wird die Gefahr auch nicht durch den inländischen Unternehmensträger beherrscht. Die Gefahr

812 *Weller/Nasse*, ZGR 2020, Sonderheft (22), 107, 129 mit dem Hinweis, dass Verkehrspflichten in Zukunft moderner gedacht werden könnten.

besteht, wie oben beschrieben, unabhängig von der Entscheidung des inländischen Unternehmensträgers. Der Umgang mit den Gefahren, die mit den defizitären, niedrigen Regelungsstandards einhergehen, liegen im Sach- und Verantwortungsbereich des ausländischen Unternehmensträgers, solange keine weiteren verkehrspflichtbegründenden Umstände für den inländischen Unternehmensträger vorliegen.

Ein solcher Umstand kann beispielsweise in der positiven Kenntnis seitens der Inlandsgesellschaft über verletzungsgeneigte Arbeitsbedingungen oder Rechtsverletzungen in den ausländischen Betrieben erblickt werden. Dabei wäre jedoch die, wie unter Kap. 4 B. II. 3. dargestellt, die Gefahrbeherrschung bzw. -erhöhung der wesentliche pflichtbegründende Topos.

Dass die kollisionsrechtlichen Korrektivtatbestände nicht die gesamte Wertschöpfungskette erfassen, kann nach der hier vertretenen Ansicht der inländischen Gesellschaft nicht haftungsbegründend zugerechnet werden.

D. Wirtschaftlicher Nutzen durch Arbeitsteilung

I. Kosten-Nutzen-Prinzip als Begründungsansatz aus der Literatur

Zudem wird auch der wirtschaftliche Nutzen[813] des inländischen Unternehmensträgers durch die Arbeitsteilung in der Wertschöpfungskette zur Begründung einer Verkehrspflicht diskutiert. Argumentiert wird dabei mit dem sog. „Kosten-Nutzen-Argument". Dieses besagt, dass derjenige, der den Nutzen aus einer Sache zieht, auch für die daraus entstehenden Schäden aufkommen muss.[814] Das zugrundeliegende Kosten-Nutzen-Prinzip, auch Interessenprinzip genannt, ist auf ein ausgeglichenes Verhältnis der Rechte und Pflichten eines Rechtsträgers ausgerichtet. Verallgemeinert[815] solle dieses Prinzip auch in den

---

813 Dafür im Einzelfall *Bunting*, ZIP 2012, 1542, 1547 f.; *Fleischer/Korch*, ZIP 2019, 2181, 2188; *Habersack/Ehrl*, AcP 2019, 155, 161 f.; dagegen *Vogt*, Die Verbandsgeldbuße gegen eine herrschende Konzerngesellschaft (2009), S. 194; *Nordhues*, in: *Krajewski/Saage-Maaß*, Die Durchsetzung menschenrechtlicher Sorgfaltspflichten von Unternehmen (2018), S. 125, S. 142; *Fleischer/Korch*, ZIP 2019, 2181, 2188; *Habersack/Ehrl*, AcP 2019, 155, 201; *Heinen*, in: *Krajewski/Saage-Maaß*, Die Durchsetzung menschenrechtlicher Sorgfaltspflichten von Unternehmen (2018), S. 87, S. 107 mit Ausnahmen bei stark asymmetrischem Machtgefälle; MüKoBGB/*Wagner*, § 823 Rn. 926 f.

814 Grundlegend bereits *Mataja*, Das Recht des Schadensersatzes vom Standpunkt der Nationalökonomie (1888), S. 57 ff.

815 Zum Interessenprinzip allgemein *v. Bar*, Verkehrspflichten (1980), S. 125 ff.; *Kleindiek*, Deliktshaftung und juristische Person (1997), S. 201 f., S. 209 ff.

Menschenrechtsfällen zur Anwendung kommen und die inländische Gesellschaft, welche wirtschaftliche Vorteile durch die im Ausland günstigen Produktionsbedingungen zieht, auch zu dem Ersatz der dadurch entstehenden Schäden verpflichten.[816]

Zudem werde durch Arbeitsteilung eine Gefahr der Unübersichtlichkeit der Arbeitsprozesse hervorgerufen, die zu einer (erhöhten) Gefahrenquelle für die Rechtsgüter Dritter führen könne.[817]

II. Kritik des Begründens einer uferlosen Haftung

Dagegen wird argumentiert, dass eine solche Begründung zu weit gehe. Die Folge wäre die Anwendung des Interessenprinzips auf eine unendliche Breite von transnationalen Fällen im Konzern und in der Lieferkette, die die Gefahr der Haftung „jeder für jeden“[818] in sich trage.[819]

Zudem sei eine solche Verkehrspflicht nicht außerhalb interner Vorgänge eines Unternehmensträgers begründbar.[820] Die eigene Rechtspersönlichkeit des ausländischen Unternehmensträgers und die damit einhergehenden Gesamtverantwortung für die übernommenen Arbeitsprozesse spreche gegen eine Verantwortung des inländischen Unternehmensträgers. Die Gefahrenquelle, die nach der Übertragung der Aufgaben in der Sphäre des ausländischen Unternehmensträgers angesiedelt sei, werde durch dieses primär beherrscht.[821] Ähnlich wie bei der Diskussion um die Konzernierung als verkehrspflichtbegründende Gefahrenquelle, müssten zusätzliche gefahrschaffende oder -erhöhende Umstände zu der Arbeitsteilung im Konzern und in der Lieferkette hinzutreten, um eine eigene Rechtspflicht zum Handeln für den inländischen Unternehmensträger zu

„Nutzen-Nachteil-Prinzip“; MüKo/*Wagner*, BGB, § 823 Rn. 455 „Prinzip der Korrespondenz von Vorteilen und Nachteilen“; *Habersack*/Zickgraf, ZHR 2018, 252, 268 ff.

816 Vgl. *Habersack/Ehrl*, AcP 2019, 155, 162.

817 *Heinen*, in: *Krajewski/Saage-Maaß*, Die Durchsetzung menschenrechtlicher Sorgfaltspflichten von Unternehmen (2018), S. 108 f.

818 *Wagner*, RabelsZ 2016, 717, 776.

819 *Fleischer/Korch*, ZIP 2019, 2181, 2188.

820 *Nordhues*, in: *Krajewski/Saage-Maaß*, Die Durchsetzung menschenrechtlicher Sorgfaltspflichten von Unternehmen (2018), S. 125, S. 142; vgl. *Holle*, Legalitätskontrolle im Kapitalgesellschafts- und Konzernrecht (2014), S. 333 f.

821 *Nordhues*, in: *Krajewski/Saage-Maaß*, Die Durchsetzung menschenrechtlicher Sorgfaltspflichten von Unternehmen (2018), S. 125, S. 142; vgl. *Holle*, Legalitätskontrolle im Kapitalgesellschafts- und Konzernrecht, (2014), S. 333 f.

begründen. Erforderlich sei beispielsweise ein asymmetrisches Machtverhältnis in der Wertschöpfungskette.[822]

III. Stellungnahme: Keine Verkehrspflicht auf Grund des wirtschaftlichen Nutzens

Dieser Ansicht ist zuzustimmen. Die Arbeitsteilung allein ist kein Rechtsgrund für eine Verkehrspflicht des inländischen Unternehmensträgers zum Schutze der Menschenrechte in der Wertschöpfungskette.

Die Arbeitsteilung allein stellt keine Gefahrschaffung oder -erhöhung eines erlaubten, aber besonders gefährlichen Risikos für die Rechtsgüter Dritter dar. Eine Gefahrschaffung oder -erhöhung liegt nur in den Fällen vor, in denen der inländische Unternehmensträger einen gefährlichen Arbeitsprozess auf den ausländischen Unternehmensträger auslagert, ohne dafür Sorge zu tragen, dass die Sicherheitsvorkehrungen zum Rechtsgüterschutz in diesem Bereich auch im Ausland gewährleistet werden können.

Unter dem Entstehungsgrund der Gefahrbeherrschung lässt sich ausführen, dass die Arbeitsteilung gerade dazu dient, unterschiedliche Arbeitsprozesse und -bereiche sowie die Verantwortlichkeit diesbezüglich auf verschiedene Rechtsträger aufzuteilen. Die rechtliche und faktische Möglichkeit zur Einwirkung auf die Gefahrenquelle, die in einem bestimmten Arbeitsbereich vorliegt, kann grundsätzlich auf einen anderen Rechtsträger übertragen oder delegiert werden.[823] So kann ein inländischer Unternehmensträger bestimmte Arbeitsbereiche auf eine ausländische Gesellschaft verlagern. Eine fortlaufende Verantwortlichkeit des inländischen Unternehmensträgers für einen besonders gefährlichen Arbeitsbereich ließe sich nur dann rechtfertigen, wenn er als originär Verantwortlicher die Arbeitsteilung nicht ordnungsgemäß durchgeführt hat. Eine nicht ordnungsgemäße Durchführung der Arbeitsteilung kann unter Umständen dann vorliegen, wenn der inländische Unternehmensträger Sonderwissen über die Ausübung des gefährlichen Arbeitsbereiches (z.B. in Form von Sicherheitshinweisen) an den ausländischen Unternehmensträger als Übernehmer nicht weiterleitet.

Diese Ausführung gilt gleichermaßen für den Entstehungsgrund des Vertrauensschutzes. Der inländische Unternehmensträger weckt durch die bloße Arbeitsaufteilung oder die Übertragung von bestimmten Arbeitsbereichen auf

822 *Heinen*, in: *Krajewski/Saage-Maaß*, Die Durchsetzung menschenrechtlicher Sorgfaltspflichten von Unternehmen (2018), S. 87, S. 123 f.

823 BGH, Urt. v. 01.10.2013 – VI ZR 369/12 = VersR 2014, 78 Rn. 16.

den ausländischen Unternehmensträger kein Vertrauen auf die Gefahrenlosigkeit der mit der Arbeitsaufteilung einhergehenden Aufgabenübertragung. Ein schützenswertes Vertrauen lässt sich in den Fällen der Arbeitsteilung nur begründen, wenn der inländische Unternehmensträger in dem Zusammenhang konkrete Sicherheitsanweisungen zum Umgang mit der auf die ausländische Gesellschaft übertragenen Aufgabe abgegeben und Kontrollen hierzu durchgeführt hat. Dann ließe sich ein Vertrauen der Betroffenen begründen, dass der Verkehr, der durch den inländischen Unternehmensträger im Ausland angestoßen wurden, keine Gefahren für die Rechte und Rechtsgüter darstellt. Dafür müsste die übertragene Aufgabe tatsächlich einen „neuen Verkehr“ im Ausland eröffnen, indem der ausländische Unternehmensträger erstmals mit der Aufgabe befasst wird.

Der wirtschaftliche Nutzen, welchen der inländische Unternehmensträger aus der Tätigkeit innerhalb einer Wertschöpfungskette zieht, stellt keinen eigenständigen Entstehungsgrund für eine deliktsrechtliche Verkehrspflicht dar. Weder wird mit dem Nutzen, den der Unternehmensträger aus seiner Tätigkeit innerhalb einer Wertschöpfungskette oder durch die Verlagerung von Tochtergesellschaft in ein produktionsgünstigeres Ausland zieht, wird eine Gefahr geschaffen oder erhöht; noch lässt sich hierdurch eine Gefahrbeherrschung oder ein Vertrauenstatbestand begründen. Der wirtschaftliche Nutzen dient als Abwägungskriterium für das Entstehen einer Verkehrspflicht. Liegt jedoch kein Entstehungsgrund für Verkehrspflichten vor, vermag auch eine hinsichtlich des Interessenprinzips positive Abwägung eine Verkehrspflicht allein nicht begründen.

E. Mischfälle: Konzern- und lieferkettendimensionale Verkehrspflicht durch Kumulation von Umständen

Die vorausgegangene Untersuchung der einzelnen potenziell verkehrspflichtbegründenden Fallgruppen hat gezeigt, dass die einzelnen Fallgruppen nach der hier vertretenen dogmatischen Überzeugung für sich allein nicht ausreichen, eine Verkehrspflicht inländischer Unternehmensträger einer Wertschöpfungskette zu begründen.

Innerhalb der Fallgruppen-Untersuchung wurde jedoch deutlich, dass die Kumulierung verschiedener Umstände zu einer Fortentwicklung von Verkehrspflichten im Konzern und in der Lieferkette führen kann. Wenn sich mehrere Umstände potenzieren, die für sich allein keine Verkehrspflicht begründen und dennoch Impulse geben, die für eine Verkehrspflicht streiten, lassen sich Verkehrspflichten in den Untersuchungsfällen begründen.

Es wurde im Kapitel 3 festgestellt, dass die Konzern- und Lieferkettenkonstellationen nicht unmittelbar vergleichbar sind und dies bei der Verkehrspflichtbegründung zu berücksichtigen ist. Geht man von der hier vertretenen Auffassung von Verkehrspflichten in Mischfällen aus, lassen sich die Konstellationen in Mischfällen, in denen nicht allein konzernbezogene Umstände für eine Verkehrspflicht sprechen, insofern vergleichen, dass von der einen auf die andere geschlossen werden kann. Aus einem Erst-Recht-Schluss kann im Wege des *argumentum a minori ad maius* von einer deliktsrechtlichen Verantwortung in der Lieferkette, bei der nur eine vertragliche Verbindung ohne besondere gesellschaftsrechtliche Einflussmöglichkeiten besteht, auf eine Haftung im Vertragskonzern geschlossen werden.[824]

F. Ergebnis: Konzern- und lieferkettendimensionale Verkehrspflichten in Mischfällen

Die Begründungsansätze einer Verkehrspflicht in den Menschenrechtsfällen sind vielseitig. Jedoch wird oftmals verkannt, dass eine Verkehrspflicht nur im Falle der Gefahrschaffung und -erhöhung, der Gefahrbeherrschung oder auf Grund eines erweckten Vertrauenstatbestandes bestehen kann.

Das Verhalten des inländischen Unternehmensträgers muss zumindest einem dieser nationalen Entstehungsgründe entsprechen, damit er als Rechtsträger, neben dem ausländischen Unternehmensträger, zur Abwehr von Menschenrechtsverletzungen in der Wertschöpfungskette verpflichtet werden kann.

Grund dafür ist, dass de lege lata eine völkerrechtliche Bindung der Unternehmensträger an die Menschenrechte grundsätzlich abzulehnen ist und eine Bindung an bestimmte Menschenrechte nur mittelbar über den Rechtsgüterschutz des Deliktsrechts begründet werden kann. Unbestritten bleibt der ausländische Unternehmensträger für die Menschenrechtsgefährdungen in seinem Betrieb verkehrspflichtig, da dieser die Gefahrenquelle von menschenunwürdigen Arbeitsbedingungen grundsätzlich beherrscht.

Somit war zunächst anhand der Entstehungsgründe für Verkehrspflichten zu untersuchen, ob der inländische Unternehmensträger einen solchen Entstehungsgrund hervorgerufen hat.

Es wurde festgestellt, dass die Umstände, die sich dem Korrelat von Macht und Verantwortung zuordnen lassen, in Einzelfällen eine Verkehrspflicht begründen.

824 So auch *Weller/Nasse*, ZGR 2020, Sonderheft (22), 107, 110; ähnlich *Fleischer/Korch*, ZIP 2019, 2181, 2188.

Dazu gehört die tatsächliche Ausübung einheitlicher Leitung eines Konzerns in den Fällen der Führung einer Tochtergesellschaft als „unselbstständige Betriebsabteilung“ und der Integration von Matrixstrukturen in der Wertschöpfungskette. Ferner wird durch die Verlagerung und Delegation einer Gefahrenquelle in das Ausland eine Verkehrspflicht begründet bzw. mit einem modifizierten Pflichteninhalt fortgesetzt. Zuletzt kann die intensive Einmischung in gefahrenspezifische Bereiche der ausländischen Gesellschaft Verkehrspflichten der Inlandsgesellschaft begründen und in Einzelfällen kann eine Verkehrspflicht auch auf Grund der Einmischung in nicht-gefahrenspezifische Bereiche begründet werden.

Die Fallgruppe der unternehmerischen Verlautbarungen kann ebenfalls in Einzelfällen eine Verkehrspflicht im Konzern oder in der Lieferkette begründen. Dabei begründen unternehmerische interne Verlautbarungen eine Verkehrspflicht in drei Fällen:

Der erste Fall betrifft (fehlerfreie) konzernweite Vorgaben des inländischen Unternehmensträgers unter Ankündigung von *Schulungs-, Kontroll- und Durchsetzungsmaßnahmen* zur Vermeidung von Menschenrechtsverletzungen, die *nicht oder nicht ordnungsgemäß umgesetzt* werden.

Der zweite Fall betrifft fehlerhafte unternehmerische Vorgaben, die Rechtsgutsgefährdungen in den ausländischen Betrieben hervorrufen.

Der dritte Fall betrifft eine konzern- oder lieferkettenweite Politik, die wissentlich nur mittels Rechtsverletzung durch den ausländischen Unternehmensträger umgesetzt werden kann. Wahrheitswidrige öffentliche Verlautbarungen über die Kontrolle hinsichtlich der Einhaltung eines bestimmten Menschenrechtsstandards oder sicherer Arbeitsbedingungen begründen eine Verkehrspflicht, wenn hierdurch das Vertrauen in die Gefahrenabwehr durch den inländischen Unternehmensträger erweckt wird und eigene Schutzmaßnahmen der ausländischen Gesellschaft zurückgenommen werden.

Die Fallgruppen des aus der Arbeitsteilung gezogenen wirtschaftlichen Nutzens und der Menschenrechtsarbitrage können nach der Untersuchung allein keine Verkehrspflicht begründen. Abgelehnt wurde eine Verkehrspflicht auch allein auf Grund des Tatbestandes der Konzernierung, der Möglichkeit zur Ausübung einheitlicher Leitung und der erhöhten Risikobereitschaft im Unternehmensverbund. Diese Umstände können allenfalls in die Abwägung hinsichtlich des Bestehens einer Verkehrspflicht einbezogen werden und in Kumulation mit weiteren Umständen eine Verkehrspflicht begründen.

Das Wissen oder Wissenmüssen über menschenrechtswidrige Umstände in der eigenen Wertschöpfungskette begründet bei gleichzeitiger Gefahrerhöhung in Einzelfällen eine Verkehrspflicht. Zudem kann die positive Kenntnis oder die pflichtwidrige Unkenntnis m.E. in Kumulation mit einem weiteren pflichtbegründenden Umstand eine Verkehrspflicht intensivieren.

Freilich ist noch zu untersuchen, ob die Verkehrspflichten sich im Konzern und in der Lieferkette auch umsetzen und somit gesellschaftsrechtlich administrieren lassen.[825]

Zusammenfassend bestehen Verkehrspflichten für den inländischen Unternehmensträger im Konzern und in der Lieferkette in bestimmten Mischfällen.

---

825 Hierzu unter Kapitel 5.

Kapitel 5 – Wechselwirkungen zwischen Verkehrspflichten und Corporate Governance-System

Wie die Untersuchung in Kapitel 4 gezeigt hat, ist eine konzern- und lieferkettendimensionale Fortentwicklung von Verkehrspflichten deutscher Unternehmensträger im Kontext der Untersuchungsfälle möglich. Anschließend stellt sich die Frage, welche pflichtwahrenden Maßnahmen für die Unternehmensträger im Bereich des Möglichen, Erforderlichen und Zumutbaren liegen.

Diese Frage hängt unmittelbar mit der Ausgestaltung der jeweiligen Corporate Governance-Systeme der Konzerne und Lieferketten zusammen. Die Schnittstelle von Deliktsrecht und Corporate Governance-System wurde auch schon an anderer Stelle der Untersuchung[826] aufgezeigt.

Mit anderen Worten schließt sich die konkrete Frage an, ob die (Verkehrs-)Pflicht zur Ergreifung erforderlicher und zumutbarer Maßnahmen durch bestehende Corporate Governance-Systeme erfüllt werden kann. Dabei geht es um Fragen der Einführung und Optimierung entsprechender Corporate Governance-Prozesse, insbesondere eines auf mögliche Menschenrechtsverletzungen ausgerichteten Compliance-Systems.

Von Relevanz sind hierbei auch unternehmerische Berichtspflichten, die Anhaltspunkte für menschenrechtliche Schieflagen geben können, Anreize zur Optimierung des Corporate Governance-Prozesses[827] setzen und somit bei der Erfüllung von Verkehrspflichten von Bedeutung werden könnten.

Zur Beantwortung der zu vertiefenden Frage einer Administrierbarkeit konzern- und lieferkettendimensionaler Verkehrspflichten durch bestehende Corporate Governance-Systeme folgt ein Unterabschnitt zu den Grundlagen des (deutschen) Corporate Governance- und Compliance-Verständnisses und eine Skizzierung der bestehenden und in der Unternehmenspraxis gelebten Corporate Governance- und Compliance-Systeme.

---

826 Siehe hierzu unter Kapitel 4 B. IV.; vgl. *Nietsch*, ZIP 2022, 449, 458 demzufolge die nichtfinanzielle Erklärung nach dem CSRD-Vorhaben ein Instrument der Risikoberichterstattung wird.

827 *Biesheim/Dopychai*, in: *Nietsch*, Corporate Social Responsibility Compliance (2021), S. 83 f.; *Schmidt/Kube*, in: *Nietsch*, Corporate Social Responsibility Compliance (2021), S. 230.

Anschließend stellt sich die Frage, ob der sog. „Verbandsvorbehalt“ ein geeignetes Verteidigungsinstrument inländischer Unternehmensträger gegen eine (konzernweite) Fortentwicklung der Compliance-Maßnahmen darstellt. Ferner sind in den verschiedenen Konzernverbindungen und in der Lieferkette die rechtlichen Grundlagen und Instrumente für die Ausgestaltung der Corporate Governance-Systeme zur Umsetzung einer Verkehrspflicht unterschiedlich ausgestaltet.

Beispielhaft wird angeführt[828], dass in einem faktischen Konzern, der grundsätzlich dezentral organisiert[829] ist, keine rechtlichen Möglichkeiten bestünden, Pflichten konzernweit umzusetzen.

Diese Auffassung ist jedoch nicht unbestritten. So gebe es nach *Seyfarth*[830] keine (rechtlichen) Schwierigkeiten, konzerndimensionale Compliance-Maßnahmen im faktischen Konzern durchzusetzen. Nach *Lutter*[831] sei damit zu rechnen, dass die Geschäftsleiter abhängiger Gesellschaften freiwillig an der Pflichterfüllung mitwirken dürften.

Schließlich erfolgt eine modellartige Untersuchung ausgewählter Corporate Governance-Instrumente zur Verwirklichung einer konzern- und lieferkettendimensionalen Verkehrspflicht in den Formen des Vertrags- und Eingliederungskonzerns, des faktischen Konzern und der Lieferkette.

A. Rechtstatsächliche Ausgangslage: *impossibilium nulla obligatio est*

Eine Verkehrspflicht, die erforderliche und zumutbare Maßnahmen zur Gefahrenabwehr bei den im Ausland sitzenden Tochtergesellschaften oder Zulieferern

828 *Schockenhoff/Roßkopf/Arnold*, AG 2021, 66, 72; *Spindler*, in: *Goette/Habersack*, MüKo AktG, § 91 Rn. 100 demzufolge ein allgemeiner Informationsanspruch der Muttergesellschaft nicht aus § 91 II AktG abgeleitet werden könne, sodass im faktischen Konzern ein umfassendes Informationssystem an seine rechtlichen Grenzen stoße; *Ihrig/Schäfer*, Rechte und Pflichten des Vorstands, § 22 Rn. 600 denen zufolge im faktischen Konzern den Vorstand der Obergesellschaft daher nur eine Bemühenspflicht treffe, die Kontrollmaßnahmen – in den Grenzen der §§ 311, 317 AktG – durchzusetzen.

829 *Ihrig/Schäfer*, Rechte und Pflichten des Vorstands, § 32 Rn. 1282.

830 *Seyfarth*, ZGR 2020, Sonderheft (22), 87, 102 f.; dagegen *Altenbach, in: Semler/v. Schenck/Wilsing*, Arbeitshandbuch für Aufsichtsratsmitglieder, § 7 Rn. 37.

831 *Lutter*, FS Goette (2011), S. 289, S. 294.

beinhaltet, muss in der Rechtspraxis auch in zulässiger Weise umsetzbar sein.[832] Hierbei gilt der römische Rechtsgrundsatz *impossibilium nulla obligatio est*, welcher besagt, dass es keine Verpflichtung zur Erbringung unmöglicher Leistungen gibt.[833]

Der BGH betont zur Begründung einer deliktsrechtlichen Haftung regelmäßig die vorausgesetzte Möglichkeit des Rechtsträgers zu Gefahrenabwehr.[834] Er betont, dass die verkehrspflichtige Person „[...] *in der Lage* gewesen ist, die zur Gefahrenabwehr erforderlichen Maßnahmen zu treffen und ihr Versäumnisse [diesbezüglich] zuzurechnen sind". Zudem stellt er fest, dass „[s]oweit eine Gefahrenquelle dem *Einflussbereich* des zunächst Verkehrssicherungspflichtigen ganz oder teilweise entzogen ist, [...] sich eine neue Zuständigkeitsverteilung ergeben [kann]".[835] Wer aufgrund vertraglicher Vereinbarung den Gefahrenbereich nunmehr beherrsche, könne nach allgemeinen Deliktsgrundsätzen für die erforderlichen Sicherungsmaßnahmen verantwortlich sein.[836] Entsprechendes müsse gelten, wenn sich aufgrund der faktischen Gegebenheiten einer

832 Grüneberg/*Sprau*, BGB § 823 Rn. 48 hiernach kann verkehrspflichtig nur derjenige sein, der auch in der Lage ist Gefahrenabwehrmaßnahmen zu ergreifen; *Rehbinder*, Konzernaußenrecht und allgemeines Privatrecht (1969), S. 508.

833 (Celsus 8) Digesten, 50, 17, 185; zu dieser Grundregel *Arp*, Anfängliche Unmöglichkeit (1988), S. 61, S. 87; *Canaris*, in: *Schulze/Schulte-Nölke*, Die Schuldrechtsreform vor dem Hintergrund des Gemeinschaftsrechts, S. 43; S. 49, S. 59; *Altmeppen*, DB 2001, 1399, 1399; *Medicus*, in: *Haas/Medicus/Rolland/Schäfer/Wendtland*, Das neue Schuldrecht, S. 89, Rn. 33; *Reiter*, Einführung in das römische Privatrecht (2021), S. 133; *Arnold*, in: *Westermann*, BGB-Schuldrecht AT, § 8 Rn. 390; *Armbrüster*, SpV 2016, 1, 1; BGH, Beschl. v. 29.11.2006 – 1 StR 493/06 = NJW 2007, 237, 239 [...] [D]ie Justiz ist [...] nicht zu Unmöglichem verpflichtet (impossibilium nulla est obligatio); vgl. *Weißhaupt*, ZHR 2021, 91, 123 hinsichtlich einer Pflicht zur ökonomisch besten Entscheidung; in diese Richtung *Seyfarth*, ZGR 2020, Sonderheft (22), 87, 104 f.; betreffend Wertpapierhandel LG Stuttgart, Urt. v. 24.10.2018 – 22 O 101/16 = ZBB 2020, 59, 65 demzufolge „[b]ei der Erfüllung kapitalmarktrechtlicher Pflichten [...] stets im Blick zu halten, dass § 15 WpHG a.F. nichts Unmögliches (ultra posse) vom Emittenten abverlangt."

834 BGH, Urt. v. 07.10.1975 – VI ZR 43/74 = VersR 1976, 62 entscheidend sei allein, dass der Hersteller die Gefahrenquelle geschaffen hat und sie daher gegenüber Dritten sichern muss, soweit ihm das möglich und zumutbar ist.

835 BGH, Urt. v. 01.10.2013 – VI ZR 369/12 = VersR 2014, 78 Rn. 16.

836 Vgl. BGH, Urt. v. 17.01.1989 – VI ZR 186/88 = VersR 1989, 526; BGH, Urt. v. 26.09.2006 – VI ZR 166/05 = VersR 2007, 78 Rn. 11.

Geschäftssparte die Verlagerung der *Möglichkeiten zur primären Gefahrbeherrschung* auf weitere Beteiligte nicht vermeiden lässt.

In Bezug auf einen verkehrspflichtigen Grundstückseigentümer äußerte der BGH[837], dass dieser „[…] anerkanntermaßen […] *im Rahmen des Möglichen* dafür zu sorgen" hat, dass keine Gefahr von den auf dem Grundstück befindlichen Bäumen für andere ausgeht.

Die Ergreifung der notwendigen und zumutbaren Maßnahmen, die die ständige Rechtsprechung des BGH[838] fordert, setzt zwingend auch die Möglichkeit zur Vornahme dieser Maßnahmen voraus. Der Frage der Notwendigkeit vorgelagert ist die Möglichkeit zur Einflussnahme,[839] denn Unmögliches kann nicht geschuldet sein.

Diesen Grundsatz spiegelt auch das Bürgerliche Gesetzbuch in der Regelung des § 275 BGB wider und als Regelung des allgemeinen Leistungsstörungsrechts gilt er grundsätzlich für alle Schuldverhältnisse,[840] mithin auch für gesetzliche Schuldverhältnisse.

Um die Verkehrspflicht erfüllen zu können, müssen rechtliche und privatautonome Instrumente zur Wahrung eines bestimmten Rechtsgüterschutzstandards in den ausländischen Unternehmensträgern bestehen. Zudem muss die Inlandsgesellschaft in der Lage sein, für die Beurteilung der Gefahrenlagen notwendige Informationen zu erlangen, um die Rechtsverletzung in den konzernzugehörigen und konzernunabhängigen Gesellschaften lokalisieren und bestimmen zu können.

Für die Wahrung einer (Verkehrs-)Pflicht der inländischen Unternehmensträger ist somit die Organisation ihrer Gesellschaft und die Wahl und Ausübung

---

837 BGH, Urt. v. 21.03.2003 – V ZR 319/02 = NJW 2003, 1732, 1733.

838 BGH, Urt. v. 28.04.1952 – III ZR 118/51 = NJW 1952, 1050, 1051 „Die allgemeine Rechtspflicht, im Verkehr Rücksicht auf die Gefährdung anderer zu nehmen, beruht auf dem Gedanken, daß jeder, der Gefahrenquellen schafft, […] auch Vorkehrungen zu treffen hat, die zur Abwendung der hieraus Dritten drohenden Gefahren notwendig sind"; BGH, Urt. v. 10.02.1976 – VI ZR 160/74 = VersR 1976, 593, 593; BGH, Urt. v. 17.09.1987 – IX ZR 156/86 = ZIP 1987, 1398, 1399; RGZ 121, 404 stellt auf die „Verfügungsgewalt" ab.

839 Vgl. *Dreher*, ZWeR 2004, 75, 102; *Fleischer*, CCZ 2008, 1, 6; *Verse*, ZHR 2011, 401, 417; *Seyfarth*, ZGR 2020, Sonderheft (22), 87, 99 demzufolge diese Feststellung im gesellschaftsrechtlichen Schrifttum unbestritten sei, und der Rechtssatz, dass eine Pflicht nicht weiter reichen kann als die Möglichkeit der Einflussnahme, sei für sich genommen auch kaum zu kritisieren.

840 Grüneberg/*Grüneberg*, Vorb. v. § 275 Rn. 1.

der dort vorhandenen rechtlichen Instrumente ausschlaggebend, die im Corporate Governance-System verwirklicht werden.[841]

B. Gesellschaftsrechtliche Administration von Rechtspflichten im Corporate Governance- und Compliance-System der Unternehmensträger

Die Frage nach der gesellschaftsrechtlichen Installation, Administration und Durchsetzung von konzern- und lieferkettendimensionaler Verkehrspflichten richtet sich nach dem Corporate Governance-Systems[842] der Unternehmensträger, insbesondere deren Compliance-Systems.[843]

Compliance stellt eine wesentliche Aufgabe der Corporate Governance des Unternehmensträgers dar.[844] Compliance und Corporate Governance bezwecken beider maßen die ordnungsgemäße Leitung eines Unternehmensträgers.[845]

Es wird auch hervorgehoben, dass der Unterschied zwischen beiden Systemen allein darin liege, dass Corporate Governance als Ordnungsrahmen für die Unternehmensführung inhaltlich breiter aufgestellt sei und sämtliche Vorgaben und Standards umfasse.[846] Compliance sei als essenzieller Bestandteil einer guten Corporate Governance anzusehen und helfe den Unternehmensträgern das Corporate Governance-System umzusetzen und deren Regelungen zu befolgen.

---

841 Hierzu in diesem Kapitel unter B.

842 Ähnlich *Mackert*, in: *Lutter/Bayer*, Holding-Handbuch, § 6 Rn. 134 zu den Verantwortlichkeiten innerhalb der Compliance-Organisation eines Konzerns, wonach die Organisationsform im konkreten Fall in der Praxis entscheidend von den sonstigen konzerninternen Governance-Strukturen abhinge; *Ihrig/Schäfer*, Rechte und Pflichten des Vorstands, § 22 Rn. 600 denen zufolge die konzernweite Kontrollpflicht naturgemäß nur so weit reichen könne wie die gesellschaftsrechtlichen Einflussmöglichkeiten der Ober- in der Untergesellschaft.

843 *Wellerdt*, ZIP 2022, 356, 363 demzufolge systematisch bei den Corporate Governance-Systemen zwischen dem internen Kontrollsystem, dem Risikomanagementsystem, dem internen Revisionssystem und dem Compliance-System zu unterscheiden sei.

844 *Hauschka/Moosmayer/Lösler*, in: *Hauschka/Moosmayer/Lösler*, Corporate Compliance, § 15 Rn. 5; *Fleischer*, AG 2003, 291, 300; *ders.*, CCZ 2008, 1, 1.

845 *Hauschka/Moosmayer/Lösler*, in: *Hauschka/Moosmayer/Lösler*, Corporate Compliance, § 1 Rn. 4; folgend *Lang*, Corporate Compliance (2013), S. 21.

846 *Altenbach*, in: *Semler/v. Schenck/Wilsing*, Arbeitshandbuch für Aufsichtsratsmitglieder, § 7 Rn. 14.

In der Praxis besteht jedenfalls kein Zweifel daran, dass Compliance ein integrativer wesentlicher Bestandteil einer guten Corporate Governance ist.[847]

I. Corporate Governance als Ordnungssystem für die Leitung und Überwachung eines Unternehmensträgers

1. *Allgemeines*

Der Begriff der Corporate Governance wird nicht einheitlich definiert. Im kontinentaleuropäischen Rechtskreis wird er mit den Begriffen „Unternehmensverfassung" oder „Unternehmensordnung" übersetzt.[848]

Die Corporate Governance-Grundsätze stellen Grundsätze zur Führung eines Unternehmens[849] dar[850] und wenden sich primär an die Leitungs- und Überwachungsorgane einer Gesellschaft.

Die Notwendigkeit eines Ordnungssystems im Sinne der deutschen Corporate Governance folgt aus der konfliktbewehrten Trennung zwischen (den Rechten aus dem) Anteilseigentum und den Verfügungsrechten des Managements und somit aus der Beziehung zwischen Aktionären und dem Leitungsorgan einer Aktiengesellschaft.[851]

Die sog. Prinzipal-Agenten-Theorie als vertragstheoretischer Begründungsansatz beschreibt dieses Phänomen mit den hieraus resultierenden Folgen, wie der Gefahr von Informationsasymmetrien und opportunistischen Verhalten auf der Führungsebene.[852]

---

847 Diese Fußnote beruht auf Gesprächen mit Vertretern der Unternehmens-Praxis.

848 *Gerum*, Das deutsche Corporate Governance-System – eine empirische Untersuchung, S. 6 mit Verweis auf die anerkannte angloamerikanische Definition, die im Sinne des Prinzipal Agenten Konflikts einen Shareholder-orientierten Ansatz verfolgt; *Laue*, Integration der Corporate-Governance-Systeme (2021), S. 13 übersetzt den Begriff mit „Unternehmensführung bzw. -kontrolle".

849 *Kirchner*, in: *Ballwieser*, BWL und Regulierung, S. 93, S. 95 „Grundsätze der Unternehmensführung".

850 *Feddersen/Hommelhoff/Schneider*, in: *Feddersen/Hommelhoff/Schneider*, Corporate Governance (1996), S. 1 übersetzen den Begriff mit einer „angemessene[n] Unternehmensorganisation"; *Lang*, Corporate Compliance (2013), S. 20 „Unternehmensverfassung" oder „Herrschaft im Unternehmen".

851 *Laue*, Integration der Corporate-Governance-Systeme (2021), S. 13.

852 *Gerum*, Das deutsche Corporate Governance-System – eine empirische Untersuchung, S. 9 ff., S. 11, S. 90; *Sick*, Corporate Governance in Deutschland und Großbritannien (2008), S. 29 ff.

Der Aufbau einer effizienten Corporate Governance-Organisation in einer Gesellschaft kann diesen Konflikt teilweise auflösen.[853]

In Deutschland ist für AGs das sogenannte dualistische Corporate Governance-System[854] vorherrschend, welches insbesondere durch eine interne Unternehmenskontrolle[855] geprägt wird. Danach sollen die Grundsätze der Unternehmensführung durch eine interne Gewaltenteilung innerhalb des Unternehmensträgers sichergestellt werden (sog. „*two tier-system*“[856]). Zur Verwirklichung dieser internen Gewaltenteilung beruht das interne Kompetenzsystem der Gesellschaftsorgane auf dem Grundsatz der sog. „*checks-and-balances*“[857], wonach einem unabhängigen Gesellschaftsorgan die Funktion zukommt, die Geschäftsführung zu überwachen und die Gesellschafterinteressen zu wahren.[858] In der Aktiengesellschaft kommt dem Aufsichtsrat diese Überwachungsfunktion gem. § 111 I AktG zu. Für die Geschäftsleitung ist der Vorstand gem. § 76 AktG zuständig.[859] Die Corporate Governance-Grundsätze

853 *Laue*, Integration der Corporate-Governance-Systeme (2021), S. 13.

854 *Welge/Euelerich*, Corporate-Governance-Management (2021), S. 37 zur Unterscheidung zum monistischen System der Corporate Governance, welches durch ein für die Leitungs- und Kontrollfunktion zuständiges einheitliches, dem Board of Directors, geprägt ist (sog. One-Tier-System) und im angelsächsischen Rechtskreis vorherrscht; vgl. *Gerum*, Das deutsche Corporate Governance-System – eine empirische Untersuchung, S. 26 f. zu den Varianten der Führungsorganisation verschiedener Rechtskreise.

855 *V. Werder*, in: *Hommelhoff/Hopt/Werder*, Handbuch Corporate Governance, S. 3 f., S. 19 ff.

856 *Schmitz*, in: *Feddersen/Hommelhoff/Schneider*, Corporate Governance (1996), S. 234; *Hopt*, in: *Hommelhoff/Hopt/Werder*, Handbuch Corporate Governance, S. 39, S. 45; *Hansch*, Corporate Governance für internationale Konzerne (2021), S. 6 mit schaubildlicher Darstellung.

857 *Metten*, Corporate Governance (2010), S. 21; *Seibt*, in: *Schmidt/Lutter*, AktG, § 76 Rn. 9 mit Hinweis auf die Wichtigkeit des Orientierungsrahmen für die von Überprüfung und Ausgleich („checks & balances“) geprägte Unternehmensverfassung der AG.

858 *Hopt*, ZGR 2000, 779, 782 ff. ausführlich zur „internen Corporate Governance“ und den beiden verschiedenen board-Systemen.; *Teichmann*, ZGR 2001, 645, 647 f.; *Wackerbarth*, ZGR 2005, 686, 687; *Welge/Euelerich*, Corporate-Governance-Management (2021), S. 39 f.

859 *Schmitz*, in: *Feddersen/Hommelhoff/Schneider*, Corporate Governance (1996), S. 234; *Hopt*, in: *Hommelhoff/Hopt/Werder*, Handbuch Corporate Governance, S. 39, S. 45.

adressieren in einer inländischen Aktiengesellschaft folglich insbesondere Vorstand[860] und Aufsichtsrat[861].

In dem Zusammenhang wird auch von einer „dualistischen Verfassung mit kollegialer Leitung“[862] gesprochen.

Das deutsche Corporate Governance-System verfolgt, im Gegenteil zum angloamerikanischen Rechtskreis, einen Stakeholder-orientierten Ansatz, der die Interessen der Kunden, Kapitalgeber, Geschäftspartner und Aktionären (mit-) berücksichtigt.[863]

Regelungsquellen für die Corporate Governance in Deutschland sind neben gesetzlichen Bestimmungen als „oberste Regelungsebene“[864] die Satzung, die Geschäftsordnungen der Organe und auch Richtlinien als allgemeine Verhaltensanweisungen.[865] Zudem hat der US-amerikanische Gesetzgeber, als Vorreiter für die Einrichtung wirksamer Corporate Governance-Systeme, mit dem

860 *Koch*, in: *Koch*, AktG, § 161 Rn. 2; *Böcking/Bundle*, in: *Hopt/Binder/Böcking*, Handbuch Corporate Governance von Banken und Versicherungen, § 2 Rn. 14 denen zufolge der Vorstand eine wesentliche Stellung bei der Gestaltung einer guten Governance einnehme.

861 *Lutter/Krieger/Verse*, in: *Lutter/Krieger/Verse*, Rechte und Pflichten des Aufsichtsrats, § 2 Rn. 44 ff.; *Böcking/Bundle*, in: *Hopt/Binder/Böcking*, Handbuch Corporate Governance von Banken und Versicherungen, § 2 Rn. 28 denen zufolge die Sicherstellung der guten Unternehmensführung als Teil einer ordnungsgemäßen Governance im dualistischen System in Deutschland durch den Aufsichtsrat überwacht werde.

862 *V. Werder*, in: *Hommelhoff/Hopt/Werder*, Handbuch Corporate Governance, S. 3, S. 22; vgl. übersichtlich zum dualistischen System der AG *Knorr*, Kapitalmarktkommunikation durch den Aufsichtsrat einer Aktiengesellschaft (2021), S. 43 ff.

863 *Gerum*, Das deutsche Corporate Governance-System – eine empirische Untersuchung, S. 26; *Altenbach*, in: *Semler/v. Schenck/Wilsing*, Arbeitshandbuch für Aufsichtsratsmitglieder, § 7 Rn. 12; *Sick*, Corporate Governance in Deutschland und Großbritannien (2008), S. 98 ff.

864 *Hommelhoff/Schwab*, in: *Hommelhoff/Hopt/Werder*, Handbuch Corporate Governance, S. 71 f.

865 *Hommelhoff/Schwab*, in: *Hommelhoff/Hopt/Werder*, Handbuch Corporate Governance, S. 71, S. 114; *Konnertz-Häußler*, Corporate Governance als Problemlösungsstrategie bei der GmbH (2010), S. 7 f.; *Welge/Euelerich*, Corporate-Governance-Management (2021), S. 121 ff. ausführlich zu den nationalen regulatorischen Grundlagen der Corporate Governance; *Gerum*, Das deutsche Corporate Governance-System – eine empirische Untersuchung (2007), S. 54 f.

Foreign Corrupt Practices ACT (FCPA) oder dem *Sarbanes-Oxley-Act* (SOA) Einfluss auf die deutsche Corporate Governance-Kultur genommen.[866]

Nach der Häufung von Bilanz- und Wirtschaftsskandalen haben der europäische und der deutsche Gesetzgeber ebenfalls eine Reihe von Reformen im Bereich der Corporate Governance auf den Weg gebracht.[867] Eine dieser Reformen, das Kontroll- und Transparenzgesetz[868] (KonTraG) von 1998, führte beispielsweise die gesetzliche Pflicht des Vorstandes zur Einrichtung eines Überwachungssystems gem. § 91 II AktG ein.[869] Zuletzt wurde der Vorstand durch das Gesetz zur Stärkung der Finanzmarktintegrität[870] zur Installation eines angemessenen und wirksamen internen Kontroll- und Risikomanagementsystems gem. § 91 III AktG verpflichtet.[871]

Nach dem Deutschen Corporate Governance Kodex[872] wird unter Corporate Governance „[...] der rechtliche und faktische Ordnungsrahmen für die Leitung und Überwachung eines Unternehmens verstanden".[873] Dem DCGK kommt jedoch keine rechtlich bindende Gesetzesqualität zu.[874] Der DCGK besteht inhaltlich größtenteils aus (Verhaltens-)Empfehlungen für die Leitungsorgane börsennotierter Gesellschaften, vgl. § 161 I 1 AktG. Diese sind nicht verpflichtet,

---

866 Vgl. *Arbeitskreis „Externe und Interne Überwachung der Unternehmung" (AKEIÜ) der Schmalenbach-Gesellschaft für Betriebswirtschaft e.V.*, BB 2004, 2399, 2399 ff. zu den Auswirkungen des Sarbanes-Oxley Act auf die Interne und Externe Unternehmensüberwachung; *Laue*, Integration der Corporate-Governance-Systeme (2021), S. 31 f.; *Altenbach*, in: *Semler/v. Schenck/Wilsing*, Arbeitshandbuch für Aufsichtsratsmitglieder, § 7 Rn. 5.

867 *Böcking/Eibelshäuser*, Der Konzern 2009, 563, 564 f. mit Abbildung der Regulierungsaktivitäten des deutschen Gesetzgebers seit 1998 bis 2009; vgl. *Laue*, Integration der Corporate-Governance-Systeme (2021), S. 14 f.

868 Gesetz zur Kontrolle und Transparenz im Unternehmensbereich v. 28.04.2998, BGBl. I S. 786, 787.

869 *Hommelhoff/Schwab*, in: *Hommelhoff/Hopt/Werder*, Handbuch Corporate Governance, S. 71 ff. mit weiteren Beispielen.

870 Gesetz zur Stärkung der Finanzmarktintegrität v. 03.06.2021, BGBl. I S. 1534, 1557; im Folgenden abgekürzt als FISG bezeichnet.

871 Hierzu *Roth*, NZG 2022, 53.

872 Im Folgenden abgekürzt als DCGK bezeichnet.

873 Regierungskommission, Deutscher Corporate Governance Kodex, 28.04.2022, abrufbar unter: https://www.dcgk.de/de/kodex.html (Stand: 01.06.2023), S. 2 Präambel.

874 BGH, Urt. v. 16.02.2009 – II ZR 185/07 = AG 2009, 285, 289 (Kirch/Deutsche Bank); OLG München, Urt. v. 06.08.2008 – 7 U 5628/07 = AG 2009, 294; *Lang*, Corporate Compliance (2013), S. 21.

den Empfehlungen aus dem DCGK zu folgen, sondern können im Wege der *comply or explain*-Option auf die Umsetzung verzichten und anstatt dessen eine (jährliche) Entsprechenserklärung gem. § 161 I 1 AktG abgeben. In dieser Ausweichoption liege jedoch ein verschärfter Appell des Kodex an die Leitungsorgane, die Corporate Governance des Unternehmensträgers auf dessen spezifische Bedürfnisse und individuelle Besonderheiten hin auszurichten[875], sie regelmäßig zu überprüfen und bei Bedarf eigenverantwortlich nachzujustieren.[876]

Grundsätzlich wird die Corporate Governance der Unternehmensträger jedoch eigenverantwortlich gestaltet.[877] Dabei stellt eine adäquate Corporate Governance-Organisation nach wie vor eine zentrale Herausforderung der guten Unternehmensführung dar.[878] Die sich fortlaufend ändernde Gesetzeslage zur Corporate Governance[879] und damit einhergehender neuer Haftungsrisiken[880] führt zu einem entsprechenden fortlaufenden Anpassungsbedarf der Corporate Governance-Organisation. Das hat insbesondere Auswirkungen auf bestehende (risikoorientierte) Management-Systeme, wie beispielsweise dem Risikomanagementsystem, der internen und externen Revision[881] und auch auf das Compliance-System.[882]

2. *Das* Three Lines (of Defence) Model

Es existieren zahlreiche betriebswirtschaftliche Modelle[883] zur Corporate Governance deutscher Unternehmensträger, sodass nicht alle Modelle auf ihre

---

875 Vgl. *Bachmann*, AG 2011, 181, 191 f.; *Hommelhoff*, AG 2016, 684, 685.

876 *Hommelhoff*, AG 2016, 684, 685.

877 *Hommelhoff*, AG 2016, 684, 685.

878 *Eulerich*, ZCG 2021, 53, 57.

879 Hierzu *Hemeling*, ZHR 2011, 368, 381; *Kort*, NZG 2008, 81, 82; *Nietsch*, ZGR 2015, 631, 631 f.

880 *V. Schenck*, in: *Lutter/Bayer*, Holding-Handbuch, § 5 Rn. 80.

881 *Gleich/Oehler*, Corporate Governance umsetzen (2006), S. 1, S. 6.

882 Vgl. *Bodenstein/Lenz*, ZCG 2021, 101, 105; *Deloitte*, Studie, Future of Compliance (2021) – Herausforderungen und Trends, mit Beispielen zu Anpassungen in der Praxis im Hinblick auf das Hinweisgeberschutzgesetz, LkSG und VerbSanG, abrufbar unter: https://www2.deloitte.com/de/de/pages/audit/articles/future-of-compliance.html (zuletzt abgerufen: 03.02.2022); *Fischer/Schuck*, NZG 2021, 534, 534 mit dem Hinweis, dass eine trennscharfe Abgrenzung dieser Systeme (in der Praxis) nicht möglich sei; *Wellerdt*, ZIP 2022, 356, 363.

883 *Dreher/Hoffmann*, ZGR 2016, 445, 452.

Eignung zur Wahrung konzern- und lieferkettendimensionaler Verkehrspflichten untersucht werden können.

Bei der Ausgestaltung eines Corporate Governance-Systems hat sich in der Praxis unter anderem das sog. *Three Lines Model*[884], vormals *Three Lines of Defence-Model*[885], als Risiko-Organisationssystem etabliert,[886] welches paradigmatisch als Beispiel herangezogen wird.

In diesem Modell werden die Überwachungssysteme, wie das Risikomanagement- oder das interne Kontrollsystem, nach verschiedenen Funktionen und Aufgaben in Bezug zueinander gesetzt.[887]

Im *Three Lines of Defence-Model* wurden drei verschiedene Verteidigungslinien aufgestellt, die dazu dienen (Compliance-)Risiken der Unternehmensträger vorzubeugen und somit eine funktionsfähige Governance-Struktur und ein adäquates Risikomanagement zu ermöglichen.[888]

884 Institute of Internal Auditors (IIA) Global (2020), Das Drei-Linien-Modell des IIA: Eine Aktualisierung der Three Lines of Defense, abrufbar unter: https://www.diir.de/fileadmin/fachwissen/downloads/Three-Lines-Model-Updated-German.PDF (Stand: 01.06.2023).

885 Institute of Internal Auditors (IIA) Global (2013), The Three Lines of Defense in effective risk management and control, abrufbar unter: https://www.iia.org.uk/policy-and-research/position-papers/the-three-lines-of-defence/ (Stand: 01.06.2023); ausführlich zu den drei Verteidigungslinien und deren Funktionen *Eulerich*, ZIR 2012, 55, 56 ff.; *Welge/ders.*, Corporate-Governance-Management (2021), S. 59 ff. das Three Lines of Defence Model als allgemeingültiger Handlungsrahmen für die Unternehmensträger zur Ausgestaltung der sog. „organizational Governance"; *Hansch*, Corporate Governance für internationale Konzerne (2021), S. 117 f.

886 *Altenbach*, in: *Semler/v. Schenck/Wilsing*, Arbeitshandbuch für Aufsichtsratsmitglieder, § 7 Rn. 64; vgl. *Interdisziplinärer Arbeitskreis Corporate Governance (AKCG)*, DB 2021, 550, 550 zur Möglichkeit der Orientierung des Compliance-Systems nach diesem Modell; *Welge/Eulerich*, Corporate-Governance-Management (2021), S. 65 f.; *Laue*, Integration der Corporate-Governance-Systeme (2021), S. 18; *Eulerich/Gleißner*, ZCG 2021, 266 ff. mit Ausführungen zu den Problemen des Three Lines Model und den typischen Schwächen eines Risikomanagements.

887 *Laue*, Integration der Corporate-Governance-Systeme (2021), S. 18; *Reichert/Lüneborg*, GmbH 2018, 1141, 1145 denen zufolge dieses Modell speziell für die Compliance-Organisation genutzt wird.

888 Institute of Internal Auditors (IIA) Global (2020), Das Drei-Linien-Modell des IIA, S. 2.

Die erste Verteidigungslinie adressiert das operative Management[889] (beispielsweise Einkauf, Produktion, Logistik oder Vertrieb), die die mit ihrem geschäftsmäßigen Handeln verbundenen Risiken abwägen müssen.

Zur zweiten Verteidigungslinie gehören als Kontrollinstanzen die Fachfunktionen, wie beispielsweise das Risikomanagementsystem, die Compliance- und die Rechtsabteilung.[890] Diese sind im Rahmen der Risikobewertung für die fortlaufende Anpassung von Kontrollen und Prozessen zuständig und unterstützen die Geschäftsleitung, indem sie die Gesamtrisikolage des Unternehmensträgers transparent machen.

Die dritte Linie bildet eine unabhängige Prüfungseinheit, welche den Gesamtprozess der ersten beiden Verteidigungslinien auf Grundlage eines mit Vorstand und Aufsichtsrat abgestimmten Plans überprüft. Häufig wird diese unabhängige Prüfungsaufgabe in der Praxis durch die interne Revision wahrgenommen.[891] Somit ist die interne Revision auch für die Prüfung der Wirksamkeit und Funktionsfähigkeit des Compliance-Systems des Unternehmensträgers zuständig.[892]

Das *Three Lines of Defence-Model* hat zusammenfassend eine netzwerkartig verbundene Risikobewertung des Unternehmensträgers zum Ziel, in der alle relevanten Prozesse und Abteilungen der Risikobewertung eingebunden werden.

Dieses Modell wurde auf Grund seiner Schwächen, namentlich der strikten Trennung der Verteidigungslinien in einer Gesellschaft, durch das *Institute of Internal Auditors* (IIA) am 22.07.2020 zum sog. *Three Lines Model* aktualisiert. Der Handlungsrahmen beruht nunmehr auf einem prinzipienbasierten Ansatz.[893] Durch die Neukonzeption des Modells wurde ein für alle Organisationsformen und -größen geeignetes Modell entwickelt.[894] Die interaktiven Rollen, Verantwortlichkeiten und internen Beziehungen zwischen den verschiedenen Akteuren wurden (neu)

---

889 *Interdisziplinärer Arbeitskreis Corporate Governance (AKCG),* DB 2021, 550, 550 „operatives Management bzw. Fachbereiche".

890 *Welge/Eulerich*, Corporate-Governance-Management (2021), S. 64 weisen darauf hin, dass nach dem aktualisierten Three Lines Model die erste und zweite Verteidigungslinie allgemein beim Management angesiedelt sind, sodass die zweite Linie von Vorstand oder nachgeordneten Führungsebenen übernommen werden kann.

891 Eulerich/Theis, ZIR 2012, 132, 133; *Altenbach*, in: *Semler/v. Schenck/Wilsing*, Arbeitshandbuch für Aufsichtsratsmitglieder, § 7 Rn. 64; Interdisziplinärer Arbeitskreis Corporate Governance (AKCG), DB 2021, 550, 550.

892 *Welge/Eulerich*, Corporate-Governance-Management (2021), S. 70.

893 Institute of Internal Auditors (IIA) Global (2020), Das Drei-Linien-Modell des IIA, S. 1 zu weiteren Optimierungen; vgl. hierzu *Eulerich*, ZCG 2021, 53, 54 ff.

894 *Eulerich*, ZCG 2021, 53, 54.

definiert.[895] Die Begrifflichkeit „*Defence*" wurde aus dem Modell-Namen entfernt, um eine negative Bewertung der „Verteidigungslinie" zu reduzieren.

Die sechs Prinzipien, auf denen das *Three Lines Model* nunmehr beruht, haben eine optimale Unternehmensorganisation zum gemeinsamen Ziel.[896]

Das erste Prinzip „*Governance*" macht dies deutlich und bezweckt die zielführende Führungs- und Überwachungsstruktur zur Erreichung einer erfolgreichen und langfristigen Unternehmensführung.[897]

Das zweite Prinzip „*Governing body roles*" konzentriert sich auf die Implementierung geeigneter Governance-Strukturen und -Prozesse, die abhängig von der Organisationsgröße die Delegation von Führungs- und Überwachungsaufgaben mitumfasst.[898]

Nach dem dritten Prinzip („*Management and first and second line roles*") werden die erste Linie (Management der allgemeinen Unternehmensbereiche) und die zweite Linie (Management mit spezieller Funktion, wie dem Risikomanagement oder Compliance-Bereich) neu definiert und optional eine integrierte oder separierte Unterstützungsfunktion der zweiten Linie zur Risikobewältigung der ersten Linie vorgestellt.[899]

Im vierten Prinzip („*Third line roles*") wird die Rolle der internen Revision definiert, welche, wie im alten Modell, für die dritte Verteidigungslinie zuständig ist, wobei hier ihre Kommunikation, Koordination und Zusammenarbeit mit dem Management sowie die Berichterstattung an das Leitungsorgan betont wird.[900] Sie stellt nach dem Modell das zentrale Organ zur Erbringung von Prüfungsleistungen dar.

Das fünfte Prinzip betont die Erfordernis der Unabhängigkeit der internen Revision („*Third line independence*").[901]

---

895 Institute of Internal Auditors (IIA) Global (2020), Das Drei-Linien-Modell des IIA, S. 1; vgl. *Laue*, Integration der Corporate-Governance-Systeme (2021), S. 19.

896 Ausführlich zu den Prinzipien und Rollen des Three Lines Models, sowie der Unterschiede und Gemeinsamkeiten zum Three Lines of Defence Model, *Eulerich*, ZCG 2021, 53, 54 ff.

897 Institute of Internal Auditors (IIA) Global (2020), Das Drei-Linien-Modell des IIA, S. 2.

898 Institute of Internal Auditors (IIA) Global (2020), Das Drei-Linien-Modell des IIA, S. 2.

899 Institute of Internal Auditors (IIA) Global (2020), Das Drei-Linien-Modell des IIA, S. 3.

900 Institute of Internal Auditors (IIA) Global (2020), Das Drei-Linien-Modell des IIA, S. 4 mit Schaubild.

901 Institute of Internal Auditors (IIA) Global (2020), Das Drei-Linien-Modell des IIA, S. 3.

Zuletzt zielt das sechste Prinzip „*Creating and protecting value*" auf die koordinierte Zusammenarbeit aller beteiligten Rollen.[902]

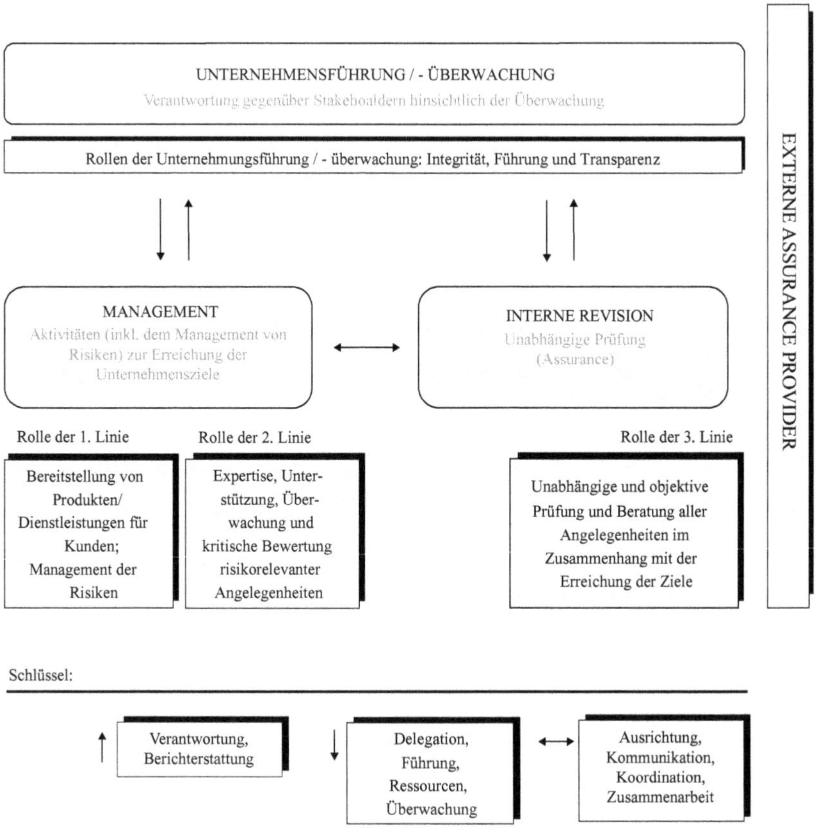

Abb. 5: Das neue *Three Lines Model*[903]

---

902 Institute of Internal Auditors (IIA) Global (2020), Das Drei-Linien-Modell des IIA, S. 3.

903 Angelehnt an die Abbildung des IIA 2020.

II. Compliance als Bestandteil des Corporate Governance-Systems

Im deutschen Recht findet sich keine allgemeingültige Legaldefinition des Begriffs „Compliance".[904] In der Literatur[905] wird unter Compliance die Gesamtheit aller Maßnahmen verstanden, die das rechtmäßige Verhalten eines Unternehmensträgers, seiner Organe und seiner Mitarbeiter im Hinblick auf alle gesetzlichen und unternehmenseigenen Gebote und Verbote gewährleisten sollen. Die Einhaltung von Recht und Gesetz, internen und externen Pflichten und die Sicherstellung rechtmäßigen Verhaltens entsprechen der Legalitätspflicht, die schon seit langem allgemein anerkannt ist und in diesem Sinne richtigerweise als „Binsenweisheit" bezeichnet wird.[906] Im Schrifttum wird die Compliance-Diskussion daher auch unter den (synonymen) Bezeichnung der Legalitäts-[907] und Legalitätskontrollpflicht[908] geführt.

---

904 *Hüffer*, FS Roth (2011), S. 299, S. 301; vgl. *Fleischer*, in: *Spindler/Stilz*, BeckOGK AktG (Stand: 01.07.2023), § 91 Rn. 62 ff. m.w.N.; *Laue*, Integration der Corporate-Governance-Systeme (2021), S. 33.

905 *Hauschka/Moosmayer/Lösler*, in: *Hauschka/Moosmayer/Lösler*, Corporate Compliance, § 1 Rn. 2; *Altenbach*, in: *Semler/v. Schenck/Wilsing*, Arbeitshandbuch für Aufsichtsratsmitglieder, § 7 Rn. 25, 27 definiert Compliance als organisierte Rechtschaffenheit im Geschäftsverkehr.

906 *Schneider*, ZIP 2003, 645, 646; *Hüffer*, FS Roth (2011), S. 299, S. 302; *Goette*, ZHR 2011, 388, 391 spricht von dem gleichbedeutenden „Legalitätsprinzip"; vgl. BGH, Urt. v. 15.10.1996 – VI ZR 319/95 = NJW 1997, 130, 131 f. bezüglich der Verantwortlichkeit des GmbH-Geschäftsführers für die Erfüllung öffentlich-rechtlicher Pflichten, wie der Pflicht zur Abführung von Sozialbeiträgen.

907 *Fleischer*, in: *Fleischer*, Handbuch des Vorstandsrechts, § 7 Rn. 4; *Fischbach*, Die Haftung des Vorstands im Aktienkonzern (2009), S. 47; *Altenbach*, in: *Semler/v. Schenck/Wilsing*, Arbeitshandbuch für Aufsichtsratsmitglieder, § 7 Rn. 26, 29 demzufolge die Pflicht zur Errichtung einer Compliance-Organisation sich aus dem Legalitätsprinzip herleiten lasse.

908 *Fleischer*, BB 2008, 1070, 1071; *ders.*, NZG 2014, 321, 322; *Fleischer*, in: *Spindler/Stilz*, BeckOGK AktG (Stand: 01.07.2023), § 91 Rn. 65; *Geiser*, Leitungspflichten des Vorstandes in der AG (2010), S. 122; *Thole*, ZHR 2009, 504, 509 f.; *Verse*, ZHR 2011, 401, 404 sieht die Legalitätskontrollpflicht als eine Verlängerung der Legalitätspflicht, die sich auf den Grundgedanken der Delegation zurückführen lasse; *Bicker*, AG 2012, 542, 543 f.; *Arnold*, ZGR 2014, 76, 79; *ders./Geiger*, BB 2018, 2306, 2306; *Larisch/v. Hesberg*, CCZ 2017, 17, 20; *Hoffmann/Schieffer*, NZG 2017, 401, 402 f.; *Schockenhoff*, NZG 2019, 281, 283; *Seibt*, in: *Schmidt/Lutter*, AktG, § 76 Rn. 22; *Spindler*, in: *Goette/Habersack*, MüKo AktG, § 93 Rn. 121; *Koch*, in: *Koch*, AktG, § 76 Rn. 14 f.

Der wesentliche Zweck der Compliance ist somit Gesetzesverletzungen des Unternehmensträgers, seiner Organe und Mitarbeiter vorzubeugen und zu unterbinden[909] und die Ausübung regelkonformen Verhaltens und somit die Vermeidung von Rechtsverletzung zu gewährleisten.

Zur Begründung wird auf den für alle Gesellschaften geltenden Rechtssatz verwiesen, dass das Allgemeininteresse an der Gesetzesbefolgung dem Gesellschaftsinteresse gegenüber vorrangig ist.[910]

Die Compliance wird mithin als wesentlicher Bestandteil einer guten Corporate Governance verstanden[911] und ist eines der internen Corporate Governance-Mechanismen[912] eines Unternehmensträgers.

Eine den Unternehmensträger treffende konzern- oder lieferkettendimensionale Verkehrspflicht, die auf den Rechtsgüterschutz entlang der Wertschöpfungskette gerichtet ist und präventive Gefahrenabwehrmaßnahmen verlangt, stellt eine (externe) Pflicht dar, welche im Compliance-Management des Unternehmensträgers umzusetzen ist.

III. Compliance-Verantwortung des Vorstandes

Es ist Stand der wissenschaftlichen Erkenntnis, dass der Vorstand die primäre Compliance-Verantwortung für seine Gesellschaft trägt.[913] Im Folgenden wird nur in Kürze die dogmatische Grundlage erörtert, um anschließend ausführlicher auf bestimmte Compliance-Instrumente einzugehen, deren sich der Vorstand in der Praxis üblicherweise bedient und die möglicherweise zur Erfüllung einer konzern- und lieferkettendimensionalen Verkehrspflicht genutzt werden können.

---

909 *Lang*, Corporate Compliance (2013), S. 16.

910 *Fleischer*, in: *Spindler/Stilz*, BeckOGK AktG (Stand: 01.07.2023), § 93 Rn. 52.

911 *Fleischer*, in: *Fleischer*, Handbuch des Vorstandsrechts, § 8 Rn. 40; *Schneider*, ZIP 2003, 645, 647 f.; *Altenbach*, in: *Semler/v. Schenck/Wilsing*, Arbeitshandbuch für Aufsichtsratsmitglieder, § 7 Rn. 14.

912 *Welge/Eulerich*, Corporate-Governance-Management (2021), S. 76, S. 81 f.

913 Siehe nur *Reichert*, FS Hoffmann-Becking (2013), S. 943 f. spricht von der „Kardinalpflicht" des Vorstandes; folgend *Schneider*, NZG 2009, 1321, 1322; *Weller/Kaller/Schulz*, AcP 2016, 387, 413; *Fleischer*, NZG 2014, 321, 323 „Compliance ist Chefsache"; *Schockenhoff*, ZHR 2016, 197, 198 f.; OLG Nürnberg, Urt. v. 30.03.2022 – 12 U 1520/19 = NZG 2022, 1058, 1061 f.; LG München I, Urt. v. 10.12.2013 – 5 HKO 1387/10 = AG 2014, 332, 334.

1. Dogmatische Grundlage

Die sog. Compliance-Verantwortung des Vorstandes ist gesetzlich nicht ausdrücklich geregelt. In der aktuellen Fassung des DCGK wird unter A. I. 1. 5. der Grundsatz formuliert, dass der Vorstand für die Einhaltung der gesetzlichen Bestimmungen und der internen Richtlinien zu sorgen und auf deren Beachtung im Unternehmen hinzuwirken hat („Compliance"). Der DCGK stellt auf Grund der fehlenden Rechtsverbindlichkeit jedoch keine hinreichende Rechtsgrundlage dar.

Zwar liegt nach gefestigter, allgemeiner Auffassung eine verbindliche Compliance-Pflicht vor.[914] Die dogmatische Herleitung der Compliance-Verantwortung des (Gesamt-[915])Vorstandes ist dennoch umstritten.[916] Als Rechtsgrundlage für die Compliance-Verantwortung in der Einzelgesellschaft wird überwiegend[917] die allgemeine Leitungs- und Sorgfaltspflicht des

---

914 *Bürkle*, BB 2007, 1797, 1798; *Hommelhoff/Schwab*, in: *Hommelhoff/Hopt/Werder*, Handbuch Corporate Governance, S. 71, S. 114 m.w.N., denen zufolge der Wortlaut des DCGK „hat […] zu sorgen" schon dafür spreche, dass der Vorstand schon von Gesetzes wegen dazu verpflichtet sei; *Krieger*, in: *Krieger/Schneider*, Handbuch Managerhaftung, § 3 Rn. 6.

915 *Werner*, ZWH 2014, 449, 449.

916 LG München I, Urt. v. 10.12.2013 – 5 HKO 1387/10 = AG 2014, 332, 334; *Werner*, ZWH 2014, 449, 449; *Fleischer*, in: *Spindler/Stilz*, BeckOGK AktG (Stand: 01.07.2023), § 91 Rn. 64 f.; *Moosmayer*, Compliance, § 2 Rn. 10 f. für eine Herleitung aus den §§ 130, 30, 9 OWiG; *Seyfarth*, ZGR 2020, Sonderheft (22), 87, 96; *Altenbach*, in: *Semler/v. Schenck/Wilsing*, Arbeitshandbuch für Aufsichtsratsmitglieder, § 7 Rn. 10 lehnt eine generelle Pflicht der Unternehmensträger zur Einrichtung eines Compliance-Programms ab und befürwortet dagegen eine Pflicht zur Installation eigener Compliance-Regeln mit entsprechenden Prozessen und Organisationsmaßnahmen.

917 *Fleischer*, AG 2003, 291, 299; *ders.*, CCZ 2008, 1, 1 ff.; *Bachmann*, in: *Gesellschaftsrechtliche Vereinigung*, Gesellschaftsrecht in der Diskussion 2007, S. 65, S. 73 f.; *Schneider/Schneider*, ZIP 2007, 2061, 2062 denen zufolge neben der unmittelbaren Herleitung aus § 76 I AktG, die Compliance-Pflicht mittelbar aus § 93 I, II AktG herzuleiten sei; *Vetter*, DB 2007, 1963, 1964; *Immenga*, FS Schwark (2009), S. 199, S. 202; vgl. *AK Externe und Interne Überwachung der Unternehmung der Schmalenbach-Gesellschaft für Betriebswirtschaft*, DB 2010, 1509, 1510 f. plädiert dennoch gegen eine Rechtspflicht zur Errichtung einer Compliance-Organisation; *Kremert/Klahold*, ZGR 2010, 113, 119; *Winter*, FS Hüffer (2010), S. 1103, S. 1104; *Hüffer*, FS Roth (2011), S. 299, S. 304; *Kindler*, FS Roth (2011), S. 367, S. 370 f.; *Lutter*, FS Goette (2011), S. 289, S. 291 f.; *Mertens/Cahn*, in: *Zöllner/Noack*, Kölner Kommentar AktG, § 91 Rn. 35, 37; *Verse*, ZHR 2011, 401, 404; *Bicker*, AG 2012, 542, 543 f.; *Habersack*, AG 2014, 1, 2 f.; *Simon/Merkelbach*, AG 2014, 318, 319; *Werner*, ZWH 2014, 449, 449; *Bürgers*, ZHR

Vorstandes gem. § 93 I 1 AktG i.V.m. § 76 I AktG (bei der GmbH entsprechend für den Geschäftsführer § 43 GmbHG[918]) herangezogen.

Teilweise wird die Compliance-Verantwortung aus der Pflicht zur Einrichtung eines Risikomanagementsystems gem. § 91 II AktG[919] hergeleitet. Teilweise wird die Grundlage in einer Gesamtanalogie[920] zu den Regelungen des Aufsichts- und Ordnungswidrigkeitenrechts, wie § 25a KWG, § 33 Abs. 1 S. 1 Nr. 1 WpHG, § 130 OWiG erblickt.

Die erstgenannte Ansicht überzeugt, denn die Compliance-Pflicht leitet sich nach ihrem Sinn und Zweck schon aus den gesetzlichen Pflichten der Leitungsorgane der Gesellschaft ab, wie der Pflicht des Vorstandes gem. §§ 76 I, 93 I 1 AktG seine Gesellschaft sorgfältig, im Einklang mit dem geltenden Recht, zu leiten, sowie aus der Pflicht des Aufsichtsrates gem. § 111 I AktG die Geschäftsführung dahingehend zu überwachen.[921]

2. *Überblick über Instrumente zur Umsetzung der Compliance-Verantwortung*

Im Folgenden sind die in der Praxis bestehenden Compliance-Instrumente zu erörtern. Dabei ist für die übergeordnete Frage der gesellschaftsrechtlichen Administration konzern- und lieferkettendimensionaler Verkehrspflichten in die

---

2015, 173, 175; *Harbarth*, ZHR 2015, 136, 144 ff. zur Begründung mit dem Hinweis, dass §§ 76, 93 AktG anders als § 91 Abs. 2 AktG keine Beschränkung auf bestandsgefährdende Vorgänge beinhalte und auch die Übertragung ins GmbH-Recht weniger Schwierigkeiten bereiten würde; vgl. *Seibt,* in: *Schmidt/Lutter*, AktG, § 76 Rn. 31; *Philippi,* in: *Bay/Hastenrath*, Compliance-Management, S. 60; Noack/Servatius/Haas/*Beurske*, § 42 Rn. 11; *Langenbucher*, Aktien- und Kapitalmarktrecht (2019), § 4 Rn. 86; *Spindler*, in: *Goette/Habersack*, MüKo AktG, § 91 Rn. 63; in diese Richtung auch *Altenbach,* in: *Semler/v. Schenck/Wilsing*, Arbeitshandbuch für Aufsichtsratsmitglieder, § 7 Rn. 25 f.; *Altmeppen*, GmbHG § 43 Rn. 6.

918 *Verse*, ZHR 2011, 401, 403; Noack/Servatius/Haas/*Beurske*, § 42 Rn. 11; *Altmeppen*, GmbHG § 43 Rn. 6.

919 *Spindler*, WM 2008, 905, 906 f.; *Dreher*, FS Hüffer (2010), S. 161, S. 168 ff.; *Habersack*, FS Möschel (2011), S. 1175, S. 1184 leitet hieraus die Pflicht zur Errichtung eines konzernweiten Aufsichts- und Überwachungssystems; *Unmuth*, AG 2017, 249, 252; *Bachmann,* in: *Gesellschaftsrechtliche Vereinigung*, Gesellschaftsrecht in der Diskussion 2007, 2008, S. 65, S. 73; offen lassend LG München I, Urt. v. 10.12.2013 – 5 HKO 1387/10 = AG 2014, 332, 334.

920 So noch *Schneider*, ZIP 2003, 645, 648 f.; ablehnend *Grundmeier*, Rechtspflicht zur Compliance im Konzern (2011), S. 33; ferner *Fischer/Schuck*, NZG 2021, 534, 541.

921 Vgl. *Lutter*, FS Goette (2011), S. 289, S. 291.

Corporate Governance-Systeme der inländischen Unternehmensträger insbesondere auf die Konzern- und Lieferkettendimensionalität von Compliance-Maßnahmen einzugehen.

a) Mangel an allgemein-verbindlichen Compliance-Vorgaben

Im Hinblick auf die konkrete Umsetzung der Compliance in den Unternehmensträgern existieren keine allgemein-verbindlichen Vorgaben. Zwar werden in der Literatur[922] als Mindestvorgaben beispielhaft eine klare Zuweisung von Compliance-Verantwortlichkeiten, eine hinreichende Ausstattung des Compliance-Systems mit personellen und sachlichen Mitteln, die konzernweite Compliance-Berichterstattung, die fortlaufende Überwachung und Kontrolle des Compliance-Systems sowie die Aufklärung, Abstellung und Verfolgung von Rechtsverstößen aufgezählt.

Wie (umfänglich) die Compliance in der Unternehmenspraxis umgesetzt wird, hängt jedoch von der zugrundeliegenden Corporate Governance-Struktur und der Risikolage des Unternehmensträgers ab.[923]

Zwar existieren spezialgesetzliche Compliance-Vorgaben für bestimmte Institute und Unternehmensträger. Beispielhaft angeführt sei an dieser Stelle die Pflicht von Kredit- und Finanzdienstleistungsinstituten gem. § 25a KWG eine ordnungsgemäße Geschäftsorganisation zur Gewährleistung gesetzlicher Bestimmungen zu installieren. Daneben besteht gem. § 80 I 1 WpHG für Wertpapierdienstleistungsunternehmen dieselbe Pflicht sowie gem. § 33 XIII 2 WpHG i.V.m. Art. 22 II UAbs. 1 die Pflicht zur Einrichtung einer wirksamen, permanenten und unabhängig arbeitenden Compliance-Funktion. Hierfür bedarf es der ständigen Überwachung und regelmäßiger Bewertung der Angemessenheit und Wirksamkeit von Compliance-Maßnahmen, Strategien und Verfahren. Mindestens einmal jährlich ist eine Berichterstattung an das Leitungsorgan über die Umsetzung und Wirksamkeit des gesamten Kontrollumfelds über die ermittelten Risiken sowie eine Berichterstattung bezüglich der Abwicklung von Beschwerden und über die ergriffenen oder zu ergreifenden Abhilfemaßnahmen erforderlich. Ferner bedarf es der Überwachung

922 *Bicker*, AG 2012, 542, 549 f.; offener *Kort,* FS Hopt (2010), S. 983, S. 1002 zu den „[...] Mindestanforderungen wie der Anforderung, dass überhaupt die Compliance im Unternehmen (wie auch immer) geregelt werden muss"; *Harbarth*, ZHR 2015, 136, 154 ff., *Schockenhoff*, ZHR 2016, 197, 206, *Reichert/Lüneborg*, GmbH 2018, 1141, 1145 ff.

923 Vgl. *Harbarth*, ZHR 2015, 136, 154, 159 unter Heranziehung des Entscheidungsspielraumes des Vorstandes.

von Prozessabläufen für die Abwicklung von Beschwerden und Berücksichtigung der Beschwerden als Quelle relevanter Informationen im Zusammenhang mit den allgemeinen Überwachungsaufgaben.

Zuletzt ist an die Regelung des § 130 I 1 OWiG zu erinnern, die dem Inhaber eines Betriebes oder Unternehmens zur Verhinderung von Pflichtverstößen erforderliche Aufsichtsmaßnahmen auferlegt. Welche konkreten Aufsichtsmaßnahmen von der Aufsichtspflicht erfasst sind, ist allerdings auch in der Literatur zum Ordnungswidrigkeitenrecht umstritten.[924]

Es bleibt zunächst Aufgabe der Rechtsprechung, die Pflichtaufgaben zu konkretisieren. Bislang fehlt es an einer allgemeinen Festlegung von Maßnahmen. Das Ausmaß der Pflichten ist nach der Rechtsprechung noch von den Umständen des Einzelfalls abhängig, wie von der Organisation des Betriebs, von der Vielfalt, der Art und der Bedeutung der zu beachtenden Vorschriften und von der praktischen Durchführbarkeit der Überwachung.[925]

Aus diesen spezialgesetzlichen Regelungen kann keine allgemeine Rechtspflicht zur Vornahme solcher Maßnahmen für sämtliche Unternehmensträger abgeleitet werden.[926]

b) Die Installation eines Compliance-Systems

Die drei wesentlichen Funktionen eines Compliance-Systems sind die Prävention und Aufdeckung von Fehlverhalten und die hierauf ausgerichtete Reaktion.[927]

---

924 *Beck*, in: *Graf*, BeckOK OWiG (Stand: 01.07.2023), § 130 Rn. 39.

925 Vgl. OLG Düsseldorf, Beschl. v. 12.11.1998 – Ss OWi 385-98 – (OWi) 112-98 III = NStZ-RR 1999, 151; AG Arnsberg, Urt. v. 13.11.2020 – 9 OWi-150 Js 831/20-207/20 Rn. 20 entscheidend für den Umfang, der von einem Betriebsinhaber zu treffenden Aufsichtsmaßnahmen, sei die Sorgfalt, die von einem ordentlichen Angehörigen des jeweiligen Tätigkeitsbereiches verlangt werden kann, um die Verletzung betriebsbezogener Pflichten zu verhindern.

926 Vgl. Monographische Untersuchung einer Gesamtanalogie-Bildung zu den spezialgesetzlichen Compliance-Vorgaben *Lang*, Corporate Compliance (2013), S. 68 ff., S. 75, S. 83.

927 *Bicker*, AG 2012, 542, 547; *Habersack*, AG 2014, 1, 3; *Kremer/Klahold*, in: *Krieger/Schneider*, Handbuch Managerhaftung, § 25 Rn. 58 weist auf insgesamt vier Kernbestandteile eines Compliance-Systems, inklusive des die Compliance-Kultur vermittelnden Tone from The Top, hin; *Seibt/Ciupka*, AG 2015, 93, 109 zur Kapitalmarktrecht-Compliance-Organisation mit effektiven und effizienten Präventions-, Aufklärungs- und Reaktionsweisen; *Arnold/Geiger*, BB 2018, 2306, 2306; *Seyfarth*, ZGR Sonderheft 22 (2020), 87, 97 demzufolge diese Grundfunktionen auch konzernweite Geltung beanspruche; *Moosmayer*, Compliance (2021), § 4 Rn. 105.

aa) Pflicht zur Implementierung eines Compliance-Systems

Die Frage nach einer Pflicht zur Installation eines solchen Compliance-Systems war stets umstritten.[928] Zwar war es in Rechtsprechung und Literatur allgemein anerkannt, dass eine Compliance-Pflicht besteht. Diese wurde aber von der Pflicht zur Implementierung eines Compliance-Systems abgegrenzt.[929] Gerade für nicht-börsennotierte Gesellschaften sollte die Compliance-Pflicht auch durch alternative Maßnahmen erfüllt werden können.

Die Rechtsprechung fordert vom Vorstand die Installation einer funktionierenden Compliance-Organisation „[…] bei Vorliegen einer entsprechenden Gefährdungslage".[930]

In diesem Sinne trifft ein Vorstandsmitglied nach der Rechtsprechung des LG München I[931] im Rahmen seiner allgemeinen Sorgfalts- und Legalitätspflicht eine Organisationspflicht, welche die Installation eines zur frühzeitigen Erkennung von bestandsgefährdenden Risiken geeignetes Überwachungssystem gem. § 91 II AktG verlangt.

Einer derartigen Pflicht genüge der Vorstand bei entsprechender Gefährdungslage nur dann, wenn er eine auf Schadensprävention und Risikokontrolle angelegte Compliance-Organisation einrichtet, ohne dass es entscheidungserheblich darauf ankomme, ob sich diese Pflicht bereits unmittelbar aus § 91 II AktG oder aus der allgemeinen Leitungspflicht der §§ 76 I, 93 I AktG herleite. Das Compliance-System der Unternehmensträger soll geeignet sein, die Einhaltung der gesetzlichen und unternehmensinternen Vorschriften sicherzustellen und Risikoerkennungs- und minimierungsmaßnahmen umzusetzen.[932]

Nach der Rechtsprechung ist „[…] [d]ie Einrichtung eines funktionierenden Compliance-Systems […] – jedenfalls in großen Unternehmen, in denen ein

---

928 *Gesellschaftsrechtliche Vereinigung (VGR)*, Stellungnahme der Gesellschaftsrechtlichen Vereinigung – Wissenschaftliche Vereinigung für Unternehmens- und Gesellschaftsrecht (VGR) e.V. zu dem Entwurf des Deutschen Corporate Governance Kodex 2022 vom 21. Januar 2022, AG 2022, 239, 241.

929 *Bachmann*, in: *Kremer/Bachmann/Lutter/v. Werder*, DCGK, A.2 Rn. 3; *Koch*, in: *Koch*, AktG, § 76 Rn. 13 ff.

930 Synonym für den Begriff Compliance-Organisation wird auch der Begriff Compliance-System bzw. Compliance-Management-System verwendet, vgl. *Lang*, Corporate Compliance (2013), S. 13; *Sengenberger/Erhard/Dessau*, in: *Zenke/Schäfer/Brocke*, Corporate Governance (2020), S. 9.

931 LG München I, Urt. v. 10.12.2013 – 5 HKO 1387/10 = AG 2014, 332, 334.

932 Hauschka/Moosmayer/Lösler, in: Hauschka/Moosmayer/Lösler, Corporate Compliance, § 1 Rn. 4.

Geschäftsführer nicht allen Pflichten durch eigenes Tun gerecht werden kann – zur Einhaltung der Legalitätspflicht gerade erforderlich."[933] Weiter heißt es: „Die Einrichtung einer Compliance-Abteilung stellt daher ein Präventionsmittel zur Vermeidung von Rechtsverstößen dar. Die Übertragung der Aufklärung von Verstößen gegen geltendes staatliches Recht auf eine gesonderte Abteilung führt durch die dadurch eintretende Aufgabenkonzentration und Spezialisierung zur Steigerung der Effektivität der Aufklärung und beschleunigt daher die Untersuchungen."[934]

Auch in Teilen der Literatur wird betont, dass es zur Wahrung der Compliance-Verantwortung nicht ausreiche, geeignete Strukturen zu etablieren. Vielmehr müsse auch die Wirksamkeit von Compliance-Maßnahmen sichergestellt werden. Diese Wirksamkeit werde insbesondere durch die Implementierung eines geeigneten Compliance-Systems, welches in regelmäßigen Abständen auf seine Wirksamkeit geprüft werden müsse, erreicht.[935]

Mit Einführung des § 91 III AktG wurde nun erstmals die allgemeine aktienrechtliche Vorstandspflicht zur Einrichtung von bestimmten Management-Systemen ausdrücklich geregelt,[936] die vorher nur regulierte Unternehmensträger (namentlich Versicherungsgesellschaften, §§ 23, 26, 29 VAG, und Kreditinstitute, § 25a KWG) traf. Der DCGK statuierte bislang in seiner alten Fassung im Grundsatz 5 A.2. S. 1 die bloße Empfehlung, ein angemessenes und an der Risikolage des Unternehmensträgers ausgerichtetes Compliance-System einzurichten.[937] Nunmehr wird

933 LAG Baden-Württemberg Urt. v. 03.11.2021 – 10 Sa 7/21 = BeckRS 2021, 40512 Rn. 72.

934 LAG Baden-Württemberg Urt. v. 03.11.2021 – 10 Sa 7/21 = BeckRS 2021, 40512 Rn. 72.

935 *Winter*, FS Hüffer (2010), S. 1103, S. 1108 bei größeren, dezentral organisierten börsennotierten Großunternehmen bestehe die Pflicht, ein konzernweit angelegtes Compliance-System einzurichten; *Mackert*, in: *Lutter/Bayer*, Holding-Handbuch, § 6 Rn. 43 daneben treffe den Aufsichtsrat folglich die Pflicht zur Überwachung des durch den Vorstand installierten Compliance-Systems gem. § 111 I AktG.

936 *Fleischer*, in: *Spindler/Stilz*, BeckOGK AktG (Stand: 01.07.2023), § 91 Rn. 48 mit dem Hinweis, dass kapitalmarktorientierte Kapitalgesellschaften gem. § 289 Abs. 4 HGB im Lagebericht nur die wesentlichen Elemente des internen Kontroll- und des Risikomanagementsystems im Hinblick auf den Rechnungslegungsprozess beschreiben mussten und müssen. Zudem habe und hat der Abschlussprüfer dem Aufsichtsrat gemäß § 171 Abs. 1 S. 2 über wesentliche Schwächen dieser Systeme zu berichten.

937 *Gesellschaftsrechtliche Vereinigung (VGR)*, Stellungnahme der Gesellschaftsrechtlichen Vereinigung – Wissenschaftliche Vereinigung für Unternehmens- und Gesellschaftsrecht (VGR) e.V. zu dem Entwurf des Deutschen Corporate Governance Kodex 2022 vom 21. Januar 2022, AG 2022, 239, 240.

im Grundsatz 4 A.2. S. 1 DCGK der „Bedarf" eines angemessenen und wirksamen internen Kontrollsystems und Risikomanagementsystem hervorgehoben.

Gesetzlich wurde jedoch vom Vorstand gem. § 91 II AktG lediglich gefordert, dass er geeignete Maßnahmen zu treffen und insbesondere ein Überwachungssystem einzurichten hat, damit bestandsgefährdende Entwicklungen der Gesellschaft früh erkannt werden. Nach den Ausführungen der Gesetzesmaterialien wurde die Einrichtungspflicht spezieller Systeme vor Einführung des § 91 III AktG aus der allgemeinen Organisationsverantwortung des Vorstandes gem. § 93 I 1 AktG hergeleitet.[938]

Die Literatur[939] legt die Vorschrift des § 91 III AktG dahingehend weit aus, dass der Vorstand sämtliche Governance-Funktionen innerhalb eines Systems organisiert. Dazu gehört nach Ansicht der *Wissenschaftlichen Vereinigung für Unternehmens- und Gesellschaftsrecht*[940] auch die Einrichtung eines Compliance-Systems. Hierfür wird auf die Regierungsbegründung des Gesetzes[941] verwiesen, in der ausdrücklich auch die Sicherung der Einhaltung der maßgeblichen rechtlichen Vorschriften als Gegenstand des internen Kontrollsystems genannt wird. Dass die Pflicht auf börsennotierte Gesellschaften beschränkt wird, wird als Bestätigung der bisherigen Unterscheidung zwischen Compliance-Pflicht und der System-Installationspflicht gesehen.[942]

bb) Mindestanforderungen für das Compliance-System?

Gesetzlich statuierte Mindestanforderungen für ein pflichtgemäßes Compliance-System bestehen de lege lata nicht.[943]

---

938 *Fleischer*, in: *Spindler/Stilz*, BeckOGK AktG (Stand: 01.07.2023), § 91 Rn. 49; vgl. auch *Fischer/Schuck*, NZG 2021, 534, 541.

939 *Fischer/Schuck*, NZG 2021, 534, 541.

940 *Gesellschaftsrechtliche Vereinigung (VGR)*, Stellungnahme der Gesellschaftsrechtlichen Vereinigung – Wissenschaftliche Vereinigung für Unternehmens- und Gesellschaftsrecht (VGR) e.V. zu dem Entwurf des Deutschen Corporate Governance Kodex 2022 vom 21. Januar 2022, AG 2022, 239, 240.

941 BT-Drs. 19/26966, S. 115.

942 *Gesellschaftsrechtliche Vereinigung (VGR)*, Stellungnahme der Gesellschaftsrechtlichen Vereinigung – Wissenschaftliche Vereinigung für Unternehmens- und Gesellschaftsrecht (VGR) e.V. zu dem Entwurf des Deutschen Corporate Governance Kodex 2022 vom 21. Januar 2022, AG 2022, 239, 241.

943 *Werner*, ZWH 2014, 449, 449; *Mackert*, in: *Lutter/Bayer*, Holding-Handbuch, § 6 Rn. 38 mit dem Hinweis, dass in Deutschland hierzu keine gesetzlichen Vorgaben existieren, man sich aber an Compliance Standards, Publikationen, Rechtsvorschriften und Benchmarks orientieren könne; *Philippi*, in: *Bay/Hastenrath*,

Im Schrifttum besteht weitestgehend Einigkeit darüber, dass die Compliance-Pflicht zur Vornahme erforderlicher und zumutbarer Maßnahmen verpflichtet, um Gesetzesverstöße des Unternehmensträgers zu verhindern.[944] Maßgeblich seien auch hierbei die Umstände des Einzelfalls, wobei es insbesondere auf Art, Größe und Organisation des Unternehmensträgers, die zu beachtenden Vorschriften, die geografische Präsenz wie auch die Verdachtsfälle aus der Vergangenheit ankommt.[945]

Harbarth[946] leitet aus der *Siemens/Neubürger*-Rechtsprechung dagegen organisatorische Mindestanforderungen ab, wie das Bekenntnis zur Rechtstreue (sog. „*tone from the top*"), eine klare Verantwortungszuweisung, die Gewährleistung eines Informationsflusses, die Sicherstellung der Effektivität und Prüfung der Aktualität des Compliance-Systems.

Das OLG Nürnberg hat darüber hinaus die Anwendung des Vier-Augen-Prinzips bei schadensträchtigen Tätigkeiten im Geschäftsbereich als Teil der Compliance-/Legalitätspflichtverletzung im Sinne des § 43 II GmbHG festgestellt.[947] In dem Fall ging es um die Schadensersatzklage einer GmbH & Co. KG gegen den Geschäftsführer ihrer Komplementärin wegen einer die Gesellschaft schädigende Sorgfaltspflichtverletzung durch einen veruntreuenden Mitarbeiter.[948] Kern des Vorwurfes war die Verschleierung von Kreditlimit-Überschreitungen der von der Gesellschaft an die Kunden ausgegebenen Tankkarten. So wurde die weitere Betankung der Fahrzeuge der Kunden über das eingeräumte Kreditlimit hinaus weiter gefördert.

Compliance-Management, S. 62; *Fischer/Schuck*, NZG 2021, 534, 541 denen zufolge nur punktuelle Maßnahmen – wie etwa Stichproben zur Prüfung der Compliance im System – zukünftig nicht mehr ausreichen würden.

944 Zu den Anforderungen an die Compliance-Organisation eines Unternehmensträgers *Fleischer*, CCZ 2008, 1, 3; *Goette*, ZHR 2011, 388, 393 ff.; *Harbarth*, ZHR 2015, 136, 151 ff.; *ders./Bechtel*, ZIP 2016, 241 ff.; *Verse*, ZHR 2011, 401, 414 ff.; *Weller/Kaller/Schulz*, AcP 2016, 387, 414; *Hauschka/Moosmayer/Lösler*, in: *Hauschka/Moosmayer/Lösler*, Corporate Compliance, § 1 Rn. 28; *Bay/Seeburg*, in: *Bay/Hastenrath*, Compliance-Management-Systeme, S. 240.

945 LG München I, Urt. v. 10.12.2013 – 5 HKO 1387/10 = AG 2014, 332, 334; *Mackert*, in: *Lutter/Bayer*, Holding-Handbuch, § 6 Rn. 38 die individuelle Ausgestaltung des Compliance-Systems hinge von vielen unternehmensspezifischen Faktoren ab, z.B. Geschäftszweck, Unternehmensstruktur, Geschäftsbeziehungen mit anderen Ländern und Wettbewerbssituation.

946 *Harbarth*, ZHR 2015, 135, 157 ff.

947 OLG Nürnberg, Urt. v. 30.03.2022 – 12 U 1520/19 = NZG 2022, 1058, 1063 f.

948 Vgl. *Leuering/Rubner*, NJW-Spezial 2022, 367, 367 f.

Zum Vier-Augen-Prinzip führte das Gericht aus, dass dieses der Organisationslehre entspringt und als präventive Kontrollmaßnahme bei bestimmten Arbeitsabläufen, -vorgängen, und -prozessen sowie Aufgaben, Entscheidungen und sonstigen Handlungen angewendet wird, die nur bei gleichstimmiger Entscheidung von mindestens zwei Personen durchgeführt werden dürfen. Ziel ist es, dass Risiken, Fehler und missbräuchliches Verhalten reduziert werden. In der Praxis wird dieses Prinzip insbesondere bei kritischen Prozessen angewendet, beispielweise bei ansonsten zu erwartenden Personenschäden oder erhebliche finanzielle Auswirkungen.[949]

Nach der überwiegenden Auffassung[950] kommt dem Vorstand bei der Ausgestaltung eines Compliance-Systems ein unternehmerischer Ermessensspielraum zugute, soweit es nicht um die Erfüllung einer der Gesellschaft im Außenverhältnis aufgegebenen Rechtspflicht geht.[951]

Als Orientierungshilfe für die Ausgestaltung eines wirksamen Compliance-Systems könne der einschlägige Prüfungsstandard[952] IDW PS 980 herangezogen werden. Dieser ist Teil der IDW Verlautbarungen zu Governance, Risk und Compliance und stellt vor allem für Wirtschaftsprüfer anzuwendende[953]

---

949 OLG Nürnberg, Urt. v. 30.03.2022 – 12 U 1520/19 = NZG 2022, 1058, 1064.

950 *Fleischer*, AG 2003, 291, 299 „Compliance als Ausfluß der aktienrechtlichen Sorgfaltspflicht"; *Reichert*, FS Hoffmann-Becking (2013), S. 943, S. 946, S. 962 f.; *Verse*, ZHR 2011, 401, 404; *Harbarth*, ZHR 2015, 136, 144; *Ihrig/Schäfer*, Rechte und Pflichten des Vorstands, § 22 Rn. 592; bejahend bei vorausgesetzter dogmatischer Herleitung aus der Schadensabwendungspflicht des Vorstandes gem. § 93 I AktG *Seyfarth*, ZGR 2020, Sonderheft (22), 87, 97; *Interdisziplinärer Arbeitskreis Corporate Governance (AKCG)*, DB 2021, 550, 550; *Altenbach*, in: *Semler/v. Schenck/Wilsing*, Arbeitshandbuch für Aufsichtsratsmitglieder, § 7 Rn. 30, *Koch*, WM 2009, 1013, 1014; *Lutter*, FS Goette (2011), S. 289, S. 291; *Fischer/Schuck*, NZG 2021, 534, 541.

951 Ähnlich *Fleischer*, ZIP 2005, 141, 145 f. kein Geschäftsleiterermessen hinsichtlich „nützlicher" Pflichtverletzungen; ebenso *Altenbach*, in: *Semler/v. Schenck/Wilsing*, Arbeitshandbuch für Aufsichtsratsmitglieder, § 7 Rn. 27; *Verse*, ZHR 2011, 401, 424; *Spindler*, in: *Goette/Habersack*, MüKo AktG, § 93 Rn. 121 dem Vorstand stehe zumindest hinsichtlich des „wie" der Etablierung einer Compliance-Struktur ein den Grundsätzen der Business Judgement Rule entsprechendes Ermessen zu; *Mackert*, in: *Lutter/Bayer*, Holding-Handbuch, § 6 Rn. 4 unter der Voraussetzung, dass keine spezialgesetzlichen Vorgaben – wie etwa im Bankenbereich – existierten.

952 *Mackert*, in: *Lutter/Bayer*, Holding-Handbuch, § 6 Rn. 39 mit dem Hinweis auf weitere Leitfäden für die Ausgestaltung eines Compliance-Systems, wie BITKOM, GDV, VCI und ComplianceProgramMonitor.

953 *Mackert*, in: *Lutter/Bayer*, Holding-Handbuch, § 6 Rn. 40 und dem Hinweis auf Zertifizierungen von Compliance Management Systemen durch TÜV Rheinland.

Grundsätze ordnungsmäßiger Prüfungen von Compliance-Systemen auf.[954] Dabei konzentriert sich der IDW PS 980 auf acht Grundelemente[955] eines Compliance-Managements-Systems und ist darauf ausgerichtet, die Ausgestaltung eines solchen Systems dahingehend zu prüfen.[956] Die Grundelemente umfassen die Compliance-Kultur, die Compliance-Ziele, die Compliance-Risiken, das Compliance-Programm, die Compliance-Organisation, die Compliance-Kommunikation und die Überwachung und Verbesserung der Compliance. Die Prüfung kann auf drei verschiedenen Stufen erfolgen: der Konzeptions-, der Angemessenheits- und der Wirksamkeitsprüfung.

Es wird zwar betont, dass dem Prüfungsstandard die rechtliche Verbindlichkeit fehlt, um als verpflichtende Mindestanforderungen herangezogen zu werden.[957] Ferner wird angeführt, dass für eine umfassende Beurteilung der Wirksamkeit eines Compliance-Systems eine materielle Analyse der (rechtlichen) Compliance-Risiken und eine daran anknüpfende Überprüfung sensibler Unternehmensbereiche erforderlich sei, die bei einer betriebswirtschaftlich konzipierten Systemprüfung wie dem IDW PS 980 gerade nicht gewährleistet werde.[958] Sie seien keine „Checklisten", anhand derer Vorstands- und Aufsichtsratsmitglieder das rechtlich Gebotene ihrer Organpflichten ausmachen könnten.[959] Gleichzeitig sei eine mittelbare Verbindlichkeit als „*State of the Art*"-Maßstab zukünftig denkbar, sofern Gerichte hierauf verbreitet zurückgreifen würden.[960]

---

954 *Mackert*, in: *Lutter/Bayer*, Holding-Handbuch, § 6 Rn. 39 mit dem Hinweis auf weitere Leitfäden für die Ausgestaltung eines Compliance-Systems, wie BITKOM, GDV, VCI und ComplianceProgramMonitor.

955 IDW-Prüfungsstandard „Grundsätze ordnungsmäßiger Prüfung von Compliance-Management-Systemen" (IDW PS 980), WPg Supplement 2/2011, S. 5 f.

956 *Mackert*, in: *Lutter/Bayer*, Holding-Handbuch, § 6 Rn. 41.

957 *Koch,* in: *Koch*, AktG, § 76 AktG Rn. 17 als rein betriebswirtschaftliche Prüfungsstandards könnten diese keine weitergehenden Bindungswirkungen entfalten.

958 *Fleischer*, NZG 2014, 321, 325; *Simon/Merkelbach*, AG 2014, 318, 321; ähnlich *Altenbach,* in: *Semler/v. Schenck/Wilsing*, Arbeitshandbuch für Aufsichtsratsmitglieder, § 7 Rn. 34.

959 *Dreher/Hoffmann*, ZGR 2016, 445, 456 f.

960 *Harbarth*, ZHR 2015, 136, 143 f.

Die Verortung eines Compliance-Systems in der Corporate Governance-Organisation der Unternehmensträger ist gesetzlich nicht ausdrücklich geregelt und im Schrifttum besteht über eine Verortung im Sinne einer sog. „*best practice*“ Uneinigkeit.[961]

Die Diskussion wird ebenso über das Verhältnis des Risikomanagements zum internen Kontrollsystem geführt.[962] Zwar kann dem Aktiengesetz ein zweistufiges Organisationsmodell entnommen werden, vgl. § 171 I 2 AktG, § 289 IV HGB. In der Praxis überschneiden sich jedoch die verschiedenen Corporate-Governance-Systeme.[963] Eine trennscharfe Abgrenzung dieser Systeme ist damit nur in der Theorie möglich. Auch den spezialgesetzlichen Regelungen, wie § 26 VAG, kann kein deutliches Rangverhältnis entnommen werden.[964] Aus rechtlicher Sicht weise das Risikomanagement im Gegensatz zum internen Kontrollsystem Elemente der Geschäftsführung auf. Das entspreche auch dem internationalen ökonomischen Verständnis, wonach das Risikomanagementsystem als Oberbegriff für das interne Kontrollsystem und die Revision fungiert.[965]

961 Vgl. dazu *Bachmann*, in: *Kremer/Bachmann/Lutter/v. Werder*, DCGK, G4 Rn. 8; *Dreher/Hoffmann*, ZGR 2016, 445, 465; *Gesellschaftsrechtliche Vereinigung (VGR)*, Stellungnahme der Gesellschaftsrechtlichen Vereinigung – Wissenschaftliche Vereinigung für Unternehmens- und Gesellschaftsrecht (VGR) e.V. zu dem Entwurf des Deutschen Corporate Governance Kodex 2022 vom 21. Januar 2022, AG 2022, 239, 240.

962 *Roth*, NZG 2022, 53, 55 demzufolge das Risikomanagement doch insbesondere der Risikosteuerung und damit der Umsetzung der Unternehmensstrategie diene und dem Hinweis, dass die ISO Standards für risk management auf das top management verweisen und das Risikomanagement als Teil der Governance sowie der Geschäftsleitung einordnen würden; zu den unverbindlichen ISO-Standards ferner *Spießhofer*, in: *Nietsch*, Corporate Social Responsibility Compliance (2021), S. 72 f.

963 *Bachmann*, in: *Kremer/Bachmann/Lutter/v. Werder*, DCGK, G4 Rn. 12; Fischer/Schuck, NZG 2021, 534, 537.

964 *Roth*, NZG 2022, 53, 55.

965 *Roth*, NZG 2022, 53, 55.

Die Compliance-Funktion wird dem Risikomanagementsystem[966], dem internen Kontrollsystem[967], der Rechtsabteilung oder Revision[968] zugeordnet und aus betriebswirtschaftlicher Praxissicht[969] als gleichwertiger und eigenständiger Management-Bereich, neben das interne Kontrollsystem und das Risikomanagementsystem, uneinheitlich eingeordnet.[970]

Dabei habe jede der genannten Verortungsoptionen seine Vor- und Nachteile.[971] Ein Vorteil der Integration der Compliance in die Rechtsabteilung (bei

---

966 *Lösler*, NZG 2005, 104, 105 f.; vgl. *Fleischer*, in: *Fleischer*, Handbuch des Vorstandsrechts, § 8 Rn. 43; *Werner*, ZWH 2014, 449, 449 demzufolge die Risiken, die sich aus Regelverstößen ergeben können, durch das Compliance-System abgewendet werden sollen; krit. *Spindler*, in: *Goette/Habersack*, MüKo AktG, § 91 Rn. 81 mit Hinweis auf die Überwachungsfunktion der Compliance über das Risikomanagement der Gesellschaft müsse die Unabhängigkeit beider Bereiche gewährleistet sein, selbst wenn beide Bereiche nicht völlig überschneidungsfrei sind; ähnlich *Bürkle*, in: *Hauschka/Moosmayer/Lösler*, Corporate Compliance, § 36 Rn. 69 Compliance sei bezüglich rechtlicher Unternehmensrisiken zwar ein Element des integrierten Risikomanagements, aber kein Bestandteil der Organisationseinheit Risikomanagement; *Philippi*, in: *Bay/Hastenrath*, Compliance-Management-Systeme, S. 65 demzufolge zumindest die Compliance-Risiken notwendiger Bestandteil des Risikomanagementsystems seien; kritisch *Daum*, in: *Bay/Hastenrath*, Compliance-Management-Systeme, S. 147 da das Risikomanagementsystem sich auf bestandsgefährdende Risiken beschränke und Compliance einen weitergehenden Ansatz verfolge.

967 *Roth*, Good Corporate Governance: Compliance als Bestandteil des internen Kontrollsystems (2015), S. 40 f.; *Bürkle*, in: *Hauschka/Moosmayer/Lösler*, Corporate Compliance, § 36 Rn. 69 Compliance stelle vielmehr einen weiteren und eigenständigen Bestandteil des internen Kontrollsystems dar; *Bachmann*, in: *Kremer/Bachmann/Lutter/v. Werder*, DCGK, G4 Rn. 9; *Koch*, in: *Koch*, AktG, § 91 Rn. 15 ff.; *Dreher/Hoffmann*, ZGR 2016, 445, 467; *Gesellschaftsrechtliche Vereinigung (VGR)*, Stellungnahme zu dem Entwurf des Deutschen Corporate Governance Kodex 2022 vom 21. Januar 2022, AG 2022, 239, 241.

968 *Bode*, in: *Bay/Hastenrath*, Compliance-Management-Systeme, S. 17 dies sei der deutsche Trend von Großunternehmen.

969 *Laue*, in: Integration der Corporate-Governance-Systeme, S. 5.

970 Vgl. *Gleich/Oehler*, Corporate Governance umsetzen (2006), S. 100, S. 103 Risikomanagementsystem und internes Kontrollsystem als Bestandteile des Governance-Systems; anders *Welge/Eulerich*, Corporate-Governance-Management (2021), S. 81 f. stellen die Compliance als eigenständigen Governance-Mechanismus neben das Risikomanagementsystem und den internen Kontrollsystem; *Philippi*, in: *Bay/Hastenrath*, Compliance-Management-Systeme, S. 69 zu verschiedenen Aufteilungsmöglichkeiten des Compliance-Risikomanagement-System.

971 Diese Einschätzung beruht auf einem Gespräch mit Vertretern der Compliance-Praxis.

entsprechender Installation einer Berichtslinie zwischen den Leitern dieser Abteilungen oder bei Wahrnehmung dieser Leitung durch Personalunion) sei die Energie-Einsparung anderer Fachbereiche durch die frühzeitige Kenntnisnahme Compliance-relevanter Informationen. So könne vermieden werden, dass aufwendige Projekte, die im Vorfeld ausschließlich mit der Rechtsabteilung abgestimmt wurden, im Nachhinein auf Grund entgegenstehender Compliance-Aspekte abgeändert werden müssen.

Ein Nachteil bei der Verortung der Compliance im Rahmen der Revision sei die damit verbundene Gefahr, dass nicht genügend präventive Compliance-Mittel ausgeschöpft werden. Denn die Compliance sei deutlich präventiver ausgestaltet als die Revision, welche in der Regel rückblickend prüft, ob ein Unternehmensträger in der Vergangenheit bestimmte Regeln eingehalten hat.[972]

Für das unternehmerische Ziel der Haftungsvermeidung kommt jedoch sämtlichen Management-Systemen und Abteilungen, wie der Rechtsabteilung und der internen Revision, jedenfalls eine signifikante Bedeutung zu.[973]

Zusammenfassend sind die konkreten Anforderungen aus der Compliance-Verantwortung der Leitungsorgane, insbesondere des Vorstandes, von einer Abwägung im Einzelfall abhängig. Zu den bei der Abwägung zu berücksichtigenden Umständen gehören die Art, Größe und Organisation des Unternehmensträger, die den Unternehmensträger treffenden Rechtspflichten, die geografische Präsenz wie auch die Verdachtsfälle aus der Vergangenheit. Als Grundsatz sind die zumutbaren und geeigneten Maßnahmen zu ergreifen, die die Einhaltung von Recht und Gesetz des Unternehmensträgers sicherstellen.

c) *Compliance-Instrumente („*tone from the top*", Risikoanalyse, Richtlinien, Schulungen)*

Typische Compliance-Instrumente sind insbesondere Schulungen und die Ausgabe von Compliance-Richtlinien.[974] Daneben werden weitere Instrumente, wie der sog. *„tone from the top"*, die Risikoidentifizierung innerhalb einer Risikoanalyse[975], die Einrichtung einer Whistleblower-Hotline, die Installation von Berichtslinien[976] und die Zuweisung der Verantwortlichkeiten sowie

---

972 *Böckelmann*, in: *Bay/Hastenrath*, Compliance-Management-Systeme, S. 41.

973 *Böckelmann*, in: *Bay/Hastenrath*, Compliance-Management-Systeme, S. 41.

974 Diese Fußnote beruht auf Gesprächen mit Vertretern aus der Praxis; vgl. *Harbarth*, ZHR 2015, 136, 154 f., 157 f. zu praxisrelevanten Compliance-Maßnahmen.

975 *Schieffer*, in: *Nietsch*, Corporate Social Responsibility Compliance (2021), S. 217 f.

976 Vgl. *Westermann*, FS Windbichler (2020), S. 1163, S. 1181; *Eulerich/Theis*, ZIR 2012, 132, 132 mit dem Hinweis, dass besonders die Ausgestaltung der Berichtspflichten und

eine hinreichende (personelle und sachliche) Ressourcenausstattung für die Compliance-Abteilung genannt.[977]

Die Risikoanalyse, bei der die Risiken des betroffenen Unternehmensträgers identifiziert, bewertet und priorisiert werden, bildet die Entscheidungsgrundlage, welche Compliance-Maßnahmen konkret vorzunehmen sind.[978]

Bei der Installation eines funktionierenden Compliance-Systems können auch interne (Compliance-)Richtlinien von Bedeutung sein.[979] Die Richtlinien basieren auf einen verbindlichen Wertekanon und zielen auf eine konzerndimensionale einheitliche Compliance-Strategie.

Für den Vorstand der Muttergesellschaft sind sie ein wichtiges Steuerungsinstrument im Konzern und sollen zur Schaffung eines gemeinsamen Grundverständnisses aller Mitarbeiter und Organe der Unternehmensträger beitragen.[980] Zwar können im faktischen Konzern (ausländische) Tochtergesellschaften nicht

---

Reporting-Linien als zentrale Merkmale einer guten Zusammenarbeit von Interner Revision und Prüfungsausschuss im Governance-System angeführt würden; *Schäfer/Holzinger,* in: *Zenke/Schäfer/Brocke*, Corporate Governance (2020), S. 97 Berichtspflichten veranlassten dazu, angemessene Compliance-Management-Maßnahmen in der Lieferkette einzuführen; *Schäfer/Fischer/Dessau,* in: *Zenke/Schäfer/Brocke*, Corporate Governance (2020), S. 126 für eine kontinuierliche Unterrichtung über Compliance-Risiken solle den Compliance-Verantwortlichen eine Berichtspflicht treffen; *Zenke/Heymann,* in: *Zenke/Schäfer/Brocke*, Corporate Governance (2020), S. 432 für eine funktionierende Kartellrechts-Compliance; Institute of Internal Auditors (IIA) Global (2020), Das Drei-Linien-Modell des IIA, S. 7 es müsse eine starke Kommunikation zwischen Leitungsorgan und Management geben; *Seyfarth*, ZGR Sonderheft (22), 2020, 87, 97 f.; *Altenbach,* in: *Semler/v. Schenck/Wilsing*, Arbeitshandbuch für Aufsichtsratsmitglieder, § 7 Rn. 83 ff. eine direkte Berichtslinie vom Compliance-Verantwortlichen zum Vorstand sei wichtig.

977 *Seyfarth*, ZGR Sonderheft 22 (2020), 87, 97 f.; vgl. monographische Abhandlung der Instrumente bei *Lang*, Corporate Compliance (2013), S. 128 ff.; vgl. *Moosmayer*, Compliance (2021), § 25 Rn. 15 ff.; ausführlich zu weiteren Compliance-Instrumenten *Altenbach,* in: *Semler/v. Schenck/Wilsing*, Arbeitshandbuch für Aufsichtsratsmitglieder, § 7 Rn. 91 ff.; *Nietsch,* in: *Nietsch,* Corporate Social Responsibility Compliance (2021), S. 192 f.

978 Vgl. *Reichert/Lüneborg*, GmbHR 2018, 1141, 1143 mit tiefergehender Darlegung des Ablaufs in der Praxis, sowie der hierfür erforderlichen Bestandsaufnahme.

979 *Unmuth*, AG 2017, 249, 256 mit Hinweis auf die in der Praxis weit verbreiteten Verhaltenskodexe; *Mackert*, in: *Lutter/Bayer*, Holding-Handbuch, § 6 Rn. 61; *Altenbach,* in: *Semler/v. Schenck/Wilsing*, Arbeitshandbuch für Aufsichtsratsmitglieder, § 7 Rn. 97.

980 Diese Auffassung beruht gleichermaßen auf Gesprächen mit Vertretern der Praxis.

zur Einführung der Compliance-Richtlinien gezwungen werden. Aus der Praxis wird dagegen berichtet, dass die Implementierung keine Schwierigkeiten hervorruft, da sich das Tochter-Management wegen der steigenden Compliance-Haftungsrisiken nicht ohne besonderen Grund gegen die Einführung einer Compliance-Richtlinie wehren wird[981] und über Compliance-relevante Orientierungssätze dankbar ist.

d) Delegation der Compliance-Verantwortung und Rolle des Compliance-Officers

Eine Umgehung der Legalitätspflicht durch die vollständige Delegation der Compliance-Verantwortlichkeit an nachgeordnete Mitarbeiter ist nach allgemeiner Auffassung[982] nicht möglich.

Der Vorstand kann bis zu einem gewissen Grad seine Compliance-Verantwortung übertragen.[983] Ihn trifft fortlaufend allerdings die Gesamtverantwortung[984] für die Einhaltung von Recht und Gesetz, sodass er im Falle einer Delegation verpflichtet bleibt, die ordnungsgemäße Aufgabenerfüllung durch den Beauftragten zu überwachen.

Den Compliance-Beauftragten eines Unternehmensträgers trifft daneben grundsätzlich eine Garantenstellung i.S.d. § 13 I StGB.[985] In der Praxis wird

---

981 *Mackert*, in: *Lutter/Bayer*, Holding-Handbuch, § 6 Rn. 66.

982 OLG Nürnberg, Urt. v. 30.03.2022 – 12 U 1520/19 = NZG 2022, 1058, 1062; *Dann/Mengel*, NJW 2010, 3265, 3266; *Lackhoff/Schulz*, CCZ 2010, 81, 84; *Bürkle*, CCZ 2010, 4, 5; *Krieger/Günther*, NZA 2010, 367, 369; *Reichert*, ZIS 2011, 113, 115; zust. *Unmuth*, AG 2017, 249, 256; *Altenbach*, in: *Semler/v. Schenck/Wilsing*, Arbeitshandbuch für Aufsichtsratsmitglieder, § 7 Rn. 28; wohl a.A., demzufolge die Übertragung der Compliance-Aufgabe an den Compliance Officer mit einer Delegation der Handlungsverantwortung einhergehen könne, *Krieger/Günther*, NZA 2010, 367, 370, 373; *Reichert/Lüneborg*, GmbH 2018, 1141, 1154.

983 *Altenbach, in: Semler/v. Schenck/Wilsing*, Arbeitshandbuch für Aufsichtsratsmitglieder, § 7 Rn. 28 demzufolge ein Kernbereich an Compliance-Verantwortung beim Vorstand verbleiben müsse.

984 OLG Nürnberg, Urt. v. 30.03.2022 – 12 U 1520/19 = NZG 2022, 1058, 1062 „Auch bei mehrstufiger Verteilung der Aufsichtspflichten verbleibt die so genannte Oberaufsicht aber unentrinnbar bei dem Geschäftsführer. Zu diesen unübertragbaren Kernpflichten gehört insbesondere die Organisations- und Systemverantwortung für die unternehmensinternen Delegationsprozesse.".

985 BGH, Urt. v. 17.07.2009 – 5 StR 394/08 = NJW 2009, 3173, 3175; dazu *Hüffer*, FS Roth (2011), S. 299, S. 305 f.; *Campos Nave*, BB 2009, 2059, 2059; *Rübenstahl*, NZG 2009, 1341, 1341 ff.; *Bürkle*, CCZ 2010, 4, 4 ff.; *Dann/Mengel*, NJW 2010, 3265, 3265 ff.;

häufig ein Compliance-Beauftragter als sog. „*Compliance Officer*" eingesetzt, der es zur Aufgabe hat, Rechtsverstöße, insbesondere auch Straftaten, die aus dem Unternehmensträger heraus begangen werden und diesem erhebliche Haftungsrisiken aussetzen können, zu verhindern.[986]

In der Praxis wird berichtet, dass der Compliance-Officer im Tagesgeschäft grundsätzlich „freie Hand" habe.[987] Dennoch würden Berichtswege genutzt, um den Austausch zwischen Vorstand und Compliance-Officer sicherzustellen. Der Vorstand werde beispielsweise in Einzelfragen oder für eine bestimmte Rücksprache konsultiert. Daneben gebe es eine quartalsweise Berichterstattung durch den Compliance-Officer an den Vorstand und an den Prüfungsausschuss über aktuelle Entwicklungen, Fälle oder Gesetzesänderungen im Bereich der Compliance. Die Compliance-relevanten Informationen gelangen in der Praxis auch regelmäßig „über den Flur", ohne dass es hierfür eine besondere Regelung bedürfe.

IV. Konzerndimensionale Compliance-Verantwortung?

Nachdem die Compliance-Verantwortung des Vorstandes in der Einzelgesellschaft dargestellt wurde, ist nunmehr die Compliance-Verantwortung im Konzern zu untersuchen.

1. Zur dogmatischen Anknüpfung

Im Grundsatz ist die Existenz konzernweiter Compliance-Pflichten des Vorstandes eines herrschenden Unternehmensträgers in der Literatur anerkannt.[988]

Deutscher, WM 2010, 1387, 1387 ff.; *Favoccia/Richter*, AG 2010, 137, 137 ff.; *Klindt/Pelz/Theusinger*, NJW 2010, 2385, 2386; *Krieger/Günther*, NZA 2010, 367, 369 ff.; *Lackhoff/Schulz*, CCZ 2010, 81, 81 ff.; *Ransiek*, AG 2010, 147, 147 ff.; *Reichert*, ZIS 2011, 113, 115 f.; *Unmuth*, AG 2017, 249, 256.

986 *Bürkle*, in: *Hauschka/Moosmayer/Lösler*, Corporate Compliance, § 36 Rn. 34; BGH, Urt. v. 17.07.2009 - 5 StR 394/08 = NJW 2009, 3173, 3175; *Kraft/Winkler* CCZ 2009, 29, 29; *Altenbach*, in: *Semler/v. Schenck/Wilsing*, Arbeitshandbuch für Aufsichtsratsmitglieder, § 7 Rn. 87 ff. beschreibt den Compliance-Officer als Kern eines jeden Compliance-Management-Systems; *Schockenhoff/Roßkopf/Arnold*, AG 2021, 66, 73 „*Chief Compliance Officer* (CCO)".

987 Diese Information beruht auf einem Gespräch mit einem Vertreter aus der Praxis; ähnlich *Harbarth*, ZHR 2015, 136, 169.

988 *Löbbe*, Unternehmenskontrolle im Konzern, (2003), S. 74 ff., S. 102 f.; *Fleischer*, DB 2005, 759, 759 ff.; *Schneider/Schneider*, ZIP 2007, 2061, 2062 ff.; *Winter*, FS Hüffer (2010), S. 1103, S. 1108; „So auch die Einschätzung aus der Unternehmenspraxis"; *Grundmeier*, Rechtspflicht zur Compliance im Konzern (2011), S. 34 ff., S. 117 ff.,

Strittig ist allerdings die Frage nach der einschlägigen Rechtsgrundlage und damit zusammenhängend die Frage nach der konkreten Ausgestaltung und Reichweite der Compliance-Pflicht im Konzern.[989]

Dargestellt werden zwei dogmatische Begründungsansätze, die sich in dieser Debatte besonders hervorgehoben haben.

Zum einen wird, wie für die Einzelgesellschaft, die Legalitätspflicht – abgeleitet aus der allgemeinen Leitungs- und Sorgfaltspflicht gem. §§ 93 I, 76 I AktG – als Rechtsgrundlage herangezogen mit der Besonderheit, dass diese konzernweit interpretiert wird.[990]

Zum anderen wird auf die Schadensabwendungspflicht und die Pflicht zum sorgsamen Umgang mit dem Beteiligungsvermögen als Begründung abgestellt, bei der ein unternehmerischer Ermessensspielraum in Anspruch genommen werden könne.[991] Nach der aus der Leitungsverantwortung des Vorstandes gem. §§ 93 I, 76 I AktG hergeleiteten Schadensabwendungspflicht müsse dieser auch dafür sorgen, dass seine Gesellschaft keine Schäden erleidet.[992] Die

---

S. 125 mit dem Hinweis, dass es sich dabei um eine interne Pflicht zur herrschenden Gesellschaft handelt; *Lutter*, FS Goette (2011), S. 289, S. 291 ff.; *Verse*, ZHR 2011, 407 ff., 424; *Werner*, ZWH 2014, 449, 449 demzufolge sich die Legalitätspflicht zunächst auf die geleitete Gesellschaft beziehe, aber im Grundsatz auch nachgeordnete Konzernunternehmen umfasse, soweit hinreichende gesellschaftsrechtliche Einwirkungsmöglichkeiten zur Verfügung stünden; *Habersack*, ZGR Sonderheft (20) 2017, 269, 270; *Hoffmann/Schieffer*, NZG 2017, 401, 406; *Sailer-Coceani*, in: *Schmidt/Lutter*, AktG, § 93 Rn. 8; *Spindler*, in: *Goette/Habersack*, MüKo AktG, § 91 Rn. 97 ff.; *v. Schenck*, in: *Lutter/Bayer*, Holding-Handbuch, § 5 Rn. 80; *Kort*, NZG 2018, 641, 646 f.; *Seyfarth*, ZGR Sonderheft (22) 2020, 87, 95; zurückhaltend *Koch*, WM 2009, 1013, 1017 f., 1019, der eine solche Pflicht nur annimmt, wenn „[…] die Obergesellschaft ihre Leitungsmacht so umfassend ausübt, dass sie selbst letztlich als der Verantwortliche erscheint[…]“.

989 *Seyfarth*, ZGR Sonderheft (22) 2020, 87, 95; eine strenge Legalitätskontrollpflicht unter Reduktion der Flexibilität des Leitungsorgans im Einzelfall ablehnend und gleichzeitig konzernweite Schadensabwendungsmaßnahmen zur Haftungsvermeidung befürwortend, *Schockenhoff/Roßkopf/Arnold*, AG 2021, 66, 74.

990 *Fleischer*, CCZ 2008, 1, 5 ff.; *Lutter*, FS Goette (2011), S. 289, S. 291 f.; *Bicker*, AG 2012, 542, 543 f.

991 *Verse*, ZHR 2011, 401, 407 ff., 413; mit demselben Begründungsmuster, indessen unter Heranziehung des § 91 II AktG als Rechtsgrundlage; *Habersack*, FS Möschel (2011), S. 1175, S. 1182 „Beteiligungsinteresse als Grundlage konzernweiter Aufsichtspflichten“; vgl. *Seibt*, in: *Schmidt/Lutter*, AktG, § 76 Rn. 49; *Seyfarth*, ZGR Sonderheft (22) 2020, 87, 103.

992 *Lutter*, FS Goette (2011), S. 289, S. 291.

Schadensabwendungspflicht erstrecke sich auch auf die Abwendung von Schäden durch haftungsbewehrtes Fehlverhalten der Tochtergesellschaften.[993]

Für die Untersuchung, ob konzern- und lieferkettendimensionale Verkehrspflichten durch bestehende Compliance-Instrumente gesellschaftsrechtlich administriert werden können, muss die Frage nach der dogmatischen Anknüpfung nicht abschließend beantwortet werden. Es ist das Gebot sowohl der Legalitätspflicht als auch der Schadensabwendungspflicht, dass der Konzern-Vorstand für die Einhaltung der Verkehrspflichten sorgt, die seiner (Ober-)Gesellschaft obliegen.[994]

2. *Konzerndimensionale Compliance nach der Rechtsprechung (Siemens, Porsche)*

Dass auch Compliance-Systeme konzerndimensional fortentwickelt werden müssen, ist paradigmatisch der *Siemens/Neubürger*-Rechtsprechung des LG München I bzw. die aus dem Urteil ergangenen Haftungskonsequenzen für ein Vorstandsmitglied zu entnehmen.

In dem *Neubürger*-Fall[995] ging es um eine Schadensersatzklage der Siemens AG gegen ihren ehemaligen Finanzvorstand Herrn Neubürger wegen der fortlaufenden Unterhaltung sog. Schwarzer Kassen.[996] Diese dienten zur Abwicklung von Scheinberaterverträgen, die im Zusammenhang mit Großprojekten im Ausland abgeschlossen worden waren. Die Schadensersatzansprüche i.H.v. 15 Mio. € entstanden überwiegend für die der AG entstandenen Anwaltskosten zur Aufklärung des Sachverhalts und zu einem geringeren Teil für gezahlte Beratungshonorare. Das LG München erklärte ausdrücklich, dass sich der Vorstand nicht darauf berufen könne, es habe für ihn kein Weisungsrecht gegenüber Konzerneinheiten außerhalb der von ihm geleiteten Finanzabteilung für die Umsetzung eines funktionierenden Compliance-Systems gegeben.[997]

Mit der Erklärung, dass ein Mangel an Weisungsrechten im Konzern kein geeignetes Verteidigungsinstrument für die Mangelhaftigkeit eines Compliance-Systems darstellt, wird implizit vorausgesetzt, dass ein Compliance-System auch

---

993 *Lutter*, FS Goette (2011), S. 289, S. 291 f. mit ausführlichen Nachweisen.

994 Vgl. *Seyfarth*, ZGR Sonderheft (22) 2020, 87, 103 hinsichtlich des gesteigerten Haftungsdurchgriffs auf die Muttergesellschaft in Compliance-relevanten Bereichen.

995 LG München I, Urt. v. 10.12.2013 – 5 HKO 1387/10 = AG 2014, 332.

996 LG München I, Urt. v. 10.12.2013 – 5 HKO 1387/10 = AG 2014, 332, 332; *Hahn*, EWiR 2014, 175, 175.

997 LG München I, Urt. v. 10.12.2013 – 5 HKO 1387/10 = AG 2014, 332, 334.

im Konzern funktionstüchtig bei entsprechender Gefährdungslage[998] errichtet werden muss. Die Vorstandsmitglieder haben in diesem Sinne de lege lata die Pflicht ein konzernweites effizientes Compliance-System zu errichten, sofern eine „entsprechende Gefährdungslage" vorliegt.[999]

Daneben ist an das *Porsche*-Urteil des Landgerichts Stuttgart[1000] zu erinnern, dem die Entscheidung über anfechtbare Entlastungsbeschlüsse von Vorstand und Aufsichtsrat der Porsche SE zugrunde lag.

Die Porsche SE ist die börsennotierte Dachholding des VW-Konzerns ohne eigenes operatives Geschäft. Gegen eine von der Hauptversammlung mehrheitlich beschlossene Entlastung der Mitglieder von Vorstand und Aufsichtsrat für das Geschäftsjahr 2015 wurde eine Anfechtungsklage erhoben. Grund dafür war, dass Aufsichtsrat und Vorstand Fragen zur „Dieselthematik" bei der VW-AG nicht bzw. nur unzureichend beantwortet hatten. Die nicht ordnungsgemäße Beantwortung wurde mit der noch laufenden Untersuchung einer Anwaltskanzlei sowie Verhandlungen über einen möglichen Vergleich mit den Klägern begründet. Das LG Stuttgart gab der Klage statt und erklärte die Entlastungsbeschlüsse für nichtig.[1001]

In dem Urteil führte es aus, dass sich aus der Konzerndimensionalität ergebe, dass der Vorstand der Obergesellschaft im Konzern sich nicht lediglich damit begnügen dürfe, dass die Geschäftsrisiken von Tochtergesellschaften oder verbundenen Gesellschaften erfasst und dort bewertet würden und im Übrigen habe man (im faktischen Konzern mangels Beherrschungsvertrag) Zugriff auf Informationen nur wie jeder andere Aktionär.[1002] Bei der Obergesellschaft müsse ein eigenes Überwachungssystem nach § 91 II AktG eingerichtet werden. Soweit es um Risiken bei der Tochter- oder Beteiligungsgesellschaft gehe, die zu entsprechenden Risiken auch für die Muttergesellschaft werden könnten, dürften sich die Organe der Muttergesellschaft jedenfalls dann nicht mehr uneingeschränkt und gleichsam „blind" auf Angaben der Tochter- oder Beteiligungsgesellschaft verlassen, wenn es objektive Anhaltspunkte dafür gebe, dass dort in der Vergangenheit relevante Risiken verkannt worden seien.

---

998 LG München I, Urt. v. 10.12.2013 – 5 HKO 1387/10 = AG 2014, 332, 334.

999 LG München I, Urt. v. 10.12.2013 – 5 HKO 1387/10 = AG 2014, 332, 334; vgl. *Lutter*, FS Goette (2011), S. 289, S. 292 mit ausführlichen Nachweisen.

1000 LG Stuttgart, Urt. v. 19.12.2017 – 31 O 33/16 KfH = NZG 2018, 665.

1001 LG Stuttgart, Urt. v. 19.12.2017 – 31 O 33/16 KfH = NZG 2018, 665, 667 ff.

1002 LG Stuttgart, Urt. v. 19.12.2017 – 31 O 33/16 KfH = NZG 2018, 665, 667 ff. Rn. 217.

„Die jeweils bestehenden rechtlichen und tatsächlichen Möglichkeiten nach besten Kräften zu nutzen“[1003], hieße in diesem Fall für den Vorstand der Muttergesellschaft, dass er eigene Nachforschungen anstellen müsse, um mehr über bestandsgefährdende Risiken auf der Ebene der Tochter- oder Beteiligungsgesellschaft in Erfahrung zu bringen.

Zwar wird zum Teil bezweifelt, ob sich die Ausführungen des Landgerichts auf das Überwachungssystem gem. § 91 II AktG oder auf konzernweite Compliance-Pflichten beziehen.[1004]

Jedoch kann dem Urteil entnommen werden, dass auch nach dieser Rechtsprechung eine konzernweite Überwachung von Geschäftsrisiken für die Obergesellschaft eine Pflichtaufgabe des Konzernvorstandes darstellt.

3. *Konzerndimensionale Compliance in der Praxis*

Die Notwendigkeit eines effizienten Compliance-Systems im Unternehmensträger ergibt sich zudem aus der Haftungsgefahr für Leitungsorgane für die Nichteinrichtung eines solchen, sowie für Reputationsschäden und für die bußgeldbewehrten Sanktionierung der Gesellschaft gem. §§ 9, 30, 130 OWiG.[1005]

In der Praxis existiert jedoch bislang kein verbindlicher, rechtssicherer Orientierungsrahmen für eine Konzern-Compliance-Organisation.[1006]

Für einen Konzern wird die Einrichtung einer übergeordneten Konzern-Compliance-Abteilung und lokaler, untergeordneter Compliance-Abteilungen auch in der Praxis empfohlen.[1007] Das Konzern-Compliance-System solle in seiner übergeordneten Funktion die lokalen Stellen organisieren und überwachen. Dafür könnten Berichtslinien in der übergeordneten Konzern-Compliance-Abteilung integriert werden, sodass eine Berichterstattung an das

---

1003 *Sailer-Coceani,* in: *Schmidt/Lutter*, AktG, § 91 Rn. 10 m.w.N.

1004 *Seyfarth*, ZGR Sonderheft 22 (2020), 87, 100.

1005 *Laue*, Integration der Corporate-Governance-Systeme (2021), S. 35 f.; *Schockenhoff/Roßkopf/Arnold,* AG 2021, 66, 74 zur Unverzichtbarkeit von Konzern-Compliance auf Grund neuer Sanktionsgesetze.

1006 *Schockenhoff/Roßkopf/Arnold,* AG 2021, 66, 66 „[…] kein goldener Weg“ für die Konzernleitung und mit dem praxisnahen Hinweis, dass – alternativ zur zentralen und dezentralen Konzern-Compliance – eine eigene Gesellschaft gegründet werden kann, die ausschließlich für die Compliance-Thematik zuständig ist und die Compliance-Risiken koordiniert.

1007 *Daum*, in: *Bay/Hastenrath,* Compliance-Management-Systeme, S. 149; kritisch *Schockenhoff/Roßkopf/Arnold*, AG 2021, 66, 73.

Leitungsorgan des Konzerns sichergestellt ist. Auch ein direkter Berichtsweg zum Aufsichtsrat sei empfehlenswert.

Aus der Praxis wird ferner berichtet, dass kaum Fälle einer dezentralen Konzern-Compliance-Organisation bekannt seien, sondern eine bei der Muttergesellschaft angesiedelte übergeordnete Konzern-Compliance der Regelfall sei.[1008] Diese bezwecke die Überwachung der Muttergesellschaft und Tochtergesellschaften gleichermaßen. In einigen Fällen, insbesondere wenn die Konzern-Compliance insgesamt wächst, würden zusätzlich einzelne Sub-Compliance-Officer bei den Tochtergesellschaften installiert.

Neben der gelebten Konzern-Compliance wird mit Blick auf die Untersuchungsfälle ebenfalls das sog. *Supply Chain Management* (Lieferkettenmanagement) und eine hierauf gerichtete sog. *Supply Chain Due Diligence* (Lieferketten-Sorgfaltspflicht) hervorgehoben, die aus betriebswirtschaftlicher Sicht sinnvolle Handlungsempfehlungen für deutsche Unternehmensträger im Konzern und in der Lieferkette bieten.[1009]

V. Zwischenergebnis: Vielgestaltigkeit von Corporate Governance- und Compliance-Systemen

Festzuhalten ist, dass es nicht ein einzelnes Corporate Governance-System gibt, an dem die Administration konzern- und lieferkettendimensionaler Verkehrspflichten gemessen werden kann. In der Praxis gestalten die Unternehmensträger die Corporate Governance-Organisation eigenständig. Als Beispiel wurde das *Three Lines Model* als unternehmerisches Organisationsmodell zur Risikominimierung vorgestellt.

Es zeigt sich ferner, dass in der Unternehmenspraxis[1010] ein Gestaltungsspielraum bei der organisatorischen Gestaltung und Verortung eines Compliance-Systems besteht, sofern die Unternehmensträger nicht von speziellen Compliance-Pflichten betroffenen sind. Dies ist nicht zuletzt dem Mangel an allgemein-verbindlichen Mindestanforderungen einer funktionstüchtigen, hinreichenden Compliance geschuldet.

1008 Dieser Absatz beruht auf Gesprächen mit Vertretern aus der Praxis; *Seyfarth*, ZGR Sonderheft (22) 2020, 87, 101 f.

1009 *Stahl*, Haftung von Unternehmen für Menschenrechtsverletzungen ihrer ausländischen Zulieferer (2020), S. 53 ff. m.w.N.

1010 *Borowo*, in: *Bay/Hastenrath*, Compliance-Management-Systeme, S. 10; vgl. auch *Schockenhoff/Roßkopf/Arnold*, AG 2021, 66, 72.

Dennoch weisen die Ausführungen aus Literatur und Rechtsprechung daraufhin, dass gerade bei großen (konzernzugehörigen) Unternehmensträgern, die vermehrt in gesetzliche Pflichten genommen werden, die Installation eines Compliance-Systems die Regel ist. Dabei müssen die Unternehmensträger die Umstände ihres Einzelfalls berücksichtigen, wobei es insbesondere auf Art, Größe und Organisation des Unternehmensträgers, die zu beachtenden Vorschriften, die geografische Präsenz wie auch die Verdachtsfälle aus der Vergangenheit ankommt.

Für die Erfassung der wesentlichen Risiken, die mit der Geschäftstätigkeit in der Lieferkette einhergehen, ist zwingend eine Risikoanalyse vorzunehmen.[1011] Diese stellt das „Herzstück" der menschenrechtsbezogenen Compliance in den Unternehmensträgern dar, da sie die Grundlage dafür bildet, welche notwendigen und zumutbaren Maßnahmen zu ergreifen sind.

Zudem muss eine Zielstruktur festgelegt werden, in der die Verantwortlichkeiten der Geschäftsbereiche im Hinblick auf die Compliance-relevanten Themen fixiert werden. Bei größeren Unternehmensträgern bietet sich eine Zentralisierung bestimmter Geschäftsbereiche durch einen Compliance-Beauftragten oder ein Compliance-Gremium an.

Der Ermessenspielraum hinsichtlich der Ausgestaltung endet, sofern verbindliche Rechtspflichten im Außenverhältnis zu erfüllen sind und diese konkreten Vorgaben zu den Compliance-Maßnahmen beinhalten.

VI. (Mit-)Verantwortung des Aufsichtsrats und des Prüfungsausschusses für Compliance

Der Aufsichtsrat ist zur Überwachung der Geschäftsleitung und somit auch der Compliance[1012] gem. § 111 I AktG verpflichtet. Er muss überprüfen, ob der Vorstand seiner eigenen Leitungs- und Überwachungsaufgabe im Konzern gerecht wird.[1013] Der Aufsichtsrat hat hierbei auch die Wahrnehmung der Organisationsverantwortung des Vorstandes zu kontrollieren.[1014]

Unter dem DCGK Grundsatz D. 14 wird die Einrichtung eines Prüfungsausschusses vorgeschrieben, für den nach dem Grundsatz D. 15 empfohlen wird, dass der Ausschussvorsitzende über einen Sachverstand auf dem Gebiet

1011 Vgl. *Nietsch*, in: *Nietsch*, Corporate Social Responsibility Compliance (2021), S. 190.

1012 *Mackert*, in: *Lutter/Bayer*, Holding-Handbuch, § 6 Rn. 22.

1013 *Krieger*, in: *Lutter/Bayer*, Holding-Handbuch, § 7 Rn. 5; *Altenbach*, in: *Semler/v. Schenck/Wilsing*, Arbeitshandbuch für Aufsichtsratsmitglieder, § 7 Rn. 9, 37, 125 f.

1014 *Vetter*, Liber amicorum für Martin Winter (2011), S. 701, S. 703.

Rechnungslegung in besonderen Kenntnissen und Erfahrungen in der Anwendung von Rechnungslegungsgrundsätzen und interner Kontroll- und Risikomanagementsysteme verfügt, wozu auch die Nachhaltigkeitsberichterstattung und deren Prüfung gehöre.

Die gesetzliche geregelte Möglichkeit zur Einrichtung eines Prüfungsausschusses gem. § 107 III 2 AktG wird durch den DCGK in die *comply or explain*-Pflicht des § 161 I 1 AktG genommen und entsprechend hervorgehoben. Sieht der Aufsichtsrat von der Einrichtung eines solchen Prüfungsausschusses ab, so muss er als Plenum gem. § 111 I AktG seiner Überwachungsaufgabe eigenständig nachkommen.[1015] Die Überwachungstätigkeit kann zwar nicht zur abschließenden Erledigung an den Ausschuss übertragen werden.[1016] Eine Teilübertragung von Überwachungstätigkeiten auf einen Prüfungsausschuss nach § 107 III 2 AktG wird dennoch als *Best Practice* verstanden, da ein solcher flexibler auf Compliance-Verstöße reagieren kann. Über die ordnungsgemäße Überwachung muss sich jedoch auch der Gesamtaufsichtsrat regelmäßig vergewissern.[1017] Die konzernweite Überwachungsfunktion des Aufsichtsrats wird auch durch das Gesetz betont, indem es die Berichtspflicht des Vorstands gem. § 90 I 2, 3, III 1 AktG auch auf Tochter- und Gemeinschaftsunternehmen erstreckt und indem es den Aufsichtsrat der Muttergesellschaft gem. § 171 I, II AktG verpflichtet, den Konzernabschluss und den Konzernlagebericht zu prüfen und über die Billigung des Konzernabschlusses zu entscheiden.[1018]

Der Inhalt der Berichtspflichten des Vorstandes nach § 90 AktG an den Aufsichtsrat ist gleichermaßen Gegenstand seiner Überwachungstätigkeit.[1019] Besteht die Vermutung eines Compliance-Verstoßes durch ein Vorstandsmitglied und dadurch das Bedürfnis am Erhalt vorstandsunabhängiger Informationen, ist der Aufsichtsrat gem. § 111 II 2 AktG berechtigt, Sachverständige zu beauftragen.[1020]

1015 Vgl. *Dreher/Hoffmann*, ZGR 2016, 445, 502 ausführlich zu der Wirksamkeitsprüfung durch den Prüfungsausschuss nach § 107 III 2 AktG; *Hauschka/Moosmayer/Lösler*, in: *Hauschka/Moosmayer/Lösler*, Corporate Compliance, § 1 Rn. 26; *Habersack*, in: *Goette/Habersack*, MüKo AktG, § 107 Rn. 165.

1016 *Dreher/Hoffmann*, ZGR 2016, 445, 502.

1017 *Winter*, FS Hüffer (2010), S. 1103, S. 1124 ff.; *Arnold*, ZGR 2014, 76, 97; *Reichert/Ott*, NZG 2014, 241, 248; *Seibt/Cziupka*, AG 2015, 93, 101.

1018 *Krieger*, in: *Lutter/Bayer*, Holding-Handbuch, § 7 Rn. 5.

1019 *Krieger*, in: *Lutter/Bayer*, Holding-Handbuch, § 7 Rn. 8 mit dem Hinweis, dass das auch für den Aufsichtsrat einer GmbH gelte, auch wenn dort die Berichtsregeln des § 90 AktG nur eingeschränkt gelten.

1020 *Mackert*, in: *Lutter/Bayer*, Holding-Handbuch, § 6 Rn. 22.

Für den Aufsichtsrat besteht ebenso wenig wie für den Vorstand eine Pflicht zur Erfüllung konkreter Mindestanforderungen. Die Überwachungsintensität bestimmt sich grundsätzlich einzelfallabhängig je nach Schwere und der damit einhergehenden Risikogefährdung der Gesellschaft[1021] sowie nach Umfang und Grenzen der Leitungs- und Einwirkungsbefugnisse des Vorstandes der Muttergesellschaft im Konzern.[1022]

Konkret ist der Aufsichtsrat in seiner Überwachungsfunktion oder ein von ihm eingerichteter Prüfungsausschuss zur Angemessenheits- und Effizienz-Prüfung der vom Vorstand installierten Management-Systeme wie einem Compliance-System oder Risikomanagementsystem verpflichtet.[1023] Mangelt es an einem solchem System, ist von ihm zu überprüfen, ob der Vorstand seinen Sorgfaltsanforderungen gem. § 93 I 1 AktG dennoch gerecht wird. Bei Vorliegen von Compliance-Verstößen hat der Aufsichtsrat zu gewährleisten, dass der Vorstand den Sachverhalt ordnungsgemäß aufklärt und die aufgetretenen Mängel pflichtgemäß aufarbeitet und das Compliance-System ggf. nachjustiert.[1024]

Der Aufsichtsrat einer herrschenden Gesellschaft hat in gleicher Weise[1025] wie in einer unverbundenen Gesellschaft die Rechtmäßigkeit und Zweckmäßigkeit

---

1021 *Reichert/Ott*, NZG 2014, 241, 248 ff., 251 denen zufolge die Überwachungsintensität sich nach der konkreten Risikosituation richte; *Seibt/Cziupka*, AG 2015, 93, 101.

1022 *V. Schenck*, in: *Lutter/Bayer*, Holding-Handbuch, § 5 Rn. 87.

1023 Ausführlich zur Compliance-Verantwortung des Aufsichtsrates in eigenen Angelegenheiten *Vetter*, Liber amicorum für Martin Winter (2011), S. 701, S. 703; folgend *Werner*, ZWH 2014, 449, 450; *Habersack*, in: *Goette/Habersack*, MüKo AktG, § 111 Rn. 20; *ders.*, AG 2014, 1, 3; *Reichert/Ott*, NZG 2014, 241, 242; vgl. *Koch*, in: *Koch*, AktG, § 111 Rn. 5; vgl. *Spindler*, in: *Spindler/Stilz*, BeckOGK AktG (Stand: 01.07.2023), § 107 Rn. 168; *Kort*, FS Hopt (2010), S. 983, S. 997 f.; vgl. *Arnold*, ZGR 2014, 76, 85 f.; vgl. *Goette*, ZHR 2011, 388, 392 f.; *Winter*, FS Hüffer (2010), S. 1103, S. 1108 f.; *Lutter*, FS Hüffer (2010), S. 617, S. 619; *Altenbach*, in: *Semler/v. Schenck/Wilsing*, Arbeitshandbuch für Aufsichtsratsmitglieder, § 7 Rn. 143; vgl. auch zu der gesteigerten Verantwortung des Prüfungsausschusses nach dem CSRD-Vorschlag der EU *Nietsch*, ZIP 2022, 449, 458.

1024 *Habersack*, AG 2014, 1, 5; *Reichert/Ott*, NZG 2014, 241, 245, *Koch*, in: *Koch*, AktG, § 111 Rn. 22; *Werner*, ZWH 2014, 449, 450.

1025 *Krieger*, in: *Lutter/Bayer*, Holding-Handbuch, § 7 Rn. 41 demzufolge dem Aufsichtsrat im Konzern auch die gleichen Eingriffsmittel zur Verfügung stünden wie in der konzernfreien Gesellschaft. Er könne auf den Vorstand durch Meinungsäußerungen einwirken, eine Geschäftsordnung erlassen, Geschäftsführungsmaßnahmen an seine Zustimmung binden, Vorstandsmitglieder abberufen und notfalls eine Hauptversammlung einberufen. Das gelte für den Aufsichtsrat einer GmbH allerdings nur mit Einschränkungen.

der Konzerngeschäftsleitung zu prüfen. So muss er kontrollieren, ob die sich aus §§ 291 ff., 311 ff., 319 ff. AktG und aus dem GmbH-Recht ergebenden Schranken der Einflussnahme eingehalten werden und die herrschende Gesellschaft keiner Haftungsgefahr ausgesetzt wird.

Des Weiteren muss er die Errichtung und Funktionsweise eines konzernweiten Berichts- und Überwachungssystems kontrollieren. Der Aufsichtsrat muss den Vorstand zum tatsächlichen Gebrauch seiner Einflussmöglichkeiten auch im Konzern anhalten, wenn dies das Konzerninteresse gebietet.[1026]

Die Compliance-Pflicht trifft den Aufsichtsrat auch im Hinblick auf seine eigene Tätigkeit. Er muss sicherstellen, dass er sich bei der Wahrnehmung seiner Aufgaben selbst rechtstreu verhält.[1027] Wenn die Risikolage der Gesellschaft angespannt ist, muss die Überwachungstätigkeit des Aufsichtsrats der Lage entsprechend angepasst werden.

Ist die Lage der Gesellschaft demgegenüber angespannt, so muss der Aufsichtsrat seine Überwachungstätigkeit der Risikosituation anpassen.[1028]

VII. Wechselwirkungen zwischen Corporate Governance-System und Verkehrspflichten im engeren Sinn

Die Erfüllung der Verkehrspflichten erfordert nach der ständigen Rechtsprechung des BGH[1029] die Ergreifung von notwendigen und zumutbaren Maßnahmen des Verkehrspflichtigen. Für die haftungsrechtliche Zurechnung muss der Verkehrspflichtige zur Gefahrenabwehr in der Lage[1030] (gewesen) sein. Im Rahmen des Möglichen[1031] muss er grundsätzlich dafür sorgen, dass durch sein

---

1026 *Habersack*, in: *Goette/Habersack*, MüKo AktG, § 111 Rn. 66.

1027 *Vetter*, Liber amicorum für Martin Winter (2011), S. 701, S. 703; *Werner*, ZWH 2014, 449, 450; *Altenbach*, in: *Semler/v. Schenck/Wilsing*, Arbeitshandbuch für Aufsichtsratsmitglieder, § 7 Rn. 28.

1028 *Werner*, ZWH 2014, 449, 451; *Reichert/Ott*, NZG 2014, 241, 246; OLG Stuttgart, Beschl. v. 19.06.2012 – 20 W 1/12 = ZIP 2012, 1965, 1968 hiernach könne in Krisenzeiten sowie bei Anhaltspunkten für eine Verletzung der Geschäftsführungspflichten und insbesondere bei Hinweisen auf existenzgefährdende Geschäftsführungsmaßnahmen eine intensivere Überwachungstätigkeit erforderlich sein.

1029 BGH, Urt. v. 31.10.2006 – VI ZR 223/05 = NJW 2007, 762, 763; BGH, Urt. v. 02.10.2012 – VI ZR 311/11 = NJW 2013, 48, 48 je m.w.N.

1030 BGH, Urt. v. 02.02.2006 – III ZR 159/05 = VersR 2006, 803 Rn. 21; BGH, Urt. v. 01.10.2013 – VI ZR 369/12 = VersR 2014, 78, 79 f. auf die Möglichkeiten zur primären Gefahrbeherrschung hinweisend.

1031 BGH, Urt. v. 30.10.1973 – VI ZR 115/72 = VersR 1974, 88, 88; BGH, Urt. v. 31.05.1977 – VI ZR 275/87 = VersR 1988, 957, 957; BGH, Urt. v. 21.03.2003 – V

Verhalten keine Gefahren für Dritte ausgehen. Der Frage der Notwendigkeit ist folglich die Frage der Möglichkeit zwingend vorgelagert (*impossibilium nulla obligatio est*).[1032]

Das Corporate Governance-System ist, wie vorweg erläutert, das System, indem das Compliance-System mit seinen (organisatorischen) Maßnahmen zur Prävention und Aufdeckung von Gesetzesverstößen und „Regelübertretungen" integriert ist.[1033]

Die Errichtung eines Compliance-Systems zur Erfüllung der Legalitätspflicht erfordert grundsätzlich ebenso einzelfallabhängig die Vornahme erforderlicher und zumutbarer Maßnahmen, um Gesetzesverstöße des Unternehmensträgers zu verhindern.[1034]

Die Wechselwirkung der Verkehrspflichten und des Compliance-Systems eines Unternehmensträgers besteht dabei in zweierlei Hinsicht:

Zum einen wird deutlich, dass die Vornahme der erforderlichen und zumutbaren Maßnahmen zur Erfüllung der konzern- und lieferkettendimensionalen Verkehrspflicht von der Ausgestaltung des Corporate Governance- bzw. des Compliance-Systems der Unternehmensträger abhängt. Von Relevanz sind hierbei auch unternehmerische Berichtspflichten, die Anhaltspunkte für Schieflagen geben können, Anreize zur Optimierung des Corporate Governance-Systems setzen und somit bei der Erfüllung von Verkehrspflichten von Bedeutung werden könnten.

Für die Frage einer deliktsrechtlichen Verantwortlichkeit der britischen Muttergesellschaft *Unilever* in *AAA v Unilever plc.* nahm der *UK Court of Appeal* ausführlich Bezug auf die Ausgestaltung der Corporate Governance-Struktur des Konzerns. So wurde der Risikomanagementplan des *Unilever*-Konzerns daraufhin untersucht, ob die Muttergesellschaft den Tochtergesellschaften wesentliche Ratschläge oder Anweisungen bezüglich des Umgangs mit Risiken gegeben hat, die in dem Fall zur Begründung einer Sorgfaltspflicht der Muttergesellschaft

---

ZR 319/02 = NJW 2003, 1732, 1733; BGH, Urt. v. 08.10.2004 – V ZR 84/04 = BauR 2005, 444 Rn. 11.

1032 In diesem Sinne auch *Seyfarth*, ZGR Sonderheft (22) 2020, 87, 98 f.

1033 Arbeitskreis „Externe und Interne Überwachung der Unternehmung" (AKEIÜ) der Schmalenbach-Gesellschaft für Betriebswirtschaft, DB 2010, 1509, 1510.

1034 Näher zu den Anforderungen an die Compliance-Organisation eines Unternehmensträgers *Goette*, ZHR 2011, 388 ff.; *Harbarth*, ZHR 2015, 136 ff.; *Hemeling*, ZHR 2011, 368, 369 ff. mit Beispielen steigender Organisationsanforderungen; *Verse*, ZHR 2011, 401, 406 f.; *Weller/Kaller/Schulz*, AcP 2016, 387, 414; *Hauschka/Moosmayer/Lösler*, in: *Hauschka/Moosmayer/Lösler*, Corporate Compliance, § 1 Rn. 28.

erforderlichen gewesen wären.[1035] Zudem wurden die Zuständigkeiten der Gesellschaftsorgane genauer beleuchtet. Hierzu gehörte beispielsweise auch die Feststellung, dass der Konzern faktisch wie eine wirtschaftliche Einheit durch das *Chief Executive Team* geleitet wurde, welches für das gesamte operative Geschäft des Unilever-Konzern verantwortlich war, indem es die Konzernpolitik sowie die Einhaltung der konzernweiten *Unilever*-Richtlinien umsetzte.[1036] Zwar wurde zum Ende der Untersuchung festgestellt, dass die Tochtergesellschaft *UTKL* über ein eigenes Schulungsprogramm für die Krisenmanagementpolitik verfügte und bei der Ausarbeitung der Gesundheits- und Sicherheitspolitik keinen wesentlichen Anweisungen durch *Unilever* unterlag.[1037] Nichtsdestotrotz zeigt die intensive gerichtliche Auseinandersetzung mit dem Corporate Governance-System der Muttergesellschaft im Rechtsvergleich, dass eine unabdingbare Wechselwirkung zwischen deliktsrechtlichen Verkehrs- und Sorgfaltspflichten und dem Corporate Governance-System von Unternehmensträgern besteht.

Zum anderen kann ein funktionierendes Compliance-System möglicherweise auch in den Untersuchungsfällen haftungserleichternde Wirkungen für die Unternehmensträger bzw. deren Organe entfalten.[1038]

Die haftungsreduzierende Wirkung eines Compliance-Systems verdeutlicht das Urteil eines Strafverfahrens des BGH[1039], indem er entschied, dass für die Bemessung einer Geldbuße nach § 30 I OWiG gegen eines Unternehmensträger von Bedeutung ist, inwieweit eine Gesellschaft ihrer Pflicht, Rechtsverletzungen aus der Sphäre des Unternehmensträgers zu unterbinden, genügt und dafür ein effizientes Compliance-System installiert hat. Dabei könne es auch eine Rolle spielen, ob die Gesellschaft entsprechende Regelungen optimiert und ihre betriebsinternen Abläufe so gestaltet, dass vergleichbare Normverletzungen zukünftig jedenfalls deutlich erschwert werden. Die Rechtsprechung erkennt folglich ein wirksames Compliance-System ausdrücklich als Kriterium für die (Höhe der) Bußgeldbemessung an.[1040] Der Entscheidung des BGH lag ein Verfahren vor dem LG München I zugrunde, in dem es um den Vorwurf

---

1035 AAA v Unilever plc [2018] EWCA Civ. 1532 Rn. 15 ff.

1036 AAA v Unilever plc [2018] EWCA Civ. 1532 Rn. 17 f.

1037 AAA v Unilever plc [2018] EWCA Civ. 1532 Rn. 28, 38 ff.

1038 Zu dieser Frage, siehe Kapitel 6.

1039 BGH, Urt. v. 09.05.2017 – 1 StR 265/16 = AG 2018, 39, 40 Rn. 118; vgl. hierzu *Reichert/Lüneborg*, GmbHR 2018, 1141, 1141.

1040 *Mackert*, in: *Lutter/Bayer*, Holding-Handbuch, § 6 Rn. 53.

der Steuerhinterziehung ging.[1041] Der Angeklagte war leitender Angestellter und Prokurist einer in Deutschland ansässigen Rüstungsgesellschaft, der gemeinsam mit seinem vorgesetzten Geschäftsleiter (Provisions-)Rechnungen zur Zahlung freigegeben hatte, obwohl er wusste, dass diese Rechnungen Beratungsleistungen betrafen, die in Zusammenhang mit Bestechungsabrede standen. Hintergrund war der Abschluss eines Kaufvertrages über 24 Panzerhaubitzen zwischen der Rüstungsgesellschaft und dem griechischen Staat. Die Provisionsrechnung für die Beratungsleistung stellte eine (Beratungs-)GbR bestehend aus zwei ehemaligen Abgeordneten des Deutschen Bundestages und einem Professor der Technischen Universität, die ausschließlich im Rahmen dieses Verkaufs der Panzerhaubitzen an Griechenland aktiv wurde. Die Beratungsleistung wurde von der GbR auf der Grundlage einer mit der Geschäftsleitung der Rüstungsgesellschaft und dem griechischen Verteidigungsminister getroffenen Bestechungsabrede erbracht. Der Angeklagte verbuchte, wider besseres Wissen, die gezahlte Provision für die angeblichen Beratungsleistungen der Beratungs-GbR als ordentliche Betriebsausgabe und erlangte für die Gesellschaft dadurch einen ungerechtfertigten Steuervorteil i.H.v. ca. 1,6 Mio. €. Das LG München I setzte eine Geldbuße nach § 30 OWiG gegen die Rüstungsgesellschaft fest.

Der BGH hat sich in diesem Verfahren sowie bislang generell noch nicht zu für ein hinreichend effizientes Compliance-System notwendigen Voraussetzungen geäußert.[1042] Grundsätzlich ist die Effizienz der Compliance-Maßnahmen in den Untersuchungsfällen gewährleistet, wenn sie individuell risikobasiert[1043], d.h. auf die menschenrechtsbezogene Belange in der Wertschöpfungskette erfolgen. Dennoch zeigt das Urteil, dass die fortlaufende Überwachung und Optimierung eines Compliance-Systems für die Unternehmensträger und deren Leitungsorganen für den Nachweis der Rechtmäßigkeit ihres Handelns maßgeblich sind.[1044]

1041 BGH, Urt. v. 09.05.2017 – StR 265/16 = AG 2018, 39, 39 Rn. 4; *Wilsing/Goslar*, GmbHR 2017, 1202, 1204.

1042 Vgl. *Unmuth*, AG 2017, 249, 256 m.w.N. Die Frage, wie ein Compliance-System umgesetzt wird und welche Elemente es enthalten sollte, sei (daher) Gegenstand zahlreicher Arbeiten aus der Literatur, die sich mit den Anforderungen an eine ordnungsgemäße Compliance-Organisation und einzelnen Pflichten der Organmitglieder beschäftigen.

1043 *Reichert/Lüneborg*, GmbHR 2018, 1141, 1143.

1044 *Wilsing/Goslar*, GmbHR 2017, 1202, 1204.

C. Der sog. „Verbandsvorbehalt“ als geeignetes Verteidigungsinstrument?

Es wurde festgestellt, dass die rechtlichen Einwirkungsmöglichkeiten hinsichtlich konzern- und lieferkettendimensionaler Verkehrspflichten von der Konzernierungsform und der vorhandenen Corporate Governance-Struktur abhängen.[1045] Die Vielgestaltigkeit der Konzernverbindungen und deren Governance-Systemen wird in den Untersuchungsfällen zum Teil als Verteidigungsinstrument gegen konzern- und lieferkettenweite Pflichten aufgegriffen.[1046]

Konkret wird angeführt[1047], dass in einem faktischen Konzern, der grundsätzlich dezentral organisiert[1048] ist, keine rechtlichen Möglichkeiten bestünden, Pflichten konzernweit umzusetzen. Im Vertragskonzern gem. § 291 I 1 AktG ließe sich eine engere Bindung der abhängigen Gesellschaft an die Muttergesellschaft erreichen[1049], insbesondere durch ihre gesetzliche Einwirkungsmöglichkeit durch Weisungsrechte.[1050]

1045 Vgl. *Fleischer*, CCZ 2008, 1, 6 hinsichtlich der Compliance-Verantwortung des Konzern-Vorstandes; *Rothenburg/Rogg*, AG 2022, 257, 266 hinsichtlich gesellschaftsrechtlicher Einwirkungsmöglichkeiten bei verbundenen Unternehmensträgern i.S.d. § 15 AktG.

1046 Vgl. *Nietsch*, in: *Nietsch*, Corporate Social Responsibility Compliance (2021), S. 179 der daher das Konzept der wirtschaftlichen Einheit mit der Vermutung eines bestimmenden Einflusses ablehnt.

1047 *Schockenhoff/Roßkopf/Arnold*, AG 2021, 66, 72; *Spindler*, in: *Goette/Habersack*, MüKo AktG, § 91 Rn. 99 ff.; *Ihrig/Schäfer*, Rechte und Pflichten des Vorstands, § 22 Rn. 600 denen entsprechend im faktischen Konzern den Vorstand der Obergesellschaft daher nur eine Bemühenspflicht treffe, die Kontrollmaßnahmen – in den Grenzen der §§ 311, 317 AktG – durchzusetzen.

1048 *Ihrig/Schäfer*, Rechte und Pflichten des Vorstands, § 32 Rn. 1282.

1049 *Ihrig/Schäfer*, Rechte und Pflichten des Vorstands, § 32 Rn. 1282, 1306.

1050 *V. Schenck*, in: *Lutter/Bayer*, Holding-Handbuch, § 5 Rn. 81 mit dem Hinweis, dass sich im Vertragskonzern eine konzernweite Compliance-Organisation kraft Anweisung der Holding ohne weiteres einführen ließe; *Altenbach*, in: *Semler/v. Schenck/Wilsing*, Arbeitshandbuch für Aufsichtsratsmitglieder, § 7 Rn. 37; zum Weisungsrecht als Instrument zur Umsetzung einer Verkehrspflicht im Konzern, siehe ausführlich unter diesem Kap. D. I.

In der Lieferkette und im faktischen Konzern besteht, wie unter Kapitel 3 erläutert, kein derartiges gesellschaftsrechtliches Weisungsrecht zur Einflussnahme.[1051]

Es stellt sich folglich die Frage, ob dieser „Verbandsvorbehalt“ tatsächlich ein geeignetes Instrument darstellt, um sich der haftungsrechtlichen Verantwortung zu entziehen. Sind Gefahrenabwehrmaßnahmen im faktischen Konzern möglich, würde mit der Erlangung eines Haftungsvorteils zugegeben ein Störgefühl auftreten.

Die Diskussion um die konzerndimensionale Reichweite der Compliance-Maßnahmen und die damit zusammenhängenden Durchsetzungsschwierigkeiten mutet zwar nach Aussagen von Unternehmensvertretern theoretisch an, da in der Praxis faktisch mehr Möglichkeiten genutzt werden als sie nach der Legal-Ordnung erwartet werden können.[1052] Vor dem Hintergrund der Ausgangslage, dass den Unternehmensträgern keine unmöglichen Maßnahmen abverlangt werden können, wird dennoch untersucht, ob ein Mangel an Weisungsrechten eine Enthaftung zur Folge haben könnte.

Das Nichtvorhandensein eines Weisungsrechts gegenüber Einzelpersonen oder Konzerngesellschaften, wie beispielsweise im faktischen AG-Konzern, ist nach der Rechtsprechung des LG München I in der Rechtssache *Siemens/Neubürger* kein Entlastungsgrund für das Leitungsorgan der Gesellschaft.[1053]

Gerade weil es keine Berichtslinie mit daraus abzuleitenden Kompetenzen für disziplinarische Maßnahmen gegeben habe, hätte der Vorstand eingreifen und eine entsprechende Organisationsstruktur schaffen müssen.[1054] Die Einrichtung eines funktionierenden Systems zur Vermeidung von Gesetzesverstößen sei Aufgabe des Gesamtvorstandes, der insbesondere zur überprüfen habe, ob das implementierte System geeignet ist, Verstöße gegen zwingendes Gesetzesrecht zu unterbinden.[1055]

Eine Delegation dieser zentralen Aufgabe gem. § 76 I AktG des aktienrechtlichen Vorstandsorgans auf unterhalb dieser Ebene angesiedelte Mitarbeiter

---

1051 Zur Unterscheidung des faktischen GmbH-Konzerns mit erhöhten Einwirkungspotential durch das gesellschaftsrechtliche Weisungsrecht vom faktischen AG-Konzern: *Reichert/Lüneborg*, GmbHR 2018, 1141, 1150.

1052 *Seyfarth*, ZGR Sonderheft 22 (2020), 87, 101 f.; beruht zudem auf Erfahrungen, die in Gesprächen mit Vertretern aus der Unternehmenspraxis, hervorgehoben wurden.

1053 LG München I, Urt. v. 10.12.2013 – 5 HKO 1387/10 = AG 2014, 332, 334; näher hierzu unter diesem Kap. B. IV. 2.

1054 LG München I, Urt. v. 10.12.2013 – 5 HKO 1387/10 = AG 2014, 332, 334.

1055 LG München I, Urt. v. 10.12.2013 – 5 HKO 1387/10 = AG 2014, 332, 335.

stelle eine Pflichtverletzung dar. Wenn ein Vorstandsmitglied, wie der Beklagte, mit Vorschlägen zur Verbesserung der Compliance-Organisation bei seinen Vorstandskollegen tatsächlich nicht durchgedrungen sein sollte, so habe er entsprechende Gegenvorstellungen bei seinen Kollegen anzubringen und gegebenenfalls den Aufsichtsrat einzuschalten.

Der gesetzlichen Pflicht des Vorstandes zur Etablierung eines Compliance-Systems gem. §§ 93 I 1, 76 i.V.m. 91 II AktG und damit einhergehend der gesellschaftsrechtlichen Administration von konzerndimensionalen Verkehrspflichten kann folglich ein Mangel an Weisungsrechten als Ausschlussgrund nicht entgegengehalten werden.

Dieses Urteil zeigt, dass die Nichtinstallation eines funktionierenden Compliance-Systems nicht mit der Berufung auf die Struktur des vorliegenden Konzerns und damit einhergehend das Vorhanden- oder Nichtvorhandensein von gesetzlichen Leitungsinstrumenten wie dem Weisungsrecht entschuldigt wird, sondern gleichwohl eine Sorgfaltspflichtverletzung des Vorstandes gem. § 93 II AktG darstellt. Dies gilt zumindest bis zur Grenze des „objektiv Zumutbaren“[1056] und ist insoweit präjudiziell überzeugend. Der Vorstand kann sich nicht entlasten, solange alternative Instrumente für ein funktionierendes Compliance-System vorhanden und einsetzbar sind.

Konzernweite Compliance-Richtlinien können in einem faktischen AG-Konzern zwar nicht durch Weisungen verpflichtend eingeführt werden.[1057] In der Regel werden derartige Richtlinien der herrschenden Gesellschaft von den abhängigen Gesellschaften jedoch nicht abgelehnt, da die Tochtergesellschaften andernfalls eigene Maßnahmen ergreifen müssen, um den Compliance-Pflichten nachzukommen. Im Übrigen besteht für die Obergesellschaft immer die Möglichkeit, einzelvertragliche Vereinbarungen hierüber zu treffen. So gebe es nach *Seyfarth*[1058] keine (rechtlichen) Schwierigkeiten konzerndimensionale Compliance-Maßnahmen im faktischen Konzern durchzusetzen. Nach *Lutter*[1059] sei damit zu rechnen, dass die Geschäftsleiter abhängiger Gesellschaften freiwillig an der Pflichterfüllung mitwirken dürften.

1056 OLG Nürnberg, Urt. v. 30.03.2022 – 12 U 1520/19 = NZG 2022, 1058, 1062; dazu ausführlich unter Kap. 5 B. III. 2. b) bb).

1057 *Schröpfer*, Compliance im Konzern (2014), S. 201 ff.; *Mackert*, in: *Lutter/Bayer*, Holding-Handbuch, § 6 Rn. 65.

1058 *Seyfarth*, ZGR Sonderheft 22 (2020), 87, 102 f.; dagegen *Altenbach,* in: *Semler/ v. Schenck/Wilsing*, Arbeitshandbuch für Aufsichtsratsmitglieder, § 7 Rn. 37.

1059 *Lutter,* FS Goette (2011), S. 289, S. 294.

Dies bestätigen auch Erfahrungen aus der Praxis, die bezüglich ihrer konzernweiten Richtlinien-Politik oder Compliance-Schulungen[1060] keine Umsetzungsschwierigkeiten berichten. Grundsätzlich liege ohnehin ein „*common sense*" über die Richtlinieninhalte vor.[1061]

Es gebe zwar auch Fälle, in denen kein „*common sense*" vorliege und die deutschen Richtlinien nicht ohne Weiteres auf die ausländischen Tochtergesellschaften übertragen werden könnten. Dann sei der faktische Konzernvorstand jedoch dazu bevollmächtigt, Ausnahmen vom konzernweiten Geltungsbereich zu machen und die betroffene Richtlinie für die ausländischen Gesellschaften landesspezifisch anzupassen.[1062]

Daneben werde bei vollkonsolidierten Gesellschaften i.S.d. § 290 I HGB in der Praxis regelmäßig „durchregiert".[1063]

Weiter wird berichtet, dass Tochtergesellschaften Compliance-Schulungen durch Mitarbeiter der Muttergesellschaft[1064] durchführen lassen, um von ihrem Erfahrungswert zu profitieren. Konkret würden die Arbeitnehmer der Tochtergesellschaft durch ihren Geschäftsleiter kraft arbeitsrechtlicher Weisung gem. § 106 GewO angewiesen, an der Schulung teilzunehmen.

Zudem ist an dieser Stelle auf alternative Instrumente[1065] hinzuweisen, die zur Installation eines funktionierenden Compliance-Systems und somit zur Erfüllung der Verkehrspflicht herangezogen werden können. An dieser Stelle sei nur auf die Möglichkeit der Personalunion, z.B. durch den Einsatz von Vorstandsdoppelmandaten, sowie dem Abschluss privatautonomer Vereinbarungen zwischen der Mutter- und der Tochtergesellschaft hinzuweisen.

Es ist festzuhalten, dass ein Mangel an gesetzlich vorgesehenen Weisungsrechten durch alternative Einwirkungsmöglichkeiten ausgeglichen werden muss, um Verkehrspflichtverletzungen des Unternehmensträgers und Sorgfaltspflichtverletzungen der Leitungsorgane ausschließen zu können. Somit stellt der „Verbandsvorbehalt" kein ausreichendes Verteidigungsinstrument dar.

1060 Diese Information beruht auf Gesprächen mit Vertretern aus der Praxis.

1061 Diese Aussage basiert auf Gesprächen mit Vertretern aus der Praxis.

1062 Diese Aussage basiert auf Gesprächen mit Vertretern aus der Praxis.

1063 Diese Aussage basiert auf Gesprächen mit Vertretern aus der Praxis.

1064 Bestätigend in Bezug auf die Delegation von *Compliance*-Funktionen der Tochter- auf die Muttergesellschaft; *Wirtz*, WuW 2001, 342, 349; *Fleischer*, CCZ 2008, 1, 6.

1065 Darstellung unter D. II.

D. Modell-Überlegungen zu konzern- und lieferkettendimensionalen Einwirkungsmöglichkeiten

Die rechtlichen Einwirkungsmöglichkeiten hinsichtlich konzern- und lieferkettendimensionaler Verkehrspflichten hängen von der Konzernierungsform und der vorhandenen Corporate Governance-Struktur ab.[1066]

Die folgende Untersuchung erhebt nicht den Anspruch, sämtliche Corporate Governance-Strukturen von Vertrags-, Eingliederungs- und faktischen Konzernen und Lieferketten auf ihre Einwirkungsmöglichkeiten darzulegen. Es bedarf einer Untersuchung der Einwirkungsmöglichkeiten anhand von Modell-Überlegungen in den verschiedenen Konzern- und Lieferkettengestaltungen der Unternehmensträger.

In Betracht kommen gesellschaftsrechtliche[1067], personelle[1068] und privatautonome Einwirkungsmöglichkeiten[1069] in Bezug auf die abhängigen Unternehmensträger.

I. Modellrechtsordnung A: Durch Weisungsrecht im Konzern

1. *Fall 1: Tochtergesellschaft in der Rechtsform einer GmbH (Gesellschaftsrechtliches Weisungsrecht)*

Für die weiteren Überlegungen wird eine gedankliche Modellrechtsordnung unterstellt, in der das maßgebende ausländische Recht ein dem deutschen GmbH-Recht entsprechendes Weisungsrecht einräumt. Unterstellt, dass das maßgebende ausländische Recht ein Weisungsrecht vorsieht, ist im Folgenden zu untersuchen, ob es für die Verwirklichung einer Verkehrspflicht im Konzern ausgeübt werden kann.

Es gibt Fälle, in denen inländische Muttergesellschaften ein Interesse daran haben, ihre ausländische Tochtergesellschaft eng zu führen.[1070] Mithin werden

---

1066 Vgl. *Fleischer*, CCZ 2008, 1, 6 hinsichtlich der Compliance-Verantwortung des Konzern-Vorstandes.

1067 Vgl. *Bicker*, AG 2012, 542, 542; *Mackert*, in: *Lutter/Bayer*, Holding-Handbuch, § 6 Rn. 66.

1068 Vgl. *Ihrig/Schäfer*, Rechte und Pflichten des Vorstands, § 32 Rn. 1292, 1324; vgl. *v. Schenck*, in: *Lutter/Bayer*, Holding-Handbuch, § 5 Rn. 64.

1069 Vgl. *Manz/Meyer*, NWB 2015, 529, 529 ff.; vgl. *v. Schenck*, in: *Lutter/Bayer*, Holding-Handbuch, § 5 Rn. 58 ff., 63 ff.

1070 *Wiesenack/Klein*, in: *Eisele/Koch/Theile*, Der Sanktionsdurchgriff im Unternehmensverbund (2014), S. 5, S. 55 ff. „Allgemeine Tendenz zur organisatorischen Zentralisation". Hiernach sei auf Grund der Sanktionsrisiken mehr Steuerung aus der Zentrale

sie bei Gründung oder Übernahme einer Auslandsgesellschaft die Rechtsform wählen, die ihnen einen ausreichenden Gestaltungs- und Einflussspielraum belässt.[1071] Die ausländischen Tochtergesellschaften und Zulieferer sitzen in den Untersuchungsfällen in Pakistan, Südafrika, Nigeria, Sambia und Brasilien. In Pakistan entspricht beispielsweise die Gesellschaftsform der *company limited by shares* einer deutschen GmbH.[1072] In Brasilien kommt die Rechtsform der *Sociedad Limitada* der deutschen GmbH am nächsten, wenn in der Satzung die Anwendung des Aktienrechts nicht angeordnet wird.[1073] Somit wird für die Untersuchung unterstellt, dass für ein im Drittstaat sitzende Tochtergesellschaft eine dieser Rechtsformen gewählt wird, die der deutschen GmbH nahesteht.

a) Gesellschaftsrechtliches Weisungsrecht

In dem Untersuchungsfall stellt sich die inländische Muttergesellschaft als Allein- oder Mehrheitsgesellschafter der ausländischen Tochter(-GmbH) dar. Das Weisungsrecht ergibt sich im GmbH-Gesetz mittelbar aus der Regelung des § 37 I GmbHG.[1074] Im Aktiengesetz findet sich dagegen explizit für den Vertrags- und Eingliederungskonzern eine Regelung zur Weisungsbefugnis der Konzerngeschäftsleitung in den §§ 308 I 1, 323 I AktG. Im GmbH-Gesetz ist dagegen keine dem Aktiengesetz entsprechende ausdrückliche Regelung zum Weisungsrecht im Konzern vorhanden.

Es besteht dennoch kein Zweifel darüber, dass die Gesellschafter ein umfassendes Weisungsrecht gegenüber dem Geschäftsführer der GmbH haben.[1075] Nach § 37 I GmbHG sind die Geschäftsführer der Gesellschaft gegenüber

---

gewollt und auch erwartet, sodass eine effektivere bzw. effizientere Kontrolle ausgeübt werden und auch geschäftspolitisch mehr Fokus zeigen kann; *Engelhardt,* in: *Engelhardt/Wagenseil,* Der mittelständische Konzern (2015), Teil 2 Rn. 27 nachdem eine „AG als Tochtergesellschaft tendenziell ungeeignet" erscheint.

1071 Vgl. *Manz/Meyer*, NWB 2015, 529, 532; vgl. *Drygala,* in: *Oppenländer/Trölitzsch*, Praxishandbuch der GmbH-Geschäftsführung, § 41 Rn. 24.

1072 *Ghauri-Malik,* in: *Süß/Wachter*, Handbuch des internationalen GmbH-Rechts, Pakistan Rn. 4.

1073 Vgl. *Curschmann/Coehlo Moreira,* in: *Süß/Wachter*, Handbuch des internationalen GmbH-Rechts, Brasilien Rn. 5.

1074 *Altmeppen*, 10. Aufl., GmbHG § 37 Rn. 3 erweitert die dogmatische Grundlage der Weisungskompetenz der Gesellschafter um die Regelungen der §§ 6 III, § 38 I, § 46 Nr. 5 und 6 GmbHG.

1075 *Grunewald*, Gesellschaftsrecht, § 12 Rn. 55; *Ihrig/Schäfer*, Rechte und Pflichten des Vorstands, § 32 Rn. 1299.

verpflichtet, die Beschränkungen einzuhalten, welche durch den Gesellschaftsvertrag oder durch die Beschlüsse der Gesellschafter festgesetzt sind.

Sofern der inländische Unternehmensträger Allein- oder Mehrheitsgesellschafter der ausländischen Tochtergesellschaft ist, stellt sich die Ausübung des Weisungsrechts als unproblematisch dar.[1076]

Die Gesellschafterversammlung gem. § 48 GmbHG fungiert als oberstes Willensbildungsorgan[1077] der GmbH, das über weitreichende Einsichts- und Auskunftsrechte gegenüber dem Geschäftsführer gem. § 51a GmbHG verfügt und daher Weisungen erteilen kann.[1078]

Somit ist allgemein anerkannt, dass Weisungen dazu geeignet sind, unmittelbar auf die Geschäftsführung einzuwirken.[1079] Das Weisungsrecht kann im Wege des Gesellschaftsvertrages als Sonderrecht vereinbart oder über Beschlüsse der Gesellschafterversammlung durchgesetzt werden.[1080] Das Weisungsrecht korrespondiert mit einer Befolgungspflicht des Geschäftsführers der GmbH, sodass eine Umsetzung der Weisungen grundsätzlich zu erwarten ist.[1081] Eine intensive Ausübung des Weisungsrechts kann den Gesellschaftern faktisch die Ausübung der Geschäftsführung ermöglichen.[1082] Dabei können sowohl Gebote als auch Verbote durch Weisung ausgesprochen werden. Die Weisung kann generell oder speziell zur Regelung eines Einzelfalls ergehen.[1083]

Die Gesellschafterversammlung hat folglich eine weite Einwirkungsmöglichkeit auf das Handeln der Gesellschaft durch Weisungen gem. § 37 I GmbHG.[1084] Der Abschluss eines Beherrschungsvertrages gem. § 291 I AktG mit einer

---

1076 *Lieder/Hoffmann*, GmbHR 2019, 1261, 1264, 1271 sprechen von einem „Durchregieren“ des herrschenden Gesellschafters, der in der Regel auch Geschäftsführer der GmbH sei.

1077 *Oetker*, in: *Henssler/Strohn*, GesR, GmbHG, § 37 Rn. 13; *Schreiber*, Konzernrechtsfreie Kontrolle, 2017, S. 149; ähnlich *Schilling*, in: Deutsche Tochter im internationalen Konzern, S. 18 Rn. 53.

1078 Vgl. *Koch*, in: *Koch*, AktG, § 291 Rn. 4; *Mennicke*, NZG 2000, 622, 622.

1079 *Stephan/Tieves*, in: *Fleischer/Goette*, MüKo GmbHG, § 37 Rn. 123; *Manz/Meyer*, NWB 2015, 529, 534.

1080 *Altmeppen*, GmbHG § 37 Rn. 15f.; *Mennicke*, NZG 2000, 622, 623.

1081 BGH, Urt. v. 14.12.1959 – II ZR 187/57 = NJW 1960, 285; BGH, Urt. v. 26.10.2009 – II ZR 222/08 = NJW 2010, 64; *Mennicke*, NZG 2000, 622, 624.

1082 *Ristelhuber*, NZI 2021, 417, 417; *Mennicke*, NZG 2000, 622, 622.

1083 *Stephan/Tieves*, in: *Fleischer/Goette*, MüKo GmbHG, § 37 Rn. 123.

1084 Vgl. *Manz/Meyer*, NWB 2015, 529, 532.

deutschen GmbH ist deshalb nicht notwendig und kommt in der Rechtswirklichkeit selten vor.[1085]

b) Gesellschaftsrechtliche Grenzen des Weisungsrechts

Die Grenzen des Weisungsrechts finden sich in den Kernpflichten des Geschäftsführers, namentlich der Pflicht zur Kapitelerhaltung, der Insolvenzantragspflicht, die Pflicht zur ordnungsgemäßen Buchführung, Bilanzierung und Steuerzahlung und zur Abführung von Arbeitnehmeranteilen in Sozialversicherungsbeiträge.[1086]

Der Geschäftsführer der GmbH muss allgemein auf Grund seiner Legalitätspflicht das rechtmäßige Handeln der Gesellschaft als handlungsunfähiges Rechtssubjekt sicherstellen. Innerhalb der Grenzen sind die Gesellschafter befugt, die Unternehmenspolitik und auch das Tagesgeschäft der Gesellschaft zu bestimmen.[1087]

Die dargestellte Weisungsbefugnis gilt nicht unbegrenzt.[1088] Die Weisungen der Gesellschafter dürfen insbesondere nicht gegen zwingendes Recht[1089] oder den Gesellschaftsvertrag[1090] verstoßen.[1091]

In den Untersuchungsfällen geht es jedoch um eine Weisungserteilung zur Verwirklichung einer Verkehrspflicht durch eine angemessene Menschenrechts-Compliance, die nicht gegen zwingendes Recht, den Gesellschaftsvertrag verstößt oder in sonstiger unzulässiger Weise ergeht. Die gesellschaftsrechtlichen Weisungsgrenzen sind somit gewahrt.

c) Zwischenergebnis

Wird das gesellschaftsrechtliche Weisungsrecht des nationalen Rechts auf die grenzüberschreitenden Untersuchungsfälle, in denen eine Verkehrspflicht des

---

1085 *Zöllner*, ZGR 1992, 173, 174 f.; *Lieder/Hoffmann*, GmbHR 2019, 1261, 1261 ff. mit einer empirischen Erhebung über den Abschluss von Beherrschungsverträgen mit GmbHs als Vertragspartnern.

1086 *Mennicke*, NZG 2000, 622, 623.

1087 *Altmeppen*, GmbHG Allgemeine Einleitung Rn. 1.

1088 *Servatius*, in: *Grigoleit*, AktG, § 308 Rn. 23 keine „absolute Leitungsmacht".

1089 *Servatius*, in: *Grigoleit*, AktG, § 308 Rn. 23; *Emmerich/Habersack*, Konzernrecht, § 23 Rn. 38.

1090 *Emmerich/Habersack*, Konzernrecht, § 23 Rn. 35.

1091 *Grunewald*, Gesellschaftsrecht, § 12 Rn. 55; *Birnbaum*, in: Beck'sches Handbuch der GmbH, § 10 Rn. 127.

inländischen Unternehmensträgers als Mehrheitsgesellschafter besteht, übertragen, ließe sich die Verkehrspflicht erfüllen.

So kann die Gesellschafterversammlung im Wege eines Beschlusses bestimmte, von der Tochtergesellschaft umzusetzende Sicherheitsstandards festlegen. Ferner ließen sich regelmäßige Kontrollgänge in den ausländischen Betrieben durch Anweisung verwirklichen.

Beispielhaft könnte die Muttergesellschaft, welche rechtsgutsgefährdende Aktivitäten durch eine ausländische Tochtergesellschaft durchführen lässt – ähnlich dem Untersuchungsfall *Chandler v Cape plc* – das Instrument der Weisung dazu nutzen, überlegenes Wissen bezüglich des Umgangs mit der rechtsgutsgefährdenden Aktivität weiterzugeben und in der Tochtergesellschaft umsetzen zu lassen. Ferner besteht die Möglichkeit, den Tochter-Geschäftsführer anzuweisen, bestimmte rechtsgutsgefährdende Handlungen zu unterbinden, wenn die Muttergesellschaft Kenntnis hiervon erlangt. Dieses Instrument kann zur Erfüllung der Verkehrspflicht im grenzüberschreitenden Konzern aktiviert werden. Rechtsvergleichend können Weisungen auch gegenüber ausländischen Gesellschaften in anderen Drittstaaten, wie in Indien oder China, erteilt werden.[1092]

Als Ergebnis lässt sich festhalten, dass das gesellschaftsrechtliche Weisungsrecht ein geeignetes Instrument zur Verwirklichung von Verkehrspflichten der inländischen Muttergesellschaft im GmbH-Konzern darstellt und Menschenrechtsverletzungen in ausländischen Betrieben vorbeugen kann.

2. *Fall 2: Tochtergesellschaft in der Rechtsform einer AG (Vertrags- und Eingliederungskonzern)*

Im Gegensatz zu der GmbH leitet der Vorstand einer AG die Gesellschaft eigenständig und weisungsungebunden[1093] gem. § 76 I AktG. Ein gesellschaftsrechtliches Weisungsrecht der Aktionäre ist nicht vorgesehen.[1094]

Grundsätzlich kann die Verkehrspflicht einer inländischen Muttergesellschaft somit nicht durch Weisung an den Vorstand einer der AG entsprechenden ausländischen Tochtergesellschaft erfüllt werden. Dennoch lässt sich auch in der AG ein Weisungsrecht durch den Abschluss eines Beherrschungsvertrages oder im Wege der Eingliederung durchsetzen.[1095]

1092 *Manz/Meyer*, NWB 2015, 529, 534.

1093 *Schilling*, in: Deutsche Tochter im internationalen Konzern, S. 10 Rn. 23.

1094 Vgl. *Stephan/Tieves*, in: *Fleischer/Goette*, MüKo GmbHG, § 37 Rn. 51.

1095 *Zöllner*, ZGR 1992, 173, 175; *Lieder/Hoffmann*, GmbHR 2019, 1261, 1265.

a) Beherrschungsvertragliches Weisungsrecht

Für den Vertrags- und Eingliederungskonzern bestehen hiernach Weisungsrechte gem. §§ 308, 323 AktG.

Das Weisungsrecht stellt ein gesetzlich zulässiges Leitungsinstrument der herrschenden Gesellschaft gegenüber dem Vorstand der abhängigen Gesellschaft dar.[1096] Die Weisung ist eine rechtsgeschäftsähnliche Handlung, für die die Vorschriften des BGB über Willenserklärungen gelten.[1097] Es bestehen keine besonderen Formerfordernisse für eine wirksame Weisungserteilung.

Inhaltlich können Weisungen, wie bei der gesellschaftsrechtlichen Weisung, gem. § 308 I AktG die Führungsentscheidungen des Vorstands und den Gesamtbereich der Geschäftsführung betreffen.[1098] Die Tochtergesellschaften trifft eine Befolgungspflicht gem. §§ 308 II 1, 323 I 2 AktG.

Das aus dem Abschluss eines Beherrschungsvertrages hergeleitete Weisungsrecht einer herrschenden inländischen Gesellschaft hat den Vorteil, dass es die Weisungen nicht über die Gesellschafterversammlung im Wege anfechtbarer Beschlüsse durchsetzen muss, sondern einen direkten Einfluss auf die abhängige Gesellschaft nehmen kann.[1099] Die Weisungen können dabei unabhängig von der Höhe der Beteiligung der inländischen Muttergesellschaft ausgeübt werden.[1100] Durch die Ausübung des Weisungsrechts kann ein konzernweites Compliance-System ohne weiteres eingeführt und Compliance-Richtlinien rechtsverbindlich implementieren werden.[1101] In der Praxis ist es auch üblich, dass Muttergesellschaften ihre Compliance-Richtlinien durch Weisung durchsetzen.[1102] Mit den

---

1096 *Koch,* in: *Koch*, AktG, § 308 Rn. 10; vgl. *Ihrig/Schäfer*, Rechte und Pflichten des Vorstands, § 32 Rn. 1306.

1097 *Koch,* in: *Koch*, AktG, § 308 Rn. 12; *Ihrig/Schäfer*, Rechte und Pflichten des Vorstands, § 32 Rn. 1311.

1098 *Koch,* in: *Koch*, AktG, § 308 Rn. 12; *Fleischer,* in: *Fleischer*, Handbuch des Vorstandsrechts, § 18 Rn. 43 f.; *Ihrig/Schäfer*, Rechte und Pflichten des Vorstands, § 32 Rn. 1312 f. mit konkreten Beispielen zur Bezugnahme der Weisungen auf die operative Tätigkeit der Gesellschaft als auch auf das korporative Innenverhältnis; vgl. auch *Emmerich,* in: *Emmerich/Habersack,* Aktien- und GmbH-Konzernrecht, AktG, § 308 Rn. 37; *Koppensteiner*, in: *Zöllner/Noack*, Kölner Kommentar AktG, § 308 Rn. 28 mit weiteren Beispielen (z.B. Weisungen betreffend Beschaffung, Produktion, Absatz und Finanzierung).

1099 *Zöllner*, ZGR 1992, 173, 175; vgl. *Lieder/Hoffmann*, GmbHR 2019, 1261, 1265.

1100 Vgl. *Lieder/Hoffmann*, GmbHR 2019, 1261, 1265.

1101 *Mackert*, in: *Lutter/Bayer*, Holding-Handbuch, § 6 Rn. 61 ff., 64.

1102 *Mackert*, in: *Lutter/Bayer*, Holding-Handbuch, § 6 Rn. 61 ff., 82 mit dem Hinweis, dass die arbeitsrechtliche Weisung dagegen durch den formalen Arbeitgeber in den

Richtlinien kann dann eine konzerndimensionale einheitliche Compliance-Strategie mit konkreten Verhaltensgeboten, die auch für die konzernzugehörigen Gesellschaften gilt, eingeführt werden.[1103] Auch hierbei gilt die grundsätzliche Befolgungspflicht der Tochtergesellschaft gem. § 308 II AktG.

In den genannten Konzernformen besteht mithin ein rechtliches Instrument zur Einflussnahme auf die Entscheidungen der Geschäftsführungsebene der ausländischen Tochtergesellschaft.

b) Aktienrechtliche Grenzen des Weisungsrechts

Fraglich ist, welche Grenzen für ein Weisungsrecht gem. §§ 308, 323 AktG für die Verwirklichung einer Verkehrspflicht im Konzern zu berücksichtigen sind.[1104]

Gem. § 308 I 1, 2 AktG ist der herrschende Unternehmensträger berechtigt, dem Vorstand der Gesellschaft hinsichtlich der Leitung der Gesellschaft auch nachteilige Weisungen zu erteilen, sofern die Weisungen dem Konzerninteresse[1105] dienen. Dies gilt gem. § 308 I AktG sowohl für den Vertrags- als auch für den Eingliederungskonzern gem. § 323 I AktG.

Eine Grenze der Weisungserteilung findet sich in diesen Fällen in der Nichtberücksichtigung des Konzerninteresses.[1106]

Angenommen eine Weisung, die zur Verkehrspflichterfüllung Sicherheitsvorkehrungen und Schutzmaßnahmen in den ausländischen Betrieben vorsieht, sei nachteilig, wird sie zum Zwecke des Konzerninteresses gesetzlich gebilligt.

---

jeweiligen Tochtergesellschaften zu erfolgen habe, da der Konzernobergesellschaft selbst kein arbeitsrechtliches Direktionsrecht gegenüber den Arbeitnehmern konzernzugehöriger Gesellschaften zusteht; ebenfalls beruhend auf Gespräch mit Vertretern aus der Praxis.

1103 *Mackert*, in: *Lutter/Bayer*, Holding-Handbuch, § 6 Rn. 61 f.

1104 Ausführlich zu dieser Frage *Sina*, AG 1991, 1 ff.

1105 *Ihrig/Schäfer*, Rechte und Pflichten des Vorstands, § 32 Rn. 1316 denen zufolge das Konzerninteresse in der Regel mit dem Unternehmensinteresse der herrschenden Gesellschaft deckungsgleich sei; *Altmeppen*, in: *Goette/Habersack*, MüKo AktG, § 308 AktG Rn. 103 f.; *Koch*, in: *Koch*, AktG, § 308 Rn. 16 demnach der Begriff „Konzerninteresse" zumindest als Abkürzung gebraucht werden könne; krit. *Koppensteiner*, in: *Zöllner/Noack*, Kölner Kommentar AktG, § 308 Rn. 38 ein Konzern könne kein eigenständiges Konzerninteresse bilden, da der Konzern kein rechtliches Zuordnungsobjekt ist.

1106 *Emmerich/Habersack*, Konzernrecht, § 23 Rn. 25 zum Begriff des Konzerninteresses; ausführlich zu weiteren Grenzen, denen in den Untersuchungsfällen keine Bedeutung zukommt; ferner *Ihrig/Schäfer*, Rechte und Pflichten des Vorstands, § 32 Rn. 1315 ff.

Eine tatsächliche Begrenzung des Weisungsrechts, die die Erfüllbarkeit der Verkehrspflicht der Muttergesellschaft erschwert oder unmöglich macht, erfolgt hierdurch nicht.

Die Befolgungspflicht gem. § 308 II 2 Hs. 2 AktG besteht auch dann, wenn mit der Einführung einer Richtlinie durch Weisung bestimmte Umsetzungs- oder Folgekosten verbunden sind, da eine Compliance-Richtlinie erkennbar dem Konzerninteresse dient.[1107]

Für den Eingliederungskonzern wird ferner angenommen, dass der Umfang des Weisungsrechts weiter gefasst sei als im Vertragskonzern.[1108] Dies leite sich aus dem Wortlaut des § 323 I 1 AktG ab, der, im Gegensatz zu der Regelung in § 308 I AktG, die Weisungen nicht von den Belangen der herrschenden Gesellschaft abhängig macht.

Die Regelung des § 323 I 2 AktG verweist zwar ausdrücklich auf § 308 II 1, III AktG, jedoch nicht auf § 308 II 2 AktG, der das Weisungsrecht insofern einschränkt. Der herrschende Unternehmensträger im Eingliederungskonzern kann folglich solche Maßnahmen veranlassen, die weder den Belangen der eingegliederten Unternehmensträger noch denjenigen einer sonstigen Konzerngesellschaft dienen.

Die Zulässigkeit existenzvernichtender Weisungen ist in dem Zusammenhang umstritten. Die vorherrschende Meinung[1109] hält existenzvernichtende

---

1107 *Mackert*, in: *Lutter/Bayer*, Holding-Handbuch, § 6 Rn. 64.

1108 Vgl. LG Magdeburg, Urt. v. 05.12.2019 – 10 O 1719/18 = BeckRS 2019, 54217 Rn. 19 mit der Beschreibung des Eingliederungskonzerns als „intensivste[r] Form" von konzernverbundenen Gesellschaften; *Koch,* in: *Koch*, AktG, § 323 Rn. 3; *Leuering/Goertz*, in: *Hölters/Weber,* AktG, § 323 Rn. 4; *Ihrig/Schäfer*, Rechte und Pflichten des Vorstands, § 32 Rn. 1334.

1109 *Habersack*, in: *Emmerich/Habersack*, Aktien- und GmbH-Konzernrecht, AktG, § 323 Rn. 2 m.w.N.; *Krieger,* in: Münchener Handbuch des Gesellschaftsrechts, 5. Aufl., § 74 Rn. 48; *Grunewald*, in: *Goette/Habersack,* MüKo AktG, § 323 Rn. 3; *Koppensteiner*, in: *Zöllner/Noack*, Kölner Kommentar AktG, § 323 Rn. 4; *Schmolke*, in: *Hirte/Mülbert/Roth*, Großkomm AktG, 5. Aufl., § 323 Rn. 2 f.; *Ihrig/Schäfer*, Rechte und Pflichten des Vorstands, § 32 Rn. 1335 mit der Begründung, dass es keine Minderheitsaktionäre der eingegliederten Gesellschaft gebe, die eines besonderen Schutzes bedürften; *Fett,* in: *Bürgers/Körber/Lieder*, § 323 Rn. 1 halten solche in den Grenzen des § 15a InsO zulässig; zu Zweifeln tendierend *Koch*, in: *Koch,* AktG, § 323 Rn. 3; eingeschränkt auf solche Weisungen bei gleichzeitiger Verletzung mitgliedschaftlicher Treupflicht *Singhof,* in: *Spindler/Stilz*, BeckOGK AktG (Stand: 01.07.2023), § 323 Rn. 3; ablehnend Grigoleit/*Rachlitz*, in: *Grigoleit,* AktG, § 323 Rn. 4; *Ziemons,* in: *Schmidt/Lutter*, AktG, § 323 Rn. 6 mit der Begründung, dass existenzvernichtende

Weisungen, die nicht gegen das geltende Recht und die Satzung verstoßen,[1110] im Eingliederungskonzern für zulässig.

Dagegen sind existenzgefährdende Weisungen im Vertragskonzern nach herrschender Auffassung unzulässig.[1111] Dies ist der Fall, wenn die Verlustausgleichspflicht der herrschenden Gesellschaft gem. § 302 AktG den Existenzerhalt der abhängigen Gesellschaft nicht mehr sicherstellt.[1112]

Neben der Nichtberücksichtigung des Konzerninteresses findet das Weisungsrecht im Vertrags- und Eingliederungskonzern außerdem seine Grenzen in Gesetz, Satzung und dem Beherrschungsvertrag selbst.[1113]

Die Muttergesellschaft darf keine Weisungen erteilen, die vom statutarischen Unternehmensgegenstand der abhängigen Gesellschaft nicht gedeckt sind.[1114]

Bei der Weisungserteilung im Vertragskonzern müssen zudem die sich aus dem Beherrschungsvertrag ergebenden Grenzen berücksichtigt werden.[1115] Dafür spricht auch die Regelung des § 308 I 2 AktG, wonach auch nachteilige Weisungen zulässig sind, sofern der Beherrschungsvertrag „nichts anderes bestimmt".

Bei einem mehrgliedrig aufgebauten Konzern, d.h. bei einer Muttergesellschaft mit Tochter- und Enkelgesellschaften, kann das Weisungsrecht grundsätzlich nicht ohne Weiteres auch gegenüber Enkelgesellschaften ausgeübt werden.[1116]

Weisungen regelmäßig gesetzeswidrig seien; *Winter*, ZGR 1994, 570, 591 f. bezieht sich hierbei auf konzernzugehörige und -freie GmbHs.

1110 *Emmerich/Habersack*, Konzernrecht, § 10 Rn. 52 m.w.N.; *Ihrig/Schäfer*, Rechte und Pflichten des Vorstands, § 32 Rn. 1335.

1111 *Langenbucher*, in: *Schmidt/Lutter*, AktG, § 308 Rn. 31; *Koch*, in: *Koch*, AktG, § 308 Rn. 19; *Sina*, AG 1991, 1, 7 jew. m.w.N.; *Ihrig/Schäfer*, Rechte und Pflichten des Vorstands, § 32 Rn. 1321.

1112 Fundierte Ausführungen hierzu *Altmeppen*, in: *Goette/Habersack*, MüKo AktG, § 308 AktG Rn. 122 ff.; *Emmerich*, in: *Emmerich/Habersack*, Aktien- und GmbH-Konzernrecht, AktG, § 308 Rn. 64; *Ihrig/Schäfer*, Rechte und Pflichten des Vorstands, § 32 Rn. 1321.

1113 *Ihrig/Schäfer*, Rechte und Pflichten des Vorstands, § 32 Rn. 1314.

1114 *Koppensteiner*, in: *Zöllner/Noack*, Kölner Kommentar AktG, § 308 Rn. 55; *Emmerich*, in: *Emmerich/Habersack*, Aktien- und GmbH-Konzernrecht, AktG, § 308 Rn. 56a; *Fleischer*, in: *Fleischer*, Handbuch des Vorstandsrechts, § 18 Rn. 49; *Ihrig/Schäfer*, Rechte und Pflichten des Vorstands, § 32 Rn. 1318.

1115 *Ihrig/Schäfer*, Rechte und Pflichten des Vorstands, § 32 Rn. 1319.

1116 *Koppensteiner*, in: *Zöllner/Noack*, Kölner Kommentar AktG, § 308 Rn. 6 da hiermit die Befugnis des Vorstandes der angewiesenen Gesellschaft, ihm erteilte Weisungen auf ihre Rechtmäßigkeit und ihre Konzerndienlichkeit hin zu prüfen, verloren ginge; *Emmerich*, in: *Emmerich/Habersack*, Aktien- und GmbH-Konzernrecht, AktG, § 308

Der Vorstand der Muttergesellschaft muss den Vorstand der Tochtergesellschaft anweisen, seinerseits das Weisungsrecht gegenüber der Tochtergesellschaft auszuüben und die Enkelgesellschaft zu einer bestimmten Maßnahme anzuweisen. Ferner besteht die Möglichkeit der Delegation des Weisungsrechts der Tochtergesellschaft auf die Muttergesellschaft, wenn die Tochtergesellschaft selbst mit einer weiteren (Enkel-)Gesellschaft konzernvertraglich verbunden ist. Der Vorstand der Muttergesellschaft kann die Tochtergesellschaft dazu anweisen, ihr das Direktionsrecht über die Enkelgesellschaft zu überlassen.[1117]

c) Zwischenergebnis

Als Ergebnis lässt sich festhalten, dass das aktienrechtliche Weisungsrecht im Vertrags- und Eingliederungskonzern ein geeignetes Corporate Governance-Instrument darstellt, um konzern- und lieferkettendimensionale Verkehrspflichten der inländischen Muttergesellschaft zu verwirklichen und Rechtsverletzung in ausländischen Betrieben vorzubeugen.

3. Ergebnis zur Modellrechtsordnung A: Weisungsrecht als geeignetes Corporate Governance-Instrument

Als Ergebnis der Untersuchung der Modellrechtsordnung A, in der ein dem nationalen Gesellschafts- und Aktienkonzernrecht entsprechendes Weisungsrecht existiert, ist die Erfüllbarkeit der konzerndimensionalen Verkehrspflicht in der Rechtspraxis zu bejahen.

Auch die dem nationalen Recht entsprechenden Grenzen des gesellschaftsrechtlichen und beherrschungsvertraglichen Weisungsrechtes flankieren die Verwirklichung einer konzerndimensionalen Verkehrspflicht zum Rechtsgüterschutz nicht spürbar. Die Grenzen des Weisungsrechts stehen im Ergebnis der Erfüllung der Verkehrspflicht zum Zwecke des Rechtsgüterschutzes nicht entgegen.

Rn. 6; *Mackert*, in: *Lutter/Bayer*, Holding-Handbuch, § 6 Rn. 81; *Ihrig/Schäfer*, Rechte und Pflichten des Vorstands, § 32 Rn. 1322.

1117 *Ihrig/Schäfer*, Rechte und Pflichten des Vorstands, § 32 Rn. 1323; Jedoch behält der delegierende Unternehmensträger infolge des § 665 BGB weiterhin die Direktionsgewalt, weil die Delegation auf Dritte als Geschäftsbesorgungsvertrag verstanden wird, vgl. *Altmeppen*, in: *Goette/Habersack*, MüKo AktG, § 308 Rn. 56; *Langenbucher*, in: *Schmidt/Lutter*, AktG, § 308 Rn. 15.

II. Modellrechtsordnung B: Kein Weisungsrecht (Faktischer Konzern und Lieferkette)

Nachdem das Weisungsrecht als Instrument zur Verkehrspflichtwahrnehmung anhand der Modellrechtsordnung A dargestellt wurde, ist in dem Zusammenhang danach zu fragen, welche Folgen eine unterstellte Modellrechtsordnung B, die kein Weisungsrecht einräumt, für die Untersuchungsfälle hat.

Für die folgenden Überlegungen wird mithin eine zweite Modellrechtsordnung unterstellt, die,

a) entsprechend den aktienrechtlichen Regelungen des faktischen Konzerns und

b) entsprechend einer Lieferkettenkonstellation,

kein Weisungsrecht vorsieht.

1. Fall 1: Tochtergesellschaft in der Rechtsform einer AG (Faktischer Konzern)

Der Vorstand einer Aktiengesellschaft gem. § 76 I AktG leitet die Gesellschaft grundsätzlich unter eigener Verantwortung. Somit ist er als Vorstand eines abhängigen Unternehmensträgers im faktischen Konzern in seiner Geschäftsführung eigenverantwortlich und nicht an Weisungen der Aktionäre oder Organe der Gesellschaft gebunden.[1118] Den Vorstand einer (abhängigen) AG trifft anders als den Geschäftsführer einer GmbH keine Befolgungspflicht von Beschlüssen der Gesellschafter.[1119]

In einer Modellrechtsordnung, die in diesem aktienrechtlichen Sinne Weisungen durch die Gesellschafter nicht anerkennt, müssen die Pflichten, die im unmittelbaren Zusammenhang mit der Erfüllung der Verkehrspflicht zusammenhängen, durch andere Instrumente[1120] verwirklicht werden. Diese werden nachfolgend vorgestellt.

a) Das „Veranlassungsrecht" gemäß § 311 I AktG

Für den faktischen Konzern ist gesetzlich kein Weisungsrecht zur Beeinflussung der Geschäftsleitung der abhängigen Gesellschaften statuiert.[1121]

1118 *Koch,* in: *Koch*, AktG, § 76 Rn. 25.

1119 *Koch,* in: *Koch*, AktG, § 76 Rn. 27.

1120 Vgl. *Schilling,* in: Deutsche Tochter im internationalen Konzern, S. 7 Rn. 13.

1121 *Fleischer,* in: *Fleischer*, Handbuch des Vorstandsrechts, § 18 Rn. 72 f.; *Ihrig/Schäfer*, Rechte und Pflichten des Vorstands, § 32 Rn. 1284.

Gem. § 311 I AktG kann die herrschende Gesellschaft allerdings in gewissen Grenzen Einfluss auf die abhängige Gesellschaft ausüben.[1122] Dieser Einfluss wird über die gesellschaftsrechtlich vermittelten Instrumente[1123] ausgeübt. Zudem kann die herrschende Gesellschaft die abhängige Gesellschaft faktisch durch ihre Mehrheitsbeteiligung gem. § 16 I AktG und die damit regelmäßig einhergehenden Dominanz im Aufsichtsrat beeinflussen.[1124]

Eine Veranlassung zur Vornahme eines Rechtsgeschäfts oder einer Maßnahme i.S.d. § 311 I AktG[1125] wird folglich sowohl durch die Ausübung des Stimmrechts in der Hauptversammlung als auch in Form von Stellungnahmen[1126], Ratschlägen, Weisungen, allgemeinen Anweisungen oder Richtlinien vorgenommen.[1127] Daneben können auch im Rahmen von Konzerntagungen, Rundschreiben und innerhalb sog. „Kamingespräche" Maßnahmen oder Rechtsgeschäfte veranlasst werden.[1128]

b) Aktienrechtliche Grenzen des „Veranlassungsrechts"

Die Veranlassung gem. § 311 I AktG entspricht begrifflich grundsätzlich einer Weisung mit dem Unterschied, dass der Obergesellschaft kein gesetzliches Weisungsrecht im engeren Sinne zusteht und der abhängige Unternehmensträger nicht zur Befolgung verpflichtet ist.[1129]

Dies führt in der Praxis gelegentlich zu Schwierigkeiten bei der Konzernleitung.[1130] Als Beispiel sei hier das Konfliktpotential zwischen faktisch konzernierter Mutter- und Tochtergesellschaft im Rahmen des Cash-Poolings gem. § 30 I 2 Alt. 2 GmbHG anzuführen. Von Gesetzes wegen sei hiermit die Tochtergesellschaft dazu aufgefordert, sich gegen Entscheidungen der Muttergesellschaft aufzulehnen.[1131] Dennoch wurde schon ausgeführt, dass die

---

1122 *Schilling*, in: Deutsche Tochter im internationalen Konzern, S. 10 Rn. 22.

1123 *Habersack*, in: *Emmerich/Habersack*, Aktien- und GmbH-Konzernrecht, AktG, § 311 Rn. 22.

1124 *Ihrig/Schäfer*, Rechte und Pflichten des Vorstands, § 32 Rn. 1284.

1125 Im Folgenden abgekürzt als Veranlassungsrecht bezeichnet.

1126 *Ihrig/Schäfer*, Rechte und Pflichten des Vorstands, § 32 Rn. 1287.

1127 *Habersack*, in: *Emmerich/Habersack*, Aktien- und GmbH-Konzernrecht, AktG, § 311 Rn. 23; *Koch*, in: *Koch*, AktG, § 311 Rn. 13, jew. m.w.N.; *Ihrig/Schäfer*, Rechte und Pflichten des Vorstands, § 32 Rn. 1287.

1128 *Ihrig/Schäfer*, Rechte und Pflichten des Vorstands, § 32 Rn. 1287.

1129 *Habersack*, in: *Emmerich/Habersack*, Aktien- und GmbH-Konzernrecht, AktG, § 311 Rn. 23.

1130 Diese Fußnote basiert auf Gesprächen mit Vertretern aus der Praxis.

1131 Vgl. zum Cash-Pooling im faktischen Konzern *Altmeppen*, ZIP 2006, 1025, 1031 f.

Durchsetzungsschwierigkeiten als „Verbandsvorbehalt“ kein geeignetes Verteidigungsinstrument gegen die Implementierung eines hinreichenden Governance- und Compliance-Systems darstellen.[1132]

Im faktischen Konzern wird das Veranlassungsrecht der Obergesellschaft durch den zwingenden Nachteilsausgleich i.S.d. § 311 I AktG, der den Gläubiger- und Minderheitsaktionärsschutz[1133] bei nachteiligen Veranlassungen bezweckt, zwar flankiert. Danach liegt eine nachteilige Veranlassung vor, wenn hierdurch eine Vermögensminderung oder eine konkrete Vermögensgefährdung seitens der abhängigen Gesellschaft festzustellen ist.[1134]

Eine nachteilige Veranlassung liegt wie im Vertragskonzern zudem vor, wenn die Veranlassung einer solchen nicht dem Konzerninteresse entspricht.[1135]

Durch eine Veranlassung, die auf den Schutz von Rechtsgütern in den ausländischen Betrieb der abhängigen Gesellschaft gerichtet ist, entsteht dieser jedoch nicht zwingend ein unmittelbarer Vermögensverlust.

In Betracht kommt ein mittelbarer Nachteil für die deutschen Unternehmensträger insoweit, dass die Kenntnisnahme der Öffentlichkeit über defizitäre Rechtsgüterstandards in den ausländischen Betrieben auch einen Verlust von Geschäftschancen bewirken kann.[1136] Allerdings ist fraglich, ob die

---

1132 Hierzu unter diesem Kapitel C.

1133 *Habersack,* in: *Emmerich/Habersack,* Aktien- und GmbH-Konzernrecht, AktG, § 311 Rn. 1.

1134 *Luchterhandt,* ZHR 1970, 1, 28 ff. ausführlich zur Nachteiligkeit der Maßnahmen; BGH, Urt. v. 01.12.2008 – II ZR 102/07 = ZIP 2009, 70, 71 nach der Rechtsprechung des Senats erfasse der Nachteilsbegriff der §§ 311, 317 AktG „jede Minderung oder konkrete Gefährdung der Vermögens- und Ertragslage der Gesellschaft ohne Rücksicht auf Quantifizierbarkeit, soweit die genannte Beeinträchtigung als Abhängigkeitsfolge eintritt“; LG Bonn, Urt. v. 27.04.2005 – 16 O 13/04 = AG 2006, 586, 587; *Fleischer,* in: *Fleischer,* Handbuch des Vorstandsrechts, § 18 Rn. 76; *Habersack,* in: *Emmerich/Habersack,* Aktien- und GmbH-Konzernrecht, AktG, § 311 Rn. 39; anders *Altmeppen,* in: *Goette/Habersack,* MüKo AktG, § 311 Rn. 157 ff., der nicht zwischen Nachteil und Schaden differenzieren möchte und daher einen tatsächlich eingetretenen Nachteil fordert.
Koch, in: *Koch,* AktG, § 311 Rn. 24; *Ihrig/Schäfer,* Rechte und Pflichten des Vorstands, § 32 Rn. 1289.

1135 *Koch,* in: *Koch,* AktG, § 311 Rn. 43; *Habersack,* in: *Emmerich/Habersack,* Aktien- und GmbH-Konzernrecht, AktG, § 311 Rn. 60; anders *Altmeppen,* in: *Goette/Habersack,* MüKo AktG, § 311 Rn. 309; *Ihrig/Schäfer,* Rechte und Pflichten des Vorstands, § 32 Rn. 1290.

1136 *Nordhues,* Die Haftung der Muttergesellschaft und ihres Vorstands für Menschenrechtsverletzungen im Konzern (2019), S. 236 f. verweist auf Wettbewerbsnachteile.

Öffentlichkeit tatsächlich Kenntnis von einzelnen Leitungsentscheidungen der Obergesellschaft erlangt und die Gefahr eines Verlustes von Geschäftschancen der Wirklichkeit entspricht.

Andernfalls besteht die Möglichkeit der Vereinbarung eines Verlustausgleiches für die Fälle, in denen der Tochtergesellschaft durch die Veranlassung der Muttergesellschaft ein Nachteil gem. § 311 AktG entsteht.

c) Zwischenergebnis

Als Ergebnis lässt sich festhalten, dass das Veranlassungsrecht im faktischen Konzern mit dem gesetzlichen Weisungsrecht als Instrument zur Einflussnahme nicht gleichzustellen ist. Allerdings bestehen auch bis zur Grenze der Nachteilszufügung Einwirkungsmöglichkeiten über die Veranlassung der abhängigen Gesellschaft zur Vornahme von Rechtsgeschäften oder Maßnahmen. Kommen die Gesellschaften den Veranlassungen der Obergesellschaft nicht nach, muss diese andere, insbesondere privatautonome, Instrumente ergreifen, um die Verkehrspflicht im faktischen Konzern zu erfüllen.

2. Fall 2: Lieferkette

Die rechtliche Gestaltung von Lieferketten wurde im Kapitel 3 behandelt. Es wurde festgestellt, dass die Unternehmensträger in der Lieferkette nicht mitgliedschaftlich, sondern ausschließlich vertraglich miteinander verbunden sind.

In Lieferketten besteht kein allgemeines, gesetzlich vorgesehenes Weisungsrecht der inländischen Gesellschaft.[1137] Ob Weisungen erteilt werden können, hängt vielmehr von der zugrundeliegenden Vertragsabrede ab.

In der Regel liegen den Untersuchungsfällen Lieferverträge in Form von Kaufverträgen gem. §§ 433 ff. BGB zugrunde. In den kaufvertraglichen Vereinbarungen müssten somit Einwirkungsmechanismen vereinbart werden.[1138]

Sind die Unternehmensträger über ein dem nationalen Auftragsrecht entsprechendes Vertragsverhältnis miteinander verbunden, ließen sich Weisungen durchsetzen. Hierfür spricht der Wortlaut des § 665 BGB, der ein Weisungsrecht des Auftraggebers impliziert, indem er ein Abweichungsrecht des Beauftragten

---

1137 Vgl. Baumbach/Hueck/*Beurskens*, GmbHG, Anh. GmbH-Konzernrecht § 88 Rn. 20.

1138 Vgl. *Spießhofer*, in: *Nietsch*, Corporate Social Responsibility Compliance (2021), S. 78, der entsprechend die Vertragskette über ihre grundsätzlich rein zivilrechtliche Austauschbeziehung hinaus zum Governance-Instrument zur Durchsetzung von „Ordre Public"-Belangen wird.

von Weisungen festlegt.[1139] In diesem Fall stellt das Weisungsrecht ein vertragliches Gestaltungsrecht zugunsten der beauftragenden Gesellschaft dar. Gem. § 665 S. 1 BGB muss der Beauftragte vor einer Abweichung dem Auftraggeber Anzeige machen und dessen Entschließung abwarten. Der Beauftragte ist somit grundsätzlich an den Inhalt der Weisungen gebunden. Die Weisung im Auftragsverhältnis wird nicht über einen Beschluss, sondern durch eine ausdrückliche oder konkludente Willenserklärung seitens des Auftraggebers verwirklicht.

In den üblichen Lieferkettenkonstellationen muss die inländische Gesellschaft auf privatautonome Vereinbarungen zurückgreifen, die den Rechtsgüterschutz „weiter unten in der Kette“ und somit in den ausländischen, unmittelbaren Zuliefererbetrieben sichern.

III. Alternativmodelle zur Modellrechtsordnung B: Personalunion und privatautonome Vereinbarungen

In den Fällen, in denen kein Weisungsrecht besteht, sind alternative Instrumente zur Verwirklichung der Verkehrspflicht zu untersuchen.

1. Alternativmodell C: Durch Personalunion

Als ein alternatives Instrument[1140] kommt die sog. Personalunion in Betracht. Von einer Personalunion ist die Rede, wenn die Gesellschaftsorgane der Ober- und Untergesellschaft mit Doppelmandaten[1141] besetzt werden.[1142] Die Organfunktionen werden folglich in der Ober- und in der Untergesellschaft durch dieselbe(n) Person(en) wahrgenommen.[1143]

Für die Besetzung des Vorstandes sind die Aufsichtsräte der Gesellschaften zuständig und haben die Personalkompetenz gem. §§ 88 I 1 i.V.m. 84 AktG.[1144]

1139 F. Schäfer, in: Säcker/Rixecker et al., MüKo BGB, § 665 Rn. 12.

1140 Vgl. *Fleischer*, CCZ 2008, 1, 6 a.E.

1141 *Semler*, FS Stiefel (1987), S. 719, S. 720 ff.

1142 *Fonk*, NZG 2010, 368, 368.

1143 *Ihrig/Schäfer*, Rechte und Pflichten des Vorstands, § 32 Rn. 1292; *Welge/Euelerich*, Corporate-Governance-Management (2021), S. 50 demnach liege definitorisch eine Personalverflechtung dann vor, wenn ein Vorstands- oder Aufsichtsratsmitglied einer Gesellschaft parallel mindestens ein weiteres Mandat in einem Geschäftsführungs- oder Überwachungsorgan einer anderen Gesellschaft besetzt und somit als Multimandatsträger charakterisiert werden kann.

1144 Vgl. auch BGH, Urt. v. 09.03.2009 – II ZR 170/07 NZG 2009, 744, 745; *Behme/Zickgraf*, AG 2015, 841 zu den Rechtspflichten des Aufsichtsrats bei der Auswahl geeigneter Mitglieder von Vorstand und Aufsichtsrat; *Krieger*, in: *Lutter/Bayer*,

Über die Hauptversammlung gem. § 101 I 1 AktG kann die Obergesellschaft durch ihre Mehrheitsbeteiligung Einfluss auf die Bestellung der Aufsichtsratsmitglieder in der Untergesellschaft nehmen, die hierdurch faktische Einflussmöglichkeiten auf die Vorstandsbestellung in der Untergesellschaft und somit auch die Geschäftspolitik haben.[1145] Gem. §§ 18 I 2, 17 II, 16 AktG entspricht dies auch dem Willen des Gesetzgebers.[1146]

Auch in Lieferketten[1147] kommt es teilweise zur Entsendung von Personen in den Aufsichtsrat des jeweiligen Geschäftspartners.

Vorstandsdoppelmandate sind als Instrumente zur Konzernsteuerung und -leitung[1148] in der Praxis weit verbreitet.[1149] Sie werden in der Praxis dazu genutzt, um einen hinreichenden Einfluss auf eine Untergesellschaft nehmen bzw. „durchregieren“ zu können.[1150]

Die Personalunion von Leitungsorganen in der herrschenden und solchen der abhängigen Gesellschaft hat den Vorteil, Einfluss nehmen zu können, ohne den formellen Weg über die Stimmrechtsausübung in der Gesellschafterversammlung oder über Weisungen gehen zu müssen.[1151] Der BGH[1152] hat die Zulässigkeit von Doppelmandaten ausdrücklich bestätigt.

Holding-Handbuch, § 7 Rn. 46; *Ihrig/Schäfer*, Rechte und Pflichten des Vorstands, § 32 Rn. 1294.

1145 *Welge/Euelerich*, Corporate-Governance-Management (2021), S. 50 denen zufolge eine Kapitelbeteiligung eines Unternehmensträgers an einer Gesellschaft der Personalverflechtung in der Regel vorgeschaltet ist.

1146 BGH, Urt. v. 09.03.2009 – II ZR 170/07 = NZG 2009, 744, 745; *Altmeppen*, ZIP 2008, 437, 442.

1147 *Welge/Euelerich*, Corporate-Governance-Management (2021), S. 51, S. 53.

1148 *Martens*, FS Heinsius (1991), S. 532 ff.

1149 *Hoffmann-Becking*, ZHR 1986, 570; *Altmeppen*, ZIP 2008, 437, 442; *Hommelhoff*, in: *Druey*, Das St. Galler Konzernrechtsgespräch, S. 107 ff., 121 f.; *Böttcher/Kautzsch*, NZG 2009, 819, 820; *Altmeppen*, in: *Goette/Habersack*, MüKo AktG, § 311 Rn. 94; *Spindler*, in: *Goette/Habersack*, MüKo AktG, § 76 Rn. 64; ausführlich *Decher*, Personelle Verflechtungen im Aktienkonzern (1989), S. 67 ff.; *Krieger*, in: *Lutter/Bayer*, Holding-Handbuch, § 7 Rn. 46; *Ihrig/Schäfer*, Rechte und Pflichten des Vorstands, § 32 Rn. 1291.

1150 Diese Aussage basiert auf Gesprächen mit Vertretern aus der Praxis.

1151 *Wiedemann*, Die Unternehmensgruppe im Privatrecht (1988), S. 44; *Hoffmann-Becking*, ZHR 1986, 570, 574 ff.

1152 BGH, Urt. v. 09.03.2009 – II ZR 170/07 = NZG 2009, 744, 745; *Hommelhoff*, in: *Theisen*, Der Konzern im Umbruch (1998), S. 338, S. 356; *Dittmar*, AG 2013, 498, 501 der zur Bestätigung auf das in § 100 II 2 AktG niedergelegte Konzernprivileg hinweist;

Als Vorteil des Einsatzes von Doppelmandaten wird insbesondere die erleichterte Umsetzung der Konzernpolitik genannt.[1153] Die Entscheidungen, die auf Ebene der inländischen Gesellschaft beschlossen werden, können so unmittelbar auf der Ebene der ausländischen Gesellschaft eingebracht und umgesetzt werden.[1154] Hierdurch werde die aus der rechtlichen Selbstständigkeit der Untergesellschaft resultierende Eigendynamik eingegrenzt und die Einflussnahme der Obergesellschaft auf die geschäftlichen Tätigkeiten der Untergesellschaft intensiviert.[1155] Die Personalunion stellt folglich ein effektives Instrument zur Ausübung der Konzernleitung und -kontrolle dar.[1156]

Neben dem Vorstand kann auch der Aufsichtsrat beider Unternehmensträger mit denselben Mitgliedern doppelbesetzt werden.[1157]

Die Personalunion stellt zusammenfassend ein alternatives Instrument zur Verwirklichung einer Verkehrspflicht inländischer Unternehmensträger im Konzern und in der Lieferkette dar.

2. *Alternativmodell D: Durch privatautonome Vereinbarungen*

Eine weitere Möglichkeit den Rechtsgüterschutz entlang der Lieferkette und im Konzern zu sichern, ist eine privatautonome Vereinbarung zwischen den betroffenen Unternehmensträgern.

Häufig werden in der Praxis als *codes of conduct* bezeichnete[1158] Verhaltensklauseln[1159] vereinbart. Diese bezwecken in den Untersuchungsfällen primär, Organe und Mitarbeiter anderer konzern- oder lieferkettenangehöriger

---

Krieger, in: *Lutter/Bayer*, Holding-Handbuch, § 7 Rn. 46; *Ihrig/Schäfer*, Rechte und Pflichten des Vorstands, § 32 Rn. 1293.

1153 *Holtmann*, Personelle Verflechtungen auf Konzernführungsebene (1989), S. 188 unter Auswertung eines Unternehmensbefragung; vgl. *Martens*, FS Heinsius (1991), S. 532 f.; *Fonk*, NZG 2010, 368, 369.

1154 *Holle*, Legalitätskontrolle im Kapitalgesellschafts- und Konzernrecht (2014), S. 212 f.; *Löbbe*, Unternehmenskontrolle im Konzern (2003), S. 68; *Nordhues*, Die Haftung der Muttergesellschaft und ihres Vorstands für Menschenrechtsverletzungen im Konzern (2019), S. 151.

1155 *Holtmann*, Personelle Verflechtungen auf Konzernführungsebene (1989), S. 27 f.

1156 *Ihrig/Schäfer*, Rechte und Pflichten des Vorstands, § 32 Rn. 1292.

1157 *Verse*, AG 2015, 413, 413.

1158 Vgl. *Nordhues*, Die Haftung der Muttergesellschaft und ihres Vorstands für Menschenrechtsverletzungen im Konzern (2019), S. 179.

1159 *Herdegen*, Völkerrecht, § 13 Rn. 10.

Gesellschaften zur Achtung der Menschenrechte anzuhalten.[1160] *Codes of conduct* können in die Lieferverträge miteinbezogen und somit auch Bestandteil der vertraglichen Abrede zwischen inländischen und ausländischen Unternehmensträger werden.[1161]

In den Untersuchungsfällen kann als Alternative zu dem vorgestellten Weisungsrecht und der Personalunion folglich auch eine vertragliche Vereinbarung, mit dem Ziel die ausländischen Unternehmensträger zur Etablierung bestimmter Sicherheits- und Arbeitsstandards zu verpflichten, erwogen werden.

Der inländische Unternehmensträger kann und sollte sich zudem vertraglich ein Recht zur regelmäßigen (Über-)Prüfung der Umsetzung der vereinbarten Standards vorbehalten. Somit kann der inländische Unternehmensträger durch externe Beauftragte oder eigene Mitarbeiter sicherstellen, dass die vereinbarten Arbeits- und Schutzstandards umgesetzt und entsprechend der Konzernpolitik regelmäßig aktualisiert werden.[1162] Gemäß dem Fall, dass der ausländische Unternehmensträger die vereinbarten Standards nicht umsetzt und hierdurch die Rechtsgüter der Arbeitnehmer in einem ausländischen Betrieb oder sonstiger Dritter gefährdet oder verletzt werden, könnte sich der inländische Unternehmensträger ein (fristloses) Kündigungsrecht vorbehalten.[1163]

Um ein konzerndimensionales funktionierendes Compliance-System zu installieren, kann der Vorstand der Obergesellschaft zudem privatautonome Vereinbarungen schließen, die es ihm ermöglichen, regelmäßig Informationen von den abhängigen Gesellschaften zu erlangen.[1164]

Zudem können auch Schulungen, eine in der Praxis weit verbreitete Compliance-Maßnahme, durchgeführt werden, um ein besseres Verständnis der Geschäftsleitung und Mitarbeiter für die Compliance-Anforderungen des Unternehmensträgers zu erreichen.[1165]

1160 *Nordhues*, Die Haftung der Muttergesellschaft und ihres Vorstands für Menschenrechtsverletzungen im Konzern (2019), S. 179.

1161 *Nordhues*, Die Haftung der Muttergesellschaft und ihres Vorstands für Menschenrechtsverletzungen im Konzern (2019), S. 330; *Beckers*, Enforcing corporate social responsibility codes (2015), S. 77; ausführlich hierzu *Assmussen*, Haftung für CSR (2020), S. 28 ff.

1162 Vgl. dazu *Kronen/Wolfgramm*, in: *Nietsch*, Corporate Social Responsibility (2021), S. 520.

1163 Römermann/*Theusinger*/*Jung*, Münchener Anwaltshandbuch, § 24 Rn. 107 ff., 108.

1164 *V. Schenck*, in: *Lutter/Bayer*, Holding-Handbuch, § 5 Rn. 75 bezieht dieses Erfordernis namentlich auf ein konzernweites internes Kontrollsystem.

1165 *Mackert*, in: *Lutter/Bayer*, Holding-Handbuch, § 6 Rn. 87 ff.

Ein in der Praxis neu verbreitetes Vertragsmodell, um eine koordinierte Konzernführung auch im faktischen Konzern zu erreichen, ist das sog. „*Relationship Agreement*" (auch als sog. „*Business Combination Agreement*" bekannt)[1166] zwischen herrschender und abhängiger Gesellschaft.[1167] Dieses umfasst regelmäßig Regelungen zur Konzernkoordination (durch die Etablierung nichtorganschaftliche Berichtspflichten)[1168] sowie zur Corporate Governance und zum Risikomanagement und der Konzern-Compliance, wie zum Beispiel die Übernahme und Änderungen von Konzernrichtlinien. Die aktienrechtlichen Regelungen der §§ 76, 111, 291 ff. AktG seien dabei zu beachten und Vereinbarungen zulasten der Leitungsorgane der Tochter-AG seien unzulässig, soweit sie deren eigenständige Erfüllung ihrer gesetzlichen Aufgaben ausschlössen oder unverhältnismäßig erschwerten.

Der Kritik, dass die regelmäßig faktisch konzernierten Gesellschaften nicht dazu verpflichtet werden können, solche privatautonomen Abkommen wie dem *Relationship Agreement* abzuschließen,[1169] ist wegen der verfassungsrechtlich garantierten Vertragsfreiheit gem. Art. 2 I GG im Grundsatz zuzustimmen. Für die vorliegenden Untersuchungsfälle, in denen konzern- und lieferkettendimensionale Verkehrspflichten in Mischfällen begründet werden, kann dieser Gedanke nicht fruchtbar gemacht werden. In diesen Fällen sind die Unternehmensträger verpflichtet, die ihnen möglichen und zumutbaren Maßnahmen zu ergreifen, um ihrer Rechtspflicht nachzukommen.

IV. Zwischenergebnis

Wie vorweg anhand des *Siemens/Neubürger*-Falles dargelegt, stellt das Nichtvorhandensein eines Weisungsrechts nach der Rechtsprechung keinen Entlastungsgrund für das Leitungsorgan der Obergesellschaft dar.

1166 *Ihrig/Schäfer*, Rechte und Pflichten des Vorstands, § 31 Rn. 1235.

1167 *Seibt*, in: *Schmidt/Lutter*, AktG, § 76 Rn. 49 dies gelte auch in Auslandssachverhalten, wenn bei multinationalen Konzernen mit ausländischen Tochtergesellschaften die durch das ausländische Gesellschaftsstatut bestimmten Einwirkungsgrenzen enger ausfallen sollten; *Horn*, NZG 2020, 252, 253; für die so gewonnene Informationsgewinnung *Krieger*, in: Münchener Handbuch des Gesellschaftsrechts, 5. Aufl., § 70 Rn. 33; *Leuering/Goertz*, in: *Hölters/Weber*, AktG, § 311 Rn. 71a; *Ihrig/Schäfer*, Rechte und Pflichten des Vorstands, § 31 Rn. 1235 die Fallaufarbeitung durch die Gerichte sei noch im Fluss.

1168 *Schockenhoff/Roßkopf/Arnold*, AG 2021, 66, 72.

1169 *Schockenhoff/Roßkopf/Arnold*, AG 2021, 66 72.

Die Errichtung eines funktionierenden Compliance-Systems obliegt dem Vorstand, der unter Ausschöpfung jeglicher Einwirkungsmöglichkeiten für ein solches zu sorgen hat. Den deutschen Unternehmensträgern stehen sowohl im faktischen Konzern als auch in der Lieferkette zumindest gleichermaßen privatautonome Einwirkungsmöglichkeiten bereit, die sie zur Erfüllung einer konzern- und lieferkettendimensionalen Verkehrspflicht auch nutzen müssen.

E. Modell-Überlegungen zur konzern- und lieferkettendimensionaler Informationsbeschaffung

Eine notwendige Voraussetzung, um eine konzern- und lieferkettendimensionale Verkehrspflicht im Einzelfall sachgerecht zu verwirklichen, ist ein stetiger Informationsfluss[1170] zwischen den betroffenen Unternehmensträgern. Ein solcher ist auch ein maßgebliches Element der unternehmerischen Compliance-Organisation.[1171]

Der inländische Unternehmensträger muss sich über die Verhältnisse bei den ausländischen Unternehmensträgern informieren können, um auf dieser Grundlage geeignete Instrumente zur Verwirklichung der Verkehrspflicht zu aktivieren. Dafür muss der inländische Unternehmensträger einen Anspruch auf Übermittlung der für die Beurteilung der Lage in den ausländischen Unternehmensträgern und hieraus resultierender (menschenrechtsbezogener) Risiken wesentlichen Informationen geltend machen können.

Die Übermittlung kann beispielsweise durch Kontrollgänge von vor Ort eingesetzten internen Mitarbeitern oder externen Auftragnehmern der Obergesellschaft oder durch Mitarbeiter der ausländischen Untergesellschaft realisiert werden.

Für die weitere Untersuchung wird zunächst für den Fall der Verbindung eines inländischen, herrschenden Gesellschafters mit einer der deutschen GmbH entsprechenden ausländischen Tochtergesellschaft ein gesellschaftsrechtliches Auskunftsrecht gem. § 51a GmbHG unterstellt. Die Untersuchung richtet sich dabei

---

1170 *Schockenhoff/Roßkopf/Arnold,* AG 2021, 66, 72, denen nach das Leitungsorgan der Obergesellschaft auf Grund der Schadensabwendungspflicht eine ausreichende Informationsgrundlage schaffen muss, anhand der sie die erforderlichen Compliance-Maßnahmen ausrichten kann.

1171 *Bay/Seeburg,* in: *Bay/Hastenrath,* Compliance-Management-Systeme, S. 242; vgl. ferner *Nietsch,* in: *Nietsch,* Corporate Social Responsibility Compliance (2021), S. 193 zur „vorhandenen Informationsstruktur“ in Compliance Management Systemen.

nach der Modellrechtsordnung B, in der das maßgebende ausländische Recht ein dem deutschen Aktienkonzernrecht entsprechendes Weisungsrecht einräumt.

I. Modellrechtsordnung A: Durch Weisungsrecht

1. *Fall 1: Tochtergesellschaft in der Rechtsform einer GmbH*

In einer unterstellten Modellrechtsordnung, die ein dem § 51a GmbHG entsprechendes gesellschaftsrechtliches Auskunftsrecht der herrschenden Gesellschafter vorsieht, könnte sich ebenso ein stetiger Informationsfluss verwirklichen.[1172]

Gemäß § 51a GmbHG haben die Geschäftsführer jedem Gesellschafter auf Verlangen unverzüglich Auskunft über die Angelegenheiten der Gesellschaft zu geben und die Einsicht der Bücher und Schriften zu gestatten. Die Grenzen des Auskunftsrechts finden sich insbesondere in § 51a II GmbHG im Falle zweckentfremdeter Verwertung der erlangten Informationen oder einer aus der Verwertung resultierenden Nachteilszufügung. Über die extensive Auslegung des Begriffes der Gesellschaftsangelegenheiten besteht Einigkeit.[1173] Ferner können Auskünfte über die Beziehungen zu den verbundenen Unternehmensträgern im Sinne des §§ 15 ff. AktG eingeholt werden.[1174] Der herrschende Unternehmensträger könne im gleichen Maß Auskünfte über die Angelegenheiten der abhängigen Gesellschaft verlangen.[1175]

Somit könnten auch über solche Angelegenheiten der Tochtergesellschaft Auskünfte erlangt werden, die für die Beurteilung des Rechtsgüterschutzes in den ausländischen Betrieben wesentlich sind. Diese Informationen können zur Verwirklichung einer Verkehrspflicht der herrschenden Gesellschaft zum Rechtsgüterschutz verwendet werden.

1172 Vgl. *Nordhues*, Die Haftung der Muttergesellschaft und ihres Vorstands für Menschenrechtsverletzungen im Konzern (2019), S. 212 f.

1173 *Grunewald*, Gesellschaftsrecht, § 12 Rn. 119; *Bayer*, in: *Lutter/Hommelhoff*, GmbHG, § 51a Rn. 12 m.w.N.; *Altmeppen*, GmbHG § 51a Rn. 6.

1174 *Bayer*, in: *Lutter/Hommelhoff*, GmbHG, § 51a Rn. 18; Baumbach/Hueck/*Zöllner*/*Noack* Rn. 12; *Hillmann,* in: *Fleischer/Goette,* MüKo GmbHG, § 51a Rn. 31 f.; Altmeppen, GmbHG § 51a Rn. 7.

1175 *Bayer*, in: *Lutter/Hommelhoff*, GmbHG, § 51a Rn. 19; Altmeppen, GmbHG § 51a Rn. 7; *Krieger*, in: *Lutter/Bayer*, Holding-Handbuch, § 7 Rn. 23 dementsprechend die Geschäftsführung einer abhängigen GmbH ohnehin nach § 51a GmbHG uneingeschränkt auskunftspflichtig sei; kritischer *Hillmann,* in: *Fleischer/Goette*, MüKo GmbHG, § 51a Rn. 34 weist auf die Begrenzung des Informationsrechts mittels „Erheblichkeitsschwelle" oder eines „Relevanzerfordernisses" hin.

Das Auskunftsrecht nach § 51a I GmbHG setzt keinen Beschluss der Gesellschafterversammlung voraus, sondern kann jederzeit durch die Gesellschafter geltend gemacht werden.[1176]

Begrenzt wird die Ausübung des Auskunftsrechts lediglich dadurch, dass ein Zusammenhang zur Mitgliedschaft der Gesellschafter bestehen muss. Dabei wird das Auskunftsrecht als sog. Hilfsrecht definiert.[1177] Ein Zusammenhang zur Mitgliedschaft besteht demnach bei allen Angelegenheiten der Geschäftsführung. Dazu zählen die rechtsgeschäftlichen Aktivitäten der Gesellschaft sowie die Leitung des Unternehmens.[1178]

So ließen sich Informationen über Zulieferer oder sonstige Geschäftspartner der Gesellschaft einholen, die zu einer Rechtsgutsgefährdung oder -verletzung im ausländischen Betrieb beitragen. Zudem könnten Informationen über die tatsächliche Umsetzung des Rechtsgüterschutzes durch die Unternehmensleitung verlangt werden.

Eine Verschwiegenheitspflicht auf Grundlage der gesellschaftsrechtlichen Treupflicht steht dem Auskunftsrecht der Gesellschafter grundsätzlich nicht entgegen.[1179] Zwar ist für den GmbH-Konzern die Verschwiegenheitspflicht nicht ausdrücklich normiert. Allgemein anerkannt ist im GmbH-Recht dagegen die organschaftliche Pflicht zur Verschwiegenheit aus der allgemeinen Treu- und Sorgfaltspflicht. § 51a GmbHG gewähre jedoch einen freien Informationszugang der Gesellschafter, um ihren Weisungs- und Kontrollrechten ausüben zu können.[1180] Dies gelte auch dann, wenn es sich bei dem Gesellschafter um ein herrschendes Unternehmen handelt. Damit bestehe im Gegensatz zu der Aktiengesellschaft grundsätzlich keine Geheimhaltungspflicht des Geschäftsführers gegenüber den Gesellschaftern.

1176 *Altmeppen*, GmbHG § 51a Rn. 19; *Grunewald*, Gesellschaftsrecht, § 12 Rn. 120.

1177 *Grunewald*, Gesellschaftsrecht, § 12 Rn. 120.

1178 OLG München, Beschl. v. 11.12.2007 – 31 Wx 48/07 = GmbHR 2008, 104, 105; Altmeppen, GmbHG § 51a Rn. 6.

1179 *Nordhues*, Die Haftung der Muttergesellschaft und ihres Vorstands für Menschenrechtsverletzungen im Konzern (2019), S. 229.

1180 *Nordhues*, Die Haftung der Muttergesellschaft und ihres Vorstands für Menschenrechtsverletzungen im Konzern (2019), S. 229; *Krieger*, in: *Lutter/Bayer*, Holding-Handbuch, § 7 Rn. 23.

2. *Fall 2: Tochtergesellschaft in der Rechtsform einer AG (Eingliederungs- und Vertragskonzern)*

Für den Vertrags- und Eingliederungskonzern ist ein allgemeiner Informations- oder Auskunftsanspruch der Obergesellschaft gegenüber den abhängigen Untergesellschaften gesetzlich nicht geregelt.[1181]

Ein Großteil der Literatur verweist in dem Zusammenhang jedoch auf das Weisungsrecht gem. § 308 I AktG (i.V.m. § 323 I 2 AktG), welches ein Auskunftsrecht gegenüber der Tochtergesellschaft als abhängigem Unternehmensträger mitumfasse.[1182]

Der Auskunfts- oder Informationsanspruch wird teilweise auch als Annexkompetenz zum Weisungsrecht der Obergesellschaft verstanden.[1183] Für andere Autoren ergibt sich ein Informationsanspruch bei einem Vertragskonzern auf Grund einer ergänzenden Auslegung des Beherrschungsvertrages[1184].

Größtenteils besteht jedoch Einigkeit, dass in diesen Konzernierungsformen der herrschende Unternehmensträger gegenüber dem abhängigen Unternehmensträger einen Auskunftsanspruch geltend machen kann.[1185]

Das Auskunftsrecht bezieht sich auf alle Umstände, die für eine Weisung entscheidend sind und stellt ein wichtiges Instrument zur zweckmäßigen Ausübung des Weisungsrechts dar.[1186] Eine einheitliche Leitung im Sinne des § 18 I 1 AktG

1181 Vgl. *Wittmann*, Informationsfluss im Konzern (2008), S. 30.

1182 *Götz*, AG 1995, 337, 349; *Lutter*, ZIP 1997, 613, 616; *Stoffel*, ZHR 2001, 362, 371 m.w.N.; *Fleischer*, ZGR 2009, 505, 530 f. m.w.N.; *Traugott*, BB 2001, 2277, 2279; *Schockenhoff*, NZG 2020, 1001, 1003.

1183 *Decher*, ZHR 1994, 473, 480; *Koch*, in: *Koch*, AktG, § 308 Rn. 12a; *Holle*, Legalitätskontrolle im Kapitalgesellschafts- und Konzernrecht (2014), S. 180 m.w.N.; *Kersting*, in: *Zöllner/Noack*, Kölner Kommentar AktG, § 131 Rn. 441 ff. es müsse ein mit dem Weisungsrecht und (beim faktischen Konzern) der Konzernleitungsaufgabe korrespondierendes Recht auf umfassende Auskunft geben; *Mader*, Der Informationsfluss im Unternehmensverbund (2016), S. 97 ff.; *Emmerich*, in: *Emmerich/Habersack*, Aktien- und GmbH-Konzernrecht, AktG, § 308 Rn. 39; *Leuring/Goertz*, in: *Hölters/Weber*, AktG, § 308 Rn. 23; *Krieger*, in: Münchener Handbuch des Gesellschaftsrechts, 5. Aufl., § 71 Rn. 156; *Lang*, Corporate Compliance (2013), S. 208; vgl. *Singhof*, ZGR 2001, 146, 158.

1184 *Löbbe*, Unternehmenskontrolle im Konzern (2003), S. 150.

1185 *Emmerich*, in: *Emmerich/Habersack*, Aktien- und GmbH-Konzernrecht, AktG, § 308 Rn. 36, 39.

1186 *Lutter*, Information und Vertraulichkeit im Aufsichtsrat, S. 61; *Emmerich*, in: *Emmerich/Habersack*, Aktien- und GmbH-Konzernrecht, AktG, § 308 Rn. 39 f.

kann nur gewährleistet werden, wenn die herrschende Gesellschaft eine ausreichende Informationsgrundlage über die abhängigen Gesellschaften hat oder sich diese beschaffen kann.[1187]

Für den Vertrags- und Eingliederungskonzern ist festzuhalten, dass auf Grund des gesetzlich vorgesehenen Weisungsrechtes[1188] eine Informationsweiterleitung grundsätzlich zulässig ist.[1189] Die Muttergesellschaft kann beispielsweise Weisungen erteilen, die die abhängigen Gesellschaften zu Überwachungs- und Schulungsmaßnahmen, zur Berichterstattung über die Lage in der Gesellschaft oder zur Duldung von Kontrollen durch Mitarbeiter der Muttergesellschaft auffordern.[1190]

Folglich kann im Vertrags- und Eingliederungskonzern eine Weisung durch den inländischen Unternehmensträger zur Berichterstattung über die Verhältnisse in den ausländischen Tochterbetrieben erteilt werden.

Es ist festzuhalten, dass bei einer unterstellten Modellrechtsordnung mit entsprechendem aktienkonzernrechtlichem Weisungsrecht ein stetiger Informationsfluss zwischen inländischem und ausländischem Unternehmensträger hergestellt werden kann.

II. Modellrechtsordnung B: Kein Weisungsrecht

1. Fall 1: Tochtergesellschaft in der Rechtsform einer AG (Faktischer Konzern)

Zunächst ist festzuhalten, dass nach herrschender Ansicht[1191] ein allgemeiner Informationsanspruch der Obergesellschaft im faktischen Konzern gegen die Untergesellschaft de lege lata nicht besteht.

1187 Vgl. auch *Wittmann*, Informationsfluss im Konzern (2008), S. 43.

1188 *Habersack*, FS Möschel (2011), S. 1187.

1189 *Wittmann*, Informationsfluss im Konzern (2008), S. 48 ff., S. 59 ff., S. 66 kommt zu demselben Ergebnis.

1190 Ähnlich *Verse*, ZHR 2011, 401, 418 bei der sog. Legalitätskontrolle durch den Geschäftsleiter.

1191 *Schockenhoff*, NZG 2020, 1001, 100; für den faktischen Konzern ablehnend *Holle*, Legalitätskontrolle im Kapitalgesellschafts- und Konzernrecht (2014), S. 181 ff., S. 191 ff., S. 198; *Verse*, ZHR 2011, 401, 423; *Götz*, ZGR 1998, 524, 527; *Hoffmann-Becking*, ZHR 1995, 325, 337; *Wittmann*, Informationsfluss im Konzern (2008), S. 70; *Lutter*, Information und Vertraulichkeit im Aufsichtsrat, S. 62; *Mertens/Cahn*, in: *Zöllner/Noack*, Kölner Kommentar AktG, § 90 Rn. 43 hiernach sei die Informationsbeschaffungspflicht des Vorstandes der herrschenden Gesellschaft nur i.R.d. gesetzlich Zulässigen, des faktisch Möglichen und des konkret Zumutbaren gegeben;

Für den faktischen Konzern mangelt es schon an einer dem § 308 AktG entsprechenden weisungsrechtlichen Regelung. Es existiert mithin kein damit verbundenes Auskunftsrecht.[1192]

Ein Teil der Literatur[1193] sieht für die Obergesellschaft eines faktischen Konzerns allenfalls ein begrenztes Auskunftsrecht, welches ausschließlich zur Erfüllung der Informations- und Publizitätspflichten fruchtbar gemacht werden könne. Daneben kann die Geschäftsleitung der Untergesellschaft freiwillig Informationen weitergeben.[1194]

Andere Autoren[1195] fordern für eine zulässige Informationsweitergabe eine Rechtspflicht der herrschenden Gesellschaft, die ohne die angeforderten Informationen nicht zu erfüllen ist. Zum Teil[1196] wird die Informationsweiterleitung im faktischen Konzern auf die Fälle begrenzt, in denen ein Nachteilsausgleich gem. § 311 I AktG vorgesehen ist, um dem aktienrechtlichen Schutzmechanismus gerecht zu werden.

Ein anderer Teil der Literatur[1197] hält mit unterschiedlichen Begründungen einen umfassenderen Informationsanspruch auch im faktischen Konzern für zulässig. Eine Begründung zur Mitteilungspflicht liegt dabei in der „besonders intensiven,

---

Koch, in: *Koch*, AktG, § 90 Rn. 7a; *Mader*, Der Informationsfluss im Unternehmensverbund (2016), 172 ff.; *Bosse*, Der Konzern 2019, 1, 4 m.w.N.; *Altmeppen*, in: *Goette/Habersack*, MüKo AktG, § 311 Rn. 438 m.w.N.

1192 *Holle*, Legalitätskontrolle im Kapitalgesellschafts- und Konzernrecht (2014), S. 133; *Koch*, in: *Koch*, AktG, § 311 Rn. 36d; *Dittmar*, AG 2013, 498, 501.

1193 *Götz*, ZGR 1998, 524, 527; *Lutter*, Information und Vertraulichkeit im Aufsichtsrat, S. 61 f.; *Singhoff*, ZGR 2001, 146, 155 ff.; *Elsner*, Die laufende Kontrolle der Tochtergesellschaften durch die Verwaltung der Muttergesellschaft (2004), S. 134; *Fabritius*, FS Huber (2006), S. 705, S. 709 f.; *Wittmann*, Informationsfluss im Konzern (2008), S. 81 ff., 107; *Löbbe*, Unternehmenskontrolle im Konzern (2003), S. 154 ff., S. 167; *Hoffmann-Becking*, ZHR 1995, 325, 337.

1194 *Lutter*, Information und Vertraulichkeit im Aufsichtsrat, S. 62; *Dittmar*, AG 2013, 498, 506.

1195 Vgl. *Schneider*, FS Brandner (1996), S. 565, S. 573 f. zur Erfüllung öffentlichrechtlicher Pflichten; *Wittmann*, Informationsfluss im Konzern (2008), S. 107.

1196 *Sailer-Coceani*, in: *Schmidt/Lutter*, AktG, § 93 Rn. 26; *Hölters*, in: *Hölters/Weber*, AktG, § 93 Rn. 14; *Lutter*, Information und Vertraulichkeit im Aufsichtsrat, S. 180; *Löbbe*, Unternehmenskontrolle im Konzern (2003), S. 112 ff., S. 116.

1197 *Kropff*, DB 1967, 2204, 2205; vgl. *Luchterhandt*, ZHR 1970, 1, 46 f.; vgl. *Traugott*, BB 2001, 2277, 2282; *Semler*, Leitung und Überwachung der Aktiengesellschaft (1996), S. 299 ff.

wirtschaftlichen Verflechtung“ der beiden Konzerngesellschaften und wird dogmatisch auf § 242 BGB fundiert.[1198]

Des weiteren wird die Durchsetzung der einheitlichen Leitung gem. § 18 AktG als Argument für eine Durchbrechung der Verschwiegenheitspflicht vorgetragen.[1199]

Die dogmatische Grundlage eines Informationsanspruches im faktischen Konzern ist ebenfalls ungeklärt.[1200] *Semler*[1201] leitet den Informationsanspruch dogmatisch aus §§ 294 III HGB, § 320 III HGB i.V.m. § 145 AktG ab. Dagegen wird eingewandt, dass die Vorschrift des § 294 III HGB auf die Rechnungslegung im Konzern ausgelegt sei und grundsätzlich keinen darüberhinausgehenden Informationsanspruch begründen könne.[1202]

Dem ist entgegenzuhalten, dass seit Einführung des Gesetzes zur Stärkung der nichtfinanziellen Berichterstattung[1203] über Lage- und Konzernlageberichte zur Umsetzung der CSR-Richtlinie[1204] die Regelung des § 294 III 2 HGB um ein

---

1198 *Luchterhandt,* ZHR 1970, 1, 46 f.; bezogen auf die gegenteilige Konstellation im *„down stream“*, d.h. bei Ansprüchen des abhängigen gegenüber dem herrschenden Unternehmensträger – ähnlich auf Treu und Glaube abstellend *Pöschke*, ZGR 2015, 550, 558 f.

1199 *Hommelhoff*, Die Konzernleitungspflicht (1982), S. 43 ff.

1200 Vgl. *Löbbe*, Unternehmenskontrolle im Konzern (2003), S. 156 ff., S. 161 plädiert für eine dogmatische Anknüpfung an die Nebenpflicht aus dem „Sonderrechtsverhältnis“ der §§ 311 ff. AktG; *Wilhelm*, Rechtsform und Haftung bei der juristischen Person (1981), S. 221 ff., S. 226 f. sieht in der Konzernverbindung der Unternehmensträger kein Sonderrechtsverhältnis, sondern eine Innen-GbR, die mit der Pflicht zur Zweckförderung und der Treupflicht der Gesellschafter Informationsrechte ergeben können; *Harms*, Konzerne im Recht der Wettbewerbsbeschränkungen, S. 147 ff. als Vertreter der Theorie des Konzerns als Innen-Gbr; *Schneider/Bargard,* FS Ulmer (2003), S. 579, S. 597 f., S. 602 stellen allein auf die Treupflicht des Untergesellschaft gegenüber der Obergesellschaft als dogmatisches Fundament für einen Informationsanspruch ab.

1201 *Semler*, Leitung und Überwachung der Aktiengesellschaft (1996), S. 178 ff.

1202 *Löbbe*, Unternehmenskontrolle im Konzern (2003), S. 155 sieht § 294 III 2 HGB als eine Vorschrift mit Ausnahmecharakter.

1203 Gesetz zur Stärkung der nichtfinanziellen Berichterstattung der Unternehmensträgerin ihren Lage- und Konzernlageberichten (CSR-Richtlinie-Umsetzungsgesetz) v. 11.04.2017, BGBl. I 2017, S. 802.

1204 Richtlinie 2014/95/EU des Europäischen Parlaments und des Rates vom 22. Oktober 2014 zur Änderung der Richtlinie 2013/34/EU im Hinblick auf die Angabe nichtfinanzieller und die Diversität betreffender Informationen durch bestimmte große Unternehmensträger und Gruppen Text von Bedeutung für den EWR, ABl. L 330 vom 15.11.2014.

Auskunftsrecht über gesonderte nichtfinanzielle Konzernberichte erweitert wurde. Der Wortlaut „nichtfinanziell" und auch der verpflichtende Inhalt dieser Berichte gem. §§ 315c I 1 HGB i.V.m. § 289c HGB schließt die Beschränkung auf reine Rechnungslegungsfragen aus. Zu dem verpflichtenden Inhalt der Berichte gehören namentlich Angaben über die Arbeitnehmerbelange gem. § 289c II Nr. 2 HGB, Sozialbelange gem. § 289c II Nr. 3 und die Achtung der Menschenrechte gem. § 289c II Nr. 4.

Festzuhalten ist, dass ein umfassendes Informationsrecht der Obergesellschaft im faktischen Konzern gesetzlich nicht ausdrücklich geregelt ist.

Dennoch darf die Obergesellschaft eines faktischen Konzerns ihren Einfluss bis zu der Grenze der kompensationslosen Nachteilszufügung gem. § 311 I AktG ausüben. Im Umkehrschluss des § 311 I AktG kann die inländische Gesellschaft Auskünfte von den abhängigen Gesellschaften verlangen, wenn Nachteile gegenüber der Tochtergesellschaft ausgeglichen werden.[1205] Dafür muss gewährleistet sein, dass zum Zeitpunkt der Informationsweitergabe die Obergesellschaft die erlangten Informationen nicht zum Nachteil der Untergesellschaft verwertet werden. Andernfalls müsste die Obergesellschaft vor der Informationsweitergabe die Möglichkeit eines Ausgleichs überprüfen und die Informationsverwendung erst zulassen, wenn ein Ausgleich realisierbar ist.

Ein Nachteil im Sinne des § 311 I AktG kann dabei auch in mittelbaren Nachteilen der ausländischen Gesellschaft begründet sein.[1206] Ein mittelbarer vermögenswerter Nachteil entsteht beispielsweise durch den Verlust von Geschäftschancen bei Kenntniserlangung der Öffentlichkeit[1207] von den Informationen.[1208]

In den Untersuchungsfällen kann durch die öffentliche Kenntnisnahme von Menschenrechtsverletzungen eine ablehnende Haltung gegenüber den betrieblichen Praktiken der ausländischen Gesellschaft entstehen, die ihre Vertragspartner zu einer Kündigung bewegt oder künftige, potenzielle Vertragspartner abschreckt. Die Schwierigkeit liegt dann darin, den Nachteil der Untergesellschaft zum entscheidenden Zeitpunkt konkret zu beziffern. Diese Hürde könnte

---

1205 *Lutter*, Information und Vertraulichkeit im Aufsichtsrat, S. 62; *Habersack*, FS Möschel (2011), S. 1182, S. 1189; *Nordhues*, Die Haftung der Muttergesellschaft und ihres Vorstands für Menschenrechtsverletzungen im Konzern (2019), S. 229.

1206 *Holle*, Legalitätskontrolle im Kapitalgesellschafts- und Konzernrecht (2014), S. 134, S. 138.

1207 *Habersack*, FS Möschel (2011), S. 1182, S. 1190.

1208 Vgl. *Nordhues*, Die Haftung der Muttergesellschaft und ihres Vorstands für Menschenrechtsverletzungen im Konzern (2019), S. 222 „Wettbewerbsnachteile".

durch eine Einigung auf einen pauschalen Verlustausgleich zwischen Ober- und Untergesellschaft überwunden werden.

Ferner ist darauf hinzuweisen, dass der herrschende Unternehmensträger zwar keine Weisungen zur Durchsetzung der eigenen Unternehmensinteressen gem. §§ 308 (i.V.m. § 323 AktG) erteilen kann. Dennoch ist dem Umstand Rechnung zu tragen, dass im faktischen Konzern zumindest nach Maßgabe der §§ 311 ff. AktG eine Einflussnahme bis hin zu einer einheitlichen Leitung bestehen kann,[1209] sodass im Einzelfall ein für die Ausübung der Einflussnahme notwendiger Informationsanspruch[1210] anerkannt sein muss.[1211]

Hierfür kann in den Untersuchungsfällen, in denen der inländische Unternehmensträger eine Verkehrspflicht in Bezug auf den Rechtsgüterschutz in den ausländischen Betrieben trifft, dogmatisch auf die §§ 294 III HGB, § 320 III HGB i.V.m. § 145 AktG zurückgegriffen werden. Wie oben geschildert, umfasst das Auskunftsrecht ebenso den gesonderten nichtfinanziellen Konzernbericht, der Angaben über soziale, arbeitnehmerbetreffende und menschenrechtliche Belange enthält.

2. *Fall 2: Lieferkette*

Für die Lieferkette, in denen mehrere, rechtlich voneinander unabhängige Unternehmensträger tätig werden, besteht keine gesetzliche Grundlage für allgemeine Auskunfts- oder Informationsansprüche[1212] der inländischen Gesellschaft gegenüber den ausländischen Gesellschaften.

Die vertraglichen Grundlagen der Lieferkettenkonstellation sind nach dieser Untersuchung in der Regel Kaufverträge gem. §§ 433 ff. BGB.[1213]

Die Primärpflicht aus den genannten Verträgen ist nicht die Erteilung von Information über den Herstellungsprozess bzw. die Umstände des Herstellungsprozesses. Primärpflicht aus dem Kaufvertrag gem. § 433 I 1 BGB ist

1209 *Verse*, ZHR 2011, 401, 421, der jedoch dafür plädiert einen Informationsfluss zuzulassen und einen Informationsanspruch im faktischen Konzern ablehnt.

1210 *Hölters*, in: *Hölters/Weber*, AktG § 93 Rn. 147.

1211 *Habersack*, FS Möschel (2011), S. 1182, S. 1189 f.

1212 *Taupitz*, Die zivilrechtliche Pflicht zur unaufgeforderten Offenbarung eigenen Fehlverhaltens (1989), S. 28 f. lehnt zu Recht einen gesetzlichen, allgemeinen Informations- oder Auskunftsanspruch gegenüber jedermann ab; *Mock*, ZIP 2017, 1195, 1199.

1213 Nach § 2 VII LkSG ist unmittelbarer Zulieferer im Sinne des Gesetzes ein Vertragspartner der Inlandsgesellschaft, welcher für die Zulieferung bestimmter Gegenstände, Rohstoffe oder ähnlichem in das Inland verantwortlich ist.

die Übergabe und Übereignung einer mangelfreien Sache. Daneben können vertragliche Nebenpflichten mit dem Inhalt einer Auskunfts- und Informationspflicht des Verkäufers bestehen, vgl. § 241 II BGB. Inhalt und Umfang solcher informellen Nebenpflichten richten sich grundsätzlich nach der Art des jeweiligen Schuldverhältnisses zwischen den Unternehmensträgern. Der BGH[1214] betont insbesondere den Einfluss des Vertragszweckes, der Verkehrssitte und den Anforderungen an einen redlichen Geschäftsverkehr auf die Ausgestaltung der nebenvertraglichen Schutzpflichten.

Jedenfalls besteht die Möglichkeit des inländischen Unternehmensträgers mit den ausländischen Unternehmensträgern vertragliche Informationsvereinbarungen zu schließen (hierzu unter diesem Kap. E, IV. 2. b) und V.).

III. Verschwiegenheitspflicht als Grenze des Informationsflusses im Konzern?

1. Vertrags- und Eingliederungskonzern

Die Informationsweiterleitung durch den abhängigen an den herrschenden Unternehmensträger im Vertragskonzern könnte durch die Verschwiegenheitspflicht des Vorstandes und des Aufsichtsrates der Untergesellschaft gem. § 93 I 3 AktG[1215] i.V.m. § 116 I 1 AktG eingeschränkt sein.

§ 93 I 3 AktG i.V.m. § 116 I 1, 2 AktG regelt speziell die Verschwiegenheitspflicht des Vorstandes und des Aufsichtsrates über vertrauliche Angaben und Geheimnisse der Gesellschaft, namentlich Betriebs- oder Geschäftsgeheimnisse.

Diese Pflicht gilt grundsätzlich auch bei Vorliegen einer Personalunion im Konzern.[1216]

1214 BGH, Urt. v. 30.09.2009 – VIII ZR 238/08 = NJW 2010, 1135, 1136; BGH, Urt. v. 14.03.2013 – III ZR 296/11 = NJW 2013, 3366, 3368.

1215 Es besteht Uneinigkeit bezüglich der dogmatischen Verortung der Verschwiegenheitspflicht. Ein Großteil der Autoren leitet diese aus der ungeschriebenen Treupflicht ab *Kalss*, in: *Goette/Habersack*, MüKo AktG, § 93 Rn. 439; *Habersack*, in: *Goette/Habersack*, MüKo AktG, § 116 Rn. 52; *Fleischer*, in: *Spindler/Stilz*, BeckOGK AktG (Stand: 01.07.2023), § 93 Rn. 200; *Koch*, in: *Koch*, AktG, § 93 Rn. 62; für die GmbH *Kleindiek*, in: *Lutter/Hommelhoff*, GmbHG, § 43 Rn. 19 f.; andere Autoren verweisen auf § 93 I 3 AktG als dogmatische Grundlage *Schwintowsky*, NJW 1990, 1009, 1010 f.; *Spieker*, NJW 1965, 1937, 1941 und für die GmbH *Verse*, in: *Scholz*, GmbHG, § 43 Rn. 225; *Bihr*, BB 1998, 1198, 1198 f.; *Wittmann*, Informationsfluss im Konzern (2008), S. 25.

1216 *V. Schenck*, in: *Lutter/Bayer*, Holding-Handbuch, § 5 Rn. 68.

Ein Großteil der Literatur lehnt allerdings zugunsten der Ausübung der einheitlichen Leitung[1217] eine Begrenzung der Informationsweitergabe auf Grund der Verschwiegenheitspflicht in der Konstellation des Vertrags-[1218] und Eingliederungskonzerns ab.[1219]

Im Vertragskonzern liefe die Verschwiegenheitspflicht leer, da die herrschende Gesellschaft jederzeit auf Informationen der beherrschten Gesellschaft zugreifen dürfe. In diesem Fall könne die abhängige Gesellschaft durch ihre Organe sensible Informationen ohne Einschränkung an die herrschende Gesellschaft weitergeben.[1220]

1217 *Nordhues*, Die Haftung der Muttergesellschaft und ihres Vorstands für Menschenrechtsverletzungen im Konzern (2019), S. 219 f.; *Verse*, ZHR 2011, 401, 421 für den faktischen Konzern; *Dittmar*, AG 2013, 498, 504; vgl. *Hölters*, in: *Hölters/Weber*, AktG, § 93 Rn. 146; vgl. *Spindler*, in: *Goette/Habersack*, MüKo AktG, § 93 Rn. 156; *Fleischer*, in: *Fleischer*, Handbuch des Vorstandsrechts, § 18 Rn. 34; *Grundmeier*, Rechtspflicht zur Compliance im Konzern (2011), S. 88; *Holle*, Legalitätskontrolle im Kapitalgesellschafts- und Konzernrecht (2014), S. 126 ff.; *Huber*, Die Reichweite konzernbezogener Compliance-Pflichten des Mutter-Vorstands des AG-Konzerns, S. 110; ausführlich *Löbbe*, Unternehmenskontrolle im Konzern (2003), S. 111 f.; *Tröger*, ZHR 2013, 475, 503.

1218 *Löbbe*, Unternehmenskontrolle im Konzern (2003), S. 112; *Kohlenbach*, Das Verhältnis der Aufsichtsräte im Aktiengesellschaftskonzern (2003), S. 123; *Dittmar*, AG 2013, 498, 504; *Wittmann*, Informationsfluss im Konzern (2008), S. 59 ff., S. 66; *Tröger*, ZHR 2013, 475, 503; *Grundmeier*, Rechtspflicht zur Compliance im Konzern, S. 88; *Holle*, Legalitätskontrolle im Kapitalgesellschafts- und Konzernrecht (2014), S. 126 ff.; *Nordhues*, Die Haftung der Muttergesellschaft und ihres Vorstands für Menschenrechtsverletzungen im Konzern (2019), S. 219 f.; vgl. *Spindler*, in: *Goette/Habersack*, MüKo AktG, § 93 Rn. 156; *Fleischer*, in: *Fleischer*, Handbuch des Vorstandsrechts, § 18 Rn. 34; *Huber*, Die Reichweite konzernbezogener Compliance-Pflichten des Mutter-Vorstands des AG-Konzerns, S. 110; *Verse*, ZHR 2011, 401, 421 für den faktischen Konzern.

1219 *Semler*, Leitung und Überwachung der Aktiengesellschaft (1996), S. 178 ff.; *Götz*, ZGR 1998, 524, 527; ausführlich *Löbbe*, Unternehmenskontrolle im Konzern (2003), S. 112 ff., S. 115 f.; *Lutter*, Information und Vertraulichkeit im Aufsichtsrat, S. 61 f.; *Kersting*, in: *Zöllner/Noack*, Kölner Kommentar AktG, § 131 Rn. 441 ff.; *Wittmann*, Informationsfluss im Konzern (2008), S. 30 ff., S. 59; *Dittmar*, AG 2013, 498, 499 m.w.N.

1220 *Hommelhoff*, in: *Theisen*, Der Konzern im Umbruch (1998), S. 338, S. 356 begründet dies damit, dass Doppelmandate im Konzern und in dessen gestufter Überwachung auf den verschiedenen Konzernebenen rechtlich angelegt seien; vgl. *Dittmar*, AG 2013, 498, 502; *v. Schenck*, in: *Lutter/Bayer*, Holding-Handbuch, § 5 Rn. 68.

Zum Teil wird darauf verwiesen, dass die autonome Leitungsmacht des Vorstandes des abhängigen Unternehmensträgers de jure im Eingliederungs- und Vertragskonzern nicht (mehr) bestehe.[1221] Das Informationsinteresse der Obergesellschaft gehe in den Konstellationen dem Geheimhaltungsinteresse der abhängigen Gesellschaft vor, da das wirtschaftliche Risiko[1222] durch den herrschende Unternehmensträger getragen werde und die §§ 291 ff. AktG ausreichend Schutz für die Gläubiger der Tochtergesellschaften biete.[1223]

Dieser Ansicht ist zuzustimmen. Bei der Ausübung der Weisungsmacht wird die eigenständige Leitungsmacht des Vorstandes der abhängigen Gesellschaft gem. § 76 I AktG gewissermaßen verdrängt. Dennoch lässt sich aus dem Weisungsrecht kein allgemeiner Informationsanspruch gegenüber allen konzernzugehörigen Unternehmensträgern der Wertschöpfungskette herleiten.

Die Weisungsmacht ist begrenzt auf die Unternehmensträger, mit denen ein Beherrschungsvertrag geschlossen wurde, oder auf die in die herrschende Gesellschaft eingegliederte Gesellschaften.[1224]

Zwar können Unternehmensträger „weiter unten in der Kette" Informationen freiwillig an die Konzernspitze weitergegeben. Eine Auskunftspflicht lehnt der Großteil der rechtswissenschaftlichen Autoren[1225] ab.

Dafür spricht der eindeutige Wortlaut des § 308 I 1 AktG, der das Bestehen eines Beherrschungsvertrags zwischen herrschenden und abhängigen Unternehmensträger zur Ausübung des Weisungsrechts voraussetzt. Darüber hinaus ist die abhängige Gesellschaft gem. § 308 II 1 AktG verpflichtet, die Weisungen umzusetzen. Diese Folgepflicht ist die Konsequenz der Eingliederung oder des Abschlusses eines Beherrschungsvertrages und kann konzernzugehörigen Gesellschaften, die nicht eingliedert sind und mit denen kein Beherrschungsvertrag besteht, nicht auferlegt werden.

1221 *Lutter*, Information und Vertraulichkeit im Aufsichtsrat, S. 61 f.

1222 *Lutter*, Information und Vertraulichkeit im Aufsichtsrat, S. 180.

1223 *Nordhues*, Die Haftung der Muttergesellschaft und ihres Vorstands für Menschenrechtsverletzungen im Konzern (2019), S. 221.

1224 *Schockenhoff*, NZG 2020, 1001, 1001.

1225 *Altmeppen*, in: *Goette/Habersack*, MüKo AktG, § 311 Rn. 438; *Fleischer*, ZGR 2009, 505, 532 ff., 540; *Hoffmann-Becking*, ZHR 1995, 325, 337; *Holle*, Legalitätskontrolle im Kapitalgesellschafts- und Konzernrecht (2014), S. 181 f.; *Singhof*, ZGR 2001, 146, 159 f.; vgl. *Verse*, ZHR 2011, 401, 420 ff., 422; *Schockenhoff*, NZG 2020, 1001, 1001.

2. *Faktischer Konzern*

Im faktischen Konzern besteht Uneinigkeit bezüglich der Informationsweiterleitung[1226] und deren Grenzen.[1227]

Die wohl überwiegende Lehre[1228] lehnt ein allgemeines Auskunfts- oder Informationsrecht der Obergesellschaft ab. Kritische Stimmen verweisen auf die Verschwiegenheitspflicht[1229] gem. § 93 I 3 AktG (i.V.m. § 116 AktG) und dem Verbot zur Weitergabe sensibler Informationen über die Geschäfte der abhängigen Gesellschaft.

Hiermit bestehe eine starre Grenze des Auskunftsanspruches der Obergesellschaft mit der Folge, dass eine Berichterstattung über die „Menschenrechtslage“ unzulässig sei. Grund dafür sei, dass der aus der Informationsweiterleitung entstehende Nachteil gem. § 311 I AktG nicht ausgeschlossen werden könne.[1230]

Die Weitergabe von Informationen bezüglich des Arbeitssicherheitsstandards in den ausländischen Tochterbetrieben könne im faktischen Konzern zu einem Nachteil der Tochtergesellschaft führen, sodass ohne einen Verlustausgleich gem. § 311 AktG kein Auskunftsrecht der Muttergesellschaft bestehe. Die Muttergesellschaft verfüge auch nicht über ein gesetzliches Weisungsrecht zur Durchsetzung der eigenen Unternehmensinteressen gem. §§ 308 (i.V.m. § 323 AktG). Sofern die Informationsweiterleitung nicht lediglich zum Zweck der Überprüfung der Gesetzestreue der abhängigen Gesellschaft diene, sondern darüber hinaus menschenrechtliche Gewährleistungen überprüft werden, bestehe die Gefahr eines für die Tochtergesellschaft nachteiligen Wettbewerbsverlustes.[1231]

1226 *Altmeppen*, in: *Goette/Habersack*, MüKo AktG, § 311 Rn. 438 m.w.N.

1227 Ausführlich hierzu *Wittmann*, Informationsfluss im Konzern (2008), S. 66 ff.

1228 Vgl. *Koch*, in: *Koch*, AktG, § 311 Rn. 36d; *Hüffer*, FS Schwark (2009), S. 185, S. 189 ff.; *Fleischer*, ZGR 2009, 505, 532 f. mit Hinweisen bzgl. abweichender Ansichten; *Hopt*, in: *Foerster/Habersack/Hopt/Roth*, Großkomm AktG, 5. Aufl., § 93 Rn. 288;

1229 *Spindler*, Unternehmensorganisationspflichten (2011), S. 978 f. „Geheimhaltungspflicht“ kritisch bezüglich einer Wissenszurechnung im Konzern, bei der jedoch ebenfalls die Informationsmöglichkeiten innerhalb des Konzerns berücksichtigt werden müssen.

1230 *Schneider*, Informationspflichten und Informationssystemeinrichtungspflichten im Aktienkonzern, S. 182; *Nordhues*, Die Haftung der Muttergesellschaft und ihres Vorstands für Menschenrechtsverletzungen im Konzern (2019), S. 221; allg. zu den Grenzen auf Grund einer Nachteilszufügung *Krieger*, in: *Lutter/Bayer*, Holding-Handbuch, § 7 Rn. 24 f.

1231 *Nordhues*, Die Haftung der Muttergesellschaft und ihres Vorstands für Menschenrechtsverletzungen im Konzern (2019), S. 221 f.

Ein Teil der Literatur, der die Informationsweiterleitung generell als zulässig erachtet, plädiert für eine Durchbrechung der Verschwiegenheitspflicht auch im faktischen Konzern.[1232] Sofern der Nachteil im Sinne des § 311 I AktG ausgeglichen werde, der durch die Informationsweiterleitung entstehen kann, stehe die Verschwiegenheitspflicht der Organe der Informationsweiterleitung nicht entgegen.[1233] Voraussetzung sei lediglich, dass die Informationen zum Zwecke der Konzernleitung[1234] benötigt werden.

Nach dieser Ansicht könnten Informationen bezüglich der Lage in den ausländischen Betrieben und dem dort eingehaltenen Rechtsgüterschutz erlangt werden.[1235]

Wie unter Kap. 5 E. II. 1. erörtert, besteht zwar die Möglichkeit, dass durch die Informationsweitergabe Nachteile für die Tochtergesellschaft entstehen können. Dennoch fehlt es bislang an Praxisfällen, die belegen, dass in den Untersuchungsfällen ein solcher Nachteil durch die Informationsweitergabe an die herrschende Gesellschaft tatsächlich bezifferbar ist. Sofern ein etwaiger Nachteil gem. § 311 I AktG ausgeglichen wird, kann grundsätzlich von der Zulässigkeit der Informationsweitergabe zum Zwecke der Überprüfung der Ordnungsmäßigkeit des Compliance-Systems ausgegangen werden. Der Nachteilsausgleich kann dabei pauschal zwischen Ober- und Untergesellschaft vereinbart werden. Weiter ist zu berücksichtigen, dass im faktischen Konzern zumindest nach Maßgabe der §§ 311 ff. AktG eine Einflussnahme bis hin zu einer einheitlichen Leitung gesetzlich vorgegeben ist, sodass im Einzelfall ein – für die Ausübung

---

1232 *Mertens/Cahn*, in: *Zöllner/Noack*, Kölner Kommentar AktG, § 116 Rn. 42; *Lutter*, Information und Vertraulichkeit im Aufsichtsrat, S. 179 f.; *Dittmar*, AG 2013, 498, 500; *v. Schenck*, in: *Lutter/Bayer*, Holding-Handbuch, § 5 Rn. 68 unter Berücksichtigung der Wertungen des Konzernrechts, welche die Bildung auch faktischer Konzerne zuließen und nur einen Ausgleich für zugefügte Nachteile verlangen.

1233 *Mertens/Cahn*, in: *Zöllner/Noack*, Kölner Kommentar AktG, § 116 Rn. 32, 42; *Lutter*, Information und Vertraulichkeit im Aufsichtsrat, S. 179 f.; *Schneider*, Informationspflichten und Informationssystemeinrichtungspflichten im Aktienkonzern, S. 183; *Löbbe*, Unternehmenskontrolle im Konzern (2003), S. 112 ff., S. 116 f.

1234 Vgl. *Hopt*, in: *Foerster/Habersack/Hopt/Roth*, Großkomm AktG, 5. Aufl., § 93 Rn. 288; vgl. *Hopt/Roth*, in: *Hirte/Mülbert/Roth*, Großkomm AktG, 5. Aufl., § 116 Rn. 205 zur Möglichkeit anderweitige Informationskanäle einrichten zu lassen, wenn die Auskunftspflicht für die Überwachungsaufgabe der Obergesellschaft erfüllt werden muss.

1235 *Mertens/Cahn*, in: *Zöllner/Noack*, Kölner Kommentar AktG, § 116 Rn. 32, 42; *Lutter*, Information und Vertraulichkeit im Aufsichtsrat, § 17 Rn. 480.

dieses Einflusses – erforderlicher Auskunftsanspruch anzuerkennen ist. Nach der hier vertretenen Auffassung kann dieser Auskunftsanspruch begrenzt auf die Informationen, die sich aus dem nichtfinanziellen Konzernbericht ergeben, dogmatisch aus §§ 294 III HGB hergeleitet werden. Somit können die für die Untersuchungsfälle und zur Verkehrspflichterfüllung erforderlichen Angaben über soziale, arbeitnehmerbetreffende und menschenrechtliche Belange von der abhängigen Gesellschaft verlangt werden.

IV. Unternehmerische Berichte als Informationsbeschaffungsquelle

Für die Frage, ob die Verkehrspflicht zur Ergreifung erforderlicher und zumutbarer Maßnahmen durch bestehende Corporate Governance-Systeme erfüllt werden kann oder es einer konzern- und lieferkettendimensionalen Fortentwicklung dieser Systeme bedarf, sind zudem unternehmerische Berichtspflichten[1236] von Bedeutung. Diese können Anhaltspunkte für menschenrechtliche Schieflagen geben, Anreize zur Optimierung des Corporate Governance-Prozesses setzen und somit bei der Erfüllung von Verkehrspflichten relevant werden.

1. Allgemeine unternehmerische Berichte

Als weitere Informationsbeschaffungsquelle dienen die unternehmerischen Berichtspflichten.

In der AG hat der Vorstand dem Aufsichtsrat regelmäßig gem. § 90 I 1, 2 AktG, aus wichtigen Anlässen gem. § 90 I 3 und auf Verlangen gem. § 90 III AktG zu berichten.[1237]

Dabei wird durch § 90 I 2 AktG hervorgehoben, dass der Bericht auch auf die Tochtergesellschaften im Konzern einzugehen hat. Inhaltlich muss nach § 90 I 1 Nr. 1 AktG über die beabsichtigte Geschäftspolitik und andere grundsätzliche Fragen der Unternehmensplanung (insbesondere die Finanz-, Investitions- und Personalplanung) berichtet werden.

Um seiner Pflicht gem. § 90 I 1, 2 AktG nachzukommen, muss der Vorstand berechtigt sein, Berichte der Tochtergesellschaften einzufordern.[1238]

1236 Vgl. *Laue*, Integration der Corporate-Governance-Systeme (2021), S. 67, S. 114 ff.

1237 *Krieger*, in: *Lutter/Bayer*, Holding-Handbuch, § 7 Rn. 10.

1238 *Götz*, NZG 2002, 599, 600 ff.; *v. Schenck*, in: *Lutter/Bayer*, Holding-Handbuch, § 5 Rn. 69; vgl. *Krieger*, in: *Lutter/Bayer*, Holding-Handbuch, § 7 Rn. 21 demzufolge alle Angaben für die gesamte Gruppe zu machen und in einer Form aufzubereiten seien, sodass die Entwicklung des Konzerns durchsichtig wird. Wie die Berichte im

Im Vertragskonzern ist die Aufforderung zur konzernweiten Berichterstattung grundsätzlich unproblematisch und in der Praxis üblich.[1239]

Es wird vertreten, dass auch im faktischen Konzern die Muttergesellschaft berechtigt sein soll, vertrauliche Informationen von den Tochtergesellschaften zu erlangen.[1240] Dabei wird zugegeben, dass es an einer gesetzlichen Grundlage für die Pflicht einer faktisch abhängigen Gesellschaft zur Berichterstattung fehlt.[1241]

Als wichtiger Anlass gem. § 90 I 3 AktG ist auch ein dem Vorstand bekanntgewordener geschäftlicher Vorgang bei einer verbundenen Gesellschaft anzusehen, der auf die Lage der Gesellschaft von erheblichem Einfluss sein kann. Hiermit sind beispielsweise Vorgänge, wie behördliche Eingriffe, drohende Arbeitskämpfe, Betriebsstörungen, wesentliche Rechtsstreitigkeiten und Angriffe in der Öffentlichkeit gemeint.[1242]

Der Vorstand einer Muttergesellschaft hat dem Aufsichtsrat in gleicher Weise über den Konzern zu berichten wie über die eigene Gesellschaft. Dabei mache es keinen wesentlichen Unterschied, ob die Tochtergesellschaften mit der Muttergesellschaft durch Beherrschungsverträge oder durch Eingliederung verbunden sind oder nur im Rahmen eines faktischen Konzerns geführt werden.[1243]

Auf Verlangen gem. § 90 III AktG kann der Aufsichtsrat jeden geschäftlichen Vorgang von entsprechender Bedeutung im Konzern aufgreifen.[1244]

Der Aufsichtsrat kann zudem gem. § 111 II AktG sämtliche Unterlagen der Gesellschaft einsehen und prüfen.[1245]

Diese Informationsquellen können genutzt werden, um die Lage in den Tochtergesellschaften in regelmäßigen Abständen zu überprüfen. Hierüber erhält der

---

Einzelnen auszugestalten sind, lasse sich nicht allgemein sagen, sondern hänge von den individuellen Besonderheiten des Konzerns ab. Im Kern gelte für die Berichte des Vorstands an den Aufsichtsrat nichts anderes als für die Berichte des Controllings an den Vorstand: Nötig sei ein konsolidierter Bericht, der den gesamten Konzern umfasst, die wesentlichen Unternehmensbereiche gesondert darstellt und in standardisierter Form vorgelegt wird, damit die Berichte untereinander vergleichbar sind.

1239 *V. Schenck*, in: *Lutter/Bayer*, Holding-Handbuch, § 5 Rn. 69.

1240 *Habersack/Verse*, AG 2003, 300, 306; *Dittmar*, AG 2013, 498, 500 *v. Schenck*, in: *Lutter/Bayer*, Holding-Handbuch, § 5 Rn. 69.

1241 *V. Schenck*, in: *Lutter/Bayer*, Holding-Handbuch, § 5 Rn. 70.

1242 *Krieger*, in: *Lutter/Bayer*, Holding-Handbuch, § 7 Rn. 21.

1243 *Krieger*, in: *Lutter/Bayer*, Holding-Handbuch, § 7 Rn. 11.

1244 *Krieger*, in: *Lutter/Bayer*, Holding-Handbuch, § 7 Rn. 21.

1245 *Krieger*, in: *Lutter/Bayer*, Holding-Handbuch, § 7 Rn. 10.

inländische Unternehmensträger potenzielle Anhaltspunkte für Missstände in den von den Tochtergesellschaften geführten Betrieben und kann entsprechend der vorliegenden Konzernierungsform darauf reagieren.

2. *Nichtfinanzielle Berichte*

Gem. § 289b I 1 HGB hat eine Kapitalgesellschaft ihren Lagebericht um eine nichtfinanzielle Erklärung zu erweitern, und Muttergesellschaften i.S.v. § 290 HGB sind ebenfalls gem. § 315b I 1 HGB dazu verpflichtet, ihren Konzernlagebericht, um eine nichtfinanzielle Konzernerklärung zu erweitern. Die Tochtergesellschaft muss der Muttergesellschaft hierfür die benötigten Unterlagen gem. § 294 III 1 HGB zur Verfügung stellen.[1246]

Für die Aufstellung des Berichts ist gem. § 290 I 1 HGB (i.V.m. § 315b I 1 HGB) der gesetzliche Vertreter der Gesellschaft, in der AG folglich der Vorstand, zuständig. Die Prüfung obliegt im Sinne des Grundsatzes der „*checks-and-balances*" in der AG dem Aufsichtsrat gem. § 171 I AktG.[1247] Die Gesellschaft muss sich gem. § 289c IV HGB i.V.m. § 315c I HGB im Falle einer fehlenden Konzeptverfolgung bezüglich der nichtfinanziellen Aspekte erklären.

Der Inhalt der nichtfinanziellen Konzernerklärung bezieht sich gem. § 315c I HGB i.V.m. § 289c HGB auf die Arbeitnehmerbelange (§ 289c II Nr. 2 HGB) [...] wie die Arbeitsbedingungen, die Umsetzung der grundlegenden Übereinkommen der Internationalen Arbeitsorganisation, die Achtung der Rechte der Arbeitnehmerinnen und Arbeitnehmer, auf die Sozialbelange (§ 289c II Nr. 3 HGB) und auf die Achtung der Menschenrechte (§ 289c II Nr. 4 HGB), wobei sich die Angaben beispielsweise auf die Vermeidung von Menschenrechtsverletzungen beziehen können. Dazu sind gem. § 289b II Nr. 3 und 4 HGB weitere Angaben zu machen, wie über wesentliche Risiken, die mit der eigenen Geschäftstätigkeit, den Geschäftsbeziehungen der Kapitalgesellschaft, ihren Produkten und Dienstleistungen der Kapitalgesellschaft verknüpft sind.

1246 *Hommelhoff*, in: *Theisen*, Der Konzern im Umbruch (1998), S. 338, 356 f.; *Witte*, Der Prüfungsbericht als Informationsträger im Konzern (1996), S. 8 f.; *Hüffer*, FS Schwark (2009), S. 185, S. 187 ff.; *v. Schenck*, in: *Lutter/Bayer*, Holding-Handbuch, § 5 Rn. 72.

1247 Vgl. *Hennrichs/Pöschke*, NZG 2017, 121, 123 zur (Intensität der) Prüfungspflicht des Aufsichtsrates.

a) *Auswirkungen der nichtfinanziellen Berichtspflichten auf die Unternehmenspraxis*

Aus der Praxis wird berichtet, dass die Bedeutung einer ordnungsgemäßen Compliance aus Sicht der Vorstände der deutschen Dax-Gesellschaften durch die nichtfinanziellen Berichtspflichten gestiegen sei.[1248] Dies resultiere daraus, dass im Rahmen der nichtfinanziellen Berichterstattung die Wirksamkeit der Compliance-Organisation abgefragt und bewertet werde. Ein gutes ESG-Rating sei für die Dax-Konzerne unabdingbar und hierfür würden sich die Vorstände der Muttergesellschaften auch einsetzen.[1249]

Die nichtfinanziellen Berichtspflichten haben aus Praxissicht insbesondere dazu geführt, eine größere Sensibilität der Mitarbeiter für nichtfinanzielle Belange zu erreichen.[1250] Zwar habe schon im Vorfeld die Beachtung der Compliance-Thematik und der Sozialbelange eine Rolle gespielt. Durch die Einführung der nichtfinanziellen Berichtspflichten habe diese Thematik jedoch einen weiteren rechtlichen Rahmen erhalten, der dazu führte, dass die Mitarbeiter ein besseres Bewusstsein für das Thema entwickelten. Es wird dabei betont, dass neben den Berichtspflichten für börsennotierte Gesellschaften die Anforderungen des Kapitalmarkts[1251] zur sorgfältigen Beachtung der nichtfinanziellen Belange und Berichterstattung der Unternehmensträger beitragen.

Interessant sei insbesondere, dass der integrative Faktor der Berichterstattung die Mitarbeiter positiv beeinflusst habe und diese in Fragen der Nachhaltigkeitsstrategie[1252]

1248 Diese Aussage basiert auf Gesprächen mit Vertretern aus der Praxis.

1249 Vgl. *Beisheim/Dopychai,* in: *Nietsch*, Corporate Social Responsibility Compliance (2021), S. 83 f.; vgl. hierzu auch *Eccles/Klimenko*, Harvard Business Review 2019, S. 106 ff.; *Serafeim*, Harvard Business Review 2020, S. 38 ff.

1250 Der folgende Absatz basiert auf einem Gespräch mit einem Vertreter aus der Praxis (vonovia, ESG); diese Aussage basiert zugleich auf Äußerungen des Senior Managers Public Affairs von Danone auf der Veranstaltungsreihe „Herausforderungen der Nachhaltigkeitsgesetzgebung (ESG) für Familienunternehmen und Mittelstand" vom 09.02.2022.

1251 Zu den besonderen Pflichten des Kapitalmarkts von Publikumsgesellschaften, *Bihr/Blättchen*, BB 2007, 1285, 1286; *Seeliger/Gürer,* BB 2021, 2250, 2250 denen zufolge starke Impulse für den Umwelt- und Klimaschutz vom Kapitalmarkt ausgingen.

1252 Laut einer Pilotstudie der Beratungsagentur *Positive Impacts* hat eine unternehmerische Nachhaltigkeitsstrategie auch positive Auswirkungen auf die Finanzleistungen deutscher Unternehmensträger, vgl. Studie über die hundert größten deutschen Gesellschaften, abrufbar unter: https://positive-impacts.com/de/publications/

mitnehme.[1253] So sei das *non-financial reporting* bei den Finanzern angesiedelt worden, die besondere Prozesserfahrungen im Rahmen der Berichterstattung aufweisen.[1254] Als wesentliche Folgen der Einführung der nichtfinanziellen Berichtspflichten wird der Einfluss auf die Denkweise („*mindset*") der Unternehmensleitung und der Mitarbeiter, die Identifikationsstiftung, das gestiegene Selbstbewusstsein, insbesondere durch die Ausführung interner und externer Prüfungen, sowie die Einführung von Nachhaltigkeitsprojekten genannt.

Die Auswirkungen der nichtfinanziellen Berichtspflichten auf die Corporate Governance-Organisation der Unternehmensträger werden zwischen den Dax-Konzernen und den nicht im DAX notierten Gesellschaften unterschiedlich wahrgenommen.[1255] Nicht Dax-notierte Gesellschaften hätten die Einführung der nichtfinanziellen Berichtspflichten als eine große Veränderung wahrgenommen.

Die Governance-Strukturen bei den Dax-Konzernen hätten sich dagegen nicht ausschlaggebend verändert.[1256] Die nichtfinanzielle Berichterstattung habe in der Unternehmenspraxis dennoch dazu geführt, dass organisatorisch-strukturelle Anpassungen vorgenommen wurden. Für das Thema Nachhaltigkeit wurde beispielsweise ein eigenständiger Bereich geschaffen, der eine Stabstellenfunktion beim CEO habe.

Auch die mit der Berichterstattung verbundene Haftungsverantwortung des Aufsichtsrates habe dazu geführt, dass die nichtfinanziellen Themen ernster genommen wurden. Jedenfalls würden die unternehmerischen, nichtfinanziellen Berichtspflichten dem Compliance-System dabei helfen, Schieflagen in

---

(Stand: 01.06.2023); hierzu *Susanne Bergius*, Tagesspiegel v. 12.05.2022, abrufbar unter: https://background.tagesspiegel.de/sustainable-finance/nachhaltigkeitsstrategie-steigert-finanzleistungen (Stand 01.06.2022).

1253 Der Absatz basiert auf Äußerungen des Senior Managers Public Affairs von Danone auf der Veranstaltungsreihe „Herausforderungen der Nachhaltigkeitsgesetzgebung (ESG) für Familienunternehmen und Mittelstand" vom 09.02.2022.

1254 Arbeitskreis Externe Unternehmensrechnung (AKEU) und Arbeitskreis Integrated Reporting und Sustainable Management (AKIR) der Schmalenbach-Gesellschaft für Betriebswirtschaft e.V., BB 2021, 2153, 2156; zum integrativen Ansatz der Nachhaltigkeitsberichterstattung ferner Nietsch, ZIP 2022, 449, 449 f.; so auch basierend auf einen Diskussionsbeitrag (Köster) im Rahmen der Ringvorlesung Corporate Sustainability Reporting.

1255 Diese Aussage basiert auf Gesprächen mit Vertretern aus der Praxis.

1256 Die folgenden Absätze basieren auf einem Gespräch mit einem Vertreter aus der Praxis (vonovia, ESG).

der Unternehmensorganisation zu erkennen und Nachhaltigkeitsthemen auch in anderen Abteilungen wie dem internen Kontrollsystem oder Risikomanagementsystem stärker zu intergieren.[1257] Ferner wird berichtet, dass in der konzernweiten Unternehmensorganisation neue Prozesse und Organisationsstrukturen aufgesetzt oder verändert werden, um beispielsweise den neuen, sanktionsbewährten Berichtspflichten aus dem LkSG zu entgegnen. Es wird damit gerechnet, dass dieses einen großen Effekt auf das *Reporting* im Einkauf, insbesondere auf die Art und Weise der Berichterstattung, haben werde. Dabei wird aus Praxissicht betont, dass die Sanktionsmechanismen, die mit den neuen Regelungen des LkSG verbunden sind, Auslöser für das veränderte, unternehmerische Verhalten sind.

In der Unternehmenspraxis würden Regelungen zu sämtlichen Berichtswegen, unter anderem von der Compliance-Abteilung, bestehen. Einige Berichtswege seien dabei prozesshaft beschrieben. So würden in einem deutschen Konzern für die Erstellung der nichtfinanziellen Erklärung und der Nachhaltigkeitsberichte, die zur externen Prüfung an den Wirtschaftsprüfer weitergeleitet werden, Informationen durch ein dafür bereitgestelltes ESG-Team aus den relevanten Fachbereichen wie Recht, Personal oder Controlling eingeholt. Diese Informationsgewinnung und -validierung werde zwei Mal im Jahr durchgeführt und durch interne Prozesse geregelt. Beispielsweise seien die so gewonnenen Informationen von den Fachabteilungen zu dokumentieren und nachzuweisen. Dieser Nachweis könne durch den Compliance-Bericht, den Whisteblower-Bericht, die Risikomanagement-Analyse oder ähnliche geeignete Dokumente erbracht werden. Diese Informationen würden auch ohne bestehendes Weisungsrecht gegenüber diesen Abteilungen erfolgen.

Im Hinblick auf die angestrebte CSRD bereite man sich auf eine verstärkte Prüfungsintensität der *reasonable assurance* vor.

b) Anreizwirkung der nichtfinanziellen Berichte zur Fortentwicklung der Corporate Governance

Die Erfahrungen aus der Unternehmenspraxis zeigen, dass die nichtfinanziellen Berichtspflichten dazu geführt haben, Corporate Governance-Prozesse weiter auszubauen und zu optimieren.

Die nichtfinanziellen Berichtspflichten können ebenso Anhaltspunkte für menschenrechtliche Schieflagen im Konzern geben und auf diese Weise Anreize

---

1257 Vgl. *Nietsch*, ZIP 2022, 449, 450 zur zunehmenden Berücksichtigung der Nachhaltigkeitsberichterstattung im Risikomanagement.

zur Optimierung des Corporate Governance-Prozesses setzen, um der Verkehrspflicht ordnungsgemäß nachzukommen. Eine Optimierung des Corporate Governance-Systems ließe sich durch die Etablierung einer konzernweiten Berichtslinie erzielen.

Konkret können die nichtfinanziellen Berichte der inländischen Obergesellschaften dazu beisteuern, eine effektive konzernweite Berichtslinie aufzubauen, um Menschenrechtsgefährdungen und -verletzungen zu erkennen und hieraus ableitend disziplinarische Maßnahmen[1258] zur Verhinderung oder Beendigung solcher vorzunehmen.

3. *Erweiterte Berichtslinien durch* „dotted lines"

Aus D. II. 3. Grundsatz 16 des DCGK wird abgeleitet, dass ein Unternehmensträger dafür sorgen muss, dass neben gesetzlichen Informationspflichten, durch die Veröffentlichung interner Richtlinien oder einer Informationsordnung, ein Informationsfluss gewährleistet wird.[1259] Mangels gesetzlicher Bindungswirkung kann durch den DCGK keine Informationspflicht begründet werden.

Für einen effizienten Informationsaustausch zwischen den verschiedenen Compliance-relevanten Bereichen und Funktionen des Unternehmensträgers wird in der Praxis dennoch auf alternative Instrumente wie Compliance-Richtlinien[1260] oder auf das sog. *„dotted line reporting"* zurückgegriffen.

Der aus der betriebswirtschaftlichen Organisationslehre stammende Begriff *„dotted line"* kennzeichnet innerhalb eines Organigramms generell die Unterscheidung der disziplinarischen und fachlichen Unterordnung zwischen Mitarbeitern und Vorgesetzten einer Organisation.[1261]

Die durchgezogene Linie (*„solid line"*) steht für die disziplinarische Unterordnung unter rechtlich begründete Weisungsrechte eines (direkten) Vorgesetzten oder Geschäftsleiters und die gestrichelte Linie (*„dotted line"*) verkörpert die fachliche Unterordnung unter gesetzlich nicht vorgesehene, aber tatsächlich begründete und gelebte Weisungsrechte.

1258 LG München I, Urt. v. 10.12.2013 – 5 HK O 1387/10 = AG 2014, 332, 334 „Gerade weil es keine Berichtslinie mit daraus abzuleitenden Kompetenzen für disziplinarische Maßnahmen gab, hätten der Vorstand und damit der Beklagte eingreifen müssen und eine entsprechenden Organisationsstruktur schaffen müssen."

1259 *Bay/Seeburg*, in: *Bay/Hastenrath*, Compliance-Management-Systeme, S. 242 f.

1260 *Bay/Seeburg*, in: *Bay/Hastenrath*, Compliance-Management-Systeme, S. 242.

1261 *Jung*, Controlling (2014), S. 34, S. 38; *Berger*, Organisation der Betriebsverfassung im matrixorganisierten Konzern (2017), S. 63; *Pütz*, Der Aufsichtsrat 2021, 164, 164.

Diese *dotted line*-Organisation wurde zunächst vor allem im Bereich des Controllings[1262] angewendet.

Die so bezeichnete „Informationsordnung“ hat sich auch außerhalb des Controllings in der Praxis durchgesetzt und ermöglicht eine weitere direkte und funktionale Berichtslinie zwischen den Konzerngesellschaften und zwischen Organen und Mitarbeitern, wie beispielsweise dem Aufsichtsrat (bzw. dem Vorsitzenden des Prüfungsausschusses) und dem Compliance-Officer.[1263]

Insbesondere bei der Häufung von Compliance-Verstößen oder der Involvierung des Vorstandes in einen Compliance-Vorfall bietet sich die Einrichtung einer solchen fachlichen Berichterstattung in Vier-Augen-Gesprächen an.[1264]

Eine derartige fachliche Informationsweiterleitung[1265] findet regelmäßig in Konzernen mit Matrix-Strukturen statt.[1266] In diesen Strukturen werde sowohl an die Geschäftsleitung („*solid line*“) als auch an fachlich weisungsbefugte Matrix-Manager („*dotted line*“) berichtet.[1267]

Für Unternehmensträger von öffentlichem Interesse wurde nach dem Inkrafttreten des Finanzmarktintegritätsstaärkungsgesetzes (FISG) die Möglichkeit eines unmittelbaren Auskunftsanspruches der Prüfungsausschussvorsitzenden

---

1262 *Heim/Schmidt/Duc*, in: *Gleich/Losbichler/Möller/Tschandl*, Standards im Controlling, S. 191, S. 201 definiert die „dotted-line“-Organisation im Controlling als disziplinarisch eigenständig agierende dezentrale Controlling-Einheiten, die fachlich durch eine zentrale Controlling-Einheit geführt werden.

1263 *Schockenhoff*, ZHR 2016, 197, 214 insbesondere sei dies bei Unternehmen mit hoher Compliance-Sensitivität der Fall; *Altenbach*, in: *Semler/v. Schenck/Wilsing*, Arbeitshandbuch für Aufsichtsratsmitglieder, § 7 Rn. 86; *Seyfarth*, ZGR Sonderheft (22) 2020, 87, 101 f.; *Pütz*, Der Aufsichtsrat 2021, 164, 164.

1264 *Pütz*, Der Aufsichtsrat 2021, 164, 164.

1265 *Bühner*, Betriebswirtschaftliche Organisationslehre (2004), S. 69 mit dem Hinweis, dass in der amerikanischen Literatur die fachlichen Weisungsrechte von Stäben und Dienstleistungsstellen als „dotted-Line-Prinzip“ bezeichnet werde; *Schauf*, BB 2017, 2883, 2883 demzufolge dotted lines als unmittelbare Weisungen am Geschäftsführer vorbei gerade das Ziel der jeweiligen vertikalen Organisationsstruktur einer Matrix sind.

1266 *Schockenhoff*, ZHR 2016, 197, 199; *Eggert*, DStR 2017, 266, 266; monographisch *Berger*, Organisation der Betriebsverfassung im matrixorganisierten Konzern (2017); *Wisskirchen/Block*, NZA-Beilage 2017, 90, 90; *Kort*, BB 2021, 1204, 1205.

1267 *Fritz*, NZA-Beilage 2018, 98, 99 aus gesellschaftsrechtlicher Sicht sei die damit einhergehende Möglichkeit eines so genannten Weisungsdurchgriffs auf Grund des erhöhten Haftungsrisikos des Leitungsorgan der abhängigen Gesellschaft kritisch zu betrachten.

gegenüber bestimmten Zentralleitern geregelt. Nach § 107 IV 4 AktG kann jedes Mitglied des Prüfungsausschusses über den Ausschussvorsitzenden unmittelbar bei den Leitern derjenigen Zentralbereiche der Gesellschaft, die in der Gesellschaft für die Aufgaben zuständig sind, die den Prüfungsausschuss nach Absatz 3 Satz 2 betreffen, Auskünfte einholen. Die in § 107 III 2 AktG betroffenen Bereiche sind die Rechnungslegung, das interne Kontrollsystem, das Risikomanagementsystem und das interne Revisionssystem. Die allgemeine Auffassung zählt auch den Compliance-Bereich dazu.[1268]

Es wird angeführt, dass eine unmittelbare und ungefilterte Berichtslinie zwischen den Verantwortlichen des Compliance-, Risikomanagementsystems und internen Kontrollsystems und dem Aufsichtsrat für eine ordnungsgemäße Compliance-Organisation sinnvoll sei und die Unabhängigkeit der Unternehmensleitung steigere.[1269] Um die Autorität der Geschäftsleitung nicht zu untergraben, sollen der Compliance-Officer und andere Mitarbeiter nur bei Vorliegen von Gründen oder besonderen Anlass durch den Aufsichtsrat befragt werden oder an diesen berichten.

In der Praxis wird das *dotted line reporting* auch bei Vorliegen von konzernzugehörigen Auslandsgesellschaften von Bedeutung.[1270] Hierbei werde beispielsweise eine *dotted line* zur ausländischen Rechtsabteilung sichergestellt. Diese werde nicht in allen Fällen schriftlich übergreifend geregelt. Das *dotted line reporting* werde in der Praxis grundsätzlich mündlich umgesetzt, indem Mitarbeiter und Führungspersonen verschiedener Abteilungen sich in einer gemeinsamen Konferenz in regelmäßigen Abständen austauschen.[1271] Wird das *dotted line reporting* dazu genutzt, um eine angemessenen Informationsgrundlage in Bezug auf die Wahrung der Gesellschaftspflichten, wie einer Verkehrspflicht, und mithin eine funktionierende Compliance zu gewährleisten, bestehen jedoch Dokumentations-Obliegenheiten. Um in einem Streitfall den erforderlichen Nachweis für die Installation eines funktionierenden Compliance-Systems[1272] oder für die ergriffenen erforderlichen und zumutbaren Maßnahmen zum Zwecke der Verkehrspflichterfüllung erbringen zu können, müsste der interne Austausch auch schriftlich festgehalten werden.

1268 *Pütz*, Der Aufsichtsrat 2021, 164, 164.
1269 *Pütz*, Der Aufsichtsrat 2021, 164, 164.
1270 Der folgende Absatz basiert auf einem Gespräch mit Vertretern aus der Praxis.
1271 Diese Fußnote basiert auf einem Gespräch mit Vertretern aus der Praxis.
1272 Vgl. LG München I, Urt. v. 10.12.2013 – 5 HKO 1387/10 = AG 2014, 332, 334.

Aus der Unternehmenspraxis wird ferner berichtet, dass die Einrichtung des *dotted line reporting* und die Unterscheidung zum *solid line reporting* mehr theoretischer Natur sei. Wenn der Compliance-Officer einer Muttergesellschaft um Untersuchungen bei der Tochtergesellschaft bitte, dann würden diese auch durchgeführt. Die ausländischen Tochtergesellschaften und zuständigen Mitarbeiter neigen hiernach dazu, zum eigenen Vorteil auf die Compliance-Erfahrungen der Muttergesellschaft zu vertrauen als sich dagegen aufzulehnen.

Als konkretes Beispiel für eine praktizierte *dotted line* diene der Fall, in dem der Compliance-Officer nicht nur dem Leiter der Rechtsabteilung berichten muss, sondern auch dem Finanzvorstand berichten darf.[1273] Diese Berichtslinie sei sinnvoll, wenn ein Fehlverhalten des Leiters der Rechtsabteilung aufgedeckt werden soll. Ohne die Installation der *dotted line* dürfe der Compliance-Officer dem Finanzvorstand darüber nicht Bericht erstatten.

Zusammenfassend kann zunächst der Vorstand und, im Sinne einer sinnvollen Überwachung des installierten Compliance-Systems, auch der Aufsichtsrat diese Berichtslinie dazu nutzen, um eine angemessene Informationsgrundlage für die fortlaufende, ordnungsgemäße Beurteilung zu schaffen.

Im Bereich des rechtlich Zulässigen und unter Absprache mit dem Vorstand können solche Berichtswege aufgebaut und auch für die frühzeitige Information über (die Gefahr einer) Verkehrspflichtverletzungen aus dem Unternehmensträger heraus genutzt werden.

4. Weitere gängige Berichtslinien in der Praxis

Aus der Praxis wird zudem darüber berichtet, dass im Rahmen der Compliance-Richtlinien weitere, gesetzlich nicht vorgesehene Berichtswege geregelt werden.[1274]

Ein konkretes Beispiel sei hierbei der direkte Berichtsweg über den Compliance-Officer an den Aufsichtsratsvorsitzenden im Falle eines Compliance-Verstoßes durch den Vorstand. Außerdem bestünde einmal im Jahr eine gesonderte Berichterstattung der konzernzugehörigen Auslandgesellschaften an den Compliance-Officer der Muttergesellschaft, in denen über aktuelle Fälle und Entwicklungen in dem betroffenen Standort berichtet wird. Dieser Bericht könne dann von der Muttergesellschaft für ihren eigenen Compliance-Bericht an Vorstand und Prüfungsausschuss verwertet werden.

1273 Der folgende Absatz basiert auf einem Gespräch mit Vertretern aus der Praxis.
1274 Diese Fußnote beruht auf Gesprächen mit Vertretern aus der Praxis.

Daneben sei in großen Unternehmensträgern eine regelmäßige Compliance-Berichterstattung vom Compliance-Officer an den Vorstand üblich.[1275] Inhalt dieser Berichte sei die Beschreibung und Auswertung der bestehenden Compliance-Maßnahmen, Bewertungen zur Effektivität des Compliance-Systems und Berichte über bedeutsame Einzelfälle und die ergriffenen Maßnahmen. Die Ad-hoc-Berichterstattung über wesentliche Vorfälle werde dadurch nicht entbehrlich.

Zusätzlich gibt es, wie die Praxis zeigt, die Möglichkeit zur Einrichtung eines Compliance-Committees, in dem beispielsweise Mitarbeiter aus den ausländischen Tochtergesellschaften vertreten sind und in dem sich die Parteien über Compliance-Vorfälle austauschen können.[1276]

V. Alternativmodelle zur Modellrechtsordnung B: Personalunion und privatautonome Vereinbarungen

In der Untersuchung zu den Einwirkungsmöglichkeiten des inländischen Unternehmensträgers wurden Alternativmodelle vorgestellt, die nicht nur die tatsächliche Umsetzung der Verkehrspflicht, sondern ebenso einen Informationsfluss zwischen den Unternehmensträgern sicherstellen können.

Krieger betont die Notwendigkeit der Nutzung von Alternativinstrumenten, wie den Einsatz von Doppelmandaten in den Leitungsorganen, wenn das Recht des faktischen Konzerns einen adäquaten Informationsfluss verhindert.[1277]

Es besteht einerseits im Wege der Privatautonomie die Möglichkeit, bestimmte Bereiche der Vertragspartner, die für den Rechtsgüterschutz in den ausländischen Betrieben relevant werden können, einem vertraglichen Informations- und Auskunftsanspruch zu unterwerfen. Es wird vertreten, dass durch die Markmacht und dem Verhandlungsgewicht der inländischen Gesellschaft ein solches Auskunftsrecht faktisch anerkannt wird.[1278] Die Verschwiegenheitspflicht wird nach *Mock*[1279] hierbei auch nicht verletzt, da die CSR-relevanten

---

1275 *Harbarth*, ZHR 2015, 136, 169.

1276 Beispielhaft angeführt sei hier das Compliance-Committee des Vonovia-Konzerns, abrufbar unter: https://reports.vonovia.de/2019/nachhaltigkeitsbericht/unternehmensfuehrung/governance-und-compliance/ziele-massnahmen-und-indikatoren.html (Stand: 01.06.2023).

1277 *Krieger*, in: *Lutter/Bayer*, Holding-Handbuch, § 7 Rn. 24 f.

1278 *Mock*, ZIP 2017, 1195, 1199.

1279 *Mock*, ZIP 2017, 1195, 1199.

Informationen bloß abstrakt gehalten werden und § 289c III Nr. 4 HGB zudem keine Ausnahme für die betroffenen Gesellschaften eröffnet.

Das in der Praxis seit einiger Zeit verbreitete *Relation Ship Agreement* ist an dieser Stelle als privatautonom vereinbarte Informationsquelle hervorzuheben. Als typische Regelungsbereiche werden neben der Geltung von Konzernrichtlinien, der Konzernkoordination auch Informations- und Vertraulichkeitspflichten erwähnt.[1280]

Als Alternative zu dem – größtenteils aus dem aktienrechtlichen Weisungsrecht hergeleiteten – Informationsanspruch ließe sich folglich ein Informationsaustausch durch Doppelmandate auf Geschäftsführungs- und Aufsichtsratsebene sichern. Die Informationsbeschaffung kann durch die Einführung einer Personalunion schnell und einfach realisiert werden.[1281]

Dabei können die Entscheidungen sachgerecht auf die Situationen in der ausländischen Untergesellschaft zugeschnitten werden. Der Vorstand der Untergesellschaft ist kraft seines Amtes verpflichtet, sich die für die Leitung der Gesellschaft erforderlichen Informationen zu beschaffen.[1282] Somit kann er sich ein Bild über die Lage in der ausländischen Tochtergesellschaft und dem ausländischen Betrieb machen. Diese Informationen können dazu dienen, die Entscheidungen, die in den Untersuchungsfällen für eine Umsetzung der Verkehrspflicht der Muttergesellschaft erforderlich sind, auf den Einzelfall gerichtet zu treffen.

Durch die Einführung von organschaftlichen Doppelmandatsträgern besteht so die Möglichkeit, an ausreichende Informationen entlang des Konzerns zu gelangen.[1283] Dadurch wird ein kontinuierlicher Informationsfluss hergestellt, da ein Vorstandsmitglied der Obergesellschaft, welche auch in der Untergesellschaft als Leitungsorgan tätig ist, über die erforderlichen Informationen verfügt[1284] oder in dieser Funktion Informationen über die abhängige Gesellschaft

---

1280 *Vetter*, in: *Schmidt/Lutter*, AktG, § 311 Rn. 116d; *Leuering/Goertz*, in: *Hölters/Weber*, AktG, § 311 Rn. 71a zu der Frage nach der Nachteiligkeit einer solchen Vereinbarung i.S.v. § 311 I AktG.

1281 *Ihrig/Schäfer*, Rechte und Pflichten des Vorstands, § 32 Rn. 1292.

1282 *Fleischer*, CCZ 2008, 1, 6 spricht von einer Bemühenspflicht der Muttergesellschaft, sämtliche compliance-relevanten Informationen einzuholen; *Nordhues*, Die Haftung der Muttergesellschaft und ihres Vorstands für Menschenrechtsverletzungen im Konzern (2019), S. 219.

1283 *Schockenhoff*, NZG 2020, 1001, 1003.

1284 *Nordhues*, Die Haftung der Muttergesellschaft und ihres Vorstands für Menschenrechtsverletzungen im Konzern (2019), S. 219 ff., S. 224.

erhalten kann.[1285] Bei der Besetzung der Organe durch Doppelmandate gelten die diskutierten Grenzen der Verschwiegenheitspflicht gleichermaßen.[1286] An dieser Stelle wird auf die Vorstellung der Alternativmodelle C. und D. verwiesen.

VI. Zwischenergebnis: Informationsfluss herstellbar

Es lässt sich festhalten, dass de lege lata die erforderlichen Informationen zur Verwirklichung einer Verkehrspflicht über Auskunftsrechte, Personalunion oder durch den inländischen Unternehmensträger eingeholt werden können. Um die Unternehmensträger weiter unten in der Wertschöpfungskette und die Unternehmensträger in der Lieferkette in die Auskunftspflicht miteinzubeziehen, könnten die inländischen verkehrspflichtigen Unternehmensträger dazu angehalten sein, Informationsverträge mit den Unternehmensträgern der Wertschöpfungskette zu vereinbaren. Ein solches Erfordernis bestünde ausschließlich in den Fällen, in denen der inländische Unternehmensträger verkehrspflichtig ist. Die einfach-gesetzlichen Prinzipien, wie das gesellschaftsrechtliche Trennungsprinzip, stehen solchen privatautonomen Vereinbarungen nicht entgegen.

F. Ergebnis: Gesellschaftsrechtliche Administrierbarkeit konzern- und lieferketttendimensionaler Verkehrspflichten

Zusammenfassend kann auf Grund der vorangegangenen Überlegungen festgestellt werden, dass die Verkehrspflicht im Konzern und in der Lieferkette zur Ergreifung erforderlicher und zumutbarer Maßnahmen zur Gefahrenabwehr durch bestehende Corporate Governance-Systeme erfüllt werden kann.

Die konzern- und lieferkettendimensionalen Verkehrspflichten, die in den genannten Einzelfällen bestehen, sind gesellschaftsrechtlich administrierbar.

Deliktsrechtliche konzern- und lieferkettendimensionale Verkehrspflichten lassen sich auf Grundlage der untersuchten Modellrechtsordnungen nach nationalem Recht in die Corporate Governance-Systeme integrieren.

1285 *Nordhues*, Die Haftung der Muttergesellschaft und ihres Vorstands für Menschenrechtsverletzungen im Konzern (2019), S. 219.

1286 Vgl. hierzu *Bank*, NZG 2013, 801, 801 ff.; *Nordhues*, Die Haftung der Muttergesellschaft und ihres Vorstands für Menschenrechtsverletzungen im Konzern (2019), S. 219 ff. mit dem Hinweis, dass im faktischen Konzern wiederum die Nachteilsregelung des § 311 I AktG einen Verlustausgleich voraussetzt.

Es wurde aufgezeigt, dass im Vertrags- und Eingliederungskonzern, im Gegensatz zum faktisch konzernierten Konzern oder der Lieferkette, gesetzliche Einflussmöglichkeiten wie das aktienrechtliche Weisungsrecht bestehen. Dennoch ist auch im faktischen Konzern und in der Lieferkette eine Einflussnahme auf die ausländischen Unternehmensträger durch privatautonome Einwirkungsinstrumente praktizierbar. Diese privatrechtlichen Einwirkungsmöglichkeiten können und müssen für die Erfüllung einer Verkehrspflicht auch genutzt werden, jedenfalls dann, wenn Anhaltspunkte[1287] für eine menschenrechtliche Schieflage vorliegen. Anhaltspunkte für massive Schieflagen können dabei den unternehmerischen Berichtspflichten und privatautonom vereinbarten Berichtswegen entnommen werden.

Diese Berichtspflichten sind schon de lege lata wesentlicher Bestandteil eines funktionierenden Corporate Governance-Systems eines Unternehmensträgers. Desinformation schützt somit nicht vor einer haftungsrelevanten Verantwortung der Unternehmensträger, sondern kann im Gegenteil den Anschein eines nicht ordnungsgemäß funktionierenden Compliance-Systems bestärken.

In den unternehmerischen Berichts- und Sorgfaltspflichten, die durch das nationale sowie europäische Recht vorgegeben werden, liegt zudem derzeit schon ein Anlass für die Optimierung der Governance-Prozesse. Dieser Optimierungsprozess kann funktional eingesetzt und weitergehend genutzt werden, um neben den Anforderungen aus dem LkSG, der CSRD oder der geplanten CSDDD zudem konzern- und lieferkettendimensionale Verkehrspflichten zu erfüllen.

Dabei haben die inländischen Unternehmensträger einzelfallabhängig nur im Bereich des Möglichen, Erforderlichen und Zumutbaren Corporate Governance- und Compliance-Maßnahmen zu ergreifen, um ihre Verkehrspflicht zu erfüllen. Dies hat für die Verkehrspflicht in Bezug auf konzern- und lieferkettenabhängige Gesellschaften „weiter unten in der Kette", die nicht unmittelbar mit der Inlandsgesellschaft verbunden sind, zur Konsequenz, dass diese nicht in derselben Weise zu einem hinreichenden Menschenrechtsschutz bewegt werden können. In diesen Fällen beschränken sich die Einwirkungsmöglichkeiten des inländischen Unternehmensträgers auf eine privatautonome Einflussnahme.

1287 Vgl. BGH, Urt. v. 01.10.2013 – VI ZR 369/12 = VersR 2014, 78, 79, der betont, dass zwar generell darauf vertraut werden darf, dass derjenige, der mit einer Aufgabe betraut wird, seinen Verpflichtungen nachkommt, „[…] solange nicht konkrete Anhaltspunkte bestehen, die dieses Vertrauen erschüttern."; hierzu unter Kap. 4 A. II. 3. Der Vertrauensschutz ist in diesen Fällen erschüttert.

Somit besteht nach der vorliegenden Untersuchung eine Schnittstelle zwischen Delikts- bzw. Haftungsrecht und dem Corporate Governance-System der Unternehmensträger.

G. Beispielhafte Darstellung der Administrierbarkeit der konzern- und lieferkettendimensionalen Verkehrspflicht anhand des *Three Lines Models*

Zuletzt wird die Administrierbarkeit der Verkehrspflichten im Konzern und in der Lieferkette anhand des *Three Lines Models* bildlich dargestellt. Die fünf wesentlichen Maßnahmen, die zur Erfüllung einer menschenrechtsbezogenen Verkehrspflicht in diesen Konstellationen umgesetzt werden müssen, sind die

1. klare Zuständigkeitsverteilung durch das Leitungsorgan,
2. klarer menschenrechtsbezogener „*tone from the top*“ zur Kommunikation der menschenrechtsbezogenen Ziele und Maßnahmen, z.B. durch
   a) Etablierung eines Verhaltenskodex,
   b) Sicherstellung von (regelmäßigen und anlassbezogenen) Schulungen,
   c) Veröffentlichung von Richtlinien,

1). Sicherstellung eines ausreichenden Informationsflusses zwischen den betroffenen Abteilungen und Führungskräften der inländischen sowie der ausländischen Gesellschaft,

2). menschenrechtsbezogene, fortlaufende Risikoermittlung[1288] und -analyse in Bezug auf die menschenrechtsbezogenen Risiken[1289] in der Wertschöpfungskette,

3). Whistleblower-Hotline für Geschädigte, sowie den Arbeitnehmern der ausländischen und der eigenen Gesellschaften zur anonymisierten Mitteilung von Hinweisen und Beschwerden.

Diese Merkmale werden in der Abbildung durch den erweiterten Schlüssel hervorgehoben. Alle Merkmale müssen sich dabei auf die speziellen menschenrechtsbezogenen Risiken in der Wertschöpfungskette beziehen. Eine

1288 *Nietsch,* in: *Nietsch,* Corporate Social Responsibility Compliance (2021), S. 192 der auf die Anforderungen des UN-Supply Chain Practical Guide verweist, nach denen eine zweigeteilte Risikobemessung anhand der Wahrscheinlichkeit und der Folgeschwere vorgeschlagen wird.

1289 Zum aktuellen Praxisbefund zur Einbeziehung menschenrechtsbezogener Risiken *Nietsch,* in: *Nietsch,* Corporate Social Responsibility Compliance (2021), S. 194 f., der vor allem die Bereiche Kinderarbeit und die Beschaffung von Rohstoffen betrifft.

klare Zuständigkeitsverteilung durch das Leitungsorgan kann beispielsweise in empfehlenswerter Weise durch den Einsatz eines Menschenrechts-Beauftragten oder eines Menschenrechts-Committees erreicht werden, sofern die Aufgaben nicht einer etablierten Abteilung zugeordnet werden. Von dem inländischen Unternehmensträger ist zudem ein ausreichender Informationsfluss zu den Verantwortlichen des ausländischen Unternehmensträgers sowie eine auf Menschenrechtsbelange ausgerichtete Zusammenarbeit sicherzustellen.

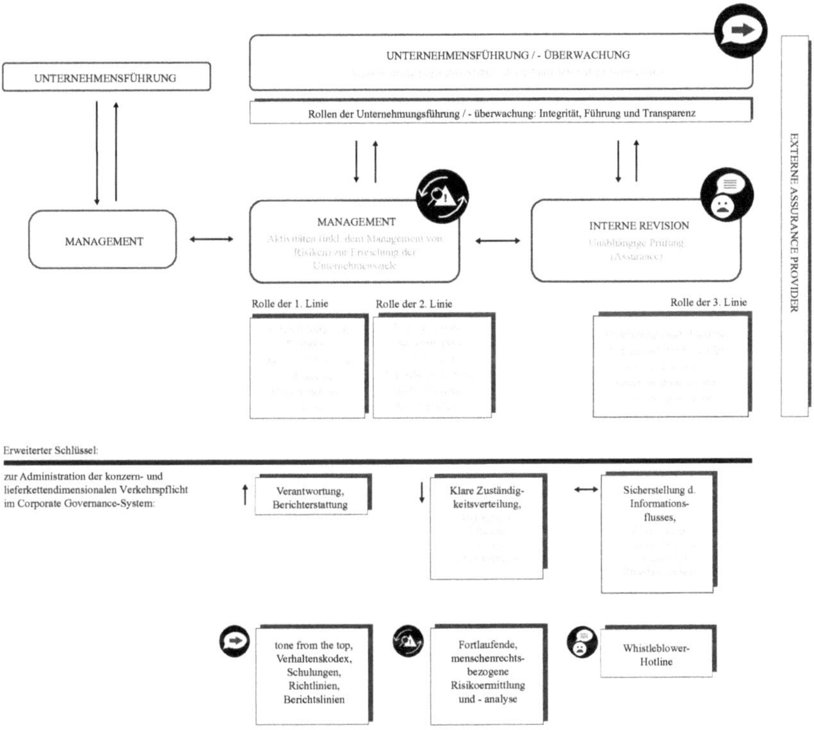

Abb. 6: Angepasstes *Three Lines Model* zur Administration konzern- und lieferkettendimensionaler Verkehrspflichten im Corporate Governance-System

Kapitel 6 – Haftungsrisiken des Vorstandes bei unzureichender Corporate Governance- bzw. Compliance-Organisation und gesellschaftsrechtliche Exkulaptionsmöglichkeiten

Nachdem die konzern- und lieferkettendimensionale Fortentwicklung der Verkehrspflichten und die damit verbundene Anpassung der Compliance-Systeme inländischer Unternehmensträger festgestellt wurde, stellt sich die praxisrelevante Folgefrage, ob und inwieweit die Vorstandsmitglieder gesellschaftsrechtliche Sanktionen treffen können.

Haftungsrelevante Compliance-Fälle großer Unternehmensträger erleben schon seit einigen Jahren einen bemerkenswerten Anstieg.[1290] Die praktische Relevanz der Frage nach einer Haftung der Vorstandsmitglieder für die Installation eines unzureichenden konzerndimensionalen Compliance-Systems sind besonders mit dem von dem LG München I verhandelten *Siemens/Neubürger*-Streitfall[1291] deutlich geworden.[1292]

In dem Fall[1293] wurde, wie unter Kapitel 5 B. IV. 3. dargestellt, der ehemalige Finanzvorstand der Siemens AG, Heinz-Joachim Neubürger, wegen der fortlaufenden Unterhaltung sog. Schwarzer Kassen auf Schadensersatz verklagt. Das Gericht verurteilte das Vorstandsmitglied wegen der Einrichtung eines mangelhaften Compliance-Systems und dessen unzureichende Überwachung und sah hierin eine Verletzung seiner Überwachungs- und Organisationspflichten. Danach liege ein unzureichendes Compliance-System vor, wenn die Gesellschaft nicht so organisiert und beaufsichtigt wird, dass bestimmte Gesetzesverletzungen, wie Schmiergeldzahlungen, verhindert werden können.[1294] Folglich sei bei Kenntnis oder Verdachtsmomenten über Gesetzesverletzungen

1290 *Lutter*, FS Goette (2011), S. 289, S. 292; *v. Schenck*, in: *Lutter/Bayer*, Holding-Handbuch, § 5 Rn. 80.

1291 Vgl. *Lutter*, FS Goette (2011), S. 289, S. 292 mit ausführlichen Nachweisen; LG München I, Urt. v. 10.12.2013 – 5 HKO 1387/10 = AG 2014, 332, 334.

1292 Hierzu schon unter Kapitel 5 B. IV.; *Mackert*, in: *Lutter/Bayer*, Holding-Handbuch, § 6 Rn. 21; *Hoffmann/Schieffer*, NZG 2017, 401, 403 f.

1293 LG München I, Urt. v. 10.12.2013 – 5 HKO 1387/10 = AG 2014, 332.

1294 LG München I, Urt. v. 10.12.2013 – 5 HKO 1387/10 = AG 2014, 333.

ein Compliance-System unzureichend, wenn keine entsprechende Organisationsstruktur mit Berichtslinien und daraus abzuleitenden Kompetenzen für disziplinarische Maßnahmen im Unternehmensträger etabliert wird.[1295]

Auch das LG Stuttgart äußerte sich in seinem *Porsche*-Urteil zu konzerndimensionalen Pflichten des Vorstandes einer inländischen Muttergesellschaft und verwies auf das einzurichtende Risikomanagementsystem gem. § 91 II AktG.[1296]

Angesichts dieser Gerichtspraxis und der bis heute noch herrschenden Ungewissheit über die Reichweite von Compliance-Pflichten, insbesondere im Hinblick auf die Verkehrspflichten im Konzern und in der Lieferkette, sehen sich die Vorstandsmitglieder verschiedenen aktienrechtlichen[1297] Sanktionen gegenüber.

Zwar bestehen im Aktienrecht keine speziellen Sonderhaftungsregeln für Compliance-Verstöße.[1298] Dennoch droht dem Vorstand neben einer Abberufung des Vorstandsmitglieds, dem Verlust des Vorstandsmandates gem. § 84 AktG und der Nicht-Entlastung durch die Hauptversammlung gem. § 120 AktG insbesondere eine zivilrechtliche Binnenhaftung auf Schadensersatz gem. § 93 II 1 AktG.[1299]

Ein rechtswidriges Verhalten im Außenverhältnis, d.h. die Verletzung von Pflichten, die den Unternehmensträger treffen, stellt nach herrschender Auffassung zugleich grundsätzlich auch eine Rechtsverletzung im Innenverhältnis dar.[1300]

1295 LG München I, Urt. v. 10.12.2013 – 5 HKO 1387/10 = AG 2014, 334; *Simon/Merkelbach*, AG 2014, 318, 321 dabei sei sicherzustellen, dass eine (turnusmäßige, quartalsweise und anlassbezogene) Berichterstattung bis auf die Ebene des Gesamtvorstands erfolgt.

1296 *Seyfarth*, ZGR Sonderheft 22 (2020), 87, 100 weist auf die Mehrdeutigkeit des Urteils hin, ob damit die Installation eines Risiko-Frühwarnsystems nach § 91 Abs. 2 AktG oder um konzernweite Compliance-Pflichten gemeint war.

1297 Auf die strittige und zu vertiefende Frage, ob eine deliktsrechtliche Eigenhaftung der Vorstandsmitglieder in Betracht kommt, wird zum Zwecke der Untersuchungseingrenzung nicht eingegangen. Nach dem *Baustoff*-Urteil des VI. Zivilsenat des BGH ist eine solche nicht gänzlich auszuschließen, vgl. hierzu BGH, Urt. v. 05.12.1989 – VI ZR 335/88 = NJW 1990, 976, 978 wonach ein GmbH-Geschäftsführer bei Vorliegen „besondere[r] Gründe" persönlich gegenüber Dritten verpflichtet wird. Dies sei insbesondere dann der Fall, wenn der Geschäftsführer eine „Garantenstellung zum Schutz der Rechte- und Rechtsgüter des § 823 I BGB" innehat, die „[...] ihre Träger der Einflusssphäre der Gesellschaft anvertraut haben".

1298 *Kort*, FS Hopt (2010), S. 983, S. 990.

1299 Vgl. *Kremer/Klahold*, ZGR 2010, 113, 141.

1300 LG München I, Urt. v. 10.12.2013 – 5HK O 1387/10, AG 2014, 332, 336 demzufolge im Innenverhältnis jedes Vorstandsmitglied seiner Gesellschaft voll für

Der Vorstand einer inländischen Aktiengesellschaft muss ihr gegenüber für Sorgfaltspflichtverletzungen gem. § 93 II 1 AktG haften. Ebenso haftet der Aufsichtsrat für eine Sorgfaltspflichtverletzung gem. §§ 93 II 1 i.V.m. 116 S. 1 AktG.[1301]

Es konnte festgestellt werden, dass die Verkehrspflicht zur Ergreifung erforderlicher und zumutbarer Maßnahmen zur Gefahrenabwehr durch bestehende Corporate Governance-Systeme erfüllt werden kann. Die konzern- und lieferkettendimensionalen Verkehrspflichten, die in den genannten Einzelfällen bestehen, sind gesellschaftsrechtlich administrierbar.

Es stellt sich die Frage, ob der Vorstand als Leitungsorgan auf Grund der Unbestimmtheit der verkehrspflichterfüllenden Maßnahmen erhöhten Haftungsrisiken gegenübersteht. Die Haftungsfrage stellt sich allgemein bei Entscheidungen des Vorstandes unter Rechtsunklarheiten[1302], die praktisch allgegenwärtig sind.[1303] Die folgende Untersuchung begrenzt sich hierbei exemplarisch auf die Vorstands-Binnenhaftung gem. § 93 II 1 AktG.

In diesem Zusammenhang ist insbesondere zu untersuchen, ob dem Vorstandsmitglied bei der Umsetzung der konzern- und lieferkettendimensionalen Verkehrspflichten ein unternehmerischer Ermessensspielraum[1304] zugutekommt oder ob er die Möglichkeit hat, den subjektiven Schuldvorwurf durch Berufung auf einen unverschuldeten Verbotsirrtum[1305] auszuräumen. Zudem ist die Installation und fortlaufende Überwachung einer hinreichenden Corporate Governance- und Compliance-Organisation dahingehend zu untersuchen, ob sie für den Vorstand haftungsreduzierende Wirkung entfalten kann.

---

pflichtwidriges Verhalten verantwortlich sei, weshalb auch mehrere pflichtwidrig handelnde Vorstandsmitglieder als Gesamtschuldner haften. Nichts anderes gelte für Verschuldungsbeiträge von Mitgliedern des Aufsichtsrats; *Fleischer*, NZG 2014, 321, 322; *Werner*, ZWH 2014, 449, 449; *Kremer/Klahold*, ZGR 2010, 113, 141; a.A. bei Entscheidungen unter Rechtsunsicherheit *Thole*, ZHR 2009, 504, 525.

1301 *Mackert*, in: *Lutter/Bayer*, Holding-Handbuch, § 6 Rn. 22.

1302 *Brouwer*, in: *Nietsch*, Corporate Social Responsibility Compliance (2021), S. 544 zu der Rechtsunsicherheit der Unternehmensträger ex ante festzustellen, welche Maßnahmen zur Verkehrspflichterfüllung erforderlich sind.

1303 Hierzu schon *Thole*, ZHR 2009, 504, 521 ff.; *Verse*, ZGR 2017, 174, 175; *Späth/Werner*, CCZ 2022, 107, 107 ff. mit Thesen, die eine gesetzliche, haftungsbefreiende Regelung i.S.e. Legal Judgement Rule für Entscheidungen unter Rechtsunsicherheit fordern.

1304 Hierzu im Zusammenhang mit den menschenrechtlichen Sorgfaltspflichten des LkSG *Paefgen*, ZIP 2021, 2006, 2022.

1305 Dies als ungenügend betrachtend *Späth/Werner*, CCZ 2022, 107, 109.

A. Rechtsunsicherheit bezüglich des Programminhalts konzern- und lieferkettendimensionaler Verkehrspflichten

Der Vorstand als handlungsfähiges Leitungsorgan der AG gem. § 76 I AktG hat dafür Sorge zu tragen, dass seine handlungsunfähige Gesellschaft pflichtgemäß agiert.[1306] Bei der Geschäftsführung ist gem. § 93 I 1 AktG die Sorgfalt eines ordentlichen und gewissenhaften Geschäftsleiters anzuwenden. Diese als allgemeine aktienrechtliche Sorgfalts- und Leitungspflicht bezeichnete Pflicht umfasst auch die Pflicht, rechtmäßiges Handeln der Gesellschaft sicherzustellen (sog. „Legalitäts- und Legalitätskontroll- oder Compliance-Pflicht")[1307].

Folglich stellt sich die Frage, welche Maßnahmen der Vorstand im Rahmen seiner Compliance-Verantwortung für den verkehrspflichtigen inländischen Unternehmensträger[1308] ergreifen muss.

I. Bemühens- oder Erfolgsabwendungspflicht?

Zunächst ist festzuhalten, dass die Untersuchungsfälle nicht darauf ausgelegt sind, den Arbeitnehmern oder Dritten im Ausland einen eigenverantwortlichen Umgang mit der Gefahrenquelle zu ermöglichen, sondern darauf, inländische Unternehmensträger zur unmittelbaren Einwirkung auf die Gefahrenquelle zu bewegen. Folglich kommen allein generelle Auswahl-, Überwachungs-, Organisations-, Erkundigungs-, Benachrichtigungs-, Obhuts- und Fürsorgepflichten in Betracht.[1309]

Eine deliktsrechtliche Verkehrspflicht bezweckt die Rücksichtnahme auf die Rechte und Rechtsgüter des § 823 I BGB.[1310] Für die Einhaltung einer Verkehrspflicht genügt es, wenn der Unternehmensträger bei den Schutzvorkehrungen,

---

1306 *Mackert*, in: *Lutter/Bayer*, Holding-Handbuch, § 6 Rn. 21 mit dem Hinweis, dass der Vorstand zur Erfüllung seiner Sorgfaltspflicht bewirken muss, dass der Unternehmensträger so organisiert und beaufsichtigt wird, dass keine Gesetzesverletzungen stattfinden.

1307 Vgl. *Thole*, ZHR 2009, 504, 509.

1308 *Bachmann/Kremer*, in: *Kremer/Bachmann/Lutter/v. Werder*, DCGK, G5 Rn. 38 f. zum Haftungsrisiko des Vorstandes, wenn in der mangelhaften Rechtskontrolle zugleich eine Verkehrspflichtverletzung liegt.

1309 Vgl. zu dieser Unterscheidung *v. Bar*, Verkehrspflichten (1980), S. 83 f., S. 319.

1310 Hierzu *v. Bar*, Verkehrspflichten (1980), S. 62, S. 70 ff.

namentlich den „erforderlichen“ und „zumutbaren“ Gefahrenabwehrmaßnahmen, die angemessene Sorgfalt walten lässt.[1311]

Nach der ständigen Rechtsprechung des BGH bedeutet das, dass sich die rechtliche gebotene Verkehrssicherung danach richtet, was ein „[...] umsichtiger, verständiger und gewissenhafter, in vernünftigen Grenzen vorsichtiger Angehöriger der betroffenen Verkehrskreise für notwendig und ausreichend halten darf“.[1312]

Treten Menschenrechtsverletzungen in ausländischen Betrieben ein, obwohl der Unternehmensträger die erforderliche Sorgfalt bezüglich der Gefahrenabwehrmaßnahmen getroffen hat, kann er de lege lata nicht zivilrechtlich sanktioniert werden.

Grund dafür ist, dass der Verkehrspflichtige die Vermeidung einer Rechts- oder Rechtsgutsverletzung[1313] nur im Bereich des Möglichen und Zumutbaren schuldet. Nach der ständigen Rechtsprechung des BGH ist die Gewährleistung absoluten Rechtsgüterschutzes bzw. ein allgemeines Verbot, andere nicht zu gefährden, „utopisch“.[1314] Damit schuldet der inländische Unternehmensträger

---

1311 BGH, Urt. v. 16.05.2006 = NJW 2006, 2326, 2326; BGH, Urt. v. 15.07.2003 – VI ZR 155/02 = NJW-RR 2003, 1459, 1460; BGH, Urt. v. 08.11.2005 – VI ZR 332/04 = NJW 2006, 610, 611 „Der im Verkehr erforderlichen Sorgfalt [...] § 276 II BGB ist genügt, wenn im Ergebnis derjenige Sicherheitsgrad erreicht ist, den die in dem entsprechenden Bereich herrschende Verkehrsauffassung für erforderlich hält“; ausführlich zum Sorgfaltsbegriff *v. Bar*, Verkehrspflichten (1980), S. 172 ff.

1312 Vgl. BGH, Urt. v. 16.05.2006 = NJW 2006, 2326, 2326 bezüglich der zu treffenden Sicherheitsvorkehrungen = VersR 1972, 559, 560; BGH, Urt. v. 02.10.2012 – VI ZR 311/11 = NJW 2013, 48, 48; BGH, Urt. v. 25.02.2014 – VI ZR 299/13 = NJW 2014, 2104, 2105; konkret zur den Sorgfaltsanforderungen an einen Geschäftsleiter, BGH, Urt. v. 20.02.1995 – II ZR 143/93 (KG) = NJW 1995, 1290, 1290. Der in den zugrundeliegenden Untersuchungsfällen betroffene Verkehrskreis ist derjenige der Vorstandsmitglieder einer AG, an die nach der ständigen Rechtsprechung des BGH die Sorgfaltsanforderungen „[...] ein[es] ordentliche[n] Geschäftsmann[s] in verantwortlich leitender Position bei selbständiger treuhänderischer Wahrnehmung fremder Vermögensinteressen“ gestellt werden. Dabei sind die konkreten Sorgfaltsanforderungen abhängig von den „besonderen Umstände des Einzelfalles“ und richten sich ferner nach der Art, Größe und Situation des Unternehmensträgers. Unkenntnis und mangelnde Erfahrung können den Vorstand hiernach nicht exkulpieren.

1313 Im Folgenden abgekürzt als Rechtsverletzung bezeichnet.

1314 BGH, Urt. v. 02.10.2012 – VI ZR 311/11 = NJW 2013, 48, 48.

als Verkehrspflichtträger in den Untersuchungsfällen de lege lata auch keine Erfolgsabwendung im engeren Sinne.[1315]

Der Verkehrspflichtige schuldet vielmehr eine Bemühenspflicht zur Vornahme der erforderlichen und zumutbaren Maßnahmen, um den Verletzungserfolg zu verhindern.[1316]

II. Verkehrspflichten als Einzelfallabwägung

Der Inhalt der Verkehrspflichten wird grundsätzlich durch die Rechtsprechung und Literatur ausgeformt. Insbesondere die richterliche Rechtsfortbildung hat die Ausgestaltung der Verkehrspflichten im Einzelfall übernommen.[1317]

Als Beispiele für die einzelfallbezogene Ausformung und Ausweitung von Verkehrspflichten durch den BGH dient die Produktbeobachtungspflicht im Honda- sowie die Prüfungs- und Befundsicherungspflicht des Herstellers im Mehrwegflaschen-Fall, die im Folgenden erläutert werden. Eine ähnliche, einzelfallbezogene Konkretisierung kann auch bei der Verkehrspflicht zum Menschenrechtsschutz erwartet werden.

1. Zur Erweiterung der Produktbeobachtungspflicht (Honda-Fall)

Als Beispiel dient die Produkthaftung, die vor ihrer legislativen Umsetzung infolge der EU-Produkthaftungs-Richtlinie[1318] zunächst im Rahmen der richterlichen Rechtsfortbildung auf Grundlage der deliktsrechtlichen Verkehrspflichten entwickelt und inhaltlich ausgestaltet wurde.[1319]

Der BGH erweiterte in seinem *Honda*-Urteil[1320] die Produktbeobachtungpflicht auf eine Überprüfungspflicht fremder Zubehörsteile. In dem Fall klagte der Vater eines bei einem Motorrad-Unfall tödlich verunglückten jungen

---

1315 In diesem Sinne auch *Wagner*, ZIP 2021, 1095, 1099.

1316 *Wagner*, ZIP 2021, 1095, 1099 demzufolge der Schädiger die Vermeidung des „Erfolgs" nicht schlechthin schulde, sondern nur im Rahmen des Möglichen und Zumutbaren.

1317 *Kleindiek*, Deliktshaftung und juristische Person (1997), S. 20 f., S. 113 f.; *Soergel*, BGB Schuldrecht 10, § 823 Anh. II Rn. 1, 6; *Paefgen*, ZIP 2021, 2006, 2013.

1318 Richtlinie 85/374/EWG des Rates vom 25.01.1985 zur Angleichung der Rechts- und Verwaltungsvorschriften der Mitgliedstaaten über die Haftung für fehlerhafte Produkte.

1319 BT-Drs. 11/2447 – amtliche Begründung A II.; Grüneberg/*Sprau*, ProdHaftG Rn. 3; *Wagner*, in: *Säcker/Rixecker et al.*, MüKo BGB, § 823 Rn. 916.

1320 BGH, Urt. v. 09.12.1986 – VI ZR 65/86 = NJW 1987, 1009.

Mannes gegen Honda und seine deutsche Vertriebsgesellschaft. Die Ursache für den tödlichen Ausgang war die Instabilität des Motorrads, die sich nach einer nachträglichen angebrachten Lenkradverkleidung einstellte. Die Besonderheit des Falles war, dass diese Verkleidung nicht seitens der *Honda*-Gesellschaft[1321] hergestellt und angebracht wurde, sondern von dem Vorbesitzer des Fahrers. Der Kläger warf *Honda* vor, nicht dafür Sorge getragen zu haben, rechtzeitig vor den Gefahren, die aus der Lenkradverkleidung für die Benutzer hervorgerufen werden können, zu warnen.

Die Vorinstanz[1322] hatte entgegen dem BGH die Prüfpflicht nur auf von *Honda* selbst empfohlene Zubehörsteile erstreckt. Der BGH empfand die so ausgelegte Überwachungs- und Überprüfungspflicht der Vorinstanz als zu eng und erstreckte sie auch auf sämtliches Zubehör, das erforderlich ist, um das Fahrzeug erst funktionstüchtig zu machen. Dazu gehörte auch Zubehör, dessen Anbringung durch den Hersteller vorbereitet wurde, wie beispielsweise durch Ösen an dem Produkt. In diesen Fällen ist nach der *Honda*-Rechtsprechung der Motorradhersteller auch ohne konkreten Anlass verpflichtet, den Zubehörmarkt daraufhin zu überprüfen, welche Zubehörteile den Benutzern empfohlen werden können und vor welchen Teilen gewarnt werden muss. Bei konkretem Anlass eines für den Benutzer gefährlichen Ausgangs, erstreckt sich die Prüfpflicht auf fremde Zubehörteile. Daneben erweitert sich die Produktbeobachtungpflicht, wenn das Hauptsache-Produkt auch ohne Zubehör „an der Grenze der Sicherheitserwartungen der Benutzer liegt“ und somit ein besonderes Gefährdungspotential aufweist.[1323] An den Inhalt und den Umfang der Sicherungs- und Warnpflichten eines Motorradherstellers seien auf Grund der besonders naheliegenden Gefährdung von Leben und Gesundheit bei der Benutzung von Motorrädern strengere Anforderungen zu stellen, da eine Gefährdung von Leben und Gesundheit bei der Benutzung von Motorrädern besonders naheliegend ist und nicht bloß Sachschäden zu befürchten sind.[1324]

1321 *European Honda Motor Trading GmbH* (Honda Deutschland) mit Sitz in Frankfurt am Main, die dem japanischen Aktienkonzern Honda zugehörig ist.

1322 BGH, Urt. v. 09.12.1986 – VI ZR 65/86 = NJW 1987, 1009, 1011 mit Verweis auf die Vorinstanz OLG München, Urt. v. 26.02.1986 – 15 U 5037/82.

1323 BGH, Urt. v. 09.12.1986 – VI ZR 65/86 = NJW 1987, 1009, 1011; vgl. zur Orientierung des Sorgfaltsmaßstabes an der allgemeinen Verkehrserwartung *Graf von Westphalen*, ZIP 2020, 2421, 2424.

1324 BGH, Urt. v. 09.12.1986 – VI ZR 65/86 = NJW 1987, 1009; mit Verweis BGH, Urt. v. 17.03.1981 – VI ZR 191/79 = VersR 1981, 639, 640 f.; vgl. BGHZ 80, 186 (192) = NJW 1981, 1606 (Apfelschorf).

2. *Zur Prüfungs- und Befundsicherungspflicht des Herstellers (Mehrwegflaschen-Fall)*

In dem *Mehrwegflaschen*-Fall[1325] erweiterte der BGH die Verkehrspflicht eines Getränkeherstellers. Hintergrund war der Unfall eines dreijährigen Kindes, welches durch den Bruch einer Mehrweg-Limonadenflasche schwer verletzt wurde. Der Limonadenabfüller wurde auf Schadensersatz verklagt. Es ließ sich jedoch nicht feststellen, ob der Fehler der Flasche gerade bei dem Beklagten entstanden war.[1326]

In dem Fall griff der BGH zunächst auf die für Hersteller im Allgemeinen geltenden Deliktsgrundsätze zurück, wonach diese verpflichtet sind, „[...] in den Grenzen des technisch Möglichen und ihr wirtschaftlich Zumutbaren dafür zu sorgen, da[ss] der Verbraucher [...] keine Gesundheitsschäden erleidet".[1327] Dazu gehört nach Ansicht des BGH auch eine Prüfungs- und Befundsicherungspflicht. Diese umfasst nach Auffassung des BGH die Pflicht, den Zustand des Glases jeder Flasche vor ihrer Inverkehrgabe auf seine Berstsicherheit hin zu ermitteln und sich darüber zu vergewissern, dass nur unbeschädigte Flaschen den Herstellerbetrieb verlassen.[1328]

Damit ist der Hersteller verpflichtet Explosionsgefahren, die zu schwersten Verletzungen führen können, zu prüfen.[1329] Der BGH betont zwar, dass solche Unfälle selten seien, aber dennoch vorkommen würden, und daher in der Getränkeindustrie seit langem als „spezifisches Produktrisiko" bekannt seien.[1330] Die Pflicht zur Gefahrenvorsorge endet hiernach bei einem „unsachgemäßen Umgang" mit dem Produkt, der „außerhalb des üblichen Erfahrungsbereichs" liegt.[1331]

1325 BGH, Urt. v. 07.06.1988 – VI ZR 91/87 = NJW 1988, 2611; folgend BGH, Urt. v. 08.12.1992 – VI ZR 24/92 = ZIP 1993, 440 und BGH, Urt. v. 09.05.1995 – VI ZR 158/94 = ZIP 1995, 1094 (Mineralwasserflasche II).

1326 Für die Vorinstanz war dies ein Klageabweisungsgrund, vgl. OLG Frankfurt, 17.09.1986 – 7 U 38/85 = VersR 1987, 469.

1327 BGH, Urt. v. 07.06.1988 – VI ZR 91/87 = NJW 1988, 2611, 2611.

1328 BGH, Urt. v. 07.06.1988 – VI ZR 91/87 = NJW 1988, 2611, 2613 f.

1329 BGH, Urt. v. 07.06.1988 – VI ZR 91/87 = NJW 1988, 2611, 2611.

1330 BGH, Urt. v. 07.06.1988 – VI ZR 91/87 = NJW 1988, 2611, 2611 f.

1331 BGH, Urt. v. 07.06.1988 – VI ZR 91/87 = NJW 1988, 2611, 2612.

3. *Zwischenfazit: Einzelfallbezogene Konkretisierung bleibt abzuwarten*

Der BGH hat die richterliche Kompetenz, die generalklauselartigen Anforderungen einer Verkehrspflicht einzelfallbezogen zu konkretisieren. Anhand der Beispielsfälle zeigt sich die höchstrichterliche Erweiterung der Verkehrspflichten, die insbesondere bei besonderem Gefährdungspotential oder bei bekannten, spezifischen (Produkt-)Risiken der betroffenen Branche vorgenommen wird.

Mangels vergangener oder laufender Verfahren vor den nationalen Gerichten ist die konkrete, richterrechtliche Ausformung der Verkehrspflicht zum Menschenrechtsschutz noch abzuwarten.

III. Konkretisierungsversuch des Verkehrspflichteninhalts in ausgewählten Untersuchungsfällen

Bezüglich der Untersuchungsfälle und der verkehrspflichtbegründenden Umstände wird im Folgenden der Versuch einer Konkretisierung des Pflichteninhalts vorgenommen. Hierfür werden vier Bezugspunkte herangezogen, die der Konkretisierung dienen.

Da die Rechtsprechung den Pflichteninhalt nach Abwägung[1332] im Einzelfall konkretisiert, wird die Verkehrspflicht nicht in sämtlichen Fallkonstellationen denselben Inhalt tragen.

Der Inhalt bestimmt sich namentlich nach der Eignung und Zumutbarkeit[1333] der Maßnahmen zur Gefahrenabwehr.

1. *Generelle menschenrechtsbezogene Compliance-Anforderungen*

Im vorangegangenen Kapitel wurde festgestellt, dass die zu ergreifenden Compliance-Maßnahmen von den Umständen des vorliegenden Einzelfalls abhängen.[1334]

1332 Vgl. *v. Bar*, Verkehrspflichten (1980), S. 112; *Habersack/Zickgraf*, ZHR 2018, 252, 268; vgl. BGH, Urt. v. 20.02.2020 – I ZR 193/18 = ZIP 2020, 731, 735 zu einer Garantenpflicht, die durch eine Verkehrspflicht begründet werden kann.

1333 Grüneberg/*Sprau*, § 823 Rn. 51.

1334 LG München I, Urt. v. 10.12.2013 – 5 HKO 1387/10 = AG 2014, 332, 334; *Mackert*, in: *Lutter/Bayer*, Holding-Handbuch, § 6 Rn. 38 die individuelle Ausgestaltung des Compliance-Systems hinge von vielen unternehmensspezifischen Faktoren ab, z.B. Geschäftszweck, Unternehmensstruktur, Geschäftsbeziehungen mit anderen Ländern und Wettbewerbssituation.

Für die Erfassung und Gewichtung der wesentlichen menschenrechtlichen Risiken, die mit der Geschäftstätigkeit im Konzern und in der Lieferkette einhergehen, ist zunächst eine Risikoanalyse vorzunehmen.[1335] Diese stellt das „Herzstück“ der menschenrechtsbezogenen Compliance in den Unternehmensträgern dar, da sie die Entscheidungsgrundlage für die notwendigen und zumutbaren Maßnahmen zur Verkehrspflichterfüllung bildet.[1336] Die Risikoidentifizierung innerhalb einer Risikoanalyse[1337] stellt ein typisches Compliance-Instrument in der Praxis dar und wird regelmäßig für bekannte Compliance-Risiko-Bereiche vorgenommen.[1338]

Zudem muss für ein funktionierendes Compliance-System eine organisatorische Zielstruktur festgelegt werden, in der die Verantwortlichkeiten und Kompetenzen der jeweiligen im Hinblick auf die menschenrechtsbezogenen Themen fixiert und ausreichende Berichtswege installiert werden.[1339] An der *Siemens/Neubürger*-Rechtsprechung orientiert, muss das System zudem in der Lage sein, (Menschen-)Rechtsverletzungen zu verhindern, indem es auf einer hinreichen Organisationsstruktur basiert und zudem Abhilfemaßnahmen bei Compliance-Vorfällen vorsieht.

Bei größeren Unternehmensträgern bietet sich eine Zentralisierung bestimmter Geschäftsbereiche durch einen Compliance-(Menschenrechts-)Beauftragten oder ein Compliance-Gremium an.[1340]

1335 Vgl. *Reichert/Lüneborg*, GmbHR 2018, 1141, 1143 mit tiefergehender Darlegung des Ablaufs in der Praxis, sowie der hierfür erforderlichen Bestandsaufnahme; *Nietsch*, in: *Nietsch*, Corporate Social Responsibility Compliance (2021), S. 190.

1336 *Reichert/Lüneborg*, GmbHR 2018, 1141, 1143.

1337 *Schieffer*, in: *Nietsch*, Corporate Social Responsibility Compliance (2021), S. 217 f.

1338 *Hoffmann/Schieffer*, NZG 2017, 401, 404 beziehen sich hierbei insbesondere auf Korruptions- und Kartellrechtsrisiken; *Grunert*, CCZ 2020, 71, 76 zur Durchführung einer Compliance-Risikoanalyse zu den Kernthemen wie z.B. Korruption, Kartell oder Exportkontrolle; *Gehling/Ott/Lüneborg*, CCZ 2021, 230, 234 wonach „wie bei der allgemeinen Compliance-Risikoanalyse“ insbesondere spezifische Länder-, Branchen- und Transaktionsrisiken zu berücksichtigen seien.

1339 Vgl. *Harbarth*, ZHR 2015, 136, 163, der dies für eine – in großen Unternehmensträgern unerlässliche – Delegation von Compliance-Aufgaben voraussetzt; ähnlich LG München I, Urt. v. 10.12.2013 – 5 HKO 1387/10 = AG 2014, 332 wonach eine klare organisatorische Zuordnung der Compliance-Verantwortung unerlässlich sei.

1340 Ähnlich *Rutloff/Wagner/Hahn/Freihoff*, CCZ 2022, 20, 27, die die Zentralisierung der Vorstandsverantwortlichkeiten bei einem sog. *Chief Sustainability Officer* innerhalb einer menschenrechtsbezogenen Compliance vorschlagen.

2. *Ausformung anhand paradigmatischer Untersuchungsfälle*

In den Fällen, in denen die inländische Gesellschaft selbst aktiv tätig wurde, indem sie sich in den Arbeitsschutzbereich der ausländischen Unternehmensträger eingemischt oder gefährliche Aktivitäten delegiert oder übertragen hat, kommen insbesondere Instruktions-, aber auch Überwachungs- und Kontrollpflichten in Betracht. Die Vorstandsmitglieder der Obergesellschaft müssen dafür Sorge tragen, dass durch das aktive Einmischen oder die gefahrenträchtige Aufgabenübertragung die Rechtsgüter Dritter nicht verletzt werden. Folglich sind neben einer hinreichenden Instruktion in die Aktivität mit erhöhtem Gefährdungspotential auch Kontrollmaßnahmen zur ergreifen, die geeignet sind, den Rechtsschutz der Betroffenen sicherzustellen.

Das Ausnutzen bestimmter Herrschaftsstrukturen, wie die einheitliche Leitung unter Führung der Tochtergesellschaft als eine unselbstständige Betriebsabteilung und die tatsächliche Ausübung der Delegationsmacht in Matrixstrukturen, können die Obergesellschaft insbesondere zu weitergehenden Organisations- und Überwachungsmaßnahmen verpflichten. Die Ausübung der besonderen Herrschaftsmacht darf nicht dazu führen, dass Anwohner, sonstige Dritte und Arbeitnehmer ausländischer Betriebe in ihren Rechtsgütern gefährdet werden. Somit müssen in diesen Fällen sowohl Überwachungs- und Kontrollmaßnahmen ergriffen werden, um die Auswirkungen der Herrschaftsmacht auf die Betroffenen zu analysieren. Zudem müssen Beschwerdemöglichkeiten für „Ausreißer-Fälle“[1341] von Rechtsgefährdungen und -verletzungen installiert werden.

Zuletzt führt das Veröffentlichen konzern- oder lieferkettenweiter Verlautbarungen bei gleichzeitiger Gefahrerhöhung für die Betroffenen[1342] zu der Pflicht, die dort integrierten konzernweiten Vorgaben zur Sicherung von Menschenrechten entlang der Wertschöpfungskette durch geeignete und zumutbare Maßnahmen umzusetzen. Ein allgemeiner Grundsatz, nach dem Versprechungen, die ohne den Nachweis eines Rechtsbindungswillens veröffentlicht werden, auch einzuhalten sind, existiert zwar nicht. Sobald neben der Verlautbarung ein pflichtbegründender Topos, wie die Gefahrerhöhung, besteht, führt dies jedoch dazu, dass der Versprechende „beim Wort genommen“ wird. Zu den geeigneten und zumutbaren Maßnahmen gehört die Implementierung eines konzernweiten

---

1341 Hierunter fallen die Rechtsgefährdungen, die ungeachtet der ergriffenen geeigneten und zumutbaren Überwachungsmaßnahmen der Obergesellschaft eintreten.

1342 Hierzu ausführlich unter Kap. 4 B. I 4. und II 3.

Sicherheitskonzepts in das Überwachungssystem der Inlandsgesellschaft gem. § 91 II AktG und ein damit zusammenhängender Kontrollmechanismus.[1343]

Vor der Erstellung von konzern- und lieferkettenweiter Richtlinien muss deren Inhalt auf Stimmigkeit und Vollständigkeit geprüft werden, um sicherzustellen, dass defizitäre oder fehlerhafte Richtlinien nicht den Maßstab für das konzern- oder lieferkettenweite Handeln bilden. Die Anwendung der erforderlichen Sorgfalt bei der Erstellung und der Inhaltsbestimmung der Richtlinien ergibt sich im Wege einer Gesamtabwägung aller wesentlichen Umstände.[1344]

3. Gesamtabwägung wesentlicher Umstände

Die wesentlichen Umstände in den Untersuchungsfällen betreffen insbesondere den Standort und die Ausstattung der ausländischen Betriebe, die Unternehmensgröße, den betroffenen Sektor und den Schweregrad der Rechtsgutsgefährdungen oder -verletzungen.[1345]

So kann der Standort der ausländischen Betriebe ein Indiz für Menschenrechtsgefährdungen sein, sofern bekannt ist, dass rechtsgutsgefährdende Handlungen auf Grund der dortigen Rechtslage nahe liegen.[1346]

Ferner kann die Tätigkeit inländischer Unternehmensträger einer Wertschöpfungskette in bestimmten Sektoren ein Indiz für Rechtsgutsgefahren darstellen, wenn greifbare Anhaltspunkte für Rechtsgutsgefährdungen in diesen konkreten Sektoren bestehen.

In bestimmten Sektoren, wie bei der Rohstoffgewinnung, beispielsweise bei der Förderung von Erdöl und -gas sowie in der Textilindustrie und in der Lebensmittelbranche[1347], ist öffentlich bekannt, dass die Gefahr

---

1343 Ähnlich, *Payandeh,* FS K. Schmidt (2019), Bd. II, S. 131, S. 144 demnach die Kernerwartung in der Errichtung und Durchführung eines menschenrechtlichen Due-Diligence-Verfahren bestehe. Dieses sei der deutschen Rechtsordnung bei der Errichtung eines Compliance-Systems bekannt.

1344 Vgl. BGH, Urt. v. 20.02.1995 – II ZR 143/93 (KG) = NJW 1995, 1290, 1290.

1345 *Osieka,* Zivilrechtliche Haftung deutscher Unternehmen für menschenrechtsbeeinträchtigende Handlungen ihrer Zulieferer (2014), S. 188; vgl. auch *Bodenstein/Lenz,* ZCG 2021, 101, 105.

1346 *Wittig,* in: *Krajewski/Oehm/Saage-Maaß,* Zivil- und strafrechtliche Unternehmensverantwortung für Menschenrechtsverletzungen (2018), S. 209.

1347 *Wiedmann,* in: *Nietsch,* Corporate Social Responsibility Compliance (2021), S. 592 mit Beispielen typischer Menschenrechtsverletzungen im Lebensmittelhandel sowie in der Textilindustrie.

von Menschenrechtsverletzungen im Ausland größer ist als in anderen Industriebereichen.[1348]

Das bedeutet nicht zwingend, dass sämtliche inländische Gesellschaften, die in einem dieser Sektoren grenzüberschreitend tätig werden, im Gegensatz zu Gesellschaften anderer Sektoren, „pauschal" verkehrspflichtig sind und daher Kontrollmaßnahmen ergreifen müssen.

Eine derartige Pflicht der Unternehmensträger ist in dem Kontext zwar nicht abwegig wie das Mineralische-Rohstoffe-Sorgfaltspflichten-Gesetz[1349] zeigt, welches der Durchführung der Konfliktmineralien-Verordnung der EU dient. Die Verordnung zielt gem. Art. 1 MinRohSorG darauf ab, die Möglichkeiten für bewaffnete Gruppen und Sicherheitskräfte zum Handel mit Zinn, Tantal und Wolfram, Erzen und Gold einzuschränken und für Transparenz und Sicherheit hinsichtlich der Lieferpraktiken von Unionseinführern sowie von Hütten und Raffinerien zu sorgen, die Rohstoffe aus Konflikt- und Hochrisikogebieten beziehen. In dem 3. Erwägungsgrund der Verordnung wird darauf hingewiesen, dass Menschenrechtsverletzungen in rohstoffreichen Konflikt- oder Hochrisikogebieten „weit verbreitet" sind.

Es zeigt jedoch, dass in bestimmten Bereichen oder Sektoren, in denen schwerwiegende oder regelmäßige Gefahren für Rechtsverletzung vorherrschen, die Etablierung einer unternehmerischen Sorgfaltspflicht für alle in diesem Bereich tätigen Unternehmensträger naheliegt.

4. *LkSG als Orientierungsmaßstab?*

Die im LkSG statuierten menschenrechtsbezogenen Sorgfaltsmaßnahmen im Konzern und in der Lieferkette umfassen gem. § 1 I die Einrichtung eines Risikomanagements, die Festlegung einer betriebsinternen Zuständigkeit, die Durchführung regelmäßiger Risikoanalysen, die Verabschiedung einer Grundsatzerklärung, die Verankerung von Prâventionsmaßnahmen im eigenen Geschäftsbereich und gegenüber unmittelbaren Zulieferern, das Ergreifen von

---

1348 *Güngör*, Sorgfaltspflichten von Unternehmensträgerin transnationalen Menschenrechtsfällen (2016), S. 262; *Payandeh,* FS K. Schmidt (2019), Bd. II, S. 131; *Fremuth*, Menschenrechte (2020), S. 21.

1349 Gesetz zur Durchführung der Verordnung (EU) 2017/821 des Europäischen Parlaments und des Rates vom 17. Mai 2017 zur Festlegung von Pflichten zur Erfüllung der Sorgfaltspflichten in der Lieferkette für Unionseinführer von Zinn, Tantal, Wolfram, deren Erzen und Gold aus Konflikt- und Hochrisikogebieten v. 29.04.2020, BGBl. I S. 864; im Folgenden abgekürzt als MinRohSorG bezeichnet.

Abhilfemaßnahmen, die Einrichtung eines Beschwerdeverfahrens, die Umsetzung von Sorgfaltspflichten in Bezug auf Risiken bei mittelbaren Zulieferern und die Dokumentation und die Berichterstattung.

Eine Orientierung an den nach dem LkSG geforderten menschenrechtsbezogenen Sorgfaltsmaßnahmen im Konzern und in der Lieferkette bietet sich grundsätzlich an.

Es ist festzuhalten, dass die Sorgfaltspflichten des LkSG, wie die Vornahme einer regelmäßigen und angemessen Risikoanalyse gem. § 3 I Nr. 3 i.V.m. § 5 LkSG mit dem Ziel, die menschenrechtlichen Risiken zu ermitteln und eine anschließende Risikogewichtung vorzunehmen, geeignete („compliancebekannte") Instrumente[1350] für einen sorgfältigen Umgang mit den Menschenrechtsrisiken darstellen.

Zwar wird teilweise bemängelt, dass es auch hierbei bislang an einer konkreten Ausgestaltung der risikoorientierten Management-Maßnahmen fehlt.[1351] Andere Autoren[1352] sehen dagegen die durch das LkSG geregelten Maßnahmen als detailliert vorgegeben.

Der zweiten Auffassung ist im Hinblick auf die für die Sorgfaltsmaßnahmen statuierten Kriterien gem. § 3 II LkSG, wie der Art und Umfang der Geschäftstätigkeit, der Schwere der (Menschenrechts-)Verletzungen, dem Einflussvermögen auf die unmittelbaren Verursacher sowie den eigenen Verursachungsbeitrag der deutschen Obergesellschaft, zuzustimmen.

Ferner sind abstrakt-generelle Regelungen hinsichtlich der Compliance-Maßnahmen derzeit undenkbar. De lege lata sind die zu ergreifenden Maßnahmen, ungeachtet der Sondervorschriften für bestimmte Unternehmensträger, abhängig vom vorliegenden Einzelfall.[1353] Zudem würde der de lege lata bestehende unternehmerische Spielraum bei der allgemeinen Compliance-Ausgestaltung der Vorstandsmitglieder dadurch beschränkt. Eine Orientierung an den Maßnahmen des LkSG bietet sich somit entgegen den kritischen Stimmen an.

1350 Vgl. *Nietsch*, in: *Nietsch*, Corporate Social Responsibility Compliance (2021), S. 190.

1351 *Bodenstein/Lenz*, ZCG 2021, 101, 105 ziehen als Gegenvorschlag für eine Konkretisierung die Ruggie-Prinzipien des Human Right Due Diligence Concept der Vereinten Nationen heran.

1352 *Späth/Werner*, CCZ 2022, 107, 107.

1353 *Harbarth*, ZHR 2015, 136, 157.

5. *Zwischenergebnis: Bestimmung des Verkehrspflichteninhalts mit Augenmaß unter Abwägung der wesentlichen Gesamtumstände*

Zusammenfassend ist nach der hier vertretenen Ansicht der konkrete Verkehrspflichteninhalt, unter Gesamtabwägung der Umstände, jedenfalls mit Augenmaß zu bestimmen und kann sich in den Untersuchungsfällen in einer Überprüfungspflicht in diesen Sektoren erschöpfen. Diese kann die inländischen Unternehmensträger zur Ermittlung der tatsächlichen Gefahrenlage in der eigenen Lieferkette oder im eigenen Konzern verpflichten.

Sofern im Einzelfall eine besondere Gefahrensituationen für die Betroffene besteht, beispielweise bei Vorliegen einer hohen Wahrscheinlichkeit für Menschenrechtsverletzungen (in einem bestimmten dafür bekannten Tätigkeitssektor oder Standort) oder bei Verdachtsmomenten für schwerwiegende Menschenrechtsverletzungen sowie vergangenen Erfahrungen mit Rechtsverletzungen in der Wertschöpfungskette, kann die Überprüfungs- und Ermittlungspflicht sich in eine weitergehende Pflicht zur Ergreifung erforderlicher Schutzmaßnahmen verdichten.

Dies stünde auch mit der Erweiterung der Verkehrspflichten bei besonderen Gefährdungslagen durch die höchstrichterliche Rechtsprechung im Einklang.[1354]

Dennoch ist festzuhalten, dass auf Grund der bislang fehlenden Verbindlichkeit bestimmter Compliance-Maßnahmen eine gewisse Rechtsunsicherheit besteht. Dabei ist die Einbeziehung menschenrechtsbezogener Risiken als pflichterfüllende Mindestvoraussetzung für die Unternehmensträger bedeutsam, denn diesen kam bislang nicht dieselbe Aufmerksamkeit bei der Risikoermittlung und -analyse zu Teil, wie den bekannten haftungsrelevanten Korruptions- oder kartellrechtlichen Risiken.

B. Ausschluss einer objektiven Pflichtverletzung kraft Anwendung der Business Judgement Rule?

Fraglich ist, ob eine objektive Pflichtverletzung eines Vorstandsmitgliedes der Gesellschaft gem. § 93 II 1 AktG durch die Anwendung der sog. *Business Judgement Rule*[1355] gem. § 93 I 2 AktG (analog)[1356] auf Entscheidungen zur Umsetzung der Verkehrspflicht ausgeschlossen werden kann. Für die Untersuchung

1354 Vgl. hierzu B. II.

1355 Im Folgenden abgekürzt auch als BJR bezeichnet.

1356 BGH, Urt. v. 04.11.2002 – II ZR 224/00282 = NZG 2003, 81, 82; *Fleischer*, NZG 2011, 521, 521 ff.; *Kleindiek*, in: *Lutter/Hommelhoff*, GmbHG, § 43 Rn. 23 m.w.N.

einer solchen Exkulpationsmöglichkeit ist zu differenzieren zwischen der Entscheidung des Vorstandes bezüglich des „ob" sowie der Frage nach dem „wie" der Umsetzung.[1357]

Die Vorstandsmitglieder haben gem. § 93 I 1 AktG bei ihrer Geschäftsführung die Sorgfalt eines ordentlichen und gewissenhaften Geschäftsleiters anzuwenden. Gem. § 93 I 2 AktG liegt eine Pflichtverletzung des Vorstandsmitglieds nicht vor, wenn es bei einer unternehmerischen Entscheidung vernünftigerweise annehmen durfte, auf der Grundlage angemessener Information zum Wohle der Gesellschaft zu handeln.

Diese Regelung wird als *Business Judgement Rule*[1358] bezeichnet und sichert dem Leitungsorgan einen Ermessensspielraum bei bestimmten Entscheidungen, indem sich die gerichtliche Kontrolle hierbei auf eine ex-ante Beurteilung beschränkt (sog. *safe harbour*[1359]).[1360]

Dann müsste es sich bei der Umsetzung der Verkehrspflicht in den genannten Fällen um eine unternehmerische Entscheidung handeln. Eine unternehmerische Entscheidung ist – negativ definiert – jede Entscheidung, die nicht rechtlich gebunden ist, d.h. durch Gesetz, Satzung oder Anstellungsvertrag determiniert.[1361] Sie wird durch Prognose- und Risikoelemente geprägt. Welche Entscheidungen an Recht und Gesetz tatsächlich gebunden sind, ist nicht abschließend geklärt.[1362] Maßgeblich für eine rechtlich gebundene Entscheidung ist, dass das Geschäftsleitungsorgan bloß eine legale Handlungsalternative vornehmen kann.

1357 So auch für die Erfüllung von Pflichtaufgaben mit Entscheidungsspielraum *Kauer*, Die Informationsbeschaffungspflicht des Vorstandes einer AG (2015), S. 178.

1358 Im Folgenden abgekürzt als BJR bezeichnet.

1359 *Fleischer*, FS Wiedemann (2002), S. 827, S. 829 ff.; *Grunewald/Hennrichs*, FS Maier-Reimer (2010), S. 147, S. 157; *Ziemons*, in: *Michalski*, GmbHG, § 43 Rn. 134; *Furhmann/Heinen/Schilz*, NZG 2020, 1368, 1369 f.

1360 Vgl. Arbeitskreis „Externe und Interne Überwachung der Unternehmung" (AKEIÜ) der Schmalenbach-Gesellschaft für Betriebswirtschaft e.V., DB 2006, 2189, 2189 ff. mit Thesen zu der BJR für die Unternehmenspraxis unter Berücksichtigung der betriebswirtschaftlichen und der rechtlichen Anforderungen.

1361 *Grunewald/Hennrichs*, FS Maier-Reimer (2010), S. 147, S. 148; *Ott*, ZGR 2017, 149, 157.

1362 *Grunewald/Hennrichs*, FS Maier-Reimer (2010), S. 147, S. 148.

I. Entscheidung über das „Ob“ der Umsetzung

Deliktsrechtliche Verkehrspflichten gem. § 823 I BGB sind Bestandteil der nationalen Rechtsordnung[1363] und folgerichtig als rechtlich gebundene Entscheidungen[1364] einzuordnen, die den Pflichtenträger zur Vornahme erforderlicher und zumutbarer Maßnahmen verpflichten. Die Verkehrspflicht zur Vornahme erforderlicher und zumutbarer Maßnahmen ist nach geltendem Recht nach der vorliegenden Untersuchung für den Unternehmensträger und dessen Leitungsorgan verbindlich und bietet keine Handlungsalternative.

Somit ist festzuhalten, dass für das „Ob“ der verkehrspflichterfüllenden Maßnahmen kein Ermessensspielraum des Vorstandes besteht.

II. Entscheidung über das „Wie“ der Umsetzung

Welche Maßnahmen *in concreto* als geeignet und zumutbar charakterisiert werden können, ist abhängig von der rechtsfortbildenden Rechtsprechung der nationalen Gerichte.

Im Kapitel 5 wurden die Compliance-Instrumente, die zur Verwirklichung einer Verkehrspflicht im Konzern und in der Lieferkette angewendet werden können, vorgestellt. Danach stehen dem Vorstand mehrere Handlungsoptionen zu Verfügung, die zur Erfüllung seiner Sorgfaltspflicht gem. § 93 I AktG herangezogen werden können.

1. Ermessensspielraum auf Grund herrschender Rechtsunsicherheit über pflichtgemäße Maßnahmen

Die nach derzeitigem Stand noch nicht erfolgte Konkretisierung des menschenrechtsbezogenen Verkehrspflichteninhalts hat jedoch für das Leitungsorgan als Handlungsorgan des Unternehmensträgers unter Umständen erhebliche haftungsrechtliche Folgen. Die Rechtsunsicherheit, die im Allgemeinen bei der Konkretisierung der Verkehrspflichten noch besteht, trifft den Vorstand unmittelbar. Vor diesem Hintergrund lässt sich argumentieren, dass bei der konkreten

---

1363 *V. Bar*, Verkehrspflichten (1980), S. 147 demzufolge das Richterrecht der Verkehrspflichten der Fortentwicklung des kodifizierten Deliktsrechts des BGB dient und als richterliches Gewohnheitsrecht zur maßgeblichen Rechtsquelle geworden ist.

1364 *Thole*, ZHR 2009, 504, 524; *Paefgen*, ZIP 2021, 2006, 2022 zählt die Verkehrspflicht gem. § 823 I BGB zur Legalitätspflicht des Vorstandes mit der Folge, dass dieser der Gesellschaft gegenüber verpflichtet ist, die aus dem Deliktsrecht folgenden externen strikten Rechtsbindungen zu beachten.

Umsetzung der Verkehrspflichten ein Handlungsspielraum besteht, solange die zumutbaren und geeigneten Maßnahmen zur Erfüllung der Verkehrspflicht nicht rechtsverbindlich bestimmt sind.

Dieser Ansatz findet sich auch in der Diskussion um eine Ermessensausübung bei Entscheidungen unter Rechtsunsicherheiten im Allgemeinen.[1365] Hierbei wird beispielhaft die Verwendung von Normen mit unbestimmten Rechtsbegriffen mit Beurteilungsspielräumen sowie der hierdurch entstehende Auslegungsbedarf angeführt. Darüber hinaus sei auch im Bereich der Legalitätskontrolle, bei der Wahl der Modalitäten eines Compliance-Systems, ein Ermessensspielraum des Vorstandes anzuerkennen.[1366]

Da die Entscheidung, wie die Verkehrspflicht im Einzelfall umgesetzt werden muss, nach geltendem Recht nicht bestimmt ist, könnte diese als unternehmerische Entscheidung im Sinne der *BJR* ausgelegt werden. In dem Zusammenhang kann argumentiert werden, dass mangels gesetzlich festgelegter oder durch die Rechtsprechung entwickelter Kriterien, dem Vorstand der Obergesellschaft gem. § 93 I 2 AktG de lege lata ein *safe harbour* hinsichtlich der Art und Weise der Umsetzung der Verkehrspflicht im konkreten Fall zustehen muss. Dafür könne auch das offene Zumutbarkeitskriterium bezüglich der zu treffenden Maßnahmen sprechen.[1367] Aus der Prozessorientierung der verpflichtenden Maßnahmen ließe sich eine Art „lieferkettenrechtliche Business Judgement Rule" erwägen.

Die Zumutbarkeit der Verkehrspflichten könnte ebenso als ein offenes Kriterium ausgelegt werden.

Dem ist zunächst entgegenzuhalten, dass ein so ausgelegter unternehmerischer Ermessensspielraum jedoch entzogen wird, sobald die zur Erfüllung der Verkehrspflicht vorzunehmenden Maßnahmen rechtsverbindlich konkretisiert werden. Ab diesem Zeitpunkt besteht bezüglich der Art und Weise der Umsetzung der Verkehrspflicht kein *safe harbour* für das Leitungsorgan.

1365 Vgl. hierzu *Thole*, ZHR 2009, 504, 521 ff.; *Nietsch*, ZGR 2015, 631, 652, 665 f., dem entsprechend bei prinzipienbasierter Regulierung und der Ausfüllung von Generalklauseln ein unternehmerisches Ermessen zuzulassen sei.

1366 *Thole*, ZHR 2009, 504, 521 ff.; in diese Richtung auch *Späth/Werner*, CCZ 2022, 107, 107 ff.

1367 Ähnlich *Paefgen*, ZIP 2021, 2006, 2012; in diese Richtung schon *Nietsch*, ZGR 2015, 631, 658 ff. der die BJR auch bei Compliance-Verstößen aus dem Unternehmensträger heraus anwenden möchte und dabei zwischen anlassunabhängigen Compliance-Maßnahmen mit breitem Ermessen aufgrund der Gleichwertigkeit betriebswirtschaftlicher Modelle und anlassbezogenen Maßnahmen mit weniger weitem Ermessen differenziert.

Es ist folglich zuzugeben, dass ein solcher unternehmerischer Ermessensspielraum nicht von langer Dauer sein wird. Sobald ein Verkehrspflichtenfall von den nationalen Gerichten entschieden wird, wird das Gericht die erforderlichen und zumutbaren Maßnahmen definieren und einen etwaig zuvor bestehenden Haftungsfreiraum nicht anerkennen.

Nach der ständigen Rechtsprechung des BGH[1368] werden die verkehrspflichterfüllenden Maßnahmen schlicht daran orientiert, was ein „[…] verständiger, umsichtiger, vorsichtiger und gewissenhafter Angehöriger der betroffenen Verkehrskreise für ausreichend halten darf".

2. *Kein Ermessensspielraum: Verkehrspflichten als verbindliches Richterrecht*

Der Maßstab, der bezüglich der Zumutbarkeit und Erforderlichkeit der Maßnahmen vom BGH angewendet wird, ist nach *Wagner* ein normativer und objektiver Maßstab[1369], sodass die Anerkennung einer *BJR* als Ermessensspielraum des Leitungsorgans ohnehin ausgeschlossen sein müsse.[1370]

Zudem wurde festgestellt, dass der Ermessensspielraum des Vorstandes hinsichtlich der Ausgestaltung eines Compliance-Systems bei der Erfüllung einer der Gesellschaft im Außenverhältnis aufgegebenen Rechtspflicht endet.[1371] Abweichende Instrumente als die Etablierung eines funktionstüchtigen Compliance-Systems können hinsichtlich der Erfüllung der Verkehrspflicht nur haftungsbefreiend wirken, wenn sie im Bereich des Erforderlichen und Zumutbaren liegen und an dem BGH-Maßstab der Verkehrserwartung gerichtet sind.

Ausschlaggebend gegen die Einordnung der Art und Weise der Umsetzung einer Verkehrspflicht als unternehmerische Entscheidung spricht die Einordnung der deliktsrechtlichen Verkehrspflichten als Richterrecht[1372] und die

1368 BGH, Urt. v. 02.10.2012 – VI ZR 311/11 = NJW 2013, 48, 49; BGH, Urt. v. 25.02.2014 – VI ZR 299/13 = NJW 2014, 2104 je m.w.N.

1369 *Wagner*, in: *Säcker/Rixecker et al.*, MüKo BGB, § 823 Rn. 477.

1370 *Paefgen*, ZIP 2021, 2006, 2012.

1371 Ähnlich *Fleischer*, ZIP 2005, 141, 145 f. kein Geschäftsleiterermessen hinsichtlich „nützlicher" Pflichtverletzungen; ebenso *Altenbach*, in: *Semler/v. Schenck/Wilsing*, Arbeitshandbuch für Aufsichtsratsmitglieder, § 7 Rn. 27; *Verse*, ZHR 2011, 401, 415; *Mackert*, in: *Lutter/Bayer*, Holding-Handbuch, § 6 Rn. 4 unter der Voraussetzung, dass keine spezialgesetzlichen Vorgaben – wie etwa im Bankenbereich – existierten.

1372 BVerfG, Beschl. v. 14.03.1973 – 2 BvR 768/71 = NJW 2009, 1469, 1475 (Rügeverkümmerung) demnach die höchstrichterliche Rechtsprechung kein Gesetzesrecht sei und keine damit vergleichbare Rechtsbindung erzeuge; BVerfG, Beschl. v. 21.06.2010 – 1

damit einhergehende Pflicht zur Vornahme geeigneter und zumutbarer Maßnahmen zur Gefahrenabwehr. Die Rechtsunsicherheit bezüglich der Eignung und Zumutbarkeit der Maßnahmen allein kann die Qualifizierung der Maßnahmen zur Verkehrspflichterfüllung als unternehmerische Entscheidung nicht rechtfertigen.[1373]

Im Bereich der deliktsrechtlichen Verkehrspflichten besteht zudem eine Fülle an höchstrichterlicher Rechtsprechung, die den Inhalt von Verkehrspflichten und deren Anforderungen im Grundsatz festlegt. So ist nach der Rechtsprechung des BGH ein Ausschluss jeglicher Schädigungen utopisch[1374], sodass der Verkehrspflichtige[1375] situationsbezogen auf die Gefahren, denen er begegnet, einwirken muss.

Die dafür erforderlichen Maßnahmen sind nach der ständigen Rechtsprechung des BGH solche, die ein umsichtiger, verständiger, gewissenhafter und in vernünftigen Grenzen vorsichtiger Angehöriger des betroffenen Verkehrskreises oder der betroffenen Berufsgruppe unter Berücksichtigung der Schadenswahrscheinlichkeit und der möglichen Schadensfolgen[1376] für notwendig und ausreichend halten darf, um die Schäden von Dritten abzuwenden.[1377]

Die Zumutbarkeit einer Maßnahme bestimmt sich nach der Wahrscheinlichkeit der Gefahrenverwirklichung, der Gewichtung möglicher Schadensfolgen und der Höhe des mit der Schadensabwehr verbundenen Kostenaufwands.[1378]

BvL 11/06, = NJW 2010, 3705 (Fremdrentengesetz); BVerfG, Beschl. v. 15.07.2015 – 2 BvR 2292/13 = NJW 2016, 229, 231 demzufolge die Fachgerichte an durch die Rechtsprechung entwickeltes Recht nicht in gleicher Weise gebunden seien wie an Gesetze. Nach deutschem Recht gebe es grundsätzlich keine Präjudizienbindung.

1373 A.A. *Nietsch*, ZGR 2015, 631, 652, 665 f., demzufolge bei prinzipienbasierter Regulierung und der Ausfüllung von Generalklauseln ein unternehmerisches Ermessen zuzulassen sei.

1374 BGH, Urt. v. 02.10.2012 – VI ZR 311/11 = NJW 2013, 48, 48.

1375 *Paefgen*, ZIP 2021, 2006, 2012.

1376 BGH, Urt. v. 31.10.2006 – VI ZR 223/05 = NJW 2007, 762 Rn. 11.

1377 BGH, Urt. v. 16.05.2006 – VI ZR 189/05 = NJW 2006, 2326, 2326; BGH, Urt. v. 16.05.2006 – VI ZR 189/05 = NJW 2010, 1967 Rn. 5 f.; BGH, Urt. v. 19.07.2018 – VII ZR 251/17 = NJW 2018, 2956 Rn. 17 f.

1378 BGH, Urt. v. 19.07.2018 – VII ZR 251/17 = NJW 2018, 2965 Rn. 18.

3. *Zwischenergebnis: Keine Exkulpationsmöglichkeit auf objektiver Ebene*

Somit ist im Ergebnis festzuhalten, dass weder das „Ob“ noch das „Wie“ der Umsetzung der deliktsrechtlichen Verkehrspflichten eine unternehmerische Entscheidung darstellt.

Die Leitungsorgane sind an die Verkehrspflicht und die pflichtgemäßen zumutbaren und geeigneten Maßnahmen gebunden. Für die Beurteilung einer unternehmerischen Entscheidung ist unerheblich, ob die Maßnahmen im konkreten Einzelfall noch nicht rechtsverbindlich bestimmt sind. Maßgeblich ist allein die rechtlich gebundene Entscheidung zur Vornahme von zumutbaren und geeigneten Maßnahmen zur Gefahrenabwehr. Eine Handlungsalternative besteht hierbei nicht. Der für die Beurteilung der Erforderlichkeit und Zumutbarkeit angelegte Kriterien-Maßstab der Rechtsprechung bietet zudem Orientierung für Vorstandsmitglieder einer verkehrspflichtigen Aktiengesellschaft.

III. Zwischenergebnis: Implementierung eines menschenrechtsbezogenen Compliance-Systems als erforderliche und zumutbare Pflichtmaßnahme

Somit ist festzuhalten, dass der Vorstand verpflichtet ist, die Verkehrspflicht zu erfüllen, ohne sich hierbei durch unternehmerisches Ermessen exkulpieren zu können. Ebenso wenig kann der Vorstand bei der konkreten Umsetzung im Corporate Governance-System des Unternehmensträgers einen *safe harbour* für sich in Anspruch nehmen. Als erforderliche und zumutbare Maßnahme ist ein nach der Rechtsprechung des LG Münchens I funktionierendes Compliance-System mit den wesentlichen für die Funktionstüchtigkeit erforderlichen Compliance-Elementen zu implementieren.

Vorstandsmitglieder börsennotierter Inlandsgesellschaften eines Konzerns oder einer Lieferkette müssen hierfür gem. § 91 III AktG ihre Compliance-Organisation in eines der dort genannten Management-Systeme integrieren und für deren Angemessenheit und Wirksamkeit sorgen. Das gewählte Management-System muss – bei Bestehen einer Verkehrspflicht – menschenrechtsbezogene Risiken berücksichtigen, die durch oder im Zusammenhang mit ihrer Geschäftstätigkeit in der Wertschöpfungskette entstehen.[1379] Für

1379 *Fleischer*, CCZ 2008, 1, 2 zählt zu den relevanten Compliance-Risikobereichen die klassischen Schwerpunkte des Kapitalmarkt-, Kartell- und Korruptionsstrafrechts

nicht-börsennotierte Gesellschaften gilt die Implementierungspflicht bei Vorliegen einer „entsprechenden Gefährdungslage“, d.h. bei Kenntnis oder Verdachtsmomenten von Gesetzesverletzungen aus dem Unternehmensträger heraus. Eine solche Gefährdungslage liegt in den Untersuchungsfällen vor, in denen die Rechte und Rechtsgüter Dritter auf Grund der Geschäftstätigkeit in der Wertschöpfungskette gefährdet sind und die inländische Gesellschaft eine konzern- oder lieferkettendimensionale Verkehrspflicht trifft. Vorstände müssen demnach ein Compliance-System konzernweit aufbauen, fortlaufend optimieren und auf seine Effizienz hin überprüfen.

Die Installation eines Compliance-Systems oder Risikomanagementsystems stellt in diesen Fällen die erforderliche und zumutbare Maßnahme zur Verkehrspflichterfüllung dar. Compliance-Systeme sind in größeren Unternehmensträgern regelmäßig installiert und größtenteils nicht mehr „wegzudenken“,[1380] sodass die Vorstandsmitglieder die hierfür bereitstehenden und praxisbekannten Instrumente auch für die neuartige Verkehrspflicht im Konzern und in der Lieferkette nutzen können.

Sofern der Vorstand geeignete und zumutbare Maßnahmen nach diesem Maßstab ergreift, um Rechtsverletzungen in den ausländischen Betrieben zu vermeiden, besteht keine persönliche Haftungsgefahr. Unternimmt das Vorstandsmitglied geeignete Maßnahmen zur (präventiven) Gefahrenabwehr in der Wertschöpfungskette, entspricht er auch der Verkehrspflicht als „Bemühenspflicht“ und haftet nicht für „Ausreißer“, die entgegen den sonst geeigneten Compliance-Maßnahmen auftreten.

C. Ausschluss einer subjektiven Pflichtverletzung kraft unverschuldeten Verbotsirrtums?

Besteht nach den Überlegungen kein Ermessensspielraum des Vorstandes bezüglich der Umsetzung der Verkehrspflicht innerhalb eines funktionierenden Compliance-Systems, stellt sich die Frage, ob er die Haftung anderweitig ausräumen kann. In Betracht kommt eine Exkulpation des Vorstandsmitglieds, wenn er im Streitfall darlegen kann, die Sorgfalt eines ordentlichen Kaufmanns gem. § 93 II 2 AktG angewendet zu haben.

---

sowie das Umweltrecht, das Produkthaftungsrecht sowie die Diskriminierung und sexuelle Belästigung am Arbeitsplatz.

1380 Fußnote basiert auf Gesprächen mit Berufsträgern aus der Praxis, vgl. auch *Schäfer/Holzinger*, in: *Zenke/Schäfer/Brocke*, Corporate Governance (2020), S. 105 f.

In einem praktischen Beispiel könnte der Vorstand im Falle eines mangelhaften Compliance-Systems zu seiner Verteidigung vorbringen, dass er es „nicht besser wusste“ und sich nicht an einen Präzedenzfall orientieren konnte.

Eine Möglichkeit, dem Vorwurf einer subjektiven Pflichtverletzung auf diese Weise zu entgegnen, ist die Berufung auf einen unverschuldeten Verbotsirrtum.

Für die Beurteilung, ob ein Verbotsirrtum unverschuldet war und dadurch der Schuldvorwurf ausgeräumt werden kann, hat der BGH nach den Grundsätzen des *ISION*-Urteils[1381] eine modifizierte Rechtsvergewisserungspflicht für Gesellschaftsorgane entwickelt.

In dem Fall klagte ein Insolvenzverwalter gegen Vorstandsmitglieder gem. § 93 III Nr. 4 AktG und den stellvertretenden Aufsichtsratsvorsitzenden gem. § 116 AktG der *ISION*-AG. Der Streit betraf eine getroffene Sacheinlagevereinbarung, die wegen der Festlegung eigener Aktien der Gesellschaft als Sacheinlage unwirksam war. Die durch die Unwirksamkeit wieder entstandene Bareinzahlungspflicht des Aktionärs wurde nicht geleistet. Dennoch wurden die neuen Aktien ausgegeben, weil Vorstand und Aufsichtsrat nach Einholung externen Rechtsrats bei einer Rechtsanwaltskanzlei von der Wirksamkeit der Sacheinlagenvereinbarung ausgingen. Dies führte dazu, dass die Gesellschaft Insolvenz anmelden musste. Das beklagte Aufsichtsratsmitglied war zugleich Partner dieser Anwaltskanzlei und hatte die Vereinbarung mit angeregt.

Schon vor dem *ISION*-Urteil musste ein Organmitglied nach der ständigen höchstrichterlichen Rechtsprechung[1382] für die Berufung auf einen unverschuldeten Rechtsirrtum die Rechtslage sorgfältig prüfen, gegebenenfalls Rechtsrat einholen und die höchstrichterliche Rechtsprechung sorgfältig beachten.

Darüber hinaus konkretisierte der BGH diese Pflicht, indem er das selbst nicht über die erforderliche Sachkunde verfügende Leitungsorgan in die Pflicht nahm, unter umfassender Darstellung der Verhältnisse der Gesellschaft und Offenlegung der erforderlichen Unterlagen Rechtsrat bei einem unabhängigen, fachlich qualifizierten Berufsträger einzuholen. Zudem muss es die erteilte Rechtsauskunft einer sorgfältigen Plausibilitätskontrolle unterziehen.[1383] Die bloße Annahme, dass bei der Erstellung des Abwicklungskonzepts die rechtlichen Voraussetzungen der Sacheinlage überprüft wurden, ersetze eine Beratung

---

1381 BGH, Urt. v. 20.09.2011 – II ZR 234/09 = NZG 2011, 1271, 1273 Rn. 18; vgl. *Spindler*, in: *Goette/Habersack*, MüKo AktG, § 93 Rn. 222.

1382 BGH, Urt. v. 20.09.2011 – II ZR 234/09 = NZG 2011, 1271, 1272 f. unter Bezugnahme auf die st. Rspr.

1383 BGH, Urt. v. 20.09.2011 – II ZR 234/09 = NZG 2011, 1271, 1273.

und Nachfragen nicht. Eine mündliche Beratung genüge nur bei einfach gelagerten oder besonders eilbedürftigen Fällen.

Das Vertrauen in die Fachkompetenz eines Beraters ersetze die eigene Plausibilitätskontrolle des Vorstandes nicht. Die Vorstandsmitglieder könnten sich auch nicht darauf berufen, dass der Aufsichtsrat sie ungenügend überwacht oder fehlerhaft beraten habe. Auch der Umstand, dass weder der Sacheinlageprüfer noch das Registergericht die Untauglichkeit der Sacheinlage erkannt hatten, entlaste den Vorstand nicht. Auch das Aufsichtsratsmitglied wurde in die Haftung genommen.[1384] Zur Begründung wurde einerseits der gesteigerte Sorgfaltsmaßstab bei Organmitgliedern mit Spezialkenntnissen, andererseits die bei der Entscheidung vorliegende „eindeutige Rechtslage“ hervorgehoben.

Um die Haftung des Vorstandsmitglieds mangels Verschuldens ausschließen zu können, müsste dieses folglich den *ISION*-Anforderungen ordnungsgemäß nachkommen.

I. Die Rechtsvergewisserungspflicht

Dass ein Leitungsorgan einer Gesellschaft eine generelle Rechtsvergewisserungspflicht trifft, wird teilweise[1385] aus der Legalitätspflicht abgeleitet und ist allgemein anerkannt.[1386] Ein Organmitglied ist im Außenverhältnis an sämtliche Rechtsvorschriften gebunden, die den Unternehmensträger als Rechtssubjekt treffen.[1387] Um der Legalitätspflicht zu entsprechen, muss der Vorstand über die zu beachtenden Rechtsvorschriften Kenntnis haben. Dazu muss die höchstrichterliche Rechtsprechung berücksichtigt werden.[1388]

In den Fällen, in denen keine eindeutige Rechtslage herrscht, genügt der Vorstand der Rechtsvergewisserungspflicht unter den *ISION*-Anforderungen des BGH.

In der Literatur werden die Anforderungen für einen unverschuldeten Verbotsirrtum aus der *ISION*-Entscheidung auch unter dem Begriff der *Legal*

1384 BGH, Urt. v. 20.09.2011 – II ZR 234/09 = NZG 2011, 1271, 1274.

1385 *Fuhrmann/Heinen/Schilz*, NZG 2020, 1368, 1375.

1386 *Verse*, ZGR 2017, 174, 176; vgl. monographisch *Kauer*, Die Informationsbeschaffungspflicht des Vorstandes einer AG (2015).

1387 LG München I, Urt. v. 10.12.2013 – 5 HKO 1387/10 = AG 2014, 332, 332; *Verse*, ZGR 2017, 174, 176 m.w.N.

1388 BGH, Urt. v. 20.09.2011 – II ZR 234/09 = NZG 2011, 1271, 1273.

Judgement Rule diskutiert.[1389] Die rechtliche Einordnung von Entscheidungen bei unsicherer Rechtslage ist nicht abschließend geklärt und umstritten.[1390]

Die Vornahme zumutbarer und geeigneter Maßnahmen zur Verkehrspflichterfüllung in den vorliegenden Untersuchungsfällen stellt eine Entscheidung unter Rechtsunsicherheit dar.

Die menschenrechtsbezogenen Verkehrspflichten sind einzelfallbezogen und richterrechtlich nicht näher konkretisiert.

Ein solches Verständnis der Rechtsunsicherheit ist begrenzt auf den Zeitraum, in dem die konkreten Maßnahmen nicht rechtsverbindlich durch die richterrechtliche Rechtsfortbildung, durch eine legislative Umsetzung oder durch die Aufnahme konkreter Pflichten in den Anstellungsvertrag des Leitungsorgans bestimmt sind.

In diesem Zeitraum besteht eine Entscheidung des Leitungsorgans unter der Rechtsunsicherheit, welche Maßnahmen konkret zur Verkehrspflichterfüllung ergriffen werden müssen. Die folgenden Ausführungen sind folglich zu beachten, bis die Verkehrspflichten im Einzelnen richterrechtlich oder legislativ konkretisiert werden. Sobald eine rechtsverbindliche Konkretisierung stattgefunden hat, trifft das Leitungsorgan im Wege seiner allgemeinen Rechtsvergewisserungspflicht auch die Pflicht, sich über die geltenden Gesetze und die höchstrichterliche Rechtsprechung eigenständig zu informieren.

II. Inhaltliche Anforderungen an die Plausibilitätskontrolle

Fraglich ist insbesondere, welche konkreten, inhaltlichen Anforderungen an die Plausibilitätskontrolle[1391] des Leitungsorgans über die erteilte Rechtsauskunft zu stellen sind.

Diese Frage stellt sich nicht nur an dieser Stelle, sondern generell in der juristischen Debatte.[1392] Hintergrund der Plausibilitätskontrolle ist, dass Vorstandsmitglieder das Gutachten zu ihrer Entlastung tatsächlich zur Kenntnis nehmen müssen und nicht die Möglichkeit haben sollen, sich hinter einem bloßen

---

1389 Vgl. *Paefgen*, AG 2014, 554, 559; ablehnend zu dem Begriff *Buck-Heeb*, BB 2013, 2247, 2257

1390 *Holle*, AG 2016, 270, 271; *Sailer-Coceani*, in: *Schmidt/Lutter*, AktG, § 93 Rn. 16.

1391 *Kiefner/Krämer*, AG 2012, 498, 500; *Krieger*, ZGR 2012, 496, 502 vertritt dagegen eine Plausibilitätskontrolle nur bei besonderer Komplexität des Sachverhalts bzw. bei erheblicher Bedeutung der Transaktionen oder bei Vorliegen sachlicher Anhaltspunkte für eine Gesetzesverletzung.

1392 *Buck-Heeb*, BB 2016, 1347, 1348; *Freund*, NZG 2021, 579, 583.

Gefälligkeitsgutachten „mit Feigenblattfunktion" von fachlichen Beratern verstecken zu können.[1393]

Im Schrifttum besteht Uneinigkeit bezüglich dieser Frage. An die Plausibilitätskontrolle werden teils[1394] hohe Anforderungen gestellt.

Konkret könnte mitunter erwartet werden, dass das Leitungsorgan eine Einschätzung über die rechtliche Haltbarkeit der Rechtsauskunft wiedergeben muss.

Größtenteils[1395] wird eine weniger strenge Kontrolle der Rechtsauskunft durch das Leitungsorgan verlangt.

Danach reiche es aus, wenn die Auskunft auf ihre innere Widerspruchsfreiheit, auf ihre Vollständigkeit in Bezug auf den zu erfassenden Sachverhalt und auf die Unabhängigkeit der Abwägungen geprüft wird. Es genüge ein gründliches Lesen des Gutachtens aus laienhafter Sicht.[1396] Dazu gehöre nach *Fleischer*[1397] die sorgfältige Durchsicht des Gutachtens auf augenfällige Begründungslücken sowie ein kritischer Abgleich seiner Schlussfolgerungen mit den Erfahrungen des Geschäfts- und Wirtschaftslebens. Zudem müsse das Vorstandsmitglied prüfen, ob die von ihm beabsichtigte Maßnahme durch die Auskunft des Rechtsberaters überhaupt gedeckt ist. Bei einer erhöhten persönlichen Sachkunde des Leitungsorgans könnten die Anforderungen an die Plausibilitätskontrolle entsprechend den persönlichen Fähigkeiten des Leitungsorgans angehoben werden.[1398]

Für eine weniger strengere Kontrolle wird angeführt, dass das Gesellschaftsrecht von einem ordnungsgemäßen Geschäftsleiter nicht fordern könne, dass

---

1393 *Strohn*, ZHR 2012, 137, 141; *Fleischer*, ZIP 2009, 1397, 1401.

1394 In diese Richtung neigend *Hahn/Naumann*, CCZ 2013, 156, 163; *Fleischer*, NJW 2009, 2337, 2339 sieht das Erfordernis „[…] strenge Anforderungen an die […] Plausibilitätskontrolle" zu stellen.

1395 In diese Richtung *Altmeppen*, NJW 2007, 2118, 2121 in Bezug auf die Prüfung der Insolvenzreife einer Gesellschaft; *Fleischer*, NZG 2010, 121, 124; *Hennrichs*, FS Hommelhoff (2012), S. 383, S. 395; *Strohn*, ZHR 2012, 137, 141 f.; *Kort*, AG 2015, 531, 534; *Vetter*, NZG 2015, 889, 894; *Buck-Heeb*, BB 2016, 1347, 1347 ff.; *Florstedt*, NZG 2017, 601, 601 ff.; *ders.* NZG 2018, 485, 488 ff.; *Altmeppen*, in: *Goette/Habersack*, MüKo AktG, § 311 Rn. 93 Rn. 390; *Koch*, in: *Koch*, AktG, § 93 Rn. 44a; *Grigoleit/Tomasic*, in: *Grigoleit*, AktG, § 93 Rn. 63 ff.; *Freund*, NZG 2021, 579, 583 f.; mit großzügigem Verständnis der Plausibilitätskontrolle eines juristischen Laien ferner BGH, Urt. v. 28.04.2015 – II ZR 63/14 = NZG 2015, 792, 795.

1396 *Strohn*, ZHR 2012, 137, 142.

1397 *Fleischer*, NZG 2010, 121, 124.

1398 BGH, Urt. v. 20.09.2011 – II ZR 234/09 = NJW-RR 2011, 1670, 1673 in Bezug auf das Aufsichtsratsorgan; *Merkt/Mylich*, NZG 2012, 525, 530; *Bauer*, in: *Gesellschaftsrechtliche Vereinigung*, Gesellschaftsrecht in der Diskussion 2014, S. 195, S. 219.

dieser bei Bestehen einer unklaren Rechtslage die Entscheidung eines Gerichts vorhersieht. Dies sei faktisch unmöglich.[1399] Die *ISION*-Anforderungen wurden dahingehend kritisiert, dass diese zu streng seien und es nicht einleuchte, aus welchem Grund der Vorstand „schlauer" sein sollte als seine hinzugezogenen Berater, die die Rechtslage selbst falsch einschätzen.[1400]

Verse[1401] vertritt eine differenzierte Ansicht hinsichtlich des geschuldeten Maßes bei der Rechtsermittlung, welches von der konkreten Entscheidungssituation abhänge. Grund dafür sei, dass es bei unklarer Rechtslage darum gehe, einen angemessenen Ausgleich zwischen dem öffentlichen Interesse an rechtmäßigen Verhalten und der Handlungsfreiheit des leitungsberechtigten Organs herzustellen.[1402] Dabei überträgt er die aus dem Straf- und Ordnungswidrigkeitenrecht abgeleiteten Abwägungskriterien für rechtsunsichere Entscheidungen.

Bei kurzfristig zu fällenden Entscheidungen könne eine Prüfung nicht über eine summarische Prüfung hinausgehen. *Dreher*[1403] macht den Rechtsermittlungsaufwand von den Grenzen des Zumutbaren und der Verhältnismäßigkeit des Ausmaßes und der Kosten zu der rechtsunklaren Angelegenheit abhängig.

Letzterer Auffassung, die einen weniger strengen Maßstab an die Intensität der Plausibilitätskontrolle stellt, ist zu folgen.

Zunächst ist eine inhaltliche Kontrolle über die Haltbarkeit eines erteilten Rechtsrats für ein Leitungsorgan ohne juristische Ausbildung faktisch nicht leistbar. Es mangelt in vielen Fällen an einer juristischen Ausbildung, die das Leitungsorgan für eine solche Einschätzung befähigen könnte.[1404] Dafür spricht zudem die erkennbare Tendenz des BGH[1405], der darauf hinweist, dass bei der Einholung von Rechtsrat „von einem nicht selbst rechtskundigen Auftraggeber

---

1399 *Pöschke*, ZGR 2018, 647, 676; ähnlich *Sailer-Coceani*, in: *Schmidt/Lutter*, AktG, § 93 Rn. 16.

1400 *Hennrichs*, FS Hommelhoff (2012), S. 383, S. 395.

1401 *Verse*, ZGR 2017, 174, 177.

1402 *Verse*, ZGR 2017, 174, 188 f., dem entsprechend insbesondere der Grad der Wahrscheinlichkeit, dass die Handlung vor Gericht als rechtmäßig bestätigt, das Gewicht der Nachteile, die dem Täter (bzw. der von ihm geleiteten Gesellschaft) bei Verzicht auf die fragliche Handlung drohen, und die Schwere der Rechtsgutsverletzung, wenn sich der eigene Rechtsstandpunkt als fehlerhaft erweist, berücksichtigt werden müssten.

1403 *Dreher*, FS Konzern (2006), S. 85, S. 93.

1404 *Grunewald*, Gesellschaftsrecht (2020), § 9 Rn. 62 a.E.; ähnlich *Hennrichs*, FS Hommelhoff (2012), S. 383, S. 395.

1405 BGH, Urt. v. 28.04.2015 – II ZR 63/14 = NZG 2015, 792, 795.

[…] grundsätzlich nicht erwartet werden [kann], dass er bestimmte Rechtsfragen formuliert." Der BGH selbst verweist auf die Grenzen, mit denen ein nichtfachkundiges Organ einer Gesellschaft bei der Einholung von Rechtsrat in seiner Prüfung konfrontiert ist.

Zudem würde die Plausibilitätskontrolle, die begrifflich eindeutig auf eine (bloße) Kontrolle auf die Plausibilität des Rechtsrats zielt, faktisch auf einen zweiten vom Leitungsorgan eigens zu leistenden Rechtsrat hinauslaufen.

Ein derart strenges Verständnis der Plausibilitätskontrolle widerspricht jedoch dem Sinn und Zweck der Einholung von Rechtsrat eines qualifizierten Berufsträger bei Entscheidungen unter Rechtsunsicherheit. Dem Leitungsorgan kann nicht vorgeworfen werden, dass es die Entscheidung nicht „richtig vorhergesehen" hat, nachdem keinerlei Fehler oder Hinweise auf Rechtsverletzungen in dem Beratungsgutachten aufgedeckt wurden.[1406]

In Bezug auf die Untersuchungsfälle muss das Leitungsorgan klären, welche konkreten Maßnahmen geeignet und zumutbar sind, um Rechtsverletzungen in der Wertschöpfungskette zu vermeiden. Die Schwierigkeit besteht mitunter schon darin, zu bestimmen, ob eine Verkehrspflicht des Unternehmensträgers besteht. Besteht eine solche Unsicherheit, muss das Leitungsorgan, welches selbst persönlich nicht in der Lage ist, darüber zu urteilen, einen qualifizierten Rechtsrat einholen.

Ist das Bestehen einer Verkehrspflicht (z.B. nach Einholung des Rechtsrats zu der Frage) unstrittig, muss (beim Rechtsberater) weiter nachgefragt werden, welche konkreten Maßnahmen als geeignete und erforderliche Maßnahmen in dem Fall ergriffen werden müssen.

Bei Entscheidungen unter Rechtsunsicherheit reichen Tendenzaussagen[1407] hinsichtlich der Durchsetzungskraft einer Rechtsauffassung vor Gericht und eine solche wird ein compliance-fachkundiger Rechtsberater leisten können, indem er Nachforschungen zu dem bislang vertretenen „Meinungsbild in Rechtsprechung, Schrifttum und ggf. behördlicher Praxis"[1408] tätigt. Dies gilt ebenso für die Untersuchungsfälle und die in Betracht kommenden

---

1406 Vgl. *Pöschke*, ZGR 2018, 647, 676 mit dem Hinweis, dass die Pflichtwidrigkeit des Geschäftsleiterhandelns dann nicht in Frage gestellt werden kann, wenn sich dieser nach eingehender Beratung und Gesamt-Risikoabwägung der nahezu einhelligen Meinung in Schrifttum und oberinstanzlichen Rechtsprechung anschließt.

1407 *Verse*, ZGR 2017, 174, 190 f., demzufolge eine Tendenzaussage die überwiegende Wahrscheinlichkeit, Unwahrscheinlichkeit, völlige Offenheit, d.h. annähernd gleiche Wahrscheinlichkeit einer gerichtlich haltbaren Rechtsauffassung betreffe.

1408 *Verse*, ZGR 2017, 174, 191.

lieferkettendimensionalen Verkehrspflichten. Es wurde festgestellt, dass die bestehenden Corporate Governance-Systeme und Compliance-Maßnahmen genutzt werden können, um die Verkehrspflicht zu erfüllen. Dabei müssen die Governance-Prozesse auf menschenrechtsbezogene Risiken erweitert werden, insbesondere bei der fortlaufenden Risikoanalyse des Unternehmensträgers. Ferner müssen klare Verantwortlichkeiten der jeweiligen Geschäftsbereiche hinsichtlich der Compliance-relevanten Themen festgelegt werden und eine ausreichende und regelmäßige Berichterstattung erfolgen. Die Zielstruktur des Unternehmensträgers muss dahingehend optimiert werden.

Das hierzu erstellte Rechtsgutachten ist vom Leitungsorgan auf seine Plausibilität hin zu prüfen. Bestehen keine Verdachtsmomente, die an der Richtigkeit oder Vollständigkeit des Rechtsrats zweifeln lassen, genügt das Leitungsorgan seiner Sorgfaltspflicht, in dem es den Rat auf Widerspruchsfreiheit, auf Vollständigkeit und auf seine Unabhängigkeit überprüft.

Dabei wird vertreten, dass im Falle des Vorliegens mehrerer tendenziell rechtmäßiger Maßnahmen der Vorstand bei seiner Auswahlentscheidung Ermessen i.S.d. § 93 I 1 AktG ausüben können muss.[1409]

Kommt er hiernach zu dem Ergebnis, dass die Rechtsauskunft plausibel ist, kann er sich de lege lata auf einen unvermeidbaren Verbotsirrtum berufen.

III. Zwischenergebnis: Plausibilitätskontrolle mit Augenmaß – Exkulpationsmöglichkeit auf subjektiver Ebene

Dem Leitungsorgan ist mithin subjektiv keine Verkehrspflichtverletzung mit der Folge einer Binnenhaftung gegenüber der Gesellschaft vorzuwerfen, wenn er zur Klärung der Frage, welche Maßnahmen im konkreten Fall die Verkehrspflicht erfüllen, einen qualifizierten, compliance-fachkundigen und unabhängigen Rechtsrat einholt, diesem alle für die Einschätzung der Frage erforderlichen Unterlagen übermittelt und den erteilten Rechtsrat schließlich auf seine Plausibilität hin untersucht.

D. Haftungsreduzierende Wirkung hinreichender Compliance-Systeme?

Schließlich ist zu klären, ob sich Haftungsrisiken präventiv durch die Installation eines hinreichenden Compliance-Systems ausräumen lassen.

1409 *Verse*, ZGR 2017, 174, 192 f.

Es wurden zwei Urteile erörtert, in denen das Vorhandensein eines Compliance-Systems als haftungsmildernder Umstand berücksichtigt oder zumindest diskutiert wurde.

Die haftungserleichternde Wirkung für funktionierende Compliance-Systeme der Unternehmensträger berücksichtigt der BGH im Rahmen der Sanktionierung nach § 30 I OWiG.[1410] Der BGH hat sich in diesem Verfahren sowie bislang generell noch nicht zu den für ein hinreichend effizientes Compliance-System notwendigen Voraussetzungen geäußert.[1411] Dennoch zeigt das Urteil, dass die fortlaufende Überwachung und Optimierung eines Compliance-Systems für die Unternehmensträger und deren Leitungsorganen für den Nachweis der Rechtmäßigkeit ihres Handelns maßgeblich sind.[1412]

Über die Frage, ob Compliance-Programme durch die europäische Kartellrechts-Rechtsprechung bußgeldmindernd berücksichtigt werden, besteht Uneinigkeit.[1413] Die *Schindler*-Entscheidung[1414] des EuGH kann zumindest dahingehend gedeutet werden, dass nicht erkennbar wirkungslose Compliance-Programme als haftungsmildernden Umstand anerkannt werden.[1415] Die

---

1410 BGH, Urt. v. 09.05.2017 – 1 StR 265/16 = AG 2018, 39, 40 Rn. 118; Der Entscheidung des BGH lag der Vorwurf der Steuerhinterziehung zugrunde. Der Angeklagte war leitender Angestellter und Prokurist einer in Deutschland ansässigen Rüstungsgesellschaft, der gemeinsam mit seinem vorgesetzten Geschäftsleiter (Provisions-)Rechnungen zur Zahlung freigegeben hatte, obwohl er wusste, dass diese Rechnungen Beratungsleistungen betrafen, die in Zusammenhang mit Bestechungsabrede standen. Zu den weiteren Hintergründen, vgl. Kapitel 5; vgl. *Schulz,* in: *Bay/Hastenrath,* Compliance-Management-Systeme (2021), S. 268.

1411 Vgl. *Unmuth*, AG 2017, 249, 256 m.w.N. Die Frage, wie ein Compliance-System umgesetzt wird und welche Elemente sie enthalten sollte, sei (daher) Gegenstand zahlreiche Arbeiten aus der Literatur, die sich mit den Anforderungen an eine ordnungsgemäße Compliance-Organisation und einzelnen Pflichten der Organmitglieder beschäftigen.

1412 *Wilsing/Goslar*, GmbHR 2017, 1202, 1204.

1413 *Dreher,* in: *Krieger/Schneider,* Handbuch Managerhaftung, § 35 Rn. 52b wonach die EU-Kommission entsprechende Maßnahmen begrüße, auch wenn sie wiederholend klarstellt, dass sie nicht zu einer Bußgeldreduktion führen.

1414 EuGH v. 18.07.2013 – Rs. C-501/11 P = NZKart 2013, 334, 339 f. (Schindler Holding u. a./Kommission).

1415 In diese Richtung *Mestmäcker/Schweitzer*, § 22 Rn. 33; kritisch *Brauneck*, CCZ 2016, 107, 107 ff.; a.A. *Eufinger*, NZG 2018, 327, 328 wonach mit Verweis auf den Schindler-Fall auf europäischer Ebene eine gefestigte Spruchpraxis existierte, wonach die Implementierung eines CMS nicht bußgeldmildernd berücksichtigt wird.

haftungsmildernde Wirkung muss auf taugliche Compliance-Programme beschränkt sein.[1416] Solche Compliance-Programme, die „offensichtlich ohne positive Wirkung sind“ und eine Aufdeckung von Zuwiderhandlungen eher verhindern, könnten demnach bei der Haftung nicht berücksichtigt werden.

Daneben war im Verbandssanktionengesetz-Entwurf[1417] eine ausdrückliche Regelung zur Berücksichtigung von getroffenen Vorkehrungen zur Vermeidung und Aufdeckung von Verbandstaten und das Bemühen des Verbandes, die Verbandstat aufzudecken, vorgesehen, vgl. § 15 Abs. 3 Nr. 6 und 7 VerSanG-E. Auch im (europäischen) Kapitalmarktrecht werden die Maßnahmen, die von der für den Verstoß verantwortlichen Person ergriffen wurden, um zu verhindern, dass sich der Verstoß wiederholt, gem. Art. 31 Abs. 1 lit. g Marktmissbrauchsverordnung[1418] bei der verwaltungsrechtlichen Sanktion berücksichtigt.

Als Vorbild für die haftungsentlastende Wirkung von Compliance-Systemen können die US-amerikanischen *Federal Sentencing Guidelines*[1419] dienen. Dabei wird die strafmildernde Auswirkung von Compliance-Maßnahmen anhand eines Multiplikatoren Systems berücksichtigt.

Damit kann festgehalten werden, dass der Aufbau und die fortlaufende Organisation eines Compliance-Systems[1420] im Konzern und in der Lieferkette unter Nutzung vorhandener Compliance-Instrumente das Vorstandsmitglied im Falle einer Schadensersatzhaftung gem. § 93 II 1 AktG entlasten können.

1416 EuGH v. 18.07.2013 – Rs. C-501/11 P = NZKart 2013, 334, 211 wonach ein solches (Compliance-)Programm es erlaube, bestimmte unternehmensinterne Anstrengungen zur Vermeidung von Kartellvergehen (und allgemeiner: von Rechtsverstößen) darzulegen.

1417 RegE eines Gesetzes zur Stärkung der Integrität in der Wirtschaft, abrufbar unter: https://www.bmj.de/SharedDocs/Gesetzgebungsverfahren/DE/Staerkung_Integritaet_Wirtschaft.html.

1418 Verordnung (EU) Nr. 596/2014 des Europäischen Parlaments und des Rates vom 16.04.2014 über Marktmissbrauch (Marktmissbrauchsverordnung) und zur Aufhebung der Richtlinie 2003/6/EG des Europäischen Parlaments und des Rates und der Richtlinien 2003/124/EG, 2003/125/EG und 2004/72/EG der Kommission Text von Bedeutung für den EWR, ABl. Nr. L 173/1 v. 12.06.2014.

1419 Vgl. United States Sentencing Commission, Guidelines Manual (2021), abrufbar unter: https://www.ussc.gov/guidelines (Stand 04.05.2022); hierzu *Bachmann/Kremer*, in: *Kremer/Bachmann/Lutter/v. Werder*, DCGK, G5 Rn. 42 m.w.N.

1420 Vgl. *Reichert/Lüneborg*, GmbH 2018, 1141, 1145 denen zufolge sich die Compliance-Pflichten nicht in der einmaligen Installation einer Compliance-Organisation erschöpfen.

Klare Verantwortungszuweisungen und Berichtswege[1421], menschenrechtsbezogene Risikoanalysen[1422] der Geschäftstätigkeit, Rücksprachen zum Compliance-Officer[1423] über Compliance-Vorfälle und die fortdauernde Optimierung des Compliance-Systems sind hierbei von Relevanz.[1424] Ist die nichtfinanzielle Berichterstattung als ein Bestandteil für den Aufbau einer konzernweiten Berichtslinie zu betrachten und kommt der Vorstand der Obergesellschaft der Berichtspflicht nicht nach, kann sich hieraus ein Indiz für ein mangelhaftes oder unzureichendes Corporate Governance bzw. Compliance-System als Pflichtverletzung[1425] des Vorstandes ergeben.

Wie festgestellt, müssen zwar die erforderlichen und zumutbaren Maßnahmen im Bereich des Möglichen getätigt werden, um der Verkehrspflicht gerecht zu werden. Sind diese Maßnahmen im Wege eines (auch menschenrechtsbezogene Risiken umfassendes) Compliance-Systems umgesetzt worden, besteht keine Haftungsgefahr für das Vorstandsmitglied.

Was ein dieser Rechtsprechung sinngemäßes taugliches, hinreichendes oder wirkungsvolles Compliance-System ausmacht, ist weiter abhängig vom Einzelfall.

Die IDW PS 980 können zur Orientierung für den Aufbau eines tauglichen Compliance-Systems herangezogen werden. Eine Zertifizierung nach erfolgter Wirksamkeitsprüfung nach den Standards ist zwar keine Garantie für die Tauglichkeit des Systems im Einzelfall, aber ein starkes Indiz dafür, dass die Leitungsorgane pflichtgemäß gehandelt haben.[1426]

1421 *Bicker*, AG 2012, 542, 552 f.

1422 *Simon/Merkelbach*, AG 2014, 318, 321 sind für eine (materielle) Analyse der Compliance-Risiken; dem Vorstand sei daher grundsätzlich zu empfehlen, im Rahmen eines Self-Assessments die für Compliance-Fragen besonders sensiblen Unternehmensbereiche zu identifizieren und im Rahmen des Compliance-Systems angemessene Strukturen zu schaffen, um den dort vorhandenen Risiken zu begegnen.

1423 *Mackert*, in: *Lutter/Bayer*, Holding-Handbuch, § 6 Rn. 46.

1424 *Harbarth/Bechtel*, ZIP 2016, 241, 248 f. mit dem Hinweis auf die Gefahr, dass ein mit Compliance-Vorfällen befasstes Gericht bei der Beurteilung des Handelns der Geschäftsleitung die heute geltenden Sorgfaltsmaßstäbe an ein effektives Compliance-Management heranzieht und einem sog. Rückschaufehler („hindsight bias") unterliegt; vgl. hierzu und zu weiteren haftungsmildernden Maßnahmen auch *Heuking/Von Coelln*, in: *Nietsch*, Corporate Social Responsibility Compliance (2021), S. 356 f.

1425 LG München I, Urt. v. 10.12.2013 – 5 HKO 1387/10 = AG 2014, 332, 334; vgl. hierzu auch *Simon/Merkelbach*, AG 2014, 318, 321.

1426 *Mackert*, in: *Lutter/Bayer*, Holding-Handbuch, § 6 Rn. 45.

E. Zusammenfassung

Ausgangspunkt der vorangegangenen Untersuchung war die Frage nach dem Bestehen von Haftungsrisiken der Vorstandsmitglieder im Innenverhältnis gem. § 93 II 1 AktG sowie gesellschaftsrechtlichen Exkulpationsmöglichkeiten bei Bestehen einer konzern- und lieferkettendimensionalen Verkehrspflicht der AG.

Der Grund für das Vorliegen von Haftungsrisiken für die Vorstandsmitglieder ist, dass die konkrete Umsetzung von Maßnahmen im Compliance-System der Unternehmensträger vom Einzelfall abhängt, die vor den nationalen Gerichten noch nicht verbindlich festgelegt ist sowie die Mindestvoraussetzung der Einbeziehung menschenrechtsbezogenen Risiken, denen bislang nicht dieselbe Aufmerksamkeit bei der Risikoermittlung und -analyse zu Teil kam, wie (haftungsrelevanten bekannten) Korruptions- oder kartellrechtlichen Risiken.

Es ist festzuhalten, dass der konkrete Umfang der Verkehrspflichten in den Untersuchungsfällen noch nicht abschließend beurteilt ist. Verbindlich ist jedoch der Verkehrspflichteninhalt zur Vornahme zumutbarer und geeigneter Maßnahmen zur Gefahrenabwehr, sofern der inländische Unternehmensträger im Einzelfall verkehrspflichtig ist.

Die Erforderlichkeit und Zumutbarkeit der zu ergreifenden Maßnahmen richtet sich nach einem durch die ständige Rechtsprechung festgelegten Maßstab, der die Gesamtumstände des Einzelfalls berücksichtigt. Es kann demnach davon ausgegangen werden, dass insbesondere Überprüfungs-, Überwachungs- und Kontrollpflichten für die Erfüllung von Verkehrspflichten in den Untersuchungsfällen vorgenommen werden müssen. Das heißt konkret, dass erstens eine fortlaufende Risikoanalyse als Grundlage der menschenrechtsbezogenen Compliance vorgenommen werden muss.[1427] Zweitens gehören zu den Mindestmaßnahmen, dass das Leitungsorgan eine klare Zuständigkeitsverteilung festlegt, einen klaren menschenrechtsbezogenen „*tone from the top*" zu den menschenrechtsbezogenen Zielen und Maßnahmen, z.B. durch Etablierung eines Verhaltenskodex, durch Schulungen oder Veröffentlichung von Richtlinien, und einen ausreichenden Informationsfluss zwischen den betroffenen Abteilungen und Führungskräften der inländischen sowie der ausländischen Gesellschaft gewährleistet. Zuletzt muss eine Whistleblower-Hotline für Betroffene eingerichtet werden. Weitere Maßnahmen sind abhängig vom Einzelfall und können beispielsweise – im Fall der Übertragung einer Tätigkeit mit erhöhtem

---

1427 Hierzu unter Kap. 5 G.

Gefährdungspotential – dazu verpflichten, den Zulieferer oder die Tochtergesellschaft hinreichend zu instruieren und zu kontrollieren.

Eine rechtsverbindliche Konkretisierung durch die (höchstrichterliche) Rechtsprechung bleibt abzuwarten. Bei der Vornahme und Umsetzung der Verkehrspflicht steht dem Leitungsorgan kein unternehmerischer Ermessensspielraum gem. § 93 I 2 AktG zu, auch wenn dies rechtspolitisch und aus gesellschaftsrechtlicher Sicht wünschenswert sein mag.

Grund dafür ist, dass die Entscheidung zur Vornahme und Umsetzung einer Verkehrspflicht eine rechtlich gebundene Pflicht darstellt. Der Maßstab, der für die allgemeine Beurteilung der konkreten und zumutbaren Maßnahmen zur Verkehrspflichterfüllung herangezogen wird, ist durch die Rechtsprechung (hinreichend) festgelegt. Bis zu dem Zeitpunkt, in dem die Rechtsprechung oder die Legislative in den verkehrspflichtbegründenden Einzelfällen die Maßnahmen zur Umsetzung der Verkehrspflicht festlegen, besteht für das Leitungsorgan eine Entscheidung unter Rechtsunsicherheit.

Bis dahin genügt das Vorstandsmitglied nach der hier vertretenen Auffassung seiner Leitungs- und Sorgfaltspflicht gem. §§ 93 I 1, 76 AktG, wenn es ein funktionierendes menschenrechtsbezogenes Compliance-System installiert, um Rechtsverletzungen i.S.d. § 823 I BGB in den ausländischen Betrieben zu vermeiden. Unternimmt das Vorstandsmitglied diese Maßnahme zur (präventiven) Gefahrenabwehr in der Wertschöpfungskette, entspricht es auch der Verkehrspflicht als „Bemühenspflicht" und haftet nicht für „Ausreißer", die entgegen den sonst geeigneten Compliance-Maßnahmen auftreten.

Diese Maßnahme ist für das Vorstandsmitglied auch zumutbar, denn Compliance-Systeme werden bei größeren Unternehmensträgern in der Praxis üblicherweise schon für andere relevante Compliance-Risiken installiert und deren Funktionalität mit typischen Compliance-Instrumenten, wie der Vornahme einer Risikoanalyse und der Installation hinreichender Berichtswege zwischen den Verantwortlichen, sichergestellt.

Erfüllt das Vorstandsmitglied die Kriterien an die Rechtsvergewisserungspflicht aus dem ISION-Urteil des BGH, muss er einen subjektiven Schuldvorwurf und somit eine Haftung gegenüber der Gesellschaft nicht befürchten. Somit muss das Vorstandsmitglied, sofern es selbst nicht über die Expertise verfügt, ein Compliance-fachkundigen Berater heranziehen, die erforderlichen Unterlagen zu den wesentlichen Umständen überreichen und den Rechtsrat anschließend allein auf Stimmigkeit und Plausibilität überprüfen.

Untersuchungsergebnisse in Thesenform

Die Untersuchung hat gezeigt, dass eine konzern- und lieferkettendimensionale Fortentwicklung von deliktsrechtlichen Verkehrspflichten gem. § 823 I BGB in den Untersuchungsfällen im Einklang mit dem geltenden Recht möglich ist. Derartige Verkehrspflichten lassen sich, abhängig vom vorliegenden Einzelfall, durch bestehende oder – im Hinblick auf menschenrechtliche Belange – optimierte Corporate Governance- bzw. Compliance-Systeme der Unternehmensträger erfüllen.

Einleitende Ausführungen

1. Die rechtspolitische Diskussion um menschenrechtliche Sorgfalts- und Verkehrspflichten inländischer Unternehmensträger und eine damit verknüpfte haftungsrelevante Verantwortung wird nicht nur hierzulande rege geführt. Auch in anderen Rechtsordnungen werden Regulierungen zu einem nachhaltigeren, menschenrechtsfreundlichen Unternehmensverständnis angestoßen. Kürzlich hat die EU einen Richtlinienentwurf zu Sorgfaltspflichten entlang der Wertschöpfungskette (*Corporate Sustainability Due Diligence Directive*) unterbreitet. Die Frage nach der Umsetzung einer gem. Art. 22 CSDDD vorgesehenen zivilrechtlichen Haftung wird somit auch für die nationale Rechtsordnung von Bedeutung.
2. Die Menschenrechtsverantwortung inländischer Unternehmensträger im Konzern und in der Lieferkette unterliegt zahlreichen rechtlichen Einzelfragen. Angesprochen sind mitunter Fragen des internationalen Privatrechts, des allgemeinen Zivilrechts, insbesondere des Deliktsrechts und verschiedene Teilbereiche des Gesellschaftsrechts.

Praktische Relevanz und Menschenrechtsbindung von inländischen Unternehmensträgern

3. Die zunehmende praktische Relevanz der zugrundeliegenden Fragestellung hat sich anhand von Beispielsfällen aus der überwiegend ausländischen Gerichtspraxis exemplifizieren lassen. Die jeweils erörterten Rechtsfragen könnten in der Form jedoch auch von deutschen Gerichten zu entscheiden sein. Dies gilt insbesondere für die Frage nach der Ausformung einer konzern- und lieferkettendimensionalen Verkehrspflicht.
4. Der Menschenrechtsschutz auf der Ebene des Völkerrechts, des europäischen Rechts sowie des nationalen Verfassungsrechts ist für die Untersuchungsfälle, in denen es um die Frage nach der Verantwortung privater Rechtsträger

(inländische Unternehmensträger) gegenüber anderen privaten Rechtssubjekten (Arbeitnehmer und Dritte) geht, nicht unmittelbar relevant.

5. Menschenrechte schützen die wesentlichen Interessen eines Menschen. In den Untersuchungsfällen betrifft dies insbesondere die Schutzinteressen an Leben und Gesundheit sowie an der körperlichen Unversehrtheit. Dieselben Interessen unterliegen dem Schutzzweck des Deliktsrecht gem. §§ 823 ff. BGB (Integritätsinteresse). Das Gebot, andere nicht im Körper und vergleichbaren wesentlichen Interessen zu verletzen, gilt allgemein (*neminem laedere*) und kann im Untersuchungskontext als Ausdruck der Menschenrechte verstanden werden. Da den bisher entschiedenen Untersuchungsfällen allen Körper- und Gesundheitsverletzungen und Tötung von Menschen zugrunde liegen, ist gleichzeitig eine deliktsrechtliche Menschenrechtsverantwortung anzunehmen.

Zum Haftungsumfeld in Deutschland

6. Es existieren de lege lata diverse Haftungsinstitute und andere regulatorische Anstöße, in die die Thematik einer konzern- und lieferkettendimensionalen Fortentwicklung von Verkehrspflichten und, damit zusammenhängend, der Fortentwicklung konzern- und lieferkettendimensionaler Governance-Systeme der Unternehmensträger eingebettet ist.
Dazu gehört exemplarisch das jüngst in Kraft getretene Lieferkettensorgfaltspflichtengesetz, das europäische Richtlinienvorhaben bezüglich unternehmerischer Sorgfaltspflichten (CSDDD), das Produkthaftungsgesetz, das Ordnungswidrigkeiten- sowie das Kartell-, das Datenschutz- und zuletzt das Deliktsrecht.

Dogmatische Grundlagen der deliktsrechtlichen Verkehrspflichten

7. Die deliktsrechtlichen Verkehrspflichten stellen ein geeignetes Rechtsinstitut dar, mit dem inländische Unternehmensträger zum Rechtsgüterschutz im Sinne des § 823 I BGB angehalten werden könnten. Auf Grund der allgemeinen rechtswidrigkeitsbegrenzenden Funktion der Verkehrspflichten wird dem von *Medicus* entwickelten einheitlichen dogmatischen Lösungsvorschlag gefolgt, sodass ein Unterlassen als auch ein mittelbares Tun systematisch einheitlich auf Tatbestandsebene als Frage der Zurechenbarkeit einer kausalen Verletzungshandlung behandelt werden. Sofern eine Verkehrspflicht in den Menschenrechtsfällen besteht und diese verletzt wird, ist somit eine zurechenbare tatbestandliche unerlaubte Handlung gegeben und damit die Rechtswidrigkeit grundsätzlich indiziert.

8. Die Ausformung einer Verkehrspflicht richtet sich nach den *von Bar* systematisierten Entstehungsgründen der Gefahrschaffung und -erhöhung, der Gefahrbeherrschung und des Vertrauensgrundsatzes. Weitere Kriterien, wie der Gefahrzusammenhang und der wirtschaftliche Nutzen, sind in die Gesamtabwägung der Umstände für das Entstehen einer Verkehrspflicht miteinzubeziehen.
9. Die rechtlichen Grundlagen von Lieferketten- und (Vertrags-)Konzernfällen sind nicht unmittelbar vergleichbar. Konzernrechtliche Besonderheiten müssen in der Untersuchung einer Verkehrspflicht und der Administration im Corporate Governance-System berücksichtigt werden. Dies betrifft insbesondere das Weisungsrecht als Mittel der Einflussnahme der herrschenden Gesellschaft. Die Konstellationen können jedoch bei der Frage nach dem Bestehen einer Verkehrspflicht dann verglichen werden, wenn die potenziell verkehrspflichtbegründenden Umstände keine Eigenart des Konzerns oder der Lieferkette selbst darstellen. Die Fälle der Lieferkette und des faktischen Konzerns liegen durch das beiderseits fehlende Weisungsrecht dagegen nah beieinander, sodass eine Vergleichbarkeit für die verkehrspflichtbegründenden Umstände naheliegt.
10. Eine konzern- und lieferkettendimensionale Verkehrspflicht ist systemkohärent und verstößt nicht gegen das Rechtsträgerprinzip, das gesellschaftsrechtliche Trennungsprinzip gem. § 13 II GmbHG, § 1 I 1 AktG oder den deliktsrechtlichen Vertrauensgrundsatz. Grund dafür ist, dass es bei der Ausformung einer Verkehrspflicht im Konzern oder in der Lieferkette um die Frage nach einer Haftung für eigenes Fehlverhalten und nicht um eine Zurechnungshaftung geht. Mehrere Rechtsträger können gleichzeitig zum Schutz desselben Personenkreises verkehrspflichtig sein. Die rechtsfortbildende Rechtsprechung kann somit im Einklang mit den einfach-gesetzlichen Bestimmungen gem. Art. 20 III GG Verkehrspflichten konzern- und lieferkettendimensional fortentwickeln.
11. Eine konzern- und lieferkettendimensionale Verkehrspflicht ist verfassungskohärent. Grund dafür ist, dass die genannten Prinzipien aus einfachgesetzlichen Vorschriften hergeleitet werden und nicht in der Verfassung verankert sind. Ein Gesetz, welches neuartige (Verkehrs-)Pflichten statuiert, kann von einfach-gesetzlichen Grundsätzen abweichen. Der Gesetzgeber trägt die Kompetenz-Kompetenz hinsichtlich der Gesetzgebung und ist gem. Art. 1 III GG i.V.m. Art. 20 III GG ausschließlich an die verfassungsmäßige Ordnung gebunden. Weder das Rechtsträgerprinzip noch das gesellschaftsrechtliche Trennungsprinzip oder der Vertrauensgrundsatz stellen höherrangige, den nationalen Gesetzgeber bindende Grundsätze dar.

12. Die rechtsvergleichende Umschau hat gezeigt, dass konzern- und lieferkettendimensionale Verkehrspflichten grundsätzlich anerkannt sind.
Bei zahlreichen Differenzierungen im Detail zeigt sich somit, dass Staaten mit ähnlichen Vorstellungen von juristischen Personen und Konzernverbindungen einerseits und mit vergleichbaren verfassungsrechtlichen Rahmenbedingungen andererseits sich mit solchen Pflichten arrangieren können, ohne dass es zu einem – von den Kritikern befürchteten – Rechtsbruch kommt.

Fallgruppen konzern- und lieferkettendimensionaler Verkehrspflichten

13. Die Begründungsansätze einer konzern- und lieferkettendimensionalen Verkehrspflicht sind vielseitig. Jedoch wird oftmals verkannt, dass eine Verkehrspflicht nur im Falle der Gefahrschaffung und -erhöhung, der Gefahrbeherrschung oder auf Grund des Erweckens eines berechtigten Vertrauenstatbestandes begründet werden kann. Übergreifende Fallgruppen, die für eine Verkehrspflichtbegründung im Konzern und in der Lieferkette in Betracht kommen, sind die Korrelation von Macht und Verantwortung, unternehmerische Verlautbarungen, die Menschenrechtsarbitrage und der mit der Arbeitsteilung verbundene wirtschaftliche Nutzen. Für sich allein reichen diese Topoi nicht aus, um eine Verkehrspflicht zu begründen. Denkbar ist eine Verkehrspflichtbegründung dagegen in Mischfällen, wenn sich mehrere Umstände potenzieren und dadurch Impulse für eine gesteigerte deliktsrechtliche Verantwortlichkeit entstehen.

Wechselwirkung zwischen konzern- und lieferkettendimensionalen Verkehrspflichten und Corporate-Governance- und Compliance-System

14. Es besteht eine Schnittstelle zwischen Delikts- bzw. Haftungsrecht und dem Corporate Governance-System der Unternehmensträger. Vom römischen Rechtsgrundsatz *impossibilium nulla obligatio est* ausgehend, ist ein inländischer Unternehmensträger nicht verkehrspflichtig, wenn ihm die zu erbringenden Gefahrenabwehrmaßnahmen unmöglich sind. Welche Maßnahmen nach der ständigen Rechtsprechung im Bereich des Möglichen, Erforderlichen und Zumutbaren liegen, hängt von dem jeweiligen Corporate-Governance-System der Unternehmensträger ab.
15. Dabei hat sich in der Untersuchung herausgestellt, dass es nicht ein einzelnes Corporate Governance-System gibt, an dem die Frage der Erfüllung konzern- und lieferkettendimensionaler Verkehrspflichten gemessen werden kann. In der Praxis gestalten die Unternehmensträger die Corporate Governance-Organisation eigenständig. Dennoch deckt sich das Stimmungsbild aus der Literatur und Rechtsprechung, das auf bestimmte

(menschenrechtsbezogene) Compliance-Standards wie beispielsweise die Einrichtung eines Compliance-Systems und die Vornahme von Risikoanalysen verweist, mit den etablierten Maßnahmen der Unternehmenspraxis.

Gesellschaftsrechtliche Administrierbarkeit der Verkehrspflichten im Corporate Governance-System der Unternehmensträger

16. Die Verkehrspflicht zur Ergreifung erforderlicher und zumutbarer Maßnahmen zur Gefahrenabwehr kann durch bestehende Corporate Governance-Systeme erfüllt werden. Die konzern- und lieferkettendimensionalen Verkehrspflichten, die in den genannten Einzelfällen bestehen, sind gesellschaftsrechtlich administrierbar. Deliktsrechtliche konzern- und lieferkettendimensionale Verkehrspflichten lassen sich auf Grundlage der untersuchten Modellrechtsordnungen nach nationalem Recht in die Corporate Governance-Systeme integrieren.
17. Es wurde aufgezeigt, dass im Vertrags- und Eingliederungskonzern im Gegensatz zum faktisch konzernierten Konzern oder in der Lieferkette gesetzliche Einflussmöglichkeiten wie das aktienrechtliche Weisungsrecht gem. §§ 308 I 1, 323 I 1 AktG bestehen. Dennoch ist auch im faktischen Konzern und in der Lieferkette eine Einflussnahme auf die ausländischen Unternehmensträger durch privatautonome Einwirkungsinstrumente praktizierbar. Diese privatrechtlichen Einwirkungsmöglichkeiten können und müssen für die Erfüllung einer Verkehrspflicht genutzt werden, jedenfalls dann, wenn Anhaltspunkte für eine menschenrechtliche Schieflage vorliegen. Anhaltspunkte für Schieflagen können dabei den unternehmerischen Berichtspflichten und privatautonom vereinbarten Berichtswegen entnommen werden.
18. Diese Berichtspflichten sind schon de lege lata wesentlicher Bestandteil eines funktionierenden Corporate Governance-Systems eines Unternehmensträgers. Desinformation schützt somit nicht vor einer Haftung der Unternehmensträger, sondern kann im Gegenteil den Anschein eines nicht ordnungsgemäß funktionierenden Compliance-Systems bestärken. Für einen effizienten Informationsaustausch zwischen den verschiedenen Compliance-relevanten Bereichen und Funktionen des Unternehmensträgers wird in der Praxis auch auf sog. „*dotted line reporting*“ zurückgegriffen, bei dem weitere Berichtswege zwischen fachlich nicht zusammenhängenden Abteilungen gewährleistet werden können.
19. Ein Anlass für die Optimierung der Governance-Prozesse liegt derzeit schon in den unternehmerischen Berichts- und Sorgfaltspflichten, die durch das nationale sowie europäische Recht vorgegeben werden. Dieser

Optimierungsprozess kann funktional eingesetzt und weitergehend genutzt werden, um neben den Anforderungen aus dem LkSG, der CSRD oder der geplanten CSDDD zudem konzern- und lieferkettendimensionalen Verkehrspflichten zu erfüllen. Dabei haben die inländischen Unternehmensträger einzelfallabhängig im Bereich des Möglichen, Erforderlichen und Zumutbaren Corporate Governance- und Compliance-Maßnahmen zu ergreifen, um ihre Verkehrspflicht zu erfüllen.

Haftungsrisiken durch unzureichende Corporate-Governance/Compliance-Organisation und Exkulpationsmöglichkeiten

20. Der konkrete Umfang der Verkehrspflichten in den Untersuchungsfällen ist durch die Gerichte noch nicht abschließend beurteilt. Verbindlich ist jedoch der Verkehrspflichteninhalt zur Vornahme zumutbarer und geeigneter Maßnahmen zur Gefahrenabwehr, sofern der inländische Unternehmensträger im Einzelfall verkehrspflichtig ist. Die Zumutbarkeit und Erforderlichkeit der zu ergreifenden Maßnahmen richtet sich nach einem durch die ständige Rechtsprechung festgelegten Maßstab, der die Gesamtumstände des Einzelfalls berücksichtigt. Es kann demnach davon ausgegangen werden, dass insbesondere auf menschenrechtsbezogene Risiken ausgeweitete Überprüfungs-, Überwachungs- und Kontrollpflichten für die Erfüllung von Verkehrspflichten in den Untersuchungsfällen vorgenommen werden müssen.
Das heißt konkret, dass erstens eine fortlaufende Risikoanalyse als Grundlage der menschenrechtsbezogenen Compliance vorgenommen werden muss. Zweitens gehören zu den Mindestmaßnahmen des Leitungsorgans die Festlegung einer klaren Zuständigkeitsverteilung sowie einen klaren menschenrechtsbezogenen „*tone from the top*“ zu den menschenrechtsbezogenen Zielen und Maßnahmen, z.B. durch Etablierung eines Verhaltenskodex, durch Schulungen oder Veröffentlichung von Richtlinien, und die Gewährleistung eines ausreichenden Informationsflusses zwischen den betroffenen Abteilungen und Führungskräften der inländischen sowie der ausländischen Gesellschaft. Zuletzt muss eine Whistleblower-Hotline für Betroffene eingerichtet werden.
Weitere Maßnahmen sind abhängig vom Einzelfall und können beispielsweise – im Fall der Übertragung einer Tätigkeit mit erhöhtem Gefährdungspotential – dazu verpflichten, den Zulieferer oder die Tochtergesellschaft hinreichend zu instruieren und zu kontrollieren.
21. Eine rechtsverbindliche Konkretisierung durch die (höchstrichterliche) Rechtsprechung bleibt abzuwarten. Bei der Vornahme und Umsetzung der

Verkehrspflicht steht dem Leitungsorgan kein unternehmerischer Ermessensspielraum gem. § 93 I 2 AktG zu, auch wenn dies aus Praxissicht wünschenswert sein mag. Grund dafür ist, dass die Entscheidung zur Vornahme und Umsetzung einer Verkehrspflicht eine rechtlich gebundene Pflicht darstellt. Der Maßstab, der für die allgemeine Beurteilung der konkreten und zumutbaren Maßnahmen zur Verkehrspflichterfüllung herangezogen wird, ist durch die Rechtsprechung (hinreichend) festgelegt.

22. Bis zu dem Zeitpunkt, in dem die Maßnahmen zur Umsetzung der Verkehrspflichten durch die Judikative oder die Legislative festlegt werden, besteht für das Leitungsorgan eine Entscheidung unter Rechtsunsicherheit. Erfüllt der Vorstand die Kriterien an die Rechtsvergewisserungspflicht aus der *ISION*-Rechtsprechung des BGH, muss er einen subjektiven Schuldvorwurf und somit eine Haftung gegenüber der Gesellschaft gem. § 93 II 1 AktG nicht befürchten.

Literaturverzeichnis

Ahrens, Hans-Jürgen, Störerhaftung als Beteiligungsform im Deliktsrecht, in: *Heldrich, Andreas (Hrsg.)*, Festschrift für Claus-Wilhelm Canaris zum 70. Geburtstag, München 2007, S. 3–22 (zitiert: *Ahrens*, FS Canaris (2007), S.).

Altmeppen, Holger, Untaugliche Regeln zum Vertrauensschaden und Erfüllungsinteresse im Schuldrechtsmodernisierungsentwurf, DB 2001, 1399–1405.

Altmeppen, Holger, Die Grenzen der Zulässigkeit des Cash Pooling, ZIP 2006, 1025–1035.

Altmeppen, Holger, Keine Schadensersatzpflicht des Geschäftsleiters wegen Abführung von Sozialversicherungsbeiträgen bei insolvenzreifer Gesellschaft, NJW 2007, 2118–2121.

Altmeppen, Holger, Zum Vorstandsdoppelmandat in einer beherrschten AG & Co. KG. Zugleich Besprechung OLG Hamburg v. 29.06.2007 – 11 U 141/06, ZIP 2007, 1370, ZIP 2008, 437–444.

Altmeppen, Holger, Gesetz betreffend die Gesellschaften mit beschränkter Haftung Kommentar, 11. Aufl., München 2023 (zitiert: *Altmeppen*, GmbHG § Rn.).

Arbeitskreis Bilanzrecht Hochschullehrer Rechtswissenschaft (AKBR), Stellungnahme zum CSRD-Vorschlag der EU-Kommission, DB 2021, 2301–2307.

Arbeitskreis „Externe und Interne Überwachung der Unternehmung" (AKEIÜ) der Schmalenbach-Gesellschaft für Betriebswirtschaft e.V., Auswirkung des Sarbanes-Oxley Act auf die Interne und Externe Unternehmensüberwachung. Sarbanes-Oxley Act und Vorstand – Sarbanes-Oxley Act und Interne Revision – Sarbanes-Oxley Act und Aufsichtsrat – Sarbanes-Oxley Act und Abschlussprüfer, BB 2004, 2399–2407.

Arbeitskreis „Externe und Interne Überwachung der Unternehmung" (AKEIÜ) der Schmalenbach-Gesellschaft für Betriebswirtschaft e.V., Praktische Empfehlungen für unternehmerisches Entscheiden. Zur Anwendung der Business Judgment Rule in § 93 Abs. 1 Satz 2 AktG, DB 2006, 2189–2196.

Arbeitskreis „Externe und Interne Überwachung der Unternehmung" (AKEIÜ) der Schmalenbach-Gesellschaft für Betriebswirtschaft e.V., Compliance: 10 Thesen für die Unternehmenspraxis, DB 2010, 1509–1518.

Arbeitskreis Externe Unternehmensrechnung (AKEU) der Schmalenbach-Gesellschaft für Betriebswirtschaft e.V., Nichtfinanzielle Leistungsindikatoren – Bedeutung für die Finanzberichterstattung, zfbf 2015, 235–258.

Arbeitskreis Externe Unternehmensrechnung (AKEU) und Arbeitskreis Integrated Reporting und Sustainable Management (AKIR) der Schmalenbach-Gesellschaft für Betriebswirtschaft e.V., Integration von ESG-Aspekten in die Unternehmenssteuerung und -berichterstattung, BB 2021, 2153–2158.

Armbrüster, Christian, Compliance bei Internationalen Versicherungsprogrammen, SpV 2016, 1–4.

Arnold, Michael, Verantwortung und Zusammenwirken des Vorstands und Aufsichtsrats bei Compliance-Untersuchungen, ZGR 2014, 76–106.

Arnold, Michael/Geiger, Jan-David, Haftung für Compliance-Verstöße im Konzern, BB 2018, 2306–2312.

Arp, Torsten, Anfängliche Unmöglichkeit: zum Verständnis von § 306 BGB, Paderborn 1988 (zugleich Diss. 1985/86) (zitiert: *Arp*, Anfängliche Unmöglichkeit (1988), S.).

Artz, Markus et al. (Hrsg.)/Gsell, Beate/Krüger, Wolfgang/Lorenz, Stephan/Reymann, Christoph (GesamtHrsg.), beck-online.GROSSKOMMENTAR, BGB, (Stand: 01.05.2023), München 2023 (zitiert: *Bearbeiter*, in: *Artz et al.*, BeckOGK BGB).

Asmussen, Sven, Haftung für CSR, Tübingen 2020 (zugleich Diss. Berlin 2018) (zitiert: *Asmussen*, Haftung für CSR (2020), S.).

Asmussen, Sven/Wagner, Gerhard, Menschenrechtsklagen vor englischen Gerichten: Von Yachten zu Konzernen. Entscheidung des Supreme Court of the United Kingdom vom 10.04.2019, ZEuP 2020, 979–998.

Bache, Wolfang, Der internationale Unternehmensvertrag nach deutschem Kollisionsrecht, Bad Homburg Berlin Zürich 1969 (zitiert: *Bache*, Unternehmensvertrag, S.).

Bachmann, Gregor, Compliance – Rechtsgrundlagen und offene Fragen –, in: *Gesellschaftsrechtliche Vereinigung*, Gesellschaftsrecht in der Diskussion 2007, Köln 2008, S. 65–101.

Bachmann, Gregor, Nationales Privatrecht im Spannungsfeld der Grundfreiheiten, AcP 2010, 424–488.

Bachmann, Gregor, Corporate Governance nach der Finanzkrise, AG 2011, 181–193.

Bachmann, Gregor, CSR-bezogene Vorstands- und Aufsichtsratspflichten und ihre Sanktionierung, ZGR 2018, 231–261.

Baetge, Jörg/Kirsch, Hans-Jürgen/Thiele, Stefan, Konzernbilanzen, 14. Aufl., Düsseldorf 2021 (zitiert: *Bearbeiter*, in: *Baetge/Kirsch/Thiele*, Konzernbilanzen, S.).

Ballwieser, Wolfgang (Hrsg.), BWL und Regulierung, Düsseldorf 2002 (zitiert: *Bearbeiter*, in: *Ballwieser*, BWL und Regulierung, S.).

Bank, Stephan, Die Verschwiegenheitspflicht von Organmitgliedern in Fällen multipler Organmitgliedschaften, NZG 2013, 801–806.

Bauer, Jan, Sorgfaltspflichten und Haftungsrisiken beim Unternehmenskauf, in: *Gesellschaftsrechtliche Vereinigung,* Gesellschaftsrecht in der Diskussion 2014, Köln 2014, S. 195–228.

Baumbach, Adolf (Begr.)/Beurskens, Michael/Noack, Ulrich/Servatius, Wolfgang, Gesetz betreffend Gesellschaften mit beschränkter Haftung Kommentar, 23. Aufl., München 2022 (zitiert: Noack/Servatius/Haas/*Bearbeiter,* § Rn.).

Bauerschmidt, Jonathan, Grundsätze der europäischen Gesetzgebung, JuS 2022, 626–631.

Bay, Karl-Christian/Hastenrath, Katharina (Hrsg.), Compliance-Management-Systeme – Praxiserprobte Elemente, Prozesse und Tools, 3. Aufl., München 2022 (zitiert: *Bearbeiter,* in: *Bay/Hastenrath,* Compliance-Management-Systeme, S.).

Bicker, Eicke Thomas, Gläubigerschutz in der grenzüberschreitenden Konzerngesellschaft: Eine international-privatrechtliche Untersuchung am Beispiel der abhängigen englischen Kapitalgesellschaft mit Verwaltungssitz in Deutschland, Berlin 2007 (zitiert: *Bicker,* Gläubigerschutz in der grenzüberschreitenden Konzerngesellschaft (2007), S.).

Bicker, Eike, Compliance – organisatorische Umsetzung im Konzern, AG 2012, 542–552.

Bihr, Dietrich, Due Diligence: Geschäftsführungsorgane im Spannungsfeld zwischen Gesellschafts- und Gesellschafterinteressen, BB 1998, 1198–1201.

Bihr, Dietrich/Blättchen, Wolfgang, Aufsichtsräte in der Kritik: Ziele und Grenzen einer ordnungsgemäßen Aufsichtsratstätigkeit – Ein Plädoyer für den „Profi-Aufsichtsrat", BB 2007, 1285–1291.

Bechtold, Rainer (Begr.)/Bosch, Georg (Hrsg.), Gesetz gegen Wettbewerbsbeschränkungen (§§ 1–96, 185, 186), Kommentar, 10. Aufl., München 2021 (zitiert: *Bearbeiter,* in: *Bechtold/Bosch,* GWB § Rn.).

Beck, Lukas, Konzernrecht für die Konzernwirklichkeit. Haftungsvermeidende Unternehmensorganisation innerhalb und außerhalb des Gesellschaftsrechts, AG 2017, 726–740.

Becker, Jörg/Knackstedt, Ralf/Pfeiffer, Daniel (Hrsg.), Wertschöpfungsnetzwerke: Konzepte für das Netzwerkmanagement und Potenziale aktueller Informationstechnologien, Heidelberg 2008 (zitiert: *Bearbeiter,* in: *Becker/Knackstedt/Pfeiffer,* Wertschöpfungsnetzwerke, S.).

Beckers, Anna, Enforcing corporate social responsibility codes. On global self-regulation and national private law, Oxford 2015 (zugleich Diss. Maastricht 2014) (zitiert: *Beckers,* Enforcing corporate social responsibility codes (2015), S.).

Beck'sches Handbuch der GmbH, hrsg. v. *Prinz, Ulrich/Winkeljohann, Norbert*, 6. Aufl., München 2021 (zitiert: *Bearbeiter*, in: Beck'sches Handbuch der GmbH, § Rn.).

Behme, Casper/Zickgraf, Peter, Rechtspflichten des Aufsichtsrats bei der Auswahl geeigneter Mitglieder von Vorstand und Aufsichtsrat, AG 2015, 841–857.

Behme, Caspar/Fries, Martin/Stark, Johanna (Hrsg.), Versicherungsmechanismen im Recht, Tübingen 2016 (zitiert: *Bearbeiter*, in: *Behme/Fries/Stark*, Versicherungsmechanismen im Recht (2016), S.).

Berger, Veronika, Organisation der Betriebsverfassung im matrixorganisierten Konzern; Baden-Baden 2017 (zugleich Diss. Regensburg 2017) (zitiert: *Berger*, Organisation der Betriebsverfassung im matrixorganisierten Konzern (2017), S.).

Böcking, Hans-Joachim/Eibelshäuser, Beate, Die Erklärung zur Unternehmensführung nach BilMoG (§ 289a HGB), Der Konzern 2009, 563–572.

Bodenstein, Claudia/Lenz, Alexander, Unternehmerische Sorgfaltspflichten in der Lieferkette Herausforderungen für die Corporate Governance im Lichte aktueller deutscher und europäischer Gesetzesinitiativen ZCG 2021, 101–105.

Bomsdorf, Tobias/Blatecki-Burgert, Berthold, Haftung deutscher Unternehmen für „Menschenrechtsverstöße", ZRP 2020, 42–46.

Bork, Reinhard/Schäfer, Carsten, (Hrsg.), GmbHG, Kommentar zum GmbHG, 5. Aufl., Köln 2022 (zitiert: *Autor*, in: *Bork/Schäfer*, GmbHG, § Rn.).

Bosch, Wolfgang, Verantwortung der Konzernobergesellschaft, ZHR 2013, 454–474.

Bosse, Christian, Zulässigkeit des Informationsflusses zwischen Mutter- und Tochterunternehmen im faktischen Aktienkonzern, Der Konzern 2019, 1–8.

Böttcher, Lars/Kautzsch, Michael, Vorstandsdoppelmandate im Personengesellschaftskonzern, NZG 2009, 819–822.

Brettel, Hauke/Thomas, Stefan, Der Vorschlag einer bußgeldrechtlichen „Konzernhaftung" nach § 81 Abs. 3a RefE 9. GWB-Novelle, WuW 2016, 336–341.

Brodmann, Karl Erlich, Über die Haftung für Fahrlässigkeit, insbesondere über die Haftung des Schiffers, AcP 1996, 327–406.

Brüggemeier, Gert, Haftungsrecht: Struktur, Prinzipien, Schutzbereich. Ein Beitrag zur Europäisierung des Privatrechts, Berlin, Heidelberg 2006 (zitiert: *Brüggemeier*, Haftungsrecht: Struktur, Prinzipien, Schutzbereich (2006), S.).

Buck-Heeb, Petra, Die Haftung von Mitgliedern des Leitungsorgans bei unklarer Rechtslage. Notwendigkeit einer Legal Judgment Rule?, BB 2013, 2247–2257.

Buck-Heeb, Petra, Die Plausibilitätsprüfung bei Vorliegen eines Rechtsrats – zur Enthaftung von Vorstand, Geschäftsführer und Aufsichtsrat, BB 2016, 1347–1355.

Budzikiewicz, Christine/Weller, Marc-Philippe/Wurmnest, Wolfgang (Hrsg.)/Gsell, Beate/Krüger, Wolfgang/Lorenz, Stephan/Reymann, Christoph (GesamtHrsg.), beck-online.GROSSKOMMENTAR, ROM-I-VO, (Stand: 01.09.2022), München 2022 (zitiert: *Bearbeiter*, in: *Budzikiewicz/Weller/Wurmnest,* BeckOGK ROM-I-VO).

Bueno, Nicolas/Bright, Claire, Implementing human rights due diligence through corporate civil liability, International & Comparative Law Quarterly (I.C.L.Q.) 2020, 789–818.

Bühner, Rolf, Betriebswirtschaftliche Organisationslehre, 10. Aufl., München Wien 2004, (zitiert: *Bühner,* Betriebswirtschaftliche Organisationslehre (2004), S.).

Bunting, Nikolaus, Konzernweite Compliance – Pflicht oder Kür?, ZIP 2012, 1542–1549.

Bürgers, Tobias, Compliance in Aktiengesellschaften. Arbeitsteilung zwischen Vorstand und Aufsichtsrat sowie innerhalb der Organe, ZHR 2015, 173–206.

Bürgers, Tobias/Körber, Torsten/Lieder, Jan (Hrsg.), Aktiengesetz, Kommentar, 5. Aufl., Heidelberg 2021 (zitiert: *Bearbeiter*, in: *Bürgers/Körber/Lieder*, AktG, § Rn.).

Bürkle, Jürgen, Corporate Compliance – Pflicht oder Kür für den Vorstand der AG?, BB 2005, 565–570.

Bürkle, Jürgen, Corporate Compliance als Standard guter Unternehmensführung des Deutschen Corporate Governance Kodex, BB 2007, 1797–1801.

Bürkle, Jürgen, Grenzen der strafrechtlichen Garantenstellung des Compliance-Officers, CCZ 2010, 4–12.

Buxbaum, Carmen, Konzernhaftung bei Patentverletzung durch die Tochtergesellschaft, GRUR 2009, 240–245.

Calliess, Christian/Ruffert, Matthias (Hrsg.), EUV/AEUV, Das Verfassungsrecht der Europäischen Union mit Europäischer Grundrechtecharta – Kommentar, 6. Aufl., München 2022 (zitiert: *Bearbeiter*, in: *Calliess/Ruffert*, AEUV, Art. Rn.).

Campos Nave, José A., Strafbarkeit des Compliance Officer aufgrund einer aus dem Aufgabenbereich abgeleiteten Garantenstellung, BB 2009, 2059–2059.

Canaris, Claus-Wilhelm, Die Vertrauenshaftung im deutschen Privatrecht, München 1971 (zugleich Habil. München 1967) (zitiert: *Canaris,* Vertrauenshaftung, S.).

Canaris, Claus-Wilhelm, Zur Bedeutung der Kategorie der „Unmöglichkeit" für das Recht der Leistungsstörungen in: *Schulze, Reiner/Schulte-Nölke, Hans (Hrsg.),* Die Schuldrechtsreform vor dem Hintergrund des Gemeinschaftsrechts Tübingen 2001, S. 43–66 (zitiert: *Canaris,* in: *Schulze/Schulte-Nölke,* Die Schuldrechtsreform vor dem Hintergrund des Gemeinschaftsrechts, S.).

Canaris, Claus-Wilhelm, Grundrechte und Privatrecht, AcP 1984, 201–245.

Chatzinerantzis, Alexndros/Hohm, Tosca, Environment - Social - Governance 2021: Haftungsrelevante Faktoren des Greenwashings, DB 2021, 9–11.

Dann, Matthias/Mengel, Anja, Tanz auf einem Pulverfass – oder: Wie gefährlich leben Compliance-Beauftragte?, NJW 2010, 3265–3269.

Desimoni, Ulrika/Mai, Sigrid, Siemens' neuer Verhaltenskodex – Erstellung und Implementierung, CCZ 2019, 143–145.

Decher, Christian E., Personelle Verflechtungen im Aktienkonzern. Loyalitätskonflikt und qualifiziert faktischer Konzern, Heidelberg 1990 (zugleich Diss. Bonn 1989) (zitiert: *Decher,* Personelle Verflechtungen im Aktienkonzern (1989), S.).

Decher, Christian E., Information im Konzern und Auskunftsrecht der Aktionäre gem. § 131 Abs. 4 AktG, ZHR 1994, 473–494.

Deutsch, von Erwin, Allgemeines Haftungsrecht, 2. Aufl., Köln München u.a. 1996 (zitiert: *Deutsch,* Allgemeines Haftungsrecht, S.).

Deutsch, von Erwin, Fahrlässigkeit und erforderliche Sorgfalt. Eine privatrechtliche Untersuchung, 2. Erg. Aufl., Köln 1995 (zugleich Habil. München 1960) (zitiert: *Deutsch,* Fahrlässigkeit und erforderliche Sorgfalt (1995), S.).

Deutsch, von Erwin, Die Medizinhaftung nach dem neuen Schuldrecht und dem neuen Schadensrecht, JZ 2002, 588–593.

Deutscher, Jörg, Zur Strafbarkeit des Compliance Officer Erhöhte Berufsrisiken nach dem Urteil des BGH vom 17.07.2009 = WM 2009, 1882, WM 2010, 1387–1393.

Dittmar, Falko, Weitergabe von Informationen im faktischen Aktienkonzern, AG 2013, 498–507.

Dreher, Meinrad, Treuepflichten zwischen Aktionären und Verhaltenspflichten bei der Stimmrechtsbündelung. Gesellschaftsrechtliche und zivilrechtliche Grundlagen, ZHR 1993, 150–171.

Dreher, Meinrad, Die kartellrechtliche Bußgeldverantwortlichkeit von Vorstandsmitgliedern. Vorstandshandeln zwischen aktienrechtlichem Legalitätsprinzip und kartellrechtlicher Unsicherheit, in: *Dauner-Lieb, Barbara (Hrsg.)*, Festschrift für Horst Konzen zum siebzigsten Geburtstag, Tübingen 2006, S. 85–108 (zitiert: *Dreher,* FS Konzen (2006), S.).

Dreher, Meinrad, Kartellrechtscompliance. Voraussetzungen und Rechtsfolgen unternehmens- oder verbandsinterner Maßnahmen zur Einhaltung des Kartellrechts, ZWeR 2004, 75–106.

Dreher, Meinrad, Die Vorstandsverantwortung im Geflecht von Risikomanagement, Compliance und interner Revision, in: *Kindler, Peter/Koch, Jens/Ulmer, Peter/Winter, Martin (Hrsg.),* Festschrift für Uwe Hüffer zum 70. Geburtstag, München 2010, S. 161–178 (zitiert: *Dreher,* FS Hüffer (2010), S.).

Dreher, Meinrad, Ausstrahlungen des Aufsichtsrechts auf das Aktienrecht – Unter besonderer Berücksichtigung des Risikomanagement –, ZGR 2010, 496–542.

Dreher, Meinrad/Hoffmann, Jens, Die Wirksamkeitsprüfung durch den Prüfungsausschuss nach § 107 Abs. 3 Satz 2 AktG. Internes Kontrollsystem, Risikomanagementsystem und Governancesystem, ZGR 2016, 445–504.

Drexl, Josef, Wissenszurechnung im Konzern, ZHR 1997, 491–521.

Drygala, Tim/Staake, Marco/Szalai, Stephan, Kapitalgesellschaftsrecht mit Grundzügen des Konzern- und Umwandlungsrechts, Berlin 2012 (zitiert: *Drygala/Staake/Szalai,* Kapitalgesellschaftsrecht, § Rn.).

Eccles, Robert G./Klimenko, Svetlana, The Investor Revolution. Shareholders are getting serious about sustainability, Harvard Business Review 2019, S. 106–116.

Eggert, Andreas, Tax Compliance in Konzernen mit Matrix-Strukturen – Steuerrechtliche Verantwortung der Geschäftsleiter, DStR 2017, 266–271.

Ehmann, Erik, Der Regierungsentwurf für das Lieferkettengesetz Erläuterung und erste Hinweise zur Anwendung, ZVertriebsR 2021, 141–151.

Eickenjäger, Sebastian, Die Durchsetzung von Menschenrechten gegenüber Unternehmen mittels nichtfinanzieller Berichterstattung in: *Krajewski, Markus/Saage-Maaß, Miriam (Hrsg.),* Die Durchsetzung menschenrechtlicher Sorgfaltspflichten von Unternehmen: Zivilrechtliche Haftung und Berichterstattung als Steuerungsinstrumente, Baden-Baden 2018, S. 243–278 (zitiert: *Eickenjäger,* in: *Krajewski/Saage-Maaß,* Die Durchsetzung menschenrechtlicher Sorgfaltspflichten von Unternehmen (2018), S.).

Einsele, Dorothee, Kollissionrechtliche Behandlung des Rechts verbundener Unternehmen, ZGR 1996, 40–54.

Eisele, Jörg/Koch, Jens/Theile, Hans (Hrsg.), Der Sanktionsdurchgriff im Unternehmensverbund, Tübingen 2014, (zitiert: *Autor,* in: *Eisele/Koch/Theile,* Der Sanktionsdurchgriff im Unternehmensverbund (2014), S.).

Ekkenga, Jens, Über die erweiterten Kontrollpflichten des Aufsichtsrats nach der CSR-Reform, in: *Grunewald, Barbara/Koch, Jens/Thielmann, Jörgen (Hrsg.),*

Festschrift für Eberhard Vetter zum 70. Geburtstag, Köln 2019, S. 115–135 (zitiert: *Ekkenga*, FS Vetter (2019), S.).

Elsner, Timo, Die laufende Kontrolle der Tochtergesellschaften durch die Verwaltung der Muttergesellschaft. Eine Konkretisierung der aktiengesetzlichen Grundlagen, Frankfurt a.M. 2004 (zugleich Diss. Marburg 2003) (zitiert: *Elsner,* Die laufende Kontrolle der Tochtergesellschaften durch die Verwaltung der Muttergesellschaft (2004), S.).

Engelhardt, Clemens/Wagenseil, Andreas (Hrsg.), Der mittelständische Konzern, 1. Aufl., Berlin 2015, (zitiert: *Autor*, in: *Engelhardt/Wagenseil,* Der mittelständische Konzern (2015), Teil, Rn.).

Emmerich, Volker/Habersack, Mathias, Konzernrecht, 11. Aufl., München 2020 (zitiert: *Emmerich/Habersack,* Konzernrecht, § Rn.).

Emmerich, Volker/Habersack, Mathias/Schürnbrand, Jan, Aktien- und GmbH-Konzernrecht, Kommentar, 10. Aufl., München 2022 (zitiert: *Bearbeiter,* in: *Emmerich/Habersack,* Aktien- und GmbH-Konzernrecht, AktG, § Rn.).

Epping, Volker (Hrsg.)/Hillgruber, Christian (Hrsg.), Beck'scher Online-Kommentar Grundgesetz, 55. Edition (Stand: 15.05.2023), München 2023 (zitiert: *Bearbeiter*, in: *Epping/Hillgruber,* BeckOK GG, Art. Rn.).

Erman, Walter (Begr.)/Westermann, Harm Peter/Grunewald, Barbara/Maier-Reimer, Georg (Hrsg.), Erman Bürgerliches Gesetzbuch. Handkommentar mit AGG, EGBGB (Auszug), ErbbauRG, LPartG, ProdHaftG, UKlaG, VBVG, VersAusglG und WEG, Bd. II, 16. Aufl., Köln 2020 (zitiert: Erman/*Bearbeiter,* BGB, § Rn.).

Eulerich, Marc, Das Three Lines of Defence-Modell. Ein mögliches Rahmenwerk für die Positionierung der Internen Revision, ZIR 2012, 55–58.

Eulerich, Marc/Theis, Jochen, Zusammenarbeit von Interner Revision und Audit Committee im deutschen Corporate Governance-System. Eine empirische Untersuchung zur Analyse von Struktur und Leistung, ZIR 2012, 132–137.

Eulerich, Marc, Das Three Lines Model. Strukturierung der Corporate Governance, ZCG 2021, 53–57.

Eulerich, Marc/Gleißner, Werner, Lines of Defense und ihre Probleme. Erfahrungen aus vergangenen und aktuellen Unternehmensskandalen, ZCG 2021, 266–272.

Fabritius, Andreas, Zu den Grenzen der Durchsetzung eines kapitalmarktrechtlich begründeten Informationsinteresses des herrschenden Unternehmens im faktischen Konzern, in: *Baums, Theodor (Hrsg.),* Festschrift für Ulrich Huber zum siebzigsten Geburtstag, Tübingen 2006, S. 705–718 (zitiert: *Fabritius,* FS Huber (2006), S.).

Fahrig, Stephan, Verhaltenskodex und Whistleblowing im Arbeitsrecht, NJOZ 2010, 975–979.

Falkenhausen, Marie von, Menschenrechtsschutz durch Deliktsrechts: unternehmerische Pflichten in internationalen Lieferketten, Tübingen 2020 (zitiert: *Falkenhausen*, Menschenrechtsschutz durch Deliktsrechts (2020), S.).

Favoccia, Daniela/Richter, Thomas, Rechte, Pflichten und Haftung des Compliance Officers aus zivilrechtlicher Sicht, AG 2010, 137–147.

Feddersen/Hommelhoff/Schneider (Hrsg.), Corporate Governance – Optimierung der Unternehmensführung und Unternehmenskontrolle im deutschen und amerikanischen Aktienrecht, Köln 1996 (zitiert: *Bearbeiter,* in: *Feddersen/Hommelhoff/Schneider*, Corporate Governance (1996), S.).

Fischbach, Jonas, Die Haftung des Vorstands im Aktienkonzern, Baden-Baden 2009 (zugleich Diss. Mannheim 2009) (zitiert: *Fischbach,* Die Haftung des Vorstands im Aktienkonzern (2009), S.).

Fischer, Jan-Benedict/Schuck, Jonas, Die Einrichtung von Corporate Governance-Systemen nach dem FISG, NZG 2021, 534–541.

Fleischer, Holger, Vorstandsverantwortlichkeit und Fehlverhalten von Unternehmensangehörigen – Von der Einzelüberwachung zur Errichtung einer Compliance-Organisation, AG 2003, 291–300.

Fleischer, Holger, Die „Business Judgement Rule" im Spiegel von Rechtsvergleichung und Rechtsökonomie, in: *Wank, Rolf (Hrsg.),* Festschrift für Herbert Wiedemann zum 70. Geburtstag, München 2002, S. 827–850 (zitiert: *Fleischer,* FS Wiedemann (2002), S.).

Fleischer, Holger, Konzernleitung und Leitungssorgfalt der Vorstandsmitglieder im Unternehmensverbund, DB 2005, 759–766.

Fleischer, Holger, Aktienrechtliche Legalitätspflicht und „nützliche" Pflichtverletzungen von Vorstandsmitgliedern, ZIP 2005, 141–152.

Fleischer, Holger (Hrsg.), Handbuch des Vorstandsrechts, München 2006 (zitiert: *Bearbeiter*, in: *Fleischer*, Handbuch des Vorstandsrechts, § Rn.).

Fleischer, Holger, Kartellrechtsverstöße und Vorstandsrecht, BB 2008, 1070–1076.

Fleischer, Holger, Corporate Compliance im aktienrechtlichen Unternehmensverbund, CCZ 2008, 1–6.

Fleischer, Holger, Aktuelle Entwicklungen der Managerhaftung, NJW 2009, 2337–2343.

Fleischer, Holger, Investor Relations und informationelle Gleichbehandlung im Aktien-, Konzern- und Kapitalmarktrecht, ZGR 2009, 505–541.

Fleischer, Holger, Vertrauen von Geschäftsleitern und Aufsichtsratsmitgliedern auf Informationen Dritter. Konturen eines kapitalgesellschaftsrechtlichen Vertrauensgrundsatzes, ZIP 2009, 1397–1406.

Fleischer, Holger, Vorstandshaftung und Vertrauen auf anwaltlichen Rat, NZG 2010, 121–125.

Fleischer, Holger, Das unternehmerische Ermessen des GmbH-Geschäftsführers und seine GmbH-spezifischen Grenzen, NZG 2011, 521–527.

Fleischer, Holger, Aktienrechtliche Compliance-Pflichten im Praxistest: Das Siemens/Neubürger-Urteil des LG München I, NZG 2014, 321–329.

Fleischer, Holger, Corporate Social Responsibility – Vermessung eines Forschungsfeldes aus rechtlicher Sicht, AG 2017, 509–525.

Fleischer, Holger/Danninger, Nadja, Konzernhaftung für Menschenrechtsverletzungen – Französische und schweizerische Reformen als Regelungsvorbilder für Deutschland? –, DB 2017, 2849–2857.

Fleischer, Holger/Korch, Stefan, Konzerndeliktsrecht: Entwicklungsstand und Zukunftsperspektiven, DB 2019, 1944–1952.

Fleischer, Holger/Korch, Stefan, Zur deliktsrechtlichen Verantwortlichkeit von Auftraggebern in der Lieferkette, ZIP 2019, 2181–2191.

Fleischer, Holger/Korch, Stefan, Okpabi v Royal Dutch Shell und das deutsche Deliktsrecht in Konzernlagen, ZIP 2021, 709–718.

Fleischer, Holger, Klimaschutz im Gesellschafts-, Bilanz- und Kapitalmarktrecht, DB 2022, 37–45.

Fleischer, Holger, Zivilrechtliche Haftung im Halbschatten des Lieferkettensorgfaltspflichtengesetzes, DB 2022, 920–929.

Florstedt, Tim, Cum/ex-Geschäfte und Vorstandshaftung. Zur Reichweite des Vertrauensschutzes beim Rechtsirrtum, NZG 2017, 601–611.

Florstedt, Tim, Cum/cum-Geschäfte und Vorstandshaftung. Rechtsirrtum und Rechtszweifel bei „saisonaler Aktienarbitrage“, NZG 2018, 485–493.

Flume, Werner, Allgemeiner Teil des Bürgerlichen Rechts. Das Rechtsgeschäft. Bd. II, 2. Aufl., Berlin Heidelberg New York 1975 (zitiert: *Flume,* Allgemeiner Teil des Bürgerlichen Rechts, Bd. II, § Rn.).

Fonk, Hans-Joachim, Zur Vertragsgestaltung bei Vorstandsdoppelmandaten, NZG 2010, 368–374.

Fremuth, Michael Lysander, Menschenrechte. Grundlagen und Dokumente, Berlin Wien 2020 (zitiert: *Fremuth,* Menschenrechte (2020), S.).

Freund, Stefan, Risikomanagement für Geschäftsführer und Vorstände, NZG 2021, 579–586.

Fritz, Hans-Joachim, Die Führungskraft in der Matrixorganisation, NZA-Beilage 2018, 98–103.

Frotz, Gerhard, Die Rechtsdogmatische Einordnung der Haftung für culpa in contrahendo in: *Faistenberger, Christoph/Mayrhofer, Heinrich (Hrsg.)*, Privatrechtliche Beiträge: Gedenkschrift Franz Gschnitzer, Aalen 1969, S. 163–180 (zitiert: *Frotz*, GS GSchitzer (1969), S.).

Furhmann, Lambertus/Heinen, Alexander/Schilz, Lukas, Gesetzliche Beurteilungs- und Ermessensspielräume als „spezial-gesetzliche Business Judgement Rule", NZG 2020, 1368–1378.

Gehling, Christian/Ott, Nicolas/Lüneborg, Cäcilie, Das neue Lieferkettensorgfaltspflichtengesetz – Umsetzung in der Unternehmenspraxis Rechtsanwälte, CCZ 2021, 230–240.

Geiser, Martina, Leitungspflichten des Vorstandes in der AG: Grenzziehung zwischen der Business Judgment Rule und den notwendigen Anforderungen an eine Compliance-Organisation, Hamburg 2010 (zugleich Diss. Köln 2009) (zitiert: *Geiser,* Leitungspflichten des Vorstandes in der AG (2010), S.).

Gerum, Elmar, Das deutsche Corporate Governance-System – eine empirische Untersuchung, Stuttgart 2007 (zitiert: *Gerum,* Das deutsche Corporate Governance-System – eine empirische Untersuchung (2007), S.).

Spießhofer, Birgit, Corporate Social Responsibility – „Indienstnahme" von Unternehmen für gesellschaftspolitische Aufgaben?, in: *Gesellschaftsrechtliche Vereinigung,* Gesellschaftsrecht in der Diskussion 2016, Köln 2017, S. 61–73.

Spießhofer, Birgit, Sustainable Corporate Governance, NZG 2022, 435–450.

Gesellschaftsrechtliche Vereinigung (VGR), Stellungnahme der Gesellschaftsrechtlichen Vereinigung – Wissenschaftliche Vereinigung für Unternehmens- und Gesellschaftsrecht (VGR) e.V. zu dem Entwurf des Deutschen Corporate Governance Kodex 2022 vom 21. Januar 2022, AG 2022, 239, 241–245.

Glaser, Thomas, EU-Datenschutz-Grundverordnung: Praxishinweise zur Implementierung von Datenschutz-Management-Systemen in Unternehmen, GmbHR 2018, 993–1001.

Gleich, Ronald/Oehler, Karsten, Corporate Governance umsetzen. Erfolgsfaktoren Controlling und Informationssysteme, Stuttgart 2006 (zitiert: *Gleich/Oehler,* Corporate Governance umsetzen (2006), S.).

Glinski, Carola, UN-Leitprinzipien, Selbstregulierung der Wirtschaft und Deliktsrecht: Alternativen zu verpflichtenden Völkerrechtsnormen für Unternehmen?, in: *Krajeweski, Markus (Hrsg.),* Staatliche Schutzpflichten und unternehmerische Verantwortung für Menschenrechte in globalen Lieferketten, FAU Studien zu Menschenrechten, Bd. II, Erlangen 2018, S. 43–96 (zitiert: *Glinski,* in: *Krajewski*, Staatliche Schutzpflichten und unternehmerische Verantwortung für Menschenrechte in globalen Lieferketten (2018), S.).

Goette, Wulf, Organisationspflichten in Kapitalgesellschaften zwischen Rechtspflicht und Opportunität, ZHR 2011, 388–400.

Götz, Heinrich, Die Überwachung der Aktiengesellschaft im Lichte jüngerer Unternehmenskrisen, AG 1995, 337–353.

Götz, Heinrich, Leitungssorgfalt und Leitungskontrolle der Aktiengesellschaft hinsichtlich abhängiger Unternehmen, ZGR 1998, 524–545.

Götz, Heinrich, Rechte und Pflichten des Aufsichtsrats nach dem Transparenz- und Publizitätsgesetz, NZG 2002, 599–604.

Graf, Jürgen (Hrsg.), Beck'scher Online-Kommentar, Ordnungswidrigkeitengesetz, 39. Edition (Stand: 01.07.2023), München 2023 (zitiert: *Bearbeiter,* in: *Graf,* BeckOK OWiG, § Rn.).

Graf von Westphalen, Friedrich, Einige Vorüberlegungen zum bevorstehenden Lieferkettengesetz, ZIP 2020, 2421–2431.

Grigoleit, Hans Christoph (Hrsg.), Aktiengesetz, Kommentar, 2. Aufl., München 2020 (zitiert: *Bearbeiter*, in: *Grigoleit*, AktG, § Rn.).

Großkommentar zum Aktiengesetz, hrsg. v. *Bachmann, Gregor/Mock, Sebastian/Windbichler, Christine,* 5. Aufl., Bd. I, Einleitung; §§ 1–22, Berlin Boston 2017 (zitiert: *Bearbeiter*, in: *Hopt/Wiedemann,* Großkomm AktG, § Rn.).

Großkommentar zum Aktiengesetz, hrsg. v. *Foerster, Max/Habersack/Hopt, Klaus J./Roth, Markus,* 5. Aufl., Bd. IV/2, §§ 92–94, Berlin München Boston 2015 (zitiert: *Bearbeiter,* in: *Foerster/Habersack/Hopt/Roth,* Großkomm AktG, § Rn.).

Großkommentar zum Aktiengesetz, hrsg. v. *Hirte, Heribert/Mülbert, Peter O./Roth, Markus,* 5. Aufl., Bd. V, §§ 95–116, Berlin Boston 2019 (zitiert: *Bearbeiter,* in: *Hirte/Mülbert/Roth,* Großkomm AktG, § Rn.).

Großkommentar zum Aktiengesetz, hrsg. v. *Hopt, Klaus/Wiedemann, Herbert,* 4. Aufl., Bd. IX, §§ 311–410; §§ 161,162; EGAktG, Berlin Boston 2022 (zitiert: *Bearbeiter*, in: *Hirte/Mülbert/Roth*, Großkomm AktG, § Rn.).

Grundmeier, Charlotte Elisabeth, Rechtspflicht zur Compliance im Konzern, Köln 2011 (zugleich Diss. Bonn 2011) (zitiert: *Grundmeier*, Rechtspflicht zur Compliance im Konzern (2011), S.).

Grüneberg, Christian, Kommentar zum Bürgerlichen Gesetzbuch, vormals *Palandt (Begr.),* bearb. v. *Ellenberger/Götz/Grüneberg et al.,* 82. Aufl., München 2023 (zitiert: Grüneberg/*Bearbeiter*, § Rn.).

Grunewald, Barbara/Hennrichs, Joachim, Haftungsgrundsätze für Entscheidungen unter Unsicherheit, in: *Grunewald, Barbara (Hrsg.),* Festschrift für Georg

Maier-Reimer zum 70. Geburtstag, München 2010, S. 147–159 (zitiert: *Grunewald/Hennrichs*, FS Maier-Reimer (2010), S.).

Grunewald, Barbara, Können Gesellschaften Verrichtungsgehilfen i.S.v. § 831 I 1 BGB sein?, NZG 2018, 481–484.

Grunewald, Barbara, Gesellschaftsrecht, 11. Aufl., Tübingen 2020 (zitiert: *Grunewald*, Gesellschaftsrecht, § Rn.).

Grunewald, Barbara, Verkäuferhaftung für unrichtige CSR-Berichte des Herstellers, NJW 2021, 1777–1780.

Gsell, Beate/Krüger, Wolfgang/Lorenz, Stephan/Reymann, Christoph (GesamtHrsg.)/Christine Budzikiewicz/Marc-Philippe Weller/ Wolfgang Wurmnest (Hrsg.); beck-online.GROSSKOMMENTAR, ROM-I-VO, (Stand: 01.09.2022), München 2022, (zitiert: BeckOGK/*Bearbeiter*, ROM-I-VO Art. Rn.).

Güngör, Volkan, Sorgfaltspflichten für Unternehmen in transnationalen Menschenrechtsfällen, Hamburg 2016 (zitiert: *Güngör*, Sorgfaltspflichten für Unternehmen in transnationalen Menschenrechtsfällen (2016), S.).

Haas, von Lothar/Medicus, Dieter/Rolland, Walter/Schäfer, Carsten/Wendtland, Holger, Das neue Schuldrecht, München 2002 (zitiert: *Bearbeiter*, in: *Haas/ Medicus/Rolland/ Schäfer/Wendtland*, Das neue Schuldrecht, S. Rn.).

Habersack, Mathias, Gedanken zur konzernweiten Compliance-Verantwortung des Geschäftsleiters eines herrschenden Unternehmens in: *Bechtold, Stefan (Hrsg.)*, Recht, Ordnung und Wettbewerb, Festschrift zum 70. Geburtstag von Wernhard Möschel, Baden-Baden 2011, S. 1175–1192 (zitiert: *Habersack*, FS Möschel (2011), S.).

Habersack, Mathias, Grund und Grenzen der Compliance-Verantwortung des Aufsichtsrats der AG, AG 2014, 1–8.

Habersack, Mathias/Zickgraf, Peter, Deliktsrechtliche Verkehrs- und Organisationspflichten im Konzern, ZHR 2018, 252–295.

Habersack, Mathias/Ehrl, Max, Verantwortlichkeit inländischer Unternehmen für Menschenrechtsverletzungen durch ausländische Zulieferer – de lege lata und de lege ferenda, AcP 2019, 155–210.

Habersack, Mathias, Gedanken zur konzernweiten Compliance-Verantwortung des Geschäftsleiters eines herrschenden Unternehmens, ZGR Sonderheft (20) 2017, 269–385.

Habersack, Mathias/Verse, Dirk A., Zum Auskunftsrecht des Aktionärs im faktischen Konzern. Zugleich Besprechung des Beschlusses des OLG Frankfurt a.M. vom 06.01.2003 – 20 W 449/93, AG 2003, 300–307.

Hachmeister, Dirk/Kahle, Holger/Mock, Sebastian/Schüppen, Matthias (Hrsg.), Bilanzrecht Kommentar, Handelsbilanz, Steuerbilanz, Prüfung, Offenlegung,

Gesellschaftsrecht, 3. Aufl., Köln 2022 (zitiert: *Bearbeiter*, in: *Hachmeister/Kahle/Mock/Schüppen*, Bilanzrecht, § Rn.).

Hahn, Christopher/Naumann, Daniel, Organhaftung trotz sachverständiger Beratung – Entscheidungskonflikte zwischen dem „Gebot des sichersten Weges“ und unternehmerischer Wagnis, CCZ 2013, 156–164.

Haider, Katharina, Haftung von transnationalen Unternehmen und Staaten für Menschenrechtsverletzungen: eine Untersuchung der Rechtsschutzmöglichkeiten am Maßstab des Völkerrechts, des Internationalen Zivilverfahrensrechts, des (Internationalen) Privatrechts, des Staatshaftungsrechts und des Strafrechts, Baden-Baden 2019 (zitiert: *Haider*, Haftung von transnationalen Unternehmen und Staaten für Menschenrechtsverletzungen (2019), S.).

Hahn, Volker, Haftung des AG-Vorstands wegen Einrichtung eines mangelhaften Compliance-Systems zur Verhinderung von Schmiergeldzahlungen („Siemens“), EWiR 2014, 175–176.

Hannemann, Nico, Die gesellschaftsrechtliche Implementierung von Matrixstrukturen im Konzern am Beispiel der AG, SE und GmbH, Baden-Baden 2022 (zugleich Diss.Münster 2021) (zitiert: Hannemann, Die gesellschaftsrechtliche Implementierung von Matrixstrukturen im Konzern am Beispiel der AG, SE und GmbH (2022), S.).

Hansch, Julia, Corporate Governance für internationale Konzerne, Berlin Heidelberg 2021 (zitiert: *Hansch,* Corporate Governance für internationale Konzerne (2021), S.).

Hansmann, Henry/Kraakman, Reinier, Towards Unlimited Shareholder Liability for Corporate Torts, Yale Law Journal 1991, 1879–1934.

Harbarth, Stephan, Weisungsrecht und Berichtswege bei der Konzernleitung in Matrixstrukturen in: *Dreher, Meinrad/Drescher, Ingo/Mülbert, Peter O./Verse, Dirk A. (Hrsg.),* Festschrift für Alfred Bergmann zum 65. Geburtstag am 13. Juli 2018, Berlin Boston 2018, S. 243–258 (zitiert: *Harbarth*, FS Bergmann (2018), S.).

Harbarth, Stephan, Abhandlungen. Anforderungen an die Compliance-Organisation in börsennotierten Unternehmen, ZHR 2015, 136–172.

Harbarth, Stephan/Bechtel, Micha, Rechtliche Anforderungen an eine pflichtgemäße Compliance-Organisation im Wandel der Zeit, ZIP 2016, 241–250.

Harms, Wolfgang, Konzerne im Recht der Wettbewerbsbeschränkungen. Eine wirtschafts- und gesellschaftsrechtliche Untersuchung, Köln 1968 (zugleich Habil. Mainz 1967) (zitiert: *Harms,* Konzerne im Recht der Wettbewerbsbeschränkungen, S.).

Hau, Wolfgang/Poseck, Roman (Hrsg.), Beck'scher Online Kommentar Bürgerliches Gesetzbuch, 61. Edition (Stand: 01.05.2023), München 2023 (zitiert: *Bearbeiter*, in: *Hau/Poseck*, BeckOK BGB).

Hauschka, Christoph E./Moosmayer, Klaus/Lösler, Thomas (Hrsg.), Corporate Compliance, Handbuch der Haftungsvermeidung im Unternehmen, 3. Aufl., München 2016, (zitiert: *Bearbeiter*, in: *Hauschka/Moosmayer/Lösler*, Corporate Compliance, § Rn.).

Heim, Nicolas/Schmidt, Holger/Duc, Kim Mai Pham, Benchmarking als effektives Instrument zur Leistungssteigerung im Controlling, in: *Gleich, Ronald/ Losbichler, Heimo/Möller, Klaus/Tschandl, Martin (Hrsg.),* Standards im Controlling: Controllerarbeit professionell ausrichten und strukturieren, Freiburg München Stuttgart 2017, S. 191–207 (zitiert: *Heim/Schmidt/Duc*, in: *Gleich/ Losbichler/Möller/Tschandl*, Standards im Controlling, S.).

Heinen, Anna, Auf dem Weg zu einem transnationalen Deliktsrecht? Zur Begründung deliktischer Sorgfalts- und Organisationspflichten in globalen Wertschöpfungsketten, in: *Krajewski, Markus/Saage-Maaß, Miriam (Hrsg.),* Die Durchsetzung menschenrechtlicher Sorgfaltspflichten von Unternehmen: Zivilrechtliche Haftung und Berichterstattung als Steuerungsinstrumente, Baden-Baden 2018, S. 87–124 (zitiert: *Heinen,* in: *Krajeweski/ Saage-Maaß*, Die Durchsetzung menschenrechtlicher Sorgfaltspflichten von Unternehmen (2018), S.).

Hemeling, Peter, Organisationspflichten des Vorstands zwischen Rechtspflicht und Opportunität, ZHR 2011, 368–387.

Hennings, Antje, Über das Verhältnis von Multinationalen Unternehmen zu Menschenrechten. Eine Bestandsaufnahme aus juristischer Perspektive, Göttingen 2009 (zugleich Diss. Göttingen 2009) (zitiert: *Hennings*, Über das Verhältnis von Multinationalen Unternehmen zu Menschenrechten (2009), S.).

Hennrichs, Joachim, Treupflichten im Aktienrecht – zugleich Überlegungen zur Konkretisierung der Generalklausel des § 242 BGB sowie zur Eigenhaftung des Stimmrechtsvertreters –, AcP 1995, 221–271.

Hennrichs, Joachim, Corporate Governance und Abschlussprüfung. Zuständigkeiten, Interaktionen und Sorgfaltsanforderungen, in: *Erle, Bernd (Hrsg.),* Festschrift für Peter Hommelhoff zum 70. Geburtstag, Köln 2012, S. 383–400 (zitiert: *Hennrichs,* FS Hommelhoff (2012), S.).

Hennrichs, Joachim, Die Grundkonzeption der CSR-Berichterstattung und ausgewählte Problemfelder, ZGR 2018, 206–230.

Hennrichs, Joachim/Pöschke, Moritz, Die Pflicht des Aufsichtsrats zur Prüfung des „CSR-Berichts", NZG 2017, 121–127.

Herdegen, Matthias, Völkerrecht, 21. Aufl., München 2022 (zitiert: *Herdegen*, Völkerrecht, § Rn.).

Henssler, Martin/Strohn, Lutz (Hrsg.), Gesellschaftsrecht. BGB, PartGG, HGB, GmbHG, AktG, DCGK, GenG, UmwG, InsO, AnfG, IntGesR, 5. Aufl., München 2021 (zitiert: *Bearbeiter*, in: *Henssler/Strohn*, GesR, GmbHG § Rn.).

Heße, Dustin/Klimke, Romy, Die EU-Verordnung zu Konfliktmineralien: Ein stumpfes Schwert?, EuZW 2017, 446–450.

Hilber, Marc/Knorr, Gunnar/Müller, Stephan/Schilling, Myriam/Wurth, Gilbert, Deutsche Tochter im internationalen Konzern, Rechtshandbuch für die Praxis. Gesellschaftsrecht, Arbeitsrecht, Steuerrecht, Datenschutz, Kartellrecht, Compliance (zitiert: *Bearbeiter*, in: Deutsche Tochter im internationalen Konzern, S. Rn.).

Hoffmann, Andreas C./Schieffer, Anita, Pflichten des Vorstands bei der Ausgestaltung einer ordnungsgemäßen Compliance-Organisation, NZG 2017, 401–407.

Hoffmann-Becking, Michael, Forum. Vorstands-Doppelmandate im Konzern, ZHR 1986, 570–584.

Hoffmann-Becking, Michael, Der Aufsichtsrat im Konzern, ZHR 1995, 325–345.

Holle, Philipp Maximilian, Legalitätskontrolle im Kapitalgesellschafts- und Konzernrecht, Tübingen 2019 (zugleich Diss. Konstanz 2014) (zitiert: *Holle*, Legalitätskontrolle im Kapitalgesellschafts- und Konzernrecht (2014), S.).

Holle, Philipp Maximilian, Die Binnenhaftung des Vorstands bei unklarer Rechtslage, AG 2016, 270–280.

Hölters, Wolfgang (Hrsg.)/Weber, Markus (Hrsg.), Aktiengesetz, Kommentar, 4. Aufl., München 2022 (zitiert: *Bearbeiter*, in: *Hölters/Weber*, AktG, § Rn.).

Holtmann, Michael, Personelle Verflechtungen auf Konzernführungsebene, Wiesbaden 1989 (zugleich Diss. Bonn 1989, unter dem Titel: Personelle Verflechtungen auf der Leitungsebene im Konzern) (zitiert: *Holtmann*, Personelle Verflechtungen auf Konzernführungsebene (1989), S.).

Hommelhoff, Peter, Die Konzernleitungspflicht, Köln 1982 (zugleich Habil. Bochum 1980/81) (zitiert: Hommelhoff, Konzernleitungspflicht (1982), S.).

Hommelhoff, Peter/Hopt, Klaus/Werder, Axel v. (Hrsg.), Handbuch Corporate Governance. Leitung und Überwachung börsennotierter Unternehmen in der Rechts- und Wirtschaftspraxis, 2. Aufl., Köln 2009 (zitiert: *Bearbeiter*, in: *Hommelhoff/Hopt/Werder*, Handbuch Corporate Governance, S.).

Hommelhoff, Peter, Aufwüchse in der externen Corporate Governance, – eine Skizze –, AG 2016, 684–691.

Hommelhoff, Peter, Konzernmodelle und ihre Realisierung im Recht, in: *Druey, Jean Nicolas/Pedrazzini, Mario M./Zäch, Roger (Hrsg.),* Das St. Galler Konzernrechtsgespräch – Konzernrecht aus der Wirklichkeit, S. 107–128 (zitiert: *Hommelhoff,* in: *Druey*, Das St. Galler Konzernrechtsgespräch, S.).

Hommelhoff, Peter, Vernetzte Aufsichtsratsüberwachung im Konzern? – eine Problemskizze, in: *Theisen, Manuel (Hrsg.),* Der Konzern im Umbruch. Organisation, Besteuerung, Finanzierung und Überwachung, Stuttgart 1998, S. 338–360 (zitiert: *Hommelhoff,* in: *Theisen,* Der Konzern im Umbruch (1998), S.).

Hopt, Klaus J., ECLR. Gemeinsame Grundsätze der Corporate Governance in Europa? Überlegungen zum Einfluß der Wertpapiermärkte auf Unternehmen und ihre Regulierung und zum Zusammenwachsen von common law und civil law im Gesellschafts- und Kapitalmarktrecht, ZGR 2000, 779–818.

Hopt, Klaus J./Binder, Jens-Hinrich/Böcking, Hans-Joachim (Hrsg.), Handbuch Corporate Governance von Banken und Versicherungen, 2. Aufl., München 2020 (zitiert: *Bearbeiter,* in: *Hopt/Binder/Böcking,* Handbuch Corporate Governance von Banken und Versicherungen, § Rn.).

Horn, Christian, 11. Österberg-Seminar zu aktuellen Fragen des Wirtschaftsrechts, NZG 2020, 252–256.

Huber, Nikolaus, Die Reichweite konzernbezogener Compliance-Pflichten des Mutter-Vorstands des AG-Konzerns, Berlin 2013 (zugleich Diss. Augsburg 2012) (zitiert: *Huber,* Die Reichweite konzernbezogener Compliance-Pflichten des Mutter-Vorstands des AG-Konzerns, S.).

Hübner, Leonhard, Grundlagen der Haftungsmöglichkeiten im nationalen Zivilrecht, in: *Krajewski, Markus/Oehm, Franziska/Saage-Maaß, Miriam (Hrsg.),* Zivil- und strafrechtliche Unternehmensverantwortung für Menschenrechtsverletzungen, Berlin 2018, S. 13–32 (zitiert: *Hübner,* in: *Krajewski/Oehm/Saage-Maaß,* Zivil- und strafrechtliche Unternehmensverantwortung für Menschenrechtsverletzungen (2018), S.).

Hübner, Leonhard, Bausteine eines künftigen Lieferkettengesetzes, NZG 2020, 1411–1417.

Hüffer, Uwe, Informationen zwischen Tochtergesellschaft und herrschendem Unternehmen im vertragslosen Konzern, in: *Grundmann, Stefan (Hrsg.),* Unternehmensrecht zu Beginn des 21. Jahrhunderts: Festschrift für Eberhard Schwark zum 70. Geburtstag, München 2009, S. 185–198 (zitiert: *Immenga,* FS Schwark (2009), S.).

Hüffer, Uwe, Compliance im Innen- und Außenrecht der Unternehmen, in: *Altmeppen, Holger/Fitz, Hanns/Honsell, Heinrich (Hrsg.),* Festschrift für Günther H. Roth zum 70. Geburtstag, S. 299–307 (zitiert: *Hüffer,* FS Roth (2011), S.).

Hüffer, Uwe (Begr.)/Koch, Jens, Gesellschaftsrecht, 12. Aufl., München 2021 (zitiert: *Koch*, Gesellschaftsrecht, § Rn.)

Hüffer, Uwe (Begr.)/Koch, Jens (Hrsg.), Aktiengesetz, Kommentar, 17. Aufl., München 2023 (zitiert: *Bearbeiter*, in: *Koch*, AktG, § Rn.).

Ihrig, Hans-Christoph/Schäfer, Carsten, Rechte und Pflichten des Vorstands, 2. Aufl., Köln 2020 (zitiert: *Ihrig/Schäfer*, Rechte und Pflichten des Vorstands, § Rn.).

Interdisziplinärer Arbeitskreis Corporate Governance (AKCG), Thesen zur Stärkung der Corporate Governance aus Anlass des Wirecard-Falles, DB 2021, 550–555.

Immenga, Ulrich, Compliance als Rechtspflicht nach Aktienrecht und Sarbanes-Oxley-Act, in: *Grundmann, Stefan (Hrsg.)*, Unternehmensrecht zu Beginn des 21. Jahrhunderts: Festschrift für Eberhard Schwark zum 70. Geburtstag, München 2009, S. 199–207 (zitiert: *Immenga*, FS Schwark (2009), S.).

Ipsen, Jörn/Kaufhold, Ann-Katrin/Wischmeyer, Thomas, Staatsrecht I: Staatsorganisationsrecht, 33. Aufl., München 2021 (zitiert: *Ipsen/Kaufhold/Wischmeyer*, Staatsrecht I, § Rn.).

Jaeger, Wolfgang et al. (Hrsg.), Frankfurter Kommentar zum Kartellrecht – Mit Kommentierung des EU-Kartellrechts, des GWB und einer Darstellung ausländischer Kartellrechtsordnungen, Köln 2022 (zitiert: *Bearbeiter*, in: *Jaeger et al.*, Frankfurter Kommentar zum Kartellrecht, GWB, § Rn.).

Jarass, Hans D., Charta der Grundrechte der Europäischen Union unter Einbeziehung der sonstigen Grundrechtsregelungen des Primärrechts und der EMRK; Kommentar, 4. Aufl., München 2021 (zitiert: *Jarass*, GrCh, Art. Rn.).

Jarass, Hans D. (Begr.)/Kment, Martin/Pieroth, Bodo, Grundgesetz für die Bundesrepublik Deutschland, 17. Aufl., München 2022, (zitiert: Jarass/*Bearbeiter*, GG, Art. Rn.).

Jung, Hans, Controlling, 4. Aufl., Berlin Boston 2014 (zitiert: *Jung*, Controlling (2014), S.).

Kaleck, Wolfgang/Saage-Maaß, Miriam, Unternehmen vor Gericht: globale Kämpfe für Menschenrechte, Berlin 2016 (zitiert: *Kaleck/Saage-Maaß*, Unternehmen vor Gericht (2016), S.).

Kaller, Luca, Deliktshaftung im Konzern, ZEuP 2022, 157–177.

Kauer, Dorothee, Die Informationsbeschaffungspflicht des Vorstandes einer AG. Ein Beitrag zur angemessenen Informationsgrundlage innerhalb und außerhalb der business judgment rule, Baden-Baden 2015 (zugleich Diss. Regensburg 2015) (zitiert: *Kauer*, Die Informationsbeschaffungspflicht des Vorstandes einer AG (2015), S.).

Kersting, Christian, Gesamtschuldnerausgleich bei Kartellgeldbußen, NZKart 2016, 147–154.

Kersting, Christian, Kartellrechtliche Haftung des Unternehmens nach Art. 101 AEUV, – Folgerungen aus EuGH, Urt. v. 14.03.2019, C-724/17 – Skanska –, WuW 2019, 290–299.

Kiefner, Alexander/Krämer, Lutz, Geschäftsleiterhaftung nach ISION und das Vertrauendürfen auf Rechtsrat. Plädoyer für eine Anwendung der Rechtsprechungsgrundsätze mit Augenmaß, AG 2012, 498–502.

Kindler, Peter, Grundkurs Handels- und Gesellschaftsrecht, 9. Aufl., München 2020 (zitiert: *Kindler*, Grundkurs Handels- und Gesellschaftsrecht, S.).

Kindler, Peter, Pflichtverletzung und Schaden bei der Vorstandshaftung wegen unzureichender Compliance, in: *Altmeppen, Holger/Fitz, Hanns/Honsell, Heinrich (Hrsg.),* Festschrift für Günther H. Roth zum 70. Geburtstag, S. 367–377 (zitiert: *Kindler*, FS Roth (2011), S.).

Kleindieck, Detlef, Deliktshaftung und juristische Person. Zugleich zur Eigenhaftung von Unternehmensleitern, Tübingen 1997 (zugleich Habil. Heidelberg 1996/97) (zitiert: *Kleindiek,* Deliktshaftung und juristische Person (1997) S.).

Klindt, Thomas/Pelz, Christian/Theusinger, Ingo, Compliance im Spiegel der Rechtsprechung, NJW 2010, 2385–2391.

Kohlenbach, Matthias, Das Verhältnis der Aufsichtsräte im Aktiengesellschaftskonzern, Hamburg 2003 (zugleich Diss. Düsseldorf 2003) (zitiert: *Kohlenbach*, Das Verhältnis der Aufsichtsräte im Aktiengesellschaftskonzern (2003), S.).

Klusmann, Martin, Sanktionsrisiken im Kartellrecht, ZGR 2016, 252–270.

Knorr, Elisa, Kapitalmarktkommunikation durch den Aufsichtsrat einer Aktiengesellschaft. Zulässigkeit und Grenzen des Investorendialogs mit dem Aufsichtsrat und seinem Vorsitzenden, Baden-Baden 2021 (zugleich Diss. Köln 2020) (zitiert: *Knorr,* Kapitalmarktkommunikation durch den Aufsichtsrat einer Aktiengesellschaft (2021), S.).

Koch, Jens, Compliance-Pflichten im Unternehmensverbund, WM 2009, 1013–1020.

Kölner Kommentar zum Aktiengesetz, hrsg. v. *Zöllner, Wolfgang/Noack, Ulrich*, 3. Aufl.,

Bd. II/1, §§ 76–94 AktG, Köln 2009,

Bd. II/2, §§ 95–117 AktG, Köln 2012,

Bd. III/1, §§ 131, 132 AktG, Köln 2010,

Bd. III/6, § 135 AktG, Köln 2016,

Bd. IV, §§ 15–22 AktG. §§ 291–328 AktG und Meldepflichten nach §§21 ff. WpHG, SpruchG, Köln 2004, (zitiert: *Bearbeiter*, in: Zöllner/*Noack*, Kölner Kommentar AktG, § Rn.).

König, Carsten, Deliktshaftung von Konzernmuttergesellschaften, AcP 2017, 611–684.

Konnertz-Häußler, Christine, Ein Corporate-Governance-Kodex für die GmbH, Göttingen 2011 (zugleich Diss., Corporate Governance als Problemlösungsstrategie bei der GmbH, Magdeburg 2010) (zitiert: *Konnertz-Häußler,* Corporate Governance als Problemlösungsstrategie bei der GmbH (2010), S.).

Konzen, Horst, Geschäftsführung, Weisungsrecht und Verantwortlichkeit in der GmbH und GmbH & Co KG, NJW 1989, 2977–2987.

Kort, Michael, Verhaltensstandardisierung durch Corporate Compliance, NZG 2008, 81–86.

Kort, Michael, Compliance-Pflichten von Vorstandsmitgliedern und Aufsichtsratsmitgliedern, in: *Grundmann, Stefan/Haar, Brigitte/Merkt, Hanno u.a. (Hrsg.),* Festschrift für Klaus J. Hopt zum 70. Geburtstag am 24. August 2010, Bd. I, Berlin, New York 2010, S. 983–1003 (zitiert: *Kort,* FS Hopt (2010), S.).

Kort, Michael, Die Regelung von Risikomanagement und Compliance im neuen KAGB – Vorbild für alle Kapitalgesellschaften?, AG 2013, 582–588.

Kort, Michael, Beziehungen des Vorstandsmitglieds der AG zu Dritten: Drittanstellung, Interim Management, Personalleasing und Vergütung durch Dritte, AG 2015, 531–534.

Kort, Michael, Entlastung der Organmitglieder einer Holding und „Dieselthematik". Auskunftsrecht, Risikofrüherkennung und Compliance, NZG 2018, 641–648.

Kort, Michael, Matrix-Strukturen im Fokus neuerer arbeitsrechtlicher Betrachtung, BB 2021, 1204–1213.

Kramer, Birgit, Wann haftet ein deutsches Unternehmen für extraterritoriale Menschenrechtsverletzungen?, RIW 2020, 96–102.

Kremer, Thomas/Bachmann, Gregor/Lutter, Marcus/Werder, Axel von/Ringleb, Henrik-Michael (Begr.), Deutscher Corporate Governance Kodex, Kodex-Kommentar, 8. Aufl., München 2021 (zitiert: *Bearbeiter,* in: *Kremer/Bachmann/Lutter/v. Werder*, DCGK).

Kremert, Thomas/Klahold, Christoph, Compliance-Programme in Industriekonzernen, ZGR 2010, 113–143.

Krieger, Steffen/Günther, Jens, Die arbeitsrechtliche Stellung des Compliance Officers – Gestaltung einer Compliance-Organisation unter Berücksichtigung der Vorgaben im BGH-Urteil vom 17.07.2009, NZA 2010, 367–373.

Krieger, Gerd, Wie viele Rechtsberater braucht ein Geschäftsleiter? Ein kritischer Zwischenruf zu Strohn ZHR 176 (2012), 137, ZGR 2012, 496–504.

Krieger, Gerd/Schneider, Uwe H. (Hrsg.), Handbuch Managerhaftung, 3. Aufl., Köln 2017, (zitiert: *Bearbeiter,* in: *Krieger/Schneider*, Handbuch Managerhaftung, § Rn.).

Kropff, Bruno, Der „faktische Konzern" als Rechtsverhältnis (Teil II), DB 1967, 2204–2008.

Kropff, Bruno, Benachteiligungsverbot und Nachteilsausgleich im faktischen Konzern, in: *Doralt, Peter (Hrsg.),* Kontinuität und Wandel: Beiträge zum Unternehmensrecht, Festschrift für Walther Kastner zum 90. Geburtstag, Wien 1992, S. 279–300 (zitiert: *Kropff,* FS Kastner (1992), S.).

Kropff, Bruno, Der GmbH-Beherrschungsvertrag: Voraussetzung für den Vorrang von Konzerninteressen?, in: *Kropff, Bruno/Bierich, Marcus/Hommelhoff, Peter (Hrsg.),* Festschrift für Johannes Semler zum 70. Geburtstag am 28. April 1993: Unternehmen und Unternehmungsführung im Recht, Berlin Boston 1993, S. 517–540 (zitiert: *Kropff,* FS Semler (1993), S.).

Lackhoff, Klaus/Schulz, Martin, Das Unternehmen als Gefahrenquelle? Compliance-Risiken für Unternehmensleiter und Mitarbeiter, CCZ 2010, 81–88.

Lanfermann, Georg/Baumüller, Josef, Die Endfassung der Corporate Sustainability Reporting Directive (CSRD) – Darstellung und Würdigung der neuen Anforderungen an die Nachhaltigkeitsberichterstattung europäischer Unternehmen –, DB 2022, 2745–2755.

Lang, Peter, Corporate Compliance – Verantwortung, Implementierungspflichten und Umsetzung in der unverbundenen Aktiengesellschaft und im Konzern, Hamburg 2013 (zugleich Diss. Bayreuth 2012) (zitiert: *Lang,* Corporate Compliance (2013), S.).

Lange, Niels, Der Matrixkonzern – Eine Untersuchung über die Leitung und Haftung im Matrixkonzern, Hamburg 2020 (zugl. Diss Hamburg 2019) (zitiert: *Lange*, Der Matrixkonzern (2020), S.).

Langen, Eugen (Begr.)/Bunte, Hermann-Josef (Hrsg.), Kartellrecht Kommentar, Bd. I, Deutsches Kartellrecht, 14. Aufl., Köln 2021 (zitiert: *Bearbeiter,* in: *Bunte*, Deutsches Kartellrecht, GWB, § Rn.).

Langenbucher, Katja, Aktien- und Kapitalmarktrecht: Ein Studienbuch, 4. Aufl., München 2019 (zitiert: *Langenbucher,* Aktien- und Kapitalmarktrecht (2019), § Rn.).

Larenz, Karl, Methodenlehre der Rechtswissenschaft, 2. Aufl., Berlin 1992 (zitiert: *Larenz,* Methodenlehre der Rechtswissenschaft (1992), S.).

Larenz, Karl (Begr.)/Canaris, Claus-Wilhelm (Hrsg.), Lehrbuch des Schuldrechts, Bd. II Besonderer Teil, 2. Halbbd., 13. Aufl., München 1994 (zitiert: *Larenz/Canaris,* SchuldR BT II 2, S.).

Larisch, Tobias/v. Hesberg, Moritz, Vorstandspflichten und Compliance-Anforderungen im eingetragenen Verein, CCZ 2017, 17–24.

Laue, Jens Carsten (Hrsg.), Integration der Corporate-Governance-Systeme, Berlin 2021 (zitiert: *Laue,* Integration der Corporate-Governance-Systeme (2021), S.).

Leuering, Dieter/Rubner, Daniel, Pflicht des Geschäftsführers zur Einrichtung einer Compliance-Struktur, NJW-Spezial 2022, 367–368.

Liebscher, Thomas, Zurechnung als Rechtsproblem. Insbesondere die Problematik der zivilrechtlichen Wissenszurechnung, ZIP 2019, 1837–1849.

Lieder, Jan/Hoffmann, Thomas, Die vertragliche beherrschte GmbH – eine empirische Rundschau, GmbHR 2019, 1261–1272.

Lindermann, Edgar, Doppelmandat gleich Haftungsdurchgriff?, AG 1987, 225–239.

Löbbe, Marc, Unternehmenskontrolle im Konzern. Die Kontrollaufgaben von Vorstand, Geschäftsführer und Aufsichtsrat, Heidelberg 2003 (zugleich Diss. Heidelberg 2003) (zitiert: *Löbbe,* Unternehmenskontrolle im Konzern, (2003), S.).

Lösler, Thomas, Das moderne Verständnis von Compliance im Finanzmarktrecht, NZG 2005, 104–108.

Luchterhandt, Hans Friedrich, Leitungsmacht und Verantwortlichkeit im faktischen Konzern, ZHR 1970, 1–60.

Lutter, Marcus/Timm, Wolfram, Konzernrechtlicher Präventivschutz im GmbH-Recht, NJW 1982, 409–420.

Lutter, Marcus, Die zivilrechtliche Haftung in der Unternehmensgruppe, ZGR 1982, 244–275.

Lutter, Marcus, Due diligence des Erwerbers beim Kauf einer Beteiligung, ZIP 1997, 613–620.

Lutter Marcus, Information und Vertraulichkeit im Aufsichtsrat, 3. Aufl., Köln 2006 (zitiert: *Lutter,* Information und Vertraulichkeit im Aufsichtsrat, S.).

Lutter, Marcus, Konzernphilosophie vs. konzernweite Compliance und konzernweites Risikomanagement in: *Habersack, Mathias (Hrsg.),* Festschrift für Wulf Goette zum 65. Geburtstag, München 2011, S. 289–297 (zitiert: *Lutter,* FS Goette (2011), S.).

Lutter, Marcus, Aufsichtsrat und Sicherung der Legalität im Unternehmen, in: *Kindler, Peter/Koch, Jens/Ulmer, Peter/Winter, Martin (Hrsg.),* Festschrift für Uwe Hüffer zum 70. Geburtstag, München 2010, S. 617–625 (zitiert: *Winter,* FS Hüffer (2010), S.).

Lutter, Marcus/Bayer, Walter (Hrsg.), Holding-Handbuch, Konzernrecht – Konzernsteuerrecht – Konzernarbeitsrecht – Betriebswirtschaft, 6. Aufl., Köln 2020 (zitiert: *Bearbeiter,* in: *Lutter/Bayer,* Holding-Handbuch (2020), § Rn.).

Lutter, Marcus/Hommelhoff, Peter/Bayer, Walter/Kleindieck, Detlef (Hrsg.), GmbHG Kommentar, 20. Aufl., Köln 2020 (zitiert: *Bearbeiter,* in: *Lutter/Hommelhoff,* GmbHG, § Rn.).

Lutter, Marcus/Krieger, Gerd/Verse, Dirk A. (Hrsg.), Rechte und Pflichten des Aufsichtsrats, 7. Aufl., Köln 2020, (zitiert: *Bearbeiter,* in: *Lutter/Krieger/Verse,* Rechte und Pflichten des Aufsichtsrats, § Rn.).

Mader, Florian, Informationsfluss im Unternehmensverbund, Tübingen 2016 (zugleich Diss. Bonn 2016) (zitiert: *Mader,* Der Informationsfluss im Unternehmensverbund (2016), S).

Mäger, Thorsten/von Schreitter, Florian, Die kartellrechtliche Bußgeldhaftung nach der 9. GWB Novelle – Überblick und Kritik, NZKart 2017, 264–279.

Mansel, Heinz-Peter, Internationales Privatrecht de lege lata wie de lege ferenda und Menschenrechtsverantwortlichkeit deutscher Unternehmen, ZGR 2018, 439–478.

Manz, Gerhard/Meyer, Babara, Gesellschaftsrechtliche Herausforderungen im internationalen Konzern. Ein Überblick über Gestaltungsfreiheit und Gestaltungsgrenzen in sechs Staaten, NWB 2015, 529–538.

Marsch-Barner, Reinhard, Treuepflichten zwischen Aktionären und Verhaltenspflichten bei der Stimmrechtsbündelung. Prinzipienbildung und Differenzierung in der Praxis, ZHR 1993, 172–195.

Martens, Klaus-Peter, Die Organisation des Konzernvorstands, in: *Kübler, Friedrich/Mertens, Hans-Joachim/Werner, Winfried (Hrsg.),* Festschrift für Theodor Heinsius zum 65. Geburtstag am 25. September 1991, S. 523–544 (zitiert: *Martens,* FS Heinsius (1991), S.).

Massoud, Sofia, Menschenrechtsverletzungen im Zusammenhang mit wirtschaftlichen Aktivitäten von transnationalen Unternehmen, Berlin Heidelberg 2018 (zitiert: *Massoud,* Menschenrechtsverletzungen im Zusammenhang mit wirtschaftlichen Aktivitäten von transnationalen Unternehmen (2018), S.).

Mataja, Victor, Das Recht des Schadensersatzes vom Standpunkt der Nationalökonomie Leipzig 1888 (zitiert: *Mataja,* Das Recht des Schadensersatzes vom Standpunkt der Nationalökonomie (1888), S.).

Maunz, Theodor (Begr.)/Schmidt-Bleibtreu, Bruno/Klein, Franz/Ulsamer, Gerhard, Bundesverfassungsgerichtsgesetz, München 2001 (zitiert: Maunz et al./*Bearbeiter,* BVerfGG § Rn.).

Mennicke, Petra, Zum Weisungsrecht der Gesellschafter und der Folgepflicht des GF in der mitbestimmungsfreien GmbH, NZG 2000, 622–626.

Merten, Detlef, Grundrechtliche Schutzpflichten und Untermaßverbot in: *Stern, Klaus (Hrsg.),* Gedächtnisschrift für Joachim Burmeister, Heidelberg 2005, S. 227–244 (zitiert: *Merten,* GS Burmeister (2005), S.).

Meyer-Ladewig, Jens/Nettesheim, Martin/von Raumer, Stefan (Hrsg.), EMRK: Europäische Menschenrechtskonvention; Handkommentar, 5. Aufl., Baden-Baden 2023, (zitiert: NK-EMRK/*Bearbeiter*, Art. Rn.).

Medicus, Dieter, Die interne Geschäftsverteilung und die Außenhaftung von GmbH-Geschäftsführern, GmbHR 1998, 9–16.

Medicus, Dieter, Deliktische Außenhaftung der Vorstandsmitglieder und Geschäftsführer, ZGR 1998, 570–585.

Medicus, Dieter (Begr.)/Petersen, Jens (Hrsg.), Grundwissen zum Bürgerlichen Recht, 12. Aufl., München 2021 (zitiert: *Medicus/Petersen*, Grundwissen zum Bürgerlichen Recht (2021), § Rn.).

Medicus, Dieter (Begr.)/Petersen, Jens (Hrsg.), Bürgerliches Recht: Eine nach Anspruchsgrundlagen geordnete Darstellung zur Examensvorbereitung, 28. Aufl., München 2021 (zitiert: *Medicus*, Bürgerliches Recht (2021), § Rn.).

Merkt, Hanno/Mylich, Falk, Einlage eigener Aktien und Rechtsrat durch den Aufsichtsrat. Zwei aktienrechtliche Fragen im Lichte der ISION-Entscheidung des BGH, NZG 2012, 525–530.

Metten, Michael, Corporate Governance. Eine aktienrechtliche und institutionenökonomische Analyse der Leitungsmaxime von Aktiengesellschaften, Wiesbaden 2010 (zugleich Diss. Vallendar 2009) (zitiert: *Metten,* Corporate Governance (2010), S.).

Michalski, Lutz (Begr.)/Heidinger, Andreas/Leible, Stefan/Schmidt, Jessica (Hrsg.), Kommentar zum Gesetz betreffend die Gesellschaften mit beschränkter Haftung (GmbH-Gesetz), 4. Aufl., München 2023 (zitiert: *Bearbeiter,* in: *Michalski*, GmbHG, § Rn.).

Mittwoch, Anne-Christin, JuS-Kurzinterview, Trilog: CSDDD, JuS 2023, 21–23.

Mock, Sebastian, Berichterstattung über Corporate Social Responsibility nach dem CSR-Richtlinie-Umsetzungsgesetz, ZIP 2017, 1195–1203.

Mock, Sebastian, Berichterstattung über Corporate Social Responsibility im Bilanzrecht, in: *Fleischer, Holger/Kalss, Susanne/Vogt, Hans-Ueli (Hrsg.),* Tübingen 2018, (zitiert: *Mock,* in: *Fleischer/Kalss/Vogt,* Corporate Social Responsibility, S.).

Moosmayer, Klaus, Compliance: Praxisleitfaden für Unternehmen, 4. Aufl., München 2021 (zitiert: *Moosmayer*, Compliance, § Rn.).

Münchener Handbuch des Gesellschaftsrechts, hrsg. v. *Hoffmann-Becking, Michael*, Bd. IV -Aktiengesellschaft, 5. Aufl., München 2020 (zitiert: *Bearbeiter*, in: Münchener Handbuch des Gesellschaftsrechts, 5. Aufl.).

Münchener Kommentar zum Aktiengesetz, hrsg. v. *Goette, Wulf/Habersack, Mathias*,

Bd. I – §§ 1–75 AktG, 5. Aufl., München 2019,

Bd. II – §§ 76–117 AktG, MitbestG, DrittelbG, 6. Aufl., München 2023

Bd. V – §§ 278–328, SpruchG, ÖGesAusG, Österreichisches Konzernrechtbilanzen, 6. Aufl., München 2023

(zitiert: *Bearbeiter,* in: *Goette/Habersack,* MüKo AktG, § Rn.).

Münchener Kommentar zum Bürgerlichen Gesetzbuch, hrsg. v. *Säcker, Jürgen/Rixecker, Roland/Oetker, Hartmut/Limperg, Bettina*,

Bd. I Allgemeiner Teil. §§ 1–240, Allg. PersönlR, ProstG, AGG, 9. Aufl., München 2021,

Bd. VI Schuldrecht – Besonderer Teil III, §§ 631–704, 9. Aufl., München 2023.

Bd. VII Recht der Schuldverhältnisse. §§ 705–853. BGB, PartGG, ProdHaftG, 8. Aufl., München 2020.

(zitiert: *Bearbeiter,* in: *Säcker/Rixecker et al.*, MüKo BGB, § Rn.).

Münchener Kommentar zum Gesetz betreffend die Gesellschaften mit beschränkter Haftung (GmbHG), hrsg. v. *Fleischer, Holger/Goette, Wulf*, 4. Aufl., Bd. II – §§ 35–52, München 2023 (zitiert: *Bearbeiter*, in: *Fleischer/Goette*, MüKo GmbHG).

Münchener Kommentar zum Handelsgesetzbuch, hrsg. v. *Ebke, Werner F./Schmidt, Karsten*, 4. Aufl., Bd. IV, Drittes Buch, Handelsbücher, §§ 238–342e HGB: Nachtrag zum Gesetz zur weiteren Umsetzung der Transparenzrichtlinie-Änderungsrichtlinie im Hinblick auf ein einheitliches elektronisches Format für Jahresfinanzberichte – ESEF-UG, München 2020, (zitiert: MüKoHGB/*Bearbeiter,* HGB § Rn.).

Münchener Kommentar zum Strafgesetzbuch, hrsg. v. *Erb, Volker/Schäfer, Jürgen*, 4. Aufl., Bd. I, §§ 1–37 StGB, München 2020 (zitiert: *Bearbeiter*, in: *Erb/Schäfer,* MüKo StGB, § Rn.),

Münchener Kommentar zum Wettbewerbsrecht, hrsg. v. *Säcker, Jürgen/Bien, Florian/Meier-Beck, Peter*, 3. Aufl., Bd. I Europäisches Wettbewerbsrecht, München 2020 (zitiert: *Bearbeiter*, in: *Säcker/Bien/Meier-Beck,* MüKo WettbR, VO Nr. 1/2003 Art. Rn.).

Nasse, Laura, Devoir de vigilance – Die neue Sorgfaltspflicht zur Menschenrechtsverantwortung für Großunternehmen in Frankreich, ZEuP 2019, 774–801.

Nietsch, Michael, Geschäftsleiterermessen und Unternehmensorganisation bei der AG. Zur haftungsbegrenzenden Wirkung des § 93 Abs. 1 Satz 2 AktG im

Bereich gesetzlicher Pflichtaufgaben unter besonderer Berücksichtigung von Compliance, ZGR 2015, 631–666.

Nietsch, Michael (Hrsg.), Corporate Social Responsibility Compliance, München 2021 (zitiert: *Bearbeiter*, in: *Nietsch*, Corporate Social Responsibility Compliance (2021), S.).

Nietsch, Michael/Wiedmann, Michael, Der Vorschlag zu einer europäischen Sorgfaltspflichten-Richtlinie im Unternehmensbereich (Corporate Sustainability Due Diligence Directive), CCZ 2022, 125, 133–137.

Nietsch, Michael, Von der nichtfinanziellen Berichterstattung zur Nachhaltigkeitsberichterstattung – Eine Momentaufnahme zum Vorschlag der Corporate Sustainability Reporting Directive, ZIP 2022, 449–461.

Nordhues, Sophie, Die Haftung der Muttergesellschaft und ihres Vorstands für Menschenrechtsverletzungen im Konzern: Eine Untersuchung de lege lata und de lege ferenda, Baden-Baden 2019 (zugleich Diss. Berlin 2018 unter dem Titel: Die zivilrechtliche Haftung der Muttergesellschaft und ihres Vorstands für Menschenrechtsverletzungen im internationalen Konzern) (zitiert: *Nordhues*, Die Haftung der Muttergesellschaft und ihres Vorstands für Menschenrechtsverletzungen im Konzern (2019), S.).

Nordhues, Sophie, Haftungsgrundlagen und -maßstäbe für Menschenrechtsverletzungen im Mutter-Tochter-Verhältnis, in: *Krajewski, Markus/Saage-Maaß, Miriam (Hrsg.)*, Die Durchsetzung menschenrechtlicher Sorgfaltspflichten von Unternehmen: Zivilrechtliche Haftung und Berichterstattung als Steuerungsinstrumente, Baden-Baden 2018, S. 125–162 (zitiert: *Nordhues*, in: *Krajeweski/Saage-Maaß*, Die Durchsetzung menschenrechtlicher Sorgfaltspflichten von Unternehmen (2018), S.).

Oehler, Wolfgang, Produzentenhaftung im Konzern – Deliktsrecht und Haftungsbeschränkung, ZIP 1990, 1445–1455.

Oppenländer, Frank/Trölitzsch (Hrsg.), Thomas, Praxishandbuch der GmbH-Geschäftsführung, 3. Aufl., München 2020 (zitiert: *Bearbeiter*, in: *Oppenländer/Trölitzsch*, Praxishandbuch der GmbH-Geschäftsführung, § Rn.).

Osieka, Gesine, Zivilrechtliche Haftung deutscher Unternehmen für menschenrechtsbeeinträchtigende Handlungen ihrer Zulieferer, Frankfurt a.M. 2014 (zitiert: *Osieka*, Zivilrechtliche Haftung deutscher Unternehmen für menschenrechtsbeeinträchtigende Handlungen ihrer Zulieferer (2014), S.).

Ott, Nicolas, Anwendungsbereich der Business Judgment Rule aus Sicht der Praxis – Unternehmerische Entscheidungen und Organisationsermessen des Vorstands, ZGR 2017, 149–173.

Paefgen, Walter G., Organhaftung: Bestandsaufnahme und Zukunftsperspektiven. Ein kritischer Werkstattbericht vor dem Hintergrund der Beratungen des 70. Deutschen Juristentages 2014, AG 2014, 554–584.

Paefgen, Walter G., Corporate Social Responsibility (CSR) als aktienrechtliche Legalitätspflicht und Geschäftsleitungsermessen, in: *Faust, Florian (Hrsg.)/ Kuntz, Thilo (Hrsg.)/Röthel, Anne (Hrsg.)/Thorn, Karsten (Hrsg.)/Weitemeyer, Birgit (Hrsg.)/Jacobs, Matthias (Hrsg.)/Boele-Woelki, Katharina(Hrsg.)*, München 2020, S. 105–118 (zitiert: *Paefgen*, FS K. Schmidt (2019), Bd. II, S.).

Paefgen, Walter G., Haftung für die Verletzung von Pflichten nach dem neuen Lieferkettensorgfaltspflichtengesetz, ZIP 2021, 2006–2016.

Paßmann, Jan-Hendrik, Schutzpflichtverletzungen im Spannungsverhältnis von schuldrechtlichem und deliktischem Haftungsregime in: *Davy, Ulrike/Kamanabrou, Sudabeh/Rolfs, Christian (Hrsg.),* Arbeit und sozialer Schutz, Berlin 2010 (zitiert: *Paßmann,* Schutzpflichtverletzungen im Spannungsverhältnis von schuldrechtlichem und deliktischem Haftungsregime (2010), S.).

Payandeh, Mehrdad, Deliktische Haftung von Unternehmen für transnationale Menschenrechtsverletzungen in: *Boele-Woelki, Katharina/Faust, Florian/Jacobs, Matthias/Kuntz, Thilo/Röthel, Anne/Thorn, Karsten/Weitemeyer, Birgit (Hrsg.)*, Festschrift für Karsten Schmidt zum 80. Geburtstag, Bd. II, München 2019, S. 131–146 (zitiert: *Payandeh*, FS K. Schmidt (2019), Bd. II, S.).

Peters, Daniel, Menschenrechtsschutz in der internationalen Gesellschaft: Extraterritoriale Staatenpflichten und Responsibility to Protect, Baden-Baden 2020 (zitiert: *Peters*, Menschenrechtsschutz in der internationalen Gesellschaft (2020), S.).

Pöschke, Moritz, Wahlrechte und „Ermessensspielräume" im Bilanzrecht und die Business Judgement Rule, ZGR 2018, 647–687.

Preußner, Joachim, Risikomanagement im Schnittpunkt von Bankaufsichtsrecht und Gesellschaftsrecht – Zur Schrittmacherrolle des Aufsichtsrechts am Beispiel der Organisation des Risikomanagements in Kreditinstituten, NZG 2004, 57–61.

Pütz, Lasse, Die „dotted line" an den Aufsichtsrat, Der Aufsichtsrat 2021, 164–164.

Raab, Thomas, Die Bedeutung der Verkehrspflichten und ihre systematische Stellung im Deliktsrecht, JuS 2002, 1041–1048.

Raiser, Thomas von/Veil, Rüdiger, Recht der Kapitalgesellschaften. Ein Handbuch für Praxis und Wissenschaft; Aktiengesellschaft, Societas Europaea, Kommanditgesellschaft auf Aktien, Gesellschaft mit beschränkter Haftung, Kapitalgesellschaft und Co., Insolvenzrecht, Konzernrecht, Umwandlungsrecht,

Übernahmerecht, Kapitalmarktrecht, 6. Aufl. München 2015 (zitiert: *Raiser/Veil*, Recht der Kapitalgesellschaften, § Rn.).

Ransiek, Andreas, Zur strafrechtlichen Verantwortung des Compliance Officers, AG 2010, 147–153.

Rebhahn, Robert, Zivilrecht und Europäische Menschenrechtskonvention, AcP 2010, 489–554.

Reese, Joachim, Management von Wertschöpfungskette, Unternehmenskooperation ohne Märkte, München 2016 (zitiert; *Reese*, Management von Wertschöpfungsketten (2016), S.).

Rehbinder, Eckard, Konzernaußenrecht und allgemeines Privatrecht: Eine rechtsvergleichende Untersuchung nach deutschem und amerikanischem Recht, Bad Homburg 1969 (zugleich Habil. Frankfurt a.M. 1968) (zitiert: *Rehbinder*, Konzernaußenrecht und allgemeines Privatrecht (1969), S.).

Reichert, Jochem, Reaktionspflichten und Reaktionsmöglichkeiten der Organe auf (möglicherweise) strafrechtsrelevantes Verhalten innerhalb des Unternehmens, ZIS 2011, 113–122.

Reichert, Jochem, Corporate Compliance und der Grundsatz der Verhältnismäßigkeit, in: *Krieger, Gerd/Lutter, Marcus/Schmidt, Karsten (Hrsg.),* Festschrift für Michael Hoffmann-Becking, München 2013, S. 943–963 (zitiert: *Reichert*, FS Hoffmann-Becking (2013), S.).

Reichert, Jochem/Ott, Nikolas, Die Zuständigkeit von Vorstand und Aufsichtsrat zur Aufklärung von Non Compliance in der AG, NZG 2014, 241–251.

Reiter, Christian, Einführung in das römische Privatrecht: Ausgewählte Themengebiete und Fälle, Stuttgart 2021 (zitiert: *Reiter*, Einführung in das römische Privatrecht (2021), S.).

Rengier, Hans-Bernhard, Die Abgrenzung des positiven Interesses vom negativen Vertragsinteresse und vom Integritätsinteresse – dargestellt am Problem der Haftung des Verkäufers, Vermieters und Unternehmers für Schäden infolge von Sachmängeln, Berlin 1977 (zitiert: *Rengier*, Die Abgrenzung des positiven Interesses vom negativen Vertragsinteresse und vom Integritätsinteresse (1977), S.).

Renner, Moritz/Kuntz, Marie, Konzernhaftung und deliktsrechtliche Durchgriffshaftung, in: *Krajewski, Markus/Oehm, Franziska/Saage-Maaß, Miriam (Hrsg.),* Zivil- und strafrechtliche Unternehmensverantwortung für Menschenrechtsverletzungen, Berlin 2018, S. 51–72 (zitiert: *Renner/Kuntz*, in: *Krajewski/Oehm/Saage-Maaß,* Zivil- und strafrechtliche Unternehmensverantwortung für Menschenrechtsverletzungen (2018), S.).

Kiel, Heinrich/Lunk, Stefan/Oetker, Hartmut (Hrsg.), Münchener Handbuch zum Arbeitsrecht, Bd. 2: Individualarbeitsrecht II, 5. Aufl., München 2021 (zitiert: *Bearbeiter*, in: MHdB ArbR, § Rn.).

Richter, Ann-Christin, Das Skanska-Urteil des EuGH – Einführung der Konzernhaftung im Kartellschadensersatzrecht, BB 2019, 1154–1158.

Rieckers, Oliver, Die Konzernmutter als Quasihersteller – Haftung für enttäuschtes „Konzernvertrauen“?, VersR 2004, 706–712.

Ristelhuber, Johannes, Gläubigerinteresse versus Gesellschafterweisung. Das Weisungsrecht der Gesellschafter nach § 37 I GmbHG im Lichte der Regelungen des StaRUG, NZI 2021, 417–420.

Römermann, Volker (Hrsg.), Münchener Anwaltshandbuch GmbH-Recht, 4. Aufl., München 2018 (zitiert: Römermann/*Bearbeiter*, Münchener Anwaltshandbuch, § Rn.).

Rönnau, Thomas, Haftung für unterlassene Aufsicht nach § 130 OWiG und strafrechtlicher (Drittempfänger Drittempfänger -)Verfall gemäß § 73 Abs. 3 StGB – zwei bedeutsame Bedrohungsszenarien für Unternehmen, ZGR 2016, 277–304.

Roth, Markus, Aufsichtsrat und interne Kontrolle nach dem Finanzmarktintegritätsstärkungsgesetz (FISG), NZG 2022, 53–59.

Roth, Monika, Good Corporate Governance: Compliance als Bestandteil des internen Kontrollsystems, 2. Aufl., Genf Zürich Basel 2015, (zitiert: *Roth*, Good Corporate Governance: Compliance als Bestandteil des internen Kontrollsystems (2015), S.).

Rothenburg, Vera/Rogg, Hanna, Die Umsetzung des Lieferkettensorgfaltspflichtengesetzes im Konzern AG 2022, 257–266.

Rübenstahl, Markus, Zur „regelmäßigen“ Garantenstellung des Compliance Officers, NZG 2009, 1341–1344.

Rudowski, Lena, Arbeitsbedingungen in den globalen Lieferketten – Verantwortung deutscher Unternehmen de lege lata und de lege ferenda, RdA 2020, 232–240.

Rühl, Giesela, Wirtschaft und Menschenrechte, ZRP 2021, 66–67.

Saage-Maaß, Miriam, Arbeitsbedingungen in der globalen Zulieferkette – Wie weit reicht die Verantwortung deutscher Unternehmen?, Berlin 2011 (zitiert: *Saage-Maaß*, Arbeitsbedingungen in der globalen Zulieferkette (2011), S.).

Saage-Maaß, Miriam/Leifker, Maren, Haftungsrisiken deutscher Unternehmen und ihres Managements für Menschenrechtsverletzungen im Ausland, BB 2015, 2499–2504.

Saenger, Ingo, Gesellschaftsrecht, 5. Aufl., München 2020 (zitiert: *Saenger*, Gesellschaftsrecht, § Rn.).

Saenger, Ingo (Hrsg.)/Inhester, Michael (Hrsg.), GmbHG Handkommentar, Nomoskommentar, 4. Aufl. Baden-Baden 2020 (zitiert: *Bearbeiter*, in: *Saenger/Inhester*, GmbHG, § Rn.).

Schall, Alexander, Die Mutter-Verantwortlichkeit für Menschenrechtsverletzungen ihrer Auslandstöchter, ZGR 2018, 479–512.

Schall, Alexander, Die erhöhten Haftungsrisiken für Menschenrechtsverletzungen nach King Okpabi v Royal Dutch Shell – und die überraschende Enthaftungswirkung des Lieferkettengesetzes ZIP 2021, 1241–1251.

Schauf, Maximilian, Rolle und Kompetenzen des GmbH-Geschäftsführers in einer Matrixstruktur, BB 2017, 2883–2888.

Schenck, Dedo von, Der Begriff der „Sphäre" in der Rechtswissenschaft: insbesondere als Grundlage der Schadenszurechnung, Berlin 1977 (zugleich Diss. Hamburg 1950) (zitiert: *v. Schenck*, Der Begriff der „Sphäre" in der Rechtswissenschaft (1977), S.).

Schilling, Wolfang, Schlußwort, in: *Ulmer, Peter (Hrsg.)*, Probleme des Konzernrechts: Symposion zum 80. Geburtstag von Wolfgang Schilling, Heidelberg 1989, S. 106–109 (zitiert: *Schilling*, in: *Ulmer*, Probleme des Konzernrecht (1989), S.).

Schmidt, Karsten, Handelsrecht, 6. Aufl., Köln 2014 (zitiert: *K. Schmidt*, Handelsrecht, § Rn.).

Schmidt, Karsten/Lutter, Marcus (Hrsg.), Aktiengesetz, Kommentar, 4. Aufl.,

Bd. I – §§ 1–132 AktG, Köln 2020,

Bd. II – §§ 133–410 AktG, SpruchG, Köln 2020

(zitiert: *Bearbeiter*, in: *Schmidt/Lutter*, AktG).

Schmidt, Jessica, Gesellschaftsrecht: Auf dem Weg zu einem „EU supply chain Act" und „EU directors' duties"? Kommissionsvorschlag veröffentlicht, EuZW 2022, 195–195.

Schneider, Sven, Informationspflichten und Informationssystemeinrichtungspflichten im Aktienkonzern. Überlegungen zu einem Unternehmensinformationsgesetzbuch, Berlin 2006 (zugleich Diss. Mainz 2005) (zitiert: *Schneider*, Informationspflichten und Informationssystemeinrichtungspflichten im Aktienkonzern, S.).

Schneider, Uwe, Die kapitalmarktrechtlichen Offenlegungspflichten von Konzernunternehmen nach §§ 21 ff. WpHG, in: *Pfeiffer, Gerd (Hrsg.)*, Festschrift für Hans Erich Brandner, Köln 1996, S. 565–578 (zitiert: *Schneider*, FS Brandner (1996), S.).

Schneider, Björn, Menschenrechtsbezogene Verkehrspflichten in der Lieferkette und ihr problematisches Verhältnis zu vertraglichen Haftungsgrundlagen. Über ein drohendes haftungsrechtliches Dilemma als Ergebnis der CSR-Debatte, NZG 2019, 1369–1379.

Schneider, Uwe, Die Überlagerung des Konzernrechts durch öffentlich-rechtliche Strukturnormen und Organisationspflichten – Vorüberlegungen zu „Compliance im Konzern", ZGR 1996, 225–246.

Schneider, Uwe, Compliance als Aufgabe der Unternehmensleitung, ZIP 2003, 645–650.

Schneider, Uwe/Bargard, Ulrich, Treupflichten im mehrstufigen Unterordnungskonzern, in: *Habersack, Mathias/Hommelhoff, Peter/Hüffer, Uwe/Schmidt, Karsten (Hrsg.)*, Festschrift für Peter Ulmer zum 70. Geburtstag am 2. Januar 2003, Berlin Boston 2003 (Nachdruck 2013), S. 579–603 (zitiert: *Schneider/Bargard*, FS Ulmer (2003), S.).

Schneider, Uwe, Compliance im Konzern, NZG 2009, 1321–1326.

Schneider Uwe/Schneider, Sven, Konzern-Compliance als Aufgabe der Konzernleitung, ZIP 2007, 2061–2065.

Schneider, Björn, Deliktische „Lieferkettenhaftung" unter Geltung des Lieferkettensorgfaltspflichtengesetzes (LkSG). Zur genauen Bedeutung des missglückten § 3 Abs. 3 LkSG, ZIP 2022, 407–418.

Schockenhoff, Martin, Haftung und Enthaftung von Geschäftsleitern bei Compliance- Versößen in Konzernen mit Matrix-Strukturen, ZHR 2016, 197–232.

Schockenhoff, Martin, Compliance im Verein, NZG 2019, 281–291.

Schockenhoff, Martin, Der Konzerninformationsanspruch, NZG 2020, 1001–1011.

Schockenhoff, Martin/Roßkopf, Gabriele/Arnold, Michael, Konzern-Compliance im Lichte neuer Sanktionsgesetze. GWB, GwG, Datenschutz-GVO, Verbandssanktionengesetz, AG 2021, 66–74.

Scholz, Franz (Begr.)/Bitter, Georg/Cramer, Carsten/Crezelius, Georg/Scheller, Johannes/Emmerich, Volker/Hohenstatt, Klaus-Stefan, Kommentar zum GmbH-Gesetz mit Anhang Konzernrecht, Bd. I, §§ 1–34, Anh. § 13 Konzernrecht, Anh. § 34 Austritt und Ausschließung eines Gesellschafters, 12. Aufl. Köln 2018 (zitiert: *Bearbeiter*, in: *Scholz*, GmbHG, § Rn.).

Schön, Wolfgang, Der Zweck der Aktiengesellschaft – geprägt durch europäisches Gesellschaftsrecht?, ZHR 2016, 279–288.

Schreiber, Christoph, Konzernrechtsfreie Kontrolle. Zivilrechtliche Möglichkeiten der Einflussnahme auf die Geschäftsführung der GmbH, Tübingen 2017 (zitiert: *Schreiber*, Konzernrechtsfreie Kontrolle (2017), S.).

Schröpfer, Michael, Compliance im Aktienkonzern – die Compliance-Verantwortung von Vorstand und Aufsichtsrat im Unterordnungskonzern, Jena 2014 (zugleich Diss. Jena 2013) (zitiert: *Schröpfer,* Compliance im Aktienkonzern (2014), S.).

Schüler, von Wolfgang, Die Wissenszurechnung im Konzern, Berlin 2000 (zugleich Diss. Bonn 1998) (zitiert: *Schüler,* Die Wissenszurechnung im Konzern, S.).

Schwintowsky, Hans-Peter, Verschwiegenheitspflicht für politisch legitimierte Mitglieder des Aufsichtsrats, NJW 1990, 1009–1015.

Seeliger/Gürer, Kartellrecht und Nachhaltigkeit: Neue Regeln für Umweltschutzvereinbarungen von Wettbewerbern?, BB 2021, 2050–2056.

Seibt, Christoph/ Wollenschläger, Bernward, Trennungs-Matrixstrukturen im Konzern, AG 2013, 229–243.

Seibt, Christoph H./Ciupka, Johannes, Rechtspflichten und Best Practices für Vorstands- und Aufsichtsratshandeln bei der Kapitalmarktrecht-Compliance, AG 2015, 93–109.

Semler, Johannes, Doppelmandats-Verbund im Konzern – Sachgerechte Organisationsform oder rechtlich unzulässige Verflechtung, in: *Lutter, Marcus (Hrsg.),* Festschrift für Ernst C. Stiefel zum 80. Geburtstag, München 1987, S. 719–762 (zitiert: *Semler,* FS Stiefel (1987), S.).

Semler, Johannes (Begr.)/Schenck, Kersten von (Hrsg.)/Wilsing, Hans-Ulrich (Hrsg.), Arbeitshandbuch für Aufsichtsratsmitglieder, 5. Aufl., München 2021 (zitiert: *Bearbeiter,* in: *Semler/v. Schenck/Wilsing,* Arbeitshandbuch für Aufsichtsratsmitglieder, § Rn.).

Semler, Johannes, Leitung und Überwachung der Aktiengesellschaft. Die Leitungsaufgabe des Vorstands und die Überwachungsaufgabe des Aufsichtsrats, 2. Aufl., Köln 1996 (zugleich Diss. Bonn 1980) (zitiert: *Semler,* Leitung und Überwachung der Aktiengesellschaft (1996), S.).

Serafeim, George, Social-impact efforts that create real value. They must be woven into your strategy and differentiate your company, Harvard Business Review 2020, S. 38–48.

Seyfarth, Georg, Handlungspflichten der Konzernverwaltung im nachgeordneten Bereich am Beispiel Compliance im Konzern, ZGR 2020, Sonderheft (22), 87–105.

Sick, Sebastian, Corporate Governance in Deutschland und Großbritannien – ein Kodex- und Systemvergleich, Baden-Baden 2008 (zugleich Diss. Oldenburg 2007) (zitiert: *Sick,* Corporate Governance in Deutschland und Großbritannien (2008), S.).

Simon, Stefan/Merkelbach, Matthias, Organisationspflichten des Vorstands betreffend das Compliance-System – Der Neubürger-Fall. Kommentar zu LG München I v. 10.12.2013 – 5HK O 1387/10, AG 2014, 332, AG 2014, 318–321.

Sina, Peter, Grenzen des Konzern-Weisungsrechts nach § 308 AktG, AG 1991, 1–10.

Singhof, Bernd, Zur Weitergabe von Insiderinformationen im Unterordnungskonzern ZGR 2001, 146–173.

Slongo, Bruno, Der Begriff der einheitlichen Leitung als Bestandteil des Konzernbegriffs: betriebswirtschaftliche Analyse und Folgerungen für einen Konzern de lege ferenda, Zürich 1980 (zugleich Diss. Zürich 1980) (zitiert: *Slongo,* Der Begriff der einheitlichen Leitung als Bestandteil des Konzernbegriffs (1980), S.).

Soergel, Hans Theodor (Begr.)/Siebert, Wolfgang (Hrsg.), BGB Bürgerliches Gesetzbuch, Schuldrecht 10, Bd. XII, §§ 823–853, ProdHG, UmweltHG, 13. Aufl., Stuttgart 2005 (zitiert: *Soergel,* BGB Schuldrecht 10, § Rn.).

Sonnenberg, Thomas, Compliance-Systeme in Unternehmen. Einrichtung, Ausgestaltung und praktische Herausforderungen, JuS 2017, 917–922.

Sonnenberger, Jürgen, Grenzen der Verweisung durch europäisches internationales Privatrecht, IPRax 2011, 325–335.

Späth, Patrick/Werner, Felix R., Ist es Zeit für eine Legal Judgment Rule? Rückblick auf die letzte Legislaturperiode und Ausblick auf anstehende Entwicklungen, CCZ 2022, 107–109.

Spieker, Wolfgang, Verschwiegenheitspflicht der Aufsichtsratsmitglieder, NJW 1965, 1937–1944.

Spießhofer, Birgit, Wirtschaft und Menschenrechte – rechtliche Aspekte der Corporate Social Responsibility, NJW 2014, 2473–2479.

Spießhofer, Birgit, Unternehmerische Verantwortung. Zur Entstehung einer globalen Wirtschaftsordnung, 1. Aufl., Baden-Baden 2017 (zitiert: *Spießhofer,* Unternehmerische Verantwortung (2017), S.).

Spießhofer, Birgit, Compliance und Corporate Social Responsibility, NZG 2018, 441–447.

Spindler, Gerald (Hrsg.)/Stilz, Eberhard (Hrsg.)/Henssler (GesamtHrsg.), beck-online.GROSSKOMMENTAR, AktG, München 2023, (zitiert: *Bearbeiter,* in: *Spindler/Stilz,* BeckOGK AktG, § Rn.).

Spindler, Gerald, Compliance in der multinationalen Bankengruppe, WM 2008, 905–918.

Spindler, Gerald, Unternehmensorganisationspflichten – Zivilrechtliche und öffentlich-rechtliche Regelungskonzepte, Göttingen 2011 (zugleich Habil.

Frankfurt a.M. 1996) (zitiert: *Spindler*, Unternehmensorganisationspflichten (2011), S.).

Spindler, Gerald, Verantwortlichkeit und Haftung in Lieferantenketten – das Lieferkettensorgfaltspflichtengesetz aus nationaler und europäischer Perspektive, ZHR 2022, 67–124.

Spindler, Gerald, Der Vorschlag einer EU-Lieferketten-Richtlinie, ZIP 2022, 765–777.

Stahl, Caroline, Haftung von Unternehmen für Menschenrechtsverletzungen ihrer ausländischen Zulieferer. Untersuchung unter besonderer Berücksichtigung kollisionsrechtlicher Fragen, Hamburg 2020 (zitiert: *Stahl*, Haftung von Unternehmen für Menschenrechtsverletzungen ihrer ausländischen Zulieferer (2020), S.).

Staudinger, Kommentar zum Bürgerlichen Gesetzbuch, Buch 2 – Recht der Schuldverhältnisse, §§ 823 E-I, 824, 825, Unerlaubte Handlungen 1 – Teilband 2, Neubearbeitung, Berlin 2009 (zitiert: *Bearbeiter*, in: *Staudinger*, BGB, § Rn.).

Stoffel, Markus, Grenzen der Informationsweitergabe durch den Vorstand einer Aktiengesellschaft im Rahmen einer „Due Diligence", ZHR 2001, 362–382.

Strohn, Lutz, Beratung der Geschäftsleitung durch Spezialisten als Ausweg aus der Haftung?, ZHR 2012, 137–143.

Strohn, Lutz, Schutz der Menschenrechte durch das Sorgfaltspflichtengesetz, ZHR 2021, 629–636.

Süß, Rembert/Wachter, Thomas (Hrsg.), Handbuch des internationalen GmbH-Rechts, 4. Aufl., Bonn 2022 (zitiert: *Bearbeiter*, in: *Süß/Wachter*, Handbuch des internationalen GmbH-Rechts, Land Rn.).

Sydow, Jörg, Strategische Netzwerke – Evolution und Organisation, 1. Aufl., Wiesbaden 1992 (zugleich Habil. Berlin 1991/92) (zitiert: *Sydow*, Strategische Netzwerke (1992), S.).

Teichmann, Christoph, ECLR. Corporate Governance in Europa, ZGR 2001, 645–679.

Thieme, Jochen, Die Haftung der Obergesellschaft in der wirtschaftlichen Einheit: Eine Untersuchung der Haftung nach Art. 23 VO (EG) Nr. 1/2003 sowie der zivilrechtlichen und der ordnungswidrigkeitenrechtlichen Haftung im deutschen Recht, Berlin 2018 (zugleich Diss. Augsburg 2018) (zitiert: *Thieme*, Die Haftung der Obergesellschaft in der wirtschaftlichen Einheit (2018), S.).

Thole, Christoph, Managerhaftung für Gesetzesverstöße. Die Legalitätspflicht des Vorstands gegenüber seiner Aktiengesellschaft, ZHR 2009, 504–535.

Thomale, Chris/Hübner, Leonard, Zivilgerichtliche Durchsetzung völkerrechtlicher Unternehmensverantwortung, JZ 2017, 385–397.

Thomale, Chris, Kapital als Verantwortung. Kritik der institutionellen Haftungsbeschränkung, AcP 2018, 685–688.

Thomale, Chris/Murko, Marina, Unternehmerische Haftung für Menschenrechtsverletzungen in transnationalen Lieferketten, EuZA 2021, 40–60.

Thomas, Stefan, Die sogenannte wirtschaftliche Einheit: Auslegungsfragen zur neu eingeführten akzessorischen Konzernhaftung im deutschen Kartellbußgeldrecht, AG 2017, 637–650.

Timm, Wolfram, Treuepflichten im Aktienrecht, WM 1991, 481–528.

Traugott, Rainer, Informationsflüsse nach Transaktionsabschluss bei Aktiengesellschaften. Auskunftspflichten und Auskunftsrechte des Vorstands nach Finanzierungsrunden oder Unternehmenskäufen, BB 2001, 2277–2282.

Tröger, Tobias, Konzernverantwortung in der aufsichtsunterworfenen Finanzbranche. ZHR 2013, 475–517.

Ulmer, Peter, Der Gläubigerschutz im faktischen GmbH-Konzern beim Fehlen von Minderheitsgesellschaftern, ZHR 1984, 391–427.

Unmuth, Nikolai, Die Entwicklung der Corporate Compliance in Recht und Praxis, AG 2017, 249–258.

Unruh, Peter, Zur Dogmatik der grundrechtlichen Schutzpflichten, Berlin 1996 (zitiert: *Unruh*, Zur Dogmatik der grundrechtlichen Schutzpflichten (1996), S.).

Velte, Patrick/Graewe, Daniel, Zwingende Einrichtung von Compliance-Management-Systemen bei börsennotierten AG nach dem Wirecard-Skandal? – Eine Analyse vor dem Hintergrund des Referentenentwurfs für ein Finanzmarktintegritätsstärkungsgesetz (FISG) – DB 2020, 2529–2534.

Verse, Dirk A., Compliance im Konzern. Zur Legalitätskontrollpflicht der Geschäftsleiter einer Konzernobergesellschaft, ZHR 2011, 401–424.

Verse, Dirk A., Doppelmandate und Wissenszurechnung im Konzern, AG 2015, 41–420.

Verse, Dirk A., Organhaftung bei unklarer Rechtslage – Raum für eine Legal Judgement Rule?, ZGR 2017, 174–195.

Vetter, Eberhard, Die Änderungen 2007 des Deutschen Corporate Governance Kodex, DB 2007, 1963–1968.

Vetter, Eberhard, Zur Compliance-Verantwortung des Aufsichtsrats in eigenen Angelegenheiten, in: *Hoffmann-Becking, Michael (Hrsg.)*, Liber amicorum für Martin Winter, Köln 2011, S. 701–730 (zitiert: *Vetter*, Liber amicorum für Martin Winter (2011), S.).

Vetter, Eberhard, Drittanstellung von Vorstandsmitgliedern, aktienrechtliche Kompetenzverteilung und Exkulpation des Vorstands bei rechtlicher Beratung, NZG 2015, 889–895.

Vetter, Jochen, Geschäftsleiterpflichten zwischen Legalität und Legitimität – Muss sich Ethik lohnen? –, ZGR 2018, 338–378.

Van Dam, Cees, Tort Law and Human Rights: Brothers in Arms On the Role of Tort Law in the Area of Business and Human Rights, Journal of European Tort Law (JETL) 2011, 221–254.

Vogt, Bianca, Die Verbandsgeldbuße gegen eine herrschende Konzerngesellschaft. Begehungs- und Unterlassungsbeteiligung an Ordnungswidrigkeiten im Unternehmensverbund, Baden-Baden 2009 (zugleich Diss. Konstanz 2009) (zitiert: *Vogt,* Die Verbandsgeldbuße gegen eine herrschende Konzerngesellschaft (2009), S.).

Von Bar, Christian, Verkehrspflichten: Richterliche Gefahrsteuerungsgebote im deutschen Deliktsrecht, Köln 1980 (zugleich Habil. Göttingen 1979) (zitiert: *V. Bar,* Verkehrspflichten (1980), S.).

Von Bar, Christian, Entwicklungen und Entwicklungstendenzen im Recht der Verkehrs(sicherungs)pflichten, JuS 1988, 169–174.

Von Hülsen, Philipp/Kasten, Boris, Passivlegitimation von Konzernen im Kartell-Schadensersatzprozess? – Gedanken zur Umsetzung der Richtlinie 2014/104/EU, NZKart 2015, 296–307.

Wackerbarth, Ulrich, Grenzen der Leitungsmacht in der internationalen Unternehmensgruppe, München 2001 (zitiert: *Wackerbarth,* Grenzen der Leitungsmacht in der internationalen Unternehmensgruppe (2001), S.)

Wackerbarth, Ulrich, Investorvertrauen und Corporate Governance, ZGR 2005, 686–724.

Walden, Daniel, Corporate Social Responsibility: Rechte, Pflichten und Haftung von Vorstand und Aufsichtsrat, NZG 2020, 50–60.

Wagner, Eric/Ruttloff, Marc, Das Lieferkettensorgfaltspflichtengesetz – Eine erste Einordnung NJW 2021, 2145–2152.

Wagner, Gerhard, Deliktshaftung und Insolvenzrecht in: *Schilken, Eberhard (Hrsg.),* Festschrift für Walter Gerhardt, Köln 2004, S. 1043–1076 (zitiert: *Wagner,* FS Gerhardt (2004), S.).

Wagner, Gerhard, Haftung für Menschenrechtsverletzungen, RabelsZ 2016, 717–782.

Wagner, Gerhard, Haftung für Menschenrechtsverletzungen in der Lieferkette, ZIP 2021, 1095–1105.

Wagner, Gerhard, Das Lieferkettengesetz: Viele Pflichten, keine Haftung in: *Tölle, Antje G./Benedict, Jörg/Koch, Harald/Klawitter, Stephan/Paulus, Christoph G./Preetz, Friedrich (Hrsg.)*, Selbstbestimmung: Freiheit und Grenzen, Festschrift für Reinhard Singer zum 70. Geburtstag, Berlin 2021, S. 693–711 (zitiert: *Wagner*, FS Singer (2021), S.).

Weidemann, Bernd, Konzernleitung multinationaler Unternehmen: betriebswirtschaftliche Funktionen und Strukturen, Berlin 1975 (zugleich Diss. Köln 1974) (zitiert: *Weidemann,* Konzernleitung multinationaler Unternehmen, S.).

Weißhaupt, Frank von, Good Corporate Governance bei unternehmerischen Entscheidungen – am Beispiel M&A Inhalt, ZHR 2021, 91–124.

Welge, Martin K./Eulerich, Marc, Corporate-Governance-Management, Theorie und Praxis der guten Unternehmensführung, 3. Aufl., Wiesbaden 2021 (zitiert: *Welge/Eulerich,* Corporate-Governance-Management (2021), S.).

Weller, Marc-Philippe, GmbH-Bestattung im Ausland, ZIP 2009, 2029–2037.

Weller, Marc-Philippe/Kaller, Luca/Schulz, Alix, Haftung deutscher Unternehmen für Menschenrechtsverletzungen im Ausland, AcP 2016, 387–418.

Weller, Marc-Philippe/Thomale, Chris, Menschenrechtsklagen gegen deutsche Unternehmen, ZGR 2017, 509–526.

Weller, Marc-Philippe/Nasse, Laura, Menschenrechtsarbitrage als Gefahrenquelle. Systemkohärenz einer Verkehrspflicht zur Menschenrechtssicherung in Lieferketten?, ZGR 2020, Sonderheft (22), 107–136.

Weller, Marc-Philippe/Nasse, Laura, Unternehmensorganisation zum Schutz der Menschenrechte: Eine neue Verkehrspflicht in § 823 Abs. 1 BGB in: *Paal/Boris P./Poelzig, Dörte/Fehrenbacher, Oliver (Hrsg.)*, Deutsches, europäisches und vergleichendes Wirtschaftsrecht: Festschrift für Werner F. Ebke zum 70. Geburtstag, München 2021, S. 1071–1082 (zitiert: *Weller/Nasse,* FS Ebke (2021), S.).

Weller, Marc-Philippe/Fischer, Tim, ESG-Geschäftsleitungspflichten Unternehmenstransformation zur Klimaneutralität, ZIP 2022, 2253–2265.

Wellerdt, Alexander, Neue Corporate Governance Regeln für Vorstand und Aufsichtsrat. Auswirkungen des FISG, FüPoG II und LkSG sowie der Ansätze zur Sustainable Corporate Governance, ZIP 2022, 356–363.

Werner, Rüdiger, Die Compliance-Aufgabe des Aufsichtsrats, ZWH 2014, 449–456.

Westermann, Harm Peter, Der Aufsichtsrat der AG – ein überfordertes Unternehmensorgan?, in: *Peter, Gregor Bachmann, Stafan Grundmann, Anja Mengel, Kaspar Krolop (Hrsg.),* Festschrift für Christine Windbichler zum 70. Geburtstag am 8. Dezember 2020, S. 1163–1183 (zitiert: *Westermann,* FS Windbichler (2020), S.).

Westermann, Harm Peter (Begr.)/Bydlinski, Peter/Arnold, Stefan, BGB-Schuldrecht, Allgemeiner Teil, 9. Aufl., Heidelberg 2020 (zitiert: *Bearbeiter,* in: *Westermann,* BGB-Schuldrecht AT, § Rn.).

Wiedemann, Gerhard (Hrsg.), Handbuch des Kartellrechts, 4. Aufl., München 2020 (zitiert: *Bearbeiter*, in: *Wiedemann*, Handbuch des Kartellrechts, § Rn.).

Wiedemann, Herbert, Gesellschaftsrecht. Ein Lehrbuch des Unternehmens- und Verbandsrechts, Bd. I, Grundlagen, München 1980 (zitiert: *Wiedemann,* Gesellschaftsrecht (1980), S.).

Wiedemann, Herbert, Die Unternehmensgruppe im Privatrecht: methodische und sachliche Probleme des deutschen Konzernrechts, Tübingen 1988 (zitiert: *Wiedemann,* Die Unternehmensgruppe im Privatrecht (1988), S.).

Wiedemann, Michael, Internationales Gesellschaftsrecht in: *Lüderitz, Alexander (Hrsg.),* Internationales Privatrecht und Rechtsvergleichung im Ausgang des 20. Jahrhunderts: Bewahrung oder Wende?, Festschrift für Gerhard Kegel, Frankfurt a.M. 1977, S. 187–212 (zitiert: *Wiedemann*, FS Kegel (1977), S.).

Wiedemann, Michael/Hoppmann, Vincent, Berichterstattung über Menschenrechte nach CSR-RUG – Best-Practices der DAX-Unternehmen, CCZ 2020, 225–236.

Wieser, Eberhard, Empirische und normative Auslegung, JZ 1985, 407–410.

Wilhelm, Jan, Rechtsform und Haftung bei der juristischen Person, Köln 1981 (zugleich Diss. Bonn 1978) (zitiert: *Wilhelm,* Rechtsform und Haftung bei der juristischen Person (1981), S.).

Wilsing, Hans-Ulrich/Goslar, Sebastian, Die Berücksichtigung von Compliance-Management-Systemen bei der Bußgeldbemessung nach § 30 OWiG (§ 30 OWiG) – Zugleich eine Anmerkung zum Urteil des BGH vom 09.05.2017 – 1 StR 265/16, GmbHR 2017, 1202–1204.

Windbichler, Christine, Konzernrecht: Gibt es das?, NZG 2018, 1241–1247.

Winkelmann, Thomas, Produkthaftung bei internationaler Unternehmenskooperation: Außen- und Innenhaftung nach deutschem, französischem und US-amerikanischem Recht sowie nach internationalem Privatrecht, Berlin 1991 (zugleich Diss. Frankfurt a.M. 1989) (zitiert: *Winkelmann,* Produkthaftung bei internationaler Unternehmenskooperation, S.).

Winter, Martin, Mitgliedschaftliche Treuebindungen im GmbH-Recht: rechtsformspezifische Aspekte eines allgemeinen gesellschaftsrechtlichen Prinzips, München 1988 (zugleich Diss. Heidelberg 1967/68) (zitiert: *Winter,* Mitgliedschaftliche Treuebindungen im GmbH-Recht (1988), S.).

Winter, Martin, Eigeninteresse und Treupflicht bei der Einmann-GmbH in der neueren BGH-Rechtsprechung, ZGR 1994, 570–593.

Winter, Martin, Die Verantwortlichkeit des Aufsichtsrats für Corporate Compliance, in: *Kindler, Peter/Koch, Jens/Ulmer, Peter/Winter, Martin (Hrsg.)*, Festschrift für Uwe Hüffer zum 70. Geburtstag, München 2010, S. 1103–1127 (zitiert: *Winter*, FS Hüffer (2010), S.).

Wirtz, Markus, Die Aufsichtspflichten des Vorstandes nach OWiG und KonTraG, WuW 2001, 342–356.

Wisskirchen, Gerlind/Block, Janis, Auf der Suche nach dem Arbeitgeber: Mitbestimmung in komplexen Organisationsformen: oder et hät noch immer joot jejange!, NZA-Beilage 2017, 90–95.

Witte, Andreas, Der Prüfungsbericht als Informationsträger im Konzern. Ein Beitrag zum System konzerninterner Informationsrechte, Köln 1996 (zugleich Diss. Heidelberg 1994) (zitiert: *Witte*, Der Prüfungsbericht als Informationsträger im Konzern (1996), S.).

Wittig, Petra, Die Strafbarkeit des Geschäftsherrn nach deutschem Strafrecht für transnationale Menschenrechtsverletzungen, in: *Krajewski, Markus/Oehm, Franziska/Saage-Maaß, Miriam (Hrsg.)*, Zivil- und strafrechtliche Unternehmensverantwortung für Menschenrechtsverletzungen, Berlin 2018, S. 195–222 (zitiert: *Wittig*, in: *Krajewski/Oehm/Saage-Maaß*, Zivil- und strafrechtliche Unternehmensverantwortung für Menschenrechtsverletzungen (2018), S.).

Wittmann, Martin, Informationsfluss im Konzern, Frankfurt a.M. 2008 (zugleich Diss. Bonn 2007) (zitiert: *Wittmann*, Informationsfluss im Konzern (2008), S.).

Wollin, Sören, Störerhaftung im Immaterialgüter- und Persönlichkeitsrecht – Zustandshaftung analog § 1004 I BGB, Baden-Baden 2018 (zugleich Diss. Osnabrück 2017) (zitiert: *Wollin*, Störerhaftung im Immaterialgüter- und Persönlichkeitsrecht – Zustandshaftung analog § 1004 I BGB (2018), S.).

Wybitul, Tim, Das neue EU-Datenschutzrecht: Folgen für Compliance und interne Ermittlungen, CB 2016, 101–108.

Wybitul, Tim, Welche Folgen hat die EU-Datenschutz-Grundverordnung für Compliance?, CCZ 2016, 194–198.

Zenke, Ines/Schäfer, Ralf/Brocke, Holger (Hrsg.), Corporate Governance. Risikomanagement, Organisation, Compliance für Unternehmer, 2. Aufl., Berlin Boston 2020 (zitiert: *Bearbeiter*, in: *Zenke/ Schäfer/Brocke*, Corporate Governance (2020), S.).

Zöllner, Wolfgang, Inhalt und Wirkungen von Beherrschungsverträgen bei der GmbH, ZGR 1992, 173–202.

www.ingramcontent.com/pod-product-compliance
Ingram Content Group UK Ltd.
Pitfield, Milton Keynes, MK11 3LW, UK
UKHW021831290926
8980IPUK00004B/374

9 783631 907856